고대편

사료로 읽는 서양사

1

고대편

사료로 읽는 서양사

1

고대 그리스에서 로마제국까지

김창성 편저

cum libro
책과함께

《사료로 읽는 서양사》 시리즈는 역사를 심도 있게 공부하려는 독자들을 위해 집필한 것이다. 특히 역사교사와 예비 교사에게 유용하리라 생각한다. 창의와 융합을 구호로 내건 교육 목표에 도달하려면 학생들이 토론과 발표를 통해 과감하고 적극적으로 수업에 참여해야 할 것이다. 이 같은 자기주도적인 수업이 이루어지려면 많은 자료가 필요함에도 현실의 여건은 그렇지 못하다. 반대로 인터넷에서 무책임하게 뿌려지는 무료 정보들은 학생들의 창의성을 죽이고 교사들의 신뢰를 떨어뜨린다. 이런 현실을 조금이라도 개선하기 위해서는 전공 연구자들이 직접 정선하고 집필한 교재가 필수적이었다. 특히 서양의 역사 사료는 여러 언어로 작성되어 있어 적절하게 해석하고 알맞은 설명을 붙여 자료로 제시하는 작업이 꼭 필요하다. 서양에서는 이런 작업이 다채롭게 수행되어 많은 사료집이 간행되어 있지만, 그 사료집을 그대로 번역해서 쓸 수는 없다. 우리의 환경과 교육 목표에 맞게 재구성한 사료집이어야 하기 때문이다. 이 사료집을 통해 중등학교 교사나 예비 교사, 나아가 학생들의 수업 자료로 활용한다면 현재의 서양사 교육을 한 차원 높이 끌어올리리라 전망한다.

서양사 사료집의 경우, 몇 년 전 한국사를 중심으로 이러한 사료집이 출간되었을 때 '서양 고대편'이 함께 간행되면서 첫 선을 보였으나, 후속 작업이 이어지지 못했다. 아쉬움 속에 몇 년이 흘렀고, 이제 기존의 고대편에서 제시한 사료를 대폭 보완하고 중세편 한 권과 근대편 두 권을 새로 집필하는 이번 작업을 통해 적어도 고대부터 19세기까지의 서양사 사료집을 완성하게 되었다. 이 작업은 쉽지 않았다. 우여곡절도 많았고 시간도 많이 흘렀지만, 한 권에 불과하던 사료집이 하나의 시리즈로 탄생하게 된 것은 기쁜 일이 아닐 수 없다. 선사시대와 현대사를 집필해야 하는 과제가 남아 있지만, 수업에 곧바로 활용할 자료는 충실하게 확보되었다고 말할 수 있을 것이다.

사료 학습이 중요해진 것은 우리 사회가 한 단계 성숙했음을 보여준다. 특히 교육 현장에서 이러한 필요가 부각된 것은 학생과 교사 모두가 일방적으로 전달되는 지식의 한계를 느끼게 된 점과 관련이 깊다. '작은 역사가'라는 말이 어울릴 정도로 왕성한 탐구력으로 주제를 파헤치는 마니아층이 생긴 것도 달라진 교육 환경의 결과로 볼 수 있다. 이 시리즈는 그러한 욕구를 채워주기 위해서 만들어졌다. 가장 기본적이고도 중요한 사료를 교과 내용과 함께 제시하여 적어도 어떤 역사 서술이 어떤 자료에 근거하여 이루어졌는지를 알 수 있게 했다.

또한 사료를 읽고 이해하는 역사 공부는 무엇보다도 탐구 의욕을 불러일으킨다. 일반화되어 모든 것을 예측할 수 있다면 탐구할 필요가 없을 것이다. 사료를 읽다 보면 예상치 못한 정보를 접할 수도 있고, 역사가 뜻하지 않은 방향으로 흘러가는 현상을 보면서 수학이나 과학에서 얻는 것과는 또 다른 호기심이 생겨난다. 이 시리즈는 이 같은 관심과 흥미를 불러일으키기 위해서 만들어졌다고도 말할 수 있다. 독자들은 역사가 사료로 이루어졌고, 이 사료를 어떻게 다루어야 하는지도 함께 체득하여 역사 사고를 경험할 수 있을 것이다. 그런 점에서 여기에 제시된 사료들은 일반인들의 지적 관심도 높여줄 것이며, 역사가 주는 깨달음과 성찰의 자료로 기능할 것이라고 자신한다.

이러한 사료집을 만들려면 많은 사료를 모으고 선별하고 전거와 설명을 붙이는 작업이 필요하며, 따라서 누적된 연구 성과와 세심한 교정, 충분한 시간이 없으면 제대로 만들어지기가 어렵다. 따라서 이 까다로운 시리즈의 간행을 결정한 책과함께 출판사에 감사의 뜻을 전한다. 편집부의 철저한 교정과 세심한 사독査讀으로 많은 오류와 문제점을 잡아낼 수 있었다. 교육의 재료가 되기 위해 이런 작업이 필수이건만, 실상 교과서와 교재에 오류가 난무하는 점 또한 지적하지 않고 넘어갈 수 없다. 물론 이 시리즈에 그런 문제가 하나도 없다고 할 수는 없지만, 수차례에 걸친 피드백과 수정을 통해 작품을 만들 듯이 심혈을 기울였다. 이 점에서 저자들은 자부심을 가지며, 이 사료집이 널리 활용되어 우리가 서양을 뿌리부터 이해하는 데 도움이 되길 기대한다.

2014년 6월
저자 일동

이 사료집은 필자가 강의나 서양 학자들의 서적을 통해 알게 된 내용을 틈틈이 엮은 것이다. 서양에서는 이미 이와 같은 종류의 사료집이 많이 간행되어 있다. 우리나라에서도 한국사의 경우는 이미 몇 권의 사료집이 간행되었으나, 서양사의 경우는 이 책이 최초인 것으로 알고 있다. 이런 유의 간행물이 이처럼 활발하게 출간되지 않는 것은 역사 공부의 가장 기초라고 할 수 있는 사료에 대한 관심이 다소 부족한 데에서 연유한다.

하지만 근래에 역사 사실이 무엇인가에 관한 논의가 보여주고 있는 것처럼, 사료를 어떻게 볼 것인가가 역사 내용은 물론이고 역사의식을 좌우한다고 할 수 있다. 그동안 우리의 역사학계는 우선 사실을 알아야 한다는 교양 차원에 급급했던 것 같다. 그래서 많은 번역서나 저서가 간행되었어도 그 뿌리가 되는 사료에 관해서는 사실 심각하게 문제를 제기하지 못한 채 유명세에 편승하여 그대로 수용되었던 것이다. 그런 의미에서 저술들의 기반이 되는 사료를 제시하고 그 사료에 따라 독자들이 어느 정도나마 나름대로 판단할 수 있게 배려한 데에 이 책의 장점이 있다.

또한 포스트모더니즘에 입각한 역사 이해는 다소 혼란스러우면서도 한결같은 목소리로 제안하는 것이 있다. 거대 담론에 대한 관심과 주의가 그것인데, 우리가 역사적 진리라고 알고 있던 기초적인 사실이 그러한 틀 안에서 나왔음을 상기시킨다. 사실 이런 경향의 연구는 이미 60여 년 전에 시작되었다. 어느 정도 수준에 이른 전공자들이라면 진리라든가 일반 법칙이라고 할 만한 것을 확인하는 것이 어렵다는 점을 잘 알고 있다. 이제까지 독자들이 서양의 역사를 숙지되어야 할 것으로서 의심의 여지가 없는 것으로 생각해왔다면, 그런 상을 지워야 할 것이다. 오히려 서양의 역사상을 의심의 눈으로 보게 하려는 것이 필자의 의도이다. 그러면서 아울러 강요로 암기해야 했고 일방적으로 주입되던 역사상에서 탈출하여 서양의 역사, 그 시작을 공감하는 마음으로 이해한다면 우리의 사상과 의식이 한 차원 높아지리라고 본다.

아름답다고 하는 것은 자신과 같은 모습을 발견하는 데에서 시작한다고 한다. 역사가 줄 수 있는 감동과 흥미를 찾으려면 우선 공감대의 형성이 이루어져야 한다. 이러한 준비가 될 때 서양의 모습을 제대로 찾고 그 속에서 나름의 멋을 발견할 수 있을 것이다. 이 책이 그러한 변화에 조금이라도 기여한다면, 필자가 그간 우리 사회로부터 받은 혜택의 일부나마 갚은 것이리라 생각한다.

이 책을 반드시 처음부터 차례대로 읽을 필요는 없다. 독자들은 목차를 보고 마음에 드는 분야를 먼저 골라 읽으며 사고해볼 수 있을 것이다. 붙여놓은 번호는 단순히 배열을 위한 것이다. 바쁜 시대에 적지 않은 분량을 다 읽으라고 요구하는 것은 무리다. 단 한 구절에서라도 자신이 원하던 것을 찾을 수 있다면, 그것으로 값진 것이 아닐까? '오컴의 면도날'이라는 말도 있다. 단순 명료할수록 진리에 가까운 것이 아닌가? 크기가 진리를 좌우하는 것이 아니라는 점은 강조할 필요도 없다. 또 이 책은 다층 구조 하이퍼텍스트의 형태를 취했다. 개략적인 지식을 얻고자 하는 독자는 각 장의 본문을 읽으면 되고, 좀 더 깊이 있는 연구를 하고자 하는 독자라면 '자료 읽기'를 보기 바란다. 여기에 만족하지 못한 경우라면 참고문헌과 출전을 통해 더 많은 자료를 찾아볼 수 있을 것이다.

필자의 의욕에도 불구하고 사료를 번역하고 정리하는 과정에서 표현이나 정확성 면에서 문제가 있을 수 있음을 인정한다. 특히 서양 고대사나 고고학을 전공하는 전문가들에게는 적극적인 대안을 제시해달라고 부탁하고 싶다. 전문가들이 자기 분야의 사료를 번역하고 설명을 달아서 일반인, 특히 배우는 학생들에게 제시하는 움직임이 활발해지기를 바란다.

출판사를 달리하여 이 책을 계속 간행하고, 특히 참신하고 능력 있는 필진 두 분이 보강되어 서양사 전반을 다룬 연작을 내게 되어 기쁘고 다행한 일이라 생각한다. 사료로 역사를 읽고 생각해야 한다는 가장 기본적인 요구가 이제야 실현된 것은, 늦었지만 감사한 일이다. 아무쪼록 이런 노력이 열매를 맺어서 한층 더 수준 높은 역사 논의에 이르기를 바란다. 개정판에는 '인류의 탄생'과 '중·근동사'를 제외했다. 누군가가 별도의 책으로 써야 할 시점에 이르렀다고 생각했기 때문이다. 그리고 네 개의 장, 구체적으로 말하면 헬레니즘 시대를 다룬 두 개의 장(11, 12장)과 로마 왕정기(15장), 로마 제정기 로마인의 일상생활(25장)을 추가했고, 체제를 전보다 더 간결하게 만들었다.

이 책의 중요성과 가치를 인지하고 과감하게 출판을 결정해준 책과함께 출판사에 감사를 표한다.

2014년 6월
금강변에서
김창성

차례

1부

그리스 상고 · 고전기

'상고기'는 '아르카익Archaic'이라는 영어 단어를 번역한 것이다. 이 단어는 그리스어에서 '시작'을 뜻하는 '아르케Arche'에서 파생했다. 미술사에서는 흔히 '예스럽고 서투르다'라는 의미를 담은 '고졸기'라고 번역되지만, 역사에서 한 시대를 폄하하는 일은 부적절하기에 이 번역은 권장하지 않는 것이 좋을 것이다.

기원전 5세기와 4세기는 '고전기Classical Period'라고 표현된다. 이 시기의 주역은 물론 그리스에서도 아테네다. 따라서 아테네의 성장 과정이 1부의 주제다. 아테네의 성장에는 두 번의 고비가 있었다. 한 번은 페르시아 전쟁으로 아테네가 세계적인 세력으로 성장하는 계기가 되었다. 아테네는 이 승리를 낳은 구조를 유지하기 위해 밖으로는 동맹의 맹주권을 강화했고, 안으로는 민주정을 유지할 수밖에 없었다. 이런 맥락에서 아테네는 민주정을 활짝 꽃피웠고, 종교 이외의 문제에는 관용적이었던 분위기 덕에 비극과 철학에서 현대까지도 큰 영향을 미치는 문화적 완숙을 이루었다.

그러나 반대 축에는 또 다른 고비, 바로 스파르타가 있었다. 고대인의 이상에 가장 적합한 국가는 아테네가 아니라 스파르타였다. 특히 그 체제에서 시민은 타인의 노동력을 이용한 덕분에 토지에 예속되지 않았을 뿐 아니라 최초의 공교육 제도를 유지했기에, 사실 오늘의 기준에서 봐도 이상적이다. 이런 체제를 유지하는 데에는 시민 수의 열 배가 넘는 외국인과 노예의 존재가 절대적이었다. 따라서 그들을 통제하는 것이 중요했다.

그리스 반도에는 그 밖에도 다양한 체제의 폴리스가 있었다. 따라서 그리스의 여러 폴리스를 같은 색깔로 그려서는 안 될 것이다.

1

그리스 신화
: 사실인가, 허구인가

신화神話는 그리스어 미토스mythos를 번역한 말이다. 이 말은 '신에 관한 이야기' 라는 이미지를 가지고 있어, 말 자체가 신비감을 주고 상상력을 불러일으킨다. 요즘은 창의력을 요하는 시대이므로 신화가 각광받을 이유는 충분하다. 그러나 미토스에는 그런 뜻이 없다.│자료 1│ 그저 '이야기'라는 뜻이고, 고상하게 말하면 '담론discourse'이다. 신화란 단순한 이야깃거리이지, 신에 관한 오묘하고 신비한 이야기가 아니라는 말이다. 신화의 탈신화화가 신화의 적절한 이해라고 생각하는데, 신화는 역사를 통해 형성되었고, 또 일부는 역사의 기록이기도 하며 인간의 생각을 담고 있는 그릇이기 때문이다.

그리스 신화는 암흑 시기의 산물

그리스에는 기원전 3000년경부터 청동기 문화가 도입되었는데, 이 문화를 지니고 있던 원주민들은 그리스인이 아니었다. 이를테면 현재 크레타에 크노소스Knossos라는 지명이 있는데, '-ss-' 같은 음가는 인도유럽어족에 속하지 않으며, 그들이 남긴 '선문자 A'는 그리스어가 아닌 것으로 밝혀져 있다. 그리스어를 하는 사람들이 반도로 남하한 것은 기원전 2200년경이다. 이들이 남긴 문서가 그리스 메세니아Messenia 지방의 필로스Pylos에서 우연히 발견되었는데, 이 기록을 마이클 벤트리스Michael Ventris가 해독함으로써 이것이 그리스어로 밝혀진 것이다.

기원전 1600년대부터 1200년대까지는 미케네Mycenae 문명이 꽃피었다가 홀연히 사라졌다. 그 이후인 기원전 1200년에서 750년 사이는 '암흑 시기dark age'라고 불린다. 암흑 시기란 일반적으로 기록이 전하지 않아, 이루어진 역사를 파악하기 어려울 때 사용하는 말이다. 암흑 시기의 사정은 구전으로 전해졌고, 이것을 기원전 750년경 호메로스Homeros가 서사시로 집성하여 《일리아스》와 《오디세이아》로 우리에게 전했다. 거의 같은 시기, 헤시오도스Hesiodos는 《신의 계보》를 편찬했다. 따라서 그리스 신화는 암흑 시기의 산물로 보아야 할 것이다.

호메로스의 두 책을 읽은 독자들은 알겠지만, 그 양이 워낙 방대하여 한 사람의 작업으로 보기는 어렵다. 예컨대 그리스 신화에서는 고유명사가 6000여 개가 나오고, 《일리아스》에만도 1000여 개가 나온다. 알파벳이 만들어져 최초의 기록을 남기기 시작한 때에 이런 작품이 나온 것 자체가 경이다. 일반적인 견해에 따르면, 《일리아스》와 《오디세이아》는 두 명 정도의 작가가 약 30년에 걸쳐서 작성한 것이다. 헤시오도스의 책은 신의 탄생과 관계를 정하고 신들의 역사를 정리한 것이므로 신화에 하나의 위계를 부여한 문헌으로 볼 수 있다.

그리스 신화는 역사성과 독창성을 얼마나 지니고 있는가?

여기에서 우리는 이 두 책이 얼마나 역사적이며, 또 얼마나 독창적인지에 의문을 가질 필요가 있다. 이런 질문들은 서양 문명의 원류를 평가하는 일과 깊이 연관되기 때문이다. 먼저, 그리스의 신화는 얼마나 역사적인가?

그리스 신화를 보면 제우스를 정점으로 하는 신의 계보에 우선 눈이 간다. 이

계보는 그리스가, 남자가 가장으로서 권한을 행사하는 사회였음을 투영한 것임이 틀림없다. 그러나 이것은 과연 바른 기술일까? 그리스 지역에서 최초로 숭배된 신은 대지나 곡식을 상징하는 여신이었다. 우리가 잘 알고 있는 헤라, 데메테르 등이 지모신으로서 오랫동안 숭배되었고, 올림피아도 실은 여신 숭배 장소였다. 필로스 문서에 따르면, 신의 이름 중 여신의 이름이 압도적으로 많다. 그런데 도리스계로 알려진 민족이 그리스 반도에 이르러 원주민과 만나면서 상황이 바뀐다. 이런 만남이 천신 제우스와 지모신의 교접으로 표현되었을 것이다. 그리스 신화에서 남녀 신이 적절하게 균형을 이루는 모습은 두 족속 간에 타협이 이루어졌음을 암시한다. 천신족이 정권과 무력을 독점하고, 지모신족이 의례와 종교를 차지하는 식으로 합의가 이루어진 것이다. 반면 타협하지 않은 족속은 아마 메두사처럼 비참한 최후를 맞이했을 것이다.|자료 2| 따라서 남신 위주의 신화 체계는, 적어도 사회적으로는 남성의 우월한 지위를 정당화하고, 나아가 정착 과정에서 철기라는 우월한 수단을 지닌 족속의 우위를 뒷받침하려는 하나의 이데올로기가 아닐까?

다음으로, 그리스 신화는 얼마나 독창적인 체계로 볼 수 있는가?

헤시오도스가 전하는 신의 역사를 보면,|자료 3| 처음에는 하늘인 우라노스와 땅인 게Ge가 있었다. 이후 크로노스가 등장하여 우라노스를 하르페harpe라고 불리는 칼로 제거하고 지배한다. 그리고 레아와 짝을 맺은 크로노스는 자신이 살해당할까 두려워 자식들을 삼켜버린다. 그런데 마지막으로 태어난 제우스가 크로노스를 제거하기에 이른다. 이 신의 계보를 메소포타미아의 계보와 비교해보자. 히타이트의 전설에 따르면, 히타이트 2대 주신은 아누Anu인데 이 이름의 의미는 '하늘'이다. 3대 주신은 쿠마르비Kumarbi인데, 이 신은 부친을 살해하고 대지의 자식을 삼킨다.|자료 4| 이처럼 단순히 비교해보더라도 그리스 신의 계보가 히타이트의 영향을 크게 받았음을 확인할 수 있다. 아울러 크로노스가 사용한 칼의 명칭인 하르페는 셈어인 것으로 밝혀졌다. 또 신탁을 전하는 아폴론도 원래 외래의 신이었는데 나중에 그리스 신화 체계 속에 들어온 경우다. 그리스 신들이 열두 명으로 고정된 것도 이집트의 영향이다.

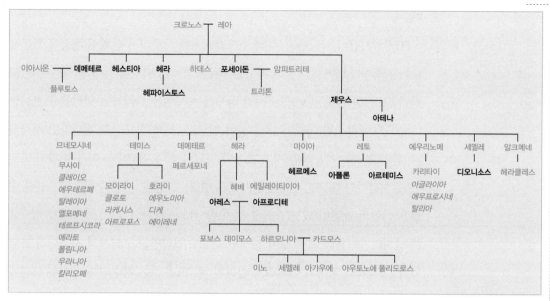

이렇듯 그리스 신화는 주변 여러 민족의 설화나 전설을 끌어들여 합성한 것이므로 독창성과는 거리가 멀다. 정신세계의 기본이 되는 신화 체계를 가지고 보았을 때, 그리스 사상 체계는 동방에서 많은 것을 빌려 성장한 체계임을 인정해야 한다.

신화와 현실의 간극

그리스인들은 신들에게 독실한 신앙심을 지니고 있었다. 특히 다산과 풍요를 상징하는 여신들에게 열광했다. |자료 5| 오늘날 남아 있는 고대 그리스의 유적이 대부분 신전 건축물이라는 사실을 떠올려보라. 특히 델포이Delphoi는 그리스인들이 신의 말을 듣는 장소로, 그리스인들은 개인의 대소사는 물론이고 국가의 문제도 신탁에 의존했다. 페르시아 전쟁 기간에 "목책을 쳐라"라고 한 델포이의 신탁에 따라 성 밖에 목책을 치자고 주장한 일파와, 목책을 함선으로 해석해 해전을 준비한 일파가 있었던 예를 보더라도, 신탁의 중요성을 짐작할 수 있다. 또한 "태양은 불타는 돌"이라고 말한 사람이 그리스에서 추방당한 이야기는 유명하다. |자료 6| 그리스에서는 종교의 자유가 정치의 자유만큼 허용되지 않았던 것이

다.

그러나 시간이 지나면서, 특히 소크라테스에 이르러서 신화의 내용에 의문을 품기 시작한다.|자료7| 예컨대 최고신 제우스의 비도덕성에 관한 논의는 이미 고전기 그리스인들도 신화가 하나의 허구라는 사실을 파악하고 있었음을 보여준다.|자료8| 제우스가 바람기 많은 신이 된 것은 사회적 요구의 결과라고 생각한다. 웬만한 귀족 가문이면 자기 조상의 기원이 신과 연관되는 전승을 가지고 있었고, 이왕이면 최고신과 연관시키고자 했다. 그 결과, 부당하게도 최고신이 수많은 여인의 남편이 되는 수난을 겪지 않았나 생각한다. 파리스 왕자가 헬레네를 납치하면서 시작된 트로이 전쟁을 두고도 일반인들은 역사적 사실이라고 믿었다. 그렇지만 역사의 아버지로 알려진 헤로도토스는 전승의 불확실한 측면에 주목했다.|자료9|

그런데 19세기에 그리스 신화를 사실이라고 믿은 사나이가 있었다. 그의 이름은 하인리히 슐리만Heinrich Schliemann이다. 그는 호메로스가 묘사한 배경을 면밀히 분석한 뒤, 1870년에 터키의 한 지역에서 발굴을 시작하여 성벽 유적을 발견하고서는 그곳이 트로이 전쟁이 일어난 곳이라고 발표한다. 전설이 사실로 확인되는 순간이었기에 수많은 사람들이 그의 발표에 열광했다. 여기에서 그치지 않고 슐리만은 6년 후에 그리스의 미케네를 발굴했고, 그곳에서 얻은 황금 마스크를 아가멤논의 것이라고 믿었다. 그러나 오늘날 트로이로 여겨지는 곳을 방문한 사람들은 고개를 갸우뚱하지 않을 수 없다. 관광지답게 관광객을 위해 만들어놓은 목마가 당시의 것이라고 남아 있는 성벽보다 훨씬 높을 뿐 아니라, 성벽이 둘러싼 지역의 규모가 협소하여 신과 인간이 어우러져 장기간 전쟁을 했던 곳이라고는 믿기지 않기 때문이다. 마침내 1950년대에 이르러 미케네에서 슐리만이 발굴한 유물들이 실은 트로이 전쟁보다 훨씬 이전에 존재했던 다른 문명의 유물이라는 사실이 밝혀졌다. 슐리만이 무언가를 발견한 것은 틀림없으나, 그가 찾던 트로이의 유물은 아니었던 셈이다. 게다가 트로이의 유물을 발견하겠다는 의욕이 지나쳐서 다른 많은 흔적을 무시하고 파괴한 결과, 더 중요한 정보를 상실했다. 트로이로 지정된 터키의 히살리크Hissarlik에서는 지금도 매년 발굴이 진행되고 있어, 트로이에 관한 체계적인 연구 결과가 나올 것으로 기대된다. 이처럼 신화는 조심스럽게 접근할 필요가 있다.

도판 1 아버지 안키세스를 업고 탈출하는 아이네아스의 모습이 그려진 도기(기원전 520~510년 제작, 가로 25센티미터, 세로 14센티미터).

그리스 신화로 짐작할 수 있는 정치형태

그리스 신화에서 우리는 암흑 시기의 정치형태와 관련해 몇 가지 시사점을 얻을 수 있다. 우선 그리스 여러 나라에 왕정이 있었음을 알 수 있다. 이때 왕들은 어떠한 존재였는가?

우선 제우스와 열한 명의 신이 왕과 귀족의 관계를 반영했다고 보면, 제우스는 다른 귀족의 견제를 받은 존재였지 절대군주나 전제군주는 아니었음을 알 수 있다. |자료 10| 《오디세이아》를 보면, 오디세우스가 트로이 전쟁을 마치고 고향으로 돌아오는 길에 파이아키아라는 나라를 방문하는데, 그 나라의 왕이 자신을 소개하면서 "열두 명의 왕이 있고, 나는 열세 번째 왕"이라고 하는 대목이 있다. |자료 11| 이 말은 왕이 귀족과 다름없는 존재였음을 의미한다. 이후 고향으로 돌아온 오디세우스는 자신의 궁에 108명의 구혼자가 기숙하면서 자기 부인을 괴롭히는 모습을 발견한다. |자료 12| 이 대목은 왕위를 결정하는 힘이 여성에게 있었으며 왕의 권위가 추락하고 있었음을 보여주는 것으로 해석된다. 이는 기원전 7세기 후반으로 들어서면서 그리스 여러 폴리스에서 귀족정이 출현한 점과 일맥상통하는 모습이다.

로마로 계승된 그리스 신화

그리스 신화는 로마에 그대로 복제되었다. 로마인들은 그리스 신들의 이름을 라틴어로 고쳐서 자신들의 신앙 체계로 만들었다. 제우스는 유피테르, 헤라는 유노, 포세이돈은 넵투누스로 등등.

로마인들은 여기서 멈추지 않았다. 자신들이 트로이인의 후손이라고 생각했다. 트로이 전쟁에서 패배한 아이네아스Aeneas가 아버지를 등에 업고 탈출하는 그림을 볼 수 있는데, 우리는 여기서 자신의 기원을 그리스 신화에서 찾으려 했던 로마인들의 동기를 추측해볼 수 있다.│자료 13│ 일반적으로 우리는 로물루스가 로마를 건국했다고 받아들이는데, 그 연대가 트로이 탈출 연대와 너무 동떨어져서 로마인의 기원과 관련하여 혼란을 불러일으킨다. 이렇게 무리가 따르는데도 로마인들은 자신들이 트로이인의 후예라고 생각함으로써 적어도 그리스인들과 대등한 존재임을 과시하고자 한 것이다.

이런 경향은 중세에도 지속되어, 영국인들은 트로이 사람 브루투스Brutus에서 자신들의 역사가 시작된다고 생각했고, 프랑스인들은 자신들을 헥토르Hector의 아들 프랑쿠스Francus의 후손이라고 자부했다.

아이들에게 미토스를 가르쳐서는 안 된다

플라톤, 《국가》 376e~377c

[소크라테스:] "그리고 말logos은 두 종류가 있네. 한 종류는 진실이고, 다른 종류는 거짓이겠지?"

[아데이만토스:] "그렇지요."

"교육에는 둘 다 사용되지만, 거짓말부터 먼저 사용하지 않던가?"

"무슨 말씀을 하시는지?"

나는 말했다. "자네는 우리가 어린이들에게 미토스를 먼저 이야기해주며, 미토스는 전체적으로 보아 거짓이지만 거기엔 진실도 있음을 알지 못하는가? 우리는 어린이들에게 운동에 앞서서 미토스를 이용하네."

"그러네요."

"우리가 운동보다 음악을 먼저 취해야 한다고 말함으로써 내가 의도한 바가 바로 그것이네."

"옳습니다" 하고 그가 말하였다.

"모든 일에서 처음이 중요하네만, 특히 어리고 고분고분한 피조물에게 그러함을 알지 못하는가? 바로 그러한 시기가 가장 잘 주형되는 때이고, 사람들이 그 피조물에게 각인하길 원하는 인상을 갖고 있기 때문이지."

"지당합니다."

"그렇다면 우리는 아이들이 우연히 만난 교사가 만들어낸 우연한 이야기에 귀를 기울이고 그들이 어른이 되었을 때 가지면 바람직하다고 생각할 만한 의견에 대부분 반대되는 의견을 그들의 마음에 담도록 가벼이 허용할 것인가?"

"결코 그렇게 하지 않지요."

"그렇다면 우리는 우선 미토스 작가mithopoiois를 검열하는 일부터 시작해야 하며, 그들이 좋은 미토스를 만들면 통과시키고, 좋지 않은 것은 거부해야 하네. …… 그러나 그들이 지금 말하는 것 중에 대부분의 것은 거부해야 하네."

자료 02

메두사 이야기

오비디우스, 《메타모르포시스》 4.790~803

왜 자매들 중에서 메두사만이

뱀머리카락인지 어떤 사람이 물어보았다네.

그들의 손님이 대답하길, "그것은 이야기할 만한 가치가 있소.

그녀는 한때 매우 사랑스러웠지요. 수다한 구애자의

바람이었고요. 그녀의 아름다움 중에서도

그 머리카락이 가장 아름다웠다오. 적어도 나는 그렇게 들었소.

그녀를 보았다고 주장한 사람으로부터. 어느 날 넵투누스가

그녀를 보고서 겁탈하였다지. 그것도 미네르바의 신전에서.[1]

그러자 그 여신은 얼굴을 돌려 자신의 두 눈을 감추었다네.

자신의 방패 뒤로. 그리고 그 못된 짓을 벌하면서,

마땅한 대로, 자신의 머리카락을 뱀들로 바꾸었다네.

그리고 지금도, 악한 짓을 하는 자들을 놀라게 하기 위해

여신은 자신의 방패 위에다 금속으로 만든 독사들을 올려놓았지.

자신의 복수를 끔찍하게 경고하기 위해."

1 | 넵투누스는 포세이돈의 라틴어 이름이다. 미네르바는 아테나의 라틴어 이름으로, 메두사의 머리를 자른 페르세우스를 수호한다.

자료 03

신들의 계승은 이렇게 이루어졌다

헤시오도스, 《신의 계보》 154~182; 466~491

땅Ge과 하늘Uranos이 낳은 자식들 중에서

이들은 무시무시한 모습이었으므로, 처음부터 아버지에게 미움을 받았다네.

그래서 태어나자마자 이들을 각각 땅의 은밀한 장소에 숨기곤 하였다네.

아울러 이들이 빛을 못 보게 하였지.

하늘은 이 못된 짓을 즐겼다네.

그러나 광대한 땅은 괴로움으로 신음하였지.

그러고는 간사하고도 사악한 책략을 생각해냈다네.

회색 부싯돌을 재료 삼아 큰 낫을 만들었지.

그리고 사랑하는 아들들에게 계획을 말하였다네.

......

크로노스가 그렇게 말하자 광대한 땅은 속으로 크게 즐거워하며

그를 덤불 속에 숨겼지.

그러고는 그의 손에 하르페[2]를 쥐어주었고

그에게 모든 음모를 밝혔지.

드디어 하늘이 왔고 밤이 되어 사랑을 탐하며

하늘은 땅 주변에 누워 몸을 그녀 위에 펼쳤다네.

그때 아들이 덤불에서 왼손을 뻗치고 오른손으로는

날카로운 이빨이 있는 거대한 긴 낫을 잡아서는

재빠르게 그 아버지의 지체들을 쳐버렸다네.

그러고는 땅에서 파도치는 바다로 던졌지.

......

크로노스는 부주의하게 관찰하지 않고 조심스럽게 보았다네.

그리고 제 자식들을 삼켰지. 그러자 끝없는 슬픔이 레아를 사로잡았다네.

그러나 레아는 신과 인간의 아버지가 될 제우스를 낳자

소중한 부모님께 간청했다네.

땅과 별이 빛나는 하늘에게.

자신과 더불어 계책을 고안해,

소중한 아이를 주목받지 않은 채 낳도록.

그리고 응보의 신으로 하여금 크로노스에게 되갚아주도록.

그 아버지와 계략에 능한 그가 삼켜버린 아이들을 위해.

......

그들은 크레타 섬의 비옥한 곳, 릭토스로 그녀를 보냈지.

2 | 하르페harpe: '검'을 뜻
하는 말인데, 그리스어가 아
니라 셈어로 간주된다.

그곳에서 막내둥이를 낳을 텐데,

그는 위대한 제우스이지. 힘센 땅이 그녀에게서 그를 받았지.

넓은 크레타에서 먹이고 키우기 위해.

......

그러나 그 대신 큰 돌을 포대기에 싸놓았다네.

신들의 왕 하늘신의 아들, 위대한 군주의 손에.

그러자 크로노스는 손에 들고서 뱃속에 넣었다네.

어리석게도 알지도 못한 채.

돌 대신에 자기 아들이 억눌리지도 않고 걱정도 없이 남겨진 것도.

그 아이는 머지않아 힘으로 권좌에서 그를 밀어내고,

스스로 불멸자들 가운데서 통치하리.

자료
04 --

히타이트의 비문에 간직된 후리아인의 신의 계보[3]

아쉬카파Ashikhapa가 쓴 비문 I.8~38; 르네 르브룅René Lebrun, "히타이트 신화에서: 쿠마르비 전설집From Hittite Mythology: The Kumarbi Cycle,"《고대 근동 문명Civilizations of the Ancient Near East》, vol. III, Charles Scribner's Sons, 1995, p.1973에서 재인용

[3] 두 신화가 이처럼 일치할 수 있었던 이유는 다음과 같다. 우선 헤시오도스의 아버지가 아나톨리아에 있는 아이올리아의 키메Kyme에서 이주해왔다는 점을 주목할 수 있다. 히타이트의 쿠마르비 숭배는 기원전 13세기경에 전성기에 이른다. 따라서 아나톨리아에 거주하던 그리스인들을 통해 그리스에 전해졌을 가능성이 있다. 한편 이 히타이트 신화는 시리아 북쪽에 살고 있던 후리아Huria인들의 것인데, 14세기 중엽 무렵 히타이트에 정복되는 과정에서 들어왔다. 이 내용을 수록한 비문은 히타이트의 수도 하투사Hattusa에서 발견된 것으로, 기원전 13세기에 만들어졌다. 그리스인들이 상업로를 통해 이 신화를 접촉했을 가능성도 있다.

태고 시절, 전에는 알랄루Alalu가 하늘의 왕이었다. 알랄루가 옥좌를 차지했고, 강력한 아누Anu는 신들 중에서 첫째인데, 알랄루 앞에 서 있었다. 아누는 알랄루의 발 앞에 부복했으며, 알랄루의 음료 잔들을 관리했다. 알랄루는 하늘에서 만 9년간 통치하였다. 9년째 되던 해에 아누가 알랄루와 싸워 그를 진압하였다. 알랄루는 아누 앞에서 도망하여 어두운 땅으로 내려왔다. 그리하여 이제 알랄루 대신 아누가 옥좌를 차지했고, 강력한 쿠마르비Kumarbi는 그가 음료 마실 때 시중을 들었다. 쿠마르비는 아누의 발밑에 부복하고서 음료 잔을 관리했다. 아누는 하늘에서 만 9년간 통치하였다. 9년째 되던 해에 아누는 쿠마르비 앞에서 전쟁에 가담하였고, 알랄루의 손자 쿠마르비는 아누 앞에서 전쟁에 가담하였다. 아누가 쿠마르비의 눈을 더는 견디지 못하고 쿠마르비의 수중에서 벗어났다. 아누는 도망했다. 그리고 하늘로 가고자 하였다. 쿠마르비가 그를 쫓아가서는 그의 다리를 잡아서 하늘로부터 끌어내렸다. 쿠마르비는 그의 성기를 물었다. 아누의 남자 성기는 마치 청동처럼 쿠마르비의 내장과 결합하였다. 아누의 성기를 삼킬 때

쿠마르비는 기뻐서 웃었다. 아누는 쿠마르비를 향해 돌아서서는 그에게 선언하였다. "너는 내 성기를 삼켰다고 네 내장으로 인해서 즐거워하는가? 네 내장으로 인해서 즐거워하지 말지어다. 네 내장 속에 내가 짐을 들여놓았노라! 보아라! 나는 네게 막강한 폭풍신을 임신시켜 놓았다. 그리고 두 번째로, 저항할 수 없는 자인 아란자크Aranzakh 강[티그리스 강]을 수태시켜 놓았다. 세 번째로는 강력한 신 타슈미슈Tashmishu를 네게 심어놓았다. 그런고로 네 내장 속에는 무시무시한 두 신이 짐이 되어 들어앉아 있노라. 너는 타샤Tassha 산 절벽에 머리를 들이박고 생을 마칠 것이다!" 아누는 말을 마치고 하늘로 올라가 숨어버렸다.

자료 05
신화에 바탕을 둔 종교의 힘

크세노폰, 《헬레니카》 1.4.20~21

4 | 이 일은 기원전 407년에 있었던 것으로, 엘레우시스 비의에 사람들이 얼마나 관심이 많았는지를 보여준다. 이 비의는 데메테르와 페르세포네를 기념하는 제의로, 헤로도토스 8.65에 따르면 3만 인파가 따랐다고 한다. 이 제의는 보에드로미온 달 (8~9월 사이) 19일에 아테네에서 엘레우시스까지 행진하면서 거행된다.

알키비아데스가 자신을 변호하여 협의회와 민회에서 연설할 때, 자신은 불경한 짓을 하지 않았고 부당하게 대우받았다고 말하였다. 그리고 같은 종류의 다른 이야기들을 말하고 난 후, 민회가 반대 의견을 허용하지 않을 것이기에 반대 의견을 말하는 사람이 없자, 아테네의 옛 힘을 복원시킬 수 있으리라는 근거에서 알키비아데스는 최고의 권한을 지닌 사령관으로 임명되었다. 무엇보다도 그는 모든 병사를 이끌어냈고, 아테네인들이 바다에서 수행하였던 [엘레우시스Eleusis] 비의秘儀를 전쟁 때문에 육상에서 행하였다. 그 덕에 그는 1500명의 중무장 보병과 150명의 기병, 100척의 전함을 확보하였다.4

자료 06
태양은 불타는 돌이라고 주장한 아낙사고라스5

디오게네스 라에르티우스, 《철학자들의 생애와 사상》 2.3.8

5 | 아낙사고라스는 페리클레스의 친구였다. 민회에서 추방될 것을 염려한 페리클레스는 아낙사고라스를 해외로 미리 내보냈다(플루타르코스, 《페리클레스》 32).

아낙사고라스 8. 비록 다른 사람들이 이 견해를 탄탈로스에게 돌릴지라도 그[아낙사고라스]는 태양이란 빨갛고 뜨거운 금속 덩어리에 불과하며 펠로폰네소스보다 더 크다고 선언했다. 그는 달에는 거주지가 있으며 더욱이 언덕과 계곡도 있노라고 선언하였다. 그는 전체란 동류의 부분들이 모여서 이루어진다는 이치를 자신의 원리로 주장하였다. 이를테면 마치 금이 사금이라고 불리는 미세한 입자로 구성된 것처럼, 전체 우주는 자체에 동류의 부분을 가지는 미세한 몸체들로 이루어졌다고 주장했다. 그가 주장한 운동 원리는 지성知性[6]이었다. 몸체들의 일부는 마치 땅과 같이 무거우며 아래에 위치한 자리를 차지하고 있으되, 다른 것들은 마치 불처럼 상층부를 차지하고, 물과 공기는 위치상으로 중간이라고 말하였다. 이런 식으로 태양에 의해 수분이 증발한 다음, 바다가 평평한 땅 위로 내려오는 것이다.

6 | 'nous'의 번역어. 아낙사고라스는 이것을 사물에 최초로 운동을 일으키는 원리로 보았다.

자료
07

신의 모습은 인간 자신의 모습

콜로폰의 크세노파네스, 11, 15, 16

호메로스와 헤시오도스는 모든 것이 신에게서 비롯했다고 말하지.

인간 사이에서도 수치스럽고 비난받을 만한 많은 것들이.

절도와 강간과 사기도……

그러나 만약 소와 말과 사자가 손이 있다면,

또는 사람처럼 그들의 발로 그림을 그리고 작품을 만들 수 있다면,

말은 신의 모습을 말처럼 그릴 것이고

소는 소처럼, 그리고 저마다 나름대로 신들의 몸을 만들 것이네.

자신들이 가진 신체처럼……

에티오피아인들은 자신들의 신들이

들창코에 검은 피부라고 말하고,

트라키아인들은 자신들의 신들이

청회색 눈에 붉은 머리라고 한다네.

자료
08

미토스를 비판하다

플라톤, 《국가》 377e~378a

[소크라테스:] 그래서 내가 말했네. "우선 가장 큰 거짓말, 그것도 아주 중대한 것들에 대해 거짓말을 한 사람은 좋지 못한 거짓말을 한 것이네. 말하자면, 우라노스가 저지

른 것으로서 헤시오도스가 말하는 것들을 우라노스가 어떻게 행하였는지, 그리고 이
번에는 크로노스가 우라노스에게 어떻게 복수했는지를 좋지 않게 이야기한 거짓말
말일세. 반면에 크로노스의 행적과 그가 자기 아들한테 당한 수난은, 설령 그것이 진
실하다고 할지라도, 철없고 어린 아이들을 상대로 그처럼 경솔하게 들려줄 것이 아
니라, 침묵하는 편이 상책이라고 나는 생각하네. ……"

플라톤, 《국가》 390b~390c

[소크라테스:] "…… 또는 제우스를 이런 식으로 묘사하는 것, 즉 다른 신들과 인간은
잠자고 있는데 그만 깨어서 갖가지 궁리를 하더니만 이 모든 궁리를 욕정 때문에 쉽
사리 잊어버리는 것으로 묘사하는 것, 그래서 헤라를 보자 넋을 잃고서 침실로 들어
갈 생각조차 하지 않고 바로 그 자리의 땅바닥에서 교합하고 싶어할 지경이 되어, 사
랑하는 부모 몰래 둘이서 처음으로 잠자리로 찾아들 때에도 그렇게 하지 못할 정도
로 욕정에 사로잡혔다고 묘사하는 것이 적합하겠는가 말일세.[7] 이뿐만 아니라 이와
비슷한 사유로, 헤파이스토스가 아레스와 아프로디테를 결박하는 일 역시 적절치 않
을 걸세."

7 │ 이 이야기는 《일리아스》,
14.263~360에 나온다.

자료
09

트로이 전쟁과 헬레네는 무관하다

헤로도토스, 《역사》 2.118~120

한편 [이집트의] 사제들에게 일리온[8]에 관련된 일이 일어났다고 그리스인들이 이야
기하는데, 그것이 빈말인지 아닌지 물어보자. 그들은 이 일과 관련하여 다음 사실들을
탐구를 통해 알았고 메넬레오스에게서도 직접 들었다고 선언하였다. 즉, 헬레네가 납
치되자 그리스인들로 구성된 대부대가 테우크리아 땅으로 들어갔다고 한다. 메넬레오
스를 위해서였다. 그들은 그 땅에 상륙해 군대를 주둔시킨 후 일리온으로 사절단을 파
견하였다. 사절단 속에는 메넬레오스도 끼어 있었다. 이들은 성안으로 함께 들어갔고,
알렉산드로스[9]가 헬레네를 데리고 탈출하면서 함께 탈취했던 재물도 돌려주어야 하
고 알렉산드로스가 벌인 불의한 행위도 재판받아야 한다고 요구했다. 그러자 테우크리
아인들은 당시에도 차후에도, 또 맹세하거나 맹세하지 않거나, 똑같은 말을 하였다. 즉,
헬레네는 자기들 가운데 결코 없으며, 요구받은 재물도 없고, 이 모든 것이 이집트에 있

8 │ 일리온Ilion: 트로이의 다
른 이름.

9 │ 알렉산드로스는 파리스
를 일반적으로 부르는 이름
이다. 프리아모스는 트로이
의 왕으로, 그의 아버지다.

으며, 그들이 이집트의 왕 프로테우스가 가지고 있는 것들에 대해서 관할권을 주장하는 것은 결코 옳지 않다고 하였다. 그리스인들은 저들에게 조롱당한다고 여기고는 각오를 단단히 하고서 성을 공격하여 파괴하였다. 그런 후에 성을 점령하였으나 헬레네는 나타나지 않았고 앞에서 들은 말과 똑같은 말만 들었다. 그러자 그리스인들은 앞의 말을 곧바로 믿고서 메넬레오스를 직접 프로테우스에게 파견하였다. 메넬레오스는 이집트에 도착하였고 멤피스까지 배를 타고 거슬러 올라갔다. 사정의 진상을 말하자, 메넬레오스는 크게 환대받았으며 아무런 나쁜 감정 없이 헬레네를 돌려받았다. 아울러 그의 재물 전부도 그렇게 하였다. ……

이집트인 사제들이 이런 사정을 말해주었다. 나는 헬레네에 관한 이야기를 믿고 동의하며, 다음과 같은 점을 곰곰이 생각한다. 만약 헬레네가 일리온에 있었다면, 알렉산드로스의 의사가 있건 아니건, 그리스인들에게로 반환되었을 것이다. 왜냐하면 프리아모스는 알렉산드로스가 헬레네와 한집에 살도록 하기 위해 자신의 신체와 아이들과 폴리스에 위험을 불러올 만큼 정신 나간 사람이 아니며, 그의 측근 인사 가운데에도 그런 이는 아무도 없기 때문이다.

자료
10

정해진 운명은 제우스도 어찌할 수 없다

호메로스, 《일리아스》 16.431~456

제우스는 비트는 재주를 가진 크로노스의 아들로서

두 위대한 전사들을 보고서 불쌍한 마음이 들어, 누나요 아내인 헤라에게 말했다.

"슬프구나…… 나의 사랑하는 사르페돈, 내가 가장 사랑하는 사람이자 내 아들이―

메노이티오스의 자식인 파트로클로스의 손에 죽을 운명이니,

이 모든 것을 재어보니 내 마음이 두 동강 난다오.

그가 아직 살아 있는 지금, 그를 꺼내

리키아[10]의 비옥한 푸른 대지 위에 내려놓아

트로이에서 벌어진 전쟁에서, 또 그 모든 눈물에서 멀리 떼어놓을 것인가?

아니면 결국 파트로클로스의 손에 맞아 죽게 할 것인가?"

그러나 왕비 헤라는 황소 눈을 하고서 매몰차게 되받았다.

"무서운 존엄자시며, 크로노스의 아들이시여― 대체 무슨 말을 하시는지요?

10 | 리키아Lycia: 터키의 남쪽 해안 지역. 지금의 안탈리아Antalya에 해당한다.

한 인간, 그저 죽을 존재이며 그의 운명이 오래전에 봉인되어 있지 않나요?

왕께서 그를 죽음의 모든 고통에서 불려 나가게 하겠다고요?

마음대로 하시구려, 제우스여……

하지만 우리 불사의 신들 중 당신을 칭찬할 자는 아무도 없을 것이오.

그리고 나도 당신에게 이 말을 하겠어요. ─제발 마음에 담아두시구려.─

만일 당신이 사르페돈을 집으로 보낸다면, 그것도 살아서, 조심하시지요!

그러면 분명 어떤 신은 어려운 싸움에서 자신의 아들을

또한 쓸어버리기를 원할 것이랍니다. ·

아래를 보세요, 프리아모스 왕의 튼튼한 성벽 주위에서 전투하는 많은 이들이

불사의 신들의 아들들이니─

당신은 그들 모두에게서 치명적인 분노를 불러일으키겠지요……"

헤라가 거세게 몰아붙이자, 제우스는 인간과 신의 아버지로서 그 말에 즉각 동의했다.

자료
11

파이아키아라는 나라의 구성 형태

호메로스, 《오디세이아》 8.386~395

그러자 바로 [알키노스가] 배의 노를 사랑하는 파이아키아[11]인들에게 말하였도다.

"여러분, 들어보시오. 파이아키아인들의 지도자요 영주medontes인 여러분,

내가 보기에 이 낯선 사람이 참으로 범상치 않은 것 같소.

그러니 이제 우리 선물을 드립시다. 그래야 마땅합니다.

시골에는 열두 명의 훌륭한 왕들basileus이

지도자로서 통치하고 있으며, 나는 열세 번째요.

여러분 각자는 정결한 겉옷 한 벌과 속옷 몇 벌과

순금 한 탈란톤을 가지고 오십시오.

이제 즉시 이 모든 것을 가져오도록 합시다. 그래서 양손에

이 낯선 분이 지니고 있으면서 만찬을 할 때 마음으로 즐겁도록 합시다.……"

11 | 파이아키아Phaeacia: 오디세우스가 고향에 가기 전 마지막으로 들른 섬으로, 스케리아Scheria라고도 하며 라틴명은 코르키라Corcyra이다. 현재 지명은 코르푸Corfu이고 그리스령이다.

왕권을 넘보는 귀족들이 왕비에게 구혼하다

호메로스, 《오디세이아》 16.119~129; 243~253

[텔레마코스:] ······ 그러나 오디세우스는

독자인 나를 집에 남겨놓은 채 즐거움을 보지 못하였지요.

바로 그 집 안에 이제는 적들이 득시글하지요.

왜냐하면 둘리키온Dulichion, 사메Same, 그리고 숲이 우거진 자킨토스Zacynthos 같은

섬들에서 귀족으로 통치하는 자들과

바위가 많은 이타케Ithace를 두루 지배하는 자들이

모두 내 어머니에게 구혼하며 집을 훼손시키고 있기 때문이지요.[12]

그런데 어머니는 혼인을 거절하지도 또 성사시킬 수도

없지요. 그렇지만 그들은 먹으면서 황폐하게 하고 있지요,

내 집을. 참으로 그들은 나마저 바로 제거할 겁니다.

그러나 참으로 확실하게도 이 일들은 신들의 무릎 위에 놓여 있는 것이지요.

······

할 수 없습니다,

두 사람이 많고도 강력한 자들에게 대항하여 싸우는 것은.

[어머니에게] 구혼하는 자들은 정확히 열 명도 스무 명도 아니고

훨씬 더 많습니다. 곧 그 수를 파악할 것입니다.

둘리키온에서 두 명하고 쉰 명의

젊은이들이 선발되어 왔고, 아울러 수행원 여섯 명이 따라왔습니다.

사메에서 온 네 명과 스무 명의 남자가 있고요,

자킨토스에서는 스무 명의 젊은이들이 왔지요.

이타케에서 온 이들은 열둘인데, 모두 귀족aristoi이지요.

그리고 이들과 더불어 전령이자 신성한 노래를 부르는 메돈이 있고

시종 둘이 있는데, 이들은 고기 요리에 익숙한 자들입니다.

12 | 이 기사에서는 오디세우스가 왕으로서 지배하고 있던 귀족들이 보인 행동에 주목해야 한다. 아울러 이곳의 왕위는 왕비와 혼인하는 자에게 계승되었음을 알 수 있다.

그리스 신화에서 자신들의 영웅을 찾은 로마인들

아우구스티누스, 《신국론》 3.3~4

내가 받아들인 것처럼, 살루스티우스는 도시 로마를 건설하고 처음 정착한 이들은 트로이인들이라고 말하였는데, 그들은 아이네아스의 인도로 도망 나와 정해지지 않은 여러 곳을 따라가며 방황하였다.¹³ 따라서 만약 신들이 파리스의 간통이 처벌되어야 한다고 생각했다면, 로마인들은 더 크게, 적어도 분명히 처벌되어야만 했다. 왜냐하면 아이네아스의 모친이 이것을 범했기 때문이다. [거두절미하고] 안키세스와 간통하여 아이네아스를 낳은 자신들의 여자 동료 베누스를 미워하지 않는 신들이 어떻게 해서 그[파리스]의 그 불경한 행위는 미워하였는가? 후자는 메넬라오스가 격분했기 때문이고, 베누스의 경우는 불카누스가 용인하였기 때문인가? 내가 믿기로 신들은 자신들의 배우자를 질투하지 않아, 통상 배우자를 인간들과 공유할 수 있는 존재로 간주해도 합당하다고 여길 정도이다. 아마도 사람들은 내가 신화를 우습게 여겨 그렇게 중차대한 일을 대수롭지 않게 여긴다고 생각할 것이다. 그러니 허용된다면, 우리는 아이네아스가 베누스의 아들이라고 믿지 말자. 만약 로물루스도 군신 마르스에게 속하지 않는다면 이 점을 나는 인정할 것이다. 만약 이것이 그러하다면, 왜 다른 것은 그러하지 않겠는가? 남신들이 여자 인간들과 교접하는 것은 정당한 반면에 남자 인간과 여신들의 교접은 부당한가? 베누스의 권리에 따라 [여자 인간들의] 마르스와의 혼인은 허용되지만, 같은 베누스의 법에 따라 후자의 경우가 허용되지 않는 것은 가혹한, 아니 도리어 신뢰해서는 안 되는 조건이다.

그런데 양쪽 다 로마의 권위에 의해 확언되었다. 왜냐하면 오래전 로물루스가 마르스를 아버지로 믿었던 것 못지않게 근자에 카이사르도 베누스를 할머니로 믿었기 때문이다. 어떤 사람은 말할 것이다. "당신은 그런 일들을 곧이곧대로 믿는가?" 참으로 나는 그런 일들을 믿지 않는다. 왜냐하면 심지어 그들 중에서 가장 박식한 남자인 바로Varro는, 비록 대담하고 믿을 만하게는 아니어도 거의 그렇게, 이런 일들이 거짓이라고 고백한다.

그러나 강한 남자들이, 비록 거짓일지라도, 스스로를 신들에게서 태어난 자라고 믿음으로써 그런 식으로 인간의 정신이 마치 신이라는 뿌리에 관한 확신을 낳아서 위대한 일을 떠맡고자 더 과감하게 생각하고 더 열정적으로 행하며 그로 인해 더 기꺼이 저 확신을 가지고서 그 일을 완수하는 것은 여러 국가에 유익하다고 그는 말하였다. 내가 할 수 있는 한 내 언어로 바로의 의견을 이렇게 표현하였으니, 당신은 거짓에 대해서 얼마나 넓은 공간이 열려 있는지를 알 것이다. 따라서 우리는 시민들이 신들마저 꾸며내는 편이 유익하다고 간주되는 곳에서는 이제 신성한 것들과 거의 종교적인 많은 것들이 조작될 수 있었음을 깨닫는다.

| 출전 |--

디오게네스 라에르티우스 Diogenes Laertius, 《**철학자들의 생애와 사상**Philosophon bion kai dogmaton synagoge》: 기원후 3세기 초에 활약한 그리스 학자로, 철학자들의 전기와 학설을 수집했다. 그 덕분에 현재 전하지 않는 여러 철학자들의 저서에 나오는 내용이 알려졌다. 이런 귀중한 정보에도 불구하고 이 책을 사용할 때에는 조심해야 한다고 평가되며, 지엽적인 문제에 지나치게 쏠린다는 평가도 받는다.

아우구스티누스Ougustinus**(기원후 354~430)**, 《**신국론**De civitate dei》: 《신국론》은 기원후 413~426년간에 저술되었다. 이 책에서 아우구스티누스는 로마의 쇠망이 그리스도교 탓이라는 비판에 대처하면서 고대 역사를 간략히 소개한다. 논쟁의 주요 대상은 네오플라톤주의와 펠라기우스주의다.

오비디우스Ovidius**(기원전 43~기원후 17)**, 《**메타모르포시스**Metamorphosis》: 세 번 혼인했으며, 딸을 하나 남겼다. 시인으로 명성을 얻고 있었는데, 기원후 8년 갑자기 아우구스투스에 의해 흑해의 토미스Tomis로 유배되어 그곳에서 죽었다. 《메타모르포시스》는 '변신 이야기' 등으로 번역되는데, 기원후 2년경부터 저술된 것으로, 오리엔트와 고전 그리스 시기의 설화가 수집되어 있다. 이 책은 나름대로 연대기 구성을 갖고 있는데, 혼돈에서 질서를 향해 가다가 마침내 율리우스 카이사르의 현현으로 변화의 끝에 도달한다.

콜로폰의 크세노파네스 Xenophanes of Colophon**(기원전 570~475)**: 시인이자 철학자로《**본성에 관하여**》라는 저술을 남겼다고 알려졌으나 시의 단편만이 전한다. 신에 대한 전통적인 견해에도 도전하여 일신교를 주장했다. 젊었을 때 이오니아에서 추방되어 주로 시칠리아에서 거주했다고 한다.

크세노폰Xenophon**(기원전 428~354)**, 《**헬레니카**Hellenica》: 부유한 아테네 가문 출신이다. 기원전 399년에 소크라테스와 연관되어 추방되었으며, 스파르타 왕인 아게실라오스Agesilaos II와 친분을 맺어 그의 전투를 수행했다. 이후 코린토스에도 머물렀다가 다시 아테네로 돌아왔다. 《헬레니카》는 전체 7권으로, 기원전 411~362년간에 저술되었다. 기원전 당시 아테네, 스파르타, 테바이 등의 정세가 담겨 있다.

플라톤Platon**(기원전 429~347)**, 《**국가**Politeia》: 양친 다 저명한 아테네 집안 출신이다. 소크라테스의 영향을 많이 받았으며, 《국가》에서는 소크라테스가 화자로 등장하여 여러 형태의 국가를 나열하고 그것들의 본질을 논한다. 이 장에서 인용한 부분은 특히 교육 문제를 논하는 대목이다.

헤로도토스Herodotos**(기원전 484?~425)**, 《**역사**Historiae》: 소아시아의 남부 도시인 할리카르나소스Halicarnassos 출신이다. 이 책에서 헤로도토스는 페르시아 전쟁의 원인을 기술하며 인간의 업적을 후세에 남기려 한다는 취지를 밝힌다. 그의 기술은 지어낸 부분이 많다는 비판도 있으나, 오늘날 문화사적 관점에서는 오히려 중요한 정보를 제공한다는 평가를 듣는다. 2권에서는 이집트의 사정을 전하는데, 그가 직접 아스완 지역까지 답사했다고 알려져 있다. 그러나 그가 전하는 이집트 역사는 상당 부분 간접적으로 취재한 것이어서 이름이나 연대가 정확하지 않다. 특히 2권 99장부터 146장까지(기원전 664년부터 위로 2700년간의 역사에 해당함)는 가치가 없는 것으로 여겨진다.

헤시오도스Hesiodos(?~?), 《신의 계보 Theogonia》: 그리스 최고의 시성詩聖으로, 호메로스와 쌍벽을 이룬다. 둘 중에 누가 더 오래된 인물인가 하는 논쟁이 기원전 5세기부터 있었다. 헤시오도스는《노동과 나날》에서 자신을 아이올리아의 키메에서 나와 보이오티아에 있는 아스크라에 정착했다고 묘사했다. 《신의 계보》는 신들의 기원과 제우스의 등장까지 이어지는 신들의 계보를 보여준다. 일부 학자들은 제우스의 혼인과 여러 올림포스 신들에 관한 마지막 부분은 헤시오도스 이후에 기술된 것이 아닌가 의심하기도 한다.

호메로스Homeros(?~?), 《일리아스Illias》: '일리아스'는 '일리온에 관한 노래'라는 뜻이며, 일리온은 트로이의 다른 이름이다. 역사성을 둘러싸고 논쟁이 있으나, 책에 묘사된 무장이나 전술, 장례 관습 등은 역사적 사실과 일치하는 것으로 보는 경향이 있다.

| 참고문헌 |

김봉철, 《그리스 신화의 변천사―시대와 신화》, 길, 2014.

김진경, 《고대 그리스의 영광과 몰락》, 안티쿠스, 2009.

뒤센, 에르베, 《트로이―프리아모스의 보물》, 김정희 옮김, 시공사, 1997.

버널, 마틴, 《블랙 아테나》, 오흥식 옮김, 소나무, 2006.

베르길리우스, 《아이네이스》, 천병희 옮김, 숲, 2007.

양병우, 《고대 올림픽》, 지식산업사, 1988.

오비디우스, 《원전으로 읽는 변신이야기》, 천병희 옮김, 숲, 2005.

유재원, 《그리스 신화의 세계》(1. 올림포스의 신들, 2. 영웅이야기), 현대문학, 1998.

최혜영, 《그리스 문명》, 살림출판사, 2004.

카펜터, 토머스 H., 《고대 그리스의 미술과 신화》, 김숙 옮김, 시공사, 1998.

파르누, 알렉상드르, 《크노소스―그리스의 원형 미노아 문명》, 이혜란 옮김, 시공사, 1995.

헤시오도스, 《신들의 계보》, 천병희 옮김, 숲, 2009.

호메로스, 《오뒷세이아》, 천병희 옮김, 숲, 2006.

_____, 《일리아스》, 천병희 옮김, 숲, 2007.

Finley, M. I., *Aspects of Antiquity―Discoveries and Controversies* , 2nd ed., Penguinbooks, 1977.

Larue, Gerald A., *Ancient Myth and Modern Man* , Prentice Hall, 1975.

Sealey, R., *A History of the Greek City States, 700~337 BC* , University of California Press, 1976.

2
폴리스
: 서양 최초의 국가는 어떤 형태인가

아리스토텔레스가 인간을 '정치적 동물zoon politikon'이라고 정의한 것은 잘 알려져 있다. 여기에서 '정치적'이라는 말은 원래 '폴리스에 거주하는'이라는 의미를 지니고 있다. | 자료 1 | 이처럼 서양에서는 인간에 대한 보편적 인식이 폴리스를 중심으로 이루어져왔다. 이런 의미에서 폴리스의 이해는 서양 문명을 이해하기 위한 출발점이라고 할 수 있다. 고대 그리스인들은 폴리스의 형성으로 오리엔트와는 상이한 문명을 독자적으로 형성하는 전기를 맞이했다는 평가를 받기도 한다.

폴리스의 적절한 번역어는?

이처럼 중요한 의의가 있는 '폴리스polis'가 막상 무엇인지를 밝히는 문제는 쉬운 일이 아니어서, 이에 관한 논의가 16세기부터 지금까지 계속되고 있다. 번역어에도 아직까지 합의가 이루어지지 않은 상태이다.

폴리스는 일반적으로 '도시국가city state'라고 번역되는데, 이 번역어는 오늘날 여러 가지 면에서 비판을 받고 있다. 이 말이 폴리스가 지닌 역사적 함의를 잘 반영하지 못한다는 의미에서 그러하다. 일찍이 로마인은 라틴어로 '국가'를 뜻하는 '키비타스civitas'를 폴리스의 의미로 번역하여, 이 두 말을 상호 교환하여 사용했다. 이런 전통은 중세에도 이어져, 토마스 아퀴나스도 폴리스를 키비타스로 번역했다.

한편 키비타스에는 '도시'라는 의미도 있었는데, 이 말에서 영어의 '시티city'가 파생되었다. 현대 그리스어에서도 폴리스는 도시라는 의미를 갖고 있다. 16세기 이래로 프랑스에서는 이런 의미를 살려 폴리스를 '도시cité'로 번역했다. 한편 독일에서는 독일제국 안에 국가체로서 도시가 있었기에 이 의미를 살려 '슈타트슈타아트Stadtstaat'라는 말을 고안하여, 단순히 정주지로서 '도시Stadt'와 구분하였다. 이 말은 헤르더Herder가 1765년에 처음 사용했다고 알려져 있다. 이 말은 영어에도 영향을 주어, 1893년에 파울러W. W. Fowler가 '도시국가city-state'라는 말을 확정하기에 이른다. 이 말은 다시 프랑스와 이탈리아에 영향을 주어 그와 비슷한 말이 만들어졌으며(이탈리아어로는 città-stato, 프랑스어로는 cité-État), 심지어 그리스에도 영향을 주었다(polis-kratos: 도시국가). 그러다가 독일의 '도시국가'와 폴리스는 같은 것이 아니라는 점이 밝혀지면서, 독일에서는 폴리스라는 용어가 선호되었다.

그래서 오늘날에는 폴리스가 단순한 정주 형태가 아니라 하나의 국가형태라는 의식 하에, 그대로 폴리스를 사용하거나 '폴리스 국가polis-state'라는 말을 사용하고 있다. 그런데 이렇게 불합리성이 지적되고 있는데도 도시국가라는 용어가 계속 사용되고 있다. 이처럼 번역어가 정착되지 못하고 있는 것은, 그만큼 폴리스의 정체를 밝히기가 쉽지 않음을 뜻한다.

폴리스의 역사와 구조

폴리스가 최초로 만들어진 시기는 기원전 1000년경이며 애초 아티카Attica(아테

네의 영토)와 에우보이아Euboea에 있었다. 이런 유형의 국가는 그리스 본토와 도서島嶼, 소아시아의 해안 지역으로 빠르게 확산되었다. 기원전 750년 이후 본격적으로 건설된 식민시apoikia; colony들은 모두 폴리스형 국가를 형성했다.|자료 2|폴리스들은 점진적으로 형성된 데다 주체의 성격도 상이했기에 구조나 기능 면에서 상당히 차이를 보였다. 이러한 차이점을 염두에 두고 하나의 이상형을 그려볼 수 있을 것이다.

우선 폴리스의 기본적인 구조를 보면 영토는 대체로 시내 지역과 코라chora라고 불리는 농촌 지역으로 구분될 수 있으며, 간혹 영토에 비교적 큰 촌락kome이 예속된 경우도 있다. 시내 중심부의 가장 높은 곳에는 성채 또는 산채山砦 기능을 하는 아크로폴리스acropolis('acros'는 '가장 높은'이라는 뜻)가 자리한다. 아크로폴리스는 피난처 구실을 하는 곳이자, 정치적 권위의 상징이었다. 그 주변에는 신전·공공건물·광장agora|자료 3|·노천극장·성화로 등 도시에 필요한 시설을 갖추는 것이 일반적이다. 성벽의 경우, 가지고 있는 곳도 있었으나 대체로 그리스 본토에는 없었던 것으로 보인다. 또 대부분의 도시가 지형 혹은 생산의 제약 조건 때문에 소규모로 해안이나 강변에 자리했으나, 간혹 규모가 큰 경우도 있고 내지에 자리한 경우도 있었다. 이렇게 보면 폴리스는 농촌을 포함하고 있으므로 단순하게 도시로 볼 수는 없으며, 오히려 자급자족의 기반을 갖춘 독립적인 세계로 볼 수 있다.

폴리스는 또한 주민의 성격에 따라 상이한 구조를 가졌던 것으로 보인다.

예를 들어 아테네는 '신오이키스모스synoikismos'에 따라 폴리스가 형성된 것으로 알려졌다. 신오이키스모스란 'syn(함께)'이라는 말과 'oikos(집)'라는 말의 합성어로, 흔히 집주集住라고 번역된다. 집주 현상은 전에는 별도로 집家 단위로 분산되어 살던 그리스인들이 일종의 제사 공동체 성향을 공유하면서 요새나 성채를 중심으로 결속하게 된 과정을 보여준다.|자료4| 이런 경우에는 기존 사회구조가 변하지 않은 채 폴리스가 형성되었는데, 대체로 토지를 가진 귀족이 최상층에 오고, 중간층은 소규모 토지 보유자가 차지하고, 최하층에는 토지가 없는 사람들이 있는 계층구조가 온존했다.

도판 2 항공사진으로 본 아테네의 아크로폴리스. 이곳 언덕 위에 샘이 있는 것으로 보아 과거에는 독립적인 주거지였음을 알 수 있다.

　두 번째로, 스파르타 같은 경우는 강력한 군사력으로 원주민을 복속하고 지배하면서 시민 간의 군사적 결속을 강화하면서 폴리스가 형성되었다. 도리스인의 폴리스가 주로 이런 경우에 해당하는데, 정복민이 피정복민에 비해 절대적으로 소수여서 지배에 필요한 군사력을 강화하기 위해 동일 면적의 토지를 폴리스의 구성원인 시민에게 각각 분할하고 농촌을 주요 생활 기반으로 삼았다. | 자료 5 | 그 결과, 구성원 간에 경제적·정치적 동등성이 확보되었다.

　세 번째로, 에게 해 도서 지역이나 연안 지역으로 이주한 사람들의 경우, 처음에는 국가를 형성하지 않은 채 계층 간 차별이 없는 상태로 살았다. 그러다 폴리스가 성립되면서 다른 폴리스를 정복하거나 계층이 분화되어 계층 간 차별이 생기는 상태로 나아갔다. 이처럼 폴리스는 내부의 사회적 관계, 폴리스 간의 관계에 따라 저마다 특수성을 띠면서 발전했다.

한편 폴리스의 형태를 갖추지 않은 국가도 있었는데, 마케도니아가 그러한 경우였다. 마케도니아는 에트노스ethnos라고 불리는 상태로 국가를 유지했다. 이 국가는 폴리스보다 후진적이었고, 지역 나름으로 자치를 했다. 요컨대 고대 그리스 국가 모두가 폴리스 형태를 띠었던 것은 아니다.

폴리스의 지향점은 자급자족 공동체

이처럼 그리스의 폴리스는 그 기원과 발전 방향이 다양했음에도 통틀어서 폴리스라고 규정할 만한 특징이 있었다. 가장 기본적인 특징은, 모든 폴리스가 일종의 공동체로 출발했다는 점이다. 폴리스의 시민은 전사로서 독립적인 토지 소유자들로 이루어졌고 지배층을 이루었다. 이 점은 중세 이래로 유럽의 도시들이 상인이나 수공업자로 구성되면서 피지배층이었던 점과 크게 대비된다고 하겠다.

두 번째 특징은 이러한 기본적인 특징과도 연결되는데, 폴리스는 또한 시내와 농촌을 한 단위로 설정하거나 농촌에 기반을 두어 자급자족autarky(이 영어 단어는 그리스어 'autarkeia'에서 유래했다)을 지향했다. 물론 자급자족을 완전히 실현하기는 불가능했기에 외국과의 거래도 필요했지만, 자급자족을 하나의 이상으로 생각했다.

나아가, 아리스토텔레스는 폴리스를 나름의 주권을 가진 결사체로 정의했다. 대부분의 폴리스가 저마다 나름의 체제와 법을 갖고 있었기 때문이다. 그래서 각 폴리스는 자유를 누리는 삶을 이상적으로 여겼다. 비록 헬레니즘 시기에 대부분의 폴리스가 그런 자유를 상실하여 자치단체나 행정구역으로 변모했을지라도, 적어도 고전기 대부분의 폴리스는 자유를 구가했다. 이처럼 폴리스들은 자급자족, 자치, 자유라는 3대 이상을 대체로 공유하고 지향했다고 볼 수 있다.

폴리스에 살아야 인간이다?

아리스토텔레스, 《정치학》 1252 a 24~1253 a 7

다른 모든 것에서와 마찬가지로, 이 주제에서 탐구하기 가장 좋은 방식은 사물들이 시초부터 성장해가는 과정을 생각하는 것이다. 타인 없이 살아갈 수 없는 인간이 어떤 결사체를 이룰 것이라는 점은 무엇보다도 불가결하다. 예컨대 남자와 여자도 종족을 재생산하기 위해 그렇게 한다. 이렇게 하는 것은 의식적으로 선택해서가 아니라 자신과 같은 종을 남기고자 하는 자연적 본능 탓으로, 모든 동물과 식물에 공통되는 일이다. 다른 예는, 지배자와 피지배자가 상호 보호를 위해 자연스럽게 결합하는 것이다. 지력과 예지력을 행사할 능력이 있는 자가 다스리고 지배하는 요소에 속하는 반면, 육체노동 능력을 가진 상대가 신민이 되거나 노예가 되는 것은 자연스럽다. 여기서 주인과 노예는 같은 이해관계를 가진다. 따라서 여자와 노예 사이에는 본성적으로 차이가 있다. 당신이 보다시피, 자연이 만든 것을 보건대, 델포스의 칼[1] 을 만들어내는 장인처럼, 자연은 그렇게 미천하지가 않다. 모든 것이 본성 속에서 한 가지 기능만을 가진다. 그리고 어떤 도구가 여러 개가 아니라 한 가지 목적에 기여하도록 고안되었다면 그 도구는 가장 좋은 것으로 입증된다. 그러나 야만인들 사이에서 여자와 노예는 같은 직책을 수행한다. 왜 그런가 하면 야만인들은 본성적으로 통치하는 요소를 가지고 있지 않기 때문이다. 그들에게 혼인은 단지 여자 노예와 남자 노예 간의 결합에 불과하다. 그래서 시인들은 "옳도다, 그리스인들이 야만인을 지배하는 것은"[2] 이라고 말하였던 것이다. 이 말은 야만인과 노예는 본성상 하나이면서 같은 것이라는 뜻이다. ……

많은 촌락들의 결속이 완전한 폴리스이므로, 말하자면 충분한 자급자족의 목표를 가지는 것이니, 애초 생활을 위해서 만들어졌으나 이제는 좋은 생활을 위하여 존재한다. 따

1 | 다목적 용도로 만들어진
칼로 짐작된다.

2 | 에우리피데스의 《이피게
네이아》 1400행에 나오는
시구.

라서 앞서 말한 결속들이 그런 것처럼, 전체 폴리스는 본성에 따른 것이다. 왜냐하면 오로지 각자는 나름의 완전한 기원을 가지고 있어서, 이를테면 사람이나 말馬이나 집안처럼 이 본성이 각자에게 속한다고 사람들은 말하기 때문이다. 또한 이를 위한 것과 최선의 목적도 그러하다. 한편 자급자족은 목표이면서 동시에 최고선이다. 참으로 이것들로부터 분명해지는 것은 폴리스야말로 촌락들의 본성에 따른 것이며 사람은 본성상 폴리스에 관련된 동물[3] 이라는 점이며, 폴리스가 없는 자는 본성으로 인해서, 그러나 우연이 아니게도, 분명히 저급하거나 아니면 인간보다 더 뛰어난 존재이다. 그래서 호메로스는 "가문이 없는 자요, 법이 없는 자요, 화덕이 없는 자"라고 비난했던 것이다. 왜냐하면 전체적으로 보아 이런 유에 속하는 자는 싸움을 원하며 마치 장기판에서 고립된 자와 같기 때문이다.

3 | 이 유명한 구절은 흔히 '인간은 정치적 동물'이라고 오역되는 구절이다.

자료
02

폴리스의 기원과 형성

4 | 키클로페스Cyclopes: 이마 가운데에 외눈을 가진 거인족으로 알려진 종족.

5 | 나우시토오스Nausithoos: 파이아키아인의 왕으로 포세이돈의 아들이다. 이 기사에서처럼 그는 문명을 가져다주고 식민시를 개척했다고 한다.

6 | 이 말을 입증하는 자료들이 항공촬영이나 발굴을 통해 수집되어, 농경지를 정방형 구획에 따라 분할한 점을 오늘날에도 확인할 수 있다.

호메로스, 《오디세이아》 4.4~10

파이아키아인들은 전에는 휘페레이에의 넓은 땅에서 살았지.

그곳 근처에 키클로페스[4] 가 있었지. 이들은 공격적이어서

토지를 약탈하고 그들보다 더 강하였으므로 그들은 어렵게 살았네.

그래서 신과 같은 나우시토오스[5] 가 파이아키아인들을 그곳에서 끌어내

시케리아에 정착시켰는데, 이곳은 고생하는 자들과는 동떨어진 곳이지.

그는 폴리스 주변에 성벽을 쌓고 집을 지었으며

신전을 건설하고 경지를 나누어 주었다네.[6]

폴리스의 토지 나누기

7 | 여기서 폴리스는 도시 거주 지역을 의미한다. 하지만 폴리스가 국가라는 의미로도 쓰이므로, 본문에서 밝힌 대로 모호한 부분이 있다.

플라톤, 《법률》 645B~E

다음 단계에 관해서 말하자면, 우선 해야 할 일은 폴리스[7] 를 위해 장소를 지정하는 것입니다. 이 장소는 되도록이면 영토의 중심부에 있어야 합니다. 또한 폴리스를 건설하는 데 유리한 특성을 지니고 있어야 합니다. 그런 특성이 무엇인지는 불을 보듯 훤해서 말하기 어렵지 않습니다. 다음에 해야 할 일은 전체를 열두 부분으로 분할하는 것입니

다. 하지만 그보다 먼저 헤스티아, 제우스, 아테나[8]를 위해 성스러운 구역을 선별하여 아크로폴리스로 명명하고, 그 주변에 성벽을 쌓아야 합니다. 그런 후에야 열두 부분을 정할 수 있는데, 폴리스 안에서도 그러하고, 코라에서도 전체적으로 그렇게 합니다. 이 열두 부분은 동등해야 합니다. 좋은 토지가 있는 부분은 면적을 적게 하고, 토질이 나쁜 곳은 면적이 더 넓어야 합니다. 그리고 5040개의 할당토지를 만들고[9] 각 할당토지를 나누어 두 부분으로 이루어지게 합니다. 그러면 모든 할당토지가 가까운 곳에 있는 것과 먼 곳에 있는 것으로 구성되겠지요. 폴리스에서 가까운 구획은 국경에서 가까운 구획에 부속시키고, 폴리스에서 두 번째로 가까운 구획은 국경에서 두 번째로 가까운 구획에 부속되게 합니다. 그리고 토질의 비옥도와 관련하여 조금 전에 언급한 점을 염두에 두면서 분배된 토지의 크기에 변화를 주어, 할당토지 각각이 전체적으로 균등해지도록 두 가지로 구분된 구획을 세심하게 배려해야 합니다. 그런 연후에 열두 개의 할당토지를 열두 분의 신[10]에게 지정하도록 해야 합니다. 각 신에게 할당된 토지에 이름을 붙이고 신성하게 하고서 각 신에 따라 부족phyle의 이름을 지어줍니다. 그런 다음에 코라가 전체적으로 할당된 것과 같은 방식으로 폴리스의 열두 부분을 다시 분배해야 합니다. 그리고 모든 이가 두 채의 집을 받아야 하는데, 한 채는 중심지 근처에 있고 다른 한 채는 주변부에 있도록 해야 합니다. 이로써 도시 건설이 완료됩니다.

자료 03

두 종류의 아고라

아리스토텔레스, 《정치학》 1331 a 30~35; 1331 b 1~4

이 장소 바로 아래쪽에 아고라(광장)를 건설하는 것이 마땅하다. 이 같은 종류를 테살리아Thessalia에서는 사람들이 공동으로 사용하고, 이곳을 '자유의 아고라'라고 부른다. 이 장소에서는 그 어떠한 팔 것도 있어서는 안 된다. 아르콘이 소환하지 않는 한 어떤 수공업자도 농민도, 혹은 이런 부류에 속하는 기타 사람들도 입장하지 않게 하는 것이 마땅하다. ……

한편 '매매의 아고라'는 이와 달라야 한다. 그러한 아고라와 별도로 있어야 하며, 바다에서 전해지고 농촌에서 오는 모든 것이 집결하기에 유리한 장소가 되어야 한다.

집주가 이루어지다

투키디데스, 《펠로폰네소스 전쟁사》 2.15

먼 옛날부터, 사실 이것[11]은 다른 사람들보다 아테네인들에게 더 적합했다. 왜냐하면 케크롭스[12] 시기와 초기의 왕들부터 테세우스 시기까지 아티카 사람들은 언제나 [그들 자신의] 폴리스에서 살았기 때문이다. 그들은 제각각 나름의 건물과 관리법을 가지고 있었다. 만약 공통의 위협이 없었다면 왕과 더불어서 협의회에 참여하지 않고 각 폴리스가 자기 나름의 결정에 따라 스스로 통치하였을 것이다. 실제로 이 공동체들은 때때로 아테네와 전쟁을 벌이기도 했다. 예를 들면 에우몰포스Eumolpos와 엘레우시스 Eleusis[13] 사람들은 에렉테우스 왕과 전쟁을 벌였다. 그러다가 테세우스가 왕위에 올랐다. 능력 있을 뿐 아니라 지혜로웠던 테세우스는 적절한 근거에 따라 코라를 재편성했고, 폴리스들이 제각각 협의회와 정부를 두고서 난립하는 상태를 타개했다. 그의 이런 계획에 따라 지금과 같은 하나의 폴리스가 생겨났는데, 이곳은 의사 결정과 통치가 이루어지는 유일한 곳이다. 그러므로 집주는 전체적인 것이다.[14] 모든 사람이 전처럼 자유롭게 자신의 일을 돌볼 수 있다. 이제 오로지 한 장소, 곧 아테네만이 있었다. 테세우스는 아테네를 유일한 폴리스로 간주하게 하였다. 이런 결합에 참여하는 모든 사람과 더불어 테세우스가 후세에 물려준 것은 바로 큰 도시였다. …… 그 이전에 폴리스는 오늘날의 아크로폴리스와 그 아래쪽, 특히 남쪽 지역만으로 이루어진 것에 불과했다. …… 더욱이 아테네인들이 오늘날 아크로폴리스라고 부르는 거주지가 오래전에는 폴리스였기 때문이다.

11 | 농촌에 거주하는 것을 말한다. 집주가 완료되기 이전의 마라톤, 브라우론, 엘레우시스 등은 아테네가 아니었다.

12 | 케크롭스Kekrops: 아테네 최초의 왕으로, 전설 속 인물이다.

13 | 기원전 8, 7세기경 아테네에 가장 마지막으로 굴복한 지역이다.

14 | 앞에서 아리스토텔레스가 진술한 이론의 구체적인 과정이 바로 집주라고 본다. 이 용어는 보통 사람들이 한곳으로 집중되는 현상을 의미하지만, 사실 집주의 핵심은 정치·종교 제도의 중앙 집중화라고 볼 수 있다. 여기에서 테세우스가 한 역할은 상징적인 것으로 인정된다.

토지를 가진 자가 시민

투키디데스, 《펠로폰네소스 전쟁사》 1.10.2

만약 스파르타인들의 폴리스가 폐허가 되고 신전과 주춧돌만 남는다면, 먼 미래의 사람들은 스파르타인들의 명성이 시사하는 만큼 그 힘이 컸으리라고 믿기 어려울 것이라고 나는 생각한다. 그들은 펠로폰네소스의 5분의 2를 겨우 차지한 채 외적으로는 많은 동맹국뿐만 아니라 그 반도 전체를 지배하였다. 그렇지만 스파르타는 하나의 폴리스로 집주화하지 않았으며, 값비싼 신전들과 건물들도 가지고 있지 않았다. 그렇지만 초기 그리스식으로 많은 촌락들로 구성되어 있었기에 열등한 곳으로 보일지도 모른다. 반면에 같은 일이 아테네에서 발생한다면, 사람들은 남아 있는 유물을 보며 그 폴리스가 실제보다 두 배는 강했을 거라고 짐작할 것이다.

| 출전 |

아리스토텔레스Aristoteles(기원전 384~322), 《정치학Politika》: 아리스토텔레스의 대표적인 저술 가운데 하나. 폴리스의 기본적인 성격을 논하고, 여러 국가 체제를 분류하여 각각의 장단점과 개선책을 논한다. 그가 남겨놓은 개념은 오늘날에도 여러 학자에게 큰 영향을 주고 있다.

투키디데스Thucydides(기원전 460~395), 《펠로폰네소스 전쟁사Historiae》: 아테네의 장군이자 정치가였던 투키디데스가 저술한 역사서로, 아테네와 스파르타 간의 전쟁(기원전 431~404)을 기술했다. 역사를 통해 교훈을 주어야 한다는 목적론적 서술 방식을 취했다. 대표적인 정치사 저술로, 특히 세밀한 묘사로 정평이 나 있다.

플라톤, 《법률Nomoi》: 플라톤의 대표작. 출간 시기는 플라톤 사후로 짐작된다. 플라톤은 자신이 제시한 이상국가를 구현하는 법적 절차를 마련하고자 이 책을 저술했다. 폴리스나 식민시에 관한 내용은 주로 6권에 나온다.

호메로스, 《오디세이아Odysseia》: 오디세우스가 트로이 원정을 마치고 나서 겪은 고난을 그린 장편 서사시. 암흑 시기 그리스의 사정을 담은 저술로 인정되어 연구되고 있다. 특히 파이아키아에 관한 설명은 이 시기 국가 체제의 일면을 보여주는 것으로 짐작된다.

| 참고문헌 |

레베크, 피에르, 《그리스 문명의 탄생》, 최경란 옮김, 시공사, 1995.

에렌버그, 빅터, 《그리스 국가》, 김진경 옮김, 민음사, 1991.

최자영, 《고대 그리스 법제사》, 아카넷, 2007.

최혜영, 《그리스 문명》, 살림출판사, 2004.

드 쿨랑주, 퓌스텔, 《고대 도시》, 김응종 옮김, 아카넷, 2000.

투퀴디데스, 《펠로폰네소스 전쟁사》, 천병희 옮김, 숲, 2011.

투키디데스, 《펠로폰네소스 전쟁사》, 박광순 옮김, 범우사, 1993.

파르누, 알렉상드르, 《크노소스―그리스의 원형 미노아 문명》, 이혜란 옮김, 시공사, 1995.

호메로스, 《오뒷세이아》, 천병희 옮김, 숲, 2006.

Crawford, M. H. and D. Whitehead, *Archaic and Classical Greece*, Cambridge University, 1983.

Dillon, M., et al., *Ancient Greece: Social and Historic Documents from Archaic Times to the Death of Socrates(c. 800~399 B.C.)*, Routledge, 1994.

Sakellariou, M. B., *The Polis State—Definition and Origin*, Athens, 1989.

3 드라콘의 법전
: 서양 최초의 법은 왜 만들어졌는가

국가가 생긴 이래 국가가 현실적으로 존재한다는 것을 어느 때에 깨달을까? 아마도 개인들의 행위를 간섭하는 법률이 제정되고 그 법이 힘을 발휘하는 때일 것이다. 그리스에 여러 국가가 생긴 이후 각 국가별로 특정 인물이 법률을 제정했다는 이야기가 공통적으로 나온 현상은 그 같은 과정이었음을 보여준다.|자료 1| 여러 그리스 국가 중에 대표인 아테네도 그런 과정을 밟았다. 드라콘Drakon이 최초로 법을 제정하였고 솔론Solon이 이를 수정한 것으로 알려져 있다.

아테네 최초의 법, 드라콘법

드라콘은 기원전 621년에 법률을 만들고 포고할 수 있는 특별한 권위를 위임받았다.|자료 2| 그는 당시 사회의 필요에 따라 기존 관습법을 수정하거나 개폐하여 최초로 성문법을 만들었다. 흔히 이 법이 매우 엄격했다는 점을 강조하여, 그것

을 기록하는 데에 먹이 아니라 피가 쓰였다고들 했다.|자료3| 이 법률에 따르면 경범죄도 사형에 해당하고 중범죄도 사형에 해당한다. 그러자 사람들이 드라콘에게 경범죄와 중범죄가 같냐고 묻자, 중범죄는 더 무거운 벌을 주어야 하나 사형 이상의 벌이 없어서 같은 벌을 주는 것이라고 대답했다고 한다. 그러나 드라콘의 법이 엄격하다는 점을 강조하는 이야기는 오늘날 거의 인정받지 못한다. 그렇게 엄격하게 법을 시행할 만큼 국가의 권력이 강하지 못했다고 보기 때문이다.

흔히 고대 법률에서 가장 기본이 되는 원칙은 이른바 '복수법'이라는 것이다. '이에는 이로, 눈에는 눈으로'라는 구호로 대변되는 복수법에 따르면,|자료4| 일반적으로 살인의 경우, 피살자의 가족이나 친지가 가해자에게 복수의 책임을 지는 것이 인정된다. 드라콘 법이 제정되기 10여 년 전인 기원전 632년에 아크로폴리스를 점령하여 정부 전복을 시도한 킬론Kylon과 그 일파를, 당시 정권을 잡고 있던 알크마이온Alcmaeon 가문 사람들이 무참하게 학살한 사건이 발생했다.|자료5| 유력한 가문 사이에서 벌어진 사적 복수가 국가 차원의 큰 문제로 번진 사건이었다. 이 사건을 보건대, 국가의 힘을 통해 사적 복수를 줄이려는 목적으로 드라콘의 법률이 제정되었을 가능성이 높다고 볼 수 있다.

드라콘법에서 살인죄 항목을 재구성해보면

드라콘은 살인 사건 재판은 유력자의 협의체라고 할 수 있는 '아레오파고스 협의회'에 맡겼으며, 이보다 가벼운 사건을 심의할 법정도 만들었다. 살인에 관한 것을 제외하고 드라콘이 만든 모든 법률이 후일 솔론에 의해 개폐되었다고 한다.|자료6| 그러므로 적어도 살인에 관한 규정에서는 드라콘법의 내용이 포함된 것으로 보이며, 이에 착안하여 그 내용을 재구성해볼 수 있다. 그 첫 번째 예로, 기원전 409년에 새겨진 한 비문이 드라콘법을 담고 있는 것으로 인정된다. 이 비문에 따르면 사람을 죽였으나 고의가 아닌 경우, 그 살인자를 국경으로 안전하게 옮겨주는 정도로 국가가 보호했음을 알 수 있다.|자료7| 또 기원전 5세기와 기원전 4세기에 과실로 살해한 사람은 국외로 추방하는 것이 일반적이었다.|자료8| 한편 후대의 한 자료에 따르면, 드라콘법에 황소 스무 마리를 배상금

도판 3 기원전 409/408년의 비문으로 드라콘법의 살인에 관한 조항을 담고 있다.

으로 내라는 규정이 있었다고 한다. 이 배상금의 액수로 보아 중범죄나 살인에 관련된 경우로 보인다. 이런 점들을 고려하여 드라콘법을 재구성해보면 다음과 같다. 우선 드라콘이 법을 제정하기 전까지는 피살자의 친지들이 보복의 권리를 가지고 있었고, 가해자가 속죄금을 제공하면 용서받았다. 드라콘은 가해자의 의도에 따라 구별하는 방식을 도입했다. 이를 위해 '에페타이ephetai'라는 배심원들로 구성된 법정을 설치했다. 이 법정에서 살인 행위에 고의성이 없다고 판결하면, 살인자에게 아테네를 떠날 수 있는 안전한 길을 보장해주었다. 물론 이 법이 있다고 해서 국가의 의사가 언제나 잘 실천되었다고 말할 수는 없을 것이다. 그렇지만 적어도 살인 사건에 한해서는 아테네의 일반 시민들이 국가의 간섭을 느낄 수 있었고, 그만큼 국가의 힘이 증대되었다고 볼 수 있다. 이처럼 살인에 관련된 법은 장기간에 걸쳐서 발전했다. 이렇게 느리게 발전했다는 것은 국가의 힘이 갑작스럽게 성장하지 않았음을 의미한다.

드라콘은 사람 이름이 아니라 뱀이라는 주장

한편 벨로흐K. J. Beloch라는 학자는 '드라콘'이 사람 이름이 아니라 원래 그리스어로 뱀을 의미한다고 주장했다. 아테네인들이 아크로폴리스에서 뱀을 숭배했던 사실을 고려하면 뱀신을 시중들던 사제들이 뱀신의 권위에 입각하여 반포한 법이 드라콘법일 수 있다는 것이다. 이 주장에 대해 여러 문헌들은 드라콘이 사람 이름이라는 점에 이구동성으로 동의한다. 그러나 가장 오래된 사료가 기원전 5세기의 것이므로 그 기원에 관해서는 알지 못한 채 기술되었을 가능성도 있다. 벨로흐의 주장이 맞는다면, 초기 국가에서 법을 제정할 때 종교적 권위가 중요했음을 알 수 있다. 이 점이 바로 살인 관련 법이 오래전부터 제정된 이유이기도 하다.

여러 폴리스에서 국법이 제정되다

플루타르코스, 《리쿠르고스》 5.3

[스파르타의] 리쿠르고스: …… 결심을 굳게 하고, 처음으로 델포이[1]를 방문하여 신에게 제물을 바치고 신탁을 들은 후에 유명한 응답을 가지고 귀환했다. 여기에서 여사제는…… 그가 좋은 법들을 달라고 한 기도를 신이 들어주었고, 그에게 세상에서 가장 좋은 국법國法을 약속했다는 말을 하였다.

아리스토텔레스, 《정치학》 1274 a

[로크리스의] 잘레우코스와 [카타나의] 카론다스: 잘레우코스 덕분에 에피제피리인으로 불리는 로크리스 사람들에게 법률이 제정되었고, 카타나의 카론다스는 자신의 동료 시민들과 이탈리아 및 시칠리아의 해변에 있는 칼키스계의 도시들에 법률을 부여하였다. 어떤 사람들은 잘레우코스와 카론다스를 연결시키고자 한다. 그들의 말에 따르면, 최초로 유능한 입법가로 등장한 자는 오노마크리토스인데, 그는 크레타에서 훈련을 받았고 로크리스 사람으로서 예언술을 실행하고자 그곳을 여행했다고 한다. 탈레스가 그의 동료라면, 리쿠르고스와 잘레우코스는 탈레스의 제자였으며, 카론다스는 잘레우코스의 제자라고 한다. 그러나 이런 이야기들은 시기에 별로 관심을 기울이지 않은 것들이다. 코린토스의 필로라오스도 테바이Thebai에서 입법가로 두각을 드러냈다.

1 | 델포이Delphoi: 그리스의 옛 도시. 신탁을 받던 곳으로 유명한 아폴론 신전이 있는 곳이다.

드라콘법이 제정된 시기

아리스토텔레스, 《아테네인의 정체》 4

이어서 잠시 후 아리스타이크무스가 아르콘[2]으로 재직할 때에 드라콘이 법률을 제정하였다.

드라콘법은 피로 작성한 법

플루타르코스, 《솔론》 17.2~3

모든 범죄자에게는 오로지 사형 한 가지만 가해졌다. 그 결과, 나태한 혐의를 받은 사람도, 채소나 과일을 훔친 자도 신성모독이나 살인을 범한 자와 마찬가지로 처벌되었다. 그 때문에 후에 데마데스는 드라콘이 법을 기록할 때 먹을 사용하지 않고 피를 사용했다는 말을 하여 유명해졌다.

아리스토텔레스, 《수사학》 2.1400 b 27

사람들은 드라콘이 세운 법을 사람의 법이 아니라 용의 법이라 한다. 그 법을 매우 가혹하다 여겼기 때문이다.

복수법

《함무라비 법전》

196. 한 가장이 다른 귀족 성원의 눈을 못 쓰게 한다면, 사람들은 그의 눈을 못 쓰게 할 것이다.

200. 한 가장이 자신과 같은 신분의 가장의 이를 부러뜨린다면, 사람들은 그의 이를 부러뜨릴 것이다.

자료

05

킬론 사건

3 | 나우크라로이naucraroi: 재정과 행정을 목적으로 시민을 편성한 단위를 나우크라리아라고 하는데, 이 단위를 책임진 관리들을 일컫는 말. 인용한 글에서 이들이 아테네를 지배한다고 한 부분은 부정확한 기술로 인정된다.

4 | 페이시스트라토스는 기원전 560년 이후 참주를 시도했고 546년부터 참주정을 확고히 했다. 킬론 사건은 이 기록에 근거하여 632년부터 620년 사이에 발생한 것으로 추정한다.

헤로도토스, 《역사》 5.71

올림픽에서 우승한 킬론이라는 아테네 사람이 있었다. 이 사람은 참주가 되고자 하는 대담한 생각을 품었다. 그는 동년배의 사람들을 모으고는 성채를 점령하고자 시도하였으나 성공하지 못하자, 여신상 옆에 있는 성소를 점령하였다. 그런 후에 사형 이외의 다른 처벌을 받는 데 합의하였으므로, 그와 그의 일파가 (당시 아테네를 지배하고 있던) 나우크라로이[3] 중에서 임무를 맡고 있던 자들에 의해 해산되었다. 그러나 킬론 일파는 살육되었으며, 그 살육은 알크마이온 가문의 집 문 앞에서 이루어졌다. 이 모든 일은 페이시스트라토스의 생애 이전에 해당한다.[4]

자료

06

드라콘법이 폐지된 이유

플루타르코스, 《솔론》 17.1

그래서 무엇보다도 살인에 관한 것을 제외하고 드라콘이 제정한 모든 법을 폐지하였다. 왜냐하면 그 법들이 거칠고 형벌이 지나치게 무거웠기 때문이다.

자료

07

우발적 살인의 경우

루이스 외Lewis et al., 《그리스 비문Inscriptiones Graecae》 I, 3판, Berlin, 1981, no.104

그리고 만일 어떤 사람이 우발적으로 살인을 했다면, 그로 하여금 추방의 길에 오르도록 하라. 왕들로 하여금 ○○○이나 살인을 계획한 자에 대해 판결하도록 하라. 그리고 에페타이[5]로 하여금 최종 결정을 내리도록 하라. 만약 [피살자의] 아버지나 형제 또는 자식이 생존해 있으면 그들 모두에게 용서받게 하라. 사면에 반대하는 자가 있으면 그의 말을 들어주도록 하라. 만약 이들이 살아 있지 않은 경우, 사촌의 아들과 사촌에 이르는 친척이 용서해주고자 한다면 그들에게 용서받도록 하라. 만약 한 사람이라

5 | 에페타이ephetai: 드라콘법에 의해 선임된 배심원으로, 51명이었다.

도 반대하는 자가 있으면 그의 의견을 따르라. 만약 이들 중 누구도 생존해 있지 않고 또 그가 우발적으로 죽였다면, 그리고 51명의 에페타이가 그가 우발적으로 살해했다고 결정하면, 열 명의 프라트리아[6] 성원들phrateres이 용서할 의사가 있는 경우, 그들이 그를 사면하도록 하라. 51명의 배심원은 그 자격에 따라 이들을 선발하도록 하라. 그리고 이전에 살인을 했던 자들도 이 법에 따라 처리하도록 하라.

고의가 없다고 판결된 피고의 경우

데모스테네스, 23.72

고의성이 없는 살인을 한 것으로 판결된 자는 정해진 날에 정해진 경로를 따라 나라를 떠나서 피살자의 친척 중 한 사람과 화해가 이루어질 때까지 추방된 상태로 머물러야 합니다. 그런 연후에 그의 복귀를 허용하는데, 아무렇게나 되는 것이 아니라 정해진 방식을 따라야만 합니다. 다시 말해, 그가 희생제를 올려 몸을 정화하게 하고 이후 그가 어떻게 행동할지 지침을 내립니다.

| 출전 |

데모스테네스Demosthenes(기원전 384~322): 그리스의 정치가이자 연설가로, 61편의 연설이 그의 이름으로 전한다.

아리스토텔레스, 《수사학 Rhetoike**》:** 이 책은 남을 설득하는 학문, 곧 수사학 저술 중에 가장 중요한 책으로 인정받는다. 그렇지만 이 논설은 애초에 발간을 목적으로 저술된 것이 아니라, 아리스토텔레스의 강의를 들은 학생들의 노트를 모아 엮은 것으로 평가된다. 강의는 기원전 367~347, 335~322년간에 이루어졌다.

아리스토텔레스, 《아테네인의 정체 Politeia Athenaion**》:** 고문헌학자 케니언Frederic G. Kenyon이 단편을 모아 1891년경에 간행했다. 아리스토텔레스가 그리스의 158개 국가 체제를 연구하여 저술한 것 중에 유일하게 남아 있는 자료로, 아테네의 역사를 밝히는 데 가장 중요한 사료다. 기원전 332~322년간에 저술된 것으로 보이며, 실제 저자는 아리스토텔레스의 제자라는 추정도 있다.

아리스토텔레스, 《정치학》: 이 장에서 인용한 사료(1274 a)는 아테네가 급진적 민주정을 선택한 것은 특별한 정치 사정에 따른 일이라고 하며 아리스토텔레스가 제시한 자료다. 솔론의 입법이 다른 입법자들과 특별히 다르지 않다는 점이 강조된다.

플루타르코스Plutarchos(45~125), **《솔론》:** 그리스의 카이로네이아 출신이다. 흔히 '영웅전'으로 알려진 《비교열전Bioi parelleloi》은 그리스와 로마의 대표적인 인물을 대비하여 서술한 전기이다. 솔론은 로마의 푸블리콜라Publicola와 비교된다. 후자는 로마 시민을 통합하고 빈민을 돌보고 민주적인 제도를 마련하는 데 기여했다고 플루타르코스는 평가한다.

헤로도토스, 《역사》: 이 장에서 소개한 사료(5.71)는 기원전 508년 스파르타의 왕인 클레오메네스가 클레이스테네스와 그 집안 사람들을 추방시키라는 명령을 내리며 제시한 이유로 등장한 것이다. 이에 따르면 그 집안은 이미 킬론 사건으로 저주받은 알크마이온 가문이다. 클레오메네스 왕은 이들을 '저주받은 자'라고 부르는데, 이 말은 종교적 의무를 어겼다는 뜻으로 이해된다.

| 참고문헌 |

김진경, 《고대 그리스의 영광과 몰락》, 안티쿠스, 2009.

아리스토텔레스 외, 《고대 그리스 정치사 사료》, 최자영·최혜영 옮김, 신서원, 2002.

최자영, 《고대 그리스 법제사》, 아카넷, 2007.

_____ , 《고대 아테네 정치제도사—아레오파고스와 민주정치》, 신서원, 1995.

드 쿨랑주, 퓌스텔, 《고대 도시》, 김응종 옮김, 아카넷, 2000.

포레스트, 윌리엄, 《그리스 민주정의 탄생과 발전》, 김봉철 옮김, 한울아카데미, 2001.

플루타르코스, 《플루타르코스 영웅전》, 천병희 옮김, 숲, 2010.

헤로도토스, 《역사》, 천병희 옮김, 숲, 2009.

Beatty, John L., et al. (ed.), *Heritage of Western Civilization*, 7th ed. vol. 1, Prentice Hall, 1991.

Beloch, K. J., *Griechisches Geschichte*, I². 2, Strassburg, 1913.

Dillon, M., et al., *Ancient Greece: Social and Historic Documents from Archaic Times to the Death of Socrates(c. 800~399 B.C.)*, Routledge, 1994.

Sealey, R., *A History of the Greek City States*, *700~337 BC*, University of California Press, 1976.

4
솔론의 개혁
: 사회 갈등의 바람직한 치유법

어느 국가나 민족의 역사를 보더라도 위기의 시기가 있었는데, 그 위기를 어떻게 극복하느냐에 따라 흥망이 달라졌다. 일찍이 토인비A. Toynbee가 말했듯이, 역사는 '도전과 응전challenge and response'의 과정으로 설명할 수 있을 것이다. 아테네의 발전 과정도 예외는 아니어서, 기원전 6세기경에 '스타시스Stasis'라고 알려진 위기를 겪었다.|자료1| 갈등을 겪고 있던 아테네인들은 이런 위기를 인식하고 기원전 594년에 솔론Solon(기원전 638~558)에게 최고 관직인 아르콘archon과 아울러 '조정자diallektes'라는 별도의 직함을 부여하여 위기에 대처하게 한다. 아테네라는 국가가 겪은 위기는 무엇이었으며, 그리고 이 위기를 해결하기 위해 솔론이 어떤 개혁을 시도했고 그 결과가 어떠했는지 살펴보자.

우선 스타시스라는 말의 의미를 이해할 필요가 있다. 이 말은 일반적으로 '내란'이라고 번역된다. 원래는 '상태'를 의미했고, 여기에서 '파당'이나 '불화'의 의미가 파생했다. 그래서 이 말만 보아서는 솔론이 해결해야 할 위기의 성격이 분명히 드러나지 않는다. 이 말의 의미를 정확히 파악하려면 다른 그리스 국가들이 경험했던 일반적인 상황에서 소급 추정하는 수밖에 없다.

빈민의 예속과 참주의 등장

투키디데스에 따르면, 그리스가 부유해지고 강해지자 참주tyrannos라고 불리는 새로운 형태의 지배자가 출현했다. |자료2| 참주란 고대에도 오늘날에도 비합법적인 지배자나 폭군을 뜻한다. 하지만 현재의 터키 지역인 소아시아의 리디아Lydia 왕국에서는 왕을 뜻하는 일반 호칭이었던 점으로 미루어보아, 처음부터 부정적인 뜻은 아니었을 것이고 새로운 형태의 지배자를 지칭하는 말이었을 것이다. 그리스의 여러 나라에 이런 참주들이 나타나기 시작했는데, 그 원인은 크게 보아 사회 갈등이었다. 이를테면 시키온Sicyon, 아르고스Argos, 코린토스Corinthus처럼 도리스인이 침입하여 지배한 곳에서 참주로 등장한 인물은 지배당한 선주민을 대변하는 인물이었다. 그런 갈등이 없었던 곳에서는 농민이 중갑병으로 활약하면서 이들의 옹호자로서 참주가 등장했다. 참주들이 등장하면서 가장 크게 타격을 입은 계층은 주로 귀족이었다.

이러한 점들을 고려하면, 아테네에 닥쳤던 위기의 성격도 참주의 등장과 관련이 있을 것으로 짐작된다. 따라서 참주가 나오지 못하게 하려면 불만을 가진 사회구성원의 문제를 해결하는 것이 급선무였다. 아리스토텔레스의 기록에 따르면, 아테네 사회가 안고 있던 근본 문제는 부자와 가난한 자의 경제적 예속 관계였다. |자료3| 빈민은 자신의 처자와 함께 부자들에게 종노릇을 했고, 이들은 예속인 혹은 헥테모로이hektemoroi라 불렸다. 헥테모로이는 6분의 1을 의미하는 '헥테'와 몫을 의미하는 '모로이'가 합성된 말이다. 따라서 이 말은 소작의 6분의 1을 바치는 소작인이라는 의미로도, 소작의 6분의 1을 받는 농업노동자라는 의미로도 해석이 가능하다. 일반적으로는 전자로 해석하지만, 이들의 가혹한 처지를 강조하기 위해 후자의 의미로 보는 이도 있다. 이처럼 소수가 토지를 장악했고, 가난한 자들이 지대를 못 내면 그들과 그들의 자녀가 압류되었다(그 당시에는

채무 관계가 사람의 몸을 담보로 하여 이루어질 수 있었다). 그 결과 그들 중 일부는 노예 상태로 전락했다. 귀족이 정치를 독점하는 상황에서 이런 사정은 개선의 여지가 별로 없었다. 이렇게 해서 생겨난 불만은 체제를 전복하여 권력을 독점하려는 야심을 가진 자와 연결될 소지가 컸다.

솔론의 혁명적 경제 개혁

솔론은 자작시를 통해 자신의 치적을 선전했다.|자료4| 그의 개혁은, '부담을 흔들었다'라는 뜻을 지닌 '세이삭테이아seisachtheia'라는 말로 집약된다. 이 말은 구체적으로, 담보의 표시로 농지에 박은 '호로이horoi'라는 말뚝을 제거한 일, 팔려간 자들이 아테네로 돌아오게 한 일, 부당하게 노예로 전락한 자들을 해방시키고 그 후에는 인신 담보 행위를 금지한 일을 의미한다. 시의 내용에 따르면, 솔론이 취한 긴급 조치는 우선 부채로 야기된 인신 예속 문제를 해결한 것으로 보인다. 그의 개혁 이후 아테네 시민이 부채 때문에 노예가 되는 일은 사라졌다. 그러나 말이 통하지 않는 외국인이 노예가 되면서 그리스인들은 이들을 일종의 물건으로 여기게 된다. 이런 노예를 '동산 노예chattel slavery'라고 부르는데, 이런 형태가 이후 서양 고대의 전형적인 노예제로 자리 잡았다.

솔론은 예속된 빈민에게 자유를 가져다주었으나 농지를 재분배하지는 않았다. 그 대신 상공업을 육성하는 쪽으로 경제의 방향을 전환한다. 이를테면 아버지는 아들에게 직업을 전수하게 하고,|자료5| 가족과 함께 정착하는 외국인에게 아테네 시민권을 부여하며,|자료6| 시민들의 생활 근거를 조사하여 나태한 자를 처벌하고,|자료7| 곡물 수출을 금지하되 올리브기름 수출을 적극 장려하는|자료8| 정책을 폈다. 이 정책들은 경제적 측면에서 보면 가히 혁명이라 할 만하다. 이른바 생존을 위한 농업에서 환금작물을 생산하기 위한 농업으로 전환하는 것을 의미하기 때문이다. 이런 농업이 가능하려면 상업과 공업이 받쳐주어야 한다. 그런데 아테네는 경제적으로 아직 유치한 단계였기에 코린토스와 에우보이아로부터 도량형과 화폐를 들여와야 했다.|자료9| 협소한 농지를 가지고 불어나는 인구를 충분히 부양할 수 없었던 전반적인 사정을 고려하면,|자료10| 이런 전환

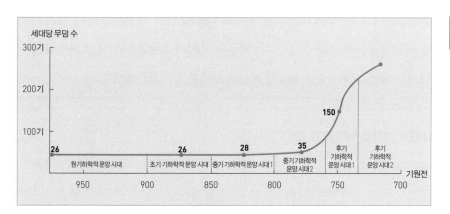

표 2 아티카의 인구수 추정 그래프. 50년당 무덤 수에 근거하여 추정한 것이다.

은 불가피한 측면이 있다.

솔론의 개혁이 가져온 변화

솔론의 경제정책으로 새로운 사회계층, 예컨대 도시에서 일하는 노동자, 장인, 선원, 상인 들이 늘어났다. 이들을 정치체제 면에서도 배려하지 않으면 안 되었다. 그래서 고안된 것이 시민의 생산력에 따라 정치적 권리에 차등을 두는 제도였다.| 자료11 | 이 제도를 '재산비례정timocracy'이라고 부른다. 이에 따르면, 1년에 500단위 이상을 생산하는 사람을 500메딤노스medimnos 급級이라 부르고 이들에게 국고 관리직 자격을 부여한다. 300단위 이상을 소출하는 사람은 기사hippeis로 불리며, 기사 이상 등급 보유자들은 최고 관직인 아르콘에 피선될 자격을 가진다. 세 번째는 자영농zeugitai(단수는 zeugites)으로 불리는 자들로 200단위 이상을 생산하는 자들이다. 자영농 이상의 등급에 속한 자들은 군 복무가 허용된다. 200단위 미만을 생산하는 자들은 빈민thetes(단수는 thes)에 속하며, 민회나 법정에 참여하여 권리를 행사할 수 있다.

　기존 귀족의 시각에서 보면 이 체제가 큰 변화를 가져오지는 못할 것 같았다. 그들이 1등급과 2등급을 차지할 것이 분명했기 때문이다. 그런데 이런 철칙에 변화가 일어났다. 종래의 귀족은 좋은 아버지를 두었다는 뜻을 지닌 '에우파트리다이eupatridai'라고 불렸다.| 자료12 | 이는 귀족이란 혈통으로 결정됨을 의미한다. 그러나 새로운 체제는 지배층으로 올라서는 길을 일정한 재산을 가진 자에게도

열어놓았다. 이런 면에서 솔론의 체제는 혈통에 닫힌 사회를 능력에 열린 사회로 바꾸어놓았음을 알 수 있다. 이 제도는 사회에 급격한 변화를 가져오지 않으면서도 불만을 흡수했고 체제의 변화를 서서히 불러일으켰다.

솔론의 개혁을 어떻게 볼 것인가

솔론의 개혁을 어떻게 볼 것인가? 그가 농지의 재분배를 시행하지 않은 점을 두고 미온적인 개혁이라는 평가도 있고, 그가 직책을 사임한 후 약 30년간 정치적 혼란이 계속된 점을 고려하면|자료13| 단기적으로 볼 때 성공한 개혁이라고 보기는 어렵다. 하지만 장기적으로 보면 그의 개혁은 클레이스테네스에 이르는 민주정치의 실현과 연결된다고 볼 수 있다. 또 기원전 560년 이래로 페이시스트라토스가 시도한 참주정치의 영향력이 미약했던 점을 볼 때, 솔론의 개혁이 사회 갈등을 원활히 극복하는 데 일조한 것으로 보인다. 나아가, 기원전 520년에 이르러 아테네산 도자기가 지중해권 전역을 석권했다는 점을 고려한다면, 그의 경제개혁은 크게 보아 성공을 거두었다고 볼 수 있다.

요컨대 솔론은 그리스가 위기에 처했을 때 체제 변화를 수반하는 개혁을 통해 아테네가 장차 번영의 길로 나아갈 토대를 놓았다.

자료 01

스타시스란 무엇인가?

1 | 드라콘의 법이 제정된 이후부터 솔론 시기까지를 의미하는 것으로 보인다.

2 | 데모스demos: 사료에서 촌락과 촌락민을 지시하는 말로도 쓰였고, 귀족이나 부자에 대비한 말로도 썼다. 후자의 시각에서 '민중民衆'으로 번역하기도 한다. 상황에 맞게 번역될 필요가 있는 말이다.

아리스토텔레스, 《아테네인의 정체》2

이 일이 있은 후에 명사들과 대중은 오랫동안[1] 스타시스하게 되었다.

아리스토텔레스, 《아테네인의 정체》5

정체가 그렇게 정해지고 또 많은 이들이 소수자에게서 노예 상태가 되자, 데모스[2]가 귀족들에게 저항하여 봉기하였다. 그러나 오랜 기간의 스타시스와 대립을 겪은 후, 두 편은 함께 모여 솔론을 조정자와 아르콘으로 선임하는 데 동의하고, 그의 손에 정체를 맡겼다.

자료 02

참주라는 새로운 지배자가 등장하다

3 | 참주tyrannos: 이 말을 최초로 사용한 그리스인은 아르킬로코스였다. 그는 왕위 찬탈자인 기게스를 묘사하는 데 이 말을 사용했다. 처음에는 부유한 왕을 지칭했던 것으로 보이는데, 기원전 4세기 이후에는 찬탈자의 의미로 고정되어, 군주에 대비되는 1인 지배자라는 나쁜 이미지로 굳어졌다.

아르킬로코스, 단편 22

황금이 많은 기게스Gyges의 재산에 나는 아무 관심도 없다. …… 나는 위대한 참주[3]의 권력도 그다지 바라지 않는다.

투키디데스, 《펠로폰네소스 전쟁사》 1.13.1

그리스가 더욱 강성해지고 부의 획득이 전보다 더욱 중요해지자 대부분의 도시에서 참주정이 세워졌고, 세입이 늘어나자 (전에는 기존의 특권에 기초하여 세습되는 왕정이 있었다) 그리스는 수군을 양성하기 시작했으며 더욱 힘차게 바다로 향하였다.

투키디데스, 《펠로폰네소스 전쟁사》 1.17.1

참주에 의해 통치되는 그리스 국가들에서, 참주들의 유일한 관심사는 자신을 위한 것 뿐이다. 즉, 자신의 신체적 안전과 자기 가족의 권력을 증진시키는 것이다.

아리스토텔레스, 《정치학》 1310 b 14~31

거의 모든 참주가 인민의 지도자로서 출발했다. 이들은 구별된 자gnorimos[4]들에게 대항하는 말을 하였으므로 권력을 위임받았다고 말하는 편이 공정할 것이다. 일부 참주 정은 국가 규모가 어느 정도 성장했을 때 이런 식으로 수립되었다. 반면에 참주정이 나타나기 전에 일부는 왕정이었는데, 조상대부터 내려온 관습에서 벗어나 더욱 전제적인 권력을 지향하기도 했다. 일부는 선출된 관리들 중에서 생겨났는데, 이들은 선출되고 나서 독재적인 권력을 지향하였다. 그리고 어떤 자들은 과두정치에서 비롯했는데, 한 사람을 최고의 관직에서 군림하는 자로 선출하였다.

4 | 도시 내에서 잘 알려진 사람이나 명사들을 가리킨다.

자료
03
솔론이 등장하기 전 그리스의 사정

아리스토텔레스, 《아테네인의 정체》 2

사정이 이러한 것은 정체가 거의 과두 형태였기 때문이다. 빈민들이 자신의 자식과 처와 더불어 부자들의 노예가 되었다는 점에서 특히 그러하다. 그들은 예속인 혹은 헥테모로이로 알려져 있다. 그들이 부자들의 경작지에서 일하는 빌미는 바로 지대였기 때문이다. 모든 농지가 소수의 손에 장악되었다. 그리고 만약 지대를 지불하지 않으면, 그들과 그들의 자식들이 압류되었다.[5] 게다가 모든 채무는 채무자의 인신을 담보로 이루어졌다. 이런 일은 데모스의 대변자[6]인 솔론이 나올 때까지 이어졌다. 그 정체에서 대다수 사람들에게 가장 가혹하고 가장 견디기 어려운 일은 바로 노예 상태에 빠지는 것이었다. 이 말이 그들에게 다른 고통이 없었다는 뜻은 아니다. 한마디로 그들은 전반적으로 소외되었다.

5 | 노예로 팔렸다는 의미이다.

6 | 공식 직함은 아니었지만, 흔히 이 명칭으로 불렸다.

아리스토텔레스, 《아테네인의 정체》 5

그[솔론]는 부자들로 하여금 탐욕스럽지 말 것을 강요하면서 다음과 같은 시에서 그것을 입증한다. "당신들의 강한 심장을 가슴속에서 억제하라, 모든 선한 것을 과도하게 추구했던 당신들이여, 당신들의 자만심도 절제하도록 하라." 그는 언제나 스타시스의 근본적 책임을 부자들에게 돌린다.

04
솔론의 시 〈외로운 의인〉

아리스토텔레스, 《아테네인의 정체》 12

(1) 모든 사람이 그[솔론]가 그렇게 행하였다는 데 동의한다. 그리고 그도 자신의 시에서 다음과 같이 언급한 적이 있다.

나는 인민에게 충분히 명예를 주었다네.

그들의 영예로부터 벗어나려 하거나, 그 영예를 얻고자 손 벌리지도 않았지.[7]

그리고 힘을 가지고 있고 재산 덕에 부러움을 사는 자들에게는

부당한 것은 아무것도 가져서는 안 된다고 포고하였다네.

나는 강력한 방패를 양편에 대항하여 들고 서 있었지.

그리고 그 어느 편도 부당한 승리를 얻는 것을 허용하지 않았네.

(2) 여기에 대중이 어떻게 취급되어야 했는지 그가 보여주는 구절이 있다.

이 말은 인민이 자신들의 지도자를 어떻게 하면 가장 잘 따를지에 관한 것이네.

그들이 지나치게 풀어지지도, 또 구속되지도 않은 경우에 그렇다네.

왜냐하면 지나침은 오만을 낳는데, 그것은 큰 번영이 오되,

마음이 건전치 못한 자에게 오는 경우에 그렇기 때문이지.

(3) 다시 다른 구절에서 그는 토지의 재분배를 원하는 자들에 관하여 언급한다.

그들은 약탈하기 위해서 왔다네. 큰 희망에 부풀어

그들은 저마다 크게 번창하리라 기대하였지.

그리고 내가 부드럽게 연설한 뒤에 강철 같은 의지를 보여주기를 기대하였네.

그때에 그들의 공론은 공허하였지. 그러나 이제 그들은 나에게 화를 내고 있지.

7 | 인민은 데모스demos를 번역한 것이고, 명예geras는 명예의 표시 또는 특권이라는 의미이며, 영예time는 평판 혹은 위엄을 뜻한다.

모든 사람이 마치 내가 자신들의 적이라는 듯이 곁눈질한다네.

그래서는 안 될 말. 나는 내가 말한 것을 신의 도움을 받아 행하였을 뿐이네.

내가 부질없이 한 일은 아무것도 없지. 참주정의 폭력을 통해 관철하는 것이나

우리나라의 비옥한 토지를 악한 자들이 선한 자들과

같은 몫으로 나누어 가지는 것은 나의 즐거움이 아니었네.

(4) 그는 또 부채를 말소하는 것에 관해, 세이삭테이아로 전에 노예였으나 해방된 자들에 관해 말한다.

내가 인민들을 소집하여 하고자 한 일 중에 확실히 완수하기 전에

손을 뗀 일은 무엇인가?

나는 시간이 가져오는 재판에서 증인을 소환하고 싶네.

그 증인은 올림포스의 신 가운데 가장 크고 가장 좋은 어머니인

검은 대지라네. 여기에서 나는 여러 곳에

박혀 있던 표석들horoi[8] 을 제거하였지.

대지는 한때 노예처럼 되었으나 지금은 자유롭다네.

신이 세운 고향 아테네로

팔렸던 많은 자들을 귀환시켰다네.

어떤 사람은 부당하게 팔렸고, 어떤 사람은 합법적으로 팔렸지.

그리고 어쩔 수 없이 도망갔던 사람들이 있었지.

이들은 여러 곳을 방황한 후

아테네의 방언을 더는 사용하지 않았지.

이곳에서 부끄러운 노예 상태로 종속되어서는

자기 주인들의 변덕을 두려워한 사람들을 나는 해방시켰다네.

이런 일들을 나는 힘으로 이루었지.

강제력과 소송을 함께 활용하면서.

그리하여 나는 내가 한 약속을 지켰다네.

악한 자와 선한 자에게 똑같이 적용되는 법령을 작성하여

각 사람에게 직접적인 소송의 길을 제공하였지.

만약 다른 사람이 나처럼 몰이막대기를 차지했고

8 | 여기에서 표석은 어떤 토지가 담보로 잡혔다는 표지를 가리킨다.

그 사람이 악의적인 계획과 탐욕을 가진 자였다면

그는 인민을 억제하지 않았을 것이네. 만약 내가

당시 인민의 적들이 열망하던 것을 하기로 했다면,

혹은 다른 파벌이 그들을 위협하던 것을 하기로 마음먹었다면,

이 도시에서 많은 사람이 죽었을 것이야.

그런 이유로, 나는 사면에 방책을 만들고서

여러 개들 속에 있는 한 마리 늑대처럼 여기저기 돌아다녔다네.

(5) 그는 그 이후 또다시 그들이 자신에게 불평을 쏟아내자 양 파벌을 비난한다.

만약 내가 인민을 공개적으로 비난할 양이면, 나는 말하겠네.

그들이 지금 가지고 있는 것은 심지어 꿈에서라도

그들의 눈으로 보지 못할 것이라고 말이야.

그리고 인생에서 더 위대하고 운이 더 좋은 사람들은

나를 찬양할 것이고 나를 자신들의 친구로 삼을 것이라.

만약 다른 어떤 사람이 이 지위를 획득하였더라면,

그는 인민을 억제하지도 멈추게 하지도 않겠지.

그가 우유를 휘저어서 크림을 떠갈 때까지.

그러나 나는 인민들 한가운데에 서 있었다네.

마치 표석처럼.

자료 05

솔론의 경제 살리기 정책

플루타르코스, 《솔론》 22.1

그 도시가 그 안전한 조건 덕분에 온갖 곳에서 아티카로 쇄도하는 자들로 채워지는 모습, 촌락의 대부분이 가난하고 미개한 상태인 점, 바다를 항해하는 자들이 자신들의 상품과 교환해줄 것이 없는 자들에게 상품을 보내는 미숙한 모습을 보고서, 그는 시민들에게 수공업으로 전환하도록 권유하였다. 그리고 만약 아버지가 자식에게 가업을 전수하지 않았다면 아들에게 아버지를 부양할 의무가 없다고 적시한 법을 제정하였다.

새로운 시민 받아들이기

플루타르코스, 《솔론》 24.4

시민에 관한 새 법은 당황스러운 것이었다. 왜냐하면 그 법은 자기 나라에서 영구히 추방된 자들이나, 무역을 하기 위해 가족 전체가 아테네로 이주한 자들에게 시민권을 수여하였기 때문이다. 사람들은 그가 이 법을 제정한 것은 다른 사람들을 배제하기 위해서가 아니라, 시민이 되리라는 확신을 주고서 이들을 아테네로 초빙하기 위해서인 동시에, 강제적으로 조국에서 추방된 자들, 어떤 목적을 가지고 그곳을 떠난 자들은 충실하리라는 점을 고려한 것이라고 말한다.

시민의 생활을 법으로써 조사하다

헤로도토스, 《역사》 2.177.1~2

9 │ 아마시스Amasis: 기원전 570년에 파라오에 올랐다. 그리스인들에게 우호적이었으며, 평화와 번영의 시대를 구가했다.

아마시스[9] 왕 치하의 이집트는 강이 토지에 준 것과 토지가 인간에게 준 것 모두에서 특히 번영을 누렸다. 그리고 사람이 거주하는 도시의 수가 2만이었다. 아마시스는 이집트인을 위해 다음과 같은 법을 세운 자였다. 즉, 매년 각 이집트인은 지방장관nomarchy에게 자신의 생활 근거를 보고해야 한다는 법이었다. 만약 그렇게 하지 않거나, 그의 생활 방식이 정직하다는 것을 입증하지 못하면 사형에 처해졌다. 아테네 사람인 솔론은 이 법을 이집트에서 모사하여 아테네에서 시행하였다. 여전히 그 법은 훌륭한 법으로서 유효하다.

수출입 정책

플루타르코스, 《솔론》 24.1~2

10 │ 드라크마drachma: 기본적인 화폐 단위의 하나로 6오볼로스가 1드라크마를 이룬다. 당시에 일당은 대략 1드라크마였다.

그는 외국인에게 생산물을 판매할 때는 오로지 올리브에 한하여 허용하였고, 나머지 수출은 금지하였다. 그리고 아르콘에게 명령을 내려, 생산물을 수출하는 자들을 저주하거나 500드라크마[10]의 벌금을 국고에 바치게 했다. 이 법은 바로 첫 번째 법조문 축[11]

에 담겨 있다. 그러므로 전에는 심지어 무화과 수출이 시도되지 않았고, 누구든지 수출하는 사람을 지적하여 밀고하는 사람이 '무화과 밀고자'로 불렸다는 이야기가 완전히 허구만은 아니라고 하겠다.

자료
09
도량형과 화폐의 통일

12 | 페이돈은 화폐를 최초로 도입한 사람으로 통하며, 아이기나Aegina에서 주조했다고 전한다. 그런데 최초의 화폐는 기원전 630년 리디아에서 주조되었으므로 시기가 그가 통치한 7세기 2/4분기와 일치하지 않는다. 기원전 4세기의 저술가들은 솔론과 페이돈이 도량형을 개선한 점에 근거하여 두 사람 다 화폐를 고안했을 거라고 믿었으나, 이는 사실이 아니다.

13 | 기원전 550년경에 화폐가 도입되기 전까지는 꼬챙이 모양의 철이 화폐로 대용되었다.

아리스토텔레스, 《아테네인의 정체》 10.1

이런 점들이 바로 솔론의 법이 지닌 민주적 양상이다. 그러나 솔론은 입법하기 전에 부채 말소를 도입하였고, 나중에는 도량형과 화폐에서 무게 증가를 초래하였다. 왜냐하면 그의 척도는 페이돈Pheidon의 척도12 보다 더 커서, 전에 무게가 70드라크마였던 므나가 100드라크마가 되었기 때문이다. 옛날의 기본 화폐는 2드라크마짜리였다. 그는 화폐와 관련해서 1탈란톤talanton을 63므나mna의 무게로 정하였다. 추가된 3므나는 스타테르Stater(1므나의 50분의 1)와 다른 무게에도 적용하였다.13

자료
10
우물 사용 규정

14 | 히피콘hippicon: 경마장의 길이를 가리키는 단위로, 4스타디온stadion이며 약 730미터에 해당한다.

15 | '길'은 '오르기아orgyia'라는 단위의 번역어로 약 1.8미터에 해당한다. 따라서 18미터가 우물 깊이의 한계였던 것으로 짐작된다. 쿠스chous는 5갤런(약 19리터)에 해당한다.

플루타르코스, 《솔론》 23.5

그 나라는 항상 흐르는 강이나 호수나 물이 풍부한 샘에서 물이 공급되지 않고 거주민 대부분이 우물을 파서 사용하였으므로, 그는 우물과 관련된 법을 제정하였다. 예컨대 히피콘14 안에 공공 우물이 있으면 그 우물을 사용하게 했다. 거리가 이보다 더 먼 경우에는 거주민들 스스로가 물을 확보하기 위해 노력해야 했다. 그러나 만약 열 길을 팠는데도 물을 얻을 수 없다면 이웃의 우물에서 물을 얻되, 하루에 두 번씩 6쿠스의 단지를 채우게 했다.15

재산에 따른 시민단 편성

아리스토텔레스, 《아테네인의 정체》 7.3~4

솔론은 그전에 나뉘어 있던 대로 재산 평가에 따라 모든 사람을 네 등급, 즉 펜타코시오메딤노이pentakosiomedimnoi, 히페이스hippeis, 제우기타이zeugitai, 테테스thetes[16]로 나누었다. 그는 국가의 관리직, 즉 아홉 명의 아르콘, 국고 관리관, 매각관,[17] 11인의 위원, 재정관을 펜타코시오메딤노이, 히페이스, 제우기타이에게 할당하였다. 각 등급마다 그들이 가진 재산 정도에 따라 저마다 다른 관리직을 할당하였던 것이다. 그러나 테테스 등급에 등재된 자들에게는 민회와 법정에 관련된 몫만 주었다. 자신의 재산을 합산하여 건조 상태나 액체 상태의 제품을 총 500메딤노스 이상 산출하는 자는 누구든지 펜타코시오메딤노이에 소속된다. 300메딤노스를 생산하는 자는 기사에 소속된다. 어떤 사람들은 말을 기를 능력이 있는 자가 기사라고 말하며 그 증거로 그 등급의 이름을 댄다. 그 이름이 사실에서, 그리고 옛 사람들이 바친 헌물에서 유래하였기 때문이다. 이를테면 아크로폴리스 위에는 디필로스Diphilos[18]의 상이 헌정되어 있는데, 이 상 위에 다음과 같은 내용이 새겨져 있기 때문이다.

> 디필로스의 아들인 안테미온Anthemion은 이것을 신들에게 헌사합니다.
> 테테스의 등급을 기사로 바꾼 이후에.

그리고 말 한 필이 그 조각상 옆에 서 있는데, 이 점이야말로 히페이스 등급이 무엇을 의미하는지를 입증한다. 그럼에도 이 계층도 펜타코시오메딤노이처럼 척도에 따라 구분되었음이 틀림없다고 보는 편이 더 합리적이다. 한편 두 가지를 합해서 200을 생산한 자들은 제우기타이에 소속된다. 그 밖의 사람들은 테테스에 소속되었는데, 이들은 관리직에 지분이 없었다. 따라서 관리가 되기 위한 추첨에 응할 사람들에게 주재관이 어느 등급에 속하느냐고 질문하면, 테테스라고 말할 사람은 없었을 것이다.[19]

16 | 펜타코시오메딤노이는 500메딤노스 급으로 번역된다. 이 생소한 명칭은 우리의 천석꾼과 비슷하다. 메딤노스란 부피를 표시하는 단위로, 학자에 따라 약 12갤런으로 환산하기도 하고, 52~53리터, 혹은 41리터로 환산하기도 한다. 히페이스는 '기사'로, 제우기타이는 '자영농'으로, 테테스는 '빈민'으로 번역된다.

17 | 조세 징수를 도급하고, 몰수한 재산을 매각하고, 공공 작업의 계약을 담당하는 관리.

18 | 안테미온을 잘못 쓴 것으로 보는 학자도 있다.

19 | 이 말은 재산 자격이 폐지된 적은 없었어도 무시되었다는 사실을 보여준다.

테세우스의 시민단 구성

플루타르코스, 《테세우스》 25.1~2

그러나 그는 자신의 민주정이 침투하는 다수에 의해 무질서하고 혼란스러워지는 것을 용인하지 않았다. 그는 인민을 에우파트리다이eupatridai와 게오모로이geomoroi와 데미우르고이demiourgoi로 구분한 최초의 인물이다. 에우파트리다이에게는 종교 의례, 관리의 공급, 법을 가르치는 일, 하늘의 뜻을 해석하는 일을 위탁하였다. 나머지 시민에게 부여하는 특권은 균형을 맞추었다. 에우파트리다이는 위엄성이 뛰어난 것으로 간주되었고, 게오모로이는 유용성에서, 데미우르고이는 숫자에서 그러하였다.

온건한 개혁

아리스토텔레스, 《아테네인의 정체》 11.1~2

더욱이 많은 귀족이 부채 말소 때문에 솔론과 불화하게 되었다. 그리고 양편 다 마음이 바뀌었다. 그가 확립한 것들이 그들의 기대에 반하였기 때문이다. 이를테면 인민은 그가 모든 것을 재분배했어야 한다고 생각하였고, 반면에 귀족들은 그가 자기들을 원래 지위로 돌려놓거나 작은 부분만 바꿀 거라고 생각하였던 것이다. 그러나 솔론은 양자 모두에게 반하였고, 어느 한 편을 선정하여 연합함으로써 참주가 될 수도 있었지만 조국의 땅을 지키고 최선의 법을 통과시킴으로써 양편을 화나게 하는 쪽을 택하였다.

아리스토텔레스, 《아테네인의 정체》 13.1~3

이런 것들이 바로 솔론이 국외로 나간 이유들이었다. 그가 떠난 후에, 그 도시는 계속 혼란스러웠다. 비록 4년간은 사람들이 평화를 유지했지만. 그러나 그가 아르콘 직에서 물러난 뒤 5년이 지났을 때, 그들은 스타시스로 인해 아르콘을 뽑지 못했다. 그리고 다시 5년 뒤에도 같은 이유로 아르콘이 없었다.

| 출전 |

아리스토텔레스, 《아테네인의 정체》: 이 장에서 인용한 부분(12)은 솔론이 시인이기도 했음을 보여준다. 이 당시 정치가들에게는 시를 통해 자신의 정치적 구호나 업적을 선전하는 일이 중요했다. 문인과 정치가가 별개로 나뉘지 않았음을 짐작할 수 있다.

아리스토텔레스, 《정치학》: 인용한 부분(1310 b)의 주제는 왕정이 어떻게 해서 전복되어 독재정치에 이르게 되는가이다. 특히 참주의 출현을 민중의 선동에서 찾는 점이 주목된다. 바로 아테네의 사례이기 때문이다.

아르킬로코스Archilochos: 아르킬로코스는 기원전 680~640년에 활동한 서정시인이다. 그는 고대 작가들에게 호메로스만큼이나 권위를 인정받았다고 하는데, 현재 전해지는 단편이 그 점을 입증한다. 그의 단편은 취급할 때 조심해야 한다. 후대의 전기문학적 전통이 영향을 준 데다 단편인 관계로 전후 맥락을 파악하기 어렵기 때문이다. 단편 22는 아리스토텔레스의 《수사학》 3.17.16에 인용된 내용으로 목수인 카론Charon을 통해 언급한 것이므로 그가 직접 말했는지는 불확실하다.

투키디데스, 《펠로폰네소스 전쟁사》: 여기서 인용한 부분은 그리스의 정치 정세를 비관적으로 보는 투키디데스의 관점이 드러나는 대목이다. 특히 그는 참주의 성격을 단정지으면서 이런 식으로 정치가 이루어져 그리스의 폴리스들이 진취적이지 못하고 통합된 제국을 이루지 못했다고 주장한다.

플루타르코스, 《솔론》: 이 전기를 작성하기 위해 플루타르코스는 헤로도토스와 투키디데스의 역사책, 아리스토텔레스의 《아테네인의 정체》 등을 참고했다. 그래서 비슷한 표현이나 같은 내용이 눈에 띌 것이다. 특히 플루타르코스는 역사적 사실보다는 인물의 행적과 덕을 기리고 일화를 소개하는 데 집중하는 경향이 있다.

플루타르코스, 《테세우스》: 이 전기는 저자의 로마인 친구인 소키우스 세네키오Socius Senecio에게 헌정된 것으로 보인다. 플루타르코스는 로마의 왕 로물루스와 비교하기 위해 테세우스를 쓴 것이다.

헤로도토스, 《역사》: 이집트의 아마시스에 관한 기술(2.177)은 그리스에 호의적이었던 당시 이집트의 사정을 보여준다. 아마시스는 그리스인들을 위해 나우크라티아라는 도시를 건설했으며 친위대를 그리스인 가운데에서 선발하기도 했다. 이 기사는 특히 그리스 문명의 기원이 이집트라는 헤로도토스의 입장을 잘 보여준다. 그러나 인용문에서 말한 이 제도는 기원전 7세기 이전의 것으로 시기가 훨씬 이르므로, 착오라고 보는 것이 일반적이다.

| 참고문헌 |

김봉철, 《영원한 문화도시 아테네》, 청년사, 2002.
아리스토텔레스, 《정치학》, 천병희 옮김, 숲, 2009.
아리스토텔레스 외, 《고대 그리스 정치사 사료》, 최자영·최혜영 옮김, 신서원, 2002.
최자영, 《고대 아테네 정치제도사—아레오파고스와 민주정치》, 신서원, 1995.
투퀴디데스, 《펠로폰네소스 전쟁사》, 천병희 옮김, 숲, 2011.
포레스트, 윌리엄, 《그리스 민주정의 탄생과 발전》, 김봉철 옮김, 한울아카데미, 2001.
플라톤, 《국가》, 박종현 옮김, 서광사, 1997.
———, 《법률》, 박종현 옮김, 서광사, 2009.
플루타르코스, 《플루타르코스 영웅전》, 천병희 옮김, 숲, 2010.

핀리, 모시스, 《고대 노예제도와 모던 이데올로기》, 송문현 옮김, 민음사, 1998.

헤로도토스, 《역사》, 천병희 옮김, 숲, 2009.

Beatty, John L., et al. (ed.), *Heritage of Western Civilization*, 7th ed. vol. 1, Prentice Hall, 1991.

Dillon, M., et al., *Ancient Greece: Social and Historic Documents from Archaic Times to the Death of Socrates(c. 800~399 B.C.)*, Routledge, 1994.

Sealey, R., *A History of the Greek City States, 700~337 BC*, University of California Press, 1976.

5
클레이스테네스의 개혁
: 민주정을 세우기 위한 전제 조건

오늘날은 민주주의를 표방하지 않은 국가도 없고 그런 정치도 없다. 이처럼 시장경제의 원리와 더불어 민주주의가 현대의 보편적 가치로 자리 잡은 점을 보면, 이런 사상을 처음 구체화하여 제도를 만들고 유지하여 오늘날 우리에게 물려준 아테네인들에게 우리는 크게 신세 지고 있는 셈이다. 물론 민주주의라는 것이 하루아침에 이루어지는 것이 아니라 오랜 기간의 준비를 통해 완성되는 체제라는 점을 염두에 두어야 하지만, 일정한 제도적 장치가 마련되지 않는다면 역시 완성되었다고 말할 수 없을 것이다. 그런 점에서 클레이스테네스 Cleisthenes(기원전 570~507)라는 인물이 등장하여 민주제 개혁안을 아테네 민회에서 통과시킨 것은 민주주의 발전에서 일보를 내디딘 일이었다고 할 수 있다.

아테네 참주와 망명 귀족의 줄다리기

기원전 546년부터 아테네에 자리 잡은 참주정치가 지속되면서 귀족의 힘은 참주들의 견제로 약화되고 있었다.|자료 1| 물론 귀족 유화책으로써 아르콘 관직이 귀족에게도 개방되어 있었으나, 아르콘 역시 참주 세력의 견제를 받았다.|자료 2| 또한 이 시기에 이루어진 경제적 부흥과 일련의 문화 정책은 참주의 지배를 안정시키는 데 기여했다. 기원전 528/527년에 참주 페이시스트라토스Peisistratos가 사망하자, 그의 아들인 히피아스Hippias가 참주 직위를 계승하여 아버지의 정책을 이어갔다. 그러나 기원전 514년에 히피아스의 동생인 히파르코스Hipparchos가 불미스러운 일로 하르모디오스Harmodios와 아리스토게이톤Aristogeiton에게 피살된다.|자료 3| 이 사건이 우발적으로 일어난 것이 아니라 반反참주 운동의 일환이라고 생각한 참주는 귀족을 억압하는 정책을 강화한다.|자료 4| 그러자 유력한 가문의 귀족들이 해외로 탈주하는데, 클레이스테네스도 여기에 합류한다. 이때에 최초로 귀족들이 참주에게 품은 불만이 하나의 구호로 표현되었는데, 바로 '동등한 권리'를 의미하는 '이소노미아isonomia'였다. 이 말이 참주 타도의 구호로 쓰인 것은 귀족의 권한이 상당히 약화되었음을 단적으로 보여준다.

해외로 이주한 귀족들은 알크마이온 가문을 중심으로 점차 규합되었다. 이들의 공동 목적은 참주를 타도하고 귀족이 우위를 차지하는 질서를 회복하는 것이었다. 망명한 이듬해에 그들은 아테네 북쪽의 한 지역을 점거했다. 그러나 기대했던 만큼 아테네로부터 호응이 없어서 점거 지역에서 철수하고 만다. 자력에 의한 반참주 운동은 실패했던 셈이다.

그 이후에는 알크마이온 가문의 활약이 두드러졌다. 이들은 해외에 체류하면서도 각종 청부 사업을 활발하게 벌였다. 그리스인이라면 공적이든 사적이든 중요한 일이 있을 때마다 찾아가 신탁을 듣는 델포이 신전의 신축 공사 입찰이 때마침 거행됐다. 이 공사를 수주한 알크마이온 가문은 계약서에서 명시한 것보다 더 좋은 자재로 공사를 마감하여 신전 사제들에게 환심을 샀다.|자료 5| 이때부터 델포이를 방문한 스파르타의 사절들에게 아테네의 참주를 타도하라는 내용의 신탁이 계속 내려진다. 아테네의 참주와 우호적인 관계였던 스파르타의

도판 4 도자기에 그려진 중갑
보병의 행군 모습. 중갑병의
진을 방진(팔랑크스)이라고
한다.

입장에서는 그런 신탁이 이상하다고 생각했으나, 같은 내용의 신탁이 계속 나
오자 소규모 원정대를 아테네에 보낸다. 이 원정대는 참주가 채용한 테살리아
의 기병대에 의해 격파된다. 국가적 수치를 당한 스파르타는 왕인 클레오메네
스Kleomenes가 직접 군대를 이끌고 들어가 아테네를 포위한다. 이 상황에서 참
주 일족이 망명을 선택하자 참주정은 몰락하고 만다(기원전 510년). 이렇게 참주정
의 종언을 불러온 스파르타는 이 일을 계기로 아테네를 자기 세력 하에 두고자
하는 의도를 보였다. |자료 6 |

참주정 몰락에서 개혁 이전까지

이렇게 하여 참주정이 몰락하자, 이후 수석eponymos 아르콘 직에 누가 선출되느
냐 하는 문제가 남았다. 참주를 타도하는 데 큰 공을 세운 알크마이온 가문의
후광을 업고서 기원전 508년 아테네로 귀환한 클레이스테네스는 아르콘 직을
두고 이사고라스Isagoras와 벌인 경쟁에서 패배하고 만다. 클레이스테네스는 이
런 정치 상황을 전환하기 위해 민주제 개혁안을 민회에 긴급동의 형식으로 제
시한다. |자료 7 |

그 개혁의 대강은 다음과 같다. 우선 네 개로 편성되어 있던 부족을 열 개로 개편했다. 또 각 부족마다 50명씩 선발해 총 500명으로 구성된 500인 협의회를 만들었다. 마지막으로, 도편추방제陶片追放制로 널리 알려진 '오스트라키스모스Ostracismos'라는 제도를 추가했다. 도편추방제란, 그 이름에서도 드러나듯, 도기 파편을 의미하는 '오스트라콘'에 참주가 될 가능성이 있는 인물의 이름을 적어 내게 해서 6000표 이상이 나온 인물이 있으면 그를 10년간 국외로 추방하는 제도다. 이 제도는 참주의 재등장을 막기 위한 장치였다.

이와 같은 내용의 개혁안이 통과되어 아테네가 민주주의 국가로 변신하자, 스파르타가 이에 불만을 품고 개혁안을 제시한 클레이스테네스를 추방하고, 추가로 700개 가문의 대표자도 추방하라고 요구한다. 이에 대해 아테네는 순순히 응했다. 그런데 그 조치만으로는 안심이 되지 않았는지, 클레오메네스가 직접 군대를 이끌고 아테네로 원정을 와서는, 500인 협의회마저 해산시키고 이사고라스를 중심으로 한 300인 과두정부를 세우고자 했다. 그러자 그전까지 잠잠했던 아테네 시민들이 일제히 봉기하여 클레오메네스를 포위하고서 완강히 저항했다. |자료 8| 이틀간 포위되었던 클레오메네스는 아테네와 조약을 체결한 뒤 철수했으며, 추방되었던 인사들은 아테네로 귀환했다.

클레이스테네스의 부족제 개편과 민주정치

이렇게 아테네 시민이 목숨 걸고 지키고자 했던 제도는 어떤 내용이었으며, 구체적으로 어떻게 작용했을까?

먼저, 부족 제도 개편을 알아보기 전에 그전의 상황부터 살펴보자. 아테네에

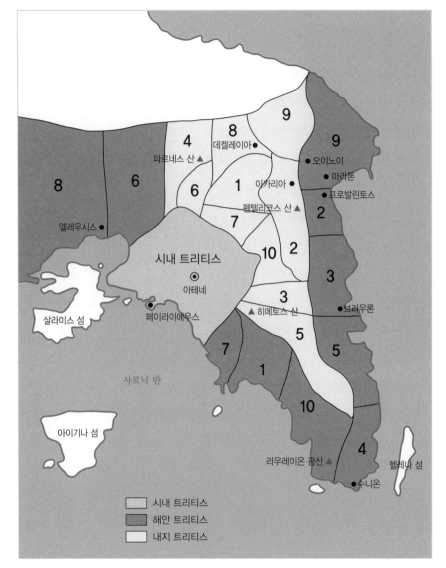

도판 6 클레이스테네스의 부족 제도 개편을 표시한 지도. 해안·내지·시내에 각각 열 개씩 트리티스를 두고 이를 하나씩 조합하여 열 개의 지연 부족을 형성했다. 부족명: 1 에레크테이스, 2 아이게이스, 3 판디오니스, 4 레온티스, 5 아카만티스, 6 오이네이스, 7 케크로피스, 8 히포톤티스, 9 아이안티스, 10 안티오키스.

원래 있던 네 부족은 혈연으로 유지되었다. 일련의 연구에 따르면, 전통적으로 각 부족에는 지배적인 가문이나 씨족이 있었다. 이런 가문 혹은 씨족은 '형제단'으로 번역되는 '프라트리아Phratria'라는 부족의 하위 단위에 직접적으로 영향을 미쳤다. 프라트리아가 맡은 구체적인 기능은 아테네 시민단의 명부를 관리하고 시민의 자격을 심사하는 것이었다. |자료 9| 비문을 통해 알려진 바에 따르면, 각 프라트리아는 기원을 달리하는 씨족들의 연합으로, 그 성원의 자격을 심사하는

일은 종교적 기능을 수행하는 씨족의 전유물이었다. 이렇게 기능을 분화하고 특정 기능을 특정 씨족이 차지하는 것은 민족 이동기까지 소급되는 유제로 인정된다. 또한 이런 식의 통합은 세계사적 의의가 있는 특징으로 간주된다. 대개의 민족들이 별도의 사제 기능만을 담당하는 씨족을 두었던 데 비해, 그리스의 경우는 종교 기능을 가진 씨족이 형제단으로 통합된 탓에 별도의 사제족이 존속하지 않았고, 그 결과 문화의 세속화가 가능한 구조가 되었다고 한다. 이런 사회구조적 조건 탓에 특정 씨족 세력은 부족의 구조가 그대로 온존하는 한 변화가 있을 수 없었다.

그런데 클레이스테네스는 아테네 전국을 시내·해안·내지, 이 세 구역으로 나누고 이를 각각 다시 열 조각으로 분할하여 총 서른 부분으로 만들었고, 각각의 부분을 트리티스Trittys(3을 뜻하는 트레이스treis에서 나온 말로, 한 필레phyle의 3분의 1을 의미한다)라고 명명한다. 그리고 각 구역별 트리티스를 하나씩 조합하여, 새로운 부족 열 개를 만들었다.|자료 10| 이렇게 하여 새로 만들어진 부족은 현재의 거주 지역에 토대를 둔 것이므로 지연地緣 부족 또는 지역구라고 할 수 있다. 이 지역구에서 시민의 명부를 관리하는 기능은 자연 촌락인 데모스가 떠맡았다. 데모스에는 '촌락'이라는 의미 말고도 '촌락민'이라는 뜻도 있는데, 18세 이상 남자 시민으로 심사에서 통과된 자는 누구나 촌락민으로 등재되고 시민으로서 자격을 부여받았다. 여기에서 데모스는 시민 일반을 지시하는 말도 되고, 좁은 의미로는 귀족을 배제한다는 의미도 있다. 이처럼 데모스의 기능이 강화되고 프라트리아가 기능을 상실하면서, 향후 데모스의 지배, 즉 데모크라티아democratia의 토대가 만들어질 수 있었다.

아울러, 클레이스테네스는 데모스의 인구에 비례하여 500인 협의회의 성원을 선출하게 했다. 500인 협의회는 기능 면에서 근대 국가의 행정부가 맡는 역할을 떠맡았다. 또 일 년을 열 구간으로 나누어, '프리타네이스Prytaneis'라고 불리는 당번제를 시행했다.|자료 11| 각 부족별로 50명을 선발해 정해진 기간에 500인 협의회의 일을 하게 한 제도인데, 이를 통해 일반 시민들이 행정 경험을 할 수 있었다. 이로써 명실상부하게 민주정치를 실현할 수 있었던 것이다.

클레이스테네스 개혁의 의의와 한계

그렇다면 클레이스테네스가 시행한 제도는 완전한 의미의 민주제를 구현했을까? 원리적으로 보면 귀족 세력을 약화시키고 민주주의를 제도화했다고 할 수 있으나, 간과해서는 안 되는 사실들이 있다.

이를테면 여자나 노예가 정치적 권리를 누리지 못했던 점은 말할 것도 없고, 시민들 사이에도 불공정한 측면이 있었다는 것이 연구자들의 지적이다. 우선 열 개의 부족 중에서 아홉 개가 시내에 중심지를 두었다는 점을 지적할 수 있다. 고대에는 교통이 불편해서 외딴곳에 사는 시민이 선거권이나 피선거권을 누리기가 어려웠다. 이 점을 고려하면 시내에 살고 있는 사람들이 이전보다 더 큰 혜택을 누릴 수 있었을 것이라고 의심해볼 수 있다.

또 트리티스의 구성에서도 클레이스테네스는 정적 세력을 분산시키기 위해 해당 데모스를 타 지역의 트리티스에 배정했다. 특히 아티카 동부 산악 지대에 대한 차별이 있었다. 예컨대 프로발린토스 촌락은 아이게이스(74쪽 지도의 2)가 아니라 판디오니스(74쪽 지도의 3)에 배정되었다. 데모스의 인구 비례를 검토한 연구에 따르면, 협의회의 성원을 배당하는 문제에서 대체로 75퍼센트는 인구 비례가 적용되었지만 25퍼센트는 그렇지 않았고, 특히 참주 반대 운동에 가담했던 인물에게 유리하도록 성원 수를 배정했다고도 한다. 이렇게 본다면 클레이스테네스가 민주주의를 실현하기 위한 제도를 만들긴 했으나 그 의도는 참주로 규합될 수 있는 세력을 견제하기 위함일지 모른다는 의문을 제기할 수도 있다. 물론 클레이스테네스는 귀족의 일원으로서 민주주의자는 아니었을 것이며, 그가 개혁을 단행했다고 해서 그를 민주주의의 기수로 볼 이유도 없다. 그러나 그의 개혁 이후 아테네에서 민주주의가 실현된 덕택에 여러 가지 변화가 생긴 것은 사실이다. 그 예로 무엇보다 아테네 시민의 자신감을 들 수 있다. 다른 그리스인의 보고에 따르면, 아테네 시민은 매사에 자신감이 있었다. 죽더라도 자신이나 자기 자식을 위해 죽었기 때문이라고 한다. | 자료 12 | 실제로 기원전 506년 아테네의 중갑병이 무명의 지휘관 아래에서 스파르타의 침입을 격퇴한 바 있다. 이런 자신감은 더욱 증폭되어, 기원전 490년 페르시아 군과 벌인 마라톤 전

투에서 기적적인 승리를 거둠으로써 절정에 달한다. 따라서 아테네의 예가 보여준 참다운 의미의 민주주의는 일반 시민들이 책임지고 지켜나가려는 의지와 식견이 낳은 것이지, 특정 인물에 의해 부과된 것은 아니라고 볼 수 있다.

통치력이 뛰어난 참주, 페이시스트라토스

아리스토텔레스, 《아테네인의 정체》 16.2~9

앞에서 말했듯이, 페이시스트라토스는 국가의 일을 처리하면서 참주처럼 하지 않고 온건했으며 법에 따라 하였다. 그는 대체로 사람들을 아끼고 친절했을 뿐 아니라 범법자에게도 온정을 베풀었으며, 더욱이 빈민들이 자조하도록 돈을 빌려줌으로써 농사로 삶을 영위할 수 있게 하였다. 그가 이렇게 한 것은 두 가지 이유에서이다. 우선 그들이 시내에서 시간을 보내지 않고 농촌에 흩어지도록 하기 위해서였고, 또 그들이 적당히 부유해지고 자신의 일로 분주해지면 국가의 일을 염려할 경황도 없고 그럴 시간도 없기 때문이었다. 게다가 농촌이 잘 경작되어서 세입이 늘었다. 그는 생산물의 10분의 1[1]을 세금으로 징수하였던 것이다. 이 경우에도 그는 각 촌락에 재판관을 파견하고 그 자신도 종종 시골에 들르곤 하였는데, 무슨 일이 일어나고 있는지 살펴보고 분쟁 당사자들을 화해시킴으로써 그들이 시내로 들어오는 바람에 일을 게을리하지 않도록 하기 위해서였다.

히메토스Hymettus 산에서 어떤 사람과 관련된 사건이 발생한 것은 페이시스트라토스가 시골을 방문하는 여행을 하던 중이었다고 한다. 그 사람은 나중에 면세 농장으로 알려진 곳을 경작하고 있었다. 페이시스트라토스는 그가 돌밖에 없는 토지를 쟁기질하려 애쓰는 모습을 보고서 놀라, 자기 노예에게 명하여 그 농장에서 무엇이 생산되는지를 물어보게 하였다. 그 사람은 "아픔과 고통만이 있다. 페이시스트라토스가 가져가는 십일조는 이런 아픔과 고통으로부터 나온 것이다"라고 대답하였다. 그 사람은 묻는 사람이 누구인지 알지 못하고 이런 대답을 한 것이다. 그러나 페이시스트라토스는 그의 솔직함과 근면에 만족하여 그에게서 모든 세금을 면제하였다. …… 이런 이유로 그는 오

1 | 20분의 1로 보는 견해도 있다.

랜 기간 권력을 유지했다. 그리고 권좌에서 축출될 때마다 다시 쉽사리 그 자리를 되찾았다. 귀족과 일반 시민 대다수가 그를 지지하였다. 그는 친절로써 귀족의 지원을 받아냈고, 개인을 도와줌으로써 일반 시민의 지지를 얻었다. 그리고 귀족과 일반 시민 모두를 공평하게 대하였다.

헤로도토스, 《역사》 1.64.2

게다가 페이시스트라토스는 신탁에 따라 다음과 같이 델로스 섬을 정화하였다. 신전에서 보이는 지역 내의 시신을 파내서 델로스의 다른 지역으로 이장한 것이다.

자료
02
기원전 527/526~522/521년[2] 의 아르콘 명부

2 | 고대 아테네는 태음력을 사용했으며, 1년을 354일로 계산하고 윤달을 더해 365일을 맞추었다. 해의 이름은 수석 아르콘의 이름을 따라 짓는데, 관직의 임기가 현대의 달력으로 두 해에 걸치므로 이런 방식으로 표기하는 것이 국제적인 약속이다.

3 | 알크마이온 가문 사람들이 기원전 546년 이후 망명했다고 보는 견해도 있으나, 그 가문의 성원인 클레이스테네스의 이름이 여기에 나타나는 것으로 보아 추방설이 확실치 않아졌다.

루이스, 《그리스 비문》 I, no.1031

527/526 [On]eto[rides]

526/525 [H]ippia[s]

525/524 [K]leisthen[es] [3]

524/523 [M]iltiades

523/522 [Ka]lliades

522/521 [..5..]strat[os]

자료
03
하르모디오스와 아리스토게이톤, 반참주 운동에 불을 붙이다

투키디데스, 《펠로폰네소스 전쟁사》 6.56.1~57.4

히파르코스는 자신의 구애가 무시당하자 일부러 하르모디오스를 모욕하였다. 구체적으로 말하면 다음과 같다. 몇몇 사람들이 하르모디오스의 미혼 누이를 불러오게 하여 작은 바구니를 들고 행진에 참석하라고 통보하였다. 막상 그녀가 오자 그들은 그녀를 거부하고는 자기들은 그녀가 그런 명예를 얻을 자격이 없다고 생각하므로 오라고 말한 적이 없다고 하였다. 하르모디오스는 이 일을 심하다고 생각하였고, 아리스토게이톤은 하르모디오스보다 더 역정을 냈다. 두 사람은 이제 거사를 위해 협력할 사람들과 더불어 모든 것을 준비하였다. 그리고 대★ 판아테나이아 제전을 기다렸다. 그 축제일은 행진을 이끄는 시민들이 의심을 받지 않고 무장을 갖춘 채 많이 모일 수 있는 유일한 날이었다. 두 사람이 먼저 범행에 착수했고, 다른 사람들도 즉각 합류하여 호위대에 대비하였다. 안전을 위해 모의자들의 수는 매우 적게 하였다. 그들은 그 모험이 개시되면 그 음모를 사전에 알지 못했던 사람들이 무기를 사용하여 스스로를 해방시킬 것이라 기대하였다.

축제일이 오자, 히피아스는 시내를 떠나 호위대와 더불어 케라메이코스라 불리는 곳에 머물며 행진의 각 부분을 어떻게 진행할지를 정하고 있었다. 한편 하르모디오스와 아리스토게이톤은 이미 단검을 품고서 거사에 나섰다. 그들은 동료 모의자들 가운데 한 사람이 히피아스에게 다정하게 이야기하는 모습을 보고서 자신들의 모의가 누설되었으며 곧 체포될 것이라 여기고 매우 두려워하였다. 그래서 그들은 온갖 위험을 무릅쓰더라도 자신들에게 잘못을 범한 자에게 되도록 먼저 복수하기로 마음먹었다. 그들은 문안으로 몰려가, 레오코레이온이라 불리는 곳에 머물던 히파르코스에게 다가가서는 그를 습격하였다. 한 사람은 애인으로서의 분노 때문에, 다른 한 사람은 모욕 때문에 촉발되어 히파르코스를 때려죽인 것이다. 군중이 모여들었다. 아리스토게이톤은 그곳에서 호위대를 피했으나 후에 사로잡혀서 난폭하게 다루어졌다. 하르모디오스는 현장에서 피살되었다.

아테나이오스, 《회식토론자》 695A

하르모디오스와 아리스토게이톤이 그러하였듯이

그들이 참주를 죽이고

아테네를 동등한 권리 isonomia[4] 의 장소로 만들었을 때……

4 | 법 아래에서의 동등성. 'iso'는 '동등한'의 의미이고, 'nomia'는 법을 의미하는 'nomos'에서 파생했다.

참주 히피아스의 분노

아리스토텔레스, 《아테네인의 정체》 19.1

이 일이 있은 후에 참주[히피아스]는 더욱 거칠어졌다. 그는 자기 동생의 죽음을 초래한 자에게 복수하기 위해 많은 이를 죽이거나 추방했으며, 그 결과 모든 사람에게 불신과 미움을 샀다.

귀족의 반참주 운동

아리스토텔레스, 《아테네인의 정체》 19.3

알크마이온 일가는 추방된 사람들의 지도자가 되었다. 그러나 그들은 자신들의 힘만으로는 아무런 성과도 가져오지 못했으며, 패배만 맛보았다. 그들의 성공하지 못한 시도 가운데 레입시드리온을 방어하는 일이 있었는데, 그곳은 파르네스 산 아래의 농촌 지역이다. 그곳에서 그들은 시내에서 온 몇몇 사람들과 합류하였으나, 참주들이 그곳을 점령하여 그들에게서 항복을 받아냈다.

헤로도토스, 《역사》 5.62.2~63.1

그런 후에 알크마이온 일가는 페이시스트라토스 사람들에게 대항할 수단을 찾아내려 갖은 애를 쓰다가 델포이에 신전을 짓는 계약을 체결하였다. 그 신전은 지금은 있지만 당시에는 존재하지 않았다. 그들은 부자인 데다 언제나 존경받는 가문이었으므로, 그들이 완공한 신전은 계획보다 실제가 더 훌륭하였다. 모든 면에서 그러하였지만, 특히 전면은 파로스 섬에서 나오는 대리석으로 만들었다. 원래는 보통의 역암으로 만들기로 계약되어 있었다. 그래서 아테네인들은 이들이 델포이에 머무는 동안 피티아[5]에게 뇌물을 주어, 공적인 일이나 사적인 일로 신탁을 들으러 온 스파르타인들에게 아테네를 해방시키라고 말하게 하였다고 주장한다.

5 | 피티아 Pythia: 아폴론 신을 섬기는 여사제.

스파르타의 개입

아리스토텔레스, 《아테네인의 정체》16.4~6

그래서 스파르타인들은 우선 안키몰로스를 군대와 함께 바다로 파견하였다. 그러자 테살리아에서 키네아스가 1000명의 기병을 이끌고 도우러 왔는데, 안키몰로스가 키네아스에게 패하여 죽자, 스파르타인들은 격분하였다. 그래서 더 큰 규모의 군대를 거느리고 왕인 클레오메네스를 육로로 파견하였다. 클레오메네스는 아티카로 진군하는 데 방해가 된 테살리아의 기병대를 격파한 뒤, 히피아스를 이른바 '황새의 성'[6]에 가두어놓고서 아테네인들의 도움을 받아 공격을 개시하였다. 성이 공격받는 동안 페이시스트라토스 사람들의 어린 자녀들이 안전한 곳으로 이동하려다 사로잡혔다. 그러자 페이시스트라토스 사람들은 그 아이들에게 해를 입히지 않게 하고 닷새 동안 소유물을 옮길 여유를 가진 후, 하르팍티데스Harpaktides가 아르콘이 되게 하는 동시에 아테네인들에게 아크로폴리스를 넘기겠다는 조건으로 타협하였다. 이들의 참주정은 그 아버지가 죽은 후 17년간 지속되었는데, 아버지가 통치한 기간을 더하면 총 49년[7]이 된다.

6 | 황새의 성pelargic wall: 아테네 아크로폴리스의 북쪽 사면을 가리킨다.

7 | 페이시스트라토스가 처음으로 참주정치를 시도한 것은 기원전 561/560년부터이다. 이 시기를 계산에 포함한 것으로 보인다.

클레이스테네스의 개혁: 부족제 개편과 도편추방제

아리스토텔레스, 《아테네인의 정체》21.1~3

이런 이유들 때문에 인민은 클레이스테네스를 신뢰하였다. 그 후 인민의 지도자로서 참주들을 몰아낸 지 4년 만에 이사고라스가 아르콘 직을 맡은 해에(508/507), 클레이스테네스는 우선 모든 사람을 네 개의 부족 대신에 열 개의 부족으로 분산시켰다. 모든 사람이 섞이게 하여 더 많은 이들이 국가 체제 안에서 자기 몫을 가질 수 있게 하려는 의도였다. 이때부터 가문의 배경을 묻고자 하는 자들에게 "부족에 따라 조사하지 말라"라는 대답이 생겨났다. 그다음에 그는 각 부족에서 50명씩 선발하여 협의회 구성원이 500명이 되게 하였다. 전에는 [네 부족에서] 100명씩 선발하여 400명이었다.[8]

8 | 이 협의회는 솔론이 만들었다고 전하는데, 구체적인 기능이 무엇인지는 알려지지 않았다. 500인 협의회를 설명하기 위해 설정한 것으로 보는 견해도 있다.

아리스토텔레스, 《아테네인의 정체》22.3~4

이 일이 있은 후 12년 되던 해에 파이니포스Phainippos가 아르콘으로 재직했는데(490/489

녠), 인민은 더욱 자신감을 갖게 되자 마라톤 전투 승리 2주년을 기다렸다가 처음으로 도편추방에 관한 법을 실시하였다(488/487).[9] 페이시스트라토스가 인민의 지도자가 되고 장군이 되면서 자신을 참주로 세웠기에 클레이스테네스는 권력자를 의심스러워했고, 그래서 이런 법을 만든 것이다. 도편추방된 최초의 인물은 페이시스트라토스의 친척인 히파르코스인데, 그는 콜리토스Collytos 데모스 소속인 카르모스Charmos의 아들이다. 클레이스테네스는 히파르코스를 몰아내고 싶어했다. 특히 그 사람 때문에 이 법을 제정한 것이다.

9 | 법이 제정된 시기와 적용된 시기 사이에 20년의 공백이 있어 기록에 문제가 있는 것으로 보인다. 그래서 대체로 이 법은 적용된 시기 무렵에 만들어졌다고 보기도 한다.

도편추방의 진행 방식

뮐러 외K. Muller et al., 《그리스 역사가 단편Fragmenta Historicorum Graecorum》, Parisiis, 1841, 79 b

필로코로스[10]는 그의 책 3권에서 도편추방을 설명하면서 다음과 같이 기록하였다. "우선 인민이 여덟 번째 당번 기간 전에 도편추방을 실시할지 여부를 결정하는 예비 투표를 한다. 그렇게 하기로 가결되면, 널판으로 아고라를 두르고, 열 군데에 입구를 남긴다. 사람들이 그 입구를 통해 부족별로 들어와서는 글을 새긴 면을 아래로 하여 자신의 도편을 내려놓는다. 이 과정은 아홉 명의 아르콘과 협의회가 주재한다. 도편이 계수되면 최다이면서 6000표 이상을 받은 사람[11]은 누구나, 자신이 고소인이든 피고이든, 관련된 송사의 의무를 열흘 내에 정리하고 10년간 도시를 떠나야 한다(후에는 5년이 되었다). 그 기간에 그는 자신의 소유물로부터 나오는 수입을 받을 수 있다."

10 | 필로코로스Philochoros(기원전 340~261): 아테네의 역사가로 사제 가문 출신이다. 아테네의 관습을 조사하여 《아티카Attica》에 수록했는데, 이 책의 단편이 아테나이오스 같은 학자들의 책에 실렸다.

11 | 도편추방을 결정하는 득표수는 논쟁의 대상이다. 필로코로스의 말과는 다르게 정족수 6000표 중 최다 득표자가 도편추방된 것으로 보고된다. 다음의 플루타르코스를 읽어보면 이것이 더 가능성이 있어 보인다.

플루타르코스, 《아리스테이데스》 7.5

아르콘들은 먼저 그곳에서 전체 도편 수를 헤아린다. 만약 6000표에 미달하면, 오스트라키스모스는 무효이다.

민주정 해체와 시민의 반격

아리스토텔레스, 《아테네인의 정체》 20.1~4

참주가 타도된 뒤, 테이산드로스의 아들이자 참주들의 친구인 이사고라스[12]와 알크마이온 일가인 클레이스테네스는 정치적 경쟁자가 되었다. 클레이스테네스는 붕당[13] 때문에 자신이 패배하자, 인민[14]에게 국가를 넘겨주기로 약속함으로써 인민을 자기편

12 | 이사고라스의 출신 지역은 이카리아Icaria로, 이곳은 페이시스트라토스의 기반인 동부 지역과 관련이 있다.

13 | 붕당hetaireiai: '동료들
의 모임'이라는 뜻. 임시적인
정치적 붕당의 성격을 가지
며, 체제를 유지하거나 전복
하기 위해 결사했다.

14 | '데모스'를 지칭한다.
연구자들은 이 말을 '민중'으
로 번역하지만, 이 번역어는
범위를 한정하는 단점이 있
어서 여기서는 '인민'을 사용
했다.

15 | 500인 협의회boule:
원래는 왕이 귀족을 불러서
만든 회의체를 의미했으나,
때마다 국가의 일상사를 처
리하기 위해 임명된 사람들
로 구성된 협의체로 그 의미
가 확대되었다.

으로 끌어들였다. 이사고라스는 권력투쟁에서 패배하자, 우호 관계를 다져온 [스파르타의 왕] 클레오메네스의 도움을 다시 요청하였다. 그리고 저주를 몰아내는 데 참여할 것을 요청하였다. 알크마이온 일가는 저주받은 자들이라고 여겨졌기 때문이다.

클레이스테네스는 비밀리에 나라를 떠났고, 클레오메네스는 소수의 병력을 이끌고 와, 아테네의 700개 가문을 저주받은 자들로 간주하여 몰아냈다. 그리고 이후에 500인 협의회[15]를 해산하고 이사고라스를 그의 친구 300명과 더불어 아테네의 주인으로 만들고자 시도했다. 그러나 협의회가 저항하고 시민들이 힘을 모으자, 클레오메네스와 이사고라스는 아크로폴리스로 도망갔고 인민들은 진을 치고서 그들을 이틀간 공격하였다. 사흘째 되던 날, 인민들은 클레오메네스를 비롯해 그와 함께한 자들이 협정을 맺고 떠나게 했으며, 클레이스테네스와 다른 추방자들을 다시 불러들였다. 인민들이 주도권을 잡자, 클레이스테네스는 그들의 지도자가 되었고 인민의 투사가 되었다.

자료 09
프라트리아의 기능과 구성

16 | 이오니아인의 축제.

17 | 아파투리아 축제에서
사흘째 되는 날.

18 | 형제단이라는 명칭은
이들의 이름에서 유래했다
고 본다.

19 | 데켈레오스라는 전설의
왕을 조상으로 받들었던 사
람들로, 집주로 사회적 통합
을 이루어 형제단에 편입된
것으로 본다. 비문에 따르면,
이들은 형제단 내에서 늦게
까지 특권적 지위를 누린 것
으로 보인다.

20 | 이 비문은 기원전 396
년경 전란을 겪은 후 사회를
정비하는 과정에서 만들어
진 것으로 추측된다.

키르히너Kirchner, 《그리스 비문Inscriptiones Graecae》 II, 2판, Ares, 1974, no.1237, 25~34행

장차 [새로운 성원에 대한] 판결은 그해에 쿠레이온koureion 제물이 바쳐진 다음, 아파투리아Apatouria[16]의 쿠레티스kouretis 날[17]에 내려질 것이다. [프라트리아 성원들은] 연단으로부터apo tou bomou 투표한다. 만약 어떤 사람이 자신이 거부된 이유를 가지고 데모티온 사람들Demotionidai[18]에게 상소하고 싶으면 그렇게 할 수 있다. 데켈레이에이스Dekeleieis 가문[19]은 30세 이상 된 자 다섯 명을 심판으로 선발할 것이다.[20]

지역구 개편으로 지역주의를 부수다

아리스토텔레스, 《아테네인의 정체》 21.4

클레이스테네스는 또한 토지를 데모스에 따라 서른 조각으로 나누었는데, 그중에 열 조각은 시내asty 지역에, 열 조각은 해안paralia 지역에, 열 조각은 내지mesogeios 지역에 있었다. 그는 이 서른 조각의 땅을 트리티스라 부르며, 각각 한 조각씩 조합하여 총 세 조각을 각 부족에게 추첨으로 할당하였다. 따라서 각 부족은 세 지역 모두에서 영토를 갖게 된다. 그는 또 각 데모스에 사는 사람들을 동료 데모스 성원demotes으로 만들었고, 다른 사람을 부를 때 아버지의 이름을 따라 부르지 못하게 하여 그가 새 시민임이 드러나지 않게 하였다. 대신 각자가 소속된 데모스의 이름을 사용하도록 하였다. 이리하여 아테네인들은 서로를 부를 때 소속 데모스에 따라 부르게 되었다.

당번 관리자의 명부

키르히너, 《그리스 비문》 II, no.1749, 1~15

아이게이스 부족의 당번 관리자들. 니코마코스Nocmachos가 아르콘으로 재직할 때(기원전 341/340) 이들은 덕과 정의에 따라 협의회와 인민을 통해 관직을 받았다. 이것을 바쳤다.

제1열

5[21] 에르키아

   타리아스의 아들 타리아스

   리시크라테스의 아들 키디아스

   파라미토스의 아들 [필]라르코스

   칼리아스의 아들 크세노클레스

10 칼리스트라토스의 아들 폴리클레이데스

가르게토스

   필로클레스의 아들 이오도로스

   헤게시아스의 아들 메익시아스

21 | 숫자 5, 10, 15는 비문의 행 번호이다. 5행의 '에르키아'와 11행의 '가르게토스'는 데모스의 명칭이다.

필로케데스의 아들 스미크리아스

15 파우시아스의 아들 아레시아스

자료

12

민주정이 가져온 결과

헤로도토스, 《역사》 5.78

그리하여 아테네인은 강대해졌다. 참주 치하에서 그들은 어느 이웃나라 사람들보다 싸움에 뛰어나지 못했으나, 참주에게서 한번 풀려나오자 아주 두각을 나타낸 것이니, 한 가지 점에서뿐만 아니라 모든 점에서 동등한 발언권isegoria[22]의 훌륭함을 드러냈다. 그러므로 압제 하에서는 상전을 위하여 일하는 터라 일부러 힘을 다하지 않았으나, 자유의 몸이 되자 각자가 자신을 위해 보람 있게 일하려고 애쓴 것이 분명하다.

22 | 같다는 뜻의 'isos'와 민회의 발언이라는 뜻의 'agoreuo'의 합성어로, 법 앞의 평등을 의미하는 '이소노미아'와 같은 의미로 파악된다.

| 출전 |

아테나이오스Athenaeus, 《회식토론자Deipnosophiste》: 기원후 2세기 말에 활동한 이집트 나우크라티스 출신의 그리스 문법학자. 여기서 인용한 부분은 '스콜리온skolion'이라는 권주가의 일종으로 보인다. 특히 아리스토파네스의 극중에 나온 노래를 인용하여 기록한 것으로 여겨진다(이 부분은 데니스 페이지Denys Page의 《그리스 시선Poetae Melici Graeci》 no.893~895에서 재인용했다). 이 권주가는 참주 타도에 하르모디오스와 아리스토게이톤이 활약한 사실이 공식적인 차원은 물론이고 비공식적인 차원에서도 기려졌을 뿐 아니라 일종의 숭배를 받았음을 시사한다. 사건이 발생한 이후 7세기까지 남아 있던 노래를 기록으로 남긴 것이다.

플루타르코스, 《아리스테이데스》: 플루타르코스는 이 기사 뒤에 문맹자가 아리스테이데스를 만나 도편추방자로 그의 이름을 써달라고 하자, 정직하게 썼다는 이야기를 전한다. 플루타르코스는 이처럼 정직한 인물로 아리스테이데스와 함께 로마의 대大 카토를 비교한다.

헤로도토스, 《역사》: 5.62를 《아테네인의 정체》19와 비교해보면 델포이 신전 건설 청부에 관한 이야기가 훨씬 자세하고 구체적임을 알 수 있다. 특히 5.78에는 민주주의의 장점이 간략하지만 분명하게 기술되어 있다. 할리카르나소스 출신인 헤로도토스는 아테네의 민주정을 찬양했지만, 당시에도 민주정에 대한 비판 여론이 많았다.

| 참고문헌 |

김진경, 《고대 그리스의 영광과 몰락》, 안티쿠스, 2009.
아리스토텔레스, 《정치학》, 천병희 옮김, 숲, 2009.
아리스토텔레스 외, 《고대 그리스 정치사 사료》, 최자영·최혜영 옮김, 신서원, 2002.
앤드류스, 앤토니, 《고대 그리스사》, 김경현 옮김, 이론과실천, 1991.

양병우, 《아테네 민주정치사》, 서울대출판부, 1975.

에렌버그, 빅터, 《그리스 국가》, 김진경 옮김, 민음사, 1991.

투퀴디데스, 《펠로폰네소스 전쟁사》, 천병희 옮김, 숲, 2011.

헤로도토스, 《역사》, 천병희 옮김, 숲, 2009.

Dillon, M., et al., *Ancient Greece: Social and Historic Documents from Archaic Times to the Death of Socrates(c. 800~399 B.C.)*, Routledge, 1994.

Sealey, R., *A History of the Greek City States, 700~337 BC*, University of California Press, 1976.

6
페르시아전쟁
: 그리스는 페르시아와 어떻게 싸웠나

1991년 1월 걸프전이 터졌을 때, 전쟁 당사국인 미국은 페르시아 만이라는 지명을 그냥 만灣, Gulf으로 보도해달라고 요청했고, 그 결과 그 전쟁은 '걸프전'이라는 용어로 굳어졌다. 미국의 요청은, 페르시아 만이라는 명칭을 사용하면 아랍권 전체를 상대로 미국이 전쟁을 벌인다는 인식이 확산되는 것을 막고자 한 의도에서 나왔으리라 짐작된다. 그런 조치가 필요했던 것은 사람들이 그 이름 탓에 고대 페르시아 전쟁을 연상했기 때문이다. 어떤 사람들은 이라크의 수도인 바그다드가 폭격당하는 광경을 보고 그곳이 그리스의 아테네였다면 그렇게 했겠느냐는 비판을 제기했다. 페르시아 전쟁은 서양 최초의 역사서인 헤로도토스의 《역사》가 저술되는 동기가 될 만큼, 당시에도 중요했을 뿐 아니라 오늘날에도 서구 문명의 정체성과 관련하여 중요한 시사점이 되고 있다. 여기서는 이 전쟁의 경과와 그 영향을 중심으로 살펴보겠다.

이오니아의 반란으로 촉발된 1차 페르시아 전쟁

헤로도토스는 이 전쟁의 경과를 다음과 같이 설명한다. 아테네에서 참주로 군림하던 히피아스는 본국에서 축출되자 그리스 안에서 참주 복위 운동을 벌였으나 실패하여 페르시아로 건너간다. 히피아스는 페르시아 측을 사주하여 아테네를 공격하도록 운동을 벌인다. 이 정보를 입수한 아테네는 페르시아에 사신을 파견해 히피아스의 요구를 거부해달라고 요청한다. 그러자 페르시아는 땅과 물을 바치라고 요구하는데, 이것은 항복을 의미했다. 사신들은 이 요구를 응낙하고 아테네로 복귀한다. 그러나 사신들은 아테네에서 공격을 받는다. 학자들은 사신으로 파견된 자들이 클레이스테네스 추종자였을 것으로 본다. 이 점을 입증하듯, 클레이스테네스는 중요한 개혁을 완수한 인물인데도 이후의 사료에서는 그에 대한 언급이 보이지 않는다.

그렇지만 페르시아 전쟁의 직접적인 원인은 바로 에게 해 동편 지역인 이오니아에 있던 그리스계 도시들의 반란이었다. 흔히 이 반란을 '이오니아의 반란'이라고 부른다. 이 반란이 초래된 경과를 보면, 우선 이 지역은 페르시아의 지배 아래에 있었다. 페르시아는 이 지역을 참주를 통해 간접적으로 지배해왔다. 그런데 밀레토스Miletos의 참주인 아리스타고라스Aristagoras가 페르시아 왕의 호감을 사려다가 실패한다. 자신의 지위를 유지하기 어렵게 되었다고 판단한 아리스타고라스는 기원전 499년에 반란을 일으킨다. 그때 그가 그리스인들의 자유를 기치로 내걸었기에 이오니아의 다른 도시들도 그에게 합류했다. 하지만 당시 최강국이었던 페르시아의 적수가 되기는 어려웠다. 그러자 아리스타고라스는 그리스 본토에 원조를 요청하고자 군사 강국인 스파르타에 먼저 들렀으나, 스파르타 왕은 거리를 문제 삼아 거절한다. 그러자 아리스타고라스는 귀환하는 길에 아테네를 방문하여 민회에서 사정을 설명한다. 아테네에서는 시민들이 열렬히 호응한다. 이렇게 하여, 다수를 속이는 것이 한 사람을 속이는 것보다 쉽다는 말이 있듯이, 신중하지 못한 결정을 내린 아테네는 군선 20척을 페르시아로 보냈으나 상황은 이미 종료되어 있었다.│자료 1│아테네의 원정은 기대했던 성과를 거두지 못한 채 페르시아의 주목을 받는 결과만 낳았다.

페르시아가 아테네를 공격한 일을 두고 사람들은 여러 가지로 이야기한다. 아테네가 부당하게 간섭한 데 대한 응징이었다고 보는가 하면, 이오니아 도시들이 다시는 반란을 일으키지 않도록 하기 위한 예방전이었다고 보는 시각도 있다. 그런가 하면 앞의 주장들은 명분에 불과하고, 페르시아가 그리스 본토로 팽창하고자 한 결과였다고 보는 의견도 있다.

마라톤 전투에서 승리를 거머쥔 아테네

마침내 기원전 490년에 페르시아의 대함대가 마라톤Marathon 만에 상륙했다. 아테네의 참주였다가 축출된 히피아스가 이 함대에 동행했다고 전한다. 자료 2 | 아테네 측에서는 침략하는 적을 어떻게 할지 논쟁을 벌이다가 밀티아데스Miltiades 장군의 건의가 받아들여져, 페르시아에 대항하기로 결정한다. 자료 3 | 아테네는 다른 그리스 국가들에도 도움을 요청했으나, 대부분이 싸우지 않겠다는 의사를 밝혔고 스파르타만이 도움을 주겠다고 했다. 하지만 스파르타 군은 출발이 늦어져 상황이 끝난 후에야 도착한다.

따라서 마라톤 해안에서 벌어진 전투는 아테네 홀로 치러야 했다. 페르시아는 경무장병이 지닌 투창에 의존하되, 기동력을 우선시하는 전술을 구사했다. 반면 아테네는 중갑병 위주로 편성하여 수비에 유리했다. 그동안 페르시아는 군사력으로 명성을 쌓아왔기에, 객관적으로 볼 때 아테네가 절대적으로 열세인 상황이었다. 그러나 실제 전투의 결과는 예상과 달리 아테네의 기적적인 승리였다. 헤로도토스에 따르면, 페르시아 군은 6400명이 전사했고, 아테네 군은 192명이 전사했다. 자료 4 | 마라톤 만에서 아테네를 공격하려던 시도가 이처럼 무산되자, 페르시아 군은 배를 돌려 아테네 시내 쪽으로 향했다. 이 작전을 간파한 아테네에서는 중갑병 부대를 회군시켜 아테네 해안에 진을 치게 했다. 그러자 페르시아 군은 원정을 취소하고 돌아갔다. 그런데 마라톤 전투 도중에 아테네 측에서 페르시아 군에게 신호를 보냈다는 소문이 났다. 이 일은 그때까지도 아테네 정국이 불안했음을 시사한다. 자료 5 |

기원전 600년경 아테네 지형도

- - - - - 국경
산지
주요도로

마브르산
데켈레이아
마라톤
프로발린토스
트리아
평야
엘레우시스
아카르나이
펜텔리코스 산
메가라
아테네
메소게이아
팔레론
브라우론
실라미스 섬
사로닉 만
아이기나 섬
헬레나 섬

도판 7 산지로 표시된 곳은 해발 200미터가 넘는 고지대다. 이런 지역적 특성은 정치 구조에 크게 영향을 미쳤다. 페르시아 군대가 마라톤에 상륙한 이유는 이곳이 아테네 참주인 페이시스트라토스의 근거지였기 때문이다.

2차 페르시아 전쟁도 아테네의 승리

마라톤 전투로 일단 물러난 페르시아는 다리우스 왕Darius I이 사망하고 그 아들인 크세르크세스Xerxes가 왕위에 올라 군비 확장에 주력한다. 아테네 측도 페르시아의 재침에 대비하여 준비를 했다. 그 준비는 두 가지로 이루어졌다. 우선 페르시아의 공격을 막으려면 아테네만의 힘으로는 어렵다고 판단하여, 아테네와 이해관계를 같이하는 그리스 국가들과 동맹을 결성했다.|자료6| 한편 그 무렵 아테네에 새로운 은 광맥이 발견되었는데, 여기서 얻은 수익금을 삼단노선 제작에 사용한다. 이렇게 제작된 군선이 100척에 이르렀고 아테네는 당시 최강의 해군국으로 부상했다.|자료7|

마침내 기원전 480년 페르시아의 대군이 아테네를 점령할 목적으로 진격해

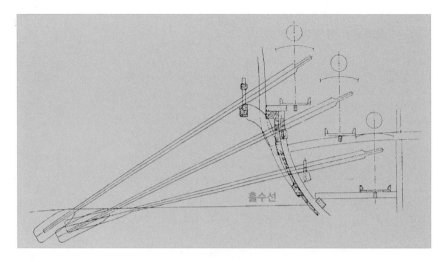

도판 8 삼단노선의 운용을 다룬 상상도. 세 개의 노를 동시에 저을 수 있는 구조이다. 수많은 연구에도 불구하고 정확한 운용 방법은 아직까지도 확인되지 않았다.

흘수선

왔다. 헤로도토스에 따르면, 페르시아 군은 보병 170만, 기병 8만 규모였다. 이 뿐만 아니라 이전의 전투가 해상 이동으로 이루어져 문제가 있었다고 보고, 이 번에는 육상으로 이동했으며, 이를 위해 배를 이어서 만든 선교船橋를 헬레스폰 트Hellespont에 부설한 것은 잘 알려진 사실이다. 게다가 이제는 왕이 직접 군대 를 이끌고 원정에 나섰다. 이 군대에게 이미 정복당한 그리스 국가들은 물과 땅 을 제공했고, 유력한 국가들도 페르시아에 항복했다. | 자료 8 | 그리스는 먼저 테 살리아에 방어선을 구축하고 페르시아 군을 맞이했으나, 페르시아가 이곳을 우 회해 접전이 이루어지지 않았다. 두 번째 방어선은 테르모필라이Thermopylai에 쳤는데, 이곳은 지형적 특성 덕분에 소수 병력으로도 방어할 수 있었다. 이곳에 서 스파르타 군 300명이 끝까지 저항하다가 전원 몰사했다. 적군인 페르시아조 차 스파르타 병사들의 용맹을 높이 평가했다. | 자료 9 | 아테네는 이곳을 돌파한 페르시아 군을 막을 방법이 없어지자 시민들을 다른 지역으로 배를 태워 보내 고, 신탁에 따라 해전을 벌이는 방향으로 결정하고자 한다. | 자료 10 | 그리하여 페 르시아는 별다른 저항 없이 아테네로 입성함으로써 소기의 목적을 달성한다.

그러나 페르시아는 이후에 벌어진 전투에서 그리스 연합군에게 패배하고 만 다. 우선 기억할 만한 전투는 살라미스Salamis 해협에서 벌어진 해전이다. 아테 네 해군은, 이순신 장군이 그랬듯이, 이 해협의 조류를 이용해 주로 카르타고

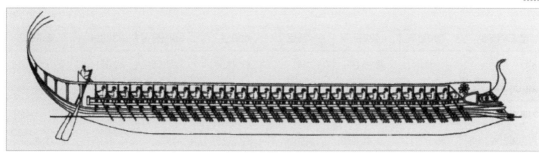

도판 9 기원전 5~4세기 그리스 해전에서 주도적인 역할을 한 삼단노선의 구조. 이 배는 빠르고 조정하기 수월했을 뿐 아니라, 뱃머리를 적의 배와 충돌시켜 격침시킬 수도 있었다. 고대의 해상전은 배를 맞대고 육박전을 벌이는 방식이었다. 길이 35미터, 흘수선 110센티미터, 수면 위 높이는 2.4미터였다.

Carthago의 병력으로 이루어진 페르시아 함대를 격파하여 제해권을 장악했다.│자료 11│ 이어서 플라타이아Plataea 전투에서 육군끼리 접전을 벌였는데, 그리스 측의 승리로 끝났다.│자료 12│ 그리스 연합군은 내친 김에 이오니아 지역으로 진격하여, 그리스 도시들을 페르시아의 지배에서 해방시킨다.

동맹으로 강성해진 아테네의 변화

페르시아 전쟁은 사실 고대의 세계대전이라고 할 만하다. 그리스는 이 전쟁에서 승리를 거둠으로써 자유를 확보했다. 한 걸음 더 나아가, 승전의 주역이 된 아테네가 새로운 지배 세력으로 등장한다. 아테네는 전쟁에 대비하여 만들어놓은 동맹 체제를 계속 유지함으로써 동맹국에 대한 지배력을 키워갔다.

이 동맹은 기원전 478/477년에 성사되었다. 동맹안을 제시한 사람은 테미스토클레스Themistocles였고, 이 일을 가능하게 만든 사람은 아리스테이데스Aristeides였으며, 활성화시킨 사람은 키몬Cimon이었다. 이 동맹은 델로스Delos 섬에 중심을 두고 있었기에 흔히 '델로스 동맹'으로 불리는데, 동맹에 가입한 국가들은 군선이나 돈을 내도록 규정하였다. 이때 동맹국 대부분은 돈을 납부하기로 결정했다. 기원전 454년에 페리클레스는 금고를 델로스 섬에서 아테네로 옮겨와, 동맹 기금을 아테네 시민의 유익을 위해 사용했다.│자료 13│

이뿐만 아니라 한 번 동맹에 들어온 국가는 탈퇴할 수 없다는 원칙을 강행하여, 탈퇴를 희망하는 국가에게는 가차 없이 제재를 가했다. 이 조치를 두고 아테네가 제국으로 변모했다고 평가한다. 이러한 변모는 한편으로는 시민에게 혜택이 돌아가게 한 계기를 마련했다는 점에서 다행한 일이었지만, 동맹국들로서는

연도(기원전)	480년	432년	425년	400년	360년	323년	313년
시민	25~30 [35]	35~45 [43]	[29]	20~25 [22]	28~30	[23]	21 [21]
시민과 가족	80~100 [140]	110~150 [172]	[116]	60~90 [90]	85~110	[112]	60~65 [84]
거류외인	4~5 [?]	10~15 [9,5]	[7]	6~8 [?]	10~15	[12]	10 [10]
거류외인과 가족	9~12 [?]	25~40 [28,5]	[21]	15~25 [?]	25~50	[42]	25~35 [35]
노예	30~40 [?]	80~110 [115]	[81]	40~60 [?]	60~100	[104]	50~90 [?]
합계	100~150 [?]	213~300 [317]	[218]	115~175 [?]	170~225	[258]	135~190 [?]

표 3 **아테네의 인구 변화**
이 추정치는 곰A. W. Gomme
이 제시한 것이고, [ ] 안의 숫
자는 에런버그의 수정안이다.
특히 노예 인구 추정치는 매
우 불확실하다.

반감을 가질 수밖에 없었고, 또 스파르타를 중심으로 한 펠로폰네소스 동맹과
충돌할 소지가 컸다는 점을 고려하면, 전쟁 재연의 불씨가 될 수도 있었다.

헤로도토스의 역사 서술 방식

우리는 서양 최초의 역사 서술이 이 전쟁을 계기로 이루어졌다는 점에 주목해
야 한다. 특히 헤로도토스가 전쟁 기록을 통해 무엇을 설명하고자 했는지가 중
요하다. 페르시아의 군사력이 우세했는데도 패배할 수밖에 없었던 원인을 헤로
도토스는 그들의 오만함에서 찾는다. 다시 말해, 헤로도토스는 가치관을 인과율
과 연관시켜 파악한 것이다. 이런 태도는 그리스인들의 가치관이 더 우월하다
는 자신감을 낳았고, 페르시아의 체제보다 그리스의 폴리스 체제를 우월하게
보는 입장과도 연결되는 것으로 보인다. 곧 시민의 자유에 근거한 체제가 우월
하다는 오늘날의 인식을 낳았다.

이오니아의 반란과 아테네인의 오판

헤로도토스, 《역사》 5.97.1~3

이 시점에 아테네인들은 이런 식으로 생각하고 있었고, 이미 페르시아인들을 불신하고 있었는데, 클레오메네스에 의해 스파르타에서 쫓겨난 밀레토스의 아리스타고라스가 아테네에 도착하였다. …… 만약 아리스타고라스가 단 한 사람에 불과한 클레오메네스를 현혹시킬 수 없었다면, 한 사람보다는 다수를 속이는 일이 더 쉬워 보인다. 그가 3만 명의 아테네인을 속이는 데 성공했으니 말이다. 아테네인들은 설득되었고, 이오니아인들에게 군선 스무 척을 보내기로 표결하였다. 그들은 멜란티오스를 사령관으로 지명했는데, 그는 모든 면에서 뛰어난 시민이었다. 그러나 이 군선들은 그리스와 야만인 양측 모두에게 고난의 시작이었다.

헤로도토스, 《역사》 5.103.1

이 일이 있은 후에 아테네인들은 이오니아인들을 완전히 포기하였으며, 심지어 아리스타고라스가 도움을 요청하여 사절을 계속 파견했는데도 돕기를 거절하였다. 그러나 비록 이오니아인들이 아테네인들의 동맹에서 배제되었다 하더라도, 다리우스에 대항하여 그들이 저지른 일을 보건대, 그들은 왕을 상대로 한 전쟁을 계속 준비하였던 것이다.

1 | 사르디스 Sardis : 소아시아 리디아 왕국의 수도. 기원전 504년에 아테네인에 의해 불탔다. 이 일은 전쟁의 한 빌미가 되었다.

헤로도토스, 《역사》 5.105.1~2

사르디스[1]가 아테네인들과 이오니아인들에게 점령당해 불탔으며, 이 일을 초래한 연합 공격의 주모자가 밀레토스의 아리스타고라스라는 소식이 다리우스 왕에게 보고되었는데, 다리우스 왕은 이오니아인들에게는 주의를 기울이지 않았다고 한다. 이오니아인들이 반란에 따른 처벌을 모면할 수 없으리라는 점을 잘 알고 있었기 때문이다. 그러나 왕은 아테네인들은 누구냐고 물었다. 누구인지 파악하자, 왕은 활을 달라고 하여 화살을 장전한 뒤 하늘로 쏘았다. 그리고 다음과 같이 말했다. "신이시여, 제가 아테네인들을 처벌하도록 허락하소서." 이 말을 한 뒤로 그의 시종에게 명하여 매일 저녁 식사 전에 세 번씩 "폐하, 아테네인들을 기억하소서"라고 말하게 하였다.

자료 02

페르시아 군, 마라톤을 공격하다

헤로도토스, 《역사》 6.102

페르시아인들은 에레트리아Eretria를 정복하고 나서 며칠을 기다린 후에 아티카를 향하여 출항하였다. 그들이 이렇게 밀어붙인 것은 아테네인들에게도 에레트리아인들에게 했던 것과 똑같이 하겠다고 생각했기 때문이다. 마라톤은 아티카에서 말을 달리기에 가장 적합한 곳이자, 에레트리아에서 가장 가까운 지역이었다. 페이시스트라토스의 아들인 히피아스가 그들로 하여금 이곳에 상륙하게 하였다.

자료 03

밀티아데스의 척화론

헤로도토스, 《역사》 6.109.3~110.1

"칼리마코스여, 아테네를 노예로 만드느냐, 아니면 자유롭게 만들어 하르모디오스와 아리스토게이톤조차 남기지 못한 기억을 평생토록 남겨놓느냐는 당신에게 달려 있습니다. 아테네인들은 지금 자신의 역사에서 참으로 가장 큰 위험에 직면해 있습니다. 페르시아인들에게 굴복한다면 그들은 히피아스에게 넘겨질 테고, 그러면 어떤 일을 겪을지 의심의 여지가 없기 때문입니다. 그러나 만약 이 도시가 이긴다면, 아테네는 그리스 폴리스들 중에 첫째가 될 것입니다. ……"[2]

밀티아데스는 이러한 말로써 칼리마코스를 설득하였다. 그리고 군사 장관의 의견을 자신에 의견에 더하여 공격하기로 결정하였다.

2 | 이 연설은 다른 장군들이 전쟁을 반대한 일을 두고 밀티아데스가 군사 장관인 칼리마코스Callimachos에게 행한 것이다.

마라톤 전투에서 아테네 자력으로 승리

헤로도토스, 《역사》 6.111.3~117.1

마라톤에서 아테네의 전투 대형은 다음과 같았다. 군사들을 페르시아 군사들과 일치하도록 배치했기에 중심은 소수의 대열에 불과하여 매우 취약하였으나, 양 날개는 수적으로 보아 강세였다. 그들은 정렬을 마친 뒤 희생 제물로 점을 친 결과가 유리하게 나오자, 이동하라는 명령에 따라 야만인들을 향하여 구보로 진격하였다. 양 군대 사이의 거리는 8스타디온 정도였다.

페르시아인들은 아테네인이 구보로 공격해오는 모습을 보고 그들을 맞을 준비를 하였다. 아테네인들 수가 매우 적은 데다 서두른 나머지 심지어 말이나 궁사의 도움을 받지 않고 공격해오는 것을 보고 페르시아인들은 그들이 죽으려고 환장했다고 생각했다. 그러나 그것은 야만인들의 생각이었다. 아테네인들은 밀집대형을 이루어 야만인들과 전투를 벌였다. 그리고 기억에 남을 만한 방식으로 싸웠다. 왜냐하면 우리가 알기로 그들은 구보로 적에 맞선 최초의 그리스인들이자, 페르시아인들의 복장과 그 옷을 입은 자들을 보고서 견뎌낸 최초의 그리스인들이기 때문이다. 그전까지 그리스인들은 페르시아인 소리만 들어도 겁을 집어먹었던 것이다.

마라톤에서의 전투는 장시간 전개되었다. 진영의 중심부에서는 야만인들이 우세하였다. 중심부에는 페르시아인들과 사카이인[3] 들이 주둔하고 있었다. 그곳에서 야만인들은 아테네 군사들을 물리치고 내륙으로 추격하기도 하면서 승리를 거두었다. 그러나 양쪽 날개에서는 아테네인과 플라타이아인이 승리하였다. 그들은 패배한 자들이 도망가게 내버려두었으며, 양 날개의 병력을 합해 중심부를 뚫고 들어온 자들과 접전을 벌였다. 여기서도 아테네인들이 승리하였다. ……

야만인들은 퇴각하여, 섬에 남겨둔 에레트리아인 포로들을 선발하여, 수니온Sounion 곶을 돌아서 아테네로 항해하였다. 아테네인들보다 먼저 시내에 도착하고자 한 것이다. 아테네인들 사이에서는 페르시아인들에게 이 계획을 제안하는 음모를 꾀했다는 이유로 알크마이온 가문 사람들이 비난을 받는다. 그들이 페르시아인들과 협정을 체결하였으며, 그들이 선상에 있을 때 방패를 들어서 신호를 보냈다는 말이 있었던 것이다. …… 야만인들은 팔레론Phaleron 만에 정박해 있던 배 안에서 쉬었다가 아시아로 되돌아갔다. 마라톤 전투에서 야만인 약 6400명, 아테네인 192명이 전사하였다.

3 | 사카이Sacae인: 스키티아Scythia인들을 가리킨다.

아테네의 불안한 내부 사정

헤로도토스, 《역사》 6.120.1~121.1

스파르타인 2000명은 보름날이 지나서야 아테네에 도착하였다. 그들은 매우 서둘러서 왔기에 스파르타를 떠난 지 사흘 만에 아티카 안에 들어섰다. 하지만 한발 늦어서 적과 만나지는 못했다. 그러나 페르시아인들을 보고자 했으므로 마라톤으로 가서 그들을 보았다. 스파르타인들은 아테네인들의 성과를 칭찬한 뒤 귀향하였다.

나는 알크마이온 가문 사람들이 아테네인들을 야만인과 히피아스에게 굴복시키도록 페르시아인들에게 방패로 신호를 보냈다는 이야기를 받아들일 수 없다. 그것은 매우 놀라운 이야기이다. 이 사람들은 칼리아스Callias보다 더 참주를 미워한 자들이기 때문이다.⁴

4 │ 칼리아스는 참주를 혐오하여, 페이시스트라토스 가문 사람들이 축출된 후 공매된 그들의 재산을 구입하는 용기를 보였다고 전해진다.

적 앞에서 단결한 그리스인

헤로도토스, 《역사》 7.145.1~2

그리스가 세운 큰 목표에 충실한 그리스인들이 이제 모여서 서로 약속하고 보장하였다. 그들은 무엇보다도 적대감을 해소하고 서로가 벌이고 있던 전쟁을 중단하기로 결정하였다. 그때 치러지고 있던 전쟁 중에 가장 심각한 것이 아테네인과 아이기나인 간의 전쟁이었다. 차후에 크세르크세스와 그의 병력이 사르디스에 와 있다는 것을 알게 되자, 그들은 왕의 동정을 살피기 위해 아시아로 밀정을 보내고 아르고스와는 페르시아에 대항하여 동맹을 맺기 위해 사절을 보내기로 결정하였다. …… 그들은 이런 위험들이 모든 그리스인을 똑같이 위협하는 한, 통일을 이루고 화합하여 모두가 같은 행동을 취하기를 희망하였다.⁵

5 │ 통일은 그리스가 승리를 거두게 만든 주요 근거로 제시되곤 한다. 그때 아테네는 군 통수권을 스파르타에 양보했다. 하지만 어떤 학자들은 이 동맹은 사후에 만들어진 이념적 허구라고 주장하기도 한다. 델로스 동맹은 이 동맹을 본떠서 만들어졌다고 보는 견해도 있다.

광산 수익을 전함을 만드는 데 쓰자

아리스토텔레스, 《아테네인의 정체》 22.7

니코데모스가 아르콘으로 재직할 때(483/482), 마로네이아Maroneia에서 광산이 발견되고 그곳을 채굴하여 100탈란톤의 추가 수익이 생기자, 일부 사람들은 그 돈이 시민들에게 분배되어야 한다고 충고했다. 그러나 테미스토클레스는 이를 말렸다. 그는 그 돈을 어디에 쓸지 밝히기를 거부하고서, 아테네의 최고 부자들에게 각각 1탈란톤씩 빌리겠다고 말하였다. 만약 빌려준 돈이 쓰이는 방식에 그들이 만족스러워한다면 그 돈은 도시국가의 것이 될 것이고, 만약 그렇지 않으면 빌려준 사람이 그것을 회수할 수 있을 것이라고 말하였다. 이러한 조건으로 돈을 받자, 그는 100명이 삼단노선[6] 한 척씩을 건조하게 하여 총 100척의 삼단노선을 건조했다. 아테네인들은 이 배들을 가지고 살라미스에서 야만인들에게 대항하여 해전을 치렀다.

6 | 삼단노선trieres: 속도를 높이기 위해 노 젓는 곳을 삼단으로 만든 배, 헤로도토스의 《역사》(6.144)에는 200척을 건조한 것으로 되어 있다.

페르시아의 공격에 폴리스들이 보인 반응

헤로도토스, 《역사》 7.32; 7.132~133.1

크세르크세스는 사르디스에 도착하자, 우선 그리스에 사절을 보내 땅과 물을 요구하였으며, 왕을 위해 음식을 마련하라고 지시하였다. 그는 아테네와 스파르타를 제외한 모든 곳에 이 요구 사항을 전달하였다. ……

요구 사항을 전달하려고 그리스로 파견된 사절 중에 일부는 빈손으로 돌아왔고, 일부는 땅과 물을 받아서 왔다. 항복한 국가들의 명단은 다음과 같다. 테살리아, 돌로피아, 에니에네스족, 페라이비아, 로크리스, 마그네시아, 말리스, 프티아의 아카이아, 테바이, 테스피아이와 플라타이아를 제외한 기타 보이오티아인들이다. 이에 반해 야만인들에게 대항하여 싸우기로 다짐한 자들은 맹세하였다. 일이 잘되면, 페르시아인들이 강요하지도 않았는데 항복한 그리스인 모두로 하여금 재산의 10분의 1을 델포이의 신에게 바치도록 하겠다는 맹세였다.

크세르크세스는 아테네와 스파르타에는 이런 요구를 하기 위한 사절을 보내지 않았다. 다리우스 왕이 전에 같은 목적으로 사절들을 파견하였으나, 아테네에서는 그들을 구덩이에 던지고 스파르타에서는 우물에 던져 넣고는, 거기에서 땅과 물을 취해 왕에게 가져가라고 말하였기 때문이다.

자료 09

스파르타의 용사들, 테르모필라이에서 전몰하다

헤로도토스, 《역사》 7.205.2~206.1

그런 후에 레오니다스Leonidas는 자신이 선발한 병사 300명과 더불어 테르모필라이로 갔다. 이들은 일급 용사들이었으며, 그들에겐 살아 있는 아들들이 있었다.[7] 그는 테바이인들 가운데서도 내가 말한 규모로 병력을 선발하였다. 에우리마코스Eurymachos의 아들인 레온티아데스Leontiades가 이들의 지휘를 맡았다. 레오니다스가 모든 그리스인 중에서 이들을 뽑기 위해 애쓴 이유는 그들이 페르시아 쪽으로 넘어가고 있다는 주장이 강하게 제기되었던 탓이다. 그들이 도움을 줄지, 아니면 그리스 동맹을 공개적으로 인정하지 않을지를 알고 싶어서 그들을 전쟁에 나오게 했던 것이다. 그들은 군대를 파견하긴 했으나 관심은 딴 데 있었다.

스파르타인들은 레오니다스와 그의 휘하 300명을 먼저 보냈는데, 다른 동맹국들이 자신들을 보고서 원정에 가담함으로써 페르시아로 넘어가지 않으려는 데 목적이 있었다. 스파르타인들이 지체한 사실을 알면 그들이 페르시아 편으로 넘어갈지도 몰랐기 때문이다. 그리고 차후에는 스파르타인들의 출정을 막고 있던 카르네이아 축전[8]이 끝나면, 스파르타에 호위대를 남겨놓고서 되도록 빨리 전체 병력을 이끌고 구조하러 갈 예정이었다.

시모니데스, 22a~b; 데니스 페이지Denys Page, 《그리스 경구추보輯句追補 Further Greek Epigrams》, Cambridge, 1981, pp. 231~234에서 재인용

a. 여기에서 300만에 대항하여 싸웠도다,
　펠로폰네소스에서 온 4000명이.

b. 낯선 자여, 스파르타인에게 말하라.
　그들의 명령에 복종하여 여기에 우리[9]가 누워 있다고.

7 | 이 용사들은 스파르타에서 기사로 알려진 정예부대인데, 아들이 있는 자들을 선발한 이유는 이들의 가문이 멸절되지 않도록 하기 위함이었다.

8 | 카르네이아Carneia 축전: 매년 여름 9일 동안 열리는 축전. 이 기간에는 병력 이동이 금지되어 있었기에 이와 같은 조치를 취한 것으로 보인다.

9 | 스파르타인을 지칭한다.

신탁은 해석하기 나름

헤로도토스, 《역사》 7.141.1~143.2

이 말을 듣고서 아테네의 사절들은 커다란 난관에 부딪혔다. 그들은 예언된 불행으로 망연자실했다. 그때 안드로불로스의 아들로, 델포이에서 가장 존경받은 사람 가운데 하나인 티몬Timon이 그들에게 올리브 가지를 가지고 가서 탄원자로서 신탁을 다시 들려달라고 부탁하라고 충고하였다. 아테네인들은 그의 충고에 따라, 가서 말하였다. "주인이여, 우리가 가져온 이 올리브 가지를 소중히 여기시고 우리나라에 더 좋은 예언을 해주십시오. 그렇지 않으면 우리는 이 성소를 떠나지 않고 죽을 때까지 머물겠습니다." 그들이 이 말을 마치자, 여자 예언자가 두 번째로 예언을 하였는데, 다음과 같았다.

> 팔라스[10]는 올림포스의 제우스를 달랠 수 없도다.
>
> 비록 많은 말과 영민한 지혜로 그를 설득한다 하더라도.
>
> 그러나 나는 이 말을 네게 다시 하노니, 이것을 철석같이 단단하게 하라.
>
> 케크롭스[11]의 영역 안에 있는 그 밖의 모든 것과
>
> 신성한 키타이론[12]의 분지를 빼앗긴다 하더라도
>
> 혜안을 가진 제우스는 트리톤에게서 태어난 자[13]에게 허용하노라.
>
> 오로지 목책木柵만이 공략되지 않을 것이고 너와 네 자녀들을 도우리라.
>
> 네가 안심할 수 있도록 본토에서 큰 무리를 지어서 오는
>
> 기병과 보병을 기다리지 말라. 그러나 후퇴하여
>
> 등을 돌려라. 어느 지점에선가 그대는 그들을 얼굴과 얼굴을 맞대며 만나리니.
>
> 오, 신성한 살라미스여, 너는 여자들의 아이들을 파멸시키리라.
>
> 곡물이 흩어질 때에나, 그것이 모일 때에나.

10 | 팔라스Pallas: 아테네의 수호신인 아테나 여신의 다른 이름.

11 | 케크롭스Cecrops: 전설 속 아테네 왕으로, 뱀의 모습을 하고 있으며 인류에게 혜택을 많이 베푼 것으로 알려져 있다. 아테나와 포세이돈이 아테네의 수호신이 되는 경쟁에서 심판을 맡았다고 한다.

12 | 키타이론Cithaeron: 보이오티아에 있는 산. 양의 방목지로 유명하다.

13 | 아테나 여신의 별명. 트리톤은 물과 관련이 있는 신이므로, 아테나 역시 물과 관련이 있음을 암시한다.

이 신탁이 지난번 신탁보다 더 부드러워 보였고 또 사실이 그러했으므로, 사절들은 그것을 적어 아테네로 돌아갔다. ……

그런데 최근 주목받은 어떤 아테네인이 있었다. 그의 이름은 테미스토클레스인데, 그는 네오클레스Neocles의 아들로 불린다. 그는 말하기를, 점쟁이의 의견이 완전히 옳지는 않다고 하면서, 만약 예언이 참으로 아테네인들을 의미한다면 그렇게 온건하게 표

현하지 않았을 것이고, 살라미스의 거주민들이 그것 때문에 죽게 되었다면, '오, 신성한 살라미스여'라는 말 대신에 '오, 잔인한 살라미스여'라고 표현했을 거라고 지적하였다. 그는 오히려 신이 신탁에서 진실로 지시하는 대상은 적들이지 아테네인들이 아니니, 사람들에게 바다에서 싸울 준비를 하라고 충고하였으며, 그것이 바로 목책의 의미라고 주장하였다.

자료
11
대해전에서 승리하다

아이스킬로스, 《페르시아인들》 409~421

409 ······ 한 그리스 군선이 공격을 개시하였도다.

한 페니키아 군선의 높은 선미를 전부 부수면서.

그러자 한쪽 편이 다른 쪽 편을 향하여 배의 방향을 잡았네.

처음에는 페르시아 군선대의 물결이 간신히 버틸 수 있었지.

그러나 좁은 해협에 많은 군선이 모여들고

다른 군선에 아무런 도움을 주지 못하자,

그 군선들은 청동을 댄 충각衝角으로 서로 충돌하였도다.

노 젓는 장비는 조각났네.

한편 그리스 군선들은 숙고하여

사면을 에워싸고 난타하였도다. 군선의 몸체가

전복되었고 더는 바다를 볼 수 없게 되었구나.

이제 난파선과 인간의 살육으로 가득 찼으니

421 해안과 사주沙洲에 시체가 그득하도다.

자료
12
페르시아 잔군 소탕 작전

헤로도토스, 《역사》 9.62.2~63.2

처음에 전투는 페르시아인들의 방패에서 시작되었다. 그들은 방패 뒤에서 화살을 쏘았다. 화살이 떨어지자, 데메테르 신전 근처에서 장시간 격렬한 전투가 벌어졌다. 그곳에서 그들은 육박전을 벌였다. 야만인들은 자신들의 창을 잡아서는 짧게 부러뜨렸다. 용기와 힘 면에서 페르시아인들은 열등하지 않았다. 그러나 무장도 갖추지 못했고, 훈련도 안 되어 있었으며, 기술도 상대방에게 필적하지 못했다. 그들은 단지 여남은 명 정도 무리를 지어 몸으로 돌진하였고, 스파르타인에게 죽임을 당했다.

그곳에 마르도니오스가 있었다. 그는 백마를 타고서 엄선된 페르시아인 천 명을 거느리고 싸웠고, 그때 특히 페르시아인들은 적들을 강하게 밀어붙였다. 그가 살아 있는 동안 페르시아인들은 저항하여 자신을 지키고 스파르타인들을 다수 죽였다. 그러나 그가 죽고 그를 에워싼 최강의 부대가 무너지자, 남은 자들은 도망가거나 스파르타인에게 항복하였다. 무엇보다도 그들을 불리하게 만든 것은 복장이었다. 그들은 무장을 갖추지 못한 채 중갑병에 맞서 싸웠던 것이다.

자료
13

델로스 동맹을 조직한 뒤 제국이 된 아테네

투키디데스, 《펠로폰네소스 전쟁사》 1.96.2~97.2

그리고 아테네인들은 그리스 재정관Hellenotamia이라고 알려진 관직을 최초로 신설하였는데, 이들이 포로스[14]를 징수하였다. 이 말은 돈으로 기여하는 것을 뜻한다. 처음에 정해진 분담 총액은 460탈란톤이었다. 그들의 금고는 델로스 섬에 있었다. 그리고 회의는 신전에서 했다.

동맹은 아테네인들이 주도했는데, 처음에 동맹은 자치적이었고 총회에서 결정을 내렸으며, 지금 벌어지고 있는 전쟁과 페르시아 전쟁 기간에 야만인들, 반란을 일으킨 동맹국들, 그리고 여러 번 자신들과 충돌한 펠로폰네소스인들과 관련된 전쟁 및 사무 처리에서 큰 성과를 거두었다.

내가 이것을 쓰면서 곁길로 나간 이유는 나보다 앞서서 페르시아 전쟁 이전 그리스의 역사 사건이나 페르시아 전쟁에 관해 언급한 사람들이 이 주제를 생략하였기 때문이다. 《아티카의 역사》라는 책에서 이 문제를 다룬 유일한 사람이 헬라니코스Hellanikos다. 그런데 그는 이 일을 간략하게 언급하였으며 연대기도 정확하지 않다. 하지만 그 책은 아테네인들의 제국이 어떻게 수립되었는지를 보여줄 것이다.

14 | 포로스phoros: 원래는 단순히 '지불'을 의미하는 말이지만, 여기서는 아테네에 상납하는 동맹국의 의무 분담금을 뜻한다. 공세貢稅나 연공年貢으로 번역될 수 있다.

투키디데스, 《펠로폰네소스 전쟁사》 1.98.4~99.3

이 일이 있은 후에 그들은 반란을 일으킨 낙소스인들을 공격하여 공성한 뒤 항복을 받아냈다. 낙소스는 기존 협정을 어겨서 노예화된 최초의 동맹 폴리스였다. 다른 동맹 폴리스에서도 이와 같은 일이 생겼다.

반란을 일으킨 이유는 여러 가지였다. 그중에 가장 중요한 것은 분담금이나 선박을 늦게 제공하거나 제공하기를 거부한 경우이다. 아테네인들은 분담금을 징수하는 데 매우 엄격하여 강제로 징수했는데, 그 일에 익숙지 않거나 계속된 힘든 일을 내켜하지 않는 자들을 불쾌하게 만들었다. 전에 그랬던 것처럼, 다른 일에서도 아테네인들은 지배자로서 인기가 없었다. 아테네인들은 더는 원정 분담금을 동등하게 내지 않았다. 따라서 반란을 일으킨 동맹국을 자기편으로 되돌리는 것이 더 쉬워졌다.

이 모든 것에 동맹국이 책임을 져야 했다. 그들 대다수가 고향에서 멀리 떠나기 싫어 원정을 기피하였으므로, 군선을 내놓는 대신 그에 상응하는 돈을 내는 데 동의하였기 때문이다. 그리하여 아테네인들의 함대는 동맹국들이 기여한 돈으로 강력해졌다. 반면에 동맹국들은 반란을 일으키더라도 적절히 준비된 상태가 아니었으며, 전쟁 경험도 부족하였다.

| 출전 |

시모니데스Simonides(기원전 556~468): 그리스 키오스Chios에서 출생한 서정시인. 전몰 스파르타인을 위한 추모시를 쓴 것으로 유명하다.

아이스킬로스Aeschylos(기원전 525~456), 《페르시아인들Persai》: 그리스의 3대 비극시인으로, 군에 복무할 때에는 주요 전투에도 참여했다. 비극 90편을 썼는데, 이 중에 40편이 상을 받았다. 대표작으로 《아가멤논》이 있다. 《페르시아인들》은 기원전 472년에 처음 상연되었다.

투키디데스, 《펠로폰네소스 전쟁사》: 1.96~99에서 투키디데스는 아테네가 제국으로 변신한 계기를 민주정의 발전에서 찾는다. 그는 선동적인 정치가와 아테네 시민의 변덕을 비난한다. 그러면서도 페리클레스에 관해서는 민중을 훈계했다고 칭찬한다. 이 같은 맥락에서 그는 아테네의 제국화가 문제가 될 것임을 예견했다.

헤로도토스, 《역사》: 5.97에 나오는 이오니아 반란의 실패와 아테네인들의 원정 실패는 헤로도토스가 가장 중시한 전쟁의 원인이다. 특히 밀레토스의 주민들이 실제로 아테네 출신 이주민이라는 아리스타고라스의 설명을 소개함으로써 소아시아 원정을 당연한 일로 여기도록 하는 장면이 나온다. 아테네 함대의 원정은 이처럼 동포에 관한 관심에서 나왔다는 생각이 깔려 있는 것이다. 그렇기에 5.103과 5.105에 나오는 페르시아의 반응을 감정적으로 처리한 것으로 보인다.

| 참고문헌 |

김진경, 《고대 그리스의 영광과 몰락》, 안티쿠스, 2009.

──, 《그리스 비극과 민주정치》, 일조각, 1991.

마틴, 토마스, 《고대 그리스의 역사─선사시대에서 헬레니즘 시대까지》, 이종인 옮김, 가람기획, 2002.

앤드류스, 앤토니, 《고대 그리스사》, 김경현 옮김, 이론과실천, 1991.

크세노폰, 《키루스의 교육》, 이동수 옮김, 한길사, 2002.

투퀴디데스, 《펠로폰네소스 전쟁사》, 천병희 옮김, 숲, 2011.

헤로도토스, 《역사》, 천병희 옮김, 숲, 2009.

──, 《역사》, 김봉철 옮김, 길, 2016.

홀랜드, 톰, 《페르시아 전쟁》, 이순호 옮김, 책과함께, 2006.

Dillon, M., et al., *Ancient Greece: Social and Historic Documents from Archaic Times to the Death of Socrates(c. 800~399 B.C.)*, Routledge, 1994.

Sealey, R., *A History of the Greek City States, 700~337 BC*, University of California Press, 1976.

7
페리클레스 시기의 민주정치
: 권력은 시민에게

아테네에서 민주정치가 완성된 시기는 페리클레스Pericles(기원전 495~429)의 집권기 때이다. 이 시기에 민주주의가 정치적 제도로 완숙해졌을 뿐 아니라, 이후 인류사에 족적을 남긴 철학자와 예술가, 시인 들이 등장했고, 건축으로는 현재에도 남아 있는 파르테논 신전과 같은 걸작이 세워졌다. 이러한 아테네 민주정치의 진수는 무엇이며, 그 제도의 토대는 무엇이었는지 검토해보자.

보수파와 개혁파의 대립

페리클레스는 귀족 가문 출생으로, 아버지는 크산티포스Xantippos이고 어머니는 아가리스테Agariste로 알려져 있다. 그는 소년 시절에 다몬, 제논, 아낙사고라스에게 교육을 받았는데, 이 교육이 훗날 정치가, 장군, 연설가로서 그의 삶에 밑바탕이 되었다.|자료1| 그는 탁월한 연설과 교양으로 대중의 마음을 사로잡았다.

페리클레스가 정치가로 등장한 시기인 기원전 460년대에는 보수파와 개혁파가 대립하고 있었는데, 그 중심에는 스파르타와 어떤 관계를 유지해야 하는가 하는 문제가 있었다. 기원전 463년에 스파르타에 대지진이 일어나 혼란에 빠진 사이에 메세니아인들이 메토네 산을 점거하며 항거했다. 그러자 스파르타는 아테네에 원조를 요청했다. 당시 아테네인들은 포위 공격에 탁월하다는 평가를 받았다. 아테네 보수파의 지도자 키몬은 스파르타와 평화를 유지해야 한다는 입장이었으므로 스파르타를 지원하자는 주장을 폈다. 이에 반해 개혁파는 에피알테스Ephialtes가 중심인물이었는데, 스파르타 지원에 반대했다. 이 안건은 민회에 상정되었고, 자영농들의 폭넓은 지지를 받고 있던 키몬이 승리를 거두어 이듬해에 4000명의 중갑병을 보내 스파르타를 지원하기에 이른다.

그런데 아테네 군이 반란 지역에 대한 공격을 완료하지 않았는데도 스파르타 측에서 돌아가라고 요청했다. 아테네 군의 일부가 반란 세력에게 유리한 언동을 했다는 점 때문이었다. 이렇게 해서 원정군이 돌아오자, 이 일을 국가 모독으로 받아들인 아테네 시민들이 키몬 측에 등을 돌린다. 그러자 에피알테스 측이 여론을 등에 업고 아레오파고스 협의회의 권한을 축소하려 한다. |자료2| 과거에 아르콘은 선거로 선출되다가 기원전 487년 이후 추첨제로 바뀌었는데, 아르콘 역임자로 구성된 아레오파고스 협의회의 구성원들은 대체로 키몬을 지지했다. 이때까지만 해도 아레오파고스 협의회는 일종의 법을 수호하는 기능을 했기에 국가의 법을 개정하려 할 때 권한을 발동했다. 에피알테스 측은 이 권한을 없앰으로써 보수 세력을 억누른다는 목표를 달성할 수 있었고, 민회의 기능이 강화되었다. 그 결과, 아레오파고스 협의회는 재판 기능만 보유하게 되었다.

이 과정에서 페리클레스는 키몬에 반대하고 개혁파인 에피알테스를 적극적으로 도와 키몬을 도편추방하는 데 성공한다(그러나 에피알테스는 암살되고 만다). 결과적으로 개혁파가 주도권을 잡았고, 기원전 449년경에는 키몬이 사망하고 443년 그를 계승한 투키디데스(역사가가 아닌 멜레시아스Melesias의 아들)도 도편추방되면서 페리클레스가 정치적으로 부상한다.

페리클레스는 어떤 인물인가?

페리클레스는 기원전 443년 장군strategos으로 선출된 이후 15년간 민주정치를 이끈 유일한 지도자가 되었다. 아테네에서 장군은 군사적 기능을 수행하는 것 말고도 특별한 의미를 가진 존재다. 아테네의 최고 관직인 아르콘 직이 추첨제로 바뀌면서 아르콘의 비중은 약화되었다고 보아야 할 것이다. 반면 선거로 뽑힌 장군은 다른 관직과 달리 고도의 전문성을 갖추고 있었고, 또 연임할 수도 있었다. 요컨대 권력의 실세가 장군직이었다. 장군직은 아테네의 민주주의가 지닌 약점을 보완할 수 있는 제도였다고 보는 견해도 있다. 페리클레스의 집권기를 민주주의의 완숙기로 보는 견해도 있으나, 이런 이유로 역사가 투키디데스는 페리클레스 일인의 지배 체제로 묘사했다.|자료3|

도판 10 페리클레스의 두상. 투구를 쓴 모습으로 표현된 이유는 머리가 유난히 길쭉했던 탓이다.

페리클레스는 자신이 부유해지는 것보다는 아테네의 번영을 중시했다. 또한 시민이 가사만이 아니라 국가의 일을 보살피고 국정 방향에 관심을 기울여야 한다고 역설했으며, 실제로 그렇게 되도록 행동했다. 그는 여러 원정을 계획하고 실행했다. 승리를 얻으면 그의 인기도 올라갔지만, 실패하는 경우도 있었다. 패배하면 아테네 시민은 그에게 책임을 돌렸다. 이를테면 그에게 50탈란톤의 벌금을 매기는 일도 있었다.|자료4|

하지만 이런 변덕에도 페리클레스의 인기는 계속 유지되었다. 기원전 429년 아테네에 창궐한 전염병으로 사망할 때까지, 그는 가장 인기 있는 정치가로 군림했다. 특히 아테네 시민은 그의 연설을 매우 좋아했다. 그는 시민들에게 연설이 천둥번개와 같다거나, 설득력의 신이 그의 혀에 있다는 말을 듣기도 했고, '올림피오스'라는 별명으로 불리기도 했다. 그의 연설은 그가 민주주의에 얼마나

큰 자부심을 가지고 있었는지를 드러내 보인다. |자료 5|

그러나 그가 언제나 행운아였던 것은 아니다. 때로는 동료 시민으로부터 의심을 받기도 했고, 나쁜 소문을 듣기도 했다. 게다가 그는 자식을 모두 잃어버리는 슬픔을 겪었다. 그래서 자신의 서자를 적자로 만들기 위해 자신이 만들고 엄격하게 강행했던 법의 집행을 중단시키기도 했다. 기원전 451년에 제정된 법에 따르면, 양친이 시민이어야 자식이 아테네 시민으로 인정받을 수 있었다. |자료 6|그러나 그 아들마저 아테네인에 의해 사형에 처해졌다. 그의 운명은 오이디푸스의 운명과 비슷한 점이 많았다. 비극 작가인 소포클레스Sophocles는 페리클레스와 동시대 인물로, 그에 관해서 상세히 알고 있었다. 기원전 425년에 소포클레스의 비극 《오이디푸스 왕》이 상연된 것은 이런 시대적 배경과 밀접히 연관되어 있다.

페리클레스 시기의 민주주의─민회를 통한 직접민주주의 시행

그러면 페리클레스 시기 민주주의는 어떤 모습이었을까? 민회를 중심으로 그 면모를 살펴보자.

민회는 '에클레시아ecclesia'라는 말을 번역한 것이다. 이 말은 'Ek(밖으로)'와 'klesia(부른다)'가 합해진 것으로, 공동의 관심사를 논의하기 위해 모인다는 의미를 가지고 있다. 민회는 아고라라는 광장에서 열렸다(그래서 아고라 자체가 민회를 뜻하기도 했다). 에피알테스 이후로는 민회 장소가 프닉스Pnyx로 고정되었다. |자료 7| 민회에 참석할 수 있는 사람은 20세 이상의 남성 시민이었다. 통상 아테네 시민은 18세에 데모스의 명단에 올라가면 군사훈련을 받았고, 19세에는 수비 임무를 맡았다. |자료 8| 따라서 20세가 되어야 시민으로서 권리를 누릴 수 있었다. 이러한 자격을 갖춘 시민 전체의 모임인 민회는 최고 결정권을 지닌 기관이었다.

민회에서 결정할 사안은 500인 협의회가 준비했다. 전쟁 참여 여부, 조약과 동맹, 입법, 선거, 시민권 부여 등 국가의 모든 중대사가 이곳에서 결정되었다. |자료 9| 결정 방법은 거수 표결이 일반적이었고 특별한 경우에는 투표를 했는데, 의결에 필요한 정족수는 6000명이었다. 민회가 1년에 40회 정도 열렸으므

로 집회마다 전부 참여하기가 용이한 일은 아니었다. 특히 생업과 거리 때문에 특별한 사안이 있는 경우 외에는 참석자들의 수도 적고 그 열의도 낮았을 것이다. 시내에서 20킬로미터 밖에 있는 시민 수는 전체의 3분의 1 정도였는데, 도보 이외의 교통수단이 없었으므로 이들이 민회에 참여하기는 쉽지 않았다. 그럼에도 생업을 영위하기 위해서, 또 물건을 구하기 위해서 시내로 여행하는 것이 일반적이었으므로, 원거리에 사는 시민들도 중요한 현안이 있는 경우에는 민회에 참석했다.

아테네인들은 재판도 민회에서 진행했다. 이 재판을 '헬리아이아heliaea'라고 하는데, 솔론 이후 아르콘이 판결한 재판에 상고하는 경우, 혹은 판결이 내려지지 않은 경우에 활용되었다. 이런 재판은 민회에서 1000명이나 1500명의 선발된 심판원heliates이 진행했다. 기원전 5세기 후반부터는 전문적인 사법 기관으로 '디카스테리온dicasterion'이 생겼고, 30세 이상의 시민 6000명이 적힌 심판 명부에서 500명을 선임하여 재판을 진행했다. 특히 에피알테스의 개혁 이후로는 아르콘들이 판결을 기피하여 단심제가 되었다.|자료 10| 일반적으로 재판은 유죄 여부를 우선 판결하고, 이어서 형량을 정하는 재판이 별도로 진행되었다. 이렇게 볼 때 아테네의 민회는 직접민주주의의 모범으로, 시민이면 누구나 국정에 참여할 수 있는 제도였다고 할 수 있다.

노예제와 민주주의의 관계

흔히 아테네 민주주의의 토대로 아테네 제국과 노예제가 언급된다. 아테네는 페르시아 전쟁을 성공적으로 마무리하여 델로스 동맹의 맹주로 군림했다. 아울러 아테네는 수군을 유지해, 빈민(테테스)들이 수병으로 활약할 수 있는 길을 열어놓았다. 빈민은 대략 2만 명 정도 되었는데, 이 중에 절반이 혜택을 누렸고, 정치 참여도 가능해졌다. 또한 아테네는 공무에 참여하는 이들에게 보수를 지급하는 제도를 마련했는데, 이를 처음 시행한 사람이 페리클레스였다.|자료 11| 페리클레스는 또 막대한 동맹 기금을 지불하여 파르테논 신전을 짓게 했는데, 이 공사에 참여한 시민들이 큰 혜택을 누렸고, 이들이 그의 지지 기반이 되었다.

한편 아테네 주민의 40퍼센트에 이르는 노예도 중요했다. 이들의 존재는 주인인 아테네 시민으로 하여금 가사와 생업에서 벗어나 시민으로서 공무에 참여할 시간과 여유를 만들어주었다. 이런 특수한 상황이 바로 아테네 민주주의가 완숙되는 조건이었다.

페리클레스 이후의 민주주의

페리클레스 이후 민주주의는 '데마고고스demagogos'라고 불리는 정치가들이 주도했다. 데마고고스들은 명문가가 아닌 평범한 가문 출신이었다.|**자료 12**| 이들이 주도한 민주주의는 급진적 경향을 보였다. 하지만 아테네는 시민 일반의 이익을 추구하기 위해 제국을 강화하는 정책을 펴면서부터 위기를 자초한다. 아울러 정치에서 소외된 귀족 집단이 두 차례에 걸쳐 과두정부를 수립하려는 정변을 일으켜(기원전 411년과 404년) 민주주의를 위협하지만, 그런 시도는 무위로 끝났다.

그러나 스파르타와 벌인 전쟁에서 패배하여 제국을 상실한 마당에, 민주주의를 계속 유지해가기는 어려웠다. 특히 빈민 계층이 받은 충격이 커서, 이들의 정치 참여가 어려워졌다. 또한 기원전 413년 시칠리아 원정의 실패, 기원전 399년 소크라테스의 처형 등은 체제의 문제점을 드러낸 사건으로 평가된다.

페리클레스의 가계

플루타르코스, 《페리클레스》 5.1~2

페리클레스는 아카만티스Acamantis 부족, 콜라르고스Cholargos 데모스 출신이며, 가장 훌륭한 가문과 족보를 가진 양친에게서 태어났다. 그의 아버지 크산티포스는 미칼레 Mycale에서 왕의 장군들을 제압하였고,[1] 매우 고귀한 방식으로 페이시스트라토스 사람들을 몰아내고 참주정을 파멸시켰으며, 법을 제정했고, 화합과 안전을 증진시키는 가장 온건한 체제를 수립한 클레이스테네스의 손녀[2] 와 결혼하였다. 그의 모친은 사자를 낳는 꿈을 꾼 지 며칠 후에 페리클레스를 출산하였다.

페리클레스의 생김새는 두상이 길어서 균형이 맞지 않는다는 점을 제외하고는 나무랄데가 없었다. 이런 이유로 그의 초상은 거의 투구를 쓰고 있는데, 장인들이 그를 기형으로 묘사하여 비난하고자 하는 의도가 없었기 때문인 것으로 보인다.

[1] 기원전 479년의 일이다.

[2] 조카로 보는 견해가 일반적이다.

[3] 페리클레스가 도편추방 후보가 되었음을 입증하는 도편 자료로, 시기는 기원전 444/443년으로 추정된다.

랭Lang, 《아테네 아고라 25: 오스트라콘The Athenian Agora XXV: Ostraca》, 1990, Princeton, p. 98, no.651[3]

페리클레스
    크산티포스의 아들

에피알테스의 개혁

아리스토텔레스, 《아테네인의 정체》 25.2

먼저 [에피알테스는] 아레오파고스 회원들로부터 많은 것을 제거하였다. 공공 업무 이행과 관련하여 그들을 고발함으로써 그렇게 하였다. 그런 연후에 코논Conon이 아르콘으로 재직할 때[4] 아레오파고스 협의회의 권리를 추가로 박탈하였다. 아레오파고스 협의회는 국법을 보호할 권리를 가지고 있었는데, 그가 이 권리의 일부는 500인 협의회에, 다른 일부는 민회와 시민법정에 돌려준 것이다.

아리스토텔레스, 《정치학》 1274 a 3

[4] 기원전 462/461년.

에피알테스와 페리클레스는 아레오파고스 협의회의 권한을 축소하였다.

페리클레스는 독재자?

투키디데스, 《펠로폰네소스 전쟁사》 2.65.9

이름으로는 민주주의이지만 실제로는 일인자의 지배 하에 있다.

플루타르코스, 《페리클레스》 11.1

귀족들은 이전에도 페리클레스가 이미 시민들 중에 가장 중요한 인물이 되었다는 점을 인정하였다. 그러나 그들은 그에게 대항하고 그의 권력을 무디게 할 사람이 나라에 있어서 노골적인 일인 지배가 되지 않게 해야 한다며 걱정하였다.[5]

[5] 그래서 내세운 사람이 알로페케Alopeke 데모스 출신인 투키디데스였는데, 그는 키몬의 친척이었다. 역사가 투키디데스와 다른 인물이다.

플루타르코스, 《페리클레스》 16.1

투키디데스가 명백하게 설명하고 있는 만큼 페리클레스의 권력을 의심할 수는 없다. 그리고 희극 작가들도, 그럴 의도는 아니었겠지만, 그와 그의 친구들을 일러 '새로운 페이시스트라토스 사람들'이라 부르며 악의적 조소로 그 점을 드러냈다.

페리클레스에게 거액의 벌금을 매긴 시민

플루타르코스, 《페리클레스》 35.4

이 때문에 아테네인들은 페리클레스에게 화가 났다. 그는 그들을 달래고 고무하려 애썼다. 그러나 그들이 그에게 적대적인 투표를 하여, 그의 운명의 주인이 되어 그의 지휘권을 빼앗고 벌금을 부과하기 전까지는 그들의 분노를 잠재우지 못하였고, 그들의 목적을 바꿔놓지도 못하였다. 벌금 액수는, 최저치를 제시한 사람들에 따르면 15탈란톤이었고, 최고치를 제시한 자에 따르면 50탈란톤이었다.

페리클레스의 별명

플루타르코스, 《페리클레스》 8.2~3

사람들이 말하듯이, 페리클레스가 그런 별명을 얻은 것은 그러하였기 때문이다. 반면 어떤 사람들은 그가 올림피오스[6] 라 불리게 된 것은 도시를 장식한 건축물에서 연유한다고 생각하고, 또 어떤 사람들은 정치가와 장군으로서 그가 지닌 능력에서 비롯한다고 생각한다. 그의 명성이 그의 뛰어난 여러 자질이 혼합된 결과임은 의심할 여지가 없다. 그러나 당시의 희극 작가들은 진지하게, 혹은 농담조로 그에게 반대하여 가시 돋친 말을 많이 하였는데, 페리클레스가 그런 별명을 얻은 것은 말솜씨 탓이라는 점을 명백히 했다. 희극 작가들은 그가 청중에게 열변을 토할 때 마치 '천둥'이나 '번개'와 같았다고 말하였다.

6 | 올림피오스Olympios: '올림포스 산에 사는 사람'이라는 뜻. 최고의 신 제우스와 같은 존재라는 의미로 해석할 수 있다.

연설의 대가가 정의한 민주정치

투키디데스, 《펠로폰네소스 전쟁사》 2.37.1~2

"우리의 국법은 이웃 국가들의 법을 베낀 것이 아닙니다. 오히려 우리는 모방자이기보다는 다른 사람들에게 모범이 됩니다. 이 법에 입각한 통치는 소수보다는 다수에게 유리합니다. 이것이 이 국법이 민주정으로 불리는 이유입니다. 법조문들을 들여다보면, 저마다 다른 모든 사람에게 같은 정의를 베풀고 있음을 알 수 있습니다. 사회 신분을 살펴보면, 공무에 진출하는 것은 능력에 대한 평판에 달려 있으니, 계층의 사정들이 그런 공적에 영향을 주도록 허용되지 않기 때문입니다. 또한 가난도 그런 길을 막지 않으니, 만약 어떤 사람이 나라에 봉직할 수 있다면 그의 조건이 불확실하다고 해서 방해받지 않습니다.

우리가 정부에서 누리는 자유는 일상생활에도 확장됩니다. 일상에서 우리는 다른 사람에 대한 질시에서 상호 감시하는 것과는 멀어지며, 우리 이웃이 좋아하는 일을 한다고 해서 이웃에게 성을 내지도 않으며, 심지어는 비록 해롭지 않더라도 보기에 기분 나쁜 폐를 끼치지 않습니다."

자료
06

시민 수를 제한하는 정책

아리스토텔레스, 《아테네인의 정체》 26.4

안티도토스Antidotos가 아르콘으로 재직할 때(451/450), 시민 수를 조정하고자 페리클레스의 제안에 따라 양친이 시민이 아니면 시민권을 부여하지 않도록 결정하였다.

플루타르코스, 《페리클레스》 37.4~5

결과적으로 5000명 정도의 사람들이 혐의를 받고 노예로 팔렸으며, 시민권을 보유한 자들과 아테네인으로 판결된 사람은 조사한 결과, 1만 4040명이었다. 따라서 수많은 사람들에게 엄격하게 시행된 법이 제안한 사람에 의해 중단된다는 것은 심각한 문제였다. 그러나 페리클레스가 가정생활에서 겪은 재앙은 지난날 그가 보였던 거만과 오만에 대하여 그가 지불해야 할 벌로 간주되었다. …… 그래서 그들은 그의 서자를 형제단 명부에 올리고 그의 이름을 부여하도록 허용하였다.

아테네 시민이 되는 조건

아리스토텔레스, 《아테네인의 정체》 42.1~2

현재 국법의 규정은 다음과 같다. 양친이 시민인 자는 시민이 될 권리를 가진다. 그리고 그들이 18세가 되면 데모스 성원으로 등재된다. 데모스 성원들은 이 등재된 자들에 관해서 맹세하고 투표로 결정한다. 우선 그들이 합법적인 나이에 이르렀는지를 판단하는데, 만약 그렇지 않다고 하면 그들은 다시 소년 상태로 되돌아간다. 두 번째로, 후보자가 자유인이고 법에 따라 출생하였는지를 판단한다. 만약 어떤 사람에게 자유인이 아니라는 결정이 내려지면, 그는 법정에 상소할 수 있다. 그러면 데모스 성원들은 자신들 가운데 다섯 명을 고소자로서 선발한다. 만약 그 사람에게 등재될 권리가 없으면, 국가는 그를 노예로 판다. 그러나 만약 그가 승소하면, 데모스 성원들은 그를 등재해야 한다. 이후에 협의회는 등재된 사람들을 조사한다. 만약 어떤 사람이 18세보다 적어 보인다면, 그를 등재한 데모스 성원들에게 벌금을 부과한다.

검사에서 통과한 청년들ephebos[7]의 경우, 그들의 아버지들이 부족별로 모여서 맹세를 하고, 시민들은 40세 이상인 부족 성원 중에서 청년들을 감독하기에 가장 좋고 적절한 사람으로 생각되는 자 세 명을 선출하고, 각 부족별로 보호자sophronistes를 한 사람씩 투표로 선출하고, 다른 아테네인들 중에서 이들 모두에 대한 총감독cosmetes을 선출한다.

[7] 18세에 달한 청년을 의미한다.

자료 07

민회가 열린 프닉스의 풍경

아리스토파네스, 《아카르나이[8] 사람》 17~25

새벽에 정해진 민회가 곧 열려야 하는데,

프닉스는 황폐한 상태이다.

사람들은 광장 여기저기에서 잡담을 나누고 있다.

주홍색 물감이 칠해진 끈을 피해 다니면서.[9]

심지어 당번 협의회도 오지 않는다. 그들은 늦게 올 것이다.

그러고는 당신이 기대한 대로 서로를 밀칠 것이다.

앞자리를 차지하려고.

[8] 아카르나이Acharnae: 아테네의 데모스 가운데 하나.

[9] 이 끈의 물감이 묻은 자에게 벌금이 부과되었다고 보는 학자도 있다.

자료 08

아테네 청년들의 기본 군사훈련

아리스토텔레스, 《아테네인의 정체》 42.3~5

청년들은 이 관리들의 인솔로 우선 성소들을 참배한 뒤에 페이라이에우스Peiraieus로 간다. 그곳에서 일부는 무니키아Munichia에서 수비 의무를 수행하고, 일부는 아크테Acte에서 그렇게 한다. 이들을 위해 훈련관 두 명이 선발되고, 보병전, 궁술, 투창술, 투석기 화공술을 가르칠 교관도 뽑는다. 이들의 부양을 위해 매일 1드라크마가 보호자에게, 4오볼로스[10]가 청년에게 제공된다. 책임자들은 저마다 자신의 부족 성원에게서 기금을 받아, [부족별로 식사를 하기 때문에] 모두를 위한 공동의 먹거리를 구입하고 기타 나머지 모든 일을 책임진다. 이렇게 해서 첫해를 보낸다. 다음 해에는 극장에 모여 청년들이 익힌 전술을 시민들 앞에서 시연하고, 국가에서 방패와 창을 받는다. 그런 후에 그들은 국경을 순찰하며 초소에서 시간을 보낸다. …… 2년의 과정이 끝나면 청년들은 시민단에 참여한다.

10 | 오볼로스obolos: 최소 단위의 화폐로. 6오볼로스가 1드라크마를 이룬다.

자료
09

외부인에게 시민권을 부여하는 문제를 다룬 안건

데모스테네스, 〈연설 59 네아이라에 반대하여〉 104

11 | 기원전 519년 아테네와 동맹을 맺은 플라타이아가 기원전 427년 스파르타에 의해 멸망한 뒤, 그 주민들에게 시민권을 부여하는 법령을 제정하기 위한 안건을 뜻한다.

히포크라테스는 다음과 같은 제안을 하였습니다. 플라타이아인들이 오늘부터 아테네인들이 되어서, 다른 아테네인들과 마찬가지로 완전한 권리를 갖게 하고 아테네인들이 공유하는 모든 일에 참여하도록 한다는 안이었지요.[11] …… 이들이 각 데모스에 분산 등재되고 나면 이후 어떤 플라타이아인도 아테네인이 될 수 없습니다. 그가 아테네 인민에게 그 자격을 상으로 받지 않는 한.

자료
10

장군의 공과를 투표로 결정하다

12 | 기원전 406년 아테네는 스파르타 군에 의해 봉쇄된 해군을 구조하기 위해 여섯 명의 장군을 파견했다. 장군들은 전승했으나, 폭풍 때문에 물에 빠진 군사들을 구조하지 못한 채 돌아왔다. 이 민회는 이 장군들을 재판하기 위해 열렸다. 소크라테스는 이 장군들을 구하려고 노력했다.

13 | 협의회boule: 500인 협의회를 뜻한다.

크세노폰, 《헬레니카》 1.7.9

그런 후에 그들은 민회를 열었다.[12] 협의회[13]가 이 자리에서 안건을 제시하자, 칼리크세노스Kallixenos가 다음과 같이 제안하였다. "아테네인들이 지난번 민회에서 장군들을 고소한 자들의 말과 변호하는 자들의 말을 들었으니, 이번에는 부족별로 투표합시다. 그래서 각 부족마다 단지를 두 개씩 제공하고, 전령으로 하여금 각 부족에게 다음과 같이 선언하게 합시다. '누구든 장군들이 해전에서 승리를 거둔 자들을 구원하지 않은 죄가 있다고 생각하는 자들은 첫 번째 단지에 투표하고, 유죄가 아니라고 생각하는 자들은 두 번째에 투표하시오.'"

민주정은 수당제로부터

14 | 필로클레온Philocleon: 극중 인물로, '클레온을 사랑하는 자'라는 뜻.

15 | 당시 아테네에서는 누구든지 30세 이상 된 자는 각 부족당 600명씩 총 6000명으로 이루어진 심판원에 추첨을 통해 들어갈 수 있었다. 재판 일수는 1년에 150~200일 정도였던 것으로 보인다. 심판에 따른 급료는 페리클레스 시기에 일당 2오볼로스였는데, 기원전 424년경에 3오볼로스로 인상되었다.

아리스토파네스, 《고집쟁이》 605~611

[필로클레온[14]] 그러나 이 모든 것 중에서 가장 즐거운 것은, 내 그것을 잊고 있었는데,

내가 내 몫의 보수를 받아 집으로 돌아오고, 식구들 모두가 모여

돈을 가지고 오는 나를 환영하는 것이지. 무엇보다도 우리 따님이

나를 씻겨주고 내 발을 올리브기름으로 문지르며 허리를 굽혀 나에게 키스하고

나를 아빠라고 부르며 내 입에서 3오볼로스를 채갈 때이다.[15]

그러는 동안 마누라는 나에게 보리떡을 가지고 와서 나를 설득하려고

내 옆에 앉아 보채며 말한다. "이것 좀 드세요."

공직자에게 보수를 지급하다

아리스토텔레스, 《아테네인의 정체》 25.2

게다가 페리클레스는 법정에서 행하는 봉사에 보수를 도입한 최초의 인물이었다. 이 조치로 그는 인민에게 호의를 얻었고 키몬의 관대함을 상쇄시켰다. 키몬은 참주처럼 부유하여, 공공 봉사[16]를 후하게 베풀었을 뿐 아니라, 자신의 동료 데모스 성원을 다수 부양하였던 것이다. 라키아다이Lakiadai 출신자들은, 원한다면 매일 그에게 가서 자신의 필요를 충족시킬 만한 것을 얻을 수 있었다. 게다가 키몬이 자신의 토지에 담을 두르지 않았기에, 원하는 사람은 누구든지 그 생산물을 먹을 수 있었다. 페리클레스에겐 이런 유의 지출을 할 재원이 없었다. 그리고 오이Oe의 다모니데스Damonides에게 들은 충고도 있었다(이 사람은 페리클레스가 만든 많은 조치들을 입안한 자였는데, 그가 훗날 도편추방된 것은 그 점 때문이다). 그 충고는, 페리클레스는 물려받은 사유재산이 별로 없으니, 그가 인민에게 인민의 것을 돌려주어야 한다는 내용이었다. 그래서 페리클레스는 심판원들에게 보수를 지급하는 제도를 도입하였다. 어떤 사람들은 법정이 더 나빠진 것은 이 제도 탓이라고 주장한다. 선발되고자 원하는 사람들은 주로 잘사는 사람들이 아니라 일반인들이었기 때문이다.

16 | 공공 봉사liturgia: 국가의 중요한 제전이나 행사가 열릴 때 개인들이 그 비용을 염출하여 기여하는 행위. 처음에는 자발적 행위였으나, 나중에는 부자들의 의무가 된다.

아리스토텔레스, 《아테네인의 정체》 24.3

그들은 또한 아리스테이데스Aristeides[17]가 제안한 대로 대중에게 안락한 삶을 제공하였다. 그들은 2만 명이 넘는 사람들을 공납금과 세금, 동맹국에서 받은 돈으로 부양하였다. 부양받은 자들로는 심판원 6000명, 시민 궁사 1600명, 여기에 더하여 기병 1200명, 500인 협의회 회원, 50명으로 이루어진 부두 경비대, 50명으로 이루어진 아크로폴리스 경비대, 국내 관리 700명과 국외 관리 700명이 있었다. 게다가 나중에 그들이 전쟁터에 나가면 중갑병 2500명이 있고, 호위선 스무 척과 공물을 나르는 다른 선박에도 추첨으로 선발된 2000명이 동승한다. 당번 협의회 회원[18]과 고아와 죄수 들도 있다. 이들 모두가 국가로부터 부양비를 받았다.

장애자 연금

리시아스, 〈장애자의 연금에 반대하여〉 6

내 아버지는 나에게 아무것도 남겨주지 않았습니다. 그래서 나는 2년 전 돌아가실 때까지 어머니를 부양했습니다. 그리고 나는 나를 돌볼 자식도 없습니다. 나에게 생업이 있어서 거기에서 약간 보조를 받았을 뿐입니다. 나는 힘들게 일했습니다. 그리고 나는 여전히 이곳에서 구해줄 사람을 구할 수도 없습니다. 나는 이것 말고는 다른 수입이 없습니다. 만약 당신들이 이 일을 박탈한다면, 나는 가장 비참한 지경에서 생을 마감할 위험에 처합니다.[19]

동맹국의 기여금은 공돈

플루타르코스, 《페리클레스》 12.1~2

아테네에 가장 큰 즐거움과 화려함을 가져다주고, 나머지 인류에게 가장 위대한 경이를 가져다주고, 그리스의 세력과 옛 부흥에 관한 이야기들이 거짓이 아님을 드러내는 유일한 증거는 페리클레스의 기념물 건축이었다. 그러나 이 일은 그가 내린 모든 조치 중에 민회에서 그의 정적들에게 가장 많이 비방을 듣고 모욕을 들은 일이기도 하다. …… 그들은 외쳤다. "그리스는 몹시 분노한다. 이 뻔뻔스러운 참주 행위를 곰곰이 생각해보라. 전쟁에 쓰려고 강요된 기부금을 가지고 우리 도시를 금박으로 입히고 아름답게 장식하는 것을 그리스는 보고 있다. 이는 마치 허영심 많은 여자가 수천 탈란톤에 달하는 보석과 조각상과 신전으로 자신을 꾸미는 것과 같다."

---

17 | 489년에 아르콘을 역임했고, 의인으로 불린 사람으로 482년에 도편추방되었다가 정직함을 인정받아서 2년 만에 본국에 돌아왔다. 테미스토클레스를 도와 델로스 동맹을 실현하는 데 기여한 바가 크다.

18 | 'prytaneion'을 번역한 말로, 여기서는 국가의 공공 비용으로 식사하는 사람을 지칭한다.

19 | 협의회는 매년 장애자의 청원을 심사하여 근거가 확인되면 일당 1오볼로스씩 연금을 지급했다. 이 인용문은 가게를 운영하던 상인이 자신이 장애자가 아니라는 고소를 받은 데에 대한 답변이다.

미천한 자가 정권을 잡다

아리스토파네스, 《기사》 162~167

데모스테네스(노예): 여기 좀 보세요.

당신은 사람들이 줄지어 있는 것을 보고 있나요?

순대 장수: 나는 보고 있네.

데모스테네스: 당신이 이들 중에 대장이 될 거요.

아고라와 항구와 프닉스에서도 마찬가지로 그렇게 될 것이오.

당신은 협의회를 제압하고, 장군들에게 수모를 주고,

사람들을 감옥에 던지고, 협의회 건물에서 음란한 짓을 벌일 겁니다.

| 출전 |┄┄

데모스테네스, 〈연설 59 네아이라에 반대하여〉: 이 연설은 피고인에 대한 편견으로 가득 차 있기에 신뢰하기 어려우나, 당시 사회와 아테네 시민들의 일상을 엿볼 수 있게 해준다. 데모스테네스의 연설만으로 네아이라라는 여인의 신원과 처지를 정확히 파악하기는 어렵다.

리시아스[Lysias](기원전 459~380), **〈장애자 연금에 반대하여**[Hyper tou adynatou]〉: 리시아스의 아버지는 시칠리아의 시라쿠사이[Syracusae] 출신으로 기원전 412년에 아테네에 정착했는데, 이소텔레이스[isoteleis]라고 하여, 외국인이지만 시민과 동등한 세금을 내면서 부유하게 살았다. 남아 있는 리시아스의 연설문을 보면 민주주의에 투철한 신념을 가지고 있었던 것으로 보인다. 그는 200여 편의 법정 연설을 작성했다. 이 장에서 소개한 내용은 기원전 403년에 작성한 법정 연설에 나오는 대목이다.

아리스토텔레스, 《아테네인의 정체》: 시민의 강제적인 군사훈련에 관한 보고인 42는 문제가 있는 것으로 보인다. 여기에 등장하는 청년들은 귀족 자제로 보아야 하며, 낮은 등급의 시민이 강제로 동원되었다고 보기는 어렵다. 관련 연구에 따르면 군역의 의무화는 기원전 335/334년에 이루어진 것으로 보기 때문이다. 이 조치는 기원전 338년 카이로네이아 전투 이후에 도입되었다. 이전에도 물론 귀족 자제의 훈련은 있었다. 앞에서 그랬듯이 빈민을 병역에서 면제시킨 솔론 시기의 제도를 저자 당시의 관행과 비교하지 않았다는 지적도 있다.

아리스토텔레스, 《정치학》: 1274 a에서 아리스토텔레스는 아레오파고스 협의회의 성격을 과두정체라고 주장하며, 솔론이 민주정체의 원칙을 도입하면서도 아레오파고스 협의회를 그대로 둔 것으로 보고 있다. 여기에 소개된 대로 에피알테스가 페리클레스와 협의하여 이를 제한했는데, 이는 페르시아 전쟁의 승리와 수군의 강화가 빚어낸 산물이라고 본다.

아리스토파네스[Aristophanes](기원전 457~385): 고전기의 대표적인 희극 작가. 당대 유명한 정치가나 철학자를 풍자하는 희극을 다수 남겼다. 《아카르나이 사람[Akharneis]》은 기원전 425년에 처음 상연된 작품인데, 클레온과 관련된 내용으로, 정치적 억압에 굴복하지 않겠다는 저자의 의도가 담겨 있다. 《기사[Hippeis]》는 기원전 424년에 상연되었는데, 저자를 고소한 클레온을 전쟁 옹호자로 비난하면서 풍자했다. 작품 속에서 노예는 순대 장수에게 정권을 잡으라고 권한다. 《고집쟁이Sphēkes》는 기원전 422년에 처음 상연되었는데, 그 시기는 스파르타와 1년 동안 휴전하던 기간이었다. 이 작품에서 아리스토파네스는 클레온 같은 사람을 지도자로 뽑은 정치제도를 비판한다.

투키디데스, 《펠로폰네소스 전쟁사》: 2.65.9의 기사는 투키디데스가 페리클레스와 라이벌 관계였음을 보여준다. 2.37.1~2에 나오는 추모 연설에서 민주정의 가치를 소개한 대목은 여러 가지로 문제가 있다. 아마도 아테네에 공식적인 문서보관소가 있었기에 이 연설이 활용되었던 듯하다. 그렇지만 투키디데스는 이 연설을 그대로 옮겼다기보다는 요점만 전달했을 것으로 보인다. 이렇게 할 경우에 그는 "누가 이렇게 말하였다"라고 표시한다. 참고로, 5세기 말부터 전몰장병의 장례는 국장으로 치러졌는데, 고인이 남긴 유물을 텐트 안에 3일간 전시한 후 케라메이코스Kerameicos라는 묘지에 안장했다.

플루타르코스, 《페리클레스》: 상세한 자료를 바탕으로 서술한 페리클레스 전기. 페리클레스를 로마 정치가 파비우스 막시무스Fabius Maximus와 대비하여 기술했다. 플루타르코스는 이 장에서 인용한 부분과 달리, 결론에서는 페리클레스가 국가를 지켜주는 보루의 역할을 떠맡은 것으로 기술한다.

| 참고문헌 |

김진경, 《고대 그리스의 영광과 몰락》, 안티쿠스, 2009.
———, 《그리스 비극과 민주정치》, 일조각, 1991.
소포클레스, 《소포클레스 비극 전집》, 천병희 옮김, 숲, 2008.
소포클레스·아이스킬로스·에우리피데스, 《그리스 비극 걸작선》, 천병희 옮김, 숲, 2010.
아리스토텔레스, 《정치학》, 천병희 옮김, 숲, 2009.
아리스토텔레스 외, 《고대 그리스 정치사 사료》, 최자영·최혜영 옮김, 신서원, 2002.
아리스토파네스, 《아리스토파네스 희극전집 1, 2》, 천병희 옮김, 숲, 2010.
앤드류스, 앤토니, 《고대 그리스사》, 김경현 옮김, 이론과실천, 1991.
양병우, 《아테네 민주정치사》, 서울대출판부, 1975.
이소크라테스 외, 《그리스의 위대한 연설》, 김헌 외 옮김, 민음사, 2015.
투퀴디데스, 《펠로폰네소스 전쟁사》, 천병희 옮김, 숲, 2011.
포레스트, 윌리엄, 《그리스 민주정의 탄생과 발전》, 김봉철 옮김, 한울아카데미, 2001.
플루타르코스, 《플루타르코스 영웅전》, 천병희 옮김, 숲, 2010.
허승일 외, 《인물로 보는 서양 고대사》, 길, 2006.
Dillon, M., et al., *Ancient Greece: Social and Historic Documents from Archaic Times to the Death of Socrates(c. 800~399 B.C.)*, Routledge, 1994.
Sealey, R., *A History of the Greek City States, 700~337 BC*, University of California Press, 1976.

8
펠로폰네소스 전쟁
: 그리스인들은 왜 싸웠나

고대 그리스의 역사를 연구하는 학자들은 고대 그리스에는 오늘날 통용되는 의미의 민족주의가 없었다고 말한다. 그리스에 산재한 수많은 폴리스들은 그리스 민족이라는 공통점을 가지고 있었지만, 이해관계에 따라 이민족과 연합하기도 했고, 동족 간에 전쟁을 벌이기도 했기 때문이다. 요컨대 민족주의가 하나의 힘으로 작용하지 못했다. 페르시아라는 대적을 상대하기 위해 단결했던 그리스는 공동의 적이 사라진 이후 심각한 분열상을 보였으며, 그것은 수많은 국지전으로 나타났다. 그런 상황은 결국 펠로폰네소스 전쟁으로 이어졌다. 아테네와 스파르타를 맹주로 하는 두 동맹 세력 사이의 충돌로 전개된 이 전쟁은 그리스 민족에게 자멸적 전쟁이었다. 이런 결과는 투키디데스Thucydides(기원전 460~395)로 하여금 역사를 서술하게 만든 동인이 되었다.│자료1│투키디데스의 서술을 중심으로 이 전쟁의 경과를 살펴보면서 그가 우리에게 주려고 한 교훈이 무엇이었는지 생각해보자.

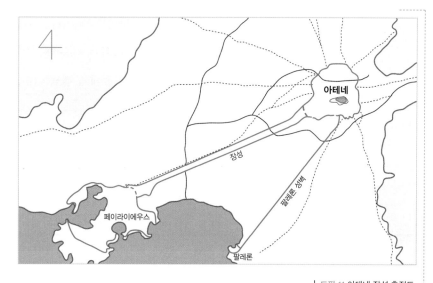

아테네와 스파르타의 주요 전략

펠로폰네소스 전쟁의 양상을 이해하려면 우선 아테네와 스파르타 양측의 전략을 비교해볼 필요가 있다. 그 당시에 호플리테스hoplites라고 불린 중갑병은 육상 전투에서 가장 기본적인 부대 편제였다. 이 부대가 있어야 적의 영토를 점령하여 성을 공격할 수 있었다. 그런데 성을 공격하려면 효과적인 공성攻城 장비가 필요하다. 이 장비 없이는 성안에 있는 사람들을 공격하기가 어려웠다. 아테네는 이런 점을 의식하여 장성長城을 건설했다. 이 장성은 아테네 시내를 감싸고서 페이라이에우스Peiraieus 항구로 연결되었는데, 마치 목이 긴 플라스크 같은 모양이었다. 이 장성은 시민들에게 피신할 공간을 충분히 제공했으며, 바다 쪽으로는 외부와도 연결될 수 있었다. 아테네는 상대적으로 육군이 약한 대신 해군은 최강이어서 이런 전술을 채택한 것이다. 이 전술 덕분에 아테네는 영토가 유린당하더라도 시민을 보호할 수 있었고, 펠로폰네소스 동맹국들의 무역 활동에 지장을 초래할 수 있었다. 아테네의 지도자인 페리클레스는 시민들에게 성내로 이주하도록 권했다. |자료 2|

반면에 펠로폰네소스 동맹은 해상 작전의 기술이 떨어지고 재정 면에서도 취약했지만, 지리적 이점을 확보할 수 있었다. 이처럼 스파르타와 아테네는 저마다 자신의 강점을 살리면서 대비되는 전술로 맞섰다.

전쟁의 원인 제공자는?

대개 큰 전쟁이 그러하듯이, 이 전쟁도 작은 일로 촉발되었다. 기원전 433년 가

도판 11 아테네 장성 추정도. 아테네 시민은 전격적으로 장성을 쌓는 바람에 전쟁의 빌미를 주고 말았다. 두 장성은 기원전 462~458년에 건설되었다. 이로써 아테네는 공급로를 확보했다. 하지만 기원전 403년 전쟁에 패배한 후 모두 파괴되었다.

을, 코린토스와 코린토스의 식민시인 코르키라Corcyra 사이에 분쟁이 발생했다. 이 일을 빌미로 아테네는 코르키라와 동맹을 맺는 한편, 코린토스를 상당히 깊이 간섭했다. 코르키라는 아테네인들에게 펠로폰네소스 동맹국들에 대한 라이벌 의식을 조장했다. 기원전 432년에 코린토스가 자기네 사정을 펠로폰네소스 동맹국들에게 호소하자, 메가라Megara와 아이기나Aegina가 아테네를 비난했고, 스파르타도 라이벌인 아테네의 성공을 두려워했다. 결국 펠로폰네소스 동맹국들은 아테네와의 교전을 가결했다. 동맹국들은 교전에 앞서 아테네에 사절을 파견했으나, 협상이 결렬되면서 기원전 431년에 결국 전쟁이 발발한다. |자료 3|

여기서 과연 전쟁의 원인 제공자가 어느 쪽인가 하는 문제가 떠오른다. 우리가 부르는 '펠로폰네소스 전쟁'이라는 말은 전쟁을 일으킨 측이 펠로폰네소스라는 점을 지시하지만, 이 전쟁에 대해 기술한 투키디데스는 아테네의 관점을 대변한다는 사실을 기억해야 할 것이다. 만약 스파르타의 관점에서 기술한다면, '아테네 전쟁'이라고 했을 것이다. 아테네의 책임을 논하는 사람들은 아테네의 제국주의가 직접적 원인으로 스파르타가 그것을 위협으로 느꼈다고 본다. |자료 4| 반대의 입장에서는, 사실 아테네는 평화를 유지하는 동안 팽창주의 정책을 펼치지 않았으며, 스파르타가 오히려 아테네 제국을 해체하기 위해 동맹국들의 불만을 이용했다고 본다. 이런 점들을 고려하면 전쟁의 진정한 원인이 무엇인지는 상당한 논쟁 거리인 셈이다.

역전에 역전을 거듭한 전쟁 양상

스파르타를 지지한 세력은 아르고스를 제외한 펠로폰네소스 반도의 국가들 전부와 메가라, 보이오티아Boeotia, 포키스Phocis, 레우카스Leucas, 암브라키아Ambracia, 아나크토리오이Anaktorioi였다. 아테네를 지지한 국가는 플라타이아Plataea, 레스보스Lesbos, 카리아Caria, 키오스Chios, 메세니아, 아카르나니아Acarnania, 자킨토스Zakynthos, 코르키라, 도리스, 그리고 키클라데스Cyclades 제도의 일부 국가들이었다.

전투는 기원전 431년 5월에 시작되었다. 처음 한 달간은 펠로폰네소스 동맹

쪽이 방기된 아테네의 영토를 유린하고는 퇴각했다. 전쟁 첫해에는, 페리클레스가 예상한 대로 아테네가 심각한 피해를 입지 않았다.|자료 5| 그러나 이듬해 아테네를 휩쓴 전염병으로 인구의 4분의 1이 사망한다. 이렇게 피해가 컸던 이유는 성안에 사람들이 밀집해 있던 데에서 찾을 수 있다. 그다음 해에는 지도자인 페리클레스마저 사망한 데다 전염병 때문에 회복할 수 없을 정도로 타격을입었다.|자료 6| 그런 와중에도 아테네는 전승을 올린다. 포티다이아Potidaea가 항복했고, 아테네보다 우세했던 나우팍토스Naupactos와의 전투에서는 해전에서 승리를 거두었으며, 반란을 일으킨 레스보스가 진압되었다. 데모스테네스는 암필로키아Amphilochia에서전승을 올렸다. 기원전 425년에는 스파르타의 영역인 메세니아의서부, 필로스에 거점을 마련함으로써, 스파르타의 노예 헤일로타이heilotai가 반란을 일으키도록 부추길 수 있었다. 그 결과, 스파르타는 아테네에 대한 공격을 중지하고 평화를 요청한다.|자료 7|

이때 아테네를 이끈 지도자는 클레온Cleon이었다.|자료 8| 그는 이른바 데마고고스로, 필로스에서 전공을 올렸고, 강화 제안에 반대했다. 기원전 424년에는 스파르타의 명장 브라시다스Brasidas가 아테네로부터 메가라를 구원했고, 트라키아Thracia 지역의 아테네 보호국들을 점령했다. 그와 동시에 보이오티아는 아테네 군과 격돌하여 승리를 거두었다. 기원전 423년에는 1년간 휴전이 이루어졌다. 휴전한 다음 해에 클레온은 트라키아로 원정을 갔으나, 암피폴리스Amphipolis에서 패하여전사하고 만다. 이후 '니키아스Nicias 평화'라는 이름의 조약이 맺어졌는데, 이 조약에서는 아테네가 유리한 입지를 차지했다. 이 조약에 불만을 품은 보이오티아와 코린토스는 서명을 거부했다.

전쟁의 소강 국면이 끝나자, 아테네의 알키비아데스Alcibiades는 연합군을 만들어 스파르타를 공격했고, 멜로스Melos 섬을 공격했으며, 기원전 415~413년에는 시칠리아 섬을 공격했다. 시칠리아 원정을 주도한 인물 역시 알키비아데스

도판 12 이 비문은 펠로폰네소스 전쟁이 시작되던 해인 기원전 432/431년에 작성된 공납 명부로, 아크로폴리스에 전시되었던 것이다. 아테네는 기원전 454년에 동맹의 기금을 델로스에서 아테네로 옮겨왔다.

였다. 그는 헤르메스 상이 훼손되는 사건이 발생했을 때 고발당한 데다 자신이 부재한 가운데 유죄 판결이 내려지자, 스파르타 쪽으로 넘어가 버렸다.|자료 9| 그러자 대신 니키아스가 지휘권을 맡았으나, 아테네 정예군은 궤멸되었고 살아 남은 병사들은 포로가 되었다.

이 소식에 용기를 얻은 스파르타는 그리스에서 전쟁을 재개하여 아티카의 데 켈레이아Dekeleia를 점령하여 거점을 확보한다.|자료 10| 이때 아테네는 거의 모든 선대를 상실했을 뿐 아니라 훈련된 승무원도 확보하지 못한 상태였다. 게다가 에게 해 연안에 자리한 아테네의 동맹국들이 반란을 일으킬 기세였다. 이렇게 되자 아테네 내부에서 위기의식이 감돌았고, 알키비아데스가 다시 돌아와 지휘 권을 잡는다. 그의 지휘 하에 아테네인들은 함대를 단시간에 재구성해 해전에 서 승리를 거두었다. 그러나 그 승리도 잠시였고, 알키비아데스의 지휘를 받지 못한 함대가 스파르타 리산드로스Lysandros 장군의 지휘를 받은 함대에 패배하 고 만다. 이렇게 되자 알키비아데스는 다시 민회에서 면직되었고, 그를 대신하 여 열 명의 장군이 새로 선출되었다.

이후 양측은 아르기누사이Arginusae 근처에서 벌어진 해전에서 다시 겨루었는 데, 아테네 측의 승리로 끝난다. 그러나 아테네 쪽의 파선된 선박과 승무원이 구 조되지 못하고 버려졌다는 소식이 알려지자, 이 열 명의 장군들은 민회에 소환 되어 유죄 판결을 받는다. 그러자 스파르타에서는 경험 많은 리산드로스가 다 시 지휘권을 잡았고, 아테네 측은 잇단 승리에 고무되어, 반대파의 의견에 따라 알키비아데스에게 기회를 주지 않았다. 기원전 405년, 아테네의 곡물 수송로를 끊기 위해 출정한 리산드로스는 아이고스포타모이Aegospotamoi 근처에 정박해 있던 아테네 해군을 공격하여 대승을 거둔다. 아테네의 군선은 180척 중에 아 홉 척만이 도피했다. 실질적으로 이 전투가 마지막 전투였다.

전쟁의 종결과 아테네 정치체제의 변화

이렇게 아테네가 수세에 몰리자, 펠로폰네소스 측은 전쟁을 종결하고자 아테네 본토를 공격한다. 강력한 공격에 직면하자, 일부 아테네인들이 항복을 제안했으나 그들은 군중의 분노에 희생되었고, 모든 시민이 결사 항전을 결의한다. 그러나 이 결의는 오래가지 못했다. 내부의 불화가 외부의 공격보다 더 큰 위협이 되었기 때문이다. 실제로 기원전 411년과 404년, 두 차례에 걸쳐 귀족들에 의해 민주주의를 부정하는 과두 혁명이 일어났다가 원상 복구되기도 했다.

협상은 넉 달이나 지속되다가 마침내 화의에 도달했다. 그 조건은 대체로 다음과 같았다. |자료 11|

- 우선 장성을 허물고, 아테네 항구들의 방어물을 철거한다.
- 선박은 열두 척만 남기고 전부 승자 측에 넘긴다.
- 해외 지배 지역에 대한 권리를 포기한다.
- 망명한 옛 귀족 가문의 성원들이 돌아올 수 있게 하고, 펠로폰네소스 측이 제시한 체제로 재편한다.

이와 같은 요구가 받아들여지고 펠로폰네소스 측이 아테네에 입성함으로써 전쟁은 종지부를 찍는다. 공교롭게도 그날은 아테네인들이 76년 전 페르시아 전쟁에서의 승리를 기념해온 날이었다. 이로써 27년간 지속된 전쟁이 끝나고 민주주의 체제는 30인의 참주가 지배하는 체제로 전환되었다. |자료 12| 아테네로서는 그나마 다행스럽게도 자국의 영토는 보전할 수 있었는데, 이는 스파르타가 코린토스나 테바이를 견제하기 위해 아테네를 이용하고자 한 덕택이었다.

전쟁 종결이 선포되던 날, 에우리피데스Euripides의 《엘렉트라Electra》가 낭송되었다. 극의 주인공인 엘렉트라가 아가멤논 왕의 딸로서 아버지의 원수를 갚기 위해 어머니를 죽이지만 그 일로 양심의 가책에 시달리다 반쯤 실성하는 내용에, 관중은 엘렉트라의 모습이 마치 아테네의 운명 같다고 여겨 눈물을 흘렸다고 한다.

자료
01
투키디데스가 직접 밝힌 전쟁사 집필 이유

투키디데스, 《펠로폰네소스 전쟁사》 1.1.1~3

나, 아테네인 투키디데스는 펠로폰네소스인과 아테네인 사이에 벌어진 전쟁의 역사를 기술하고자 한다. 그들이 서로 어떻게 싸웠는지, 전쟁의 시초부터 기술하고자 한다. 그 전쟁이 대전이며 과거의 어느 전쟁보다 기술한 만한 가치가 있다고 기대하기 때문이다. 그때 양 국가는 전성기였다. 전쟁 준비가 절정에 도달하였다는 점으로 미루어보건대, 또 나머지 그리스 세계가 두 국가 중 어느 하나와 동맹을 맺고 있었고 당장 동맹을 약속하지 않은 국가들도 그렇게 하려는 의사가 있었던 점을 살펴보건대, 그러하다. 이 혼란은 야만인 세계는 물론이고 그리스인들에게, 다시 말해 대부분의 인류에게 영향을 준 일 중에서 가장 큰 것이었다.[1]

1 | 투키디데스는 암피폴리스를 구원하러 갔으나 실패하여 기원전 424/423년에 추방되었다. 하지만 그 덕에 양편에서 전쟁을 관찰할 수 있었다.

자료
02
페리클레스, 시내로 소집령을 내리다

투키디데스, 《펠로폰네소스 전쟁사》 2.14.1

아테네인들은 페리클레스의 충고를 받아들여, 아이들과 여자들과 기타 가재도구를 농촌에서 시내로 옮겼다. 심지어 집에 있던 나무 장식까지 뜯어 왔다. 양과 소는 에우보이아와 이웃 섬으로 보냈다. 그러나 그들은 이러한 이주가 힘들다는 사실을 깨달았다. 대부분의 사람들이 농촌에서 사는 데 익숙했기 때문이다.

협상의 결렬

투키디데스, 《펠로폰네소스 전쟁사》 1.139.1~3

스파르타는 아테네에 들어와 포티다이아 공성을 포기하고 아이기나에 자치를 허용하라고 요구하였다. 그러면서도 그들은 만약 아테네가 메가라에 내린 포고를 철회한다면 어떤 전쟁도 없을 거라고 분명하게 주장하였다. 메가라에 내려진 포고에 따라 메가라인들은 아테네 제국의 항구와 아테네 광장을 이용하는 것이 금지되어 있었다.

그러나 아테네는 다른 주장을 하면서 이 요구를 응낙하지 않았으며, 메가라인들이 신전토지와 국경의 토지를 경작하고 도망한 노예를 비호한 일을 비난하며 포고를 철회하지도 않았다.

마침내 마지막 사절단이 스파르타에서 왔다. 사절들은 람피오스, 멜레시포스, 아게산드로스였는데, 스파르타가 계속 제기했던 건에 관해서는 아무 말도 하지 않고 단지 이 말만 했다. "스파르타는 평화가 이어지길 바란다. 만약 당신들이 그리스인들로 하여금 자치를 누리게 한다면, 그렇게 될 것이다."

스파르타인이 느낀 공포가 전쟁의 원인

투키디데스, 《펠로폰네소스 전쟁사》 1.23.4~6

아테네인과 펠로폰네소스인은 에우보이아 점령 이후에 체결된 30년 평화조약을 깨고 전쟁을 벌였다. 그들이 평화조약을 깬 이유와 관련하여 나는 이미 그들이 내세우는 불만의 원인과 논쟁을 기록하였으므로, 누구도 그렇게 큰 전쟁이 왜 그리스인들 사이에서 발발했는지 물을 필요가 없을 것이다.

비록 별로 언급된 바 없으나, 나는 전쟁이 발발한 가장 진실한 이유는 다음과 같다고 생각한다. 아테네가 강력해지자 스파르타가 두려움을 갖게 되었고, 그 결과 스파르타인들이 전쟁을 벌일 수밖에 없었다고. 휴전을 깨고 전쟁을 벌인 원인으로, 양편에서 공개적으로 표현한 불만 요인은 다음과 같다.

페리클레스는 그리스의 제갈공명

투키디데스, 《펠로폰네소스 전쟁사》 2.65.6~7

2 | 이를 위해 기원전 431년에는 민회에서 잘못된 결정을 내리지 못하도록 민회 소집을 중단시켰다.

페리클레스는 [전쟁이 시작된 후] 2년 6개월 동안 살아 있었다. 그가 죽었을 때, 전쟁에 관련한 그의 선견지명은 더욱 명백히 드러났다. 왜냐하면 그가 말하기를, 때를 기다리며 함대를 보살피고, 전쟁을 하는 동안 제국을 확장하려 하지 않고 도시에 위험을 초래하는 일을 하지 않으면, 승리를 거둘 것이라고 했기 때문이다.[2]

아테네, 전염병으로 쓰러지다

투키디데스, 《펠로폰네소스 전쟁사》 2.47.2~3; 2.52.1~4

초여름, 펠로폰네소스인들과 그 동맹국들은 처음에는 군사력의 3분의 2를 거느리고 아티카에 쳐들어왔다. ─제욱시다모스의 아들인 아르키다모스Archidamos[3] 가 지휘를 맡고 있었다.─그들은 거점을 확보한 뒤 농촌을 유린하기 시작하였다. 그들이 아티카에 들어온 지 불과 며칠 만에 아테네인들 사이에 전염병이 나타났다. 렘노스Lemnos를 비롯한 여러 곳에서 이전에도 발생하였다는 말이 있으나, 그 어느 곳에서도 그처럼 전염성이 강했다거나 그렇게 많은 사람이 죽었다는 기록은 없었다. ……

고통은 사람들을 농촌에서 도시로 옮기는 일로 더욱 가중되었다. 특히 유입된 자들이 가장 괴로움을 당하였다. 그들에게는 집도 없었고, 마치 여름철처럼 숨 막히는 움막에서 살며 아무런 보살핌도 받지 못하고 죽어갔다. 이런 이들의 시체가 또 다른 시체 위에 놓였으며, 반쯤 죽은 자들이 비틀거리며 물을 찾아 거리와 우물을 돌아다녔다. 그들이 거처하고 있던 신전에는 그 안에서 죽은 자들의 시신으로 가득 찼다. 재앙이 그들을 몹시 무겁게 짓누르자, 사람들은 더 살아야 할 이유를 찾지 못해 신성과 성스러움을 무시하는 데 이르렀기 때문이다.

3 | 기원전 431~421년의 전쟁을 그의 이름을 따서 아르키다모스 전쟁이라고 부른다.

그때까지 지켜오던 장례 의식도 무질서anomia 상태에 빠졌으며, 죽은 사람을 최선을 다해 묻을 뿐이었다. 이미 죽은 자들이 많아 묻어줄 친척이 없었으므로, 시신을 처리하는 데 수치스러운 방법에 의존하였다. 사람들은 다른 사람을 화장할 장작더미에 다가가서는, 장작을 쌓는 사람의 면전에서 자신이 옮겨온 시신을 다른 시신들 위에 올려놓아 함께 불타게 했다. 또 어떤 시신이 화장되는 동안 옮겨온 시신을 그 위에 던지고 도망쳐 버리기도 했다.

전염병은 시내에서 그 밖의 무질서도 처음으로 초래하였다. 부자였다가 갑자기 죽은 자들과, 전에는 무일푼이었다가 갑자기 다른 사람의 소유물을 물려받은 사람들의 운명이 급격하게 변하는 모습을 보고서, 사람들은 예전에는 비밀리에 했던 방종한 행동을 더 과감하게 벌였다. ……

신에 대한 두려움도 인간의 법도 아무런 억제책이 되지 못하였다. 그들은 신은 섬기나 안 섬기나 마찬가지라고 생각하였다. 왜냐하면 모든 사람이 똑같이 죽어가는 꼴을 볼 때, 어떤 사람도 재판이 열려서 자신이 지은 죄로 처벌받을 만큼 오래 살 것이라고 기대할 수 없었기 때문이다. 오히려 벌은 이미 선고되어 드리워져 있으며, 그 벌이 오기 전에 인생을 즐기는 것이 이성적이라고 생각하였다.

자료
07
아테네의 승리

투키디데스, 《펠로폰네소스 전쟁사》 4.38.5~39.3

4 │ 클레온은 스팍테리아에 있는 스파르타인들을 아테네로 데리고 오거나 그곳에서 죽이겠다고 약속했는데, 이를 이행했다. 후에 아테네인들은 만약 스파르타가 아티카를 공격하면 이들을 죽이겠다고 선언했고, 실제로 기원전 413년까지는 스파르타가 침입하지 않았다.

그 섬에서 전사하고 생포된 자들의 수는 다음과 같다. 총 420명의 중무장 보병이 스팍테리아Sphacteria 섬으로 건너갔다. 이들 중 292명이 생포되었고, 나머지는 전사하였다. 생포된 자들 중에 약 120명은 스파르타인이었다. 정규전이 아니어서 아테네인은 전사자가 거의 없었다. 그 섬을 공격한 기간은 해전부터 섬 전투까지 총 72일이었다. …… 아테네인과 스파르타인은 이제 필로스에서 병력을 철수하여 본국으로 돌아갔다. 그리하여 비록 상식적인 일은 아니었지만, 클레온의 약속은 이루어졌다. 약속한 대로 그가 20일 만에 사람들을 철수시켰기 때문이다.⁴│

자료
08
데마고고스 클레온

아리스토파네스, 《기사》 303~327

303 기사로 이루어진 합창단이 클레온에게 말을 건다.⁵│

너 진저리나는 깡패, 너 잘난 체 큰소리하는 자여, 너의 건방짐으로

305 온 세계가 꽉 찼구나. 민회가 온통 그러하고, 세금도 그러하고,

소송과 법정도 그러하도다! 너 욕설을 그러모으는 자여,

310 너는 우리의 온 도시를 소란케 하였도다.

너의 외침으로 우리 아테네를 아주 귀먹게 하고

313 바위 위에서 동맹국의 납부금에 눈독을 들이는 꼬락서니가 마치 참치와 같구

나······

너는 처음부터 염치없음을 보여주지 않았던가.

325 연설가를 보호해주는 것은 과연 무엇인가?

그것을 믿고서 너는 온갖 외국인을 착취하네. 이들에게서 돈을 뜯어내는 데 너는

제일이고 가장 뛰어나구나. 구경하던 히포다모스의 아들[6] 이 우네.

5 | 클레온은 선동정치가라는 말을 들었는데, 선동정치가들은 법정에서 활발하게 활동했다. 그는 기원전 425/424년에 법정 심판원의 수당을 2오볼로스에서 3오볼로스로 올려놓았다. 페리클레스와 비슷한 정치활동을 보였는데도, 투키디데스가 그를 폄하한 이유는 그와 사이가 좋지 않았기 때문이다.

6 | 이 사람은 아르켑톨레모스Archeptolemos인데, 그는 전쟁을 끝내려고 애썼다.

자료
09

시칠리아 원정과 헤르메스 상 훼손 사건

투키디데스, 《펠로폰네소스 전쟁사》 6.15.2~4

그 원정을 가장 열렬히 주창한 사람은 클레이니아스Cleinias의 아들 알키비아데스였다. 알키비아데스는 니키아스에 반대하였다. 니키아스는 언제나 그의 정치적 적이었으며, 니키아스가 연설로 그를 공격하였기 때문이다. 게다가 알키비아데스는 자신이 지휘하기를 원했고 자신을 통해 시칠리아와 카르타고가 점령되기를 바랐다. 그 일이 만약 성공한다면 그에게 부와 명성을 동시에 가져다줄 터였다. 그는 동료 시민들에게 평판이 좋았고, 말을 기르는 일을 비롯해 기타 사치스런 일에 탐닉했는데, 자신의 소유지에서 나오는 소득으로 그렇게 했다. 하지만 그런 행위는 나중에 아테네가 멸망하게 된 주요 요인이기도 하다. 대부분의 사람들이 그의 생활이 법도에서 심히 벗어난 점과 모든 일에 간여하는 그의 태도를 두려워하였고, 그가 참주 자리를 노리고 있다고 생각하여 반감을 가지고 있었다.

투키디데스, 《펠로폰네소스 전쟁사》 6.27.1~28.2

7 | 이 상들은 아테네에서 볼 수 있는 전형적인 기둥으로 정사각형 모양이다. 주로 개인 주택의 입구와 신전에 세워졌다.

한편 아테네 시내에 있는 석조 헤르메스 상[7] 전부가 밤새 얼굴이 훼손되었다. 누가 그런 일을 했는지는 아무도 몰랐다. 그렇지만 범인을 신고하는 자에게 거액을 준다는 공개 현상 공고문이 제시되었다. 게다가 누구든지 막론하고, 다시 말해 그가 시민이든, 외

국인이든, 노예든 상관없이, 다른 불경건한 행위가 일어난 것을 알고 신고하는 자에게는 면책특권을 부여한다는 포고가 내려졌다.

사람들은 이 문제를 매우 심각하게 다루었다. 왜냐하면 이 사건은 원정에 대한 불길한 징조인 동시에, 민주주의를 전복하려는 혁명 음모의 일부로 보였기 때문이다. 그러자 거류외인과 노예 가운데 일부가 신고하였다. 하지만 헤르메스 상과 관련해서는 어떤 신고도 들어오지 않았다. 다만 다른 조각상을 훼손한 건의 신고가 들어왔는데, 이 일은 술 취한 청년들이 저지른 짓이었다.

또한 개인의 집에서 거행된 비의秘儀에 관한 신고도 있었는데, 이때 신고당한 사람 가운데 한 명이 알키비아데스였다. 그를 특히 싫어하던 사람들은 자신들이 인민에 대한 주도권을 확실하게 장악하는 데 알키비아데스가 방해가 된다고 여겨, 이 일을 들춘 것이다. 그들은 알키비아데스를 몰아낼 수만 있다면 자신들이 최고의 자리로 올라갈 수 있다고 생각하였다. 그래서 그 사안을 과장하여, 그 비밀 의식은 불경하며 헤르메스 상 훼손은 민주주의를 전복하려는 계획의 일부라고 소리 높여 외쳤다. 그러면서 알키비아데스가 그동안 불법적이거나 비민주적인 태도를 보였던 점을 그 증거로 제시하였다.

투키디데스, 《펠로폰네소스 전쟁사》 8.1.1~3

그 소식이 아테네에 전해지자, 그들은 원정대가 그렇게 궤멸했다는 사실을 한동안 믿지 않았다. 심지어 그곳에 있다가 탈출한 병사들이 이 사실을 명백하게 보고했을 때조차 그러하였다. 이 사태를 인정하게 되자, 그들은 이구동성으로 원정에 찬성한다고 말한 자들에게 화를 냈다. 마치 자신들은 찬성표를 내지 않았던 것처럼. 또한 복술가와 점쟁이, 예언을 통하여 시칠리아를 차지할 것이라고 믿게 했던 사람들에게도 분통을 터뜨렸다. ……

그렇지만 그들은 상황이 허락하는 한 항복하지 않기로 결의하고, 구할 수 있는 대로 목재를 구해 함대를 재건하고 돈을 모으기로 했다. 또 그들의 동맹국들, 특히 에우보이아가 충성을 보이고 있다는 점을 확인하고서는 도시 행정 비용을 줄이고 원로들로 이루어진 위원회를 뽑기로 했다. 그리고 어떤 사안이 생기면 언제든지 이 위원회가 현안에 관해 조언할 수 있게 하였다.

스파르타의 반격

투키디데스, 《펠로폰네소스 전쟁사》 7.19.1

다음 해 초봄에 순식간에 스파르타인과 그들의 동맹국들이 아티카를 침입하였다. 스파르타 왕 아기스Agis III가 지휘를 맡았는데, 그는 아르키다모스Archidamos III의 아들이었다. 그들은 먼저 평원 주변의 농촌을 짓밟았으며, 그다음에 도시국가별로 지역을 할당하여 데켈레이아에 진지를 구축하였다. 데켈레이아는 아테네 시내에서 대략 120스타디온 정도 떨어져 있고, 보이오티아에서도 대략 같은 거리로, 그다지 차이가 나지 않는다. 그 진지를 조성하면서 그들은 평원과 가장 비옥한 농촌에 해를 끼쳤는데, 그곳은 아테네 시내에서 보이는 곳이었다.

아테네, 무릎 꿇다

크세노폰, 《헬레니카》 2.210~211; 2.2.16~22

아테네인은 땅과 바다로 동시에 공격을 받자 어찌할 바를 모르고 당황하였다. 그들에게는 전함도 동맹국도 식량도 없었기 때문이다. 그들은 자신들이 남들에게 가하였던 고통으로부터 벗어날 길이 없다고 생각하였다. 그들은 복수를 위해서가 아니라 단지 스파르타의 동맹국이라는 이유만으로 소도시국가에서 온 사람들을 부당하고 무례하게 대했던 것이다. 그래서 그들은 시민권을 박탈당한 자들에게 시민권을 돌려주면서 계속 저항하였다. 그리고 많은 사람이 도시에서 아사하고 있는데도 강화 조건을 논의하지 않았다. ……

아테네의 나라 사정이 이러하였으므로, 테라메네스Theramenes는 민회에서 다음과 같이 말하였다. 만약 사람들이 자신을 리산드로스에게 보내고자 한다면, 스파르타인들이 성벽 너머에서 버티고 있는지 알아보고 돌아오겠노라고. 스파르타인들은 아테네인들을 노예로 만들기를 원하거나, 신뢰에 대한 보장을 얻고자 했기 때문이다. 테라메네스가 파견되어 석 달이 넘게 리산드로스와 함께 보냈다. 그러면서 아테네가 식량 부족으로 어떤 조건이든지 동의할 때를 기다렸다.

테라메네스는 넉 달째에 돌아와 민회에서 다음과 같이 보고하였다. 리산드로스가 그동안 자신을 잡아두었으며, 그런 종류의 질문에 답변을 줄 권위를 지닌 자는 자신이 아니라 오로지 에포로이[8] 뿐이었다고. 이후 테라메네스는 전권을 보유한 채 스파르타에 파견될 사절 열 명 가운데 한 사람으로 선발되었다. 한편 리산드로스는 추방당한 아테네인 아리스토텔레스를 다른 스파르타인과 함께 에포로이에게 보내, 전쟁과 평화에 관한 전권은 에포로이에게 있다는 말을 자신이 테라메네스에게 했다는 사실을 알렸다.

테라메네스 일행이 셀라시아Sellasia에 도착하여, 무슨 제안을 하고자 왔느냐는 질문을 받자, 평화 교섭을 하기 위하여 전권을 받고 왔노라고 대답하였다. 그러자 에포로이가 그들을 불러오라고 명하였다. 사절들이 도착하자, 에포로이는 총회를 소집하였다. 여기에서 다른 여러 그리스 국가들, 특히 코린토스와 테바이가 아테네와 강화하는 데 반대하고 아테네의 멸망을 지지하는 발언을 했다. 그러나 스파르타는, 그리스가 최대의 위기에 처하였을 때 크게 기여한 그리스 국가를 노예화하기를 거부하였다. 그리고 다음과 같이 강화 조건을 제시하였다.

장성을 허물고, 페이라이에우스 성벽을 허물고, 열두 척의 배만 남기고 모든 선박을 바치며, 망명자들을 다시 받아들이고, 스파르타와 마찬가지로 스파르타의 적이면 아테네의 적이고 아군이면 아군이고, 스파르타인이 이끄는 대로 땅과 바다로 따라다녀야 한다.

테라메네스 일행은 이런 조건을 가지고 아테네로 돌아왔다. 그들이 성내로 들어오자, 군중이 그들 주위에 모였다. 군중은 그들이 강화에 성공하지 못하고 돌아왔을까봐 두려워하였다. 기아로 죽어가는 사람이 많아서 더는 연기하기가 불가능했기 때문이다. 다음날 사절들은 스파르타와 맺은 강화 조건을 공표하였다. 테라메네스는 사절들을 대변하여, 스파르타에 굴복하고 성벽을 허무는 일은 불가피하다고 말하였다. 비록 몇 사람은 그 말에 반대하였으나, 압도적 다수가 찬성하여 강화 조건을 받아들이는 안이 결의되었다.

8 | 에포로이 ephoroi: 스파르타의 최고 행정 관직. '감독관'으로 번역되기도 한다. 다섯 명이었는데, 왕을 감독하기도 했다. 단수는 에포로스 ephoros.

자료
12

전후의 정체, 어떻게 할 것인가

아리스토텔레스, 《아테네인의 정체》 34.3

평화조약은 아테네인이 그들의 전통적인 체제 속에서 살아야 한다는 조건으로 맺어졌다. 민주주의자들은 민주주의를 지키려고 노력하였다. 귀족들 중에 붕당에 소속된 자들과 평화조약 이후에 돌아온 망명자들은 과두정치를 간절히 원하였다. 반면에 어느 붕당에도 속하지 않고 최고의 시민이라 여겨지는 자들은 전통적인 체제를 원하였다. 그렇게 생각한 이들로는 아르키노스, 아니토스, 클레이토폰, 포르미시오스 등 많았는데, 이들의 대변자는 테라메네스였다. 그러나 리산드로스는 과두파를 지지하였으며, 인민은 의기소침한 채 과두정치를 표결하지 않을 수 없었다.

| 출전 |

아리스토텔레스, 《아테네인의 정체》: 34의 내용은 전체적으로 기원전 411년 400인 참주정의 수립과 타도, 다시 기원전 404년 30인 참주정의 수립으로 이어지는 과정을 묘사하고 있다. 아리스토텔레스는 이 기간에 관한 기술에서 사실 확인 없이 알고 있는 대로 기술했다는 비판을 받는다.

아리스토파네스, 《기사》: 아테네 정치를 풍자한 극. 이 극에 나오는 인물은 모두가 실제 인물을 상징한다(원문에서는 실제 이름이 거명되지 않는다). 데모스는 아테네 시민의 이름으로 민회를 상징하고, 파플라곤Paphlagon은 주인인 데모스에게 부당하게 영향을 미치는 노예이자 대리인으로 나온다. 순대 장수인 아고라크리토스와 파플라곤이 주인 데모스의 호의를 얻기 위해 경합하여, 마침내 아고라크리토스가 이긴다는 내용이 전개된다. 풍자와 관련해서는 더 면밀한 연구가 필요하다.

크세노폰, 《헬레니카》: 이 책이 다루는 시기는 기원전 411~362년인데, 특히 펠로폰네소스 전쟁 후기부터 그 결말과 영향을 다룬 사료 중에 가장 중요한 사료다. 투키디데스의 《펠레폰네소스 전쟁사》가 돌연 411년에서 중단되고 《헬레니카》가 그 이후부터 다룬 점으로 보아, 크세노폰은 투키디데스를 잇겠다는 생각이 있었던 것으로 보인다. 이 책은 일종의 현대사, 즉 비망록의 성격을 띤다.

투키디데스, 《펠로폰네소스 전쟁사》: 이 장의 내용과 관련하여 투키디데스의 정치적 입장에 유의해야 한다. 그는 클레온 같은 선동가나 민회에 의해 운영되는 민주정에는 찬성하지 않았지만, 기본적으로 아테네 제국을 유지하는 데에는 찬성했다. 특히 스파르타를 맹주로 하는 펠로폰네소스 동맹에 전쟁의 원인을 돌렸다. 페리클레스와는 정적 관계였지만 개인적으로는 그를 좋아했다.

| 참고문헌 |

김진경, 《고대 그리스의 영광과 몰락》, 안티쿠스, 2009.
──, 《그리스 비극과 민주정치》, 일조각, 1991.
마틴, 토마스, 《고대 그리스의 역사—선사시대에서 헬레니즘 시대까지》, 이종인 옮김, 가람기획, 2002.
아리스토파네스, 《아리스토파네스 희극전집 1, 2》, 천병희 옮김, 숲, 2010.
앤드류스, 앤토니, 《고대 그리스사》, 김경현 옮김, 이론과실천, 1991.
에우리피데스, 《에우리피데스 비극 전집 1, 2》, 천병희 옮김, 숲, 2009.
이사이오스, 《변론》, 최자영 옮김, 안티쿠스, 2011.
최혜영, 《그리스 비극 깊이 읽기》, 푸른역사, 2018.
케이건, 도널드, 《펠로폰네소스 전쟁사》, 허승일 옮김, 까치, 2006.
투퀴디데스, 《펠로폰네소스 전쟁사》, 천병희 옮김, 숲, 2011.
투키디데스, 《펠로폰네소스 전쟁사》, 박광순 옮김, 범우사, 1993.

허승일 외, 《인물로 보는 서양 고대사》, 길, 2006.

Dillon, M., et al., *Ancient Greece: Social and Historic Documents from Archaic Times to the Death of Socrates(c. 800~399 B.C.)*, Routledge, 1994.

Sealey, R., *A History of the Greek City States, 700~337 BC* , University of California Press, 1976.

9
이상국가 스파르타
: 교육 민주주의의 실현

펠로폰네소스 전쟁을 거치며 그리스 여러 나라들의 패자覇者로 떠오른 스파르타의 힘은 교육에 있었다. 스파르타의 교육은 널리 알려져 있지만 우리에게는 다소 부정적인 인상을 준다. 흔히 강압적이고 획일적인 교육의 대명사로 알려져 있기 때문이다. 그러나 실상 스파르타는 서양 고대 세계에서 최초로 공교육 개념을 도입했고, 교육 대상에 여성도 포함된 점│자료 1│에서 볼 때 당시로서는 획기적인 교육 체계였다. 고대 철학자들이 보기에, 국가의 비용으로 교육받고 시민은 일상의 노동에서 해방된 나라인 스파르타야말로 이상적인 국가의 모범이었다. 그렇다면 스파르타의 교육 내용은 실제로 어떠했으며, 그렇게 할 수밖에 없었던 배경은 무엇이었는지 알아보자.

부족 원로들의 신생아 검사에서 7세까지의 교육

스파르타에서 시민으로 출생한 사람은 그야말로 요람에서 무덤까지 교육을 받아야 했다. 스파르타에서는 요즘 우리가 말하는 평생교육이 구현되었기 때문이다.|자료 2| 우선 아기가 태어나면 그 아버지는 부족의 원로들에게 아기를 데려가 검사받도록 했다. 만일 아이가 튼튼하고 정상이면 원로들은 양육하라고 명한다. 만일 그렇지 못하면 타이게토스Taygetos 산 근처 한 장소에 내다 버리게 했다. 스파르타인들은 아이가 건강하지 않으면 살려두지 않는 편이 아이와 국가를 위해서 더 낫다고 믿었다. 이 같은 신생아 검사는 부족 성원의 자격을 검증하는 절차였다. 따라서 원로들은 아이의 건강만이 아니라 부모도 조사하여 그가 스파르타 시민인지 아닌지를 확인했을 것으로 보인다. 이렇게 해서 심사에 통과한 아이에게는 '클레로스kleros'라는 토지를 할당했다. 이 토지는 스파르타 시민에게 할당되는 9000개 토지 가운데 하나로, 시민이 직접 경작하지 않고 헤일로타이라는 노예에게 경작시키고 시민은 이들에게서 조租를 수취했다.

아이는 일곱 살이 될 때까지 집에서 부모나 유모가 양육했다. 음식은 아이가 달라는 대로 주지 않게 했고, 아이가 마음대로 놀 수 있도록 새 옷으로 자주 갈아입히지 않게 했으며, 혼자 내버려두어도 겁내지 않고 보채지 않도록 훈육했다. 아이들의 응석을 받아주어 유약하게 기른 아테네의 방식과 대비된다고 할 수 있다.|자료 3|

7세부터 20세까지는 아고게에서 단체 생활

아이가 일곱 살이 되면 집을 떠나 '아고게agoge'라는 단체에 들어가서 생활했다. 아고게는 왕을 제외하고 일반 시민이라면 모두 이수해야 하는 과정이었다. 교육 기간은 20세까지이므로, 14년간 공교육을 받았던 셈이다. 12세까지는 아이들의 야성을 기르는 데 주안점을 두었다. 우선 아이들의 머리를 빡빡 깎고 옷도 입히지 않은 채 맨발로 다니게 했다. 음식을 먹을 때는 절제하게 했다. 그리고 어른들이 보는 앞에서 싸움과 힘겨루기를 하게 했다. 주요 과목은 읽기와 쓰기, 음악과 무용이었다.|자료 4|

훈련 과정은 자치적으로 이루어졌다. 교사가 반장을 선출하고, 다른 아이들이 반장의 명령에 복종하도록 했다. 시민이 되었을 때 법과 통치자에게 복종하는 습관을 기르고자 한 것이다. 아이들을 지도하는 교사는 '파이도노모스paidono-mos'라고 불리는데, 고위 관직을 역임하고 전국에서 현명하고 용감하기로 이름난 자들이 선발되었다. 이처럼 권위 있는 자를 선발한 것은 스파르타가 교육에 얼마나 관심이 컸는지를 보여준다.

12세가 되면 훈육의 강도가 세진다. 1년 내내 옷 한 벌로 생활해야 했고, 소량의 식사를 했으며, 잠자리는 에우로타스 강변에서 꺾어온 갈대로 만들었다. 이런 훈련을 시키는 동시에 음악, 무용, 시, 설화, 공공 예절을 가르쳤다. 자유 시간은 거의 주지 않았다. 14세에 이르면 본격적으로 군사훈련을 실시했는데, 그 방법은 모의전이었다. 전투를 모방한 춤을 추게 하고 손과 발을 이용해 상대방을 강물로 밀어 넣는 식의 모의전이었다. 그러면서도 종종 글을 읽고 쓰는 법도 가르쳤으리라 짐작된다. 19~20세에는 인내력을 향상시키기 위한 군사훈련을 했는데, 군인으로서 가져야 할 덕목인 용맹, 명예, 정의를 가르쳤다. 이처럼 14년간 아고게에서 이루어지는 생활에서 특이한 관행이 하나 있었는데, 바로 절도였다.|자료5| 일반적으로 스파르타에서 절도죄는 극형에 처해졌지만, 특정 음식물을 훔치는 행위는 용인되었다. 이런 경우는 일종의 생존 훈련이나 담력 배양 훈련이었던 것으로 보인다.

60세까지 피디티온에서 이루어진 공동식사

아고게를 졸업한 청년은 다시 30세가 될 때까지 10년간 공동생활을 한다. 이때 청년들은 스파르타 군대의 일원으로서 전투에 참여한다. 그러나 아직은 시민으로서의 권리를 누릴 수 없다. 이들은 국가의 성원으로서 왕을 중심으로 단결하는 것만을 지상 목표로 삼아 생활했다. 이를 위해 스파르타인은 60세까지 '피디티온Phidition'이라는 회식 단체 생활을 해야 했다. 피디티온 구성원 수는 모두 열다섯 명으로, 이들은 함께 식사하고, 함께 훈련하고, 함께 전투했으므로, 이 단체는 사회단체이자 군사단체 성격을 띠었다고 할 수 있다.|자료6|

성원들은 이 단체가 유지되도록 식대를 포함한 기여품을 매달 납부해야 했다. 기여품으로는 대략 보리 1메딤노스(약 73리터), 포도주 8코이스(35리터), 치즈 5므네(3킬로그램), 무화과 2.5므네 등이었다. 이 의무를 이행하지 않은 사람은 시민 자격이 박탈되었다. 스파르타 시민은 클레로스라는 할당지에서 나오는 수입으로 생활했으므로 이 정도의 기여품은 충분히 분담할 수 있었을 것이다. 이 회식 단체에 가입하려면 기존 성원들이 만장일치로 동의해야 가능했다. **자료 7** 이런 조치는 스무 살 때부터 40년간 식사를 함께 할 사람을 선정하는 데에서 인화단결을 가장 중요하게 여겼기 때문인 것으로 보인다. 20~30대의 청년들은 300명으로 구성된 최정예부대원으로 선출될 수 있었는데, 이 부대는 전쟁 때마다 큰 공을 세웠다.

도판 13 스파르타의 명장 레오니다스의 조각상.

평생을 수행하는 신체 훈련

스파르타인은 30세가 되면 시민의 권리를 온전히 누릴 수 있었다. 가정을 이루고 시장에 나가 장을 볼 수도 있고 민회에서 참정권을 누릴 수도 있었다. 군 복무는 필요한 경우에만 했으나, 피디티온 단원의 의무는 계속 수행했다. 군대의 의무 복무 기간은 60세까지였다. 그때까지 신체를 잘 유지하지 못하면 시민권을 잃을 수도 있었다. 운동을 국가에서 법으로 강요했으며, 피디티온 주관자는 운동을 하지 않은 단원이 음식을 먹을 수 없게 할 권한을 가지고 있었

다.| 자료 8 |

이런 생활을 했기에 스파르타인은 외국인에게 모범으로 여겨졌다. 여러 스파르타인이 다른 그리스 국가에 초빙되어 지도자 역할을 했다. 60세를 넘기더라도 스파르타인은 시민으로서의 역할이 끝나지 않았다. 이들은 원로로서 신생아의 신체검사를 하고, 아고게의 훈육을 감독하고, 두 명의 왕과 더불어 게루시아Gerousia라는 원로원('장로회'라고도 번역됨)을 구성하여 정치와 재판의 일부를 담당했다. 이처럼 스파르타 시민은 일생을 국가를 위해 살았다.

스파르타식 교육의 배경

스파르타인이 이와 같은 공교육 체제를 구축해 전사 양성을 교육의 목표로 삼은 이유는 무엇이었을까?| 자료 9 |

스파르타의 교육 제도를 창설한 사람은 리쿠르고스Lycurgus다. 그는 델포이 신탁에 기대어, 지금 우리에게 '레트라Rhetra'라고 알려진 국법 체계를 만들었다.| 자료 10 | 그 내용은 원로원과 민회의 기능을 나누고, 시민단을 부족과 '오바Oba'로 재편하고, 법에 의한 지배를 실현한다는 것이었다. 이런 체계를 만든 것은 사회계층 간의 갈등을 해소하기 위함이었다. 그리하여 스파르타는 다른 그리스 국가와 달리 참주가 등장하지 않고 스타시스라고 불리는 위기를 넘길 수 있었다. 따라서 스파르타의 교육 체제도 같은 맥락에서 만들어진 것이 아닌가 생각해볼 수 있다. 앞에서 살펴보았듯, 스파르타의 교육에서 자식은 개인의 소유가 아니라 국가의 소유라는 관념이 구현되어 있음을 볼 수 있다.| 자료 11 | 이와 같은 체제에서 개인이나 계층 간의 위화감은 자리 잡기 어렵다. 이처럼 교육을 통해 공동체의 부활이 이루어졌다. 공교육은 사회 갈등을 예방하고 공동체를 회복하는 최선의 방안이었다고 할 수 있다.| 자료 12 |

스파르타의 교육이 주로 전사를 양성하는 쪽으로 이루어진 두 번째 이유로는 다음과 같은 점을 생각해볼 수 있다. 스파르타는 인구 구성으로 볼 때 국가노예라고 할 헤일로타이와, 자치는 허용하나 참정권을 부여하지 않은 거류외인인 '페리오이코이perioikoi('주변인'이라는 뜻)'의 수가 시민 수보다 대략 열 배 정도 많았던 것으로 추정된다. 수적으로 절대적 열세인 스파르타인은 이들을 지배하기 위해 시민을 강력한 전사로 육성하지 않으면 안 되었을 것이다.

요컨대 스파르타가 처한 특별한 상황이 스파르타 교육이라는 특별한 제도를 낳았는데, 이후 상황이 달라지면서 문제점이 나타난 것이다.|자료 13|

자료
01
스파르타 교육의 내용과 목표

플루타르코스, 《리쿠르고스》 14.2~3

리쿠르고스는 여성을 훈련시켰다. 경주, 씨름, 쇠고리와 창 던지기 따위로 처녀들의 몸을 단련하여, 튼튼한 모체에서 자녀들이 태어나게 하고 순산을 도모하였다. 여자들이 부자연스럽게 안방에 숨어 있는 풍습을 버리고 남자들과 마찬가지로 몸을 노출시키고 행렬 속에 끼며, 제례를 올릴 때는 남자들이 있어도 춤추고 노래도 부르게 했다. 남자들의 행실이 바르지 않을 때 여자들의 야유는 질책으로서 큰 가치가 있었다. 장한 일을 하여 여자들에게 칭찬받는 남자는 친구들의 축하를 받으며 의기양양하게 물러갔으며, 여자들의 농과 야유에는 심각한 꾸중의 칼날이 들어 있었기 때문이다.

여자들이 참석한 장소에는 연장자뿐만 아니라 왕과 원로들도 있었다. 처녀들이 이와 같이 나체를 보이는 것은 수치스러운 일이 아니었다. 그들은 추잡하지 않고 점잖았으며, 순박한 기질을 양성했고, 건강의 가치를 가르쳐주었으며, 명예와 용기를 사랑하라고 남자 못지않게 가르쳐주었기 때문이다.

자료
02
평생교육의 모델

플루타르코스, 《리쿠르고스》 21.2

노인들이, "우리도 한때는 용맹을 날리던 건장한 청년이었지"라고 노래하면

청년들이, "우리가 지금 그러하니, 원한다면 직접 와서 보시지"라고 화답하고,

그러면 소년들은 "우리도 곧 누구보다도 강건하게 되리니"라고 받아서 합창하였다.

아테네식 교육과 스파르타식 교육

크세노폰, 《라케다이몬[1] 인의 국가》 2.1~2

최선의 방식으로 자식을 교육한다고 주장하는 다른 그리스인들은 자식이 말귀를 알아듣기 시작하자마자 곧바로 자식에게 시종하는 노예를 붙인다. 그리고 자식을 교사에게 보내 문자와 음악을 배우게 하고 씨름학교에서 훈련을 쌓게 한다. 또 자식의 발에 샌들을 신겨 발을 무르게 하고 옷을 자주 갈아입혀 몸을 나약하게 만든다. 그들은 음식도 배불리 먹인다.

그러나 리쿠르고스는 각자가 개인적으로 시종 노예를 지정하는 대신, 아주 중요한 관직에 임명된 적이 있는 자에게 어린이를 맡을 책임을 부여하였다. 그 사람은 파이도노모스라고 불린다. 리쿠르고스는 파이도노모스에게 소년들을 소집하고 감시할 권한을 주었다. 파이도노모스는 만약 어떤 아이가 게으르면 매섭게 야단쳐서 바로잡았다. 또 다소 나이 든 청년을 매를 나르는 자로 지정해주었기에, 필요하면 소년들을 벌할 수 있었다. 결과적으로, 스파르타에는 위대한 자존심과 복종이 병존할 수 있었다.

1 | 라케다이몬Lacedae-mon: 스파르타의 공식 국호.

스파르타인의 교수요목: 역사와 시

플라톤, 《대★ 히피아스》 285c

소크라테스 : 그러면 그들은 자네의 어떤 말을 즐겨 듣고 갈채를 보냈는가? 자네가 직접 말해보게. 나는 그런 점들을 발견할 수가 없네.

히피아스 : 소크라테스 선생님, 그들은 영웅과 인간의 계보, 고대 도시의 건설, 요컨대 고대 전반에 대해 듣기를 매우 좋아합니다. 그 사람들 때문에 저는 그런 종류의 모든 지식을 암기하지 않을 수 없었고, 또 그것을 철저하게 실천해야 했습니다.

호메로스의 중요성

플루타르코스, 《리쿠르고스》 4.4

아시아에서 리쿠르고스는 크레오필로스[2]의 후손들이 보존해온 것으로 보이는 호메로스의 시들을 처음으로 접했는데, 그 안에 방종과 무절제에 대한 고뇌가 있되, 이에 못

2 | 크레오필로스Creophy-
los: 사모스 사람으로, 호메
로스를 환대했는데, 그 보답
으로 호메로스가 시를 놓고
갔다고 한다. 일설에는 호메
로스가 그의 스승이라고도
한다.

지않게 가치 있는 폴리스 및 교육과 관련된 내용이 있음을 발견하고서 열심히 베끼고 정리하였다. 그 시들이 스파르타에 필요하다고 여겨, 본국에 가져가기 위해서였다. 호메로스의 이 서사시들은 이미 그리스인들에게 어느 정도 알려져 있었고, 그의 시를 일부 가지고 있는 사람도 간혹 있었다. 그러나 호메로스의 시를 최초로 만천하에 알려 유명하게 만든 이는 바로 리쿠르고스였다.

자료 05

도둑질도 훌륭한 교육

크세노폰, 《라케다이몬인의 국가》 2.7~9

분명 도둑질을 하려는 사람은 밤중에 깨어 있어야 하고, 낮에는 매복한 채 드러누워 남의 눈을 피해야 하며, 성공하려면 정찰을 잘 해야 한다. 리쿠르고스가 소년들의 교육에서 생활필수품을 잘 마련하고 전쟁에 잘 적응하기 위한 요소를 포함시켰음은 명백하다.

리쿠르고스는 절도 행위를 좋게 여겼다고 말하면서, 그가 절도 행위를 하는 도중에 붙잡힌 소년에게 왜 매질을 심하게 하도록 규율을 정했느냐고 물을지도 모른다. 내가 답변하건대, 자신의 일을 제대로 수행하지 못한 사람에게 벌을 내린다는 다른 교훈에서와 마찬가지로, 절도의 경우에도 제대로 절도를 하지 못했다는 근거로 붙잡힌 소년들을 벌한 것이다.

리쿠르고스는 오르티아[3]의 제단에서 치즈를 최대한 많이 훔치는 것을 영예로운 행위로 칭했고, 별도로 사람들을 풀어 현장에서 붙잡힌 절도범에게는 매질을 하도록 했다. 이렇게 하여 순간의 고통이 명성을 얻는 기쁨을 가져다줄 것이라는 사실을 입증하고자 했다. 이것은 기민함이 필요한 곳에서 나태한 자는 고통 외에는 아무것도 얻을 수 없다는 것을 보여준다.

여우를 훔치다 죽은 소년 이야기

플루타르코스, 《리쿠르고스》 18.1

여우 새끼를 훔친 소년에 관한 이야기[4]에서 드러나듯, 소년들은 자신들의 절도 행위에 관심이 많다. 그 소년은 훔친 여우 새끼를 자신의 겉옷 속에 감추었다. 그리고 그 짐승의 발톱과 이빨에 위장이 찢기는 것을 참았다. 그 소년은 들키는 쪽보다는 죽는 쪽을 택하였던 것이다.

자료
06
공동식사 조직의 규율

크세노폰, 《라케다이몬인의 국가》 5.4~7

리쿠르고스가 스파르타의 다양한 연령 집단을 섞어놓은 덕분에 젊은이들은 자기들보다 경험 많은 연장자들에게서 많은 것을 배웠다. 공동식사를 하는 자리에서는 시내에서 행해진 고귀한 행동이 주로 거론되었다. 따라서 그곳에서는 무례함이나 폭음, 사악함이나 음담패설 같은 것은 거의 있을 수 없었다.

여러 사람이 식사하는 관습은 더 유익한 결과를 가져왔으니, 30세가 넘은 사람들은 집으로 돌아갈 때 술 취해 비틀거리거나 밤길을 헤매지 않도록 조심하게 되었다. 그들은 밤중에도 낮처럼 걸어야 했으며, 60세 이하의 병역 의무가 있는 자는 횃불조차 밝힐 수 없었다.

자료
07
신입 회원 받아들이기

플루타르코스, 《리쿠르고스》 12.5~6

함께 식사할 사람을 새로 받아들일 때에는 다음과 같은 방식으로 투표를 했다고 한다. 사람마다 부드러운 빵 한 조각을 집은 뒤, 시중드는 사람이 그릇을 머리에 이고 돌아다니다가 자기 앞에 오면 그것을 투표용지처럼 말없이 그 그릇에 넣는다. 가입에 찬성하는 사람은 빵 조각을 그냥 넣고 반대하는 사람은 꽉 눌러서 찌그러뜨려 넣었는데, 찌그러진 조각이 하나라도 있으면 가입이 허락되지 않았다. 모두가 의좋게 지내야 한다는 취지에서 그렇게 한 것이다. 사람들은 이렇게 거부당한 자를 '카디코스 되었다keka-ddisthai'라고 말한다. 사람들이 빵 조각을 던져 넣었던 그 그릇을 카디코스kaddichos라고 불렀기 때문이다.

먹으려면 훈련을 하라

크세노폰, 《라케다이몬인의 국가》 5.8

5 | 체력단련장을 의미한다.

리쿠르고스는 최고연장자에게 각 김나지온⁵에서 [청년들이] 제공된 음식보다 더 적게 운동하는 일이 없도록 주의하라고 지시하였다.

스파르타인이 신체를 단련한 이유

아리스토텔레스, 《정치학》 1338 b 9

우리 시대에 자식들을 돌보는 일에서 최고의 명성을 지닌 국가들은 자식을 운동선수 상태로 만드는 것을 목표로 삼는다. 이를 위해 자식들의 외모와 신체 발육을 파괴한다. 반면 스파르타인은 이런 잘못에 빠지지 않았다. 그들은 신체 훈련을 통해 자식들을 야수와 같이 만든다. 그렇게 하면 용기를 기르는 데 특히 도움이 된다는 근거에서다. 그러나 내가 이미 말했듯이, 자식 교육은 한 가지 덕만, 또는 주로 그 덕만을 지향해서는 안 된다. 그리고 [스파르타인들은] 비록 이 덕을 추구하더라도 이 점을 알지 못한다. 왜냐하면 다른 동물들이나 이방인 종족 사이에서 용기는 야만적인 방식으로 얻어지는 것이 아니라, 도리어 더 부드럽고 사자와 같은 성향에 부수되는 것으로 보이기 때문이다.

스파르타의 최고법, 레트라

6 | 레트라Rhetra: '말한다eiro'와 관련된 단어로, 일반적으로는 '법'을 의미한다.

7 | 아르카게타이archagetai: 창설자·지도자라는 뜻으로, 왕을 지칭한다.

8 | 바비카Babyca와 크나이온Knaion: 스파르타 시내를 흐르는 에우로타스 강의 지류로 짐작된다.

플루타르코스, 《리쿠르고스》 6.1~4

리쿠르고스는 이런 형태의 정부를 간절히 원하여 델포이에서 이에 관한 신탁을 가지고 왔는데, 사람들은 이를 '레트라'⁶라고 불렀다. 그 내용은 다음과 같다.

"제우스 실라니오스와 아테나 실라니아에게 신전을 지어 바친 후에 부족을 짜고 오바를 새로 만들어, 아르카게타이⁷를 포함한 30명으로 구성된 원로원gerousia을 창설해, 철따라 [법령을] 도입하고 폐지할 수 있도록 그들을 바비카와 크나이온⁸ 사이에 소집하도록 하라."

9 | 오바이Obae: 오바Oba
의 복수형이다. 구체적인 기
능은 명백하지 않으나, 부족
으로 편성되어온 데에 따르
는 행정상의 문제를 극복하
기 위해 만든 새로운 다섯 개
의 행정 단위로 짐작된다. 필
라이phylae는 부족을 지칭
하는 필레phyle의 복수형이
며, 부족명은 힐레이스·디마
네스·팜필로이로 알려져 있
다.

10 | 신탁은 아폴론에게서
유래했다고 여겨졌다.

11 | 스파르타의 두 명의 공
동 왕 제도는 세습제였다. 전
설에 따르면 형제가 왕위를
공동으로 계승했다고 하지
만, 두 공동체가 결합한 산물
로 보는 견해가 유력하다.

여기에서 '부족을 짜고'와 '오바를 새로 만들어'는 인민을 집단별로 구분하여 할당하는 것을 뜻한다. 리쿠르고스는 전자를 필라이로, 후자를 오바이[9]로 불렀다. 왕은 아르카게타이라고 불렀다. 그리고 '소집하라apellaze'는 것은 민회를 소집한다는 뜻이다. 왜냐하면 리쿠르고스는 피티아의 아폴론에게 자신이 창안한 제도의 기원과 원인을 돌렸기 때문이다.[10] 그들은 이제 바비카를 케이마로스Cheimarros라고 부르고 크나이온을 오이누스Oinous라고 부른다. 아리스토텔레스는 크나이온은 강이고, 바비카는 다리라고 말한다.

인민이 소집되자, 리쿠르고스는 원로들과 왕을 제외하고는 누구도 안건을 제시하지 못하게 했다. 인민은 이들이 자신들 앞에 제시한 것들을 결정할 권한을 가지고 있었다. 그러나 나중에 인민이 자신들 앞에 제시된 제안을 가감하여 그 의미를 뒤집고 왜곡하였을 때, 폴리도로스Polydoros와 테오폼포스Theopompos 두 왕이 다음의 조항을 레트라에 덧붙였다.[11]

"만약 인민이 비뚤어진 법령을 채택한다면, 원로들과 왕들이 민회를 해산하는 자들이 될 것이다." 이것은 그들이 비준해서는 안 되며 완전히 철회하고 민회를 해산해야 하는 경우이다. 왜냐하면 인민이 최고선에 반대하여 제안을 뒤집고 변경하고자 한 것이기 때문이다.

자료
11
아이들은 국가의 재산

플루타르코스, 《리쿠르고스》 15.8

리쿠르고스는 소년들을 그 아버지의 사유재산이 아니라 그 도시의 공유재산이라고 생각하였다. 그는 시민이 태어나면서부터 만나는 부모를 통해서가 아니라 가장 훌륭한 사람들을 통해 만들어지기를 바랐다.

자료
12
교육 민주화의 모범

아리스토텔레스, 《정치학》 1294 b 19~33

많은 사람들이 스파르타의 체제를 민주주의로 묘사하고자 한다.[12] 그 체제가 민주주의 요소를 많이 지니고 있기 때문이다. 이를테면 우선 어린이의 교육이 그러하다(왜냐하면 부자의 자식이 가난한 자의 자식과 동일하게 양육되며, 가난한 자들의 자식에게 가능한 방식으로 교육되기 때문이다). 그리고 그다음 연령 집단에서도 마찬가지다. 그리고 성인이 되면 (부자인가 가난한가에 관해 아무런 구분이 없으므로) 공동회식[13] 에서 먹기 위한 절차가 모든 사람에게 동일하다. 그리고 어떤 부자라도 가난한 사람이 착용할 수 있는 것을 착용한다. 게다가 가장 중요한 두 가지 관직 중에 하나는 그 성원을 인민이 선출하고, 다른 관직의 성원은 공유한다(인민은 원로들을 뽑고, 에포로이 직은 공유하기 때문이다). 이를 두고 과두주의라고 부르는 것은 여기에 과두주의 요소가 많기 때문에 그런 것이다. 이를테면 모든 사람이 선거로 뽑히거나 추첨으로 선발되지는 않는다는 점, 일부 사람이 사형이나 추방형의 선고를 내리는 데 최고의 권리를 갖는다는 점을 비롯하여 기타 유사한 점들이 많다.

12 | 아리스토텔레스는 대체로 스파르타의 체제에 비판적이지만, 여기에서는 덜 비판적이다. 그는 스파르타의 왕정이 오래 지속된 이유를 민주정과 과두정이 적절히 혼합되어 두 체제가 상호 제한된 점에서 찾는다.

13 | 원문에서 'syssitia'로 되어 있는데, 이는 '피디티아'와 같은 뜻이며 표기만 달리한 것이다.

자료
13
공동식사의 모순

아리스토텔레스, 《정치학》 1271 a 26~37

피디티아라고 불리는 공동식사의 규정은 애초에 입안한 사람이 제대로 짜놓지도 않았다. 크레타에서처럼, 모임이 공공 비용으로 이루어져야 했기 때문이다. 그런데 라코니아인들은 각자가 기부금을 내야 했다. 그들 가운데 일부는 매우 가난하여 이 비용을 낼 수 없는데도 그러했다. 그래서 입법가의 의도와는 반대되는 결과가 초래되었다.[14] 그는 공동식사 제도가 민주적으로 운용되기를 원하였으나, 현재의 규정 하에서는 전혀 민주적이지 않다. 왜냐하면 극빈자는 공동식사에 참여하기가 쉽지 않은데, 기여금을 낼 수 없는 자는 시민이 될 수 없다는 것이 예로부터 내려오는 시민권의 정의이기 때문이다.

14 | 이런 상황은 아리스토텔레스 생존 당시 스파르타의 체제가 상당히 위축되었음을 드러내는 징표로 보인다.

| 출전 |

아리스토텔레스, 《정치학》: 1294 b 19~33에서 아리스토텔레스는 스파르타의 체제를 혼합정체, 즉 과두정체이기도 하고 민주정체이기도 한 대표적인 예로 제시한다. 무엇보다 교육의 기회 균등을 민주정치의 중요한 지표로 보고 있다. 그러나 반대로 1271 a 26에서는 공동식사 제도가 전혀 민주적이지 않고 오히려 결함이라고 역설한다.

크세노폰, 《라케다이몬인의 국가 Lacedaemonion politeia》: 이 저술은 스파르타의 국가 체제를 기술한 것으로, 단편이 전한다. 이 책에서 크세노폰은 아테네의 정치를 비판하고 스파르타의 리쿠르고스가 확립한 체제를 찬양한다. 그렇지만 그도 이 체제가 과거지사이지 현실과 다르다는 점을 인식하고 있었다.

플라톤, 《대 히피아스Hippias major》: 플라톤의 대화편 가운데 하나로, 엘리스 출신 소피스트인 히피아스와 소크라테스가 미美에 관하여 나눈 대화를 기록한 것이다. 이 대화에서 소크라테스가 히피아스에게 돈을 많이 벌었느냐고 물어보자, 히피아스는 그렇지 않다고 대답하면서, 스파르타가 성공한 이유는 스파르타인이 산술이나 천문이 아니라 역사에 관심이 컸기 때문이라고 정리한다. 그러면서 이런 것 자체가 아름다움kalon을 추구해서라고 이야기한다.

플루타르코스, 《리쿠르고스Lycurgos》: 리쿠르고스는 왕이 아니고 섭정으로, 신탁을 통해 국가의 체제를 정비한 인물이다. 그러나 이 인물이 누구인지에 관해서 플루타르코스도 자신이 없었던 것 같다. 그래서 두 명의 리쿠르고스가 있었다는 주장도 소개한다. 특히 시차를 두고 시행된 두 개혁을 한 사람이 추진한 것으로 묘사하여 의문을 자아낸다.

| 참고문헌 |

딜타이, 빌헬름, 《고대 그리스와 로마의 교육》, 손승남 옮김, 지식을만드는지식, 2012.

미첼, 험프리, 《스파르타》, 윤진 옮김, 신서원, 2000.

아리스토텔리스, 《정치학》, 천병희 옮김, 숲, 2009.

윤진, 《스파르타인, 스파르타 역사》, 신서원, 2002.

최자영, 〈스파르타의 역사〉, 《서양 고대사 강의》(개정판), 한울아카데미, 2011.

플라톤, 《국가》, 박종현 옮김, 서광사, 1997.

플루타르코스, 《플루타르코스 영웅전》, 천병희 옮김, 숲, 2010.

허승일, 《스파르타 교육과 시민생활》, 삼영사, 1998.

Dillon, M., et al., *Ancient Greece: Social and Historic Documents from Archaic Times to the Death of Socrates(c. 800~399 B.C.)*, Routledge, 1994.

Sealey, R., *A History of the Greek City States, 700~337 BC*, University of California Press, 1976.

10
그리스 고전문화의 특징
: 최고를 지향하다

철학과 문학과 수학과 민주주의를 낳아 우리에게 유산으로 물려준 그리스를 이해하지 않고서는 서구 문화를 이해할 수 없다. 흔히 문화는 사회의 반영으로 여겨진다. 그리스의 문화도 사회의 부침에 따라 변화했다. 이런 변화를 시기별로 나누어보면, 기원전 8세기 이후 상고기archaic period, 기원전 5세기 이후 고전기classical period, 알렉산드로스 대왕의 원정(기원전 323년) 이후 헬레니즘기hellenistic period로 대별된다. 이 장에서는 상고기와 고전기를 중심으로 그리스 문화의 특징을 살펴보고자 한다.

알파벳의 발명으로 촉발된 상고기 문화

상고기는 암흑 시기 말기부터 시작된다. 이 시기의 기본적인 특징은 왕성한 창조력이 발휘되었다는 점이다. 그리스인들은 이미 기원전 1000년 이전부터 '리니어 비linear B'라는 선문자線文字를 사용하고 있었는데, 페니키아의 자음을 받아들이고 자신들의 모음 체계를 덧붙여 알파벳을 만들어냈다. 이로써 일반인들도 쉽게 사용할 수 있는 그리스 알파벳이 생겼다. 알파벳을 통해 그리스인들은 신에 대한 경의를 표현했을 뿐 아니라 생활의 기록을 남길 수 있었고, 구전된 시들이 서사시로 자리 잡을 수 있었다.

최초의 문학작품인 호메로스의 서사시 《일리아스》와 《오디세이아》는 구전을 집대성한 것으로, 알파벳이 고안된 이후에 성취된 최고의 문화유산이라 하겠다. 이 전통을 이은 사람이 헤시오도스인데, 그의 저서인 《노동과 나날Erga kai hemerai》은 호메로스가 시를 쓰는 데 사용한 운율인 육보격Hexameter[한 행을 이루는 여섯 단어에서 처음 네 단어에는 장장격(spondee)과 장단단격(dactyl) 중 하나가 들어가야 하고, 다섯 번째 단어에는 장단단격이 들어가야 하며, 여섯 번째에는 반드시 장장격이 들어가야 한다는 규칙]을 사용했다. 헤시오도스는 이런 규칙에 맞추어 썼을 뿐 아니라, 더 나아가 합리성을 추구했다는 점에서 호메로스를 능가했다는 평가를 받는다.|자료 1|

여류 시인인 사포Sappho의 서정시|자료 2|가 널리 퍼지면서부터는 인간의 정서도 표현되었다. 이후 폴리스의 질서가 확립되고 법이 발달하면서 산문이 중요해지고 개인 영웅이 국가 영웅으로 기려지자, 개인의 영역이 서정시로 표시되기에 이른다. 아울러 이런 서정시가 합창 형식으로 불리면서 비극이 탄생했다. 이 비극을 통해 아리스토텔레스가 말한 '카타르시스catharsis'를 얻었다. 이 과정에서 그리스인들은 간접적으로 권력의 본질과 속성을 터득했는데, 이런 교육적 기능 탓에 민주주의는 비극의 산물이라는 말도 나왔다.

기원전 7세기 말, 이오니아 지방에서는 새로운 합리적 사고가 나타났다. 이런 사고를 최초로 개척한 사람은 탈레스Thales다. 그는 신화적 접근에서 탈피하여 사물의 원리와 수학을 지향했기에, 서양 철학이 그에게서 시작되었다는 평가를 받는다. 탈레스를 비롯해 그와 비슷한 사상을 가진 유파를 밀레토스 학파라고 하는데, 이 학파는 우주 생성의 근본원리를 탐구하는 데 몰두했다. 이들이 탐구한 대상은 자연physis이었으며, 이론적인 수학에 의존하여 추상적인 우주관을 만들어냈다.

한편 이탈리아 반도의 남부인 마그나 그라이키아Magna Graecia에는 피타고라스 Pythagoras가 정착하여 학파를 형성하면서 수학과 지리학의 발전에 크게 기여

도리스 양식　　　　　　이오니아 양식　　　　　코린토스 양식

도판 14 그리스 신전 건축의 세 가지 양식. 지붕에서 기초까지 일관된 양식을 가지는 것이 고전 양식의 특색이다. 비트루비우스에 따르면, 도리스 양식은 남성, 이오니아 양식은 여성의 신체비에 따른 것이며, 코린토스 양식은 아칸서스 이파리를 모방한 것이다. 이 양식의 구분은 기둥머리capital에 주로 의존한다. 도리스 양식은 기원전 7세기경에 그리스에서 고안되었으며, 이오니아 양식은 이오니아(소아시아)에서 만들어졌다. 코린토스 양식은 기원전 5세기 말에 도입되었다.

했다. 이 학파는 엄밀한 수학적 고찰을 통해 절대적 존재를 탐구하는 데에도 열심이었다. 이러한 변화는 종래에 신화를 통해 세계를 해석하던 태도를 벗어나, 이성으로 해석하고자 하는 획기적인 전환이었다.

한편 폴리스가 발전하면서 종교도 더불어 발전한다. 폴리스들은 저마다 고유한 신앙에 기반을 두고 신전을 다시 건축하여 해당 폴리스의 기원을 확인했고, 귀족들은 선조의 권위를 드높이고자 했다. 특히 다산과 풍요의 신이 숭배되었고, 이를 위한 제전이 공공 부담으로 치러졌다.│자료3│ 특히 일반인의 요구를 반영하여, 디오니소스 제전과 데메테르 제전이 성대하게 열렸다.

이러한 열기 속에서 신전 건축도 활발하게 이루어졌다. 특히 아테네의 아크로폴리스는 기원전 7세기에서 기원전 6세기까지 끊임없이 장식이 추가되었다. 신전 건축양식은 오리엔트로부터 영향을 받아 원주로 건물을 두르는 독특한 양식이 정착되었는데, 원주 양식으로 볼 때 도리스식·이오니아식·코린토스식으로 정형화되었다. 상고기는 새로운 건축양식을 태동시킨 혁신적인 시기로 기억되어야 할 것이다.

창조적 문화가 활짝 핀 고전기

고전기는 상고기의 창조적인 문화가 꽃을 활짝 피운 시대였다. 특히 페르시아의 침입을 물리치고 자신감을 얻은 아테네는 펠로폰네소스 전쟁이 나기 전까지 활발한 문화 활동을 전개한다. 이 시기에 민주정치가 발전하면서, 청중을 설득하는 기술이 정치지망생에게 필수 요건이 되었다. 이런 사회 분위기에 편승하여 소피스트라 불리는 직업 교사들이 활발하게 활동했다. 소피스트들은 현실 비판적이면서 상대주의적인 사유 방법을 통해 회의적 사고의 모범을 보여주었다. 이들 덕분에 기원전 5세기 말엽부터 기원전 4세기 초까지 수사학rhetoric이 꽃을 피웠다. 수사학은 웅변이나 화술을 세련되게 만들었을 뿐 아니라, 사고방식에도 크게 영향을 미쳤다. 이때의 유명한 연설이나 변론 등이 기록으로 남아 있는데, 가장 감동적인 연설을 한 사람은 데모스테네스로, 마케도니아에 저항하자고 역설한 연설문이 남아 있다.

도판 15 읽기 수업을 하는 장면. 기원전 430~420년 아테네산 컵에 그려진 그림이다. 소년은 서서 접힌 나무 판을 읽고 있고, 성인 남자는 두루마리를 읽고 있다. 이 장면의 배경은 당대 아테네이지만, 그려진 인물은 호메로스 시기의 시인인 무사이오스Musaeios와 그의 교사인 리노스Linos이다.

이 즈음에 3대 비극 시인이라고 알려진 아이스킬로스, 소포클레스, 에우리피데스가 활발하게 작품 활동을 선보였다.|자료 4| 비극은 활발한 토론을 유도하여 민주주의 정신을 강화하는 역할을 했고, 민주주의의 발전은 비극의 창작 활동에 영감을 주었다. 희극도 인기 있는 연극으로 자리 잡았는데, 아리스토파네스가 대표 작가다. 희극도 비극에 못지않게 시대적 관심사를 반영하여, 시민들에게 반성의 기회를 주었다. 이런 공연은 '레이투르기아Leitourgia'라는 이름으로 알려진 후원으로 열렸다.|자료 5|

한편 기원전 5세기에 역사의 아버지, 헤로도토스가 출현하면서 역사 서술이 크게 발전한다. 그의《역사》는 페르시아를 비롯하여 다른 지역사회에 대한 정보를 풍성하게 담고 있는데, 이는 자기를 잘 알리려면 남을 알아야 한다는 역사관이 반영된 것이다. 헤로도토스의 뒤를 이은 투키디데스는《펠로폰네소스 전쟁사》를 통해 엄격한 사료 비판에 입각한 역사 서술의 모범을 남겨 후대의 학자들에게 영향을 주었다. 특히 그의 정치사 서술은 서구 역사 서술 전통의 출발점이 되었다.

또한 그리스에 걸출한 철학자들이 출현하면서, 카를 야스퍼스가 명명한 이른 바 '축의 시대Achsenzeit'가 열린다. 소크라테스는 자연철학자와 소피스트를 비판 하고 철학의 관심을 인간의 문제로 돌리게 하는 한편, 보편적 원리가 있음을 설 파했다. |자료6| 그의 제자인 플라톤은 이상적인 국가에 대해 논했다. 플라톤의 제자인 아리스토텔레스는 스승과 거의 같은 입장에서 출발했지만, 현실적인 것 에서 원리를 탐구했다. 이 두 사람은 많은 저술을 남겨 서양의 정신적 유산을 풍부하게 해주었으며, 전자는 아카데메이아Academeia, 후자는 리케이온Lyceion이 라는 서원을 조직하여 후학 교육에도 힘썼다.

고전기의 대표적 상징물, 파르테논 신전

이 시기를 대표하는 상징물은 아테네의 아크로폴리스에 우뚝 솟아 있는 파르테 논 신전이다. 이 신전은 아테네의 수호신인 아테나 여신에게 바쳐진 신전이다. 이 신전 건축을 총감독한 사람은 페이디아스Pheidias라는 인물인데, 친구인 페리 클레스의 후원으로 기념비적인 사업을 완성했다. |자료7| 이 신전은 정교하고 화 려한 점에서도 주목할 만하지만, 현실 정치를 반영한 점에서도 그러하다. 이 신 전에는 테세우스Theseus가 켄타우로스Centauros나 아마존 여인Amazones과의 싸움 에서 승리한다는 주제가 조각되어 있는데, 이는 페르시아나 야만인에 대한 그 리스의 승리를 간접적으로 표현한 것이다. 신만이 아니라 제례에 참여하는 일 반인의 모습까지 신전 둘레에 조각하여 민주주의에 대한 자신감도 아울러 표 현했다.

파르테논 신전에 구현된 아테네의 예술은 장엄과 고요의 미를 간직하고 있 다. 이러한 균형미는 육지와 바다를 제패한 아테네인이 지녔던 긍지의 표현이 다. 이처럼 신전 건설에 열을 올린 현상은 아테네만의 것이 아니었다. 그리스가 시련을 당하는 동안 정신적 지주 역할을 했던 델포이 신전에 시주가 크게 늘었 고, 그 밖의 지역에서도 종교에 대한 관심이 증폭되었다. 종교는 그리스인의 정 체성을 확신시켜주는 가장 중요한 요소였다. |자료8|

펠로폰네소스 전쟁이 가져온 문화적 변화

그러나 4세기로 넘어가면서 다산이나 풍요에 관련된 전통적인 종교가 호응을 얻지 못하게 된다. 이 무렵 그리스인들은 초자연과 교감하는 신비주의를 추구했다. 개인주의적 경향만이 아니라, 합리적 사고가 전통 신앙에 대한 회의를 초래했기 때문이다. 특히 펠로폰네소스 전쟁이 낳은 변화와 혼란은 강력하고 무절제한 형태의 종교를 수용하게 했다. 미의 여신 아프로디테의 마음을 사로잡은 아도니스 숭배 의식은 매우 요란하면서도 감동적으로 치러졌다. 디오니소스는 아리아드네와 관계가 있다고 하여, 구원을 베푸는 사랑의 수호신으로 여겨졌다. 아울러 아프로디테는 생식능력과 관능적 충동을 한 몸에 지닌 신으로 추앙받았다. 게다가 국가의례가 된 엘레우시스 비의秘儀는 사후세계와 부활로 이어지는 디오니소스 신화와 맞물려 더 중요해졌다. 이처럼 전통적인 신들이 새로운 교감의 대상이 되었을 뿐 아니라, 이미 들어와 있던 키벨레Kybele 여신을 비롯해, 기원전 5세기 말에는 사바지우스Sabazius와 벤디스Bendis 같은 오리엔트의 신까지 도입되어 널리 퍼졌다.

이러한 현상은 그리스인의 정서와 종교 생활의 저변에서 변화가 일어났음을 시사한다. 이런 경향은 예술 사조에도 반영되었다. 조각들은 균형미를 상실한 대신 예술적 영감을 표현하기 위해 다양한 방법이 모색되었으며, 도자기에는 현란한 색채가 사용되었다. 이 모두가 불안한 심리의 반영이었고, 혼란스러운 사회의 산물이었다. 플라톤이 이데아를 추구했던 것도, 일반 시민이 종교적 신비주의에 기울었던 것도 이런 사조와 대응하는 일이었다.

헤시오도스의 인생 교훈

헤시오도스, 《노동과 나날》 20~26; 370~377; 695~702

20 게다가 경쟁은 무기력한 자도 일하게 한다네.

옆 사람이 부유할 뿐 아니라 쟁기질하고 씨 뿌리는 데 재빠르고

집을 잘 정돈하는 모습을 보면, 사람은 일을 추구하기 마련이네.

이웃이 부를 추구하는 데 열심일 때 다른 이웃이 이를 부러워하니,

이런 경쟁은 인류에 유익하다네.

도기장이는 도기장이에게 화를 내고, 장인은 장인에게 그러하지.

26 거지는 거지를 시기하고 방랑시인은 방랑시인을 시기하네.[1]

......

370 친구에게 주기로 약속한 임금이 믿을 만한지 보라.

네 형제와도 웃으며 보증을 설 수 있는지 보라.

신뢰와 불신은 함께 사람을 파멸시켜왔다네.

궁둥이를 치장한 여자가 교활한 유혹으로

너를 속이지 않도록 하라. 그녀가 노리는 건 너의 곡물 창고이지.

여자를 믿는 자는 누구든지 도둑을 믿는 것이라.

아버지의 집을 보존하려면 외아들이 있어야 하네

377 그런 집에서는 재산이 늘어날 것이네.

......

695 인생의 황금기에 아내를 집으로 맞아들여라.

서른에서 너무 모자라도 안 되고 너무 넘쳐서도 안 되네.

1 | 이 대목은 근면의 미덕을
찬양하고 있다. 여기에서는
농부와 상인과 수공업자가
등장하는데, 헤시오도스는
농업을 우선으로 보았으며,
가난을 인간에게 가장 비참
한 것으로 보았다. 376~377
행은 노예제가 정착된 것을
보여주는 단서로 해석된다.

이때가 혼인에 바른 나이이니.

네 여자는 사춘기를 4년 지나고 나서 5년째에 혼인해야 한다.

너는 소녀에게 장가들어야 한다.

그래야 부지런한 습관을 유지할 수 있다.

그리고 가까운 이웃에 사는 사람과 혼인하라. 주위를 둘러보아서,

네 혼인이 이웃에게 악의적 즐거움의 원천이 되지 않게 하라.

좋은 아내를 얻는 것보다 남자에게 더 좋은 것이 없으나,

702 나쁜 아내를 얻는 것보다 더 비참한 것은 없느니라.[2]

2 | 헤시오도스는 여자에게 매정한 것으로 잘 알려져 있다. 하지만 그는 사실 가정생활과 아내를 별개로 보았다.

자료 02
최초의 서정시

사포, 31.1~16; 데니스 페이지Denys Page, 《그리스 서정시 선집Lyrica Graecae Selectae》, Oxford, 1973에서 재인용

저 남자는 신이나 다름없네.

너와 마주 앉아 가까이 붙어서

너의 감미로운 목소리와

웃음소리를 듣고 있노라니

내 가슴이 두근거리네.

내 너를 힐끗 보니

나는 말할 힘도 없네.

오히려 나의 혀는 부서지고

살갗 밑으로 나도 모르게

불길이 스쳐 지나가고

눈을 가졌어도 캄캄하고

귀에선 소리가 나고

차가운 땀방울이 덮고

전율이 나를 엄습하니

풀보다 더 창백해져

죽음이 온 것 같아라.[3]

3 | 이 시에 대한 전통적인 해석은 시집가는 제자의 감정을 묘사했다는 것이었다. 그러나 최근에는 이 해석은 근거가 없다고 본다. 사포가 주목한 것은 남성 작가들이 간과한 내면적 사랑의 감정과 욕망에 대한 세밀한 묘사라는 것이다.

공동으로 이루어진 제사 준비

루이스, 《그리스 비문》 I, no.78, 1~9행

아카르나이Acharnae의 티모텔레스Timoteles가 기록하였다. 협의회와 인민이 결의하였다. 케크로피스Kekropis 부족이 당번을 맡았다. 티모텔레스가 서기였다. 키크네아스Kykneas가 의장을 맡았다. 아테네인은 두 여신에게 곡식의 첫 수확물을 올리되, 전통과 델포이의 신탁에 따른다. 보리는 100메딤노스에 6분의 1 메딤노스의 비율로, 밀은 100메딤노스에 12분의 1 메딤노스의 비율로 올린다. 만약 어떤 사람이 이보다 많거나 적게 생산한다면, 거기서 같은 비율로 바치도록 한다. 데모스의 대표는 수확물을 데모스별로 거두어 신전관들hieropopoi에게 납부한다.[4]

4 | 이 비문은 기원전 422년 경에 새겨진 것으로 추정되는데, 그 내용은 엘레우시스에서 열리는 추수제 규정이다.

연극 경연에 대한 청중의 관심

플루타르코스, 《키몬》 8.7~9

소포클레스는 아직 어렸는데, 자신의 작품들을 처음으로 제출하였을 때 아르콘인 압세피온Apsephion이 경연 심판관들을 추첨으로 선발하지 않았다. 청중끼리의 분쟁과 편들기가 심했기 때문이다.

그러나 키몬과 그의 동료 장군들이 극장으로 들어와 [디오니소스] 신에게 의례적인 헌사를 고하자,[5] 압세피온은 그들을 나가지 못하게 하고서 [공정하게 판결하겠다는] 맹세로 그들을 묶어놓았으며, 일어서서 판결하게 하였다. 그들은 각 부족마다 한 명씩이었으므로, 모두 열 명이었다.

결과적으로 그 경연은 심판관의 명성 덕분에 청중 사이의 분쟁을 피하였다. 여기서 소포클레스가 우승하자, 아이스킬로스는 이를 못마땅하게 여겨 매우 기분 나빠했으며, 아테네에 그리 오래 머물지 않다가, 화가 나서 시칠리아로 가버렸다. 아이스킬로스는 시칠리아에서 죽었으며, 겔라Gela 근처에 묻혔다.

5 | 키몬과 동료 장군들은 기원전 469/468년에 에우리메돈Eurymedon 강 전투에서 페르시아인과 싸워 대승을 올리고 돌아왔다.

명예로운 의무

아리스토텔레스, 《니코마코스 윤리학》 4.1122 b 11

이제 결정적으로 명예롭다고 일컬어지는 경비 지출의 형태들이 있다. 이를테면 신들을 섬기는 데 드는 비용—봉헌물, 공공 건물, 희생 제물—과 일반적으로 종교에 따르는 직무들이 있다. 그리고 공공 시혜도 있는데, 이는 정치적 야심의 좋은 대상이다. 예컨대 어떤 국가들에서 존경받고 있는 것처럼, 합창단을 화려하게 갖추거나,[6] 전함을 건조하는 것, 공공에 축제를 베푸는 의무 등이 그러하다.

6 | 합창단은 연극에 사용되는데, 이들의 복장이나 연습 비용을 대는 일이 가장 빈번하고도 무거운 의무였다. 이를 코레기아choregia라고 불렀다.

소피스트, 풍자의 대상이 되다

아리스토파네스, 《구름》 90~104

페이디피데스(아들) : 말씀하세요. 명령이 무엇인가요?

스트렙시아데스(아버지) : 아무 소리 하지 않고 따르겠니?

페이디피데스: 그러지요, 디오니소스 신께 맹세코.

스트렙시아데스: 저기를 보렴. 저 문과 집이 보이느냐?

페이디피데스: 그럼요. 저게 무엇인가요, 아버지?

스트렙시아데스: 저것은 현자들로 이루어진 지식의 공장이란다. 우리는 숯이고 우리를 둘러싼 용광로는 하늘이라는 사실을 우리에게 설득할 수 있는 다섯 사람이 그곳에 살고 있단다. 게다가 그들에게 돈을 내면, 의롭든 아니든 소송에서 이길 수 있는 법을 가르쳐주지.

페이디피데스: 그들이 누군데요?

스트렙시아데스: 저들이 스스로를 무엇이라 부르는지는 기억나지 않는구나. 하지만 그들은 지식이 깊고, 선량한 자들[7]이지.

페이디피데스: 저는 그 악당들이 누군지 알아요. 그들은 창백한 얼굴을 하고 맨발에다 수다꾼들인, 사악한 소크라테스[8]와 카이레폰Cairephon이지요.

7 | 이 말의 원문은 'kaloi k'agthoi'이다. 문자 그대로의 뜻은 '아름답고 선한 자'라는 뜻이지만, 귀족을 지칭하는 말로도 쓰인다.

8 | 여기에서는 소크라테스에 대해 당시 일반인들이 느낀 감정이 표출되어 있다. 그러나 누구를 비웃는다고 해서 반드시 적대감을 가졌다는 뜻은 아니다.

파르테논 신전 짓기

플루타르코스, 《페리클레스》 13.6~14

비록 큰 공사마다 건축기사와 장인이 책임을 맡고 있었지만, 페이디아스는 모든 것을 직접 관리하였고 페리클레스를 위해서 모든 것을 감독하였다. 칼리크라테스Callicrates 와 익티노스Iktinos는 높이가 100피트나 되는 파르테논[9]을 지었고, 한편 엘레우시스에 있는 텔레스테리온Telesterion의 건설은 코로이보스Koroibos에 의해 착수되었다. 기둥을 기초 위에 세우고 그 기둥을 처마에 연결한 사람이 바로 그였다. 코로이보스가 죽자, 크 시페테Xypete 데모스 출신인 메타게네스Metagenes가 처마 장식과 상부 원주를 더하였으며, 콜라르고스Cholargos 데모스 출신인 크세노클레스Xenocles가 신전의 둥근 지붕에 꼭 대기 탑을 완성하였다. …… 아크로폴리스의 입구인 프로필라이아Propylaea는 건축사인 므네시클레스Mnesicles에 의해 5년간 지어졌다. …… 페이디아스는 금으로 여신의 조각상을 만들었는데, 비문에는 그가 이 상을 만든 장인으로 기록되어 있다.

9 | 파르테논Parthenon: '순결한 처녀의 집'이라는 뜻이다. 이 신전의 기둥은 모두 합해 마흔두 개로 알려져 있다. 황금비율을 참조했으며, 기둥의 모양이나 신전 바닥의 중앙이 보는 사람의 시각에 안정감을 줄 수 있도록 약간 볼록한 형태를 띠고 있다.

그리스인의 정체성은 종교에서 비롯되었다

헤로도토스, 《역사》 8.144.2

비록 우리가 그토록 원한다 해도 우리가 그렇게 하지 않는 중대한 이유는 많다. 가장 우선적이고 가장 큰 이유는, 우리가 섬기는 신들의 신상과 신전이 불태워지고 파괴되었다는 것이다. 우리는 파괴의 대리자들과 타협하느니, 보복하는 데 전력을 기울여야 할 것이다. 더욱이 우리 모두는 같은 피와 같은 언어를 나눈 그리스인이다. 우리는 공동으로 섬기는 신들의 신전과 희생제와 비슷한 생활방식도 가지고 있다. 그러므로 아테네인이 이 모든 것을 배신하는 것은 옳지 않을 것이다.[10]

10 | 이 대목은 페르시아의 장군이 사람을 보내 화의를 요청한 일에 대한 아테네의 답변으로, 이때 스파르타의 사절이 주재해 있었다.

| 출전 |

사포Sappho: 기원전 620년경에 그리스 레스보스 섬에서 출생한 시인. 추방을 당하기도 하면서 주로 사랑을 주제로 시를 지었으며, 열 번째 무사Musa; Muse로 추앙받았다. 작품은 41편이 전하는데, 모두 단편만 남아 있다.

아리스토텔레스, 《니코마코스 윤리학 Ethikon Nikomacheion**》:** 아리스토텔레스의 대표적인 저술로, 윤리학의 문제를 개인의 능력과 성품에 비추어서 다루었다. 이와 더불어, 개인의 품성도 정치적 상황의 제약을 많이 받는 점을 고려하여, 법률이 개인의 윤리에 어떠한 영향을 미치는지도 검토한다. 니코마코스는 아리스토텔레스의 아버지이다.

아리스토파네스, 《구름 Nephelai**》:** 이 작품은 기원전 423년에 처음 상연되었는데, 이 시기는 스파르타와의 휴전이 전망되던 시점이다. 극중에서 소크라테스는 타락한 수사학 교사로 조롱당한다. 현재 전해지는 것은 기원전 417년경에 수정된 것이다.

플루타르코스, 《키몬》: 그리스의 정치가 키몬의 일생과 업적을 기술한 전기. 플루타르코스는 그를 선린외교를 펼친 관대한 인물로 묘사한다.

플루타르코스 《페리클레스》: 플루타르코스는 13에서 파르테논의 건설 과정을 소개한 후, 14에서 제기된 국고 낭비 문제를 해결한 페리클레스의 지혜를 보여준다. 페리클레스는 투키디데스의 선동으로 문제가 제기되자, 국고를 쓰지 않고 사비를 들이겠다고 공언하고, 그 대신 모든 조각에 자기 이름을 새기겠노라고 한다. 이에 누그러진 시민들이 국고를 쓰도록 했다고 전하면서 페리클레스가 돈 문제에서 지극히 청렴했다고 추켜세운다. 하지만 이 책 7장에서 제시한 같은 사료 12를 보면 동맹국의 부담이 컸음을 알 수 있다.

헤로도토스 《역사》: 8.144.2 기사의 배경은 기원전 480년 플라타이아 전투 직후 페르시아가 그리스와 교섭할 목적으로 파견한 아민타스의 아들 알렉산드로스가 아테네를 방문한 일이다. 페르시아가 아테네와 협약을 맺지 않을까 두려워하는 스파르타 측에게 아테네인들이 한 말이다. 하지만 이를 토대로 그리스 민족주의를 말하기는 어렵다. 그렇기는 해도 피, 언어, 종교, 문화라는 네 가지 범주가 그리스 민족의 중요한 토대임을 역설한 것은 사실이다.

헤시오도스, 《노동과 나날 Erga kai hemerai**》:** 《노동과 나날》은 그리스 신들의 계보를 담은 《신의 계보》와 함께 헤시오도스의 대표작으로 꼽힌다. 이 장에 소개한 인용문은 노동에 입각한 정직한 삶을 살라는 권고가 담긴 운문이다. 이런 시가 나온 배경으로 그리스 본토에 불어닥친 경제위기를 드는 학자도 있다.

| 참고문헌 |

김봉철, 《이소크라테스》, 신서원, 2004.

김진경, 《그리스 비극과 민주정치》, 일조각, 1991.

레베크, 피에르, 《그리스 문명의 탄생》, 최경란 옮김, 시공사, 1995.

소포클레스, 《소포클레스 비극 전집》, 천병희 옮김, 숲, 2008.

소포클레스, 아이스킬로스, 에우리피데스, 《그리스 비극 걸작선》, 천병희 옮김, 숲, 2010.

스넬, 브루노, 《정신의 발견》, 김재홍 옮김, 까치, 1994.

아리스토파네스, 《아리스토파네스 희극전집 1, 2》, 천병희 옮김, 숲, 2010.

아이스퀼로스, 《아이스퀼로스 비극 전집》, 천병희 옮김, 숲, 2008.

양병우, 《고대 올림픽》, 지식산업사, 1988.

유재원, 《그리스 신화의 세계 1, 2》, 현대문학, 1998.

최혜영, 《그리스 문명》, 살림출판사, 2004.

카펜터, 토머스 H., 《고대 그리스의 미술과 신화》, 김숙 옮김, 시공사, 1998.

플루타르코스, 《플루타르코스 영웅전》, 천병희 옮김, 숲, 2010.

해밀턴, 이디스, 《고대 그리스인의 생각과 힘》, 이지은 옮김, 까치, 2009.

Burckhardt, J., *The Greeks and the Greek Civilization*, tr. by Sheilla Stern, St. Martin's Press, 1997.

Dillon, M., et al., *Ancient Greece: Social and Historic Documents from Archaic Times to the Death of Socrates(c. 800~399 B.C.)*, Routledge, 1994.

헬레니즘
시대

서양사에서 시작과 끝이 명확히 알려진 유일한 시대가 헬레니즘 시대다. 이 시대는 기원전 323년에 시작하여 기원전 31년에 끝난다. 헬레니즘은 이처럼 시대의 의미도 있지만, 문화의 개념이기도 하다. 그리스 문화를 일반적으로 헬레니스모스Hellenismos라고 불렀다. 문화적 의미에서 이 용어는 그리스 문화의 영향력 확대, 다시 말해 세계화를 뜻한다. 이런 점에서 보면 사실 로마의 제정기도 헬레니즘 시대라고 할 수 있고, 현대 서양도 그렇다고 볼 수 있다. 이처럼 폭넓은 개념인지라 헬레니즘을 말할 때는 그 의미를 제한하고서 출발해야 한다. 특히 영어 표현에서 일반적으로 'Hellenic'은 고전기까지를, 'Hellenistic'은 헬레니즘 시대를 지시하는 용어로 쓰인다.

11
필리포스와 알렉산드로스
: 새로운 시대를 연 아버지와 아들

올리버 스톤 감독의 〈알렉산더〉(2004)에는 알렉산드로스 대제Alexandros III의 가족사가 사실적으로 묘사된다. 특히 부모의 갈등에 분노하는 모습, 동성애자로서의 모습 등 그동안 일방적으로 영웅으로 묘사되던 틀에서 벗어나, 영화의 장대한 스케일만큼이나 소소한 가정사가 깊은 인상을 준다. 알렉산드로스의 일생은 영화처럼 한 편의 서사시이지만, 각도를 달리해서 보면 그의 업적은 광기의 소산이라고 할 수 있다. 그 광기는 시대를 넘어 서양 역사에서 종종 영감으로 작용하여, 시대의 요구를 대변하기도 하고 위기를 초래하기도 했다.

고전기 말기의 그리스는 중국의 전국시대를 방불케 하는 분열상을 보여주었다. 이런 혼란한 세계에서는 질서를 부여할 인물이 필요했다. 어쩌면 그 역할을 마케도니아의 왕, 필리포스 2세Philippos II라는 인물이 맡을 수도 있었을 것이다. 필리포스는 고전 그리스 세계를 지배하는 데 성공하여 그 과업을 이룰 것으로 보였던 것이다. 그러나 그가 암살됨으로써 그 과업의 완성은 아들인 알렉산드로스에게 넘어갔다. 흔히 아들의 업적을 기리지만, 그에 앞서서 그 준비에 부족함이 없었던 필리포스 2세의 업적을 먼저 생각해보아야 할 것이다.

군대 혁신으로 새로운 패자가 된 필리포스 2세

마케도니아는 그리스 북부 지방에 위치하며, 그 주민들이 그리스어를 쓰긴 했으나 본토인에 비해 어눌했기에 바바리언으로 취급되는 국가였다. 폴리스 대신 에트노스라고 불리던 이 국가는, 도시문명을 이루지 못하고 경쟁하는 여러 부족이 독자적으로 생활을 꾸려갔다. 이곳은 정치적으로도 안정되지 못했고 생산력도 빈약했다. 대신 지하자원이 풍부했다. 헬레니즘 시대에는 고전기의 폴리스 대신 이런 에트노스 상태의 국가들이 역사의 주역으로 등장한다.|자료1| 이런 전환의 시기에 필리포스는 마케도니아 왕위에 오른 뒤, 기원전 359년부터 경쟁자를 누르고 영토를 확장하면서 그리스의 패자가 되기 시작한다. 필리포스가 통치한 지 불과 20년도 안 되어서 생긴 일이었다.

필리포스는 어떻게 해서 이렇게 빨리 성공했을까? 무엇보다도 군사적 혁신 덕분이었다. 그때까지 그리스인들은 대체로 시민 중에서 자원하는 자나 징병한 자로 군대를 편성하여 싸웠다. 이들은 농사철에는 농업에 종사하고, 농한기에 전투나 훈련을 해야 했다. 필리포스는 이런 점을 개선하여 농업에 종사하지 않는 병사와 용병에 의존했다. 말하자면 직업 군대를 육성한 셈이다. 이런 전문성은 훗날 알렉산드로스 원정의 토대로 작용했다.

직업 군대의 이점은 매우 컸다. 이 군대에는 우선 효과적인 기마부대가 있었고,|자료2| 발사기發射機를 사용하여 전투 초반에 적진을 혼란에 빠뜨리는 척후병이 있었다. 더불어, 적의 동태를 파악할 뿐 아니라 심리전을 구사할 수 있는 스파이들도 있었다. 이처럼 다양한 병사들로 구성된 점이 직업 군대의 특징이었다. 일반적으로 그리스인 병사들은 스스로 원하여 지원했기에 때로는 지휘관의 명령이 잘 수행되지 않는 경향이 있었다. 반면에 필리포스의 군대는 군령에 이의를 달지 않았다. 특히 장창을 든 마케도니아의 밀집방진부대|자료3|가 효과적

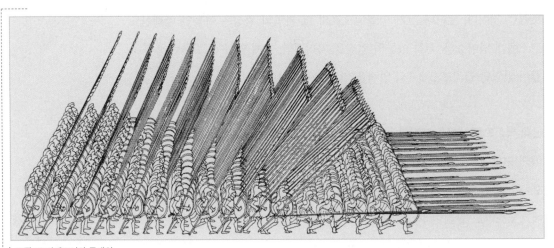

도판 16 마케도니아 군대의 주력 부대인 장창밀집방진부대. 팔랑크스라고 부르는 그리스의 전통적 밀집방진대형에 5미터에 이르는 장창을 도입한 부대이다. 이런 무장을 한 채 자유롭게 방향을 바꾸기 위해서는 고된 훈련이 필요했다. 이 부대는 로마 군에게 격퇴당하기 전까지 가장 강력한 무장부대였다.

으로 운용되려면 철저한 훈련이 꼭 필요했기에 규율이 절대적이었다.|자료 4| 아울러 필리포스는 병사들이 자신의 군수품을 스스로 짊어지게 했다. 이런 조치는 군수품을 운반하려면 비전투 요원이 많이 필요했던 과거의 전략과 대비된다. 그리고 군대 유지에 필요한 자금은 광산 개발로 충당했다.|자료 5| 이렇듯 획기적인 전략과 병참술을 갖춘 마케도니아 군대에 대적할 세력은 그리스 본토에는 없어 보였다. 그 시험대는 바로 카이로네이아Chaeroneia 전투였다.

기원전 346년 아테네는 마케도니아와 평화조약을 맺었지만, 데모스테네스는 마케도니아 반대 정책을 민회에서 제창하고서 마케도니아가 정복하고 있던 비잔티온Byzantion과 연맹을 결성했다. 이처럼 아테네가 조약을 위반하자, 마케도니아의 필리포스는 기원전 339년 전쟁을 개시하여 카이로네이아에서 아테네와 테바이를 중심으로 한 연합군에 맞섰다. 앞서 말한 혁신들은 카이로네이아 전투에서 과거의 방식에 연연한 아테네와 테바이의 연합군에 대해 마케도니아가 승리할 수 있었던 중요한 요인이다.|자료 6|

고전기 그리스인에게 이 전쟁의 패배는 자유의 상실을 뜻했을지 모르나,|자료 7| 이 전투는 사실 새로운 시대를 알리는 서막이었다.|자료 8| 카이로네이아 전투 이후 그리스 세계는 이율배반적인 사회가 되었다. 필리포스의 전제정은 그리스의 자유에 종언을 고했지만, 알렉산드로스의 아시아 정복을 위한 도약대 노릇을 했다. |자료 9| 필리포스의 아들, 알렉산드로스는 그리스 문화와 아버지의 준비를

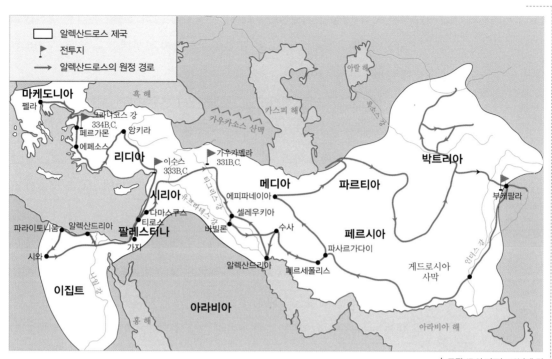

도판 17 이 지도는 12년에 걸친 알렉산드로스의 원정 경로를 보여준다. 이런 원정이 가능하려면 개인의 지략이나 용맹만이 아니라 일정한 보급 체계가 뒷받침되어야 한다. 군대가 어떤 식으로 편성되고 이동했는지도 주목할 과제다.

등뒤에 업고 정복에 나서, 서양 역사에서 가장 큰 제국을 건설했다.

알렉산드로스의 성공 요인

사실 알렉산드로스가 성공한 요인 중에는 뛰어난 개인적 자질도 있었다. 그는 장군으로서 몸소 적과 싸우고 부상을 당하기도 하는 등 병사들과 혼연일체가 되었다. 그의 리더십은 이 같은 인간관계에 바탕을 둔 것으로, 제도나 권위를 통한 통치와는 거리가 멀었다. 자신을 치료해준 의사 필리포스에게 보여준 신뢰에서도 이런 면모가 확인된다. |자료 10| 특히 전쟁의 성패를 좌우한 가우가멜라 Gaugamela 전투에서 선보인 뛰어난 작전 역시 병사들과 함께 피를 뒤집어쓰면서 이루어졌다. 이 전투에서 알렉산드로스는 페르시아 왕을 사로잡을 수 있었지만, 자신의 부하 장군을 살리기 위해 그 일을 미룸으로써 전투가 길어졌다. 이런 점은 그의 리더십에서 일관된 원칙이었다.

알렉산드로스의 통치 스타일은 이런 인간 중심적인 관계의 연장이었다. 처음에는 그리스인을 우대하여 이들을 행정관으로 배치했으나, 곧 그들이 외국인으로서 증오의 대상이 되었음을 깨닫자, 원주민과 그리스인의 혼인을 추진했고, 그 자신도 (비록 동성연애자였지만) 원주민 족장의 딸인 록사네Roxane를 원주민의 관습에 따라 왕비로 맞이했다.

이런 식으로 일처리를 했기에 그는 그리스의 전통보다는 페르시아의 관행에 따라 행동했다. "폴리스가 없는 존재는 본성상 짐승이거나 신"이라고 하여 폴리스의 가치를 주장했던 아리스토텔레스와 달리, 그의 제자인 알렉산드로스는 그런 가르침과 동떨어진 실천을 한 셈이다. 이집트에서는 자신을 신, 즉 태양신 아문Amun의 후손이라고 주장했다. 이집트의 룩소르Luxor에 있는 카르나크Karnak 신전에는 알렉산드로스가 파라오처럼 신에게 헌사하는 장면을 그린 벽화가 남아 있다. 이것은 철학자 디오게네스가 햇볕을 쬐게 비켜달라고 한 말에 비켜주면서 차라리 디오게네스가 되길 원했던 그에게서 기대하기 힘든 변화였다. 이런 변화는 어쩌면 새로운 세계에 직면한 그로서는 불가피한 선택이었을지도 모른다. 아울러, 광기와 같은 열정이 인도에서의 다름을 경험하면서 |자료11| 새로운 시대가 열린 것은 부정할 수 없는 사실이다.

알렉산드로스는 영웅인가

기원전 323년, 죽음을 목전에 둔 서른세 살의 알렉산드로스에게 친지들이 후계자를 지명해달라고 요청했다. 그의 답은 "최강자에게"였다. |자료12| 이 답은 이후에 전개된 후계자 선정과 관련된 피비린내 나는 살육의 씨앗이 되었다.

19세기에 알렉산드로스에 심취했던 요한 드로이젠Johann. G. Droysen은 알렉산드로스를 시대정신의 구현자로 보았다. 특히 그가 분열을 지양하고 마케도니아 중심으로 그리스를 통일한 점을 프로이센에 의한 독일 통일의 모범으로 보았다. 또한 길게 보면 알렉산드로스가 열어놓은 헬레니즘 시대가 그리스도교의 출현을 예비했다고 여겼다. |자료13|

최근의 역사학자들은 대체로 알렉산드로스를 영웅보다는 광인으로서 조명하고 있다. 그렇지만 그가 이루어놓은 업적을 고려하여 그가 진정한 영웅인지, 아니면 과대망상증 환자인지, 독자가 판단하는 수밖에 없을 것 같다.

필리포스 이전의 마케도니아

투키디데스, 《펠로폰네소스 전쟁사》 2.99.1~100.2

그들[1]은 도베로스Doberos에 집결하였으며, 산을 바로 넘어 남부 마케도니아인 페르디카스Perdiccas의 영역을 침공할 준비를 했다. 고지대, 즉 린케스티아인Lyncestai과 엘리메아인Elimiotai, 기타 족속의 땅이 마케도니아에 속했다. 이 족속들은 저마다 왕이 있었지만 해변에 자리한 마케도니아의 동맹이자 신민이었다.

바다에 면한 이 지역은—우리가 지금 마케도니아로 알고 있는—애초 페르디카스의 아버지인 알렉산드로스와 그의 조상들에 의해 점령되었다. 이들은 원래 아르고스에서 온 테메노스Temenos[2]의 후손인데, 피에리아Pieria에서 피에리아인들을 패배시켜 몰아내면서 마케도니아의 왕이 되었다.—피에리아인들은 후에 스트리몬Strymon [강] 건너 팡가이오스Pangaios 산 아래 파그레스Phagres와 또 다른 장소에 거주하였다. 그래서 오늘날에도 팡가이오스와 바다 사이의 지역이 피에리아 계곡으로 불린다.

그리고 보티아Bottia에서 이른바 보티아인이 왔는데, 이들은 지금 칼키스인Chalcidees의 이웃으로 살고 있다. 이들도 파이오니아Paeonia의 협소한 지대를 획득하였는데, 이 지역은 악시오스Axios 강을 따라 내지에서 펠라Pella와 바다로 이어진다. 보티아인들은 에도니아인을 몰아내고서 악시오스 너머 스티리몬에 이르는 미그도니아Mygdonia 지역을 점유하였다.

게다가 이들은 이제 에오르디아Eordia라 칭하는 지역에서 에오르디아인을 몰아냈으며—이들은 대부분 살해되었고 일부만 피스카Physka 근처에 살고 있다—, 알모피아Almopia에서 알모피아인을 몰아냈다. 그리고 이 마케도니아인들은 다른 족속에 속하는 장소, 즉 안테무스Anthemous와 그레스토니아Grestonia와 비살티아Bisaltia, 상당 부분의

[상上]마케도니아를 점령했으며, 지금도 여전히 장악하고 있다. 이 전체를 통틀어서 마케도니아라고 부른다.

시탈케스Sitalces가 침입했을 때는 알렉산드로스의 아들, 페르디카스가 왕이었다. 페르디카스와 마케도니아인들은 거대한 규모의 군대에 직면하자, 아무런 저항도 할 수 없어서 지역의 여러 요새와 방어처로 퇴각하였다.[3] 하지만 퇴각 기간은 얼마 되지 않았다. 현재 마케도니아에 남아 있는 것들은 후대의 왕인 페르디카스의 아들, 아르켈라오스Archelaos에 의해 얻어졌다. 아르켈라오스는 또한 길을 곧게 만들었으며, 전체적으로 선대 여덟 왕이 이룩한 것을 합한 것보다 더 많은 기병대와 군대[4]와 기타 장비로 전쟁에 대비하여 자신의 나라를 조직하였다.

[3] 마케도니아에는 폴리스가 존재하지 않음을 보여주는 대목이다.

[4] 보병부대를 뜻한다.

자료
02
- -

왕의 동료, 헤타이로이의 생활방식

테오폼포스, 《필리피카》; 야코비Jacoby, 《그리스 역사가 단편 모음Die Fragmente der griechischen Historiker》, Leiden, 1923, 115 F224~225

필리포스가 커다란 행운의 임자가 되었을 때, 그가 그 행운을 재빨리 소모했는가? '재빨리'는 말이 안 된다. 그것을 던져서 퉁겨버렸으니, 그는 세상에서 최악의 관리자였다. 그를 둘러싼 자들이라 해서 나을 게 없다. 그들 중 어느 누구도 올바른 생활을 영위하거나 가사를 지각 있게 관리할 줄 몰랐다. 이런 점으로 비난받아야 할 자는 바로 필리포스 자신이다. 그는 만족을 모르고 사치스러워서, 받거나 주거나 하는 모든 일을 서둘렀기 때문이다. 그리고 여러분도 알다시피, 군인으로서 그는 자신의 수입과 지출을 셈할 시간을 할애할 수 없었다.

게다가 그의 동료들(헤타이로이[5])은 여기저기에서 그에게로 몰려든 자들이다. 일부는 마케도니아에서, 일부는 테살리아와 그리스 나머지 지역에서 왔다. 그들이 선발된 것은 공적 덕분이 아니다! 반대로, 그리스인이든지 바르바로이barbaroi든지, 모두가 실제로 호색하거나 혐오스럽거나 거만한 생활방식을 지녔는데, '필리포스의 헤타이로이'라는 이름으로 마케도니아에 모여들었다. 원래 그런 성격이 아니었던 사람도 그곳에 가면 곧바로 마케도니아식 생활과 습관의 영향으로 다른 사람과 마찬가지가 되었다. 실상 그들은 질서 있는 삶을 버리고 탕자나 도적과 같이 행동하도록 강요되었는데, 이는 부분적으로는 전쟁과 원정 탓이고, 부분적으로는 난봉꾼 같은 생활방식 탓이다. ……

[5] 헤타이로이hetairoi: 귀족 지주 출신으로, 기마부대에 복무했다. 왕이 이들의 수장 역할을 했을 것이다. 처음에는 외국인은 열외였으나, 나중에는 포함되었다.

그들은 자신들이 가진 것을 무시하고, 가지지 않은 것을 탐냈다. 그들은 유럽의 아주 큰 부분을 가졌는데도 말이다. 이 시기[6]에 헤타이로이는 800명에 불과하였지만, 이들은 최고 최대의 부자 그리스인 1만 명이 가진 만큼의 토지에서 나오는 수입을 향유하였다고, 나는 믿는다.

6 | 기원전 340년경으로 보인다.

7 | 필리포스가 1만 명이나 되는 보병을 편성했던 것은 이미 준비가 되어 있었던 덕분으로 보인다. 아낙시메네스는 알렉산드로스의 증조부인 알렉산드로스 1세가 이 부대를 창설했다고 보았지만, 그는 재위 기간이 짧아 불가능했을 것으로 보인다. 알렉산드로스 2세 혹은 알렉산드로스 대제가 그 주인공이라고 보는 견해도 있어 여전히 논쟁중이다.

자료 03 보병부대의 편성

아낙시메네스, 《그리스 역사가 단편 모음》; 야코비, 72 F4

그런 후, 필리포스는 가장 유명한 자들이 기병 복무에 익숙해지게 한 뒤, 그들에게 헤타이로이라는 명칭을 부여하였다. 그러나 대다수, 즉 보병(페조이pezoi)은 단위 부대(로코이 lochoi)와 십인조와 기타 예하 부대로 편성하였으며, 이들을 통틀어 페제타이로이 pezetairoi라 불렀다. 그가 이렇게 한 목적은 양쪽 부대 둘 다 왕의 동료 자격으로서 참여시켜, 자신에게 지속적으로 충성하게 하기 위함이었다.[7]

자료 04 마케도니아 군대의 규율

8 | 코티보스kotthybos: 이 비문에서만 나오는 용어로, 복부를 가리는 장비로 보인다.

9 | 코노스konos: 원뿔형 투구.

10 | 이 비문은 암피폴리스에서 발견된 것이다. 기원전 3세기 말~기원전 2세기 것으로 추정되며, 필리포스나 알렉산드로스 시기의 규정을 기재한 것으로 통한다.

모레티L. Moretti, 《헬레니즘 역사 비문Iscrizioni Storiche Ellenistiche》, La Nuova Italica, 1967, no.114,1 ~18행

······ 규율에 따라 병사들에게 적합한 무장 중에서 어느 하나라도 갖추지 않은 자들은 처벌할 것이다. 코티보스[8] 미착용자에게는 2오볼로스, 코노스[9]는 같은 액수, 사리사 sarissa(장창)는 3오볼로스, 단검은 같은 액수, 각반은 2오볼로스, 방패는 1드라크마의 벌금을 부과한다.

장교의 경우, 언급된 무장에 대해 배를 부과하며, 갑옷은 2드라크마, 반半 갑옷은 1드라크마를 부과한다. 비서와 수석 부장들은 왕에게 먼저 군율 위반자를 보고한 뒤, 벌과금을 징수할 것이다.[10]

11 | 장군인 스트라테고스(strategos, 복수는 스트라테고이strategoi)는 가장 큰 부대 단위인 1500여 명, 즉 탁시스taxis를 지휘한다. 그 밑으로 256명 단위인 스페이라speira, 각 열이 16명 단위인 로코스lochos가 내림 순으로 편제된다. 여섯 개의 탁시스가 모여 팔랑크스를 이룬다.

전리품에 관한 규율: 만약 어떤 사람이 전리품을 진영에 가져오면, 대대장speirarch과 중대장tetrarch과 기타 장교들과 충분한 수의 [부장들을] 대동하여 장군들이 [정해진 시기에 그들을] 진영 앞에서 3스타디온 떨어진 곳으로 만나러 나갈 것이다.11 그리고 그들은 전리품을 가진 자들이 그것을 간직하도록 허용하지 않을 것이다. 만약 이 규정에 불복종한다면, [장교들과] 대대장 및 중대장과 수석 부장들은 [각자가] 빚지고 있는 [것의] 값을 치를 것이다.

자료
05
지하자원은 국력의 기초

디오도로스 시쿨루스, 《역사 서재》 16.8.6~7

12 | 디오도로스는 기원전 358/357년으로 보지만 실제로는 356년이다.

13 | 필리포스는 금화의 무게에서 아테네식 표준을 따랐는데, 이는 상업적 동기보다는 그리스식임을 드러내기 위한 방편이었다.

그 이후12에 필리포스는 크레니데스Krenides 시로 갔다. 한 무리의 정착자들을 이용해 그곳의 면적을 넓힌 뒤, 자신의 이름을 따서 필리포이Philippoi로 개명하였다. 그런 뒤 그 지역의 금광에 가서, 전부 모은다 해도 빈약한 데다 중요시되지 않던 금광들의 생산량을 올리게 하여 1000탈란톤 이상의 세입을 산출하게 만들었다. 그는 이 광산들에서 매우 신속하게 재산을 모았고, 그 덕분에 넉넉한 자금으로 마케도니아 왕국을 더욱 월등하게 만들 수 있었다. 그리고 자신이 주조한 금화13— 이 금화는 그의 이름을 따서 필리페이오이Philippeioi로 알려진다—를 가지고 많은 그리스인들이 자신의 고향 도시를 버리도록 유혹했을 뿐 아니라 상당한 규모의 용병대를 조직하였다.

자료
06
필리포스의 용기와 지략

디오도로스 시쿨루스, 《역사 서재》 16.2.4~3.3

14 | 페르디카스 3세 Perdiccas III: 알로로스Aloros의 프톨레마이오스를 살해하고 정권을 잡았으나, 일리리아인과의 전투에서 사망했다. 철학자와 기하학자를 우대했다. 그의 왕위는 아들 아민타스 4세가 계승했으나 동생 필리포스 2세가 찬탈했다.

페르디카스14가 큰 전쟁에서 일리리아Illyria인에게 패배하여 전투 도중에 사망하자, 그 동생 필리포스가 볼모로 잡혀 있다가 탈출하여 왕위를 계승하였다. 그러나 그 왕국은 심각한 상태였다. 4000명이 넘는 마케도니아 사람들이 전장에서 죽었으며, 나머지도 일리리아 군대가 두려워 겁에 질려서 전쟁을 계속 할 엄두를 내지 못했다. 그와 동시에 마케도니아의 이웃인 파이오니아인들이 그들을 깔보고 마케도니아 영토를 유린하기 시작했다. 일리리아인들은 대규모 병력을 집결시켜 마케도니아 침공 준비를 마쳤다. 그리고 마케도니아 왕가와 연루된 파우사니아스Pausanias라는 사람은 트라키아 왕의 도움을 받아 마케도니아의 왕위를 요구하려는 거사를 도모하였다. 마찬가지로 필리포스에게 적대적이던 아테네인도 아르가이오스[15]를 왕위에 복위시키려 하였으며, 장군 만티아스Mantias와 3000명의 중갑병과 상당한 규모의 수군 병력을 이미 보내놓은 상태였다. 재앙과 같은 전쟁과 자신들을 짓누르는 엄청난 위험 탓에 마케도니아인들은 어쩔 줄을 몰랐다.

하지만 잠재된 공포와 위험이 아무리 크다 해도 필리포스는 실망하지 않았다. 대신 그는 마케도니아인들을 일련의 집회에 모이게 한 뒤, 웅변 실력을 발휘하여 그들의 용기를 북돋우고 그들의 마음을 확실히 사로잡았다. 그러고 나서 병력을 더 낫게 편성하여 적절히 무장시키고, 병사에 대한 검열을 계속 하고 경쟁적인 훈련 방침을 유지하였다. 아울러 밀집부대와 방진부대의 장비를 고안하였다. 이 장비는 트로이의 영웅들을 모방한 것으로, 방패를 서로 밀착시키는 것이다.

그는 참으로 마케도니아 팔랑크스의 창시자였다. 그는 사람들을 신사적으로 다루었고, 임박한 수많은 위험을 대적하는 데 필요한 조치를 능숙하게 취했을 뿐 아니라, 선물과 약속으로 인민에게 호의를 얻는 데 최고가 되고자 했다.

15 | 아르가이오스Argaios: 기원전 359년 필리포스 2세가 왕이 되자마자 마케도니아의 왕위를 요구하면서 아테네에 도움을 청했다.

자료 07

카이로네이아 전투

데모스테네스, 18.169~174

엘라테이아Elateia[16]가 함락되었다고 누군가가 프리타네이아prytaneia 평의회에 소식을 가지고 온 때는 저녁이었지요. 이에 저녁 식사를 하던 평의회 사람들은 즉시 자리에서 일어났습니다. 그들 가운데 일부는 아고라의 투표소에 있던 사람들을 몰아내고 덮개를 불태워 버렸으며, 다른 회원은 장군들을 불러오라고 사람을 보냈고 나팔수도 소환하였지요. 폴리스는 소란스러웠습니다.

다음날 동이 트자 평의회는 협의회를 협의회관으로 불렀으나, 시민들은 민회로 갔습니다. 위원회가 민회를 위해 숙고하고 준비하기 시작하기 전에 모든 데모스가 채비를 하고 앉아 있었지요. 그리고 협의회 사람들이 오자, 평의회가 자신들이 받은 소식을 공표하고 사절을 소개하였으며, 사절도 마찬가지로 그렇게 했습니다. 그때 주재관이 질문

16 | 필리포스는 페린토스Perinthos와 비잔티온을 점령하고 나서 트라케Trache 내부의 문제를 다루었다. 이어서 기원전 339년에는 테르모필라이 남쪽에 있는 엘라테이아로 진격했다.

하였습니다. "누가 이야기하겠소?" 그러나 아무도 나서지 않았습니다. ……

그때 나[데모스테네스]는 여러분들에게 말하였습니다. "나는 테바이인들이 필리포스 편에 섰다는 생각으로 완전히 혼비백산한 자들은 사정이 어떤지 모른다고 봅니다. 왜냐하면 만약 이것이 사실이라면 필리포스가 엘라테이아에 있다는 말 대신 우리 국경에 와 있다는 말이 들려야 한다고 확신합니다. 나는 그가 테바이에 협상하러 왔다는 것을 잘 알고 있습니다. ……"[17]

디오도로스 시쿨루스, 《역사 서재》 16.86

새벽에 [카이로네이아에] 군대가 진을 펼쳤으며, 왕은 자신의 아들 알렉산드로스를 한쪽 날개에 배치하였다. 알렉산드로스는 나이는 어렸으나 매우 용감하고 전투에서 뛰어나게 신속했다. 알렉산드로스와 더불어 최고 지휘관들도 배석시켰다. 그리고 왕 자신은 정예부대의 선두에서 다른 부대를 지휘했다. 또 필요하다고 생각한 곳에는 개별 부대를 배치하였다. 반면에 아테네인들은 전열을 국적에 따라 나누어, 한쪽 날개를 보이오티아인들에게 할당하였으며 다른 쪽은 스스로 지휘하였다. 이 전투는 장시간 뜨겁게 달아올랐으며, 양편에서 다수가 쓰러졌다. 잠시간이지만, 그 전투는 양편 모두에게 승리에 대한 희망을 안겨주었다.

그때 알렉산드로스는 자신의 용맹을 아버지에게 보여주고 싶어했다. 과도한 열정 면에서 누구에게도 뒤지지 않은 데다가 자기편에 훌륭한 전사들이 많았기에, 그는 처음으로 적의 강력한 전열을 깨뜨리는 데 성공하였으며, 여러 명을 타격한 후 자신에게 맞선 자들을 땅에 쓰러뜨렸다. 그의 동료들도 성공을 거두자, 강력한 전선에 구멍이 뚫렸다. 시신들이 쌓여갔으나, 알렉산드로스와 끝까지 같이한 자들이 길을 뚫어 적들을 패퇴시켰다. 그러자 왕도 몸소 진격을 감행했으니, 비록 아들일지라도 승리를 그에게 전적으로 맡기고 싶지 않았던 것이다. 왕은 먼저 자신에게 대항하여 서 있는 군대를 물리친 뒤에 그들이 도망가게 했는데, 이것이 승리의 원동력이 되었다.

아테네인들은 1000명 이상이 전사하고 2000명 정도는 포로가 되었다. 마찬가지로, 많은 보이오티아인들이 죽었고 적지 않은 자들이 포로로 잡혔다. 전투가 끝난 뒤 필리포스는 전승 기념비를 세웠고, 전사자들을 묻게 해주었으며, 승리를 기념하여 신들에게 희생을 바쳤고, 용맹이 특출 났던 자신의 부하들을 공과에 따라 보상하였다.

[17] 데모스테네스는 필리포스를 위협으로 간주한 테바이인들과 아테네인들 간의 동맹을 추천하고 이를 실현하고자 했다.

아테네냐, 그리스냐?

폴리비오스, 《역사》 18.14.1~11

우리는 많은 점에서 데모스테네스를 칭찬하지만, 그에게는 한 가지 비난받을 점이 있다. 데모스테네스는 아르카디아Arcadia에서 케르키다스, 히에로니모스, 에우캄피다스의 일파를 필리포스와 연합했다는 이유로 그리스의 반역자라고 말함으로써 그리스에서 가장 저명한 사람들을 무모하고 비이성적이라며 가혹하게 비난하였다. 또 메세네Messene에서는 필리아데스의 아들들인 네온과 트라이로코스에 대해서, 또 아르고스에서는 미스티스와 텔레다모스와 므나세아스에게, 테살리아에서는 다오코스와 키네아스에게, 보이오티아에서는 테오게이톤과 티몰라스의 일파에게, 그리고 다른 도시에 있는 여러 다른 사람들에게 같은 말을 내뱉었기 때문이다.

그러나 실상 이 사람들 모두가 완전하고 명백하게 자신들의 권리를 지키는 데 정당하였다. 특히 아르카디아 사람들과 메세네 사람들이 그러하다. 이들은 필리포스를 펠로폰네소스로 들어오게 해서는 라케다이몬인들을 굴복시킴으로써, 무엇보다 펠로폰네소스의 거주민 모두가 자유롭게 숨 쉴 수 있도록 해주었다. 그리고 이어서 라케다이몬인들이 전성기 때 메세니아인, 메갈로폴리스Megalopolis인, 테게아Tegea인, 아르고스인에게서 빼앗은 토지와 도시들을 원주민들에게 돌려주어 자기 나라의 행운을 드높인 것은 잘 알려진 사실이다. 그런 일에 대한 대가로 그들[데모스테네스가 비난한 사람들]은 필리포스와 마케도니아인들과 전쟁을 벌이는 대신 필리포스의 명성과 명예를 높이기 위해 최선을 다해야만 했던 것이다.

만약 그렇게 행동하면서 자신들의 조국에 필리포스의 군대를 주둔하게 했거나, 자신들의 국법을 폐기하고 시민에게서 행동과 연설의 자유를 빼앗아 자신들의 야심에 기여하고 권좌에 앉았다면, 그들은 배신자의 이름을 들어 마땅할 것이다. 그러나 만약 자기 조국의 권리를 보존하면서, 아테네의 이익이 자기네 폴리스의 이익과 일치하지 않는다고 생각하여 정치적 판단이 달랐을 뿐이라면, 그들이 이런 이유로 데모스테네스에게 반역자라고 불리지 말아야 한다. 자기 나라의 이익으로 모든 것을 재단하고 모든 그리스 국가가 아테네를 주목해야 한다고 생각하여, 인민들이 그렇게 하지 않으면 반역자라고 부르는 데모스테네스는, 내가 보기에 잘못하였으며 진실과 거리가 매우 멀어 보인다. …… 아테네인들은 필리포스에게 대항하여 결국 무엇을 얻었는가?[18]

18 | 이 인용문은 아테네를 중심으로 놓고 보는 데모스테네스의 생각을 비판한 내용이다. 이 설명은 기원전 2세기에 제시되었다.

알렉산드로스의 병력

플루타르코스, 《알렉산드로스》 15.1~6

알렉산드로스의 병력[19]에 관해 말하자면, 제시된 하한선은 보병 3만과 기병 4000명이며, 상한선은 보병 4만과 기병 5000명이다. 아리스토불로스[20]의 계산에 따르자면, 이들 병력에 필요한 보급품을 위해서는 적어도 70탈란톤이 필요하다. 두리스[21]는 그 정도는 30일분에 지나지 않는다고 썼으며, 오네시크리토스[22]는 그 밖에도 그가 200탈란톤의 빚을 지고 있었다고 주장한다.

그러나 알렉산드로스는 비록 그렇게 적고 보잘것없는 자원으로 출발했는데도 자기 동료들의 주변 사정을 알고서는 한 사람에게는 농장을, 다른 사람에게는 촌락을, 또 다른 사람에게는 일부 정착지나 항구에서 나온 세입을 할당하고 나서야 출항했다. 그리고 마지막으로 왕실 재산이 완전히 소진되어 장부에 남은 것이 없었을 때, 페르디카스가 그에게 무엇이 남아 있느냐고 묻자, 알렉산드로스는 이렇게 외쳤다. "내 희망들!" 그러자 페르디카스가 말하였다. "그렇다면 우리가 당신과 함께 복무하고 있으니, 우리는 그것들을 당신과 나눌 것이오." 이 말을 마친 후 페르디카스는 자신에게 선물로 기록된 재산을 거절하였으며 왕의 다른 친구들 몇몇도 그렇게 했다. 그럼에도 알렉산드로스는 자신의 호의를 원하고 받아들이고자 한 자들에게는 힘껏 선사하였는데, 그렇게 하기 위해 자신이 마케도니아에서 가지고 있던 재산 대부분을 사용하였다.

19 | 기원전 334년, 알렉산드로스가 아시아 원정을 시작한 시기의 병력을 뜻한다.

20 | 아리스토불로스 Aristoboulos of Kassandreia: 알렉산드로스를 동행했던 종군사가로, 아리아노스 Arrianus가 저술한 《아나바시스 Anabasis》의 중요한 전거를 제공했다.

21 | 두리스 Duris: 기원전 4세기 사모스에서 출생한 역사가.

22 | 오네시크리토스 Onesikritos: 당대의 역사가로 알렉산드로스 대제의 원정에 동행했다.

사람을 믿자

플루타르코스, 《알렉산드로스》 19.2~5

다른 의사들은 어느 누구도 치료할 엄두를 못 냈다. 그들은 그 위험이 너무 커서 어떤 보상으로도 극복할 수 없다고 생각했기에, 실패할 경우 마케도니아인들이 자신에게 가할 비난이 두려웠다. 그러나 아카르나니아 Acarnania 사람인 필리포스는 왕이 비참한 지경에 빠졌음을 보고, 자신의 우정을 신뢰하였다. 더군다나 큰 위험에 처한 알렉산드로스를 돕지 않고 의술을 낭비한 채 위험을 같이 나누지 않는 것은 부끄러운 짓이라고 생각하였기에 약을 준비하였다. 그리고 전쟁에 대비하여 힘을 되찾으려면 과감히 약을 들어야 한다고 알렉산드로스를 설득하였다.

한편 파르메니온[23] 진영에서 알렉산드로스에게 편지를 보냈는데, 필리포스를 주의하라는 내용이었다. 필리포스가 큰 선물과 공주와의 혼인을 약속받고서 알렉산드로스를 살해하라는 사주를 받았다는 것이다. 알렉산드로스는 그 편지를 읽고 나서는 베개 밑에 넣고, 자신의 친구 누구에게도 보이지 않았다.

정해진 시간이 왔고, 필리포스는 약이 든 잔을 들고 왕의 동료들과 함께 들어왔다. 알렉산드로스는 편지를 필리포스에게 건네고서는 그에게서 기꺼이 약을 받아 아무런 의심을 표하지 않고 마셨다. 그러자 참으로 놀라운 광경이 벌어졌는데, 무대에 올릴 만한 것이기도 했으니, 한 사람은 편지를 읽고 다른 사람은 약을 마시며 서로 눈을 돌려 바라보았으나 표정은 같지 않았다. 알렉산드로스는 즐겁고 활달한 표정으로 필리포스를 향한 자신의 선의와 신뢰를 보여준 반면, 필리포스는 그 비방 편지에 어이없어했다. 필리포스는 하늘을 향해 손을 올려 자신의 무죄를 입증할 신들을 불렀으며, 알렉산드로스가 누운 침상에 다시 손을 내리고 용기를 내어 자신에게 치료를 맡기라고 간청하였다. …… 그리고 알렉산드로스는 기력을 회복하자, 마케도니아인들에게 자신을 드러냈다.

23 │ 파르메니온Pharmenion(기원전 400~330): 필리포스 2세와 알렉산드로스 대제를 섬긴 장군. 공적도 많이 세웠으나 반역 혐의로 처형되었다.

자료
11
인도의 현자들과 나눈 문답

플루타르코스, 《알렉산드로스》 64.1~65.1

알렉산드로스는 인도의 왕 사바스에게 반란을 일으키라고 사주하여 마케도니아인들에게 크나큰 고난을 안겨준 인도 현자들 열 사람을 사로잡았다. 이 현자들은 명석하고 간결한 답변으로 유명하였다. 알렉산드로스는 최초로 가장 나쁜 답변을 한 자에게 사형을 선고할 것이고 이어서 나머지 사람들도 같은 식으로 정해진 순서에 따라 그렇게 하겠노라고 선언한 뒤, 그들에게 어려운 질문을 제시하였다. 그리고 그들 중에 최고령자를 이 심사의 심판으로 삼았다.

첫 번째 사람은 산 자와 죽은 자 중에서 누가 더 많냐는 질문을 받았다. 그는 말하기를, 산 자가 많은데, 그 이유는 죽은 자는 존재하지 않기 때문이라고 했다. 두 번째 사람은 땅과 바다 중에 어느 것이 더 큰 짐승을 낳느냐는 질문을 받자, 땅이라고 했는데, 바다는 땅의 일부이기 때문이라고 했다. 세 번째 현자는 어떤 짐승이 가장 교활하냐는 질문을 받자, 이렇게 말하였다. "지금까지 사람들이 발견하지 못한 짐승입니다." 네 번째 사람은, 왜 사바스에게 반란을 사주했느냐는 질문을 받자, 다음과 같이 답하였다. "그가 고귀하게 살든지, 아니면 고귀하게 죽든지, 둘 중 하나였으면 했기 때문이지요." 다섯 번째 사람은 낮과 밤 중에 어느 것이 더 기냐는 질문을 받았을 때, "낮이지요. 하루이므로"[24] 라고 답하였다. 그러고는 놀라워하는 왕에게 덧붙이기를, 어려운 질문에는 어려운 답이 있어야 한다고 답하였다. 여섯 번째로 넘어가서, 알렉산드로스는 어떻게 해야 사람이 가장 사랑받겠는가 하고 물었다. 현자가 말하기를, "가장 강력하면서도 공포심을 자아내지 않으면"이라고 답하였다. 나머지 세 사람 중에, 어떻게 해야 사람 대신에 신이 될 수 있느냐는 질문을 받은 사람은, "사람이 할 수 없는 것을 함으로써"라고 답하였다. 삶과 죽음 어느 것이 더 강하냐는 질문을 받은 사람은, "삶이요. 왜냐하면 살아야 그렇게 많은 역경을 견디기 때문입니다" 하고 답하였다. 마지막 사람은 사람이 얼마나 오래 살아야 좋겠냐는 질문을 받았는데, "죽는 것이 사는 것보다 더 낫다고 생각할 때까지"라고 답하였다.

그런 후 알렉산드로스는 심판에게도 의견을 내놓으라고 명하였다. 심판은 모든 답이 각각 다른 답보다 더 나쁘다고 답하였다. 그러자 알렉산드로스가 말하였다. "그렇다면 그런 판정을 내린 당신이 먼저 죽어야겠소." 심판이 말하였다. "오, 왕이시여! 그렇지 않습니다. 폐하께서 최초로 가장 나쁜 답을 제시한 자를 사형에 처할 것이라고 말한 게 잘못이 아니라면 말입니다." 알렉산드로스는 이 현자들에게 선물을 안겨서 보냈다.

24 | 그리스어 '헤메라 he-mera'는 '낮'을 뜻하기도 하고 '날'을 뜻하기도 한다. 이런 의미에서 나온 재담이다.

자료
12

누구에게 계승할 것인가?

디오도로스 시쿨루스, 《역사 서재》 18.1.4

알렉산드로스는 동료들에게서 누구에게 왕권을 넘길 것이냐는 질문을 받자 이렇게 답했다. "최강자에게. 왜냐하면 나의 친구들이 거대한 시체놀음에 빠지게 될 것 같기 때문이다." 그 후 이 예견은 진실이 되고 말았다.

드로이젠이 본 헬레니즘 시대의 성격

드로이젠J. G. Droysen, 《헬레니즘 역사: 2부 헬레니즘 국가 형성사Gechichte des Hellenismus, Zweiter

Teil. Geschichte der Bildung des hellenistischen Staatensystems》, Friebrich Perthes, 1843, p. 571~573

사람들은 오로지 군주정 같은 집단에서만 강력한 국가 형태의 가능성을 발견하리라 기대할지도 모른다. 그리고 압도된 민족들이 새로운 지배의 정신적 억압을 더 깊이 받을수록 그만큼 더 넓고 더 확실하게 지배력과 자의적 조정이 고분고분한 자들의 물질적인 힘과 더불어 토대를 잡는다고 생각할 것이다. 그러나 사실 겉보기에만 그렇다. 심지어 그런 영향 속에서도 먼 지점에서, 혹은 국가와는 무관한 관련 속에서 저 집단 형성을 반쯤 부수거나 자체로부터 분해되기 시작하는 반응들이 돌연 전개된다. 이런 과정에서 이것과 비슷한 어떤 것이 드러났지만, 더 깊은 의미를 갖는 이유는 비록 뒤늦게 그리스 도교의 세계에서 등장하더라도 급속하게 전진하여 결국에는 완전히 뚜렷하게 드러났기 때문이다. ……

과거의 유산과 더불어, 이미 만들어진 상태들과 이해의 자의성을 낳는 형태들과 주어진 것에 의해서보다는 추구될 것에 의해 결정된 세계를 채우고 파괴한다. 그것은 고의성의, 의식의, 학문의, 시구詩句의, 사라져버린 젊은 숨결의, 사멸된 역사적 권리의 시대다. 이는 엄청난 혁명으로, 알렉산드로스와 아리스토텔레스 이래로 그리스의 정신이 세계로 넓혀진 것이다.

지구의 역사에서 유사한 것이 발생했듯이, 자연국가의 시대는 그 원리에 따라 극복된다. 인류라는 최초의 화강암 접시는 단단하고 강력한 형태들 속에서 파괴되고 분쇄되며, 스스로 지반을 넓히고 삶을 더 풍요롭게 발전시킨다. 하나의 완전히 새로운 존재의 방식은, 말하자면, 인류의 새로운 집합 상태에 도달한다.

| 출전 |

데모스테네스: 소년 시절 이소크라테스를 사사했으며, 플라톤의 제자이기도 하다. 그의 웅변은 키케로가 모범으로 삼을 만큼 완벽했는데, 마케도니아에 반대하는 연설로 아테네인들에게 영향력을 발휘했다. 카이로네이아 전투에서 그는 겁먹고 도망쳐서 목숨을 부지했다. 필리포스 사후에는 알렉산드로스를 '아이'라고 부르며 그에게 반대했다. 이후 마케도니아가 알렉산드로스에 반대하는 웅변가를 처벌하라고 아테네에 요구하자, 그는 개를 늑대에게 바친 양의 우화를 들어 자신을 변호했다. 평소 마케도니아의 금을 모두 모아서 준다 해도 자신을 유혹할 수 없다고 떠벌렸지만, 바빌로니아의 국고를 책임지고 있다가 알렉산드로

스의 처벌이 두려워 아테네로 도망한 하르팔로스Harphalos에게 금잔을 뇌물로 받았으며, 이 일로 국외로 망명한 적도 있다.

디오도로스 시쿨루스 Diodorus Siculus, **《역사 서재**Bibliotheca historica**》**: 생몰 연대는 알 수 없고 다만 1세기경에 활동했다고만 짐작된다. 시쿨루스(그리스어로는 시켈리오테스), 곧 '시칠리아 사람'이라는 별명에서 드러나듯, 그곳 출신이다. 40권의 역사서를 저술했다고 하는데 이 중 열다섯 권과 단편이 전한다. 기원전 44년을 전후하여 왕성하게 활동했으며, 로마에 오랫동안 체류했다. 그는 사소한 것은 지나치게 숙고하고, 중요한 것은 간략히 처리한다는 평을 듣는다.

아낙시메네스Anaxinenes of Lampsacus**(기원전 380~320경)**: 12권으로 된 그리스 역사서를 저술했다고 하나, 그 책들은 전하지 않는다. 알렉산드로스가 람프사코스Lampsacus 주민을 모두 죽이라고 명령했을 때 아낙시메네스가 사절로 파견되었다. 그를 만난 알렉산드로스는 그의 청은 절대 들어주지 않겠다고 맹세했다. 그러자 아낙시메네스는 도리어 도시를 파괴하고 주민을 모두 노예로 만들어달라고 요구하여 람프사코스를 구했다고 한다.

테오폼포스Theopompus**(기원전 380~315), 《필리피카**Philippica**》**: 마케도니아에 적대적이었던 그리스 역사가. 키오스 출신으로 이소크라테스의 제자로 알려져 있다. 스승과 경연을 벌여 상을 받기도 했고, 카리아Caria의 군주 마우솔로스Mausolus 추모 연설문으로 최고상을 받기도 했다. 역사가로서는 투키디데스나 헤로도토스에 비견되기도 했다. 아테네에서 활동하다가 친스파르타 경향으로 인해 추방되었다. 나중에 알렉산드로스의 도움으로 키오스에서 살다가, 그의 사후에는 이집트로 건너갔다. 《필리피카》는 필리포스 2세의 역사를 다룬 책으로, 223편의 단편이 야코비에 의해 수집되었다.

투키디데스, 《펠로폰네소스 전쟁사》: 이 장에서 다루는 시기의 마케도니아 역사 자료는 그리스인의 기준으로 보더라도 빈약하다. 이 장에서 소개한 투키디데스의 서술은 필리포스 2세 이전 마케도니아의 사정을 알려주는 거의 유일한 자료다. 이 부분은 투키디데스가 아르키다미아 전쟁 연대기를 작성하던 중에 마케도니아와 그 주민에 관해 보고한 내용이다.

폴리비오스Polybius**(기원전 200~118), 《역사**Historiai**》**: 그리스 역사가로, 그리스어로 서술된 로마사를 남겼다. 아르카디아의 메갈로폴리스에서 리코르타스Lycortas의 아들로 태어났고, 정치에 입문하여 아카이아 연맹의 기병대장과 사절로도 활약했다. 정치 재판을 받기 위해 1000명의 아카이아인들과 함께 로마에 끌려갔는데, 스키피오Scipio를 만나 그의 지기가 되었고 스키피오 서클의 일원으로서 스페인, 아프리카, 이탈리아 등지를 여행했다. 기원전 146년에는 카르타고의 파괴를 목도하기도 했다. 그의 《역사》는 원래 40권으로 저술되었다고 하는데, 1~5권만 온전하고, 나머지는 요약이나 발췌로 남아 있다. 1~6권까지는 기원전 150년경에 집필된 것으로 확인되었으나, 나머지는 불명확하다. 서양 세계에는 15세기가 되어서야 전해졌다.

플루타르코스, 《알렉산드로스》: 알렉산드로스에 관해 알려진 일화들을 수집하여 쓴 전기. 알렉산드로스와 대비한 인물은 율리우스 카이사르이다. 플루타르코스는 알렉산드로스의 영웅다움을 강조했으나, 최근의 연구는 알렉산드로스의 광기에 더 관심을 기울이고 있다.

| 참고문헌 | --

김진경, 《고대 그리스의 영광과 몰락》, 안티쿠스, 2009.
번즈, 에드워드 외, 《서양 문명의 역사: 역사의 여명에서 로마제국까지》, 박상익 옮김, 소나무, 1994.
브리앙, 피에르, 《알렉산드로스 대왕》, 홍혜리나 옮김, 시공사, 1995.

아리아노스, 《알렉산드로스 대왕 원정기》, 윤진 옮김, 아카넷, 2017.

월뱅크, 프랭크 윌리엄, 《헬레니즘 세계》, 김경현 옮김, 아카넷, 2002.

크세노폰, 《헬레니카》, 최자영 옮김, 아카넷, 2012.

투퀴디데스, 《펠로폰네소스 전쟁사》, 천병희 옮김, 숲, 2011.

플루타르코스, 《플루타르코스 영웅전》, 천병희 옮김, 숲, 2010.

허승일 외, 《인물로 보는 서양 고대사》, 길, 2006.

Crawford, Michael H. and David Whitehead, *Archaic and Classical Greece: A Selection of Ancient Sources in Translation*, Cambridge University Press, 1983.

Gehrke, Hans-Joachim, *Geschichte des Hellenismus*, R. Oldenbourg Verlag, 1995.

Ralph, Philip Lee, et al., *World Civilizations*, 9th ed. vol. 1, W.W.Norton & Company, 1997.

Spielvogel, Jackson J., *Western Civilization: A Brief History*, 3rd ed., Wadsworth, 2005.

12

계승 국가들의 경쟁
: 고대의 마키아벨리즘

역사학자 고 핀리M. I. Finley는 서양 고대 세계를 특징짓는 것은 전쟁이라고 지적한 바 있다. 끊임없이 이어진 전쟁은 고대 세계에서 활력으로 작용한 동시에 쇠망의 원인이 되기도 했다. 알렉산드로스 대제가 후계자를 지명하지 않고 사망하자, 그의 휘하에 있던 장군들 사이에서 즉각 각축이 벌어졌다. 이들을 그리스어로 '디아도코이Diadochoi'라고 한다. 이 말은 '계승자'라는 뜻을 가지고 있지만, 정확히 말하면 사실 이들은 '계승 후보자들'이었다. 이 여섯 명의 후보자들은 치열한 왕위 쟁탈전을 벌였다. 그런 와중에 마키아벨리식 권모술수가 적나라하게 전개되었다. 이런 적나라한 정치투쟁은 사회나 정신의 구조를 보여준다는 점에서 이 시대의 특징이기도 하다.

계승 후보자들의 왕위 쟁탈전과 제국의 영토 분할

우선 여섯 후보자 중에 군대의 중핵인 보병부대의 지휘관 멜레아그로스Meleagros는 알렉산드로스의 이복동생인 아리다이오스Arrhidaios를 지지했다. 반면에 기병대 총사령관 페르디카스는 록사네에게서 알렉산드로스의 아들이 태어나기를 기다렸다.

그러다가 멜레아그로스와 페르디카스는 타협에 성공했다. 그 내용은 다음과 같다. 아리다이오스가 필리포스 3세 왕이 되고, 앞으로 태어날 태자(알렉산드로스 4세)와 공동으로 통치한다, 대신 페르디카스는 제국 전체의 섭정을 맡는다. 하지만 타협에 도달한 지 얼마 안 되어 페르디카스가 멜레아그로스를 살해하고 보병에 대한 전권을 장악한다.

다른 기병대장들은 바빌로니아가 분할될 때 보상을 받아, 제국 내 여러 지역에 태수satrapesi로 임명되었다. 특히 요충지인 마케도니아와 그리스의 경우, 안티파트로스Antipatros와 크라테로스Crateros에게 공동 지배권이 주어졌다. 제국의 나머지 다른 지역도 각 태수들에게 분할하여 맡겼다.

뒤늦게 알렉산드로스가 죽었다는 소식이 전해지자, 그리스 지역에서는 '라미아 전쟁'이라 불린 반란이 일어났다. 아테네를 필두로 여러 도시들이 단합하여 요새인 라미아Lamia에 있던 안티파트로스를 포위한 것이다. 안티파트로스는 레온나토스Leonnatos가 파견한 군대에 의해 구조되었으며, 함대를 이끌고 도착한 크라테로스가 아테네인들을 진압함으로써 전쟁은 종결되었다. 그 뒤로 그리스는 마케도니아의 지배에 저항한 적이 없다. 이후 제국의 동부 지역에 있던 그리스계 식민시들이 간간이 반란을 일으켰으나, 페이톤Pheiton이 모두 진압했다.

도판 18 폼페이 유적에 있는 파우누스의 저택casa di Fauno 안에서 1831년에 발견된 모자이크로 기원전 333년 이소스 전투 장면이 묘사되어 있다. 이 모자이크에서 알렉산드로스는 투구도 쓰지 않은 채 다리우스 왕을 향해 돌진하고 있다. 이 모습은 기원전 4세기에 그려진 그리스의 그림을 보고 영감을 받아서, 기원전 2~1세기경에 현지의 재료로 만들어진 것으로 추정된다. 그리스 본토보다는 이탈리아에서 알렉산드로스를 그린 그림이 유행했다.

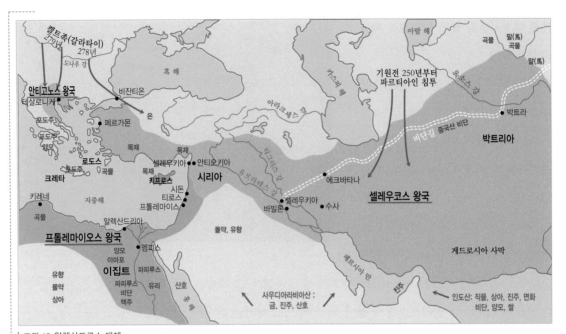

도판 19 알렉산드로스 대제 사후 50년 만에 마케도니아는 안티고노스에게, 시리아와 페르시아 지역은 셀레우코스에게, 이집트는 프톨레마이오스에게 장악되었다. 그간 여러 계승 국가들의 생존을 건 투쟁이 전개된 결과이기도 하다. 노란색 고딕체는 각 지역의 생산물이다.

1차 계승 전쟁의 경과

태수들에게 지역을 할당하는 것으로 문제는 끝나지 않았다. 할당 직후 분쟁이 폭발했다. 반란의 빌미는 페르디카스가 알렉산드로스의 누이 클레오파트라Cleopatra와 혼인하려고 한 데서 비롯했다.│자료1│ 이 일을 제국 장악의 의도로 파악한 안티파트로스, 크라테로스, '애꾸눈이Monophthalmos' 안티고노스Antigonos, 프톨레마이오스Ptolemaios가 반란을 일으켰다. 이 반란이 1차 계승 전쟁이다.

하지만 이 전쟁을 실제로 촉발한 자는 프톨레마이오스였다. 그는 과감히 알렉산드로스 대제의 시신을 탈취하여 이집트로 옮겨왔던 것이다. 이 사건은 후임 왕이 전임 왕의 시신을 매장하는 것이 마케도니아의 관습이었기 때문에 일어난 일이다. 크라테로스는 소아시아에서 일어난 반란을 진압하는 전투에서 죽었으며, 페르디카스는 이집트를 공격하던 중 휘하 장군인 페이톤과 셀레우코스Seleucos, 안티게네스Antigenes에게 살해되었다. 1차 계승 전쟁은 이렇게 끝난다.

프톨레마이오스가 페르디카스를 암살한 자들과 협정을 맺자마자, 페이톤과 아리다이오스가 안티파트로스와 새로 합의를 도출하여 트리파라데이소스Tripa-radeisos 협약을 맺는다. 이 협약에 따라 안티파트로스가 제국의 섭정으로 지명되었고, 두 명의 공동 왕은 바빌론에서 마케도니아로 거처를 옮겼다. 또 프톨레마이오스는 이집트를, 리시마코스Lysimachos는 트라케를 지배하고, 세 암살자에게는 바빌로니아, 메디아, 수시아나가 각각 할당되었다. 아리다이오스는 헬레스폰트에 있는 프리기아를 받았다.

안티고노스는 원래 프리기아·리키아·팜필리아만 할당받았는데 추가로 리카오니아를 받았다. 그리고 안티고노스에게 페르디카스 지지자인 에우메네스Eumenes를 제거하는 임무가 맡겨졌다. 실제로 에우메네스는 헬레스폰트 동쪽에서 대규모 군대를 장악하고 있었기에 아시아에서 안티고노스에 필적할 만한 지위에 있었다. 장군들의 이 같은 대립은 자신의 권력을 놓지 않겠다는 의지의 소산이었다.

2차 계승 전쟁의 경과

기원전 319년 안티파트로스가 죽자, 2차 계승 전쟁이 발발했다. 안티파트로스는 이미 자기 아들인 카산드로스Cassandros를 배제하고 폴리페르콘Polyperchon을 섭정이자 후계자로 지명해놓은 상태였다. 그러자 즉각 마케도니아와 그리스에

표 4 알렉산드로스 제국의 태수들과 그들의 통치 지역

태수	지역	태수	지역	태수	지역
프톨레마이오스	이집트	라오메돈	시리아와 페니키아	필로타스	킬리키아
페이톤	메디아	안티고노스	프리기아·리키아·팜필리아	카산드로스	카리아
메난드로스	리디아	리시마코스	트라키아	레온나토스	헬레스폰트 프리기아
네오톨레모스	아르메니아	에우메네스	카파도키아와 파플라고니아	시비르티오스	아라코시아와 게드로시아
옥시아르테스	간다라	스타사노르	아리아와 드랑기니아	필리포스	박트리아와 소그디아나
프라타페르네스	파르티아와 이르카니아	페우케스타스	페르시스	틀레폴레모스	카르마니아
아트로파테스	북부 메디아	아르코네	바빌로니아	아르케실라스	북부 메소포타미아
안티파트로스와 크라테로스	마케도니아와 그리스				

서 이 두 사람 간에 쟁탈전이 벌어졌다. 안티고노스와 프톨레마이오스의 지지를 받은 카산드로스는 에우메네스와 동맹을 맺은 폴리페르콘을 마케도니아에서 몰아냈다. 그러자 폴리페르콘은 록사네가 낳은 알렉산드로스 4세와 함께 에피로스 Epiros로 도망간다. 그곳에서 폴리페르콘은 알렉산드로스 대제의 모친인 올림피아스의 도움을 받아 마케도니아로 다시 쳐들어갔지만, 또다시 패배했다. 마침내 카산드로스가 마케도니아를 장악했으며, 어린 왕과 그의 모친을 통제했다.

한편 동방에서는 에우메네스가 안티고노스 세력에 밀려 동쪽으로 밀려나고 있었다. 기원전 317년과 316년에 대접전이 있었고, 그다음 해에 에우메네스는 자신의 군대에게 배반당해 살해된다. 이 기회를 이용하여 안티고노스는 제국의 아시아 영토를 장악한다.

3차 계승 전쟁의 경과

다음으로 벌어진 3차 계승 전쟁에서 안티고노스는 프톨레마이오스·리시마코스·카산드로스와 다시 대결을 벌였다. 이 무렵 다른 통치자들의 묵인으로 매우 강력한 존재가 된 안티고노스는 프톨레마이오스가 지배하던 시리아를 침공했으며, 티로스Tyros를 일 년 넘게 공격했다. 그리고 펠로폰네소스 반도를 통제하고 있던 폴리페르콘과 동맹을 다시 체결하고서 그리스인들에게 자유를 선포했다. 이는 도시들을 자기편으로 끌어들이려는 조치였다.

카산드로스는 안티고노스와 평화협정을 체결하고자 했으나, 아시아에서 전쟁이 발발했다. 안티고노스는 자신의 장교에게 나바타이아Nabataea 진압을 맡겼으나, 성공하지 못했다. 기원전 312년에는 프톨레마이오스가 시리아를 침공해 가자Gaza 전투에서 안티고노스의 아들인 데메트리오스 폴리오르케테스Demetrios Poliorcetes를 제압하는 동안, 셀레우코스가 바빌로니아를 장악했다. 그러자 안티고노스는 프톨레마이오스·리시마코스·카산드로스와 협약을 체결했으나, 제국의 동쪽 보루를 차지하기 위해 셀레우코스와는 계속 전쟁을 벌였다.

안티고노스는 기원전 310년 바빌론 입성에 성공했지만, 바빌로니아 전쟁(기원전 311~309년)에서는 패배했다. 그 즈음 카산드로스는 어린 왕인 알렉산드로스 4

세와 알렉산드로스 대제의 부인인 록사네를 암살한다.[자료2] 이로써 기원전 700년부터 마케도니아를 지배해온 왕실 가문이 단절된다. 처음에는 이 소식이 전해지지 않아 잠잠했으나, 이 소식이 전해지자 왕의 칭호를 차지하려는 각축전이 벌어진다.

안티고노스의 전사로 종결된 4차 계승 전쟁

프톨레마이오스는 4차 계승 전쟁을 거치면서 에게 해와 키프로스Cyprus로 세력을 확대했다. 한편 셀레우코스는 제국의 광대한 동방 지역을 확고하게 통제하는 쪽으로 방향을 선회했다. 반면 안티고노스는 그리스를 다시 장악하고자 아들인 데메트리오스를 파견하여 전쟁을 재개했다. 데메트리오스는 기원전 307년 함선 250척을 대동하고 아테네에 주둔한 수비대와 총독을 몰아내고서 아테네에 새로이 자유를 선포한다. 이어서 키프로스를 공격하고, 살라미스 전투에서는 프톨레마이오스의 함대를 격파했다. 그리고 나서 곧바로 안티고노스와 데메트리오스 둘 다 왕관을 썼다. 그러자 프톨레마이오스·셀레우코스·리시마코스·카산드로스가 이들의 방식을 따라 왕이 되었다.

기원전 306년 안티고노스는 이집트를 침략하고자 했으나, 폭풍으로 국내에 머물 수밖에 없었다. 그러는 한편 안티고노스와 데메트리오스는 계속해서 로도스 섬을 주목했다. 이 섬은 일찍이 프톨레마이오스·리시마코스·카산드로스의 군대에 의해 강화를 맺은 적이 있었다. 기원전 305년 데메트리오스가 로도스 섬을 포위 공격하자, 로도스 주민들은 데메트리오스와 타협했다. 이 타협안은 이 섬의 동맹인 프톨레마이오스만 제외하고 모든 적에 대항하여 안티고노스와 데메트리오스를 지지한다는 내용이었다. 프톨레마이오스는 로도스의 함락을 막아준 덕에 '구세주'라는 뜻을 지닌 '소테르Soter' 칭호를 받았었다.[자료3] 그렇지만 이 타협안은 그리스에 있는 카산드로스를 자유롭게 공격할 기회를 주었기 때문에 데메트리오스의 승리였다.

데메트리오스는 그리스로 넘어가 카산드로스를 격파한 뒤 새로이 헬라스 동맹을 맺는다. 이 동맹에서 그는 장군으로서 모든 적에 대항하여 그리스의 도시들을 방어하겠다고 약속했다. 이런 재앙을 만난 카산드로스는 평화를 요청했으나, 안티고노스가 이를 거부했다. 이어서 데메트리오스는 테살리아로 쳐들어갔으며, 카산드로스와 회담을 시도했으나 결렬되었다. 카산드로스는 동맹국에 도움을 청할 수밖에 없었다. 이 청에 응답하여 리시마코스가 아나톨리아Anatolia를 공격하자, 데메트리오스는 자신의 군대를 테살리아에서 소아시아로 보내 부친을 돕게 했다. 카산드로스의 도움을 받아 서부 아나톨리아에 들어간 리시마코스는 곧바로 입소스Ipsos 부근에서 안티고노스와 데메트리오스의 군대에 의해 고립되고 만다(기원전 301년). 이런 상황에서 때마침 리시마코스를 구하러 온 셀레우코스가 입소스 전투에서 안티고노스의 세력을 전멸시켰다. 이 전투에서 안티고노스가 전사하자, 데메트리오스는 남아 있는 지배 지역이라도 지키고자 그리스로 도망갔다. 그러자 리시마코스와 셀레우코스는 안티고노스의 아시아 영토를 분할해서 차지했다.

안티고노스의 전사는 헬레니즘 시대 역사에서 하나의 전환점이 되었다.|자료 4| 그는 알렉산드로스의 제국이 하나여야 한다는 생각을 대변한 사람 중에서 가장 중요한 인물이었기 때문이다. 그가 죽은 이후에는 여러 개의 헬레니즘 왕국이 존재하는 것을 당연하게 여기게 되었다. 학자들은 보통 이 시점까지를 계승 국가 시대로 본다.

마케도니아를 차지하기 위한 전쟁

그다음부터는 마케도니아를 차지하기 위한 전쟁(기원전 298~285년)이 벌어졌다. 기원전 298년 카산드로스가 사망했다. 그는 안티파트로스와 알렉산드로스 두 아들을 남겼지만, 어느 누구도 왕으로 적합하지 않았다. 알렉산드로스는 형과 말다툼을 벌인 뒤, 에피로스의 왕인 피로스Pyrrhos와 데메트리오스에게 도움을 요청했다. 이를 이용해 피로스는 기원전 295년 암브라키아를 차지하여 에피로스 왕국의 수도로 삼았다. 피로스의 매부인 데메트리오스는 기원전 294년 알렉산드로스를 죽이고 마케도니아를 차지했다.

이렇게 데메트리오스가 그리스 내륙을 장악하는 동안, 그의 나머지 외부 영토를 리시마코스·셀레우코스·프톨레마이오스가 차지했다. 이윽고 리시마코스와 피로스 연합의 지지를 받은 반란이 일어나자, 데메트리오스는 마케도니아를 포기할 수밖에 없었다. 데메트리오스는 자기 아들 안티고노스 고나타스Antigonos II Gonatas에게 그리스를 넘겨주고 나서 기원전 287년에 동부 지역 침략을 감행했다. 처음에는 성공하는 듯했으나, 기원전 286년 셀레우코스에게 패배하자, 2년 후 그는 자살했다.

다음으로, 리시마코스와 셀레우코스의 대결(기원전 285~281년)이 벌어진다. 리시마코스는 안티고노스 고나타스를 테살리아와 아테네에서 몰아내는 데 협조하면서도, 피로스가 마케도니아에서 가진 몫을 제거하고자 했다.

이집트에서도 내분이 벌어졌다. 프톨레마이오스는 장남인 케라우노스Keraunos 대신 필라델포스Philadelphos를 후계자로 정했다. 그러자 케라우노스는 셀레우코스에게로 넘어갔다. 기원전 282년, 필라델포스는 이집트의 파라오 직위를 계승했다.|자료 5| 그 직후 리시마코스는 자신의 후처인 아르시노에Arsinoe의 사주를 받아 자기 아들인 아가토클레스Agathocles를 죽이는 치명적인 실수를 범한다(기원전 282년). 그러자 아가토클레스의 부인인 리산드라Lysandra는 리시마코스와 전쟁을 벌이고 있던 셀레우코스에게로 도피했다. 이때 케라우노스가 동행했다. 이를 좋은 기회라고 여긴 셀레우코스는 전쟁을 일으켰다. 기원전 281년 코루페디온 Corupedion 전투에서 리시마코스가 죽었다. 셀레우코스 역시 얼마 안 되어 케라우노스에 의해 살해되었는데, 그 이유는 알려지지 않았다.

자신의 보호자를 죽이고 마케도니아의 왕위를 찬탈한 케라우노스도 그리 오래 지배하지는 못했다. 리시마코스가 죽자, 다뉴브 강 유역의 마케도니아 왕국 영토는 야만인들의 침략에 노출되었다. 이 야만인들은 '갈라타이Galatai'라고 불리던 켈트족인데, 마케도니아와 그리스를 휘젓고 다니다 마침내 소아시아까지 침략한 것이다. 갈라타이라는 지명은 이들이 차지하고 있던 중부 아나톨리아의 동부인 프리기아 지역을 가리킨다. 케라우노스는 이 침략자들에게 살해되었다. 그의 사후 몇 년의 혼란기를 거친 뒤, 안티고노스 고나타스가 마케도니아의 통치자로 등극했다. 아시아에서는 셀레우코스의 아들인 안티오코스 1세가 켈트

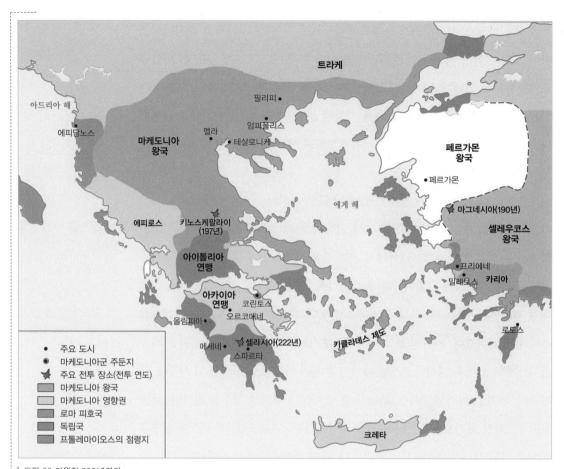

● 주요 도시
◉ 마케도니아군 주둔지
★ 주요 전투 장소(전투 연도)
  마케도니아 왕국
  마케도니아 영향권
  로마 피호국
  독립국
  프톨레마이오스의 점령지

도판 20 기원전 200년경의 에게 해 주변 사정. 마케도니아의 안티고노스 조, 시리아의 셀레우코스 조가 이집트의 프톨레마이오스 조와 더불어 삼분할을 이루고 있으며 그 사이에서 두 연맹과 도시들이 각축을 벌이는 모습을 보여준다.

족 침입자들을 물리치는 데 성공한다.

마침내 기원전 275년경, 알렉산드로스 대제가 죽은 지 50년이 되어서야 일종의 질서가 확립되었다. 프톨레마이오스는 이집트와 남부 시리아(코일레 시리아 Koile Syria로 불림)와 소아시아 남부 해안의 여러 지역을 지배했으며, 안티오코스는 광범위한 아시아 영토를 차지했고, 안티고노스는 아이톨리아Aetolia 연맹을 제외한 마케도니아와 그리스를 장악했다.

그리스 반도에 새로이 등장한 연맹들

이 시기에 그리스 반도에서 주목할 만한 변화가 생겨났다. 마냥 경쟁만 벌이던 그리스의 폴리스들이 연맹을 맺은 것이다. 이 연맹은 '공동체'라는 뜻을 지닌 '코

이논Koinon'으로 불렸다. 그리스 반도의 중부 지역을 중심으로 한 아이톨리아 연맹의 경우, 기원전 367년에 결성된 것으로 기록되어 있으나 지역 동맹으로서 본격적으로 공동 외교 정책을 선보인 시기는 기원전 280년대다. 이 연맹은 특히 계승 국가들 사이의 전쟁과 켈트족의 침입에 공동으로 대응할 필요성 때문에 결성되었다. 남부 펠로폰네소스를 중심으로 한 아카이아Achaia 연맹은 기원전 5세기에 처음 결성되었고, 2차 연맹은 기원전 280년부터 146년까지 지속되었다.|자료6|

그러다가 클레오메네스Cleomenes 3세 치하에서 스파르타가 부흥하면서 연맹 확장에 제동이 걸린다. 이 두 연맹은 기원전 220년 전쟁에 돌입했다. |자료7| 마케도니아가 아카이아 연맹을 지원했고, 코린토스에서 열린 범헬레네스 회의에서 아이톨리아 연맹은 비난받았다. 아카이아 연맹은 마케도니아가 로마에 패배하면서 여러 가지로 이득을 얻었을 뿐 아니라, 마침내 스파르타를 약화시키고 펠로폰네소스 지역 전체에서 주도권을 차지한다. 그러나 3차 마케도니아 전쟁(기원전 171~168년) 때 마케도니아의 페르세우스Perseus를 지원하여 로마의 분노를 샀고, 이 전쟁에서 패한 후 많은 사람을 로마에 볼모로 보내게 된다(이들 중에 유명한 역사가 폴리비오스도 있다). 아이톨리아 연맹은 기원전 189년에 로마와 동맹을 맺으면서 해체되었다.

알렉산드로스의 제국은 왜 분열되었나

이 모든 혼란과 다툼은 무엇을 위한 것이었나? 무엇보다 알렉산드로스의 유산인 제국을 하나로 유지하고자 했지만, 그럼에도 적어도 타국의 지배를 거부한다는 정신이 각 계승 국가에 공통적으로 존재했던 것으로 보인다. 초기에 가졌던 하나의 제국에 대한 기대는 마케도니아, 시리아, 이집트로 삼분할이 정립된 상황에서는 이루어지기 어려웠다. 이제 막 이탈리아 반도를 통일한 로마가 이런 세계정세를 숨죽여 지켜보고 있었기 때문이다.

이렇게 경쟁으로 인한 혼란으로 점철된 시대를 어떻게 평가해야 할까? 이 시대도 나름대로 역사적으로 중요한 기여를 했다. 각 지역이 나름의 체계를 갖추었을 뿐 아니라, 중요한 헬레니즘 문명을 낳았다. 전쟁은 곧 파괴이기도 하지만 다른 면에서 보면 교류의 또 다른 형태이다. 그런 점에서 이런 경쟁 구도가 지중해 세계를 하나로 연결하는 역할을 했다고 볼 수 있다. 앞으로 이 문명은 이제 기지개를 펴는 로마제국의 역사에, 또 그리스도교의 전파에, 보이지 않지만 중요한 기초가 되었다.

클레오파트라의 혼인 문제

디오도로스 시쿨루스, 《역사 서재》 20.37.1~6

아테네에서 카리노스Charinos가 아르콘이고[1] 로마인들이 푸블리우스 데키우스Publius Decius와 퀸투스 파비우스Quintus Fabius에게 콘술 직을 부여했을 때 …… 프톨레마이오스는 민도스Myndos에서 강력한 함선을 거느리고 섬들을 지나오면서 안드로스[2]를 해방시키고 수비대를 몰아냈다. 이스트무스[3]에 도착해서는 시키온과 코린토스를 크라테시폴리스[4]에게서 빼앗았다. ……

프톨레마이오스는 이제 다른 그리스 폴리스들을 해방시킬 계획을 가지고 있었으니, 그리스인들의 선한 의지야말로 자신의 과업에서 커다란 이점이 되리라 생각한 것이다. 그러나 펠로폰네소스인들이 식량과 돈을 주기로 하고서는 약속한 것을 전혀 내놓지 않자, 화가 난 이 군주는 카산드로스와 강화하였다. 이 조약에 따르면 군주들은 저마다 자신이 가진 폴리스의 주인으로 남을 예정이었다. 그리고 나서 프톨레마이오스는 시키온과 코린토스에 수비대를 주둔시킨 후 이집트로 향했다.

그 무렵 안티고노스와 다툼을 벌이던 클레오파트라는 자신의 운명을 프톨레마이오스에게 맡기고 싶어서 그에게 가고자 사르디스에서 떠났다. 그녀는 페르시아의 정복자 알렉산드로스의 누이요, 아민타스의 아들인 필리포스의 딸이자, 이탈리아를 원정한 알렉산드로스의 부인이었다. 이렇듯 그녀의 혈통은 유별났기에 안티고노스와 프톨레마이오스뿐만 아니라 카산드로스와 리시마코스를 비롯해, 한마디로 알렉산드로스 사후 가장 중요한 지도자들은 죄다 그녀의 손만 바라보고 있었다. 그들 모두가 마케도니아인들이 이 혼인의 모범을 따를 것이라고 기대했기에, 최고의 권력을 얻고자 이 왕가와의 결연을 추구하고 있었던 것이다.

[1] 카리노스가 아르콘이 된 해는 기원전 308/307년이다.

[2] 안드로스Andros: 키클라데스 제도 최북단의 섬.

[3] 이스트무스Isthmus: 코린토스 지협.

[4] 크라테시폴리스Cratesi-polis: 마케도니아의 섭정 폴리페르콘의 아들인 알렉산드로스의 부인.

사르디스의 총독은 안티고노스의 명령을 받아 클레오파트라를 감시하고 있었으므로, 그녀가 떠나는 것을 막았다. 그러다가 나중에 그 군주의 명령대로 가증스럽게도 어떤 여자들을 이용하여 그녀를 죽였다. 그러나 안티고노스는 그녀의 죽음에 대한 책임이 자신에게 전가되지 않도록 그 여자들을 음모를 꾸민 혐의로 처벌하였다. 그렇게 해서 클레오파트라는 가장 뛰어난 지도자들 사이에서 벌어진 경쟁에 대한 상이었건만, 혼인하지도 못하고 죽을 운명을 만났던 것이다.

자료
02

카산드로스, 두 왕비를 제거하다

디오도로스 시쿨루스, 《역사 서재》 19.51.1~4

카산드로스는 …… 올림피아스가 처형한 사람들의 친척들을 사주하여 마케도니아의 민회에서 올림피아스를 고소하라고 강요했다. 그들은 카산드로스가 시키는 대로 했다. 그러자 마케도니아인들은 올림피아스가 그 자리에 없는 데다가 자신을 변호하지 못했는데도 그녀에게 사형을 선고했다.

카산드로스는 올림피아스에게 친구 몇 사람을 보내, 배를 구해 아테네로 데려다줄 테니 비밀리에 도망하라고 권유하게 했다. 카산드로스가 이렇게 한 것은 올림피아스의 안전을 위해서가 아니라 올림피아스 스스로 도피하다가 여행 도중에 죽는 것이 마땅한 벌이라고 생각했기 때문이다. 카산드로스가 이렇게 조심스럽게 행동한 것은 올림피아스의 신분 때문이기도 했고, 마케도니아인들의 변덕스러움 때문이기도 했다.

그러나 올림피아스는 도망하기를 거절하고 마케도니아인들 앞에서 심판받겠다고 말했다. 왕비의 변호를 들은 카산드로스는 알렉산드로스와 필리포스가 온 나라에 베푼 혜택을 기억한 군중이 변심할까 두려워, 임무에 적합한 정예군 200명을 보내 되도록 빨리 올림피아스를 죽이라고 명했다. 이들은 왕의 집으로 쳐들어가 올림피아스를 잡았으나, 높은 지위에 압도되어 임무를 완수하지 못하고 철수하고 만다.

하지만 올림피아스가 처형한 자들의 친척들은 보복을 위해서가 아니라 카산드로스에게 환심을 사고자 왕비를 살해했다. 왕비는 불명예스럽거나 애처로운 신음조차 내뱉지 않았다. 이것이 올림피아스의 최후였다. 그녀는 당시 여성들 중에 가장 높은 위엄에 도달했으니, 에피로스인들의 왕인 네오프톨레모스Neoptolemos의 딸이자, 이탈리아를 원정한 알렉산드로스의 누이요, 당시까지 유럽에서 가장 강력한 지배자였던 필리포스의 부인이었고, 가장 크고도 영예로운 업적을 남긴 알렉산드로스의 어머니였다.

카산드로스에 관해서 말하자면, 이제 자신의 과제가 의도한 대로 이루어진 셈이었으니, 마케도니아 왕국을 차지하겠다는 희망을 품기 시작했다. 이런 이유로 그는 필리포스의 딸이며 알렉산드로스의 배다른 누이인 테살로니케Thessalonike와 혼인하였다. 왕가와 유대 관계를 맺기를 원했기 때문이다. ……

카산드로스는 알렉산드로스의 아들과 그 아들의 모친인 록사네를 없애기로 결심하였다. 이렇게 하여 마케도니아 왕국의 후사를 없애려는 것이었다. 그러나 당장은 인민들이 올림피아스의 살해를 어떻게 여기는지 알아보고 싶었고, 또 안티고노스의 성공 소식을 알지 못했기에 록사네와 그녀의 아이를 암피폴리스의 성채로 옮겨서 가두었다.

유스티누스, 《필리포스의 역사》 14.6.13

이후 카산드로스는 아리다이오스의 딸인 테살로니케를 부인으로 맞이하였고, 알렉산드로스의 아들과 그 모친을 암피폴리스의 요새에 보내 감금했다.

자료 03
구세주라 불린 사나이, 프톨레마이오스

파우사니아스, 《아티카》 1.6.6; 1.8.6

안티고노스는 그런 환경에서 이집트를 진압하겠다는 희망을 버리고, 대신 데메트리오스를 파견하여 함대와 대군으로 하여금 로도스를 치게 하였다. 그 섬을 얻으면 이집트 침공의 교두보로 삼을 수 있을 거라고 기대했기 때문이다. 그런데 로도스 사람들은 공성하는 자들의 면전에서 과감성과 창의성을 발휘하였고, 그러는 동안 프톨레마이오스도 동원 가능한 모든 병력으로 그들을 도왔다.……

오데온Odeon이라고 불리는 극장 입구 앞에 이집트 왕들의 조각상이 있다. 그것들은 하나같이 프톨레마이오스라고 불리지만, 조각상 각각이 따로 이름을 가지고 있다. 이를테면 어떤 것은 필로메토르Philmetor, 어떤 것은 필라델포스Philadelphos로 불렸고, 라고스의 아들[5]은 구세주Soter로 불렸다. 이 이름은 로도스 섬 사람들이 수여한 것이다. ……

5 | 이런 연유로 프톨레마이오스 왕조는 라고스 왕조La-gides라고 불린다. 프톨레마이오스는 이집트의 파라오로 즉위할 때 '레Re의 간택자 아문Amun의 애호자'라는 호칭을 받았는데, 이는 알렉산드로스 대제가 받은 것과 동일하다.

6 | 성서학자들은 이 사람을 프톨레마이오스 소테르로 본다.

남방의 왕 6 은 강할 것이나, 그 장군들Fürsten 중에 하나는 그보다 강하여 권세를 떨치리니, 그 권세가 심히 클 것이요.

자료
04 ---

안티고노스의 최후

플루타르코스, 《데메트리오스》 28.1~29.5

나머지 왕들 모두가 안티고노스에 반대하여 동맹을 결성하고 자신들의 군사력을 집결시켰다. 데메트리오스는 그리스에서 출발했는데, 나이가 무색하게 전쟁에 열광하는 부친을 보고 더욱 용기를 얻었다. 만약 안티고노스가 약간의 사소한 것들을 양보하고 과도한 지배욕을 누그러뜨렸더라면, 아마도 최고의 권력을 유지하여 아들에게 넘겨줄 수 있었을 것이다. 그러나 안티고노스는 천성적으로 단호하고 거만했으며, 행동이 그랬듯이 말할 때에도 거칠었으니, 수많은 젊고 힘 있는 자들을 좌절시키고 분기하게 하여 적대감을 갖게 만들었다. 이때만 하더라도 안티고노스는 그들의 연합과 제휴에 대하여, 마치 모이를 주워 먹는 새 떼처럼 돌 하나와 함성 한 번으로 산산조각 낼 수 있다고 말하였다. 안티고노스는 7만이 넘는 보병, 말 1만 필, 코끼리 일흔다섯 마리를 거느리고 출정하였으며, 그의 적들은 보병 6만 4000명, 그의 것보다 500마리나 많은 말, 코끼리 400마리, 전차 120대를 가지고 있었다. ……

이 시기에 나타난 나쁜 징조들도 이들의 사기를 꺾어놓았다. 데메트리오스가 꿈을 꾸었는데, 빛나는 무장을 갖춘 알렉산드로스가 전투에 쓸 암구호가 무엇이냐고 묻기에, "제우스와 승리"라고 답하자, "그러면 나는 네 적들에게 가서 합류하겠다. 그들은 분명 나를 받아들일 것이다"라고 말하였다. 게다가 밀집방진부대가 이미 진을 벌인 상황에서 막사를 떠나던 안티고노스가 넘어지면서 얼굴로 떨어져 부상을 심하게 입었다. 그러나 안티고노스는 발을 딛고 일어나 팔을 하늘로 뻗고는 자신에게 승리가 아니라면 패배에 앞서 고통 없는 죽음을 달라고 신들께 기도했다.

군대들이 접전하자 데메트리오스는 대다수 정예 기병을 거느리고 셀레우코스의 아들 안티오코스와 충돌하였다. 데메트리오스는 눈부시게 싸워 적을 유린했으나, 안티오코스를 너무 강력하게 추적하는 바람에 승리를 날리고 말았다. 적의 코끼리들이 쓰러져 길을 막는 바람에 되돌아와 보병부대에 합류할 수 없었기 때문이다.

그러자 셀레우코스는 적의 방진부대가 기병의 호위를 받지 못하는 것을 보고 조치를 취하였다. 그는 실제로는 적들에게 공격을 가하지 않았으나, 계속해서 그 주변에 말을 타고 돌아다님으로써 적들이 습격받지 않을까 하는 두려움에 사로잡히게 했다. 그리하여 적들이 자기편으로 넘어올 기회를 주었던 것이다. 그들 중 큰 무리가 나머지에서 떨어져 나와 자발적으로 셀레우코스에게 넘어가자, 나머지 무리는 살육되었다.

그 뒤 적의 여러 무리가 안티고노스를 습격하자, 그의 추종자 한 명이 "그들이 전하를 습격하고 있습니다"라고 말했다. 안티고노스는 "그들의 표적이 될 만한 사람이 있는가? 하여간 데메트리오스가 나를 도우러 올 것이네"라고 답하였다. 그는 마지막까지 아들이 오기를 고대했지만 그것은 그의 소망에 불과했다. 바로 그때 창들이 구름을 이루어 그에게로 쏟아졌고, 그는 쓰러졌다. 동료들과 수행원들 모두가 그를 버렸으나, 오직 라리사Larissa의 토락스Thorax만이 그의 시신 곁을 지켰다.

자료 05

필라델포스의 즉위식[7]

아테나이오스, 《회식토론자》 5.25~35

먼저, 나는 병사들과 예술가들과 외국인들을 영접하기 위해 마련된 장소와 별도로 성채 안에 마련된 막사의 모양을 이야기하고자 한다. 그것은 놀랍도록 멋졌을 뿐 아니라 이야기할 만하기 때문이다. 크기는 장의자 130개를 둥글게 놓을 수 있는 정도였다. 지붕은 50큐빗[8] 길이의 나무 지주 위에 걸쳐져 있었는데, 그 지주 중 네 개는 야자수 같았다. 지주의 바깥으로는 회랑이 이어져 있었고, 그 천장은 궁륭 형태에 삼면이 페리스타일[9]로 장식되어 있었다. 이곳에는 연회에 온 손님들이 앉을 수 있었다. 내부는 자색 커튼으로 둘러져 있었다. 한가운데에는 색도 진귀하고 크기도 이상한 짐승들의 가죽이 걸려 있었다. 밖의 회랑 둘레에는 도금양 나무와 월계수, 기타 적절한 관목을 심어서 그늘을 만들어놓았다.

다음으로, 바닥에 관해서 말해보자. 바닥은 온갖 종류의 꽃으로 뒤덮여 있었다. 이집트는 그 온화한 기후와 정원 가꾸기를 좋아하는 이집트인들의 기호 덕분에 다른 지역에서는 진귀하면서 특별한 계절에만 나는 꽃들을 1년 내내 풍부하게 생산한다. 여러 가지 장미, 흰 백합, 기타 많은 꽃들이 이 나라에서는 부족하지 않다. 그래서 이 행사가 한겨울에 열렸는데도 꽃잔치가 펼쳐졌는데, 외국인에게는 믿기 힘든 일이었다. ……

7 | 이 보고는 칼리크세이노스Callixeinos가 지은 《알렉산드리아 역사》에서 필라델포스의 즉위식을 소개한 부분이다.

8 | 큐빗cubit: 팔꿈치에서 가운뎃손가락 끝까지의 길이로 46~56센티미터. 보통 '완척'으로 번역한다.

9 | 페리스타일Peristyle: 건물의 기둥과 처마를 받치는 기둥으로 이루어진 신전 건축양식. 흔히 열주랑列柱廊으로 번역한다.

막사의 기둥 옆에는 일급 조각가들이 대리석으로 만든 짐승들이 놓여 있었는데, 족히 100마리는 되었다. 한편 기둥 사이에는 스키티아인 화공들이 그린 그림들이 걸려 있었다. 또 이것들과 교대로 세심하게 고른 온갖 종류의 장식품들이 진열되어 있었다. 금으로 수놓은 의복과 화려한 외투도 걸려 있었는데, 일부에는 이집트 왕들의 초상이 수놓아져 있고 일부에는 신화에 나오는 이야기가 묘사되어 있었다. 이것들 위에는 금 방패와 은 방패가 교대로 놓여 있었다. ……

이제 볼거리와 행진으로 넘어가보자. 행렬은 도심의 광장을 관통하여 지나갔다. 그곳에서는 우선 루키페르[10] 행진이 이루어졌다. 그 별이 처음 나타나는 시각에 축하 의식이 시작되었기 때문이다. 디오니소스 행진에서는 군중이 접근하지 못하도록 맨 먼저 실레노스[11] 들이 왔는데, 그들 중 일부는 자색 외투를 걸치고 일부는 주홍색 외투를 걸쳤다. 이어서 사티로스들이 따라왔는데, 이들은 도금한 담쟁이덩굴로 만든 램프를 들고 있었다. 이어서 '승리의 여신' 형상을 한 이들이 왔는데, 이들은 금 날개가 달려 있고 손에는 향로를 들었으며, 키는 6큐빗이고 담쟁이덩굴과 금으로 만든 가지로 장식했으며, 동물 형상을 수놓은 겉옷을 입었고, 여러 가지 금 장식품을 두르고 있었다. 이들 뒤에는 6큐빗 높이의 제단이 따라왔는데, 이 제단은 이중으로 되어 있고 도금된 담쟁이덩굴 잎으로 덮였으며, 그 위에 금으로 된 포도잎으로 만든 관이 놓여 있었다.

이어서 자색 겉옷을 입은 소녀들이 왔는데, 금 접시에 유향과 몰약을 담아서 들고 있었다. 그런 다음에 마흔 명의 사티로스가 행진하였는데, 그들은 금으로 만든 담쟁이덩굴 화환을 머리에 썼다. 그들의 일부는 자색으로, 일부는 주홍색으로, 또 다른 자들은 다른 색들로 몸을 칠했다. 그들은 또한 포도나무 이파리와 덩굴을 본뜬 금관을 썼다. ……

이 모두가 지나간 후에는 군대 행진이 진행되었다. 기병과 보병 둘 다 화려하게 장식하고 구비했는데, 보병은 5만 7600명이고 기병은 2만 3200명이었다. 이들 모두가 각자 무장을 갖추었다. ……

이 엄청난 행사의 비용은 2239탈란톤과 50므나[12] 였다. ……

10 | 루키페르Lucifer: 여기에서는 금성을 뜻한다.

11 | 실레노스Silenus: 술의 신 디오니소스의 아버지.

12 | 아테네의 1년 예산이 약 600탈란톤이었고, 파르테논과 그 앞에 있는 입구인 프로필라이아의 건축 예산이 5000탈란톤인 점과 비교하면 이것이 얼마나 큰 규모인지 짐작이 될 것이다.

자료
06
아카이아 연맹의 탄생과 변모 과정

폴리비오스, 《역사》 2.41~43

알렉산드로스 바로 다음 시기에, 그리고 앞서 말한 124번째 올림피아 제전 이전에 이 폴리스들은 주로 마케도니아 왕들 때문에 서로가 매우 낯설어했고 적대적이었으며, 매우 분열되고 이해관계에서 상충하였다. 그래서 일부 폴리스는 처음에는 데메트리오스와 카산드로스에게 굴복했고 나중에는 안티고노스 고나타스가 파견한 외국인 수비 주둔 부대에 복종할 수밖에 없었으며, 나머지 폴리스들은 참주들의 권력 아래에 놓여 있었다. 그리스의 국가들에서는 절대 지배자들 중에 마지막으로 거명된 이 왕보다 더 많은 것을 수립한 사람은 없었기 때문이다.

그러나 이미 언급한 대로, 124번째 올림피아 제전 즈음에 아카이아의 폴리스들은 생각을 달리하여 다시 연맹을 만들기 시작했다. 그때는 바로 피로스가 이탈리아를 침공할 때였다. 이 첫 계단을 밟은 사람들은 디메Dyme, 파트라이Patrae, 트리타이아Tritaea, 파라이Pharae의 인민이었다. 이렇게 해서 그들이 연맹의 핵심부를 구성하긴 했으나, 우리는 이들 폴리스들 사이에 맺어진 협약을 기록한 기둥을 발견하지 못했다.

대략 5년쯤 후에는 아이기온Aegion의 인민이 외국인 수비대를 몰아내고 연맹에 합류하였다. 이어서 부라Bura의 인민이 참주를 죽이고 같은 일을 했다. 동시에 카리네이아Caryneia가 연맹에 복귀하였다. 당시 카리네이아의 참주였던 이세아스Iseas는 아이기온에서 수비대가 쫓겨나고 부라에서 독재자가 마르고스Margos인과 아카이아인들의 손에 죽는 것을 보고 자신도 사면초가임을 깨닫고 자발적으로 직책을 내려놓았다. 그리고 아카이아인들에게 사적인 안전을 보장받자, 자신의 폴리스가 연맹과 밀착되는 것을 공식적으로 용인하였다.

내가 시간을 거슬러 올라가서 설명하는 목적은 다음과 같다.

첫째, 아카이아인들이 어떤 계기로 두 번째로 연맹에 들어갔는지를 분명히 보여주고자 함이다. 이 연맹은 지금도 존재하며, 연맹의 원래 구성원들이 구성하고자 했던 것이기도 하다. 둘째, 아카이아인들이 추구한 정책의 지속성은 단지 내 주장에만 근거한 것이 아니라 실제 사실의 증거에 근거한 것임을 보여주기 위함이다. 궁극적으로, 평등과 자유라는 미끼를 제시하여 자신의 계산에 따라, 혹은 왕들의 도움을 받아 자기 관할권 내에 있는 나라를 무조건 노예로 만들어버린 자들을 전쟁으로 응징하는 바로 이 정책 덕분에 그들이 심사숙고하여 채택한 계획을 어떤 때는 자신만의 노력으로, 또 어떤 때는 연맹의 도움으로 성취했던 것이다. 비록 나중에는 모두 연맹의 도움으로 이루어졌지만, 사실 일이 이런 방향으로 이루어진 것은 아카이아인 자신이 주도면밀하게 채택한 정책에 대한 신뢰가 밑바탕이 되었음이 틀림없다.

참으로, 그들은 여러 명예로운 과제를 수행하면서 연맹과 함께 행동했으되, 무엇보다 로마인과 잘 협력하였다. 그러나 어떤 경우에도 자신들이 거둔 성공에서 특정 국가의 이익을 얻고자 하지는 않았다고 말할 수 있을 것이다. 그들은 자신들의 연맹에 부여한 열정적인 도움의 대가로 오로지 각 나라의 자유와 펠로폰네소스인들의 통일만을 기대했다. 이런 점은 실제 경과에 대한 기록으로 더 분명히 드러날 것이다.

내가 앞에서 말한 폴리스들 간의 연맹이 결성된 처음 25년 동안은 연맹 총회를 위해 서기관 한 명과 장군 두 명이 각 도시에서 번갈아 가며 선발되었다. 그 후에는 오로지 장군 한 명만 지명하기로 결의했으며, 그의 손에 총회의 전반적인 일을 맡겼다. 이 영예를 처음 얻은 자는 카리네이아의 마르고스였다. 이 사람이 그 직책을 맡은 지 4년째 되던 해에 시키온의 아라토스Aratos가 자신의 폴리스를 연맹에 가입시켰는데, 그는 힘과 용기가 넘치는 자로, 불과 약관의 나이로 참주의 멍에로부터 자신의 나라를 해방시켰다. 그 후 다시 8년째에 이르렀을 때, 아라토스가 두 번째로 장군에 선발되어, 당시 안티고노스가 장악하고 있던 아크로코린토스Acrocorinthos를 되찾자는 모의를 꾸몄다. 그리고 이 일을 성공적으로 완수하여 펠로폰네소스의 주민들을 심각한 근심에서 벗어나게 했고, 마침내 코린토스를 해방시켜 연맹에 가입시켰다. 아라토스는 또 이 직책을 맡은 동안에 메가라를 장악하여 연맹에 가입시켰다. 이런 일들은 카르타고인들이 결정적으로 패배하기 전 해에 일어났는데, 카르타고인들은 그 패배로 인해 시칠리아에서 나와 처음으로 로마에 공납을 바치는 데 동의했다. 아라토스는 이렇게 단기간에 놀라운 진보를 자신의 기획으로 이루어낸 덕분에 이후에도 아카이아 연맹의 지도자 역할을 계속 맡았는데, 그의 모든 정책 기조는 오로지 하나의 목적을 향했다. 그것은 바로 펠로폰네소스에서 마케도니아인들을 몰아내고 독재자들을 폐위시켜, 선조들이 전에 누려본 적 없는 자유를 각 나라가 공통으로 누리게 하는 것이었다.

07

아이톨리아, 아카이아를 시기하다

13 | 이 국가들은 기원전 5세기경에 연맹을 결성했다.

14 | 이 사람은 피로스 왕의 아들인 알렉산드로스 2세로, 기원전 272년에 즉위했다. 아카르나니아의 분할은 기원전 266년에 일어났다.

폴리비오스, 《역사》 2.45~46

이런 일들이 아카이아인들에게 가져다준 권력 증대와 민족 발전은 아이톨리아인들의 시기심을 불러일으켰다. 그들은 원래 본성이 불의하고 이기적인 과대망상의 경향을 가진 데다가 이미 아카르나니아의 국가들[13]을 알렉산드로스[14]를 이용해 분리시키는 데 성공한 경험이 있었기에, 아카이아 국가들의 총회를 부술 의도로 안티고노스 고나

2부 헬레니즘 시대
202

타스를 이용하여 아카이아 국가들을 나누어놓고자 계획했다. 그들은 이렇게 같은 일이 다시 벌어질 것이라는 기대감에 고무되어, 안티고노스(당시 안티고노스는 어린 왕 필리포스의 수호자로서 마케도니아를 통치하고 있었다)와 스파르타의 왕 클레오메네스와 소통하고 긴밀한 연맹을 단숨에 맺게 되리라 확신하였다.

아이톨리아인들은, 안티고노스가 마케도니아의 왕위를 확실히 지키고 있으며 아크로코린토스의 습격으로 아카이아인들이 맹세코 자신의 적이라고 공개적으로 표명했음을 알고 있었다. 따라서 만약 아카이아 연맹에 적대감을 가진 스파르타인들을 끌어들인다면, 공격에 적합한 기회를 잡고 포위 공격을 확실하게 하여 아카이아 연맹을 쉽게 진압할 수 있으리라고 추론하였고, 그 계획은 십중팔구 성공할 터였다. 그러나 가장 중요한 요소를 계산에서 배제했는데, 그것은 바로 아라토스였다. 그들은 아라토스가 어떤 위기가 와도 필적할 능력이 있음을 계획에서 고려했어야 했다. 결국 그들이 실제로 아카이아에 폭력적이고 부당한 간섭을 감행했을 때, 그들의 계책이 성공을 거두기는커녕 연맹과 당시 연맹의 대표였던 아라토스만 강하게 만들었다. 아라토스는 그들이 세운 음모의 허를 찌르고 그들을 무기력하게 만드는 능력이 대단했던 것이다. 이 일이 어떻게 진행되었는지는 앞으로 내 이야기에서 명백히 드러날 것이다.

아이톨리아인들의 정책은 의심의 여지가 없었다. 그들은 아카이아인들을 공개적으로 공격하는 데 참으로 부끄러움을 느꼈다. 왜냐하면 최근 데메트리오스와 벌인 전쟁에서 아카이아인들에게 빚졌음을 부인할 수 없었기 때문이다. 그런데도 그들은 스파르타인들과 음모를 짜고 있었으며, 테게아, 만티네아Mantinea, 오르코메노스Orchomenos—이 폴리스들은 아카이아인들과 동맹을 맺었을 뿐 아니라 실제로 그들의 연맹 구성원이었다—에 가한 클레오메네스의 파렴치한 공격을 묵인했을 뿐 아니라, 그가 이 지역들을 선점하도록 보장해주어, 아카이아인에게 품은 질시를 보여주었다.

오래전 그들은 자신들에게 아무런 해도 입히지 않은 자들에 반대해서 무력에 호소하는 짓을 정당화하기에 충분한 구실을 찾아낸 적도 있다. 그러나 이제 그들은 스스로 배신 행위로 간주되는 일을 용인하고, 단지 클레오메네스를 아카이아인들의 무시무시한 대적자로 만들려는 목적만으로 매우 중요한 도시들을 상실하는 상황이었는데도 전혀 항의하지 않은 채 굴복하였다. 이런 사실을 아라토스를 비롯한 연맹의 다른 관리들이 놓쳤을 리 없다. 그들은 다른 나라와 전쟁에 돌입하는 대신 스파르타인들의 공격에 저항하겠노라고 결의했다.

디오도로스 시쿨루스, 《역사 서재》: 디오도로스는 기원전 60~30년 사이에 저술 활동을 했다. 그의 《역사 서재》는 보편사로 인정받는데, 전체 40권으로 되어 있었으나 1~5권, 11~20권이 남아 있고, 다른 작가들의 글에 단편들이 인용되어 있다. 알렉산드로스 이후 헬레니즘 시대 역사는 18권 이하에 나오는데, 여러 사료를 인용해가며 썼기에 책의 제목이 이렇게 정해졌다. 그중에서도 계승 전쟁과 관련해서는 주로 카르디아의 히에로니모스Hieronymos von Kardia(기원전 360~272)를 많이 인용했다.

아테나이오스, 《회식토론자》: 총 열다섯 권으로 구성된 《회식토론자》는 현재 열 권이 남아 있고 나머지는 요약만 있다. 그는 800명 정도 되는 인물들의 저술을 인용하여 이 책을 구성했다. 이 장에서 소개한 내용은 로도스 사람인 칼릭세노스의 글을 인용한 것이다.

유스티누스Marcus Junianius Justinus, 《필리포스의 역사Historiarum Philippicarum libri》: 로마의 역사가로, 탄생 연대는 정확히 파악되지 않지만 문체로 보아 3세기 인물로 보는 것이 일반적이다(역사학자 로널드 사임은 390년대로 보기도 한다). 《필리포스의 역사》 44권은 아우구스투스 시대의 역사 대작 《필리포스의 역사와 세계의 기원과 지역Historiae philippicae et totius mundi origines et terrae situs》에서 중요한 부분을 채록한 것이어서 중요한 정보가 많다. 시대 착오적 서술 때문에 결코 좋은 역사가로 인정받지는 못했으나, 문체는 명쾌하고 우아하다는 평가를 듣는다.

파우사니아스Pausanias(기원후 110~180), 《아티카》: 소아시아의 리디아 태생으로, 대표적인 저술은 《그리스 지지Hellados periegesis》 10권이다. 여행가이자 지리학자로서 귀중한 기록을 많이 남겼는데, 대체로 평범한 것보다는 진기한 것을 서술하는 경향이 있다. 그가 정확히 기술했다는 점은 남아 있는 유적을 통해서도 확인되었으며, 자신이 모르는 것을 정직하게 토로하는 경향이 있다. 단, 헬레니즘 시대에 관한 기록은 사건 이후 400년이 지나 작성한 것이어서 의문을 가지는 학자들도 있다.

폴리비오스, 《역사》: 엄밀하고 정확한 서술로 투키디데스를 잇는 헬레니즘 시대의 역사가로 알려져 있다. 그러나 이 장에서 인용한 부분에 나타난 아이톨리아에 대한 편견을 볼 때 그의 당파성을 의심하게 된다. 최근에는 그의 주장에 근거가 있다고 보는 의견도 있다. 독자를 오도하려는 것이 아니라, 사건을 바르게 이해시켜 미래를 대비하는 것이 그의 실용적 역사 서술의 목표였다는 것이다.

플루타르코스, 《데메트리오스》: 플루타르코스는 데메트리오스를 카이사르의 기병대장 안토니우스와 비교했다. 이로 인해 데메트리오스는 부정적 이미지의 대표가 되었다. 위대한 성격은 위대한 덕만이 아니라 위대한 악덕도 만든다는 것을 보여주기 위해 그 두 사람을 골랐다고, 플루타르코스는 설명한다. 실제로 데메트리오스는 아테네를 위한 개혁을 주도하여 큰 찬사를 받았으나, 하층민들에게는 인기가 없었다.

한편 헤겔을 비롯한 여러 작가들은 데메트리오스 폴리오르케테스Demetrius Poliorcetes(기원전 294~288년 마케도니아의 왕)와 팔레론의 데메트리오스Demetrius of Phalerum(기원전 350~280)를 구별하지 못해, 후자가 신으로 추앙받았다고 잘못 기술했다. 실제로는 카산드로스가 후자에게 아테네의 총독을 맡긴 기원전 307년에 전자가 공격해 들어와서 아테네를 점령했다.

《다니엘》: 다니엘은 기원전 606년 바빌로니아에 볼모로 잡혀가 궁전에서 교육을 받고 관리로 봉직한 인물이다. 그는 바빌로니아의 네부카드네자르Nebuchadnezzar, 벨사자르Belshazzar, 페르시아의 다리우스 왕을 섬겼다. 101세까지 살았는데, 하만Haman이라는 관리에 의해 살해당한 것으로 전해진다. 구약성서의 《다니엘》 7장, 8장, 11장에 그의 환상이 기록되어 있는데, 많은 학자들의 관심을 불러일으켰다.

| 참고문헌 |

에렌버그, 빅터, 《그리스 국가》, 김진경 옮김, 민음사, 1991.

월뱅크, 프랭크 윌리엄, 《헬레니즘 세계》, 김경현 옮김, 아카넷, 2002.

Boardman, John, et al. (ed.), *Greece and the Hellenistic World*, Oxford University Press, 1986.

Gehrke, Hans-Joachim, *Geschichte des Hellenismus*, R. Oldenbourg Verlag, 1995.

Green, Peter, *Alexander to Actium: The Historical Evolution of the Hellenistic Age*, University of California Press, 1990.

Rostovtzeff, M., *The Social and Economic History of the Hellenistic World*, 3 volumes, Amen House, 1941.

13

헬레니즘 문화
: 융합 문화의 전형

요즈음은 지구촌이라는 말이 실감나는 시대다. 인종과 국경과 문화의 장벽이 무너지고, 재능을 가진 사람은 어느 나라에서나 생업을 영위할 수 있을 뿐 아니라 인기를 누릴 수 있다. 이뿐만 아니라, 지구 반대편에서 일어난 사건이 우리에게도 직간접적으로 영향을 미치고, 오지의 일도 가까운 이웃의 일처럼 잘 알게 되었다. 그리하여 세계인이 마치 한 나라의 시민처럼 여겨지는 시대가 된 듯하다. 그 정도나 규모는 지금에 못 미칠지라도 이와 비슷한 시대가 과거에 있었다면, 바로 헬레니즘 시대라고 할 수 있을 것이다. '세계시민'을 의미하는 '코스모폴리테스cosmopolites'라는 말이 만들어진 때가 바로 그 시기이기 때문이다. |자료 1|

헬레니즘은 시대 개념이자 문화 개념

역사에서 시대는 대부분이 그 시작과 끝이 분명하지 않다. 그에 비해 헬레니즘

이라 명명되는 시대는 시작과 끝이 비교적 명확하다고 할 수 있다. 학자들은 알렉산드로스 대제가 동방 원정 후 사망하고(기원전 323년) 그의 계승자들에 의해 여러 국가가 세워진 때부터, 기원전 31년 악티움Actium 해전의 패배로 이집트의 프톨레마이오스 왕조가 단절된 때까지를 그 범위로 보는 데 대체로 합의한다. 이처럼 헬레니즘은 시대 개념이다.

그런데 이것은 문화의 개념이기도 하다. 다시 말해 그리스 문화가 그리스 바깥으로 확산된 것을 의미한다. 자료 2 이 문화적 개념은 지리상의 범위와 관련이 있는데, 그리스 본토는 물론이고 로마 영역, 아프리카 북부, 인도 서부에까지 이르는 오리엔트를 포괄하는 영역이다. 이 범위는 당시의 관념이나 상식으로 보아, 사실 전 세계나 마찬가지였다. 그러므로 헬레니즘은 당시 세계에 전파된 보편 문화를 의미한다고 볼 수 있다.

세 종주국의 경제생활

알렉산드로스가 세운 세계 제국은 그가 사망한 후에는 유지될 수 없었다. 계승자들 간의 각축이 끝난 후 동방은 셀레우코스의 후손에 의해 장악되었고, 이집트는 프톨레마이오스 왕조가 통치했으며, 안티고노스와 그의 후손은 마케도니아를 지배했다. 이들 세 나라가 헬레니즘 시기에 이른바 종주국으로 군림하면서, 고전기의 폴리스는 명맥을 유지하지 못하고 일종의 자치단체로 남아 있었다.

이 세 나라는 세력 균형을 이룬 채 분립한 상태였다. 정치적으로 보면 제국으로서의 통일성이 더는 유지되지 않았지만, 경제적 통일성은 계속 유지되었다. 이전의 그리스 국가들은 대체로 서로 분리된 경제생활을 영위했으나, 이 시기에 들어서는 보편적인 상거래가 확립되면서 개인이 비교적 거대한 자본을 축적하는 일이 가능해졌다. 상인들은 한정된 시장을 넘어 세계를 상대로 한 불투명한 시장에서 활약했다. 각국의 체제가 상이했는데도 이런 상태가 비교적 자유롭게 유지되었다.

이 헬레니즘 세계에서 나중에는 통합된 로마가 두 번째로 헤게모니를 잡았다. 로마의 지배는 그리스와 오리엔트에 이어 서부 유럽을 포괄하면서 보편적인 제도를 널리 보급했으며, 헬레니즘 세계의 통일을 계속 유지했다.

사상과 종교에서 나타난 개인주의

이와 같은 변화는 현실에서도 힘을 발휘했다. 인간이란 폴리스를 떠나서는 살수 없다고 생각해온 그리스인은 이러한 변화에 직면하자 방향을 잃을 수밖에 없었다. 이제 국가는 공동체가 아니라 엄청나게 억압적인 기구가 되었다. 이때 그리스에 나타난 것이 현실도피적이고 개인주의적인 사고였다. 이런 사고를 대표하는 두 사상이 스토아 사상과 에피쿠로스 사상으로, 전자는 금욕을, 후자는 쾌락을 대변하는 것으로 알려져 있다. 또 양자의 중간에서 '판단 보류epoche'를 제시하며 모든 것을 회의한 피론Pyrrhon의 극단적 회의주의도 있었다.|자료3| 이 사상들은 언뜻 보면 매우 달라 보이지만, 기실 개인적으로 문제를 해결하는 데 그 지향점을 둔다는 점에서 같은 뿌리에서 갈라져 나왔다고 할 수 있다.

　개인의 안정을 추구하려는 욕구는 신앙에서 나타난 변화와도 궤를 같이하는 것이었다. 특히 그리스가 정복한 지역에서 들어온 오리엔트의 종교는 그리스인의 정신세계를 깊이 잠식하기 시작했다. 공동체로서 국가의 의미가 희미해지면서, 올림포스의 신들에게 올리던 전통적인 제사의 의미도 변화했다. 그리고 개인주의적 성향이 강해지면서 유일신 숭배 현상과 제설혼합주의諸說混合主義, syncretism가 나타났다. 전자는 보편 제국, 보편 문화가 형성되는 상황에서 보편성을 띠는 신앙이 나타날 여지를 만들었으며, 후자는 여러 신을 하나로 합해 체계화하려는 시도를 보여준다.

　한편 인간과 신의 직접적인 결합을 주장하는 신비주의가 개인주의의 도래와 함께 다시 등장했다. 예컨대 오르페우스 숭배와 결부된 엘레우시스의 비의가 그러하였고, 특히 이집트에서는 이시스 숭배가 널리 유행했다.

기술과 과학지식의 큰 진전

헬레니즘 시대에는 기술과 과학지식에서 뚜렷한 진전을 보였다. 오늘날 남아 있는 지하 하수도나 물시계 같은 유적을 보면 당시에 상당한 수준의 기술이 축적되었음을 짐작할 수 있다. 특히 헤론Heron(기원후 10~70)의 기압 연구는 근대의 샤를-보일의 법칙에 비견될 만하다. 가장 두드러지게 발전을 보인 분야는 천문학이다. 아리스타르코스Aristarchos(기원전 310~230)는 지구의 공전과 자전을 주장하여 불경죄로 고발되기도 했다. 한 걸음

도판 21 기원후 1세기 헤론의 저술에 나오는 증기기관의 모습. 왼편은 가열된 수증기로 회전운동을 하는 모습이고, 오른편은 제단의 불로 가열된 공기가 기름통에 압력을 주어 기름이 계속 나오게 하는 장치다.

더 나아가, 에라토스테네스Eratosthenes(기원전 284~192)는 지구의 둘레를 계산했다. 그가 계산한 거리는 오늘날의 계산 결과와 그다지 큰 차이가 나지 않는다. 이러한 성과는 구체적인 관찰과 경험에 토대를 둔 것이었다.

천문학과 더불어 발전한 학문은 수학으로, 대표적인 수학자인 에우클레이데스Eucleides(기원전 323~283)가 남긴 《기하학 원론Stoicheia》(전 13권)은 19세기 유럽에 이르기까지 가장 중요한 수학 저술이었다. | 자료 4 | 아르키메데스Archimedes(기원전 287~212)가 목욕탕에서 비중의 원리를 발견하고서 환희에 넘쳐 "에우레카eureka(찾았다)!"라고 외치면서 맨몸으로 달려 나갔다는 에피소드는 잘 알려진 이야기다. 한 분야만 전공하는 오늘날의 학자와 달리, 이 학자들은 철학과 과학이 상보적이라고 생각했기에 철학에도 조예가 깊었다. 이는 아리스토텔레스가 제시한 이상이기도 했다.

예술 분야에 나타난 다양한 변화

예술 분야도 이 시대의 특징을 잘 보여준다. 건축 분야에서는 정형화된 유형에서 탈피하는 경향이 나타난다. 특히 한 건축물에 한 가지 기둥 양식이 사용되던 고전기와 달리, 한 건축물에 도리스 양식과 이오니아 양식이 혼합되어 사용된다. 아울러 기원전 3세기 이후로는 코린토스 양식의 기둥이 애용되었다. 이는 다소 가볍고 화려한 것을 좋아하는 그 시대의 취향이 반영된 결과다. 그리하여 건물의 내부 구조와 무관한 외부 장식도 출현했다. 이처럼 장식과 구조가 별개

인 헬레니즘 시대의 건축양식은 이후 로마의 건축에 도입되어, 로마의 콘크리트와 만나면서 비약적으로 발전한다.

조각 분야에서 청동 작품은 나중에 다시 화폐로 주조된 바람에 남아 있는 것이 별로 없다. 남아 있는 작품은 대부분이 대리석 입상이다. 이 작품들을 통해 볼 수 있는 경향성은 옷주름의 장식성을 인상적으로 표현한 점이다. 예를 들면 기원전 200년경에 만들어진 〈사모트라케의 니케(승리의 여신)〉가 그러하다. 또 하나 주목할 만한 변화는 여성 누드가 새로이 각광받았다는 점이다. 이전에는 남성 누드상만 있었는데, 프락시텔레스Praxiteles에 의해 처음 만들어진 아프로디테(미의 여신, 로마명은 베누스) 누드상은 당시 대단히 성공을 거두어 남성 누드를 능가할 정도였다. 이러한 변화는, 고전기 남성 누드상이 신의 형상을 표현하기 위해 만들어졌던 데 비해, 이 시대에는 인간 내면의 감정이나 정서를 중시한 점과 같은 맥락에서 나타난 것이라고 말할 수 있다. 조각과 관련하여 또 하나 주목할 점은 소재가 매우 다양해졌다는 점이다. 늙은 어부, 노동자, 목동, 어린이, 외국인 등이 소재로 등장했는데, 이는 개인주의와 세계시민주의의 표현이었다.

마지막으로, 연극에서도 같은 변화가 일어났다. 합창단이 연극에서 주된 역할을 맡았던 고전기와 달리, 배우를 강조하는 경향이 나타났다. 한마디로, 헬레니즘 시대의 예술은 고전기가 지니고 있던 이상주의와 정형화가 약해지면서 사실주의적이고 다양하며 개인주의적인 경향을 강하게 띠었다.

수사학의 영향을 받은 역사 서술

역사 서술 방식에도 이 시대의 정신이 드러난다. 물론 이 시대에도 투키디데스의 엄밀한 비판정신에 입각한 역사 서술 방식이 이어져, 폴리비오스에게서 이

도판 22 〈멜로스의 아프로디테〉. 흔히 '밀로의 비너스'로 불린다. 오른손으로 옷주름을 잡고 왼손은 기둥에 얹은 자세라 알려져 있다. 그러나 방패에 비친 자신의 모습을 보고 있는 자세라는 견해도 있다. 1820년에 발견되었고, 기원전 130~100년에 제작된 것으로 추정되며, 작자는 안티오코스의 알렉산드로스이다. 높이 202센티미터.

런 면모를 찾아볼 수 있다. 하지만 무엇보다 이 시대의 역사 서술은 수사학에서 크게 영향을 받았다. 그래서 엄밀한 진실보다는 과장과 꾸밈을 중시했다. 이런 경향과 오래된 서사시 전통이 결합되어 새로운 창조물, 즉 소설이 탄생했다. 주로 남녀가 떨어져 있다가 어떤 계기로 만나 사랑을 이룬다는 내용이었다.│자료5│ 사랑을 주제로 한 소설이라는 새로운 장르가 이 시대의 정신세계를 보여주는 훌륭한 증거임은 두말할 필요도 없다.

도판 23 에우메네스(기원전 197~159년)에 의해 세워진 아테나 여신의 성소 현관문으로, 페르가몬에 있던 것이다. 1층은 도리스식, 2층은 이오니아식인데, 도리스식 프리즈가 2층에도 사용된 것을 볼 수 있다. 이와 같이 양식에 대한 규정이 느슨해진 점이 헬레니즘 시대 건축의 특징이다.

그리스의 고전문화를 최고로 치는 시각에서 보면 헬레니즘 문화와 사상은 그 경지를 넘어선 것으로 보이지는 않는다. 그렇지만 실용과 일반화라는 관점에서 보면 헬레니즘 시대는 고전기에 비교할 수 없을 정도로 활달하고 자유로운 사고 위에서 풍요하고 다양한 물질문화를 누렸다고 볼 수 있다.

자연과학에 기반한 실용적인 지식도 이 시대의 특징이다. 이 시대의 과학은 17세기 유럽의 과학혁명과 비교된다. 과학혁명에서 촉발된 산업혁명은 수증기의 압력을 이용한 동력으로 인력을 크게 절감시키면서 대량 생산을 가능하게 했다. 그 같은 기술이나 지식이 이미 이 시대에 마련되었으니 산업혁명과 유사한 현상이 나타날 가능성이 있었을 법하다. 그런데 실제로는 그렇지 않았다. 그 원인은 무엇인가? 연구자들은 풍부한 노예 공급으로 인력이 대체로 저렴했다는 점에 주목한다. 말하자면 인력을 절감해야 할 필요성을 느끼지 못하는 상황에서, 증기를 이용한 발명은 무용지물이었다는 말이다. 과학지식이나 기술이란 그것을 필요로 하는 시대와 만날 때에 비로소 발전할 수 있는 것임을 다시 한 번 확인할 수 있는 대목이다. 아직 그런 시대는 오지 않았다.

자료
01

코스모스의 뜻

1 | 신과 세계 질서로 구성되는 것이라는 뜻이다. '코스모폴리탄'이라는 용어는 기원후 3세기의 작가인 디오게네스 라에르티우스(6,63)에서 나온다. 이 용어는 견유학파인 디오게네스(기원전 400∼325)가 처음 사용했다고 알려져 있는데, 본래는 어느 국가에도 속하지 않음을 뜻한다.

디오게네스 라에르티우스, 《철학자들의 생애와 사상》 7.137

그들[스토아 학자들]은 '코스모스cosmos'라는 말을 세 가지 의미로 사용한다. 우선 신에 관해서 사용한다. 신은 특별한 자격을 갖춘 개체로, 모든 실체를 구성한다. 그는 세상을 만든 자이기 때문이다. ……

두 번째로 질서를 뜻하는데, 정해진 시각에 모든 실체를 자신 속에 넣어 그것을 재생산하기에, 그들은 세계 질서를 코스모스라고 부른다.

세 번째로 앞의 두 가지에서 기인하여 구성되는 것을 의미한다.[1]

자료
02

유대인들에게 충격으로 다가온 헬레니즘 문화

2 | 안티오코스 4세의 별명이 에피파네스Epiphanes인데, 이는 '모습을 드러낸 존재'라는 말로 신을 의미한다. 그는 기원전 175년에 셀레우코스 왕조의 왕으로 등극했다.

3 | 오니아스Onias는 대제사장으로 유대가 그리스화하는 데 반대했으나, 셀레우코스 즉위 후 헬레니즘을 받아들여야 한다고 주장한 동생 야손Jason에게 대제사장직을 물려주었다.

《마카베오》 하, 4:7∼17; 대한성공회 공동번역, 1977

셀레우코스가 죽고 에피파네스라고 불리는 안티오코스[2]가 그 왕위를 계승했을 때에 오니아스의 동생 야손이 부정한 수단으로 대사제직을 손에 넣었다.[3] 야손은 왕을 알현하고 은 360탈란톤과 또 다른 수입원에서 80탈란톤을 바치겠다고 약속했다. 그리고 왕이 자기에게 경기장을 건축할 권한과 청년 훈련소를 세울 권한과 예루살렘에 안티오코스 청년단을 결성할 권한을 준다면 150탈란톤을 더 바치겠다고 약속하였다. 왕은 이것을 승낙하였다.

야손은 왕의 승낙을 받아 직권을 쥐자마자 자기 동족들의 생활을 그리스식으로 바꾸어 놓았다. 그는 유대인들을 에우폴레모스의 아버지 요한의 주선으로 다른 왕들에게서 받앴던 특혜를 폐기시켰다. 에우폴레모스는 전에 로마 사람들과 우호 동맹 조약을 맺기 위해 로마에 사신으로 갔던 사람이다.

야손은 유다 율법에 의한 여러 제도를 없애버리고 율법에 반대되는 새로운 생활양식을 도입하였다. 그는 요새 도시의 성 바로 밑에 경기장을 재빨리 건축하고 가장 우수한 청년들에게 그리스식 모자를 쓰게 했다. 이렇게 불경건한 사이비 대사제 야손의 극심한 모독적인 행위로 그리스화 운동은 극도에 달하였고 이국의 풍습이 물밀듯 쏟아져 들어왔다.

그래서 사제들은 제단을 돌보는 일에는 열성이 없어져 성전을 우습게 생각하고 희생 제물을 바치는 일은 할 생각도 안 했으며 원반 던지기를 신호로 경기가 시작되기가 바쁘게 경기장으로 달려가서 율법에 어긋나는 레슬링 경기에 다른 사람들과 함께 휩쓸렸다. 이렇게 선조 때부터 내려오는 명예로운 전통을 짓밟고 그리스 문화를 가장 영광스럽게 생각했다. 바로 이 때문에 유다인들은 심각한 재난에 빠지게 되었다. 그들이 그리스식의 생활양식을 추구하여 그것을 모두 모방하려고 하였지만 그리스인들은 그들을 적대시하고 압박을 가하였던 것이다.

자료 03

가치의 상대성

섹스투스 엠피리쿠스, 《피론[4]의 설에 관한 개요》 1.145~163

열 번째 양상은 윤리학과 가장 관련이 깊은 것으로, 삶의 방식, 관습, 법률, 민속신앙, 학문적 의견에 달려 있다. 삶의 방식이란 삶의 유형, 혹은 한 사람이나 많은 사람에 의해 채택된 특별한 행동을 뜻한다. 이를테면 [견유학자인] 디오게네스나 스파르타인들의 생활방식과 같은 것이다. 법이란 정치체제 안에서 기록된 합의 사항인데, 이를 위반하면 처벌이 따른다. 예를 들어 간통 금지가 그렇다. 한편 공공장소에서 성교를 하지 않는 것은 [우리에게는] 관습이다. 민속신앙은 비역사적이고 허구적인 사건을 받아들이는 태도를 뜻한다. 이것의 훌륭한 예로는 많은 사람들이 믿고 있는 크로노스 전설이 있다. 학문적 의견이란 유비적 추리나 증명을 통해 확증되었다고 통하는 것을 받아들이는 것이다. 예를 들면 현존하는 사물의 기본 요소는 원자, 균일한 질료, 최소 인자 등등이라는 주장이 그러하다.

우리는 이러한 요소들 각각을 그 자체에 대립시키며, 때로는 다른 종류를 서로 대립시

4 | 피론Pyrrhon: 회의주의의 시조로 알려져 있으며, 윤리학에서는 스토아학파의 주장을 따랐다. 당시에는 아카데메이아 학파의 창설자로 알려져 있었다. 신아카데메이아 학파는 극단적 회의주의 를 채택했다. 그는 알렉산드로스를 수행하여 인도까지 갔다고 알려져 있다.

킨다. 예컨대 관습과 관습은 다음과 같이 대립된다. 어떤 에티오피아인은 아기들의 몸에 문신을 새기지만, 우리는 그렇게 하지 않는다. 페르시아인은 복사뼈까지 내려오는 화려한 옷을 입지만, 우리는 그것이 부적절하다고 생각한다. 인도인은 공공장소에서 성행위를 하지만, 대부분의 다른 종족은 그것을 부끄러운 짓으로 여긴다. ……

관습이 학문적 의견과 대립되는 경우는 다음과 같다. 우리의 관습은 신들에게 축복을 받으려는 데에서 기원했지만, 에피쿠로스는 신이 우리에게 아무런 관심도 없다고 말한다. …… 이런 양식도 사물들 사이의 매우 큰 차이를 보여주므로, 우리는 각 사물이 그 본성에서 무엇이 같은지 말할 수 없으며, 단지 이러한 삶의 방식, 법, 관습 등이 다른 사람들에게서는 어떻게 나타나는지를 이야기할 수 있을 뿐이다.

아우구스티누스, 《신국론》 11.26

이런 진리 앞에서 나는 아카데메이아 학파의 이론을 조금도 두려워하지 않는다. 그들은 "네가 틀렸다면 어떻게 할 테냐?" 하고 묻지만, 내가 틀렸다 하더라도, 나는 존재하기 때문이다. 물론 존재하지 않는 사람은 틀릴 수도 없다. 만일 내가 틀렸다면, 그것은 내가 존재한다는 표시이다. 내가 틀렸다면 내가 존재하는 것이니, 내가 존재한다고 믿는 것이 어떻게 틀린 것이 되겠는가? 내가 틀렸다면, 내가 존재한다는 것이 확실하기 때문이다. 그러므로 내가 참으로 틀렸을 때라도 그 틀린 나는 존재할 것이므로, 내가 존재한다는 것을 아는 점에서 나는 확실히 틀린 것이 아니다. 따라서 내가 존재한다는 것을 안다고 말하는 점에서도 나는 틀리지 않다.

그리스인들은 수학자를 우대한다

키케로, 《투스쿨룸에서의 논쟁》 1.5

기하학이 그들[그리스인들] 사이에서는 최고의 영예를 누리고 있다. 그래서 수학자들보다 더 훌륭한 자는 없다. 그런데 우리들[로마인들]은 그 학술의 한계를 기껏해야 측량과 계산이라는 실용성에 국한하고 있다.

헬레니즘 시대의 소설, 헬리오도루스의 《에티오피아 이야기: 아름다운 카리클레아의 모험》

《에티오피아: 헬리오도루스─에티오피아 이야기The Æthiopica: Heliodorus─An Aethiopian Romance》, trans. by Thomas Underdowne (1587), revised and partly rewritten by F. A. Wright, George Routledge & Sons Ltd.; E. P. Dutton & Co., pp. 244~247

페르시아의 관리들에게 논쟁을 결정하고 국가에 반하는 범죄를 처벌할 권한이 있었으므로, 그들은 다음날 심판석에 앉도록 서둘러 파견되었다. 그들이 오자, 아르사케는 카리클레아가 자신의 유모를 독살했다고 고소하면서, 일어난 일을 모조리 고하며 울먹거렸다. 그녀는 자신이 제일 귀하게 여기고 다른 누구보다 더 사랑하던 사람을 잃었노라고 말했다. 더불어 그 유모가 외국인인 카리클레아를 얼마나 환대했는지 입증하고자 판관들까지 이용했다. 그리고 유모가 얼마나 정숙했는지를 보여주었으며 마땅히 받아야 할 감사 대신 그처럼 해코지를 당했다고 말했다. ……

그리고 그녀[카리클레아]는 어쩔 수 없다면 자신에게 어떤 방식으로 사형이 선고되더라도 기꺼이 받아들일 것이며, 고난과 끊임없는 방황과 잔인한 숙명으로 가득 찬 생을 하직하겠노라고 말했다. 그리고 테아게네스에게 사랑할 때와 마찬가지로 작별을 고하였다. …… 그러자 심판관들은 지체하지 않고 더 잔인한 페르시아식 처형을 선고하였다. 그러나 그들은 그녀의 용모와 젊음, 이루 말할 수 없는 아름다움에 동요되어, 곧바로 화형으로 선고를 바꾸었다. ……

집행관이 나무 더미를 잔뜩 쌓아 올린 뒤, 불을 붙였다. 불이 타오르기 시작했다. 그러자 카리클레아는 자신을 처형장에 데려온 사람에게 잠시 말미를 달라고 간청하였다. 그녀는 자기 혼자서 불구덩이로 들어가겠노라고 약속하였다. 그렇게 하라고 하자, 그녀는 해가 빛나는 하늘을 향하여 손을 들어 올리고서는 힘껏 외쳤다.

"오, 태양이여, 땅이여! 당신들은 땅의 아래와 위에 있는 영혼에게 복을 주셨나이다. 당신들은 모든 악행자들을 보시고 복수하시나니, 제가 고소된 것에 무죄임을 입증해주시옵소서. 저는 당신들의 보살핌 속에서 부드럽게 데려가주시기를 원합니다. 저는 제가 짊어진 헤아릴 수 없는 슬픔으로 인해 죽고자 합니다. 수많은 악행으로 자신을 더럽히고, 내 남편을 빼앗으려고 이 모든 짓을 벌인 수치스러운 아르사케에게 서둘러 보복해주시옵소서."

그녀가 말을 마치자, 모든 사람이 울었다. 어떤 사람은 다른 판결이 나올 때까지 처형을 연기해야 한다고 말했고, 어떤 사람은 그녀를 채가려고 하였다.

그러나 그녀는 이들을 만류하고 불 한가운데로 들어갔다. 그녀는 잠시 불구덩이 속에서 아무런 해도 입지 않은 채 서 있었다. 불이 그녀 주변을 에워싸긴 했으나 해를 끼칠 만큼 접근하지는 않았다. 오히려 그 속으로 들어가도록 길을 비켜주었다. 그 불빛으로 말미암아 그녀의 아름다움은 놀랍도록 또렷해졌다. 마치 불로 만들어진 방 안에서 혼인한 신부 같아 보였다. 그녀는 이것이 무슨 조화인가, 놀라면서도 빨리 죽고자 이리저리 걸어 다녔다. 그러나 아무 소용없었으니, 마치 불이 비켜나 그녀로부터 도망치는 것 같았다. 고문자들은 불길이 더 맹렬하게 타오르도록 나무와 지푸라기를 던져 넣었다. 아르사케가 그렇게 하라고 위협하는 고갯짓을 한 것이다. 그러나 아무 소용도 없었고 단지 고문자들을 더 힘들게 할 뿐이었다. 그들은 그녀가 하늘의 도움을 받았다고 생각하고 외쳤다. "저 여자는 깨끗하다! 저 여자는 죄가 없다!" ……

사람들은 그녀를 구해내고 싶었으나, 감히 불에 다가갈 수가 없어 그녀더러 직접 걸어 나오라고 요청했다. …… 그러자 카리클레아는 신이 자신을 보호하였으며, 신이 베푼 은혜에 감사하지 않거나 가볍게 여기는 것은 바람직하지 않다고 여겨, 불 속에서 뛰쳐 나왔다. 이 모습을 본 사람들은 기쁘고 놀라워서 크게 외치고 신들에게 감사했다. 하지만 아르사케는 …… 카리클레아를 붙잡은 채 사람들을 쳐다보며 고집스럽게 말하였다.

"…… 아마도 당신들은 속았을 것이오. …… 그녀가 불의 힘을 견딜 정도로 기교를 지니고 있으니, 이것이야말로 그녀가 마녀라는 확실한 증거임을 깨닫는 편이 더 현명하지 않겠소? 원한다면 여러분들 모두 내일 의사당으로 오시오. 그곳은 누구에게나 열린 공공기관이니 말이오. 그곳에서 그녀의 자백을 듣고 그녀의 죄에 관련된 사람들 말을 들으면 확실해질 겁니다. 그러니 그녀를 옥에 가둡시다." ……

일부 사람들은 화가 나고 저항하려는 마음이 생겼다. 일부는 포기했는데, 독살 이야기 때문에 판단이 흐려진 탓이었다. 그러나 대부분은 아르사케의 위세를 두려워하였다. …… 카리클레아가 이 난관 속에서 가진 가장 큰 위안 거리는 테아게네스에게 자신과 관련된 일을 말할 시간이 있다는 점이었다.

| 출전 |

아우구스티누스, 《신국론》: 386년에 쓴 《아카데메이아 학파 논박Contra academicos》을 참조하면, 여기에 인용된 아카데메이아 학파에 관한 아우구스티누스의 생각은 그리스도교로 개종한 후에 나온 것으로 보인다.

섹스투스 엠피리쿠스Sextus Empiricus(기원후 160~210), 《피론의 설에 관한 개요Pyrroneioi hypotyposeis》: 기원후 2세기경에 활약한 회의주의자로, 또 다른 회의주의자인 피론의 학설을 요약했다. 사실상 그는 피론의 대변자였다. 이 책에서 그는 확실한 지식이 불가능하다는 점과 신들이 세계를 조정한다는 주장에 대해 의문을 제기한다.

키케로Marcus Tullius Cicero(기원전 106~63), 《투스쿨룸에서의 논쟁Disputatio Tusculanae》: 기원전 45년 키케로가 투스쿨룸에 있는 자신의 집에서 지인들과 논쟁한 내용으로, 문답 형식으로 되어 있다. 다섯 권에 걸쳐 전개되는 논쟁은 죽음을 경멸하는 것, 고통을 참는 것, 슬픔, 또 다른 번뇌, 덕과 행복의 관계이다. 첫 번째 주제의 경우, 고대 말기에는 보이티우스Boethius에게, 12세기에는 클뤼니의 베르나르Bernard에게 수용되었다. 이 장에서 인용한 부분은 그리스인의 관심사를 논한 부분이다.

헬리오도루스Heliodorus, 《에티오피아 이야기Aethiopicae》: 기원후 3세기 인물인 에데사Edessa의 헬리오도루스가 쓴 소설. 이 소설의 존재는 11세기에 작성된 유언장에 그 이름이 언급될 정도로 동로마제국 사람들에게는 잘 알려져 있었다. 1534년에 헝가리 부다페스트의 서쪽 지역인 부다에서 발견된 이후, 1547년에는 불어로, 1551년에는 라틴어로, 1569년에는 영어로 번역되었다(여기서는 영역본으로 번역했다). 영역본은 9장으로 285쪽 분량이다. 이 영역본은 17세기 구미 작가들에게 크게 영향을 끼쳤다.

《마카베오》 하: 이 책은 구약과 신약의 중간 시기에 해당하는 이스라엘 역사 기록으로, 정경正經이 아니라 외경外經에 속한다. 마카베오는 기원전 167년 이스라엘을 지배했던 시리아의 안티오코스에게 저항하여 일어난 운동의 중심인물이다. 《마카베오》는 상, 하 두 권으로 나뉘어 있는데, 하권은 그리스어로 기록되었다.

| 참고문헌 |

김덕수, 《그리스와 로마—지중해의 라이벌》, 살림출판사, 2004.

김진경, 《고대 그리스의 영광과 몰락》, 안티쿠스, 2009.

백경옥, 〈헬레니즘 시대의 그리스 문화〉, 《서양 고대사 강의》(개정판), 한울아카데미, 2011.

브리앙, 피에르, 《알렉산드로스 대왕》, 홍혜리나 옮김, 시공사, 1995.

에렌버그, 빅터, 《그리스 국가》, 김진경 옮김, 민음사, 1991.

월뱅크, 프랭크 윌리엄, 《헬레니즘 세계》, 김경현 옮김, 아카넷, 2002.

최자영, 《그리스 문화와 기독교—신화와 성경》, 신서원, 2004.

Boardman, John, et al. (ed.), *Greece and the Hellenistic World*, Oxford University Press, 1986.

Green, Peter, *Alexander to Actium: The Historical Evolution of the Hellenistic Age*, University of California Press, 1990.

14

스토이주의와 에피쿠로스주의
: 무엇이 최고의 삶인가

오늘을 살아가는 우리에게 요구되는 윤리 규범 가운데 하나는 세계시민으로서 살아가는 데 필요한 덕목과 관련이 깊다. 이 덕목은 개인으로서 어떻게 행복을 누리며 살 것인가 하는 문제와도 연결된다.|자료1| 헬레니즘 시대에도 이상적 삶은 개인의 행복을 실현하는 것과 관련된 문제였다. 변화가 심하여 미래를 전망하기 어려운 시대였기에, 개인의 자유가 행복과 연관된 것으로 인식되었고, 그 실현 방안을 고심했다. 그 결과, 철학의 한 분파였던 윤리학이 독립 분야로 발전하기 시작했다. 이러한 배경에서 탄생한 헬레니즘 윤리학은 나름의 특징이 있었다. 우선 고전기보다 더 추상적이었으며, 구체적인 사회적·정치적 문제와는 연관성이 떨어졌다. 또 공공의 문제와 무관한 개인적인 선택을 강조했다.|자료2|

이성을 중시한 스토아학파

아마도 헬레니즘 시대의 가장 주도적인 철학을 꼽는다면 바로 스토아 철학일 것이다. 스토아학파는 키티온Citium의 제논Zeno(기원전 332~262)이 창시했다. 제논의 가르침을 추종하는 학자들은 아테네의 공공건물이라 할 회랑stoa에 모여 활동했다고 하여 스토아학파라는 명칭이 붙여졌다. 일반적으로 그들은 금욕을 주창했기에, '스토아적인 것'이라는 말은 곧 '금욕적인 것'과 같은 의미로 사용되었다. 실제로 제논은 검약하고 초연한 생활로 절제의 모범을 보였다고 알려져 있다.

제논은 자유를 얻으려면 마음의 동요가 없어야 하며, 격정에 사로잡히지 않는 상태인 '아파테이아apatheia'에 머물러야 한다고 주장했다. 스토아학파 학자들은 이성을 중시하여, 이성이 자유의 기초라고 생각했다. 다시 말해 이성을 지키고 스스로의 주인이 되면, 모든 것의 주인이 될 수 있다는 것이다.|자료 3| 여기서 자유란 고전기 폴리스 시민의 자유가 아니라 도덕적 자유를 의미하는 것으로 변화했다. 이런 주장은 세속의 일을 경멸할 수 있다는 자세로 이어졌고, 어떤 외부 세력도 자신을 해칠 수 없다는 신념을 낳았다. 이러한 도덕적 자유에 의해 성립된 세계는 하나의 거대한 도시이며, 이 도시는 보편적 원리에 의해 통치된다. 이런 상태의 국가가 바로 스토아학파가 생각하는 이상적인 국가였다.|자료 4| 이 국가의 시민으로서 살아가는 것이 '코스모폴리타니즘', 곧 세계시민주의이다.

더 나아가, 스토아학파의 국가관은 자연법사상을 낳았다. 그들은 보편적인 세계 질서는 이성의 법을 따르는데, 이성의 법은 곧 자연법으로, 바로 이 법을 발견하는 것이 인간의 의무라고 보았다. 스토아 사상은 파나이티오스Panaetius(기원전 185~109)와 포세이도니오스Poseidonius(기원전 135~51)를 통해 로마에 전파되었고, 로마제정기에 소少 세네카Seneca(기원전 4~기원후 65), 에픽테투스Epictetus(기원후 55~135), 마르쿠스 아우렐리우스Marcus Aurelius(기원후 161~180 재위)에 의해 발전했다. 스토아 사상은 로마의 법사상과 그리스도교에도 깊이 영향을 주었으며, 근대에 들어서는 몽테뉴와 홉스에게서 다시 나타났다.

쾌락을 중시한 에피쿠로스학파

에피쿠로스Epicuros(기원전 341~270)의 사상은 생의 기본 원리를 쾌락에서 찾고자 했기에 쾌락주의로 알려져 있다. 에피쿠로스는 사모스 섬에서 태어났으나 추방당해 가족과 함께 난민으로 생활하다가 아테네에서 수학했다. 불행했던 삶이 그로 하여금 고통을 멀리하고 쾌락을 추구하는 원인이 되었다고 이야기된다.|자료5| 불행한 과거는 에피쿠로스학파 대다수가 공유하는 사항이었다. 에피쿠로스학파는 철학적 논의보다는 실천의 지혜, 즉 '프로네시스phronesis'가 더 중요하다고 생각했다. 이들은 직접적인 감각을 신뢰했다.

도판 24 에피쿠로스의 두상. 3세기에 만들어진 기념상에 근거하여 제작되었다. 에피쿠로스가 주장하는 쾌락은 고통으로부터의 자유이자 마음의 평안을 의미한다.

에피쿠로스는 데모크리토스의 원자론도 수용했다.|자료6| 데모크리토스의 원자론에 따르면, 무수한 원자가 이합집산하면서 상이한 사물들이 생성된다. 이 학설은 세계의 기원을 원자와 공간으로 환원하여 초월적 존재의 가능성을 부인함으로써, 신에 대한 두려움이나 미신으로부터 인간을 자유롭게 해주었다. 에피쿠로스는 데모크리토스의 원자론에서 한 걸음 더 나아가 일부 원자가 수직 궤도를 벗어남으로써 만물의 결합이 이루어진다고 하는 사행운동설斜行運動說을 주창했다.|자료7| 이 주장은 정해진 경로에서 이탈할 수 있음을 인정함으로써 인간의 자유의지가 존재한다는 것을 입증하기 위해 창안되었다.

이처럼 에피쿠로스주의 윤리학의 최고선은 세상의 변화에 시달리지 않고 자유를 누림으로써 행복을 얻는 것이었다.|자료8| 그래서 이들은 숨어 사는 것을 권장했다. 이는 일상과 공공 생활의 불쾌한 현실에서 도피함으로써 마음의 평정인 '아타락시아ataraxia'를 가지라는 뜻으로 비쳐지기도 했으나, 기실 평화를 가져다주는 은둔과 고요의 중요성을 인식한 데에서 나온 말이다. 이러한 주장은 로마공화정 후기에 루크레티우스Lucretius에게 전해졌고,|자료9| 근대에는 존 스튜어트 밀에게서 다시 등장했다.

두 사상의 차이점과 공통점

스토아 사상과 에피쿠로스 사상은 세계에 대한 인식을 비롯하여 여러 가지 측면에서 다소 차이가 있으나, 크게 보면 개인주의가 낳은 쌍생아라고 할 수 있다. 그런데 이 두 사상이 실생활에 적용될 때에는 충돌을 일으킬 여지가 많았다. 스토아학파에서 가장 중요하게 내세우는 것은 도덕이었다. 도덕은 최고선이므로 도덕을 견지하면 가장 바람직한 상태에 놓인다고 보았고, 현자가 바로 그런 상태에 있는 사람이라고 보았다. 이들이 생각하는 도덕을 구성하는 덕목은 지식scientia, 정의iustitia, 용기fortitudo, 인내temperantia, 네 가지였다. 이들은, 이 덕목을 실천하는 것은 그 자체가 중요해서이지 실천으로 얻어질 어떤 유익utilitas 때문이 아니라고 주장했다. 반면에 에피쿠로스학파는 쾌락을 최고선으로 여겼다. 다른 덕목도 중요하지만 쾌락을 가져오는 한에서 가치가 있다고 보았다.|자료 10|

　도덕의 실천을 추구하는 주장과 쾌락의 획득을 추구하는 주장 둘 다 나름의 호소력이 있었다. 이 양극단에서 여러 분파가 생겨나면서 다양한 논지가 전개되어 다채로운 사상이 등장했다. 이 두 사상은 로마로 유입되면서, 국가나 체제를 중시하는 이들에게는 스토아 사상이 널리 수용되었고, 공화정 말기의 정치적 혼란기에는 에피쿠로스 사상이 식자층에게 널리 받아들여졌다.

스토아학파가 파악한 본성과 파토스

스토바이오스, 2.75.11~2.76.8; 2.88.8~2.90.6

제논은 인생의 목적이 '조화를 이루며 사는 것'이라고 표현하였다. 이것은 화합하는 이
성과 더불어 사는 것이다. 불화하며 사는 사람은 불행하기 때문이다. 그의 후계자들은
이런 생각을 더욱 확대된 형태, 곧 '본성과 일치하여 사는 것'으로 표현하였다. 제논의
진술이 불완전하다고 여겼기 때문이다.

제논의 첫 번째 후계자인 클레안테스[1]는 '본성과 더불어'라는 말을 덧붙였고, 다음과
같이 설명하였다. "인생의 목적은 본성과 일치하여 사는 것이다." 크리시포스[2]는 이
말을 더 명확히 하고자 다음과 같이 표현하였다. "본성에 의해 생기는 경험과 일치하여
사는 것이다." ……

그들[스토아 학자들]은 파토스[3]란 이성의 명령에 불복종하는 과도한 충동이거나, 비
이성적이고 본성에 반하는 정신의 운동이며, 모든 격정은 정신의 지배하는 능력에 속
한다고 말한다. …… 파토스에 대한 대략적인 설명을 보면, '본성에 반한다'는 말은 바르
고 본성적인 이성에 반대하여 발생하는 것에 속한다. 여러 가지 형태의 파토스에 처한
사람은 이성으로부터 벗어난다. 어떤 것에서 속임을 당한 사람처럼 그런 것이 아니라 특
별한 방식으로 그렇게 한다. 속임을 당했을 때, 이를테면 원자가 제일의 원리라는 것을
논의할 경우에 사람들은 그 말이 진실이 아니라는 점을 깨달으면 그러한 판단을 포기할
것이다. 하지만 파토스에 사로잡힌 사람은, 비록 자신이 억압이나 공포를 느끼지 말아야
한다는 점, 일반적으로 정신이 파토스 상태에 놓이게 해서는 안 된다는 점을 깨달았거나
깨닫도록 가르침을 받았을지라도, 여전히 단념하지 않는다. 그런 점 때문에 오히려 참주
에게 통제되는 처지에 놓이고 만다.

1 | 클레안테스Cleanthes (
기원전 330~230): 아소스
Assos 출신. 아테네에 있던
스토아 학당의 2대 학장으
로, 제논을 계승했다. 원래는
운동선수였으나 아테네에서
제논의 영향을 받아 철학자
가 되었다. 제논의 학설을 잘
보존하고 발전시켰다는 평
가를 받는다.

2 | 크리시포스Chrysippus
(기원전 279~206): 솔리Soli
출신으로 젊은 시절에 아테
네로 이주하여 클레안테스
의 제자가 되었다. 기원전
230년 스승이 죽자 3대 학장
으로서 스토아 학당을 이끌
었다. 제논의 설을 확장하여
스토아 사상의 제2 창설자라
는 평을 듣는다. 그가 공헌한
분야는 인식론, 윤리학, 자연
학이다.

3 | 파토스pathos: 흔히 '정
념情念' 혹은 '격정'으로 번역
된다.

스토아학파의 원리와 에피쿠로스학파의 쾌락

키케로, 《최고선악론》 3.16~17

카토[4] : "동물은 태어나자마자, 이것이 출발점입니다만, 스스로를 보존하는 데 합의하고 일치합니다. 그리고 자신의 현 상태와 그것을 보호해주는 것을 아끼기 위해 이를 파괴하거나 파괴를 초래하리라 여겨지는 것들을 회피하지요. 저와 같은 생각을 가지신 분들 역시 이런 원리에 동의합니다. 어린 짐승도 고통이나 쾌락이 오기 전에 안전을 추구하고 그 반대 상황을 회피한다고, 그들은 주장합니다. 만약 어린 짐승이 자신의 현 상태를 아끼지도 않고 파괴되는 것을 두려워하지 않는다면, 그들이 무언가를 추구하는 것은 불가능합니다. 따라서 기초가 되는 원리는 자기사랑으로부터 추론되어야 마땅합니다.

한편 대다수 스토아 학자들은 본성에 따른 기초 원리들 속에 쾌락이 있어야 한다고 생각하지는 않습니다. 나는 이분들의 견해를 추종합니다. 만약 본성이 쾌락을 우선적으로 요구하는 것에 존재한다고 본다면, 비도덕적인 것들이 초래되지 않을까 우려해서입니다. 이제 왜 우리가 본성에 의해 우선적으로 채용된 것들을 아끼는지에 대해서는 충분히 논의했다고 생각합니다. 왜냐하면 어떤 유익을 위해 신체를 절단하거나 뒤틀리게 하느니 차라리 신체를 적절하고 온전하게 간직하기를 원치 않을 사람은 없기 때문입니다. ……

키케로, 《최고선악론》 1.29~31

토르콰투스[5] : …… 우선 이 설의 주창자인 에피쿠로스에게 적합한 방식으로 말하지요. 여러분이 모른다고 생각해서가 아니라, 논의가 이성과 합리로써 이루어질 수 있도록 우리가 연구하는 것이 무엇이며 어떤 성격을 지니는지를 분명히 이야기하겠습니다.

우리가 연구하는 바는 선한 것들의 극단과 최후에 관한 것입니다. 모든 철학자는, 모든 것과 관련되지만 그 자체는 아무것에도 관련되지 않은 것이 있다고 생각합니다. 에피쿠로스는 그것을 쾌락이라고 생각하였습니다. 왜냐하면 쾌락이 가장 좋은 것이며, 고통이 가장 나쁜 것이라고 생각하였기 때문입니다. 그분은 다음과 같이 가르치셨지요.

4 | 카토 Cato(기원전 95~48): 키케로의 《최고선악론》에서 스토아주의 옹호자로 등장한다.

5 | 토르콰투스 Torquatus: 로마의 유명한 가문의 호칭으로, 적에게서 목걸이를 탈취한 데서 유래한 별명이다. 키케로의 《최고선악론》에서는 에피쿠로스주의를 옹호하는 화자로 등장한다.

"모든 짐승은 태어나자마자 쾌락을 가장 좋은 것으로 추구하고 누리며, 고통을 가장 나쁜 것으로 여겨 경멸하고 가능하면 제거하려고 한다. 이렇게 하는 것이야말로 틀림없으며, 완전한 판결자인 본성 그 자체에 따르면 결코 잘못된 것이 아니다."

따라서 그분은 어떻게 해서 쾌락이 추구되고 고통이 회피되는지는 추리와 변론이 필요하지 않다고 하였습니다.

자료
03

스토아학파가 추구한 궁극의 목적

키케로, 《최고선악론》 3.26~27

카토: …… 이제 제시한 것들이 다음의 결과들과 얼마나 분명히 일치하는지 살펴보기로 하지요. 이것이 극한입니다. 사실 선생도 감지하고 저도 믿고 있다시피, 그리스인들이 텔로스[6] 라고 부르는 것을 저는 어떤 때는 극단, 어떤 때는 궁극, 또 어떤 때는 최상이라고 부릅니다. 극단이나 궁극 대신 한계라고 해도 좋을 것입니다. 본성에 부합하고 합일해서 사는 것이 극한이므로, 현자들은 늘 행복하고 절대적이고 행운을 지닌 삶을 사는 것을 추구합니다. 또한 아무런 위험도 없고 방해하는 것도 없으며 결핍된 것도 없이 사는 삶을 반드시 추구합니다.

한편 이것은 제가 말한 학설뿐만 아니라 우리의 삶과 운명까지 포괄합니다. 본성에 부합하여 산다는 원리는 포괄적이고 다양하게 엄선된 단어들과 신중한 고려를 통해 [수사학적으로] 확대되고 수식될 수 있는데, 이는 도덕성을 유일한 선이라고 판단하는 것과 같습니다.

그렇지만 저의 마음을 끄는 것은 스토아학파의 간결하고 명료한 논리적 귀결입니다. 그들의 주장은 다음과 같이 결론을 내립니다. 선한 것은 찬사를 받을 만하다, 그리고 찬사를 받을 만한 것은 모두 도덕적 선이다, 따라서 선한 것은 도덕적 선이다. 이 결론이면 충분하지 않습니까? 분명합니다. 앞의 두 가지 전제는 후자로 귀결됩니다.

6 | 텔로스telos: 원래는 '끝'이라는 말로, 궁극의 목적을 의미한다.

스토아학파가 생각한 이상국가

키케로, 《최고선악론》 3.64

카토: 스토아 학자들은 세상이 신들의 명령에 의해 지배되고 있는 것으로, 세상은 신과
인간의 공통 도시요, 국가와 같은 것으로 파악합니다. 자연히 우리가 사는 세계는 그
런 세상의 일부에 불과하므로 우리 자신의 이익보다는 공동의 이익을 우선해야 한
다고, 그들은 말합니다. 마치 법률이 만인의 안녕을 개인의 안녕에 우선하는 것처럼,
선하고 현명한 자는 법률에 복종하고, 시민의 의무에 게으르지 않고, 만인의 유익을
개인의 이익이나 자신의 이익보다 더 중시합니다. 따라서 국가를 위해 죽음을 택한
사람이 칭찬받는 것은 우리 자신보다는 조국이 더 소중하다는 사실이 지당하기 때
문입니다.

쾌락이야말로 가장 중요한 가치다

에피쿠로스, 《주요 학설들》 3~10

모든 고통을 제거한 상태가 최고의 쾌락이다. 쾌락이 존재하는 곳에서는 고통이나 억
압, 혹은 이 두 가지가 결합된 것이 존재하지 않는다. 고통은 육체에서 계속해서 존재하
는 것이 아니다. 심한 경우에는 매우 짧은 시간 동안 지속되는 것이고, 육체 속에서 쾌
락을 넘어서는 고통은 여러 날 지속되지 않는다. ……

어떤 쾌락도 그 자체로 나쁜 것은 아니다. 그러나 어떤 쾌락을 만들어내는 원인은 쾌락
보다 몇 배나 큰 괴로움을 준다. …… 만약 방탕한 사람들이 누리는 쾌락을 만들어내는
것들이 천체 현상 및 죽음과 억압에서 기인하는 두려움을 벗어나게 하고 욕망의 한계
까지 가르쳐준다면, 그들을 비난할 이유가 없다. 그들은 모든 면에서 쾌락으로 자신을
만족시킬 테고, 악을 이루는 고통이나 억압을 가지고 있지 않을 테니 말이다.

키케로, 《최고선악론》 1.37~38; 1.59

토르콰투스: 우리는 온갖 고통이 제거됨으로써 얻는 것을 가장 큰 쾌락이라고 생각합
니다. 덧붙이자면, 고통에서 벗어날 때에는 자유로워지고 불편함에서 벗어나기에

우리는 즐거워합니다. 한편 우리를 불쾌하게 하는 것이 고통이듯, 우리를 즐겁게 하는 것은 다 쾌락이므로, 고통으로부터 벗어나는 것이 쾌락이라 불리는 것은 마땅합니다. 음식을 먹으면 배고픔이 해소되듯, 불편의 제거가 곧 쾌락이라는 결과를 낳는 것처럼, 모든 일에서 고통의 제거는 곧바로 쾌락으로 연결됩니다.

따라서 에피쿠로스의 생각에 따르면 고통과 쾌락 사이에 중간이 있다는 것은 인정되지 않습니다. 왜냐하면 모든 고통이 제거된 상태가 다른 자들에게는 중간으로 보이지만, 그것은 쾌락이며, 그것도 진실한 쾌락, 최상의 쾌락이기 때문입니다. ……

또 만약 육체의 중한 질병 때문에 삶의 즐거움이 방해를 받는다면, 정신의 질병에 의해서는 얼마나 더 크게 방해를 받겠습니까! 정신의 질병이란 부와 명예, 지배욕과 충동적 쾌락을 향한 무한하고 맹목적인 욕망입니다. 여기서 번민과 괴로움과 비탄이 나옵니다. 이런 것들은 정신을 피폐하게 합니다. 현재나 장래의 육체적 괴로움과 분리되는 정신의 고통이 없다는 점을 이해하지 못하는 자들은 근심으로 정신을 지치게 합니다. 참으로 어리석은 자들치고 이런 고통을 겪지 않는 자는 없습니다. 그러니 어리석은 자들은 가련할 수밖에 없습니다.

데모크리토스의 원자론이 가진 문제

키케로, 《최고선악론》 1.18~19

키케로: 데모크리토스는 불가분 상태의 견고한 물체가 중력 때문에 수직으로 이동한다고 보았고, 이 점이 물체의 운동이 지닌 본성이라고 생각했다네. 이런 주장에 대하여 자네의 똑똑한 스승은 만약 모든 것이 그렇게 수직으로 이동하고, 앞서 말했듯이 직선운동만 한다면, 어느 원자도 다른 원자에 다다를 수 없을 것이라고 보아 수정안을 제시하였네. 그는 원자가 최소로 이탈함으로써 원자들 간에 결합·통일·응집이 이루어지며, 이로부터 세상과 세상에 속한 모든 것과 그 속에 존재하는 모든 것이 생긴다고 말하였지.

마르크스가 본 에피쿠로스와 데모크리토스의 자연철학

마르크스, 《데모크리토스와 에피쿠로스 자연철학의 차이》, KMFEW, Band 40, 1964, p. 305

데모크리토스의 자연철학과 에피쿠로스의 자연철학이 지닌 차이점은, 필자가 각부의 결론에서 주장했듯이, 자연의 모든 범위에서 전개되고 입증되어왔다. 에피쿠로스의 원자론은 자기인식의 자연과학으로서 그 이론에 대한 모든 이견과 더불어 있다. …… 그에 비해 데모크리토스에게 원자는 대체로 단지 경험적인 자연 연구의 보편적이고 객관적인 표현에 불과하다. 따라서 데모크리토스에게 원자는 순수하고 추상적인 범주요, 하나의 가설로 머문다. 그 가설은 경험의 결과이지, 경험의 작동 원리가 아니다. 따라서 실제의 자연 연구가 경험에 의해 결정되지 않는 것과 마찬가지로, 실현되지 않는 상태로 머문다.

도덕적으로 선한 것이 최고의 선이다

키케로, 《의무론》 3.13.57

네가 침묵을 지키는 것 모두가 네가 숨기는 것이라고 할 수는 없을지라도, 네가 알고 있는 것이 남에게 알려지면 남에게 이익이 되는데도 네 자신의 이익을 위해 남에게 알리지 않는다면,[7] 그것은 침묵하는 것이 아니라 숨기는 것이다. 참으로 이것이야말로 숨기는 행위인데, 이런 행위를 한 자가 침묵한 것이 아니라 숨겼다는 사실을 그 누가 알아채지 못하겠는가? 확실히 이런 행위를 한 자는 교활하고 간교하며, 남을 잘 속이고, 사악하고 난폭하며, 사기와 음흉함의 세계에서 자란 사람이라 할 것이다. 이 모든 말과 다른 나쁜 비난의 수식어들이 잔뜩 붙은 명칭을 듣는 행위를 하는 것이 과연 유익하다고 할 수 있겠는가?

7 | 앞에서 언급한 일은 곡물 장수가 곡물 공급선이 오는 것을 알면서도 말하지 않은 경우와, 집을 매매하면서 집 주인이 가옥의 문제점을 밝히지 않은 경우다.

로마 시인 루크레티우스의 에피쿠로스 찬양

루크레티우스, 《사물의 본성에 관하여》 1.62~79

인간의 삶이 모든 사람의 눈앞에서 땅에 놓여 있을 때

무섭고도 무거운 종교에 의해 억압되었지.

[신들은] 그 머리를 하늘의 여러 영역으로부터 드러내왔지.

죽을 인간들에게 무시무시한 모습을 하고 위에 있으면서.

최초로 죽을 운명을 지닌 그리스 사람이 맞서서 떴지,

감히 눈을. 또 그는 처음으로 맞서서 저항했지.

신들의 명성도 벼락들도 그를 협박하였지만

하늘도 말 못 하도록 강압하지 못했네. 오히려 그보다 더 높은

정신의 덕을 분기시켜서 그는 욕심내게 되었지.

최초로 자연이 가진 문들의 좁은 장벽들을 산산조각 내기를.

고로, 정신의 살아 있는 힘이 승리하고

세상의 불타는 성벽을 넘어 멀리까지 나아가고

또 완전히 무한한 곳을 찾았지, 마음과 정신을 가지고.

승자는 여기서 제시하네, 우리에게 무엇이 생길 수 있는지를.

한정된 가능성은 무엇을 할 수 없는지를. 게다가

그러므로 한계가 이성에 심지어 철저하게 포착되고 있음을.

그래서 종교는 발들에 밟히니, 뒤집혀

지워지고, 승리는 우리를 하늘과 같게 하도다.

모든 것은 쾌락을 위해 존재한다

키케로, 《최고선악론》 1.42; 1.61

토르콰투스: 덕이라고 하는 애매한 용어의 꾸밈을 최고선으로 여기는 자는 본성이 무엇을 요구하는지 전혀 모르는 자입니다. 만약 에피쿠로스의 말을 듣고자 한다면, 그커다란 잘못에서 벗어날 수 있을 것입니다. 사실 당신들의 독특하고 아름다운 덕이

쾌락을 낳지 않는다면, 누가 그 덕을 칭찬할 만하다고 생각하고 바람직하다고 생각하겠습니까? 이를테면 의학 지식은 의술 자체를 위해서가 아니라 건강을 위해서 인정되며, 항해술은 안전한 항해를 위한 것입니다. 따라서 기술이 칭찬받는 것은 기술 그 자체 때문이라기보다는 효용 때문입니다. 이처럼 삶의 기술이라고 여겨지는 지혜가 만약 아무것도 산출하지 않는다면 누가 지혜를 추구하겠습니까? 지혜를 추구하는 이유는, 쾌락을 따르고 제시하는 것을 지혜가 능숙하게 해주기 때문입니다. ……

제가 잘못 알고 있지 않다면, 저들이 도덕이라고 말하는 것은 단지 그림자에 불과한데, 이것을 제외하고는 아무것도 선이 아니라고 합니다. 실상 그 말은 이름은 거창하나 내실은 그만큼 없는 것이지요. 도덕성에 의존하는 덕은 어떠한 쾌락도 필요로 하지 않으며, 또 행복하게 살기 위해 그 자체로서 추구되는 것이니까요.

| 출전 |

루크레티우스Lucretius(기원전 99~55), 《사물의 본성에 관하여De rerum natura》: 루크레티우스의 생애에 관해서는 알려진 바가 거의 없다. 키케로는 그의 시를 읽었던 것으로 보인다. 루크레티우스가 남긴 이 책은 헬레니즘 시대의 철학사조, 특히 에피쿠로스의 사상을 시 형태로 쓴 것이다. 에피쿠로스의 저술을 직접 보고 지었을 가능성이 높아, 사료 가치가 높은 책으로 평가된다.

카를 마르크스 Karl Marx(1818~1883), 《데모크리토스와 에피쿠로스 자연철학의 차이Über die Differenze der demokritischen und epikureischen Naturphilosophie》: 마르크스가 1841년 23세의 나이로 베를린 대학에 제출한 박사학위 논문. 마르크스는 애초에 대학에서 법학을 전공했으나 이 논문을 쓰면서 에피쿠로스와 루크레티우스를 접한 것이 결정적 계기가 되어 유물론자가 된다.

스토바이오스Stobaeos: 기원후 5세기경에 활동한 그리스의 문장 수집가. 그의 저서는 두 권인데, 한 권은 요약eclogae이고 다른 한 권은 시선집Florilegium이다. 흔히 두 권을 합해 선집Anthology이라고 부른다. 수백 명에 이르는 저술가들의 문장을 선별하여 수집해놓은 책이다.

에피쿠로스, 《주요 학설들Kyriae doxai》: 에피쿠로스의 저술 가운데 온전히 전해진 것은 편지 세 편뿐이다. 이 책은 그가 윤리에 관해 쓴 40개의 단편을 모아놓은 것이다.

키케로, 《의무론De officiis》, 《최고선악론De finibus bonorum et malorum》: 키케로는 기원전 63년 로마에서 빈민을 규합하여 체제를 전복하려 한 카틸리나의 음모를 적발하여 처벌함으로써 국부 칭호를 받았던 인물이다. 그가 남긴 《의무론》은 서양의 《논어》로 불릴 만큼 스토아학파의 윤리 사상 가운데 실천 덕목을 상술한 저술이다. 《최고선악론》은 최고선에 관하여 헬레니즘 시기의 대표 사상인 에피쿠로스주의, 스토아주의, 아카데미아주의를 비교하면서 대화 형식으로 저술한 것이다.

루크레티우스, 《사물의 본성에 관하여》, 강대진 옮김, 아카넷, 2012.

마틴, 토마스, 《고대 그리스의 역사―선사시대에서 헬레니즘 시대까지》, 이종인 옮김, 가람기획, 2002.

맑스, 칼, 《데모크리토스와 에피쿠로스 자연철학의 차이》, 고병권 옮김, 그린비, 2001.

에렌버그, 빅터, 《그리스 국가》, 김진경 옮김, 민음사, 1991.

조남진, 《헬레니즘 지성사》, 신서원, 2006.

키케로, 《국가론》, 김창성 옮김, 한길사, 2008.

―――, 《수사학》, 안재원 옮김, 길, 2006.

―――, 《의무론》, 허승일 옮김, 서광사, 2006.

―――, 《최고선악론》, 김창성 옮김, 서광사, 1999.

플루타르코스, 《플루타르코스의 모랄리아―교육·윤리 편》, 허승일 옮김, 서울대학교출판문화원, 2012.

Boardman, John, et al. (ed.), *Greece and the Hellenistic World*, Oxford University Press, 1986.

Green, Peter, *Alexander to Actium: The Historical Evolution of the Hellenistic Age*, University of California Press, 1990.

3부

로마의 왕정과
공화정

로마의 역사는 왕정, 공화정, 제정으로 이어진다. 왕정기에는 일곱 왕이 도시 로마가 국가로 발돋움하는 데 기여했다. 공화정기에는 왕제를 폐지하고 매년 선출되는 관리들이 다스렸으며, 원로원을 중심으로 국가가 비약적으로 발전했다.

공화정기는 크게 보아 3기로 나누는데, 기원전 264년까지를 전기, 기원전 134년까지를 중기, 이후 기원전 31년까지가 후기이다. 공화정 전기는 로마가 도시 상태에서 벗어나 이탈리아 반도를 장악하고 조직하는 단계였고, 중기는 이탈리아를 넘어 지중해의 경쟁국들을 제압하고 제국으로 나아가는 단계였다. 대부분의 로마인들은 이 시기를 로마의 황금기로 생각했다. 도덕적으로 타락하지 않고 건실한 시민층에 기반한 공화정이 여러 난관을 타파했기 때문이다. 사실 로마는 이런 역경을 거치며 제국으로 발돋움했기에 '공화정 제국'이라고 할 수 있다. 후기에는 내부의 갈등과 세력 다툼으로 공화정 체제의 한계가 드러난다. 내부 정치 세력과 빈민을 포함한 이탈리아 동맹국들의 문제는 어느 정도 해결되었으나, 지중해를 조직하는 데에는 한계를 보였다.

이런 한계에도 불구하고 로마의 제도에서 현대성을 발견할 수 있는 시기는 공화정 체제가 유지되던 때이다. 그리스와 구별되는 로마의 특성이 무엇인지 알아보고 이런 차이가 지닌 의미를 생각해보자.

15

왕들이 다스리던 로마

: 신화에서 사실로

로마 근교 프라스카티Frascati에 있는 투스쿨룸 박물관은 매우 깊은 인상을 주는 곳이다. 규모는 작지만 정교하고 깔끔한 전시 방법이 훌륭하고, 특히 눈을 끄는 것은 '전설에서 역사로Dalla Leggenda alla Storia'라는 전시 타이틀이라고 할 수 있다. 그동안 로마의 왕정기는 전설로 간주되어 역사 해설에서 거의 제외되었는데, 최근 이탈리아에서 활발하게 발굴이 이루어진 덕분에 많은 전설과 설화가 역사로 재평가되는 분위기를 이곳에서도 읽을 수 있었다. 2005년 이탈리아의 카란디니 교수는 로마 창건자인 로물루스의 전설을 입증하는 유적을 발굴하여 세계의 이목을 집중시키기도 했다. |자료 1|

로물루스의 탄생과 성장

그동안 로물루스Romulus라는 이름은 '로마Roma'에서 파생한 것으로 여겨졌으나,

최근에 '루메Rume'라는 에트루리아Etruria어에서 파생한 것으로 알려졌다. 신화에 따르면, 로물루스는 쌍둥이 동생인 레무스Remus와 더불어 군대의 신 마르스Mars와 레아Rhea(일리아Ilia라고도 부름) 사이에서 태어났다. 계보상으로 보면 그의 어머니는 아이네아스 계통이며, 부계로는 알바 왕 누미토르Numitor의 손자다. |자료2| 이 쌍둥이 형제는 태어나자마자 티베리스 강에 버려지는 비운을 겪는데, 이는 그들의 어머니의 삼촌으로 왕위를 찬탈한 아물리우스Amulius의 명령에 따른 것이다. 이들이 버려진 강은 그때 흐름을 멈추었고 암늑대가 와서 그들에게 젖을 먹였다고 한다. 이윽고 왕의 목자인 파우스툴루스Faustulus가 그들을 발견해 자기 자식으로 키웠다. 장성한 아이들은 출신을 알게 되자, 아물리우스 왕을 살해하고 외할아버지 누미토르를 왕으로 복위시킨다. |자료3| 그리고 형제는 나라를 새로 세우기로 하고, 새가 날아가는 방향으로 터를 잡는다. 동생은 여섯 마리 독수리가 날아가는 모습을 보고 쫓아가서는 오늘날의 아벤티노Aventino (라틴명 아벤티움Aventinum) 언덕에 터를 닦는다. 형은 열두 마리 독수리를 보고서 오늘날의 팔라티노Palatino(라틴명 팔라티움Palatium)에 자리를 잡는다. 로물루스는 자신이 세운 나라가 장차 독수리처럼 호전적이고 강력해질 것이라는 희망을 품는다.

도판 25 기원전 3세기경에 제작된 데나리우스화. 뒷면에 암늑대의 젖을 먹는 로물루스와 레무스 형제의 모습이 각인되어 있다.

로물루스의 건국

터를 잡은 로물루스는 이어서 성벽 세울 자리에 고랑을 판다. 이 고랑을 '포메리움pomerium'이라고 하는데, 나중에 로마식 도시 건설에서 전형적인 방식으로 자리 잡는다. |자료4| 동생 레무스가 성의 협소함을 비웃자, 화가 난 로물루스가 동생을 죽인다. 어쨌든 성은 완성되었으나 거주민이 없었다. 그러자 로물루스는 '신

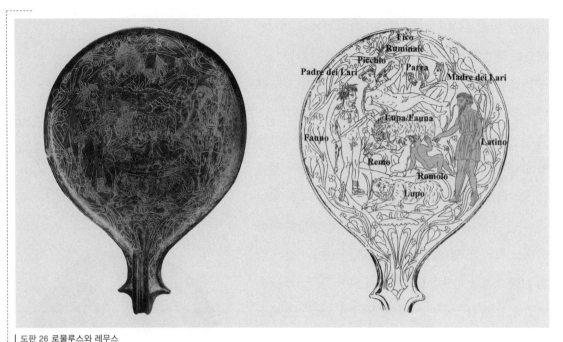

도판 26 로물루스와 레무스 형제가 늑대의 젖을 먹고 자라는 모습을 담고 있는 거울. 기원전 4세기 말에 제작된 것으로 추정되며 볼세나Bolsena에서 출토되었다. 파우누스Fauno는 이탈리아의 목신, 라티누스Latino는 라틴인들의 시조신, 라레스Lari는 라르Lar의 복수형으로 가정을 돌보는 하급신들이며, 무화과나무Fico ruminale는 임시로 만든 요람이 떠 있던 자리에 있던 나무로, 죽은 나무를 대신하는 새싹을 의미한다. 올빼미Parra는 징조를 알려주며, 딱따구리Picchio는 로물루스 형제에게 먹거리를 가져다주었다. 중앙에 로물루스Romulo와 레무스Remo가 있고 그들 위에는 암늑대Lupa가, 아래에는 늑대Lupo가 있다.

성한 숲聖林'을 도피처asylum로 만들어 이곳에 모여든 도망자, 외국인, 범죄자 들을 시민으로 삼는다. 그러나 문제는 아무도 이들과 혼인하려는 이웃이 없다는 점이었다. 그러자 로물루스는 콘수스 신을 기념하는 제전을 성대히 베풀어, 그곳에 모여든 사비니 여인들을 강제로 약탈해 로마인들과 혼인시킨다.|자료5| 이에 분노한 사비니인들이 로마로 쳐들어온다. 그러자 여인들이 중재에 나서서 전쟁이 계속되는 것을 막는다. 그 뒤 사비니인들은 고향을 떠나 그곳에 정착하고, 그들의 왕 타티우스Tatius가 로물루스와 공동 왕으로서 통치한다. 이렇듯 로마인들은 정복한 나라들을 계속해서 받아들여 강력한 힘을 얻었다.|자료6|

로물루스는 토지를 크게 세 부분으로 나누었다.|자료7| 한 부분은 신을 모시기 위한 용도로 지정했고, 또 한 부분은 국가의 운영 경비를 마련하는 데 쓰도록 했으며, 나머지는 시민들에게 동등하게 2유게라iugera(약 0.5헥타르에 해당하는 면적 단위)씩 분배했다. 시민들은 세 개의 지역구로 나뉘어 편성되었다. 이어서 원로원 의원 100명을 뽑아 이들과 함께 중대사를 의논했다.|자료8| 이들은 나이가 많다는 뜻에서 세나토르senator라고 불리거나, 가부장의 권위를 가지고 있다고 하여 아버지를 뜻하는 파테르pater(복수는 파트레스patres)라고 불렸다. 시민은 귀족patricii

과 평민plebs|**자료 9**|, 그리고 보호자patronus와 피호민clientes로 나누어, 서로 의지하고 협조하여 공동체를 이루게 했다.|**자료 10**|

로물루스가 통치한 지 39년이 흘렀을 때 일식이 있었는데, 그때 로물루스는 홀연히 사라졌다. 원로원 의원 프로쿨루스Proculus가 신이 된 로물루스를 목격하고서 그에게 들은 말을 로마인에게 전했다. '퀴리누스Quirinus'라는 이름으로 자신의 제사를 지낼 것, 그리고 앞으로 '로마가 세계의 중심'이 될 것이라는 말이었다. 로물루스를 살해했다는 의심을 받고 있던 원로원은 로물루스를 위한 신전을 짓고 로물루스 사제단flamen Quirinales을 임명하여 제사를 주관하도록 한다. |**자료 11**| 기원전 4세기경에 로물루스의 전설은 건국신화로 자리 잡았고, 로물루스는 로마의 신으로 추앙받았다. 공화정 후기에 이르러서도 중요한 정치 사건 때마다 로물루스 신화는 영향력을 발휘했다.

왕이 사라진 상태에서 원로원은 1년간 새로운 왕을 뽑지 못하고 의원들이 돌아가면서 5일간 왕의 역할을 수행했다. 이를 인터렉스interrex라고 하는데, '왕들의 사이'를 의미하는 '간왕間王'으로 번역된다. 원로원은 열 명으로 구성된 데쿠리아decuria를 열 개 만들었는데 그 대표자인 데쿠리오decurio가 간왕이 되었으며, 50일이 지나면 다시 데쿠리아에서 대표를 새로 뽑아서 간왕이 되게 하였다. 이후에는 왕이 죽으면 원로원이 간왕을 지명했으며, 간왕은 쿠리아회Comitia Curiata를 소집하여 왕을 뽑게 했다. 공화정기에도 간왕을 지명하여, 콘술 유고시 다음 콘술을 뽑는 민회를 주재하도록 했다.

로마인의 교양을 드높인 누마 폼필리우스

누마 폼필리우스Numa Pompilius는 로물루스가 로마를 세운 해에 사비니의 작은 마을인 쿠레스Cures에서 태어났다. 그는 사비니의 왕이었던 타티우스의 딸과 혼인했으나, 타티우스가 죽자 은둔하여 철학 공부에 전념했다. 로마 원로원에서는 그를 새로운 왕으로 정하고 의원 두 명을 보내 왕위에 오르라고 간청했다. 그는 처음에는 이를 물리쳤으나 거듭된 간청에 결국 승낙하고 로물루스에 이어 2대 왕으로 취임한다.

누마 폼필리우스가 맨 먼저 한 일은 전왕이 거느리고 있던 호위대 300명을 해산한 것이었다. 이 행위는 자신을 강제로 왕위에 앉힌 사람들을 믿어야 한다는 생각에서 나온 것이었다. 그는 이어서 종교 의식을 장려하여 로마인의 호전성을 누그러뜨리려 했다. 특히 형상을 만들어 신을 섬기지 못하게 했다. 그 이후 160여 년간 어떠한 조상이나 그림도 신전 안에 들이지 못했다. 아울러 베스타Vesta 여사제단을 만들고 야누스 신전을 지어 헌정했다. 이 신전의 문은 평화로운 시기에는 닫혀 있었다.

이처럼 누마는 로마 시민의 교양을 드높이는 데 기여했으며,|자료 12| 43년간 통치하고 죽는다. 그는 로마인의 관행과 달리 자신을 화장하지 말라고 유언을 남겼다. 그리하여 그의 시신은 그가 지은 수백 권의 책과 함께 매장되었다. 그의 사후 400년 만에 그 책들이 발견되었지만, 새로운 내용이 없어서 원로원이 전부 소각했다고 전한다.

대외 원정으로 영토를 넓힌 호스틸리우스와 마르키우스

이어서 왕이 된 툴루스 호스틸리우스Tullus Hostilius는 호전적이고 정복욕이 컸다. 그는 먼저 오래된 왕국인 알바를 정복하여 궤멸시키고 라틴인Latini을 비롯한 이웃나라들에 공세를 가하여 복속시키기에 이른다. 그는 이러한 대외 정복을 통해 시민들 사이에서 위엄을 누렸다.|자료 13| 그는 가족과 함께 몰사했는데, 일설에 따르면 제사를 지내는 동안 벼락을 맞아 죽었다고도 하고, 그가 신을 모독하여 천벌을 받은 것처럼 보이도록 후임 왕인 앙쿠스 마르키우스Ancus Marcius가 궁전에 놓은 불로 타 죽었다고도 한다.

누마 왕의 외손자인 앙쿠스 마르키우스는 라틴인, 베이인, 볼스키인, 사비니인 등에 대한 원정에서 성공을 거두었으며, 로마 시의 영역을 바다로까지 넓혔다. 이 과정에서 오스티아Ostia 항구를 건설하고, 로마를 가로지르는 티베리스 강에 최초로 나무로 만든 수블리키우스 다리Pons Sublicius를 세워 야니쿨룸Jani-culum 언덕과 시내를 연결하고 성벽으로 둘러쌌다고 한다.|자료 14| 그는 27년간 통치하고 죽었다.

국가의 틀을 확고히 다진 타르퀴니우스 프리스쿠스

데마라토스Demaratos라는 그리스인이 있었다. 그는 코린토스에서 나와 에트루리아의 타르퀴니Tarquinii에 정착했으며, 이곳에서 아들을 얻었다. 이 아이의 원래 이름은 루쿠몬Lucumon이었는데, 스스로는 루키우스Lucius라고 불렀고, 다른 사람들은 그의 출신지 이름을 따서 타르퀴니우스Tarquinius라는 별명으로 불렀다. 그는 로마에 와서 살며 좋은 평판을 얻었다. 어느 날 마르키우스 왕이 그를 불러 왕자들의 후견을 부탁했다. 그런데 왕자들이 너무 어렸다. 그래서 그는 시민들을 설득하여 스스로 왕위에 올랐다. 그의 통치는 합당했을 뿐 아니라 인기도 높았다.

타르퀴니우스는 우선 원로원 의원 100명을 증원했는데, 이번에는 평민 가운데서 뽑음으로써 인기를 모았다. 이렇게 증원된 원로원 의원은 소씨족 원로원 의원patres minorum gentium이라 하고, 원래의 의원은 대씨족 원로원 의원patres majorum gentium이라 한다. 그는 전왕 못지않게 무공을 발휘하여, 라틴인과 사비니인의 연합군을 격파하고 에트루리아계인 열두 도시를 평정했다.|자료 15| 그는 또한 공공장소를 품위 있게 꾸몄고, 카피톨리움Capitolium을 정비했으며, 나아가 습지의 물을 빼고자 '최대 하수구'라는 뜻을 가진 클로아카 막시마Colaca Maxima를 설치해 도시 로마가 발전할 수 있는 토대를 놓았다. 특히 왕, 원로원 의원, 기타 관직을 위한 복식과 의장을 정했으며, 후일 콘술의 권표權表가 되는 속간束桿(파스케스fasces)을 도입했다. 그의 개혁은 로마가 제대로 된 국가로 도약하는 데 크게 기여했다. 그러나 전왕의 두 아들에 의해 암살되고 말았다.

도판 27 로마 최고 관리의 권한을 상징하는 권표인 파스케스. 이 권표에 있는 도끼는 대권大權인 임페리움을 상징하며, 다발은 결속을 의미한다. 후자의 의미에 따라 속간이라고 번역하는데 통상 릭토르lictor라고 불리는 전령이 휴대한다. 독재관은 24명(경계 내에는 12명), 콘술은 12명, 법무관은 6명, 귀족 관리관은 2명, 재무관은 1명의 전령을 대동한다. 파스케스라는 단어에서 '파시즘fascism'이 파생했다.

노예의 피가 섞인 세르비우스 툴리우스

그런데 타르퀴니우스가 암살된 사실은 국민에게 곧바로 알려지지 않았다. 그 대신 그의 시종으로 일하던 세르비우스 툴리우스Servius Tullius가 그의 명령을 표방하여 국사를 수행했는데, 그는 인민에게 호감을 얻었고 병사들에게도 인기를 얻었다. 그러자 타르퀴니우스의 암살 사실이 공표되고 세르비우스가 실제로 왕으로 옹립되기에 이른다.|자료16|

'세르비우스'라는 이름은 '노예'를 뜻하는 '세르부스servus'와 관련이 있다고 한다. 그렇게 보지 않는 견해도 있긴 하지만, 일반적으로 알려진 바로는, 세르비우스의 어머니는 오크리시아Ocrisia라는 노예였는데, 로마인과 싸우다 죽은 툴리우스의 아들을 낳았다고 한다. 그런 오크리시아가 타르퀴니우스 부인의 노예로 주어져 세르비우스는 궁정에서 길러졌는데, 노예라는 표지로 그 같은 이름이 붙여졌다. 그가 죽은 날에는 아벤티눔 언덕에 있는 디아나 신전에서 노예들이 애도했다고도 한다.

세르비우스는 우선 전사로서 로마의 경계를 넓혔다. 퀴리누스Quirinus 언덕, 비미날리스Viminalis 언덕, 에스퀼리누스Esquilinus 언덕을 로마로 편입시켰으며, 행운의 여신에게 여러 채의 신전을 봉헌했고, 에스퀼리누스 언덕에 디아나 신전을 짓기도 했다. 그가 행한 중요한 정책은 로마에 호구조사 제도를 도입한 것이다. 이 조사에 따르면 로마에는 8만 4000명의 시민이 있었고, 아울러 지역구 제도 등도 확립했다. 그러다 534년 사위인 타르퀴니우스에게 살해당했다.

오만 왕 타르퀴니우스의 명과 암

'오만 왕(수페르부스Superbus)'이라고 불리는 타르퀴니우스Tarquinius가 왕이 되고자 자기 장인을 살해한 것은 부인 툴리아Tullia의 사주 때문이었다. 그는 계보상 타르퀴니우스 프리스쿠스Tarquinius Priscus의 손자였지만 이렇게 폭력으로 왕위를 얻었기에, 원로원의 권위를 무시하고 민회의 인준을 받지 않는 등 참주와 같은 방식으로 통치했다. 자연히 인민의 불만이 컸을 터이나, 그는 성공적인 대외 정복으로 그 불만을 잠재웠다. 또한 로마를 아름답게 꾸미고 할아버지가 건설에 착수했던 카피톨리움을 완공했다. 게다가 로마의 무녀巫女인 시빌라들의 예언서libri sibyllini를 가져와, 중대사가 있을 때마다 시민들이 참조할 수 있게 했다. 이처럼 그의 참주정은 비난을 받았어도 그런대로 로마인들이 잘 동원되었고 국가가 잘 운영되었다.|자료 17|

그러나 타르퀴니우스의 통치는 뜻밖의 암초를 만났다. 그의 아들인 섹스투스Sextus가 루크레티아Lucretia라는 귀족 여인을 겁탈한 것이다.|자료 18| 자결한 루크레티아의 시신은 원로원 의원들에게 보여졌고, 이 소식이 알려지자 인민이 봉

기했다. 그 선봉에 선 자가 루키우스 브루투스Lucius Brutus였다(카이사르 살해자로 잘 알려진 브루투스와 동명이인이다). 브루투스는 다시는 왕정을 허용해서는 안 된다는 요지의 연설로 로마 시민의 의지를 다졌다. 결국 왕좌에서 쫓겨난 타르퀴니우스는 추방당해 로마로 돌아오지 못했고, 새로운 정권 형태인 공화정이 열렸다. 타르퀴니우스 수페르부스는 로마에서 쫓겨난 후 14년을 더 살다가 90세에 죽었다. 그러는 동안 에트루리아계 도시인 투스쿨룸의 도움을 받아 복위를 노렸으나, 결국 실패했다. 그 사건이 없었더라면 그는 영예롭게 생을 마감했을 것이다.

로마왕정기를 어떻게 볼 것인가?

지금까지 살펴본 일곱 왕의 통치 시기를 어떻게 평가할 것인가? 이 왕들 대다수가 불행한 최후를 맞이했다. 이러한 왕의 교체 양상을 프레이저의 《황금가지》에 나오는 왕의 교체 양상과 비교해볼 수 있을 것이다. 왕이 가진 능력이 자연의 힘과 일치한다고 여겼던 사회의 관념을 확인해보는 것도 가능하다.|자료 19|

비록 그 최후는 모두 불운했으나, 로마의 왕들은 국가 로마의 틀을 다지고 격식을 마련한 점에서 의미가 있을 뿐 아니라, 결국 로물루스로 대변되는 로마의 정체성을 확립했다는 점에서 로마인에게 소중한 유산을 남겼다고 할 수 있다.

이탈리아 고고학자의 로마 건국신화 입증 증거 발견

클라우디오 마린콜라Claudio Marincola,《일 메사제로Il Messaggero》, 2005년 2월 1일자

포룸Forum의 발굴 현장에서 발견된 역사는 로마 시에 있던 왕의 집과, 여사제들이 지키는 신성한 불이 타올랐던 오두막을 조명하고 있다. 그리고 기원전 753년에 이루어진 로마 시의 탄생을 확인해준다. ……

20년 넘게 연구해온 사피엔차 대학의 안드레아 카란디니Andrea Carandini 교수에 따르면, 왕의 궁전은 베스타 성소 바로 옆에서 발견되었다. 최근에는 그 반대편에서 귀중한 발견이 또 이루어졌는데, 그곳은 왕이 거주하던 오두막이다. 이 오두막은 여사제들이 지키는 불이 있던 곳이다. 이 두 곳의 발견은 각각 다른 시점에 이루어졌고 아직 공식적으로 공표되지는 않았지만, 고고학의 연구와 로물루스 전설의 시기를 기원전 753년으로 일치시킴으로써 신화에 근접했으며, 로마 시의 건설 시기를 더 정확하게 정하는 데 합치했다.

안드레아 카란디니는 일찍이 팔라티움을 둘러싼 로물루스 성벽을 조명하여 로마 포룸의 연구에 실질적으로 기여한 바 있다. 그 '전환'—왜냐하면 진정하고도 고유한 의미의 전환이 다루어졌기에—은 최근 2년간 이루어진 지층 연구 덕에 가능했다. 카란디니 고전고고학 교수는 "우리는 345제곱미터의 범위를 6~7미터 깊이로 굴착했습니다. 240제곱미터의 안뜰은 작은 배수구 시설을 갖추고 있었고 105제곱미터는 덮여 있었습니다. 그 지점에 매우 커다란 유구遺構가 있는데, 이곳에 왕이 관할하던 베스타 성소가 있었으니 틀림없이 왕의 궁전 자리입니다."라고 말했다.

이 발견—이 결과는 다음 일요일에 팔라 총회에서 열리는 '살아 있는 고고학'이라는 제명의 분과 회의에서 공식적으로 발표될 예정이다—덕분에 오랫동안 유폐되었던 로마

왕들의 전설이 그림자에서 벗어나게 되었다. 이 전설들은 그동안 여러 의문점을 수반하면서 역사의 불확실성을 증폭시켰다. 그 밖에도 로마 건국에 관련된 이 전설은 파시즘 시대에는 낭만주의의 압력을 받았으며, 중기 청동기 시대(기원전 12세기)까지 그 시기가 소급되는 주거지의 흔적과 종종 모순을 일으키곤 했다.

오두막에 살았던 사람들은 기껏해야 30제곱미터의 공간에 만족했다. 다른 건물에 비하면 왕궁은 거대했다. 왕궁 중앙에는 나무 기둥으로 지탱한 거대한 입구가 딸린 연회장이 있었다. 담은 나무와 점토로 만들어졌고, 바닥은 다져진 화산토의 파편으로 만들어졌으며, 지붕에는 기와가 놓여 있고, 비품은 고급 도기로 세련되게 장식되어 있으며, 두 개 혹은 세 개의 널따란 주변부에는 지붕의 널을 받치는 기둥들이 있다.

자료
02 --

아이네아스와 로물루스

베르길리우스, 《아이네이스》 1.1~7; 263~265; 273~276

나는 노래하네, 전쟁과 한 남자[1]를. 그는 처음에는 트로이아의 항구를 떠나

이탈리아로 도망한 자가 되어 라비니움Lavinium의 해안에 왔지.

유노Juno의 분노 때문에 그는 육지에서도 내동댕이쳐졌으며

피란한 뒤에도 분노의 기억이 강하게 짓누르고 있었다네.

게다가 도시를 건설하는 동안에도, 전투에서도 많은 일을 겪었지.

라티움에 신들을 들여왔고 여기에서 라티움 종족이 생겼네.

그리고 알바인들의 조상들과 로마의 높은 성벽들이 생겼네.

......

큰 전투를 이탈리아에서 치러 사나운 민족들을 박살 내고,

관습들을 정하고, 사람들을 배치하고, 성벽들을 세우리라.

또 세 번째 여름에 라티움에서 그가 통치하는 것을 보게 될지니

......

이로부터 일리아가 마르스에 의해 몸이 무거워져서 쌍둥이 자손을 낳으리라.

이로부터 유모인 암늑대의 황갈색 덮개를 즐겨 걸치는

로물루스가 그 가문을 이어받고 마르스의 성벽을 쌓고

1 | 아이네아스를 의미한다. 그 자신의 이름에서 로마인들이라고 불리리라.

로물루스의 탄생과 성장

키케로, 《국가론》 2.2.4

스키피오: 이 도시는 로물루스에 의해 최초로 형성되었습니다. 이만큼 국가의 기원이 모든 사람에게 명백히 알려진 예가 있습니까? 로물루스는 아버지인 전쟁의 신 마르스에게서 태어났습니다. 우리가 오래전 현명한 조상들이 전승해준 소문을 인정하듯, 그는 신과 같은 능력을 가졌을 뿐만 아니라 세속적으로 공공의 일을 맡을 자격이 있었던 것으로 생각됩니다. 알바의 왕, 아물리우스[2]는 자신의 두려움을 떨치고자 로물루스가 태어나자마자 그와 그의 동생 레무스를 티베리스 강에 함께 던지라고 명령했습니다. 그곳에서 그는 야생 짐승의 젖꼭지를 빨아 생명을 유지하였으며, 목자들이 밭갈이와 노동으로 그를 강인하게 키웠습니다. 마침내 그가 성인이 되었을 때 육체적 힘과 정신적 용기에서 나머지 사람들을 능가하자, 지금 이 도시가 있는 이 땅에 정주하던 모든 이가 자발적으로 얌전히 그에게 복종했습니다. 이제 전설에서 사실로 옮겨가 보면, 로물루스는 추종자들이 늘자 스스로 수장으로 행세하고, 당시 강성하고 세력이 컸던 도시인 알바 롱가Alba longa를 제압하여, 그 나라 왕인 아물리우스를 처형했다고 전해집니다.

2 | 아물리우스Amulius: 알바 롱가의 왕이자 형인 누미토르를 몰아내고 조카인 레아 실비아Rhea Silvia를 베스타 여신의 사제로 만들었다. 레아는 군신 마르스에 의해 임신하여 로물루스와 레무스를 낳는다.

포메리움은 로마 도시 건설의 초석

리비우스, 《도시의 건설부터》 1.45.3~5

로물루스는 고랑과 이랑과 벽으로 도시를 둘러 포메리움을 확대한다. 포메리움pomerium이라는 단어의 의미에만 주목하는 사람들은 그것을 포스트모이리움postmoerium[3]으로 해석한다. 그러나 그것은 키르카모이리움circamoerium[4]이다. 에트루리아 사람들이 도시를 만들면서 벽을 쌓아 올릴 때 경계를 두르고 조점鳥占을 친 후에 희생을 바치는 장소였기에 그러하다. 이렇게 하는 것은 많은 사람이 접촉하는 도시 내부의 건물들이 벽으로 둘러싸이지 않게 하는 동시에 성벽 밖에 토지 경작에서 벗어난 곳이 공터로 남아 있게 하기 위함이다. 이 공간에서는 거주할 수도 없고 경작할 수도 없으므로, 그것이 벽 뒤에 있다기보다는 벽이 그 뒤에 있는 셈이다. 로마인들은 이것을 포메리움이라 부르

3 | '벽의 뒤'라는 뜻이다.

4 | '벽을 둘러싼 것'이라는 뜻이다.

는데, 도시가 커지면 언제나 벽이 전진했을 뿐 아니라 이 신성한 경계선들이 확장되었다.

베르길리우스, 《아이네이스》 5.754~757

그러는 동안에 아이네아스는 쟁기로 도시를 표시하고
집들을 추첨으로 배정하네: 이 도시가 일리움이, 이 집들이 트로이아가 되도록 명령하네.

아울루스 겔리우스, 《아테네의 밤》 13.14.1~3

조점에 관한 책들을 저술한 로마 인민의 조점관들은 포메리움을 다음과 같이 정의한다. "포메리움은 도시 전체를 둘러싼 벽 뒤에 있는 특정 지역의 토지 안에 정해진 장소이다. 이 장소는 도시에서 행하는 조점의 경계 지역을 이룬다."
한편 가장 오래된 포메리움은 로물루스가 정한 것으로, 팔라티움 언덕의 기슭에 그 경계가 설정되었다. 그런데 나라가 커지면서 포메리움도 그만큼 커졌으며, 여러 높은 언덕들을 포함하였다. 더욱이 적에게서 땅을 빼앗아 로마 인민[5]을 넓힌 자들은 누구나 포메리움을 확대할 권리를 가지고 있었다.

5 | 여기에서 인민은 인구가 아니라 나라로 해석된다.

자료
05

사비니 여인들과의 약탈혼

키케로, 《국가론》 2.7.12~13

스키피오: 게다가 이런 일들은 사실 매우 빠르게 완결되었습니다. 도시를 세우자, 로물루스는 자신의 이름을 따서 로마라고 명명하였습니다. 그는 새 국가를 공고히 다지기 위해 새롭고도 다소 촌스러운 계획을 추진하였는데, 이 계획은 위인, 다시 말해왕국과 인민의 업적을 지키기 위해 오래전부터 예비한 자나 세울 수 있는 것이었습니다. 즉, 그는 콘수스 축전의 일환으로 매년 경기장에서 열리도록 최초로 제도화한시합을 보러 로마에 온, 명예로운 가문 출신의 사비니 처녀들을 탈취하게 하여 가장고귀한 가문 사람들과 강제로 혼인시켰습니다.
이런 이유로 사비니인들이 로마인에게 대항하여 전쟁을 일으켰는데, 전쟁의 양상이다양하고 애매하였지요. 그가 사비니 왕인 티투스 타티우스와 조약을 체결할 때, 탈취당한 부인들이 몸소 로마인을 대변하여 말했습니다. 이 조약의 결과, 두 종족은 제

사를 함께 나누게 되었고, 그는 사비니인을 시민으로 받아들이는 동시에 그들의 왕
과 더불어 자신의 왕국을 병합했습니다.

자료
06
피정복민 정책

디오니시오스, 《고대 로마》 2.16.1~2

로물루스가 펼친 세 번째 정책은 다음과 같다. 이 정책은 그리스인들이 가장 널리 행
했던 것인데, 나는 이것이야말로 세상에서 가장 강한 정책이라고 생각한다. 이것은 로
마인들이 가진 굳건한 자유의 기원이며, 그들의 주도권 행사에서 적지 않은 몫을 차지
하고 있다.

즉, 로물루스는 전쟁으로 어떤 국가를 정복하면, 어린이부터 시작하여 차례로 몰살하
지도 않고 노예로 만들지도 않았다. 또한 그들의 땅을 버려두어 목초지로 바꾸지 않고
오히려 그 토지의 일부에 할당지를 받은 자들을 보냈다. 새로 지배하게 된 곳을 로마
의 식민 도시로 만들었을 뿐 아니라 일부 사람들에게 시민권까지 주었던 것이다.

자료
07
로물루스의 토지 분배

6 | 트리부스는 지연으로 나
뉜 지역구를 의미하는데, 공
화정기에는 로마 시에 네 개
가, 농촌에는 서른한 개가 설
치되었다. 트리부스가 셋을
의미하는 트레스tres에서 파
생된 것으로 보아, 원래는 세
개였던 것으로 보인다. 영어
에서는 'tribe'로 번역되나,
부족으로 번역하면 안 되고
행정구역의 의미로서 지역
구라고 번역해야 한다.
쿠리아는 세 씨족이 열 개씩
분화한 것으로, 모두 서른 개
의 쿠리아가 있었다.

디오니시오스, 《고대 로마》 2.7.4

모든 사람이 트리부스Tribus와 쿠리아Curia[6]로 분산 배치되자, 로물루스는 토지를 서른
개의 할당지로 동등하게 나누어 각 쿠리아에 하나씩 수여하였다. 신전과 성지 및 이와
관련된 용도에 쓰거나 공용으로 쓰도록 사람들이 구별해놓은 토지는 분배에서 제외하
였다. 이것이 로물루스가 인정ㅅㅜ과 농지에서 행한 유일한 분배이다. 이 분배는 이처럼
공적이었고 매우 공평하였다.

원로원의 구성 방식

디오니시오스 《고대 로마》 2.121~2

한편 로물루스는 이런 일들을 정비하고 나서, 곧바로 원로원을 구성하고자 결심하였다. 원로원 의원들과 더불어 국가의 일을 처리하려는 의도였다. 그는 귀족들 가운데서 100명을 선발하였다. 선발 방식은 다음과 같았다.

우선 로물루스가 직접 모든 이들 가운데 한 명을 최고의 선량으로 지정하고, 자신이 원정을 갈 때 그에게 국정 운영을 맡기고자 했다. 그리고 각 트리부스마다 세 명씩 선출하게 하되, 가장 지각 있는 나이대이면서 좋은 씨족 출신자를 선출하게 하였다. 이렇게 선출된 아홉 명에 더하여, 각 쿠리아에서 세 명씩 가장 적절한 자들을 귀족들 가운데 선출하도록 하였다. 이렇게 해서 트리부스에서 뽑힌 아홉 명에다 쿠리아 성원이 선출한 아흔 명을 더하였고, [로물루스] 자신이 뽑은 자를 이들의 지도자로 삼았다. 이렇게 해서 원로원 의원 100명이 채워졌다.

귀족과 평민의 구분

디오니시오스, 《고대 로마》 2.8.1

로물루스는 씨족에서 두드러진 자들과 덕이 입증된 자, 여가와 물자가 풍부하며 자녀가 있는 자들을, 신분이 어정쩡한 자와 낮은 자, 가진 것이 없는 자들과 구분하였다. 한편 그는 가난한 운명을 타고난 자들을 평민(플렙스plebs)이라고 불렀는데, 이들은 그리스인들이 데모티코스demotikos라고 일컫던 자들이다. 대신 더 나은 운명을 타고난 자들은 귀족(파트리키patricii)이라고 불렀는데, 나이로 보아 연장자이거나, 자녀가 있거나, 씨족이 특출하거나, 아니면 이 모든 것을 겸비한 자들이었다.

디오니시오스, 《고대 로마》 2.9.1

로물루스는 유력한 자들과 그보다 약한 자들을 구분한 뒤, 이와 관련한 법을 만들고 각자가 해야 할 일을 정하였다. 이 법에 따르면 귀족들은 사제가 되고, 다스리며, 재판하고, 국사를 전담하고, 공무를 집행해야 한다. 반면 평민들은 경험도 없고 소유물도 빈한하여 물질에 여유가 없으므로 그런 일에서 배제되어야 하며, 대신 농사일을 하고, 가축을 치며, 돈벌이가 되는 기술을 힘써 발휘해야 한다.

자료
10

보호자와 피호민

디오니시오스, 《고대 로마》 2.10.1

귀족은 자신의 피호민에게 법을 설명해주어야 한다. 피호민은 법을 이해하지 못하기 때문이다. 귀족은 피호민이 출석하건 아니건 간에, 모든 일에서 그의 처지에 관심을 기울이되, 마치 아버지가 자식에게 하듯이 해야 한다. 즉, 재산과 이에 관련된 계약의 근거에 이르기까지 관심을 기울여야 한다. 그리고 피호민과 맺은 계약을 어기는 사람이 있다면 불의를 당한 피호민을 대신하여 송사를 맡아야 한다. 그리고 피호민이 고소당하면 그를 변론해야 한다. 한마디로, 개인적인 사안이든 공적인 사안이든, 무엇보다 평화를 우선적으로 제공해야 한다.

자료
11

로물루스의 최후

키케로, 《국가론》 2.10.17

스키피오: 로물루스는 37년간 통치하고 죽었습니다. 바로 그때 태양이 어두워져서 그가 보이지 않았는데, 사람들은 국가의 두 가지 특별한 토대인 조점과 원로원을 잘 관장하였으므로 그가 신들의 무리에 받아들여졌다고 생각했습니다. 특별한 덕의 영광을 지니지 않은, 죽을 운명의 인간은 어느 누구도 그런 평판을 얻을 수 없었지요.

키케로, 《국가론》 2.10.20

스키피오: 그렇지만 로물루스의 재능과 덕의 힘은 대단했기에, 오래전 세대에서 죽을 운명을 가진 자들에게는 인정되지 않던 바가 촌사람인 프로쿨루스 율리우스를 통해 인정되었지요. 원로원 의원들은 로물루스의 죽음에서 비롯한 악의를 불식시키고자 프로쿨루스를 공청회에 내보냈습니다. 프로쿨루스는 공청회에서, 오늘날 퀴리날리스Quirinalis라고 불리는 그 언덕에서 로물루스를 보았다고 말하였습니다. 또 로물루

스가 자신에게 그 언덕에 신전을 짓도록 인민에게 제안하는 일을 맡겼으며, 로물루스 자신은 퀴리누스 신으로 불린다고 말하였다고 전했습니다.

자료
12

누마 폼필리우스의 문화 정책

키케로, 《국가론》 2.13.25~2.14.27

스키피오: 사람들 사이에서 누마 폼필리우스가 뛰어나다는 소문이 돌자, 인민 스스로 자국의 시민을 젖혀놓고 원로원 의원들의 권위에 기대어 외국인을 왕으로 인정하였으며, 그 사비니인이 로마를 통치하도록 쿠레스[7]에서 초빙해 왔습니다. 이곳에 온 그를 인민이 쿠리아회에서 왕으로 결정했는데도 그는 자신의 대권imperium에 관련한 쿠리아법을 제정했지요.

그는 로마인들이 로물루스의 제도에 따라 정복욕으로 불타오르는 모습을 보고 우선 그 관습에서 조금 멀어지게 해야겠다고 생각하였습니다. 그래서 우선 로물루스가 전쟁으로 차지한 토지를 남자 시민에게 나누어 주었으며, 노략질과 약탈을 하지 않고도 땅을 갈면 모든 물자가 풍족할 수 있음을 가르쳤지요. 그렇게 로마인들에게 여가와 평화에 대한 사랑을 불러일으키자 정의와 신의가 널리 확산되었고, 그 결과 무엇보다 토지 경작과 열매 수확이 보호되었습니다.

게다가 폼필리우스는 조상들이 고안한 조점을 진작하기 위해 조점관 두 명을 추가했고, 신전을 감독하기 위해 제일시민들principes 중에서 제관 다섯 명을 임명하였습니다. 우리가 기록으로 알고 있다시피, 이 법률을 제안함으로써 그는 전쟁의 관습과 욕망으로 불타던 마음을 종교의 신성함으로 진정시켰습니다. 그 밖에도 살리 사제단[8]과 베스타 신의 여사제[9]들을 더하였고, 모든 종교 의례를 신성하게 만들었습니다.

저 신성한 것들에 열의를 갖기란 매우 어려운 일이지만, 그는 쉽게 생겨날 것이라고 생각하였던 것이지요. 왜냐하면 체득하고 지켜야 할 것을 그가 많이 제정하긴 했으나, 그런 것들은 비용을 들이지 않아도 되는 것들이기 때문입니다. 그렇게 그는 종교를 받드는 데 힘을 기울였으며, 비용을 절감하였습니다. 그리고 동시에 시장과 연극과 모든 모임의 조건과 기념물을 창안했습니다. 이 모두가 갖추어지자, 그는 전쟁을 향한 열정에 의해 야만스럽고 순치되지 않았던 인간들의 마음을 교양 있고 점잖은

7 | 쿠레스Cures: 사비니의 옛 중심 도시.

8 | 살리 사제단flamines salii: 군신 마르스의 제사를 관장하는 사제단으로, 열두 명으로 이루어졌다.

9 | 가정의 신 베스타에게 봉사하는 여자 사제. 원래는 두 명이었으나 나중에 여섯 명으로 증원되었고, 봉사 기간도 5년에서 30년으로 늘었으며, 정결의 의무를 지켰다.

상태로 다시 불러들였습니다.

자료
13

툴루스 호스틸리우스의 업적과 그의 죽음

키케로, 《국가론》 2.17.31

스키피오: 간왕의 요구에 따라 인민은 쿠리아회에서 툴루스 호스틸리우스를 왕으로 선출하였습니다. 폼필리우스의 모범을 따라, 그는 쿠리아회에서 자신의 대권에 대해 인민에게 의견을 물었습니다. 그는 군사 부문에서 뛰어난 전공戰功을 발휘하여 영예를 얻었으며, 전리품으로 민회 집회장과 원로원 의사당을 세우고 담을 둘렀습니다. 나아가 전쟁 선포와 관련된 법을 제정하였는데, 사전 포고를 하지 않은 전쟁은 모두 부당하고 불경건한 것으로 판결하게 한, 가장 정의로운 고안물을 전쟁에 관련된 종교 의식에 따라 선포하였습니다. 또 우리의 왕들이 이것을 인민에게 귀속시켜야 한다고 보았던 것이 얼마나 현명했는지를 당신들이 지각하듯이—사실 이런 종류에 관해서 우리가 이야기할 것이 많습니다만—툴루스는 인민의 명령이 아니라면 왕의 표식을 그다지 사용하고 싶어하지 않았습니다.

아우구스티누스, 《신국론》 3.15

로물루스 이후 세 번째 왕이었던 툴루스 호스틸리우스는 벼락을 맞아 죽었는데, 그에 관하여 키케로가 같은 책에서 말한 바에 따르면, 그런 죽음 탓에 그가 신들에게 받아들여졌을 것으로 믿어지지는 않는다.

자료
14

앙쿠스 마르키우스의 치적

키케로, 《국가론》 2.18.33

스키피오: 누마 폼필리우스의 외손자인 앙쿠스 마르키우스가 인민에 의해 왕으로 추대되었지요. 그도 마찬가지로 자신의 대권에 관한 쿠리아법을 통과시켰습니다. 그는 전쟁으로 라틴인을 진압한 뒤, 그들에게 시민권을 부여하여 그들을 받아들였고, 로마의 영토에 아벤티눔과 카일리우스Caelius 언덕을 추가했으며, 새로 획득한 농지는

분배하고 삼림 지역과 해안 지역은 전부 공유지로 만들었으며, 티베리스 강의 입구에 도시를 건설하여 여기에 식민자들을 정착시켰습니다.

자료
15

타르퀴니우스 프리스쿠스의 치적

키케로, 《국가론》 2.20.35~36

스키피오: 루키우스 타르퀴니우스는 시민들에게 쉽사리 받아들여졌습니다. 그리고 뛰어난 인품과 학식 덕분에 그 이후 계속 앙쿠스 왕의 절친한 친구로 있었기에 모든 위원회의 참여자로서, 말하자면 거의 왕의 동료로서 인정받기에 이르렀지요. 아울러 그는 누구보다 공손하였고, 모든 시민에게 힘을 북돋워주고 그들을 도와주고 보호할 줄 아는 관대함까지 지니고 있었습니다. 그래서 마르키우스가 죽자, 인민들이 투표에서 만장일치로 루키우스 타르퀴니우스를 왕으로 선출했습니다. 그가 자신의 이름을 그리스식에서 이렇게 바꾼 점으로 미루어볼 때, 그는 모든 면에서 이 인민의 관습을 따른 것으로 보입니다.

그는 또 자신의 대권에 관한 법을 제정하고자 최초로 원로원 의원의 수를 배가하였습니다. 그는 먼저 의견을 구했던 원래 원로원 의원을 대씨족 원로원 의원으로, 자신이 새로 받아들인 자들을 소씨족 원로원 의원으로 칭하였습니다. 그런 후 이 관행에 따라 지금까지 유지되고 있는 기병대를 조직하였습니다. 티티에스·람네스·루케레스 세 트리부스의 명칭을 바꾸고 싶어했으나, 그러지는 못했습니다. 최고의 명예를 누린 조점관 아투스 나비우스Attus Navius가 그를 지지하지 않았기 때문입니다.

내가 보기에, 코린토스인들은 고아들과 과부들에 대한 부과금인 트리부툼tributum으로 공마를 할당하여 키우는 일에 때때로 관심을 기울였습니다. 그렇지만 그는 원래 있던 기병에다 더 많은 기병을 더하여 1800명으로 늘렸습니다. 이후 전쟁에서 로마 인민의 재산을 위협하던 용맹한 아이퀴인 대부족을 굴복시켰으며, 사비니인들을 도시 성벽에서 몰아낼 때에는 기병대를 통해 그들을 흩어놓은 뒤에 싸워서 굴복시켰습니다.

그는 로마식이라고 이야기되는 대제전[10]들을 최초로 개최했으며, 사비니인과의 대전쟁에서 그가 카피톨리움 언덕에 최고의 신인 유피테르를 위한 신전을 짓겠다고 맹세한 사실을 우리는 알고 있습니다.

10 | 원어는 루디 로마니Ludi Romani이다. 타르퀴니우스 프리스쿠스 왕이 라틴계 도시인 아피올라이를 정복한 것을 기념하여 9월 13~14일에 열리는 축제로, 유피테르 신을 기린다.

왕이 된 노예, 세르비우스 툴리우스

키케로, 《국가론》 2.21.37~22.39

스키피오: 그 사람 이후로는 세르비우스 툴리우스가 최초로 인민의 명령 없이 통치하였다고 전해집니다. 그는 왕의 한 피호민에 의해 임신한 타르퀴니 출신의 여자 노예에게서 출생하였다고 사람들은 말하지요. 그는 가내노예의 슬하에서 교육을 받고 왕의 식사 시중을 들었는데, 그때에도 이 소년에게서 타오르던 재능의 불꽃은 감추어지지 않았습니다. 모든 직무와 언변에서 매우 뛰어났던 것이지요. 아주 어린 자식들만 있던 타르퀴니우스가 그를 매우 아끼자, 세간에서는 그가 타르퀴니우스의 아들로 여겨졌고, 왕은 자신이 열심히 배운 학예 전부를 그리스인의 엄밀한 관습에 따라 그에게 가르쳤습니다.

그러나 타르퀴니우스가 앙쿠스의 자식들이 꾸민 음모로 죽자, 앞서 말한 대로, 세르비우스가 시민들의 명령이 아닌 그들의 자발적 의사 및 합의에 따라 통치하기 시작하였습니다. 부언하자면, 그는 타르퀴니우스가 중병을 앓고는 있지만 살아 있다고 거짓으로 꾸미고서는 스스로 왕의 옷을 입고 법을 집행하고 빚진 자들을 자기 돈으로 해방시키고 매우 예의바르게 행동하여, 자신이 타르퀴니우스의 위임에 따라 법을 집행하고 있음을 입증하였지요. 그러고 나서 타르퀴니우스를 매장한 뒤, 원로원 의원들에게 의탁하지 않고 인민에게 직접 자신에 관하여 의견을 물어보았습니다. 그는 통치하라는 명령을 받은 후에야 비로소 자신의 대권에 관한 쿠리아법을 제정하였습니다. 이후에 비로소 에트루리아인들의 불의를 전쟁으로써 보복하였습니다. ……

11 | '청년조'는 'iuniores'의 번역어로, 17~45세이며 주로 공격에 임했다. '장년조'는 'seniores'의 번역어로, 46~60세이며 주로 방어전에 복무했다.

그 이후 다수의 기사가 인민의 총회와 분리되자…… 그는 나머지 인민을 다섯 등급으로 나누고, 이를 다시 청년조와 장년조[11]로 구분하였습니다. 그리하여 투표권이 다수가 아닌 부자들의 권한이 되었습니다. 국가에서는 최대 다수가 최대의 권력을 지니지 않도록 주의해야 하므로 그렇게 한 것입니다.

자료
17

오만 왕 타르퀴니우스

키케로, 《국가론》 2.24.44

스키피오: 왜냐하면 저 불의하고 난폭한 폭군에게 한동안 행운이 따라서 일이 생각한 대로 잘되었기 때문입니다. 이를테면 그는 전쟁을 통해 라티움을 전부 굴복시켰고, 풍족한 도시인 수에사 포메티아Suessa Pometia를 차지하였습니다. 그리고 엄청나게 많은 금과 은을 전리품으로 챙겨 부유해지자, 카피톨리움 신전을 건축하여 자기 부친의 맹세를 이행하였고, 식민 도시들을 건설하였습니다. 그리고 자신을 낳은 사람들의 제도에 따라 마치 약탈품 가운데 일부를 신에게 헌사하듯, 델포이에 있는 아폴론 신에게 큰 선물을 보냈습니다.

자료
18

루크레티아의 자결

키케로, 《국가론》 2.25.46

스키피오: 왕의 장남이 트리키피티누스Tricipitinus의 딸이자 콘라티누스Conlatinus의 부인인 루크레티아를 강간하였습니다. 그 불의함에 이 현명하고 고귀한 부인은 자살함으로써 스스로를 벌하였지요. 그때 재능과 덕을 겸비한 루키우스 브루투스[12]가 나서서 자신의 시민들로부터 강고한 노예 상태라는 부당한 멍에를 제거하였습니다. 그는 비록 한 개인이었지만 국가 전체를 유지하였으며, 이 나라에서 시민의 자유를 보호하는 일에는 개인이 따로 없다는 점을 최초로 가르쳤습니다. 그의 주장에 이끌려 흥분한 나라는 루크레티아의 아버지와 친척들이 당시에 제기한 불평뿐만 아니라 타르퀴니우스 자신과 그 자식들이 저지른 수많은 불의에서 비롯한 오만함을 기억해내고는, 왕과 그의 자식들과 타르퀴니우스 씨족에게 추방을 명령하였습니다.

12 | 루키우스 브루투스Lucius Brutus: 공화정 주창자로 알려진 인물. 실존했던 인물이라는 주장은 받아들여지지만, 기원전 509년에 초대 콘술을 맡았다거나 원시적인 관습을 고쳤다는 주장은 곧이곧대로 받아들여지지 않는다.

로마 왕들의 최후에 관한 프레이저의 해석

프레이저J. G. Frazer, 《황금 가지The Golden Bought: A Study in Magic and Religion》, Abridged Ed., Macmillan Press, 1983 rep., pp. 207~209

그리고 왕에게 높은 직책을 이행할 능력이 있음을 공개적으로 보여주기 위해 동일한 판별 검사를 새로 받아야 한다고 때때로 요구하는 것이 자연스러울 것이다. 아마도 그런 검사의 유산이 왕의 파천regifugium으로 알려진 의식에서 살아남았을 것이다. 그 의식은 제정기까지 로마에서 매년 지켜졌다. 코미티움Comitium에서는 2월 24일에 희생제가 치러졌다. 희생제가 끝나면 신성한 의식을 담당하는 왕은 포룸에서 도망쳤다.

우리는 왕의 파천이 원래는 매년 왕의 직책을 놓고 벌이는 경기였다고 추정할 수 있을 것이다. 왕위는 가장 빠르게 뛰는 자에게 상으로 주어졌을지도 모른다. 연말이 되면 왕은 두 번째 임기를 맡기 위해 다시 뛸 것이다. 그리고 그가 패배하여 폐위되거나 살해될 때까지 아마 그 일은 계속되었을 것이다.

이런 식으로 한때는 경쟁이었던 것이 도망과 추적의 성격을 띠게 되었을 것이다. 왕은 먼저 출발할 권한이 있었을 것이다. 왕이 먼저 달리고 그의 경쟁자들은 뒤쫓았을 것이다. 만약 그가 따라잡히면 발이 가장 가벼운 자에게 왕관을 내놓아야 했을 것이며, 아마도 목숨도 그러했을 것이다. 한때는 노련한 자가 자신을 영구히 왕위에 앉히는 데 성공했을 테고, 해마다 열리는 경쟁이나 도망을 공허한 형식으로 만들었을 것이다. 이런 일은 역사 시대에는 늘 있었던 것으로 보인다. 그 의식은 때로 로마에서 왕들이 추방당한 것을 기념하는 것으로 해석되었다.

그러나 이런 해석은 원래의 의미가 사라진 의식을 설명하기 위해 고안된 사후약방문에 불과해 보인다. 그보다는 신성한 의식을 주재하는 왕이 그렇게 행동함으로써 왕정 시대에 전임 왕들이 매년 지켜왔던 옛 관습을 단순히 간직하고 있었을 가능성이 훨씬 더 높다. 그 의식의 원래 의미는 아마도 크건 작건 간에 언제나 추측으로 남았던 것임이 틀림없다. 지금 내가 제시한 설명은 이 주제가 지닌 어려움과 모호함의 느낌으로 가득하다.

따라서 만약 나의 이론이 맞는다면, 매년 열리는 로마 왕의 파천은 승리한 선수나 검투사에게 한 공주와의 혼인과 더불어 왕위가 1년짜리 관직으로써 포상되었던 때의 유물이다. 이후 그는 동병상련이라는 마술에 의해 대지의 비옥함을 확보하도록 기획된 신성한 혼인식에 자신의 신부와 더불어 신과 여신으로서 등장한다. 만약 아주 오랜 옛날에 라티움의 왕들이 신의 역할을 하고 그 배역을 수행하다가 정규적으로 죽임을 당했다는 나의 주장이 맞는다면, 우리는 많은 왕들이 맞이했다고 하는 신비하거나 폭력적인 최후를 더 잘 이해할 수 있을 것이다. 우리는 전승에 따라 알바의 왕들 중 한 명이 유피테르의 번개를 불경하게 흉내 내다가 벼락 맞아 죽었다는 것을 알고 있다. 로물루스는 아이네아스처럼 신비롭게 사라졌다고 이야기되거나, 로물루스 때문에 기분이 상한 귀족들에 의해 갈가리 찢겼다고 이야기된다.

7월 7일은 로물루스가 죽은 날로, 사투르누스 축제와 유사한 점이 있는 축제일이다. 바로 그날 여자 노예들은 상당한 자유를 누리는 것이 허용되었다. 그들은 마치 자유인 여자처럼 점잖은 부인과 숙녀의 복장을 했다. 그들은 이렇게 변장을 하고서 도시 밖으로 나가, 만나는 사람은 누구든지 비웃고 조롱했으며, 자기들끼리는 때리고 돌팔매질을 하면서 싸웠다.

폭력에 의해 죽은 로마의 또 다른 왕은 타티우스다. 그는 사비니인으로, 로물루스와 공동 왕이었다. 타티우스가 라비니움에서 조상신들을 위한 공공 제사를 지내고 있을 때, 그에게 유감이 있던 몇 사람이 제단에서 집어 든 제사용 칼과 꼬챙이로 그를 신속하게 처리했다고 한다. 죽은 시점과 방식을 볼 때, 그것은 암살이라기보다는 희생제였을지도 모른다.

또 누마 왕의 후계자인 툴루스 호스틸리우스는 벼락 맞아 죽었다고 일반적으로 이야기된다. 그러나 여러 사람이 말하길, 그는 뒤를 이어 통치하게 될 앙쿠스 마르키우스의 선동 때문에 죽임을 당했다고 한다. 다소 신화적 인물인 누마는 일종의 사제 왕인데, 플루타르코스는 그에 관해 이렇게 말했다. "그의 명성은 이후에 올 왕들의 운명 덕분에 높아졌다. 왜냐하면 그를 이어 왕이 된 다섯 명 중에 마지막은 폐위되어 추방된 채 천수를 다했고, 나머지 넷 중에서 제명에 죽은 자는 아무도 없으며, 그들 중 셋은 암살당했고 툴루스 호스틸리우스는 번갯불에 살라졌기 때문이다."[13]

로마 왕들이 직면한 폭력적인 최후를 담은 이 전설들은 왕위를 얻는 데 도움이 된 경쟁이 때로는 경기를 넘어 죽음을 초래하는 대결이었음을 암시한다. 만약 그러하다면 우리가 로마와 레미Remi 사이에서 추적한 유사점은 더 클 것이다. 두 곳 다 신성한 왕들은 신성함의 살아 있는 대변자로서 강한 팔과 날카로운 검으로 성스러운 직무를 맡을 신성한 권리를 가졌음을 입증할 수 있는 결연한 사람의 손에 의해 폐위되거나 죽임을 당할 위험을 겪을 것이다. 비록 초기 라티움인들 사이에서 왕권에 대한 주장

13 | 플루타르코스, 《누마》, 22.6.

이 단순한 대결에 의해 흔히 결정되었다고 해도 그리 놀랄 일이 아니다. 왜냐하면 역사시대에도 움브리아인들은 개인적인 분쟁을 대결이라는 검사법에 맡겼으며, 적의 목을 베는 자가 자기 행위의 정당성을 흠잡을 수 없이 입증해준다고 간주되었기 때문이다.

| 출전 |

아울루스 겔리우스Aulus Gellius(기원후 125~180), 《아테네의 밤Noctes atticae》: 이탈리아 출신의 법률가로, 아테네에서 수학하면서 《아테네의 밤》 20권을 저술했다. 지금은 사라진 작품들이 많이 인용된 이 책은 정보의 보고다.

할리카르나소스의 디오니시오스Dionysius Halicarnassensis(기원전 60/55~기원후 7), 《고대 로마Rhomaike archaiologia》: 할리카르나소스 출신으로, 기원전 30년에 로마에 와서 그리스 수사학 교사로 활약했다. 그가 저술한 《고대 로마》는 총 20권으로 기원전 264년까지를 다루었다. 책 내용의 많은 부분이 비역사적이고 진부하지만, 로마 초기의 역사와 전통을 다룬 역사서로는 유일하게 남아 있는 자료다.

리비우스Titus Livius(기원전 59~17), 《도시의 건설부터Ab urbe condita》: 북이탈리아의 파타비움Patavium(현재의 파도바) 출신으로 로마 최고의 연대기 작가다. 《도시의 건설부터》는 로마의 건국에서 기원전 9년까지를 다룬 역사서다. 총 142권에 이르는 이 연대기는 역사적 비판보다는 윤리적·도덕적 시각에서 이상적인 과거를 찾으려는 시도로 평가된다. 특히 초기 역사를 상세히 다루었다.

베르길리우스Publius Vergilius Maro(기원전 70~19), 《아이네이스Aeneis》: 아우구스투스 시기의 대표적 시인. 갈리아 키살피나Galia Cisalpina의 만투아Mantua 출신으로, 마이케나스가 후원한 문학 클럽Maecenatus에서 활동했다. 그는 아우구스투스의 체제를 최종 진화 단계로 보았으며, 특히 《아이네이스》를 통해 아우구스투스 체제를 선전하는 평화나 로마인의 덕성을 선양하는 경향을 보인다. 그러나 그의 시의 배경에는 그리스 철학에서 배운 이상과 로마의 현실이 자아내는 갈등이 엿보인다.

아우구스티누스, 《신국론》: '그리스도교의 플라톤'이라는 별명이 있을 정도로 많은 저술을 남겼다. 그의 저서에는 특히 키케로의 중요한 구절들이 인용되어 있어, 중요한 전거를 제공한다.

키케로, 《국가론De re publica》: 키케로는 아르피눔Arpinum(현재의 아르피노Arpino)이라는 이탈리아 소도시 출신으로, 신인 정치가의 전형이었다. 변론과 정치 연설로 유명했던 그는 정계에서 은퇴한 후 《국가론》을 저술했다. 플라톤의 저술을 모범으로 삼았다고 하는데, 로마의 현실 정치가 잘 반영되어 있다. 특히 로마의 역사를 통해 정체의 변화를 설명하려는 시도가 엿보인다. 리비우스의 로마사 해설과 같은 부분도 있고 약간 다른 부분도 있으나, 키케로의 서술 방식이 더 생생하다.

| 참고문헌 |

데이비드 M. 권, 《로마 공화정》, 신미숙 옮김, 교유서가, 2015.
마티작, 필립, 《로마공화정》, 박기영 옮김, 갑인공방, 2004.
몸젠, 테오도르, 《몸젠의 로마사 1: 로마왕정의 철폐까지》, 김남우·김동훈·성중모 옮김, 푸른역사, 2013.
베르길리우스, 《아이네이스》, 천병희 옮김, 숲, 2007.
키케로, 《국가론》, 김창성 옮김, 한길사, 2008.
프레이저, 《황금의 가지》, 김상일 옮김, 을유문화사, 1997.

허승일 외, 《인물로 보는 서양 고대사》, 길, 2006.

Bussagli, Marco, *Rome: Art and Architecture*, Könneman, 1999.

Lewis, Naphtali & Meyer Reinhold, *Roman Civilization: Selected Readings, vol.1, The Republic*, Columbia University Press, 1951.

16 십이표법
: 로마인의 십계명

법 없이 사는 것이 미덕이라고 칭송되기도 하지만, 동서고금을 막론하고 문명사회치고 체계화된 법이 없는 곳은 없다. 따라서 어떤 사회를 이해하려면 기본적으로 그 사회를 규제하는 법을 이해해야 한다. 일반적으로 서양 법의 원천은 로마법이라고 말하는데, 사실 로마법은 '십이표법'을 필두로 하여 그 이후 천 년에 걸쳐서 형성된 것이다. 그런 의미에서 십이표법은 로마의 역사를 밝혀주는 가장 중요한 자료인 동시에, 실제의 문제를 해결하고자 하는 서양식 사고방식의 근원을 짐작케 해주는 근거인 셈이다. 이렇게 중요한 의미를 지니고 있지만 원본은 기원전 390년 갈리아Galia인의 로마 침입으로 소실되었고, 그 대체물이 만들어졌을 가능성은 있지만 그 법의 온전한 내용은 전하지 않는다. 다만 단편이나 다른 기록을 통해 그 내용의 대강을 알 수 있을 뿐이다.

십이표법이라는 말의 기원

우선 십이표법이라는 말이 생긴 과정부터 살펴보자. 기원전 451년에 법을 제정하기 위해 선출된 '10인위원decemviri'은 법 초안을 만들어, 민회에서 통과시키기 전에 시민들이 공공장소에서 열람하도록 했다. 민회에서 통과된 후 법안 내용을 청동판이나 목판에 기록하여 공공장소에 세워놓

았다. 하지만 이것으로 작업이 완결되었다고 생각하지 않아, 다음 해에 또 다른 10인위원을 선출하여 두 개의 판에 추가로 법안을 기록했다.

그런데 두 번째 위원들은 처음 위원들과 달리 로마 인민을 참주처럼 통치했을 뿐 아니라, 임기가 만료된 뒤에도 사퇴하지 않았다. 이들 중 한 명이었던 아피우스 클라우디우스Appius Claudius는 베르기니아Verginia라는 처녀에게 반해 부당한 방법으로 그녀를 빼앗으려 했다. 그러자 그 여자의 아버지가 딸을 죽이고 소요(두 번째 평민 이탈)를 일으켰다. 그 결과 10인위원의 통치라는 과두 체제가 타도되고 원래의 공화정 체제를 회복한다. |자료 1|

그렇지만 기록된 초안은 민회에 상정되어 모두 통과되었다. 이처럼 '열두 개의 판에 기록된 법lex duodecim tabularum'이라고 해서 전에는 '십이동판법'이라고 지칭했으나, 최근에는 '십이표법'이라는 명칭으로 통일해서 표기한다.

십이표법의 내용

그런데 어떻게 해서 이런 성문법이 나타나게 되었을까? 이 법이 제정되기 전에도 구전되어 내려오는 관습법이 있었을 텐데, 이를 성문화했다는 것은 그만큼 로마 사회가 발전하고 있었다는 증거로 여겨진다. 특히 로마의 남부에 있던 그리스계 식민 도시의 앞선 문화로부터 크게 영향을 받았을 가능성이 있다. 그런

도판 28 로마 시의 배꼽Umbilicus Urbis Romae. 로마 시의 중심으로 로물루스가 터를 잡은 곳으로 알려져 있으나 실제로는 기원전 2세기경에 지정된 것으로 추정된다. 원래는 대리석으로 덮여 있었으나 이제는 벽돌만 남아 있고, 셉티미우스 세베루스의 아치가 이곳의 영역을 밀고 들어간 것으로 알려져 있다. 높이 2미터, 직경 4.45미터이다. 동쪽에 민회가 열리는 코미티움이 있고, 그 사이에 연단으로 알려진 로스트라Rostra('뱃부리'라는 뜻)가 있다. 십이표법의 제정으로 귀족과 평민은 법적으로 동일하다는 인식이 생겨났고 로마에서도 민회가 중요해졌다. 단, 로마의 민회는 토론 없이 결정만 내렸고 연설은 누구나 참여할 수 있는 공청회(콘티오Contio)에서 이루어졌다. 이곳이 배꼽으로 지정된 점을 통해 민회의 중요성을 알 수 있다.

사정을 반영하듯, 전승에 따르면 솔론의 법을 배우기 위해 아테네로 사절이 파견되었고, 에페소스Ephesos 사람인 헤르모도로스Hermodoros가 십이표법 제정에 참여했다고 한다.

그렇다면 십이표법은 구체적으로 어떤 내용을 담고 있을까? |자료2| 먼저 1·2표에는 소송 절차가 제시되어 있다. 3표에서는 소송 결과의 집행 규정을 제시했는데, 피고인이 의무를 이행하지 않으면 체포·구금·처벌을 받거나 매각의 대상이 되었다. 4·5표는 여자와 어린이와 피해방민에 대한 규정과 유언·상속에 관한 규정이 담겨 있다. 6표는 사용 취득의 연한 규정으로, 토지는 2년, 기타는 1년으로 명시했다. 7표에서는 건물 간의 경계나 우물 간의 거리 등을 명시하고, 타인과 재산 분쟁이 일어날 경우에 적용되는 규정이 있다. 8표에는 타인의 신체나 명예에 해를 끼친 경우, 절도 등으로 재산에 손해를 입힌 경우에 적용될 처벌 사항이 적혀 있다. 9표에는 극형과 관련된 규정이 있다. 10표에는 매장에 관한 규정이 있는데, 호화 장례나 귀중품의 부장을 금지한 점이 눈에 띈다. 11표는 귀족과 평민 간의 통혼을 금지하는 규정이 있다. 12표에는 자식이나 노예가 초래한 절도나 손해에 관한 규정이 있었으며, 마지막으로 법의 원천이 로마 시민의 결의라는 점이 명시되었을 것으로 추측된다.

이처럼 십이표법의 내용은, 우리가 국가의 기본법으로 알고 있는 헌법의 내용과 달리, 단지 사적 권리를 보호하고 이를 이행하기 위한 규정으로 이루어져 있다. 이런 규정들이 마련된 것은 인구가 늘면서 경계나 소유관계를 분명히 할 필요가 있었음을 암시한다. 토지나 경작과 관련된 조항이 나오는 것은 농업에 대한 관심이 높아졌음을 시사한다.

십이표법은 누구를 위해 제정되었는가?

십이표법은 어떤 동기에서 제정되었을까? 일반적으로 이 법은 억압받던 평민이 귀족을 상대로 투쟁한 결과로 얻어진 최고의 산물로 인정된다. 한마디로 평민을 보호하기 위한 법적 장치라는 말이다. 이런 주장의 근거는 무엇인가? 우선 민간인들의 분쟁에 국가가 개입할 길을 열어놓았으며, 가문 간의 복수를 폐지하는 대신, 중요한 재판을 모든 시민이 백인대별로 모여서 결의하는 켄투리아회Comitia centuriata에 회부하도록 했으며, 자유인에 대한 고문을 없앴다는 점 등이다. 이와 더불어 귀족과 평민이 법 앞에서 평등하다는 원칙을 수립함으로써, 그동안 귀족이 자의적으로 평민에게 가하던 억압을 차단하여 평민을 보호할 수 있었다는 것이다. 이렇게 보면 이 법의 최대 수혜자는 평민일 수 있다.

그러나 십이표법을 면밀히 검토해보면, 사실 평민에게 유리한 조항이 뚜렷이 드러나지 않는다. 오히려 불리해 보이는 조항이 많다. 우선 귀족과 평민 간의 통혼을 금지한 11표를 들 수 있다. 로마에서 귀족으로 불린 사람들은 그들이 수행하는 사제로서의 역할 탓에 다른 신분과의 혼인을 기피했다고 알려져 있다. 이를 법으로 명문화한 것은 귀족들 간의 혼인으로 결속을 강화하고 일부 평민이 귀족과 결합되는 것을 차단하려는 목적에 부합하는 것이었다고 말할 수 있다.

또한 토지 취득과 관련하여, 2년간의 사용 취득을 인정한 점에 주목할 필요가 있다.|자료3| 이 조항은 실제로 가장 많은 토지를 점유하고 있던 귀족들의 권리를 법으로 추인하는 효력이 있었을 것으로 보인다.

다음으로, 채무자에 대한 규정이 매우 엄격하다는 점을 들 수 있다. 채무자가 일정 기간까지 채무를 변제하지 못하는 경우, 채권자는 그를 살해하거나 매각하거나, 심지어 채무자의 시신을 분할할 수도 있었다.|자료4| 실제로 귀족이 채무자가 되는 경우는 매우 드물었을 테니, 이는 평민에게 대단히 가혹한 규정이라고 하지 않을 수 없다.

이렇게 본다면 십이표법은 평민을 위하기보다는 귀족의 결속을 강화하는 데 그 동기가 있었다고 생각된다. 십이표법을 이렇게 보는 시각은 최근에 대두했는데, 그런대로 설득력 있는 주장이다. 하지만 12표에 나오는 대로 민회에 모든 법 제정의 권리를 돌린 점, 그리고 이후 평민의 권리를 강화하는 법이 기원전 287년에 제정된 호르텐시우스법lex Hortensia까지 이어지는 현상을 어떻게 해석할지가 문제로 남는다.

십이표법의 역사적 의의

리비우스Livius는 십이표법의 중요성을 강조하며 이를 모든 공법과 사법의 원천이라고 했으며, 기원후 4세기에 활동한 아우소니우스Ausonius는 '신성한 법'이라고 말했다.|자료5| 사실 이런 진술들은 과장된 표현이다. 왜냐하면 폐지되지는 않았으나, 이미 기원전 2세기경에 십이표법은 진부한 것이 되었기 때문이다.

그러나 십이표법에서 입법 정신을 찾을 수 있다면 그 의의를 인정할 수 있을 것이다. 우선 이 법에는 종교와 관련한 조항이 일부 있지만, 전반적인 성격은 세속적인 것으로 볼 수 있다. 이는 로마인들이 국가의 초기 단계에서 종교와 법을 분리했음을 보여주는 부분이므로, 로마인의 법적 재능을 드러내는 단서로 볼 수도 있다.

또 공법 측면에서 언급될 수 있는 규정은 두 가지인데, 하나는 특권을 인정하지 않은 규정이고, 또 하나는 켄투리아회를 통하지 않고서는 시민에게 사형을 내릴 수 없다는 규정이다. 이 두 가지 사항은 이른바 '법 주체의 자유'를 명시했다는 점에서 대단히 중요한 규정이라고 할 수 있다.

자료 01

베르기니아 사건

키케로, 《국가론》 2.36.61; 2.37.63

스키피오: 이들은 열 개의 표를 법률이 가질 수 있는 최고의 정의와 예지로서 작성하고 나자, 자신들을 대신할 다음 해의 다른 10인위원을 선출하도록 하였습니다. [3년째에] 이들은 불공정한 법을 담은 두 개의 표를 추가하였는데, 그중에 한 개의 표에 기록된 통혼권의 경우, 다른 국가의 시민들에게도 통상 허용되는 것인데도, 평민과 귀족 간의 상호 혼인을 금지한다는 내용이었지요. 이것은 매우 비인간적인 법이었는데, 5년 후 카눌레이우스법lex Canuleia[1]에 의해 폐기되었습니다. 이처럼 그들은 자신들의 탐욕 때문에 전권을 가지고 무자비하고 거침없이 인민을 지배하였던 것이지요.

문헌의 여러 기록에 따르면, 바로 그 사실이 널리 알려진 상황에서 10인위원 중 한 사람이 강간을 저질렀답니다. 그 일로 데키무스 베르기니우스[2]가 자신의 딸을 광장에서 직접 죽인 후, 마침 알기두스 산[3]에 있던 부대에 전투 준비가 된 병력을 남겨달라고 읍소하여, 그전에 있었던 유사한 사건 때처럼, 성산聖山을 먼저 점거하고 이어서 아벤티눔 언덕을 점거하였습니다.

1 | 기원전 445년 호민관 카눌레이우스Canuleius의 발의로 통과된 법이다.

2 | 데키무스 베르기니우스 Decinus Verginius: 법률을 제정한 10인위원인 아피우스 클라우디우스의 탐욕으로부터 딸을 구하기 위해 딸을 죽인 인물. 이 기사는 역사적 근거가 없는 것으로 보이지만, 로마인의 역사 의식에서 중요한 계기로 인정된다.

3 | 알기두스Algidus 산: 로마 시의 남동쪽인 라티움에 있는 고산. 지금의 몬테 캄파트리Monte Campatri.

자료 02

십이표법에 담긴 내용

크로퍼드M. H. Crawford 편, 《로마 법규Roman Statutes》 II, University of London, 1996, pp.578~583

I. 1. [원고가 피고를] 법정에 소환하면, [피고는] 출두해야 한다. 만약 나오지 않으

4 │ 서약금sacramentum: 소송 당사자가 자신의 서약에 거짓이 없음을 입증하기 위해 맡기는 일정 액수의 금전. 흔히 일본의 번역을 따라 신성도금神聖賭金으로 번역한다.

5 │ 아스as, 아세스asses: 로마의 기본 화폐 단위로 처음에는 '리브랄리스libralis'라고 불렸는데, 언제 도입되었는지는 알려지지 않았다. 1아스에 해당하는 동의 무게는 1파운드로 267.83g이었다. 기원전 3세기를 경과하면서 1아스는 27.3g으로 줄었다.

6 │ 본문과 반대로 '더 가벼운 것으로 묶게 한다'고 보는 수정론도 있다.

7 │ 베스타는 흔히 화로의 신으로 알려진 여신. 로마에서는 가정을 수호하는 신으로 여겨져 일반 가정에서는 제단을 만들어 섬겼으며, 국가에서는 둥근 지붕을 가진 신전에서 불이 꺼지지 않도록 하여 기념했다. 이곳에는 베스탈레스vestales라고 불리는 처녀들만이 들어가서 관리할 수 있었다. 이들은 국가의 관리를 받았으며 가부장권에서는 벗어났던 것으로 알려져 있다.

8 │ '인신 담보'는 '넥숨nexum'의 번역어로, 일반적으로 채무자의 인신을 구속하는 것을 뜻한다. 이런 채무자가 노예는 아니었던 듯하다. 이 용어가 '수권 매각'과 함께 나온 것으로 보아 쌍방 간의 계약 성격을 띠는 것으로 보인다. 이 규정에 따라 대차의 경우에 채무자는 의무를 지게 된다.
한편 다른 의견에 따르면, 채무자가 부채에 대한 보장으로서 자신을 채권자에게 담보로 제공하는 것을 의미한

면, [원고는] 증인을 소환해야 한다. 그 후에 [원고는] 그를 잡는다.

II. 1.a. 그런데 서약금[4]에 어긋나는 경우에 부과되는 벌금poena은 500[아스]이거나 50아스[5]였다. [소송물의 가격이] 1000아스 이상인 사안은 500아스의 서약금을 걸고, 그 미만은 50아스의 서약금을 걸고서 재판이 이루어졌다. 즉, 십이표법에 따라서 그렇게 확인되었다. 그런데 만약 어떤 사람의 신분이 자유인인지 아닌지를 따지는 소송이 벌어진 경우, 비록 인간에게는 인간이 가장 값비싸지만, 50아스의 서약금을 걸고서 재판이 이루어진다는 점을 같은 법에서 확인할 수 있다.

III. 2. 만약에 [피고가] 판결대로 따르지 않거나, 혹은 법정에서 담보를 제시하지 않으면, [원고] 자신이 그를 끌고 가서 포승이나 최소 15파운드는 나가는 족쇄로 묶도록 한다. 혹 원고가 원한다면 더 무거운 것으로 묶게 한다.[6]

IV. 2.a. 그 법은 아버지에게 자식을 살리거나 죽일 수 있는 권한을 주었다.
     b. 아버지가 자식을 세 차례 매각했다면, 자식은 아버지로부터 해방되어야 한다.

V. 1. 옛날 사람들은, 여자들은 정신이 경박하므로 비록 성숙한 연령에 도달하였다 하더라도 보호 상태에 두기를 원하였다. 다만 베스타 여신을 섬기는 처녀들[7]은 제외로 하여, 그들은 자유로워야 한다고 생각하였다. 십이표법에도 그렇게 되어 있다.

VI. 1. 어떤 사람이 인신 담보와 수권 매각手權賣却[8]을 하는 경우, 말로 공표했던 대로 법적 효력이 있게 한다.

VII. 2. 다른 사람의 토지 옆에 울타리를 세우는 경우, 경계를 넘어가면 안 된다. 벽의 경우에는 1보步의 거리를 두어야 하고, 건물의 경우에는 2보의 거리를 유지해야 한다. 구덩이나 구멍을 파는 경우, 그 공작물의 깊이만큼 거리를 두어야 한다. 그러나 우물의 경우에는 6보의 거리를 두어야 한다. 올리브나무와 무화과나무는 반드시 인접지의 경계로부터 9보 떨어져서 심어야 하고, 그 밖의 나무들은 5보 떨어져서 심어야 한다.

다. 이 경우 채무자는 구두
선언으로 넥숨 상태를 청산
할 수는 있지만, 부채를 청산
할 때까지 노동을 해야 한다.
사실 이는 노예와 다름없는
상태라고 볼 수 있다. 이 조
항이 폐지된 때는 기원전
326년경으로 알려져 있다.
'수권 매각'은 'mancipium'
을 필자가 임의로 번역한 것
이다. 이 말은 'manus(손)'와
'capio(취득하다)'가 결합된
용어로, 증인 다섯 명이 입회
한 가운데 엄격한 절차에 따
라 물건의 소유권을 옮기는
것을 의미한다. 이 용어는 화
폐를 지불하여 이루어지는
매매뿐만 아니라 유증이나
신탁의 경우에도 사용되었
다. 단독으로 쓰이는 경우,
노예를 의미할 수도 있다. 이
런 절차는 후대에 와서 문서
계약이 일반화되면서 사라
진다.

9 | 보복 훼손talio: 동일한
정도의 신체 상해를 가해자
에게 가하는 것. 이런 경우
피해자나 피해자의 대리인
인 친척이 보복한다.

10 | 개인법 privilgia: 일반적
으로 '예외 법규' 혹은 '특권'
으로 번역된다. 이 단어는 특
정 개인을 표적으로 삼아서
법을 제정해서는 안 된다는
취지가 담겨 있다.

11 | '가장 큰 인민 집회'는
'maximum comitiatum'의 번
역으로, 일반적으로 켄투리
아회로 이해된다. 시민의 머
리는 생명을 뜻하므로, '머리
에 관한 법'은 사형에 처하는
경우로 해석할 수 있다.

VIII. 2. 만약 어떤 사람이 다른 사람의 지체를 훼손하고 그 사람과 화의하지 않았다면, 같은 정도로 보복 훼손[9] 하도록 한다.

3. 만약 어떤 자가 손이나 몽둥이로 뼈를 부러뜨리는 해를 자유인에게 가한 경우에는 300아스를 물게 하고, 만약 노예에게 그러하였다면 150아스의 벌금을 물게 한다.

IX. 1.2. 개인법[10] 을 제안해서는 안 된다. 가장 큰 인민 집회를 통하지 않고서는 사람들이 시민의 머리에 관한 법을 제안하게 해서는 안 된다.[11]

X. 1. 죽은 사람을 시내에서 매장하지도 화장하지도 말라.

2. 장작을 손도끼로 다듬지 않도록 한다.

8. 금은 부장하지 않도록 한다. 그러나 치아가 금으로 고정된 사람을 금과 함께 매장하거나 화장하는 경우는 기만하는 것이 아니다.

XI. 1. 불공평한 법들을 담은 두 개의 표를 추가하여 평민이 귀족들과 혼인하는 일이 없도록 한 자들은, 가장 비인간적인 법을 제정하여 혼인을 금지한 것이다.

XII. 1. 압류pignoris capio가 그 법에 의해 도입되었다. 이를테면 십이표법은 희생용 동물을 구입하고서 값을 지불하지 않은 자에게 적용되었다. 또 제전, 즉 희생 제사에 쓰고자 가축을 임대하고서 그 가축의 대금을 지불하지 않은 자에게도 동일한 법을 적용한다.

키케로, 《법률론》 3.19.44

마르쿠스: 12표에서 전해지는 가장 훌륭한 법 두 가지가 있네. 그중에 하나는 개인에 관한 법들을 폐지한 것이고, 다른 하나는 시민의 머리에 관한 한 가장 큰 민회를 통하지 않고서는 법을 요구하는 것을 금지한 것이지.

토지 사용 취득

키케로, 《화제론》 4.23

토지의 사용 취득은 2년이고, 다른 모든 것들의 사용 취득은 1년이다.

채무자에 대한 처리

겔리우스, 《아테네의 밤》 20.1.47

III. 5. 그런데 그 사이에 화해할 권리가 있었다. 그러나 화해가 이루어지지 않은 경우
[채무자들은] 60일간 구금되었다. 그들은 이 기간 동안 3차에 걸친 연이은 개시
일開市日[12]에 민회장의 법무관에게 인치되었고, 거기서 어느 정도 금액으로 유
책 판결을 받았는지가 공표되었다. 그런 뒤에 제3의 개시일에 극형을 받든가, 아
니면 티베리스 강 건너 이방으로 매각되었다.

겔리우스, 《아테네의 밤》 20.1.48

III. 6. 제3의 개시일에 [채권자는 채무자를] 부분으로 분할한다. 그들이 넘치거나 모자
라게 분할하였더라도 탈법이 되지 않는다.

12 │ '눈디나이nundinae'를
번역한 것으로 시장이 열리
는 날을 뜻한다. 통상 9일장
으로 알려져 있다. 그렇지만
시장이 열리는 날부터 시작
하여 다음 시장이 열리는 날
의 수이므로 8일마다 서는
장이라고 할 수 있다. 따라서
3차에 걸친 개시일은 실제로
17일 후가 된다.

십이표법은 로마인의 십계명

리비우스, 《도시의 건설부터》 3.34.6

법들 위에 엄격한 법들이 누적된 지금도 이 법은 모든 공법과 사법의 원천fons이 된다.

아우소니우스, 《목가》 11.61~62

그 법은 열두 가지를 규정한 세 개의 판에 [기록되어 있다]: 신성하고, 인민 고유의 것
이며, 어느 곳에나 적용되는 공통적인 것이다.

| 출전 |

겔리우스, 《아테네의 밤》: 여기에 제시된 십이표법의 내용은 겔리우스가 로마에서 수사학과 문법을 배웠고 후에 개인 간의 재판iudicia privata에서 변호사로 선발된 경력과 관련이 있는 것으로 보인다.

리비우스, 《도시의 건설부터》: 리비우스는 십이표법 제정과 관련하여 법 제정 10인위원이 그리스 아테네를 방문했다고 전하는데, 학자들은 남부 이탈리아에 있던 그리스 도시들을 방문했을 것으로 본다. 또 리비우스는 십이표법이 청동판에 기록되었다고 말하지만, 상아에 기록되어 공공장소에서 공람되었다고 보는 것이 일반적이다.

아우소니우스Ausonius, 《목가Idyllia》: 아우소니우스는 기원후 4세기에 활약한 라틴 작가로, 시집과 서한을 남겼다. 《목가》에는 20편의 문집이 수록되어 있는데 가장 유명한 것이 《모젤 강Mosella》이다.

키케로, 《국가론》, 《법률론De legibus》, 《화제론Topica》: 키케로는 로마 공화정 말기에 활약한 정치가이자 법률가로, 많은 문집을 남겼다. 기원전 63년에는 카틸리나Catilina의 음모를 적발하여 국부의 칭호를 받기도 했다. 그러나 2차 삼두정의 희생 제물이 되어 기원전 43년에 처형되었다. 기원전 54~52년에 저술된 《국가론》은 이른바 스키피오 서클에 소속된 인사들의 대화로 이루어져 있다. 기원전 51년경에 저술한 것으로 추정되는 《법률론》은 키케로와 그의 동생인 퀸투스, 친구인 아티쿠스의 대화 형식으로 저술되어 있다. 《화제론》은 기원전 44년에 아리스토텔레스가 남긴 같은 이름의 저작을 번역하고 로마의 사례를 덧붙여서 편집한 책이다. 논쟁은 물론이고 유언과 웅변의 종류에 관해서도 다루었다.

| 참고문헌 |

마키아벨리, 니콜로, 《로마사 논고》, 강정인·안선재 옮김, 한길사, 2003.
_____, 《로마사 논고》, 강정인·김경희 옮김, 한길사, 2018.
마티작, 필립, 《로마공화정》, 박기영 옮김, 갑인공방, 2004.
몽테스키외, 《법의 정신》, 이명성 옮김, 홍신문화사, 2006.
셰이드, 존·로제르 아눈, 《로마인의 삶—축복받은 제국의 역사》, 손정훈 옮김, 시공사, 1997.
최병조, 《로마법 강의》, 박영사, 1998.
_____, 《로마의 법과 생활》, 경인문화사, 2007.
키케로, 《법률론》, 성염 옮김, 한길사, 2008.
하이켈하임, 프리츠, 《로마사》, 김덕수 옮김, 현대지성사, 1999.
허승일, 《로마사 입문—공화정 편》, 서울대출판부, 1993.
Jolowicz, *Historical Introduction to Roman Law*, Cambridge, 1967.
Scott, S. P., *The Civil Law*, vol. 1, AMS Press, 1973.

17

로마 공화정기의 신분 투쟁

: 타협으로 이룬 조화

로마를 생각하면, 우선 거대한 지배 체제를 갖춘 제국이 떠오르고, 이 제국을 위해 일치단결하는 모습을 연상하게 된다. 물론 그런 인상이 틀린 것은 아니지만, 처음부터 그렇지는 않았다. 초기에 로마는 북부에 있는 에트루리아인에게 간섭을 받았고, 남부의 그리스 식민 도시들에서 선진 문물을 수입해야 하는 약소국가였다.

게다가 왕정을 폐지하고 기원전 509년에 공화정으로 이행하면서 외부와 단절되어 경제적 어려움을 겪었을 뿐 아니라, 이른바 신분 투쟁이라는 기나긴 내부 갈등 기간을 경과해야 했다. 이것은 기본적으로 파트리키patricii라고 불리는 귀족과 플렙스plebs라고 불리는 평민 간의 분쟁이었다. 이 분쟁은 기원전 287년 호르텐시우스법이 제정되면서 해소되었는데, 이를 계기로 로마인들은 내적 단합을 이루어 국력이 비약적으로 신장하는 계기를 맞이한다. 이런 면에서 볼 때 신분 투쟁과 같은 갈등이 한편으로는 로마의 성장 비결이 되지 않았을까 하는 추론이 가능하다. 갈등에 대처하는 방법은 갈등의 종언과 더불어 사라지지 않고 역사적 경험과 지혜로 남아, 로마가 발전해가는 데 밑거름이 되었을 것이다. 거의 200년에 걸친 신분 투쟁의 과정을 이 점에 착안하여 고찰해보자.

도판 29 화폐 주조자인 푸블리우스 리키니우스가 주조한 이 동전은 민회에서 투표하는 장면을 담고 있다. VIII 구역에서 투표하는 두 사람이 자신이 소속된 트리부스에 상응하는 기둥에 선다. 오른쪽 사람이 다리를 건너 나무로 만든 표 tabella를 단지 cista에 넣는 동안 왼쪽 사람이 이동하여 다리 아래에 있는 사람이 건네는 표를 받는다. 기원전 139년 가비니우스 법 lex Gabinia이 도입되면서 이 같은 개별 투표 방식으로 정무관을 선출하기 시작했다. 이전에는 하나의 판에 자신의 의사를 표현하여 집계하는 방식을 사용했다.

500년간 이어질 공화정이 세워지다

기원전 509년은 로마의 역사에서 중요한 이정표가 되는 해다. 앞으로 500년간 지속될 체제가 마련된 해이기 때문이다. 바로 에트루리아계의 왕을 몰아내고 귀족의 주도로 공화정이 수립된 것이다. |자료 1| 공화정이라는 말은 '레스 푸블리카 res publica'라는 말을 번역한 것인데, 원래는 '공유물'이라는 뜻이었으며, 왕정을 대신한 국가 체제를 가리키는 명칭이기도 하다.

이때 '세나토르 senator(이 명칭은 미국 상원 의원을 뜻하는 명칭과 같다)'라고 불리는 원로원 의원 300명이 선출되었으며, 1년 임기의 '콘술 consul' 두 명도 뽑혔다. 콘술은 둘 다 '베토 veto('나는 반대한다'라는 뜻)'의 권리를 가지고 있어서, 어느 한쪽이 다른 한쪽을 견제할 수 있었다. 이들은 평시에는 최고의 관리였고 전시에는 로마 시민군의 사령관이 되었는데, 이들이 가진 권한을 '임페리움 imperium'이라고 한다. (이 책에서는 이 말을 '대권'으로 번역한다. 대한민국 대통령의 권한을 '대권'이라고 말하는 것을 참고하였다.) 기원전 501년에는 처음으로 6개월 임기의 '딕타토르 dictator'를 선출했다. 이 직책은 '독재관'으로 번역되는데, 두 콘술이 가진 권한을 합한 권한을 누렸다. |자료 2|

조직적 대항으로 법적 동등성을 쟁취한 평민

도판 30 기원후 1세기에 만들어진 것으로 추정되는 부조로, 칼장수의 가게를 보여준다. 이미 왕정기에 이런 상공업자의 조합이 있었던 것으로 알려져 있다. 아우구스투스 시기에는 150개가 넘는 조합이 있었으며 국가의 통제를 받았다. 장사하는 모습은 현재와 다름이 없어 보인다.

그런데 이런 관직들은 오로지 귀족이 독점했다. 이에 불만을 품은 평민들이 기원전 494년에 '이탈secessio'이라는 집단행동에 나선다. 이 행동은 말 그대로 분리를 의미하는 것으로, 새로운 국가의 수립까지도 염두에 둔 움직임이었다. 전승에 따르면, 호전적인 이웃 부족과 전쟁을 치른 뒤 귀환한 병사들이 평민의 요구가 원로원에서 거절당했다는 소식을 듣고서, 귀족 장군을 버리고 이른바 '성산聖山, Mons Sacer'으로 집결했다고 한다. 그들은 거기서 귀족의 조치를 기다리며 두 명의 관리를 뽑았다. '호민관護民官, tribuni plebis'이라고 알려진 이 두 관리는 나중에 열 명으로 늘어난다. 평민들은 '신성한 법lex sacra'을 제정하여 호민관의 권리를 신성불가침의 것으로 만들었다. 이후 평민들은 자기들만의 모임인 '평민회平民會, concilium plebis'를 꾸려 귀족에게 조직적으로 대항하기 시작했다.

귀족들은 평민들의 저항에 직면하자 권한을 양보한다.│자료 3│ 이 과정에서 기원전 451년에는 법을 제정하기 위한 10인위원이 선발되었다. 그러나 기원전 449년에 두 번째로 평민의 이탈이 일어나고 민회에서 십이표법이 통과된다. 이 법이 평민에게 꼭 유리하지만은 않았으나, 이 법이 제정됨으로써 귀족들 마음대로 법을 좌우할 수 없게 되었다. 그 결과, 적어도 귀족이든 평민이든 로마 시민으로서 법 앞에서는 평등하다는 관념이 생겨났다. 이어서 카눌레이우스Canuleius라는 호민관이 통혼법을 제정하면서 귀족과 평민 간에 금지되었던 혼인이 가능해졌다. 이는 사회적으로도 귀족과 평민의 동등성을 인정한 조치라고 볼 수 있다.

평민의 정치적 권리가 신장되다

이제 남은 것은 평민의 정치적 권리였는
데, 기원전 444년에서 367년까지 77년
간 나타난 현상은 평민의 권리가 점차
신장되었음을 보여준다. 이 시기에 국가
의 최고 관리인 콘술은 22회 선출되었
고, '콘술 권한을 가진 천부장千夫長, tribuni
militum consulari potestate(줄여서 'consular
tribune'으로 통칭한다)'이 최고 관리로서 50회
선출되었다(5년 동안은 국가 지도자가 없는 혼란
기였다). 콘술의 권한을 가진 천부장은 콘
술과 달리 평민도 맡을 자격이 있었고,

도판 31 대금업자의 탁자
taberna argentaria. 당시 로
마에서는 현대의 은행처럼 예
금수탁, 투자, 환전 업무가 이
루어졌으며, 장부 기록도 했
다.

그 수도 융통성이 있어서 세 명이나 네 명, 혹은 여섯 명이 되는 경우도 있었다.
이렇게 다양하게 선출된 것은 꼭 신분 투쟁의 결과였다기보다는 대체로 로마의
행정 및 군사적 필요에 부응한 결과였다고 해석된다.

한편 기원전 367년에 제정된 리키니우스-섹스티우스법Leges Liciniae Sextiae에
서는 콘술 직을 최고 관직으로 복귀시키는 대신, 한 명은 귀족 중에서 선출하고
다른 한 명은 평민 중에서 선출한다는 규정을 두게 되었다.|자료4| 이렇게 하여
귀족과 평민은 두 계층 다 최고 관직을 동등하게 소유하게 되었다. 이 조치에
대한 보상이라고 할까, 아울러 1년 임기의 프라이토르praetor(법무관)와 상아 좌석
에 앉는 아이딜리스aedilis(관리관) 두 명을 선발하되, 이들은 귀족 중에서 선발하
게 했다.

마지막으로, 평민의 입법권도 일보 전진했다. 기원전 287년에 제정된 호르텐
시우스법에 의거해, '평민의 결의plebiscitum'가 원로원의 인준 없이도 법률로서
효력을 갖도록 한 것이다. 그 이후에는 평민의 결의나, 다른 민회에서 제정한 법
lex이나 동일한 효력을 갖게 되었다.|자료5| 귀족과 평민은 이런 조치에 힘입어 조
화로운 타협에 도달했으며, 단순히 귀족과 평민이라는 구분을 넘어서는 '명사귀

족nobilitas'이라는 새로운 지배층이 형성되었다. 이제 시민은 자신의 능력에 따라 국가의 최고 관직인 콘술에 오르면 이 새로운 귀족의 성원이 되었다(명사귀족을 영어로 표현하면 'patricio-plebeian nobility'이다).

평민의 시각에서 살펴본 신분 투쟁의 성격

지금까지 살펴보았듯이, 귀족과 평민의 갈등이 극적으로 타결되면서 로마가 비약적 발전을 이루었다는 것은 역사를 통해 잘 알려진 사실이다. 그렇지만 200년이 넘는 기간 동안 벌어진 신분 투쟁이 단순히 귀족과 평민의 갈등이었을지, 그리고 그렇게 오랫동안 한 가지 성격이 유지되었을지는 의문스럽다. 그보다는 오히려 로마 사회의 변화 과정이 총체적으로 담긴 복잡한 과정으로 이해하는 것이 옳아 보인다.

기존 견해에 따르면, 신분 투쟁 초기부터 귀족에 버금가는 부유한 평민이 있었는데 이들은 혈통 귀족에 끼지 못하는 것에 불만을 품고 평민의 대변자로 등장했다고 한다. 그러나 로마 초기 사회에 대한 일련의 연구에 따르면, 그와 같은 평민 세력은 비교적 뒤늦게 출현한 것으로 보인다. 특히 피호 관계clienelae가 기본적인 사회관계였던 점을 떠올려보면 더욱 그러하다. 평민은 귀족의 피보호자 clientes(이 말에서 소송 의뢰인을 뜻하는 영어 'client'가 유래했다)가 되고 귀족이 보호자patronus로 맺어지는 경우, 양자의 관계는 신의fides를 통해 유지되었다. 평민은 법적으로 인격이 인정되지 않았기에 보호자가 법정에서 피호민을 대신했고, 피호민에게 프레카리움precarium이라는 토지를 주어 경제적으로도 도움을 주었다. 이런 피호 관계를 염두에 둔다면, 신분 투쟁 초기 단계에서 평민의 목적은 대체로 소극적인 자기방어 수준이었을 것으로 보인다. 구체적으로 말해, 그들의 주요 관심사는 부채와 토지 문제였을 테고, 법 운용의 자의성을 배제하는 차원에서 법제화를 요구하는 수준이었을 것이다. 따라서 통치권을 요구하는 정도에는 이르지 못했을 것으로 보인다.

하지만 기원전 470년부터 기원전 390년까지 이어진 그다음 단계에서는 비교적 강력한 힘을 가진 평민들이 출현했다. 이들은 십이표법에 명시된 금혼 규정을 폐지하려 노력하는 한편, 주변 종족과의 투쟁에서 자신들의 힘을 과시했다. 그다음으로, 기원전 390년 갈리아인에게 로마가 점령당하는 경험을 한 이후에는 귀족의 정치적 독점이 도전받기 시작했으며, 평민이 정치적으로 통합된 존재로서 그 힘을 드러내기 시작했다.

마지막 단계는 기원전 367년 이후라고 할 수 있는데, 드디어 이 시기부터 평민이 본격적으로 국정 운영에 참여하기 시작했다. 이처럼 평민의 진출은 하나의 단일한 과정이 아니라 점진적이고 단계적인 과정이었다고 할 수 있다.

귀족의 시각에서 살펴본 신분 투쟁의 성격

귀족의 시각에서는 이 신분 투쟁을 어떻게 볼 수 있을까? 흔히 신분 투쟁은 귀족에게 불리하고 평민에게 유리한 것으로 해석되었다. 그러나 평민, 특히 하층민의 가장 큰 관심사였던 경제문제를 살펴보면, 변한 점이 별로 없다. 예컨대 부채를 청산하지 못하면 인신이 담보로서 구속되는 제도(넥숨nexum)가 폐지된 것도 326년(또는 313년)으로, 신분 투쟁이 일어난 지 150년이 지나서이다.|자료6| 그리고 폐지되었다고는 해도 부채를 갚지 못한 채무자에게 사형私刑을 가하는 일까지 사라지지는 않았다고 한다.

그런데 농민은 왜 과도한 부채에 시달리게 되었을까? 일반적으로 전쟁과 병역의 부담이 과중한 데에서 그 원인을 찾는다.|자료7| 아테네의 경우, 중무장하는 데 드는 비용은 양 서른 마리의 값에 해당하는 것으로 알려져 있다. 로마의 경우, 아테네보다 공업이 덜 발달했기에 이 비용이 더욱 상승했고, 여기에 노동력의 손실 및 곡물과 재화와 가축의 피해까지 고려하면 농민의 부담이나 희생은 적지 않았다. 이처럼 큰 부담을 진 농민이 국정 분담을 요구했을 때, 귀족은 우리가 앞에서 본 대로 권한을 양보했고 이어서 독재관이나 호구조사관, 법무관까지 평민에게 개방했다. 그런데 로마의 고위 정무관에게는 보수가 지급되지 않았으므로, 사실 부유한 평민이나 귀족만이 그 기회를 누릴 수 있었다. 게다가 민회 중에서 선거나 입법, 중요 정책 결정에서 가장 중요했던 켄투리아회는 귀족과 부유한 평민의 의사에 따라 주도되었다.

혹자는 로마의 귀족이 솔론식의 급진적 해결책을 따르지 않고 점진적으로 문제를 해결한 점에서 고단수의 정치 감각을 보였다고 칭찬하기도 한다. 그러나 사실 귀족은 십이표법의 제정으로 귀족의 입지를 강화하는 한편, 평민 중에서 실력 있는 사람들을 수혈함으로써 강고한 지배 구조를 이루는 데 성공한 것으로 보인다. 아테네와 달리, 귀족의 지배가 온존하면서도 국가 발전에 중요한 평민의 역할을 인정하면서 타협해 나갔던 것이 로마의 특징이라고 할 수 있다.

자료
01
공화정이 세워지다

리비우스, 《도시의 건설부터》 2.1.1; 2.2.7~10

로마인이 자유인이 되었으므로, 나는 이제 자유로운 인민의 공민적이고 군사적인 일에 관한 주제를 다루고자 한다. 이 주제는 해마다 선출되는 정무관, 그리고 인간의 권위보다 더 찬양된 법의 권위에 관한 것이 될 것이다. ……

더욱이 여러분은 왕들의 기존 권력을 축소하기보다는 콘술의 권한을 1년으로 제한한 데에서 자유가 비롯되었을 거라고 생각할 것이다. 최초의 콘술들은 온갖 권력과 권위의 표식을 누렸다. 그러나 두 명의 콘술에게 속간[1]을 주긴 했어도, 두 명의 콘술이 이중의 공포를 야기하지 않도록 주의를 기울였다.

브루투스는 동료 콘술의 동의를 얻어 최초로 속간을 지니는 영예를 누렸다. 그리고 그가 자유의 주창자로서 보여주었던 열심은 후에 그 보호자로서 과시하였던 것보다 더 크지는 않았다.

무엇보다 그는 인민이 여전히 새로 얻은 자유를 갈망하는 동안, 나중에 사람들이 유력자들의 유혹이나 선물에 동요하지 않도록 어느 누구도 로마에서 왕이 되는 것을 허용하지 않겠다는 맹세를 하게 하였다.

다음으로, 원로원에 무게를 더 실어주려면 원로원을 키울 필요가 있었기에, 기사 신분의 지도급 인사들을 지명함으로써 왕이 살해한 바람에 감소한 원로원 의원 수가 전체 300명이 되도록 채웠다.

1 │ 자세한 설명은 본문 237쪽 도판 27 참조.

로마공화정 관직의 유래

바로, 《라틴어 사전》 5.80~82

콘술consul은 인민과 원로원에 의견을 '물어보아야 하는consult' 사람이므로 그렇게 명명되었다. 만약 여기에서 유래하지 않았다면, 아키우스Accius가 자신의 책 《브루투스》에서 언급한 대로, "올바르게 충고하는 사람으로 하여금 콘술이 되도록 하라"라는 말에서 나왔을 것이다. 프라이토르praetor는 법과 군대를 '지휘하는praeire' 자라는 뜻에서 붙여진 이름이다. 또는 루킬리우스Lucilius가 말하였듯이, "그러므로 앞에서 먼저 가는 것이 프라이토르의 의무이다." 켄소르censor(호구조사관)는 인민들을 평가나 평정에 따라 판정한다는 뜻에서 붙여진 이름이다. 아이딜리스aedilis(관리관)는 신전이나 개인의 건물aedes을 보살피는 사람이라는 뜻이다. 콰이스토르quaestor(재무관)는 '심문하다quaerere'라는 말에서 나왔다. 그들은 공금을 조사하는 일을 했고, 또 지금은 중범죄에 관한 3인위원이 조사하는 불법 행위도 조사해야 하기 때문이다. 이와 같은 의미에서 후에 심사에 따른 판정을 공표하는 사람들이 '심문자inquisitor'로 명명되었다. 천부장[2]은 옛날에 람네스Rhamnes, 루케레스Luceres, 티티에스Tities 세 지역구를 대신하여 각각 세 사람이 군대에 파견된 데에서 유래했다. 호민관tribuni plebis은 크루스투메리움[3]에서, 평민들이 이탈을 벌였을 때 평민을 보호할 목적으로 천부장 중에서 선발했다고 해서 생긴 명칭이다. 딕타토르dictator(독재관)는 그의 '말dictum'에 모든 사람이 복종해야 하는 사람으로, 콘술이 부여한 이름이다.

2 | 천부장tribuni militum: 원래는 트리부스의 대표자로서 군대를 지휘하는 자를 의미하지만, 그리스어로 'chiliarchos'라고 번역하는 예를 따랐다.

3 | 크루스투메리움Crustumerium: 라티움 지방에 있는 도시로 500년경 로마에 의해 정복되었다.

평민에게 화합을 설득한 아그리파의 연설

리비우스, 《도시의 건설부터》 2.32.7~12

시민들의 화합이 없다면 실상 아무런 희망도 가질 수 없었다. 그래서 국가를 위해 어떻게 해서든지 타협이 이루어져야 한다고 생각하였다. 그리하여 연설가인 메네니우스 아그리파Menenius Agrippa를 평민에게 파견하기로 결정하였다. 그는 연설을 잘하였으며, 평민 출신이어서 평민에게 사랑받았다. 진영에 들어간 그는 초보적이고 거친 어법으로 다음과 같은 내용만을 말하였다고 전해진다.

"마치 지금처럼, 어느 날 어떤 사람의 지체들이 한마음이 되지 못하고 각 지체가 나름의 계획과 의견을 주장했지요. 나머지 지체들은 배를 채워주기 위해 염려와 수고와 봉사를 해야 하는 것에 분개했답니다. 배는 중간에서 편안히 있으면서 받은 쾌락을 즐기는 것 말고는 아무것도 하지 않았기 때문이지요. 그래서 나머지 지체들은 음모를 꾸밉니다. 손은 입에 음식을 주지 않기로 했고, 입은 주는 것을 받지 않기로 했으며, 이빨은 받은 것을 잘게 부수지 않기로 했지요. 이처럼 화가 나서 배를 굶겨 굴복시키려 하는 동안, 지체들은 하나같이, 그리고 몸 전체가 극도의 탈진 상태에 빠졌답니다. 이로써 배의 봉사도 결코 적지 않다는 점이 드러났지요. 배는 부양받는 것에 못지않게 다른 지체들을 부양하지요. 우리가 살아서 활동할 수 있도록, 소화한 음식으로 양분이 많은 피를 만들어 혈관을 통해 몸의 모든 지체에 골고루 보내주니까요."

이처럼 몸의 자중지란과 원로원 의원들을 향한 평민의 분노가 얼마나 비슷한지 비교하여, 아그리파는 사람들의 마음을 누그러뜨렸다.

호민관의 권한

발레리우스 막시무스, 《업적과 명언》 2.2.7

호민관은 원로원 의사당에 들어갈 수 없었다. 그렇지만 의사당 문 앞에 앉아 원로원의 결정을 꼼꼼히 검토하였고, 자신들이 승인할 수 없는 건에 대해서는 비토권을 행사하였다. 그래서 옛날에는 'C'라는 문자가 원로원의 포고문에 부기되는 것이 관습이었다. 이것은 호민관들이 포고문을 확인하였음을 의미한다. 그리고 호민관이 평민을 위해 감시를 계속 하고 정무관들을 억제하는 데 전념하였을지라도, 정무관이 은장식과 금귀고리를 달고서 공공장소에 나오는 일은 허용하였다. 그런 복장으로 정무관들의 권위에 한층 위엄을 실어주기 위해서였다.

호민관은 귀족에게도 도움이 된다

키케로, 《법률론》 3.10.24

그러나 이 지점에서 우리 선조들의 지혜를 한번 생각해보자. 원로원이 평민들에게 이 권한을 허용하였을 때 분쟁이 끝나고 소요가 수습되었으며, 하층민들이 이제야 귀족 신분과 평등해질 수 있다고 여길 만한 타협안이 도출되었다. 그리고 이 타협안만이 유일한 국가 구제책이었다. …… 그러는 한편 호민관이 있는 덕택에 원로원 의원 신분이 선망의 대상이 되지 않는 것이며, 평민은 자신들의 권리를 쟁취하기 위한 위험한 투쟁을 하지 않고 지낼 수 있는 것이다.

불평등해야 사회가 유지된다

키케로, 《국가론》 1.27.43

스키피오: 그리고 모든 것이 인민을 통해 주도될 때―비록 그것이 정의롭고 온전할지라도―평등 그 자체는 권위의 등급이 전혀 없으므로 불공평합니다. 따라서 페르시아의 대제 키로스Cyrus는 매우 정의롭고 현명한 왕이었지만, 한 사람의 명령과 양식에 의해 통치되었을 때 인민의 것―사실 이것이 앞서 말했듯이 국가인데―은 별로 기대할 수 없었던 것 같습니다. 비록 우리의 피호민인 마실리아Massilia 사람들이 선량들과 제일시민에 의해 가장 정의롭게 통치되었는데도 불구하고 그 인민은 어떤 의미에서 노예와 유사한 상태가 되었습니다. 아테네 사람들은 언젠가부터 아레오파고스 협의회의 권한을 철폐하고 인민의 결의와 포고 없이는 아무것도 행하지 않았습니다. 그러자 그 도시국가는 구분되는 권위의 등급이 사라졌고 자신의 영광을 보존하지 못하고 말았습니다.

자료
04

귀족과 평민이 골고루 나누어 가지다: 리키니우스-섹스티우스법

리비우스, 《도시의 건설부터》 6.35; 6.42

과중한 부채 부담으로 혁신의 좋은 기회가 생겼다. 평민들로서는 자신들의 대표자를 최고의 관직에 앉히지 않고서는 부채를 가볍게 만들 희망을 품을 수 없었다. ……

가이우스 리키니우스Caius Licinius와 루키우스 섹스티우스Lucius Sextius가 호민관으로 선출되어야 한다고 결의되었다(기원전 376년의 일이다). 이 직책을 통해 그들은 다른 관직에도 나갈 수 있는 길을 열었을 것이다. 선출되고 나자, 그들은 귀족의 영향력을 떨어뜨리는 반면에 평민의 이익을 드높이는 조치들만 제안하였다. 이 조치들 가운데 하나는 부채 문제와 관련이 있었는데, 이자로 지불된 금액이 원금에서 공제되어야 하며 차액은 3회 분납으로 청산하는 방법을 제시하였다. 두 번째 조치는 [공유] 토지에 제한을 가하여, 어떤 사람도 500유게라[4]가 넘게 보유하는 것을 금지하였다. 세 번째는 콘술 권한을 가진 천부장 선거를 없애고, 콘술 중에 한 사람은 어떻게 하든 평민 중에서 선출되게 한 규정이었다. 이런 규정들은 매우 예민한 문제였기에 엄청난 투쟁 없이 통과시키기는 불가능했을 것이다. ……

4 | 유게라iugera: 멍에를 멘 한 쌍의 소('유굼iugum')가 하루 동안 쟁기질할 수 있는 면적. 1유게룸iugerum(복수는 '유게라')을 환산하면 0.25헥타르이므로 500유게라는 125헥타르다. 따라서 500유게라를 제한 규정이라고 보기는 어렵다는 지적도 있다.

귀족들이 선거를 비준하지 않겠다고 선언하였고, 이 문제는 하마터면 평민의 이탈을 야기할 뻔했을 뿐 아니라 다른 끔찍한 내분을 초래할 뻔했다. 이때 독재관이 마지막으로 타협안을 제시하여 불화를 완화시켰다. 귀족들은 평민 출신 콘술 문제와 관련하여 양보하였으며, 평민은 도시에서 일어나는 사법 문제를 관할하는 법무관을 반드시 귀족 중에서 선발하게 하는 규정으로 귀족에게 양보하였다. 그래서 오랫동안 지속된 투쟁이 끝나고 마침내 질서가 회복되었다.[5]

5 | 실제로 이 법이 준수되어 평민 출신 콘술이 선출된 것은 기원전 348년이고, 평민 출신 법무관이 선출된 것은 기원전 337년으로 알려져 있다.

자료
05

민회의 종류

겔리우스, 《아테네의 밤》 15.27.4

전체 인민이 아니라 일부만 소집하는 사람은 그 모임을 '코미티아comitia'가 아니라 '콘킬리움concilium'이라고 불러야 한다. 호민관들은 귀족을 소집할 수도 없었고 귀족 앞에 법안을 제출할 수도 없었다. 따라서 호민관이 제안하여 승인된 규정은 법으로 불리지 않고 단지 '평민의 결의'[6] 라고 불렸다. 평민이 제정한 법규에도 모든 시민이 구속된다는 법을 퀸투스 호르텐시우스가 통과시키기 전까지 귀족은 그런 규정에 구속되지 않았다.

6 | 평민의 결의plebiscitum (플레비스키툼): '평민'을 뜻하는 'plebis'와 '결의'나 '선포'를 뜻하는 'scitum'의 합성어. 복수는 플레비스키타plebiscita.

자료
06

부채로 인한 인신 예속을 폐지하다

리비우스, 《도시의 건설부터》 8.28

말하자면 그 해는 평민에게는 자유의 신시대를 연 새벽이라고 부를 만했다. 왜냐하면 그들이 부채 때문에 노예 상태에 빠지는 사태가 중단되었기 때문이다. 이런 법적 변화는 고리대금업자 루키우스 파피리우스Lucius Papirius의 크나큰 탐욕과 잔인성으로 인해 초래되었다.

가이우스 푸블리우스Caius Publius는 자기 아버지가 지고 있던 빚 때문에 루키우스에게 자신의 몸을 담보로 제공하였다. 동정심을 일으켰어야 할 채무자의 젊음과 아름다움은 도리어 탐욕과 모욕을 불러일으키는 자극제로 작용했을 뿐이다. 루키우스는 이 소년의 젊은 청순함을 자신이 빌려준 돈에 덧붙여진 이자로 간주하여 처음에는 외설스러운 말로 그를 유혹하려 하였다. 소년이 그 수치스러운 제안에 귀를 막자, 루키우스는 그를 협박하여 겁을 주려 하였으며 끊임없이 자신의 지위를 상기시켰다. 마지막으로, 소년이 현재의 처지보다는 자신의 명예로운 출생을 더 소중하게 여기는 것을 보고서, 옷을 벗겨 그를 매질하게 하였다. 매를 맞아 다친 채로 그 소년은 거리로 달려 나가 고리대금업자의 탐욕과 야만성을 소리 높여 하소연하였다. 그러자 군중이 운집하였다. 이들은 청년에 대한 동정심과 악인에 대한 분노로 흥분하였으며, 또한 자신과 자신들의 자녀가 살아가고 있는 조건을 생각하며 광장으로 몰려들었다. 그리고 그곳에서 무리를 지어 원로원 의사당으로 몰려갔다. 이 갑작스러운 소동 때문에 콘술들은 어쩔 수 없이 원로원 회의를 소집하였다. 군중은 원로원 의원들이 의사당에 들어오는 모습을 보자, 청년의 갈가리 찢긴 등을 보여주고 의원들의 발 앞에 자신들을 던졌다. 바로 그날, 한 개인의 과도함 때문에 채권의 강한 속박이 폐지되었다. 콘술들은 원로원으로부터 인민 앞에 다음과 같은 안을 제시하도록 통고받았다.

"죄를 지은 혐의를 받아 형벌을 치르기 위해 대기하고 있는 자가 아니라면, 어떤 사람에게도 쇠사슬이나 차꼬를 채워서는 안 된다. 그리고 채무 금액에 대해 물건은 담보가 되지만, 채무자의 인신은 그렇게 되어서는 안 된다."

그리하여 넥수스[7]가 방면되었으며, 차후 어느 누구도 넥수스가 되는 것은 금지되었다.

7 | 넥수스nexus, nexi: 바로Varro에 따르면, 빚진 돈을 청산할 때까지 노예 상태로 노동을 제공해야 하는 자유인을 부르는 말이다.

자료
07
이자율 제한

리비우스, 《도시의 건설부터》 7.16.1; 7.27.3~4

원로원을 그다지 만족시키지 못한 법안은 그다음 해 가이우스 마르키우스Caius Marcius와 그나이우스 만리우스Gnaeus Manlius가 콘술로 재직할 때[8]에 제시된 것이다. 이 법안은 이자율을 8과 3분의 1로 고정했는데,[9] 호민관인 마르쿠스 두일리우스Marcus Duillius와 루키우스 메네니우스Lucius Menenius에 의해 통과되었다. 평민들은 법안을 열렬히 환영하며 승인하였다. ……

티투스 만리우스 토르콰투스Titus Manlius Torquatus와 가이우스 플라우티우스Caius Plautius가 콘술로 재직한 해[10]에도 평화로운 상태가 국내에서나 국외에서나 똑같이 지속되었다. 그러나 이자율은 8과 3분의 1에서 4와 6분의 1로 떨어졌으며, 부채는 4분의 1을 감

8 | 기원전 357년.

9 | 십이표법에 나오는 최고 이자율을 다시 법으로 정한 것으로 보인다.

10 | 기원전 347년.

하여 청산하되 잔액을 3년에 나누어 내도록 하였다. 그렇게 했는데도 많은 평민들이 고통을 겪었다. 그러나 원로원이 더 관심을 가졌던 것은 공공의 신용이었지, 개인의 고난이 아니었다. 부담을 가볍게 하는 데 가장 크게 기여한 것은 전쟁세와 병역에서 벗어나게 해준 조치였다.

| 출전 |

겔리우스, 《아테네의 밤》: 겔리우스는, 민회의 구별에 관한 이 설명은 라일리우스 펠릭스Laelius Felix의 주석에서 인용했다고 밝혀놓았다. 펠릭스의 견해에 따르면, 애초 소집된 민회는 평민회였고 로마 시민 전체에 구속력을 가지는 평민의 결의는 호르텐시우스법에 의해 마련되었음을 알 수 있다.

발레리우스 막시무스 Valerius Maximus**, 《업적과 명언**Factorum et dictorum memorabiliorum libri**》:** 막시무스는 티베리우스 황제 때의 인물로 알려져 있으며, 저술로는 《업적과 명언》 9권이 있다. 비판적이지 못하고 경박하다는 평가를 받기는 하지만, 로마의 역사와 제도에 관한 정보가 많이 담긴 저작이다.

바로Marcus Terentius Varro**(기원전 116~27), 《라틴어 사전**De lingua Latina**》:** 라틴어 단어의 어원을 연구하여 밝혀놓은 저술로, 전체 24권이었다고 하는데, 지금은 6권만 전한다. 바로는 당대에 가장 박식한 사람으로 알려진 인물로, 모든 부문의 지식을 섭렵하여 무려 620'ol8권에 달하는 책을 편집했다고 한다. 로마의 건국 연도를 기원전 753년으로 확정한 것도 그의 고증에 따른 것이다.

키케로, 《법률론》: '자료 3'에서 인용한 3.10.24는 키케로의 동생 퀸투스가 호민관의 권력이 너무 비대해졌고 평민들이 이들 호민관의 선동에 휘둘린다고 말하자, 이에 대한 답변으로 키케로가 제시한 것이다. 키케로는 평민에게 호민관직을 허용해준 덕택에 평민이 통제되고 있다고 역설하면서, 공화정 제도의 우수성을 언급한다.

| 참고문헌 |

마티작, 필립, 《로마공화정》, 박기영 옮김, 갑인공방, 2004.
키케로, 《국가론》, 김창성 옮김, 한길사, 2008.
_____, 《법률론》, 성염 옮김, 한길사, 2008.
테오도르 몸젠, 《몸젠의 로마사 1—로마 왕정의 철폐까지》, 김남우 외 옮김, 푸른역사, 2013.
하이켈하임, 프리츠, 《로마사》, 김덕수 옮김, 현대지성사, 1999.
허승일, 《로마사 입문—공화정 편》, 서울대출판부, 1993.
_____, 《증보 로마공화정 연구》, 서울대출판부, 1995.
Lewis & Reinhold, *Roman Civilization: Selected Readings, v.1. The Republic*, Columbia University Press, 1951.
Raaflaub, Kurt A., (ed.), *Social Struggles in Archaic Rome, New Perspectives on the Conflict of the Orders*, University of California Press, 1989.

18

공화정 전기 로마의 군제

: 강한 군대의 비밀

고대 국가의 흥망을 직접적으로 결정한 요소는 군사력이었다. 전쟁에서의 승리는 국가에 영광을 가져왔으나, 패배는 국가와 사회의 단절과 노예화를 불러왔다. 오늘날 우리가 로마 시내를 여행할 때 만나는 무수한 유적의 대부분은, 종교적인 것을 제외하면, 승전 기념물이다. 대표적으로 트라야누스Trajanus의 원주가 그러하고 개선문이 그러하다. 엄밀하게 말해서 종교적인 건물도 국가의 승전을 위해 신에게 호소하는 수단이었으니, 사실 고대 사회는 전쟁을 통해 그 명맥을 이어갔다고 해도 과언이 아니다.

아테네의 영광이 페르시아 전쟁에서의 승리를 떠나서 설명할 수 없는 것처럼, 공화정기 고대 로마의 흥성도 승전의 결과였다. 이처럼 중요한 전쟁을 치르기 위해 로마는 시민을 군대로 편성하고 사회의 역량을 여기에 집중하기 위해 여러 가지 제도를 만들었다. 전해져오는 로마의 사회제도가 남성 위주인 것도 그런 점이 반영된 것이다. 이 장에서는 로마 군대가 기본적으로 어떻게 편성되었고, 그것이 로마의 사회제도에 어떤 영향을 미쳤는지 살펴보자.

켄투리아회는 군사 조직

초기 로마는 왕정 체제였다. 정확히 말하면, 왕이 존재하긴 했으나 귀족에게 실권이 있는 사회였다. 대개의 국가에서처럼, 로마 역시 초기에는 귀족이 스스로를 지키고 친척의 복수를 하기 위해 군사력을 갖추고 있었다. 이들은 지주로서 경제적 기반을 가지고 있었기에 피호민들 중에서 병력을 소집했다. 따라서 왕은 공동체의 일을 대변하는 정도에 불과했고 절대적 권력을 휘두르지는 못했다. 로마왕정사에 따르면, 기원전 6세기 후반에 6대 왕이 된 세르비우스는 왕의 이런 지위를 개선하고자 일련의 개혁에 착수했다. |자료1| 이 개혁을 '세르비우스 개혁' 또는 '세르비우스 체제'라고 부른다.

　여러 사서에 따르면, 세르비우스는 193개로 편성된 켄투리아회를 조직하고 이를 위해 세제를 강화하는 등의 정책을 펼치다가 피살되었다고 한다. 그러나

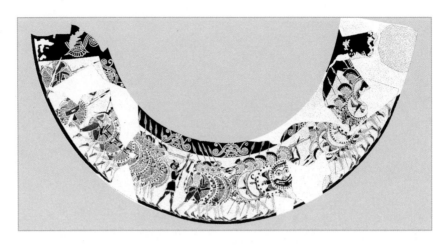

당시의 상황을 고려하면 이 개혁안은 수긍하기 어려운 점이 많다. 우선 보병이 170개 켄투리아로 편성되었다고 하는데, 켄투리아centuria는 말 그대로 100century과 관련된 표현임을 고려하면 1만 7000명의 보병이 존재한 셈이다. 이는 당시 로마의 크기나 인구수를 고려하면 상상하기 어려운 규모이다.

한편 기원전 594년에 아테네에서 이루어진 솔론의 개혁이 세르비우스의 개혁에 영향을 주었을 가능성도 있다. 그렇지만 솔론의 4등급 재산 평가제와 세르비우스의 등급제는 기하학적 평등이라는 원리가 구현된 점에서는 같지만, 후자가 더 군사적 성향을 띤다는 점에 주목할 필요가 있다.

이렇듯 켄투리아회는, 나중에는 민회의 한 조직으로 편성되었지만, 순수한 군사 조직으로 출발했다고 보는 편이 합당하다. 이 점을 뒷받침하는 증거들도 있다. 먼저, '소집'을 뜻하는 용어가 '군대를 지휘한다'는 뜻을 가진 '임페라레 imperare'인 점, 그리고 포메리움이라는 시 경계 밖에서 소집된다는 점 등이 그러하다. 특히 포메리움 안에서는 무장을 할 수 없었으므로 그 경계 밖에서 소집되는 것은 무장을 하고 모이는 것을 의미하는데, 그런 관행 자체가 켄투리아가 애초에 군사 조직이었음을 보여준다고 할 수 있다.

또 결정적으로 중요한 것은 소집할 때 등급별로 무장을 달리하여 모였다는 점이다. 지금까지 연구된 바에 따르면, 기사는 기마를 기본으로 하고, 보병은 다섯 등급으로 나누어 무장에 차등을 두었다. 보병의 경우, 다음과 같이 등급별로

구별하여 무장했다.

- 1등급: 원형 방패, 청동 투구, 흉갑, 정강이 받침, 찌르기 창과 검
- 2등급: 장방형 방패, 청동 투구, 정강이 받침, 창과 검
- 3등급: 장방형 방패, 청동 투구, 창과 검
- 4등급: 장방형 방패, 창과 검
- 5등급: 투창과 투석기

그리스의 선진적 군사 기술 수용

최근 활발하게 이루어지고 있는 발굴 결과에 따르면, 이런 등급 체제가 하루아침에 생겨난 것이 아님을 확인할 수 있다. 기원전 169년 카토Cato의 연설문에서도 그런 단서가 발견된다. 카토는 이 연설문에서 '등급에 드는 자들classici'과 '등급 밑에 있는 자infra classem'로 구분하고 전자를 1등급을 가리키는 용어로 사용했다. |자료 2| 이 말은 후대에 페스투스Festus가 "로마의 군대는 원형 방패를 사용하는 부대(classis clipeata)"라고 한 말과 일치한다. 요컨대 로마 초기의 군대는 원형 방패로 무장한 1등급으로만 구성되었다는 말이다.

이 같은 문헌 기록은 발굴 유물의 내용과 일치한다. 로마 지역에서 출토된 기

원전 6세기 말에서 기원전 5세기 중엽 무렵의 유물들은 그리스의 영향을 여실히 보여준다. 그리스에서는 기원전 6세기에 이미 중갑병의 무장 일습과 그에 기반한 밀집방진부대(팔랑크스)가 일반화되었다. 이런 선진 지역에서 무장과 전술을 도입한 로마 군대는 '클리페우스clipeus'라는 청동제 원형 방패와 전신 갑주로 무장했다. 당시 로마는 에트루리아의 지배를 받는 소국에 불과했기에 이런 선진적 군사 기술은 일찍이 그리스인들과 접촉하고 있던 에트루리아로부터 전수받았을 것으로 보인다. 그리고 로마의 전술 및 무장 도입은 매우 완만하게 이루어져, 세르비우스의 개혁기에 시작하여 십이표법이 제정된 무렵에 완성되었을 것으로 짐작된다.

중갑병 제도와 평민 이탈의 연관성

그리스에 참주 정치가 확산된 계기는 중갑병 제도의 도입과 관련이 있었다. 같은 논리를 초기 로마 역사에 적용하면, 로마에서 일어난 평민의 이탈이라는 사태와 중갑병 제도 도입도 관련이 있을 것으로 보인다. 기원전 494년에서 287년까지 이어진 평민의 조직적 저항은 그 동기가 확실하지 않다. 그동안은 평민들이 단순히 최고 관직인 콘술을 선출할 권리를 가지려 했다고 설명되었으나, 실상 최초의 평민 콘술이 탄생한 것은 기원전 367년 이후이므로, 그간의 신분 갈등 현상의 진정한 원인을 설명하기는 어려웠다. 따라서 생각을 조금 달리하여, 십이표법에 부채 문제가 명시된 점에 주목할 필요가 있다. 그리스와 달리, 당시

로마는 전형적인 농업 국가였는데 왜 갑자기 부채가 사회문제로 부상했을까?

2012년 작고한 뒤셀도르프 대학의 명예교수 키나스트Dietmar Kienast는 이 문제를 중갑병 제도의 도입과 연관시켜 바라보았다. 중갑병으로 무장하면 전투할 때 안전했을 뿐 아니라 공훈을 쌓으면 사회적 명성을 얻었기에 농민들은 중갑병의 무장을 마련하고자 노력했다는 것이다. 기원전 6세기 말, 무장 일습에 드는 비용은 30드라크마로, 이 비용은 양 약 30마리에 해당한다고 보고되어 있다. 농업 국가였던 로마에서는 아마도 이보다 더 많은 비용이 들었을 것이다. 따라서 로마의 농민들이 부채 문제에 직면한 것은 중갑병 전술의 도입과 관련이 있다고 볼 수 있다. 이처럼 농민들은 국가의 방위에서 중요한 역할을 떠맡자, 귀족들의 정치적 독점에도 반기를 들었던 것이다.

이렇게 본다면, 십이표법의 제정은 중갑병이 도입되면서 여기에 참여할 수 있는 농민, 그중에서도 부유한 농민 세력이 신장했음을 보여주는 증거라고 할 수 있다. 이러한 시도는 상당히 성공을 거두어, 보병 1등급이 귀족의 상징이라 할 기사와 함께 법적으로 같은 권리를 누리게 되었던 것으로 파악된다.

군사 장비와 군대 편제의 변화

로마 군의 장비는 기원전 4세기에 들어서면서 바뀐다. 종래의 둥근 방패에서 문짝 모양의 장방형 방패가 개발되었다. 이 방패는 '스쿠툼scutum'이라고 불렸다. 크기는 가로 77센티미터에 세로 123센티미터이며, 아교로 판자를 붙인 뒤 겉에는 아마포를 대고 쇠가죽을 덮어씌웠다. 상하 가장자리는 철로 보강하고 전면에 철제 압정을 박아 잘 마모되지 않으면서도 적의 창검을 빗나가게 하거나 막을 수 있게 했다. 무엇보다 이 새로운 방패가 지닌 장점은 경제적 부담이 적다는 점이었다. 장방형 방패를 연이어 붙이면 혼자서는 불가능한, 뛰어난 보호 기능을 발휘할 수 있었기에 중갑병 무장이 불필요해졌다는 점도 큰 장점이었다.

방패의 변화는 전술의 변화와 관련이 있었다. 팔랑크스보다 기동성과 보호 능력이 뛰어난 마니풀루스manipulus가 기본 부대 단위로 도입된 것이다. 마니풀루스는 1개 군단(약 6000명)에 서른 개 정도가 있었으므로 한 단위당 200명 정도로 편성된 셈이니 중대급 부대라고 할 수 있는데, 그리스의 방식을 도입해 개량한 것이다.

이런 변화가 생겨난 시기는 언제쯤일까? 전쟁세인 트리부툼Tributum이 도입된 시기와 같다고 한 리비우스의 의견을 따르면 기원전 406년으로 볼 수 있으나,|자료3| 발굴 유물이나 전쟁 기록을 볼 때 기원전 4세기 중엽에 도입되었다고 보는 견해가 더 우세하다. 이 전술이 직접 사용된 사례는 피로스 전쟁(기원전 280~275년)에서 찾을 수 있다. 이 전쟁은 이탈리아에서 벌어진 그리스 연합군 대 로마의 전쟁이었다. 에피루스의 장군 피로스는 알렉산드로스에 버금가는 인물이었으나, 진 것과 다를 바 없는 신승을 거두어, 이른바 '피로스의 승리Pyrrhic Victory'라는 말이 여기서 생겨났다. 이 전쟁으로 로마는 군사적으로도 자신감을 얻었다.

전술의 변화가 낳은 사회적 변화

새로운 전술의 장점이 드러나자, 로마의 군대 편성에도 획기적인 변화가 생겼다. 1등급의 전유물로 사용되던 청동제 둥근 방패가 장방형 방패로 바뀌어, 실제로 무장에 차이가 없어진 것이다. 마니풀루스의 대형은 3열로 이루어졌는데, 첫째 줄을 하스타티hastati, 둘째 줄을 프린키페스principes, 셋째 줄을 트리아리triarii라고 불렀다. 대형이 이런 방식으로 만들어지자, 이제 재산이 아니라 연령이 중요해졌다. 또 전술의 변화에 따라 등급을 확대하는 일이 가능해져 2, 3, 4

등급이 생겼고, 대형 밖에서 수호 임무를 맡는 5등급이 필요해졌다. 이는 재산이 적은 빈민들이 전투원으로서 군대에 복무할 기회가 확대되었음을 의미한다. 아울러 이들은 자신들의 위상이 높아졌다고 판단하고 정치적 발언권을 얻고자 노력했다. 기원전 367년 이래로 심화된 신분 갈등은 이런 변화가 반영된 결과라고 할 수 있다.

로마가 기원전 3세기에 이탈리아 전체를 정복하고, 나아가 지중해의 패권을 장악할 수 있었던 것은 이 같은 군사 제도가 점진적으로 자리 잡은 덕분이며, 이 과정에 참여하는 계층을 꾸준히 넓혀간 점도 중요한 동력이었다고 말할 수 있다. 나아가 기원전 287년에 이르러서는 평민에게 입법권까지 부여했다. 우리는 이런 점에서 평민의 공로를 인정하고 그 역할에 상응하는 제도적 뒷받침을 해준 로마의 정책이 얼마나 현실적이고 현명했는지를 엿볼 수 있다.

세르비우스 왕의 켄투리아회 조직

리비우스, 《도시의 건설부터》 1.42.5~43.10

세르비우스 왕은 센서스 제도를 만들었다. 이 제도는 미래의 제국에 가장 유익한 제도 였다. 이때부터 전쟁과 평화의 분담이 개인들에게 부과되는 대신, 돈의 소유 정도에 준 하여 부과되었다. 그는 등급과 켄투리아와 센서스에 따르는 이 질서를 편성하였는데, 평화로울 때에나 전시에나 적절하였다.

10만 아스 이상의 큰 센서스를 가진 사람들은 80개의 켄투리아를 이루게 하였는데, 장 년조가 40개였고, 청년조가 40개였다. 이들은 모두 1등급으로 불렸다. 장년들은 도시 의 수비를 신속히 하도록 하였으며, 젊은이들은 성 밖에서 전투하도록 편성되었다. 그 들에게 부과된 무장은 투구galea, 원형 방패clipeus, 정강이 받침ocrea, 흉갑lorica인데, 모 두 동으로 만들어졌고, 신체를 덮기 위한 것들이었다. 그리고 적에게 던지는 발사무기 들tela in hostem, 창hasta, 검gladius이 있었다. 여기에 두 개의 공인 켄투리아가 덧붙여졌 는데, 이들은 무기를 지니지 않은 채 군 복무를 이행했다. 그들에게 부과된 의무는 전투 에 쓸 공성용 기구를 만드는 것이었다.

2등급은 10만 미만에서 7만 5000[아스]까지의 센서스를 가진 자들로 이루어졌다. 이 들 가운데 장년과 청년으로 이루어진 20개의 켄투리아가 소집되었다. 이들은 원형 방 패 대신 장방형 방패를 지녔고, 흉갑을 제외하고는 모든 것이 동일했다. 3등급은 5 만[아스]의 센서스여야 한다고 정했다. 3등급도 2등급과 켄투리아 수도 같았고 연령 구분도 동일한 기준으로 이루어졌다. 무장에 관해서 말하자면, 정강이 받침을 빼버린 것 말고는 다른 점이 전혀 없다. 4등급의 경우, 센서스가 2만 5000[아스]이었다. 4등급 도 같은 규모의 켄투리아가 구성되었지만 무장이 달라졌는데, 창과 투창을 제외하고는 제시된 것이 없었다. 5등급은 늘어났다. 30개의 켄투리아로 만들어졌는데, 이들은 투석기와 투석을 지니곤 했다. 이들 등급에 호른 취주대corniciens와 트럼펫 취주대tubicines가 더해졌는데, 이들은 두 개의 켄투리아에 분산되었다. 이 켄투리아에 매겨진 센서스는 1만 1000[아스]이었다. 나머지 대중은 이보다 적은 센서스를 가진 이들이었다. 이들로는 하나의 켄투리아가 결성되었으며, 병역이 면제되었다.

이처럼 보병부대가 편성되고 분할이 이루어지자, 세르비우스는 도시의 가장 우수한 집단에서 열두 개의 기사 켄투리아를 소집하였다. 또한 세 개는 로물루스에 의해 설치되었는데, 신성화된 그것들과 동일한 명칭으로 여섯 개의 켄투리아를 더 만들었다. 말들을 구입하도록 국고에서 1만 아스를 지급하였으며, 말을 기르기 위한 수단으로 과부들이 지정되었는데, 이들은 매년 2000아스를 납부하였다. 이 모든 부담은 가난한 사람들에서 부자에게로 기울었다. 그리고 부자들에게는 명예가 부가되었다.

이런 체제는 로물루스 이래로 전해진 것을 이후의 왕들이 보전한 것과 달랐다. 같은 영향력과 권리를 가진 동일한 투표권이 모든 사람에게 공동으로 부여되긴 했으나 차등이 이루어져, 각 개인이 투표권을 빼앗긴 것으로는 보이지 않지만 도시의 가장 우수한 자들이 모든 힘을 가지게 되었던 것이다.

자료
02

1등급과 등급 미만

겔리우스, 《아테네의 밤》 6.13

다섯 가지 등급에 속한 자들 모두가 '클라시쿠스들classici'이라고 이야기된 것은 아니다. 1등급에 속하는 사람들만이 그러했다. 그들은 12만 5000아스나 그보다 많은 것으로 센서스에 등재된 사람들이다. 반면 2등급과 기타 등급이 '인프라 클라셈infra classem(등급 미만'으로 불렸는데, 이들은 위에서 내가 말한 것보다 더 적은 총액으로 센서스에 등재된 자들이다. 나는 이것을 간단히 기록했다. 왜냐하면 '보코니우스법lex Voconia을 왜 승인하는가'에 관한 마르쿠스 카토의 연설에서 클라시쿠스가 무엇이며, 인프라 클라셈이 무엇인지 의문시되었기 때문이다.

장방형 방패가 도입되면서 달라진 전술

리비우스, 《도시의 건설부터》 8.8.3~13

[기원전 340년] 전에 로마인들은 원형 방패를 사용하였다. 후에 [병사들이] 봉급을 받으면서부터[1] 원형 방패 대신 장방형 방패를 사용하였다. 그리고 또 전에는 마케도니아인들의 것과 유사한 팔랑크스 대형이 나중에 마니풀루스로 구성된 대형이 되기 시작하였다.

이 대형은 여러 줄로 이루어져 있었다. 첫째 줄은 하스타티hastati인데, 열다섯 개의 마니풀루스로 구성되었고 그 사이에 적당한 공간을 두었다. 마니풀루스는 각각 스무 명의 경무장 병사와 장방형 방패 부대로 이루어졌다. 경무장이란 장창hasta과 투창gaesa을 지닌 자들의 칭호이다. 군 복무에 숙달된 청년들로 이루어진 대형의 이 첫머리는 가히 꽃이라 부를 만하다.

이들 뒤에는 더 강하고 나이가 많은 사람들이 동일한 수의 마니풀루스를 구성한다. 이들에게 부여된 이름은 프린키페스principes이다. 이들은 전자의 뒤를 따르는데, 전원이 장방형 방패로 무장하였으며scuti, 특히 구별된 무장을 하였다. 서른 개의 마니풀루스로 이루어진 이 대오를 사람들은 안테필라누스[2]라고 불렀다. 부대의 휘장들signum 바로 뒤에는 열다섯 줄로 이루어진 다른 대열이 자리를 잡았는데, 각 대열이 세 부분으로 구성되고 이들 중 첫째 부분에 있는 자들을 필루스pilus(투창)라고 불렀기 때문이다.

대열ordo은 세 개의 벡실룸vexilla(군기)으로 이루어졌고, 각 벡실룸은 60명의 일반병과 두 명의 백부장과 한 명의 군기수로 이루어졌으므로, 모두 합해서 186명인 셈이다.[3] 첫 번째 벡실룸은 트리아리triarii를 이끄는데, 이들은 고참 병사들 중에서 용기가 입증된 병력이다. 두 번째는 로라리rorarii를 이끄는데, 이들은 연령과 업적 면에서 덜 강한 자들이다. 세 번째는 아켄시accensii를 이끄는데, 이들은 자신감이 가장 적은 병사들이었기에 후미 열로 보내졌다.

부대가 이런 대오들로 편성되었으므로, 하스타티가 앞장서서 전투를 시작하였다. 만약 하스타티가 적을 물리치지 못하면 천천히 뒤로 물러서는 그들을 프린키페스가 대오들 사이로 받아들였다. 그런 다음에 전투를 벌였고, 하스타티가 그 뒤를 따랐다. 트리아리는 부대 휘장 뒤에서 몸을 낮추고 있다가 왼발을 앞으로 내밀고 장방형 방패를 어깨에 대고 장창을 들어 끝을 땅에 고정시킨 뒤 서로 연결하여, 마치 부대를 방책 친 요새처럼

1 | 기원전 406년에 최초로 군 복무자에게 봉급을 주기 시작했다(리비우스, 《도시의 건설부터》, 4.59.11).

2 | 안테필라누스antepila-nus: '투창 부대 앞에 선 자'라는 뜻이다.

3 | 여기에 적힌 대로 하면 합이 189명이 되어야 한다. 186명이 되려면 백부장이 두 명이 아니라 한 명이어야 한다.

만들었다. 프린키페스는 충분히 성공적으로 전투를 치르지 못하면 슬며시 첫 번째 대열에서 트리아리에게로 후퇴했다(이런 까닭에 고생을 하는 경우, "트리아리에게로 퇴각하였다"라는 격언이 더해졌다). 트리아리는 자신들의 줄 사이에 프린키페스와 하스타티를 받아들인 뒤, 즉시 함께 일어나 밀집대오를 만들어, 마치 길을 막듯이 하나의 연속된 무리가 된 채 아무런 미련도 남기지 않고 적들에게 쇄도했다. 이것이야말로 적에게는 가장 무서운 것이다. 패배한 자들을 뒤쫓는 듯했는데, 그 수가 늘어난 군대가 갑자기 새로 공격하는 모습을 발견하게 되기 때문이다.

| 출전 |

겔리우스, 《아테네의 밤》: 일반적으로 로마의 군대 편제에서 다섯 등급은 6대 왕 세르비우스 툴리우스에게서 비롯하는 것으로 알려져 있으나, 이 자료는 적어도 대大 카토가 연설한 시점에도 다섯 등급이 아니라 등급과 등급 이하만 있었음을 알려준다.

리비우스, 《도시의 건설부터》: 군사 제도에 관해 리비우스가 한 언급에는 회의적인 시각이 많다. 코넬T. J. Cornell은 리비우스의 기술이 기원전 6세기가 아니라 기원전 4, 3세기에 해당한다고 본다. 또 실제 병력도 1등급 40개 켄투리아 정도였을 것이라고 주장한다.

| 참고문헌 |

마키아벨리, 니콜로, 《로마사 논고》, 강정인·안선재 옮김, 한길사, 2003.
마티작, 필립, 《로마공화정》, 박기영 옮김, 갑인공방, 2004.
배은숙, 《강대국의 비밀》, 글항아리, 2008.
셰이드, 존·로제르 아눈, 《로마인의 삶—축복받은 제국의 역사》, 손정훈 옮김, 시공사, 1997.
키케로, 《국가론》, 김창성 옮김, 한길사, 2008.
테오도르 몸젠, 《몸젠의 로마사 2—로마 왕정의 철폐에서 이탈리아 통일까지》, 김남우 외 옮김, 푸른역사, 2014.
하이켈하임, 프리츠, 《로마사》, 김덕수 옮김, 현대지성사, 1999.
Snodgrass, Anthony M.,*Arms and Armour of the Greeks* , Cornell University Press, 1967.

19

포이니 전쟁

: 지중해의 주도권 다툼

이탈리아의 수도 로마의 중심부에 있는 카피톨리니 박물관에는 두 아기가 암늑대의 젖을 빨고 있는 조각상이 있다. 이 조각상은 로마인을 상징하는 것으로 널리 알려져 있고, 실제로 로마인은 늑대처럼 정복과 침략을 통해 성장했다. 물론 로마인들이 계획적으로, 이를테면 제국주의 정책 같은 것을 추구하지는 않았으며, 방어전을 치르다가 불가피하게 제국주의적 지배를 하게 되었다는 지적도 있고, 이른바 '정당한 전쟁iustum bellum'이라는 명분이 있어야만 전쟁에 나섰다는 사실 역시 잘 알려져 있다. 그럼에도 로마가 일련의 전쟁을 통해 점차 팽창했고 그것도 거의 쉬지 않고 해마다 전쟁을 했다는 점에서, 이른바 늑대민족이라는 평을 들어도 지나침이 없을 것이다. 이 장에서는 로마 팽창의 분수령이 되었던 카르타고와의 전쟁을 조망함으로써 늑대민족이라는 로마인의 성격이 어떻게 발현되었는지 살펴보자.

카르타고 약사

전설에 따르면, 카르타고는 기원전 9세기 말에 지금의 아프리카 북부인 튀니스 부근에 건설되었다. 최근에 이루어진 발굴에 따르면, 대체로 로마와 비슷한 시기인 기원전 753년경에 건설된 것으로 보인다. 카르타고를 건설한 사람들은 그리스인보다 일찍 해상무역에 종사하여 그 이름을 떨친 페니키아인들이라고 한다(페니키아인은 그리스어로는 포이닉스Phoinix, 라틴어로는 포이누스Poenus 또는 푸니쿠스Punicus 로 표기한다. 이 책에서는 일반 교과서에서 표기하는 '포에니' 대신 '포이니'를 사용한다). 카르타고는 지중해의 중심 지역이면서 이탈리아 반도를 마주 보는 곳에 자리를 잡았다. 카르타고인들은 이런 지리적 이점을 충분히 활용하여 그리스인들을 따돌리고 지중해 서부 지역에서 해상권을 독점했다. 이들의 주요 무역품은 주석을 비롯한 광산물, 특히 자신들이 생산한 자주색 직물이었다. 그래서 '차이나'가 도자기를 뜻하듯이, '포이닉스'라는 말이 자색 염료를 뜻하는 것이다.

카르타고인들은 무역업뿐만 아니라 노예를 이용하는 재식농업栽植農業의 선구자로 인정될 만큼 뛰어난 농업기술을 가지고 있었다. 이 기술은 후에 로마에 영향을 끼쳤으며, 길게 보면 신대륙에서 사용된 플랜테이션의 기원이 된다. 카르타고를 떠받친 이 두 기둥의 관계는 카르타고 내부의 세력 관계에도 반영되어, 농업에 종사하는 지주들은 해상 진출에 상당히 불만을 품고 있었다. 정치체제는 로마와 매우 유사하여, 두 명의 최고 관리(수페스sufes)와 원로원과 민회로 구성되어 있었다. 군대의 경우, 로마 군이 시민군이라 할 만한 데 비해 카르타고는 잡다한 인종으로 구성된 직업적 용병대였다는 점에서 차이가 있었다.

사소한 계기로 촉발된 1차 포이니 전쟁

로마와 카르타고의 관계는 처음에는 서로 간섭하지 않는 가운데 비교적 평온함을 유지했다. 기원전 348년과 306년, 297년에는 우호적인 관계 속에서 조약을 갱신하기도 했다. 사실 로마로서는 이탈리아 반도의 여러 세력과 경쟁하느라 카르타고에 신경 쓸 여력도 없었고 무역에 적극적으로 관심을 보이지도 않았다. 그래서 카르타고는 로마와 동맹을 체결한 어떤 국가도 간섭하지 않겠다고 약조했고, 로마는 지중해 서부에 대한 카르타고의 독점권을 인정했다. 그리고 시칠리아와 카르타고에서 로마 상인의 상업 활동을 허용했다.

두 국가 사이에 전쟁이 발발하게 한 계기는 사소한 사건이었다. 마메르티니Mamertini라는 캄파니아Campania 출신의 용병 집단이 메사나Messana(현재 지명은 메시나Messina)를 정복했다. 그러자 이들을 고용했던 시라쿠사이Syracusae가 이들을 공격했고 마메르티니는 카르타고에 도움을 요청했다. 결국 시라쿠사이는 물러났다. 그러나 카르타고에 불안을 느낀 이들은 로마에 지원을 요청했는데, 로마의 원로원은 여러 가지를 고려하여 지원하지 않았다. 그런데 이 문제에 관심을 가지고 있던 한 콘술과 그의 친구들이 민회에 이 문제를 상정했고, 여기에서 마메르티니와 동맹을 체결하는 건이 승인되었다. 그리고 기원전 264년 로마가 두 개의 군단을 파견하여 메사나에서 카르타고 세력을 몰아내자, 카르타고는 시라쿠사이와 연합하여 로마에 대항한다. 이리하여 3차에 걸친 포이니 전쟁이 발발하기 시작한 것이다. 1차 포이니 전쟁은 기원전 241년까지 지속되었는데, 실상 이 전쟁은 시칠리아 섬 쟁탈전이었다.

로마 군에게 밀려서 도피한 시라쿠사이의 군주 히에론Hieron은 로마와 동맹을 맺는 편이 낫겠다고 판단했다. 그리스 민족과 페니키아 민족은 오랫동안 적

대 관계였고, 로마와 싸우면 카르타고가 어부지리를 취할 것이라고 생각했던 것이다. 그래서 시라쿠사이는 로마를 도와, 카르타고 병력이 주둔하고 있던 시칠리아 섬에서 아그리겐툼Agrigentum을 포위 공격하여 빼앗았다.|자료 1| 로마 편에서 볼 때 시칠리아를 얻은 것은 로마가 대제국으로 팽창하는 첫 걸음이 되었다. 이 전쟁을 계기로 로마는 해군의 필요성을 절감하여 함대를 만들기 시작했고, 최강의 육군에 상응하는 해군력을 동시에 보유하는 데 성공했다.|자료 2|

또한 시라쿠사이가 빼앗은 동부를 제외한 시칠리아 전체를 차지한 로마는 이곳을 '프로빈키아provincia'라고 부르는 속주屬州로 지정하여, 로마 정무관이 직접 통치하게 했다. 그리고 생산물의 10분의 1을 공납으로 부과하고, 이것을 징수하기 위해 징세 청부 제도

도판 37 한니발의 모습으로 추정되는 흉상. 이탈리아의 카푸아에서 발견되었으며 현재 나폴리 국립고고학 박물관에 소장되어 있다.

를 도입했는데, 이 제도는 후일 로마제국을 이루는 기본 틀이 되었다. 그뿐만 아니라 시칠리아는 나중에 이집트와 아울러 로마 시에 곡물 공급처로서 매우 중요한 역할을 담당한다. 로마의 대농장 체제인 라티푼디움latifundium은 실제로 시칠리아에서 기원했다고 한다.

2차 포이니 전쟁: 한니발 전쟁

리비우스의 말에 따르면, 2차 포이니 전쟁(기원전 218~201년)은 가장 위대한 전쟁이었다고 한다. 그만큼 준비된 전쟁은 그때까지 없었다는 것이다.|자료 3| 리비우스의 말대로, 1차 전쟁이 별다른 준비 없이 우발적으로 일어났다면, 이번에는 카르타고의 명장 한니발Hannibal(기원전 247~183/181)과 그의 가문이 치밀하게 준비

하고 있었다.[자료4] 한니발은 이베리아 반도의 히스파니아Hispania인들을 동맹으로 끌어들였고, 기원전 219년 로마와 동맹 관계였던 사군툼Saguntum을 공격하여 함락시킴으로써 로마로부터 선전포고를 이끌어냈다.[자료5] 그러고 나서 동쪽으로 진군하여, 코끼리를 앞세운 대부대를 이끌고서, 넘을 수 없다고 여겨지던 알프스를 넘었다.[자료6]

전쟁 초반에 로마의 파비우스Fabius 장군은 지연 전술로 한니발 군대에 신중하게 대항했으나, 그 뒤로는 다른 지휘자들의 판단 미숙과 자만심 탓에 여러 전투에서 패배했다. 특히 기원전 216년 칸나이Cannae에서 대패하여, 전사자 2만 5000명에 포로 1만 명이라는 인명 손실을 보았다. 한니발은 로마 시를 직접 공격하지 않는데, 그 이유는 우선 로마 시를 공성할 준비가 충분치 않아서였고, 또 로마에 충성을 바치던 동맹국을 이반시켜 로마를 서서히 고립시키고자 했기 때문이다.

로마는 이런 위기에 직면하여 애국심을 고양시켰을 뿐 아니라 패장을 환대해 군인들의 사기를 드높였고, 모든 방법을 동원하여 단호하게 대처했다. 게다가 남부 지역의 일부를 제외한 이탈리아 내의 동맹국들은 로마의 위기를 보면서도 로마에 계속 충성했다.[자료7] 결국 한니발의 의도와 다르게 전쟁이 진행되어,[자료8] 마침내 한니발의 군대는 이탈리아 남부 지역에서 고립되고 만다.

한편 로마의 명장 대大 스키피오Scipio가 이베리아 반도에 있던 카르타고 군을 격파한 뒤, 카르타고를 직접 공격했다. 이 소식을 들은 한니발은 급히 귀국하여 스키피오와 접전을 벌였으나, 자마Zama 전투에서 패배한다(기원전 202년). 이로써 2차 포이니 전쟁은 막을 내린다.[자료9] 이 전쟁은 한니발이 주도한 전쟁이라고 해서 일반적으로 '한니발 전쟁'이라고 부른다. 헬레니즘 시대의 위대한 장군 중 한 사람이었던 한니발은 기원전 183년 자살로 파란 많은 생을 마감했고, 대 스키피오는 '아프리카누스Africanus'라는 별칭을 얻었다.

마지막 전쟁으로 파괴된 카르타고

마지막 전쟁은 기원전 149년부터 기원전 146년에 걸쳐 일어났다. 카르타고는 2

차 전쟁 이후 전쟁 금지 상태였는데도 인접국인 누미디아Numidia가 국지전을 벌여 자극하자 그에 응했고, 로마가 이 일을 핑계로 카르타고를 공격하면서 시작된 전쟁이었다. 사실 카르타고는 이때까지 막대한 배상금을 물고도 상업 도시로 번성하여 옛 영광을 회복하는 듯이 보였다. 따라서 로마의 개입은 카르타고에 대한 두려움에서 비롯한 것이었다.

로마는 조약 위반을 빌미로 카르타고에 잔인한 공격을 가했고, 카르타고 시민들은 결사 항전을 벌였다. 그러나 카르타고는 결국 철저히 파괴되고 말았고 그 영토는 로마의 속주로서 '아프리카'라는 이름을 얻게 되었다. 이때 농업서 저자로 유명한 카토는 카르타고의 궤멸을 주장했고, 반면 법률 조언자로 유명한 스키피오 나시카Scipio Nasica는 강력한 이웃이 존재해야 로마의 도덕적·군사적 건전성이 유지될 수 있다며 파괴에 반대했다고 한다. |자료10| 카르타고는 소小 스키피오에 의해 멸망했다. 그는 양조부와 마찬가지로 '아프리카누스'라고 불렸다.

한니발의 복수

지금까지 살펴본 대로 로마는 카르타고와 3차에 걸쳐 벌인 전쟁에서 완승을 거두며 명실상부한 지중해의 패자가 되었고, 카르타고는 그 흔적만 남긴 채 역사의 무대에서 사라졌다.

로마가 승리를 거머쥐게 된 원동력은 무엇이었을까? 여러 가지가 있었지만, 무엇보다 중요한 것은 대외 팽창 혹은 대외 정복을 로마인들이 필요로 했다는 점이다. 지배층을 이룬 귀족은 전쟁이 가져다주는 명성과 현실적 이익에 관심이 컸기에, 야심 있는 정치가라면 전쟁을 일으킬 동기가 충분했다. 또한 평민도 토지를 얻고 아울러 사회적으로 진출하고자 하는 갈망이 매우 컸다. 그 밖에도 로마의 지배 체제나 경제 성장 상태를 고려하면, 팽창의 동기는 얼마든지 찾을 수 있다. 이런 전반적인 욕구를 만족시킨 것이 바로 전쟁이었다. 이런 면에서 거의 모든 전쟁에서 승리한 로마는 선택받은 국가라고 할 수 있을 것이다.

그러나 승리의 결과가 로마에 늘 다행스러웠던 것만은 아니다. 유명한 역사가 토인비의 말에 따르면, 한니발은 비록 패배했지만 로마에 사회경제적 질병을 안겨줌으로써 로마는 곧이어 혁명의 시대로 들어섰고, 그 결과 초래된 혼란은 아우구스투스의 치세에 가서야 진정되었다는 것이다. 이를 두고 죽은 한니발이 로마에 복수했다고들 말한다.

1차 포이니 전쟁의 경과

폴리비오스, 《역사》 1.62.3~63.4

하밀카르[1]는 원래 그러하였던 것처럼 완전히 훌륭하고 사려 깊은 지도자로서 활약하였다. 조금이라도 희망이 있는 한, 아무리 위험하고 모험이 되는 일일지라도 그는 모든 수단을 동원하였다. 만약 전쟁에서 성공할 가능성을 입증한 장군이 있다면, 바로 그였다. 그러나 운명이 역전되고 자기 휘하의 군대를 구조할 희망이 남아 있지 않자, 상황에 굴복하는 실천적 양식을 보여주었다. ……

루타티우스[2]는 기꺼이 협상에 동의하였다. 그는 로마의 자원이 이때에 이르러 전쟁으로 고갈되고 약화되었음을 의식하였던 것이다. 그는 조약을 체결함으로써 대결을 종식시키는 데 성공하였다. 조약의 내용은 다음과 같다.

"만약 로마의 인민이 동의한다면, 카르타고와 로마 사이에 다음과 같은 조건으로 우호 관계가 성립될 것이다. 카르타고인은 시칠리아 전체에서 철수하고, 히에론[3]이나 시라쿠사이인 및 그들의 동맹국을 상대로 전쟁을 벌이지 않는다. 카르타고인은 로마인에게 몸값을 요구하지 않고 모든 포로를 송환한다. 카르타고인은 로마인에게 2200에우보이아탈란톤을 20년 분할 상환으로 지불한다."

그러나 이 조약이 로마에 전달되자, 로마 인민은 조약을 받아들이는 대신 그것을 심의할 열 명의 위원을 파견하였다. 도착한 위원들은 조약에 실질적인 변경을 가하지 않되, 단지 카르타고에 더 가혹한 조건이 되도록 약간 수정을 가하였다. 즉, 지불 기한을 절반으로 감축하고, 배상금에 1000탈란톤을 더하였다. 그리고 카르타고인이 시칠리아와 이탈리아 사이에 놓인 모든 섬에서 철수할 것을 요구하였다.

시칠리아를 점거하기 위하여 로마인과 카르타고인 사이에 벌어진 전쟁은 그렇게 끝났다.

1 | 하밀카르 Hamilcar: 한니발의 아버지. 기원전 247년부터 카르타고의 군대를 지휘했다.

2 | 루타티우스 Lutatius: 기원전 242년 해전에서 결정적인 승리를 거두게 한 콘술.

3 | 히에론 Hieron 2세(기원전 270~216/215 재위): 시라쿠사이의 왕. 현명한 정책으로 부흥기를 이루었으며, 아르키메데스가 당시 인물이다. 특히 히에론이 남긴 조세 체제(lex hieronica)는 로마에도 크게 영향을 끼쳤다.

로마인, 전함을 만들다

폴리비오스, 《역사》 1.20.5~15

카르타고인이 별 어려움이 없이 제해권을 유지하는 동안, 전쟁의 운은 어느 쪽으로도 기울지 않았다. 아그리겐툼이 계속해서 그들의 손에 장악되어 있는 동안, 많은 내륙 도시들이 로마의 보병을 두려워하여 로마 측에 가담하였고, 반면에 더 많은 해변의 도시들이 카르타고 함대를 두려워하여, 공동 대항을 포기하였기 때문이다.

따라서 …… 로마인은 이탈리아가 적의 함대에 의해 자주 약탈당하는 반면, 리비아는 전혀 피해를 보지 않는 것을 보자, 카르타고인처럼 해상에 진출하기 위해 긴급조치를 취하였다. …… 그들은 최초로 군선, 즉 오인조노선quinqueremis과 삼단노선triremis[4]을 건조했다. 그런데 오인조노선은 이탈리아에서 사용된 적이 없어서 배를 만드는 목수들이 경험이 없었으므로, 엄청난 난관에 봉착했다. 이 사실이 바로 로마의 정책이 얼마나 활기차고 과감하였는지를 그 무엇보다 잘 보여준다. ……

로마인이 처음으로 병력을 바다 건너 메사나로 보냈을 때에는 갑판이 있는 배도 없었을 뿐 아니라, 군선은 고사하고 배 한 척도 없었다. 그들은 쉰 개의 노를 장착한 배와 삼단노선을 타렌툼인과 로크리인과 엘레아인과 네아폴리인에게서 빌려, 큰 위험을 안은 채 병력을 건너게 하였다. 이때 카르타고인이 도해하던 로마인을 공격하고자 바다로 나왔다. 그런데 카르타고의 배 하나가 로마인을 습격하려는 욕심으로 지나치게 전진하다가 로마인의 수중에 떨어지고 말았다. 로마인들은 이 배를 모범으로 삼아 그 유형에 따라 전체 군선을 조립하였다. 만약 이런 일들이 없었더라면, 로마인은 실질적인 지식이 부족해 계획을 실현하는 데 지장이 있었을 것이다.

4 | 삼단노선은 경선으로, 한 위치마다 세 개의 단을 만들어 수병들 각각이 하나의 노를 젓는 방식으로 항해가 이루어진다. 오인조노선은 중량이 많이 나갔으며, 하나의 노를 다섯 명이 저었다. 이 시기의 해전은 배를 충돌시킨 후에 두 배의 보병이 전투를 벌이는 방식이었으므로, 오인조노선이 더 효율적이었다.

고대 최대의 전쟁: 2차 포이니 전쟁

리비우스, 《도시의 건설부터》 21.1.1

내가 기술하는 역사책의 일부분에 대하여 이렇게 별도로 서문을 쓰는 것은 많은 역사가들이 자신의 책을 서술할 때 서두에 기술하는 것과 같은 것을 주장하기 위함이다. 즉, 내가 기록하려는 전쟁은 지금까지의 전쟁 중에 가장 기억에 남을 만한 것이라는 주장이다. 그 전쟁은 한니발 지휘 하의 카르타고인들이 로마 인민에게 벌인 전쟁이다. 일찍이 어떤 국가나 민족도 그보다 많은 자원을 동원하여 충돌한 적이 없었고, 힘과 군사력이 그만큼 큰 적도 없었다.

2차 포이니 전쟁의 규모

폴리비오스, 《역사》 2.24

그러나 실제 사실을 통해 한니발이 공격하기로 마음먹은 세력이 얼마나 컸는지, 그리고 그가 맞섬으로써 재앙을 가져오는 데 거의 근접한 그 제국이 얼마나 강력했는지를 드러내기 위해, 나는 로마인의 자원이 어떠했으며 이 시기 로마 군인의 수가 얼마였는지 언급해야겠다.

콘술들은 로마 시민으로 구성된 네 개의 군단軍圖, legion을 지휘했는데, 각 군단은 5200명의 보병과 300명의 기병으로 구성되어 있었다. 동맹국의 군대는 각 콘술의 군대마다 3만 명의 보병과 2000명의 기병으로 이루어져 있었다. 로마에 긴급 지원을 하기 위해 온 사비니인과 에트루리아인의 기병은 4000명이었고, 그들의 보병은 5만이 넘었다. 로마인은 이 병력을 집결시켜 한 법무관의 지휘 하에 에트루리아 국경에 배치하였다. 아펜니누스Appenninus 산맥에 거주하던 움브리아Umbria인과 사르시나티아Sarsinatia인의 징병은 거의 2만 명에 달하였다. 이들과 더불어 베네티아Venetia인과 케노마니Cenomani인 2만 명이 있었다. 이들은 보이Boii인의 영토에 침투해, 침략군을 저지하도록 갈리아의 국경에 배치되었다. 이들이 로마의 영토를 방어하는 군대였다.

로마 자체에는 예비군이 있었는데, 이들은 어떤 비상사태에도 나갈 준비를 갖추었다. 순수한 로마 시민은 보병 2만 명, 기병 1500명이었고, 동맹국에서 공급한 병력은 보병 3만 명과 기병 2000명이었다. 보고된 병사들의 명단은 다음과 같다.

라틴인: 보병 8만 명과 기병 5000명, 삼니움Samnium인: 보병 7만과 기병 7000명, 이아피기아Iapygia인과 메사피아Messapia인: 보병 5만과 기병 1만 6000명, 루카니아Lucania인: 보병 3만 명과 기병 3000명, 마르시Marsi인과 마루키니Marrucini인과 프렌타니Frentani인과 베스티니Vestini인: 보병 2만과 기병 4000명.

또 시칠리아와 타렌툼에는 두 개의 예비 군단이 있었으며, 각 군단은 보병 4200명과 기병 200명으로 구성되었다. 로마인과 캄파니아인들은 명부상으로 25만 명의 보병과 약 2만 3000명의 기병이 있었다.

따라서 무장할 수 있는 로마인과 동맹국 군사의 총수는 보병 70만 명과 기병 7만 명을 상회하였다. 반면에 한니발은 2만 명이 안 되는 병력을 끌고 이탈리아에 침입하였다.

한니발 군대의 편성

폴리비오스, 《역사》 3.33.5~18

한니발은 노바 카르타고[5]에서 겨울을 나는 동안 일차적으로 이베르Iber인들을 그들의 도시로 해산하였다. 그들이 장차 기꺼이 도울 준비를 갖추도록 하기 위해서였다. 다음으로, 이베리아를 어떻게 통치할 것인지, 그리고 자신이 부재하면 로마인에게 어떻게 저항할 준비를 갖출지를 지시하였다. 세 번째로, 그는 아프리카의 안전을 위해 사전에 대비하였다. 그는 매우 사려 깊고 현명한 정책을 채택하였는데, 아프리카의 병력을 히스파니아로 보내고 또 그와 반대로도 함으로써 두 지역을 충성심으로 서로 묶어놓았다. 아프리카로 건너간 병력은 테르시타이인, 마스티아니인, 이베르의 오레테스인과 올카데스인이 제공하였는데, 기병 1200명과 1만 3850명의 보병으로 이루어졌다. 그밖에도 발레아리스인들이 870명 있었다. 이 명칭은 그리스어의 발레인(ballein: 던지다)에서 나온 말로, 투석병을 의미한다. 이 명칭은 원래 이 무기를 다루는 솜씨 덕분에 생겨난 것인데, 그들의 종족과 도서로 확대된 것이다.

한니발은 이들 병력의 대부분을 리비아의 메타고니아Metagonia에 주둔시켰고, 일부는 카르타고 시에 주둔시켰다. 그는 이른바 메타고니아 도읍들로부터 4000명의 보병을 카르타고로 파견하였는데, 그들을 보충병으로 이용할 뿐 아니라 볼모로 쓰기 위해서였다.

히스파니아에서 그는 동생 하스드루발에게 오인조노선 50척과 사인조노선 두 척, 삼단노선 다섯 척을 남겨주었다. 그중에 오인조노선 32척과 삼단노선 전부에 병력을 채웠다. 또 리비아-포이니키아인과 리비아인 450명, 일레르게테스Ilergetes인 300명, 대양 근처인 마솔리아Massolia·마사이실리아Massaesylia·마코에이아Maccoeia·마우리아Mauria에서 차출한 누미디아인 1800명으로 구성된 기병을 주었다. 그리고 리비아인 1만 1850명, 리구리아Liguria인 300명, 발레리스Baleris인 500명으로 구성된 보병들과 코끼리 스물한 마리를 제공하였다. ……

사실 나는 라키니움Lacinium의 곶에서 청동판 하나를 발견하였는데, 한니발이 이탈리아에 체류하는 동안 그곳에 스스로 이런 목록을 작성해놓았던 것이다. 나는 이것이야말로 절대적으로 일급 근거라고 생각하여, 이 기록을 따르기로 한 것이다.

5 | 노바 카르타고 Nova Carthago: 현재 이름은 카르타헤나 Cartagena이다.

명장 한니발

리비우스, 《도시의 건설부터》 21.1.4~5; 21.4

더군다나 한니발이 아홉 살이었을 때 아버지 하밀카르에게 히스파니아로 데려가 달라고 몹시 조르자, 아프리카 전쟁을 마치고서 군대와 함께 바다를 건너기 전에 희생제를 올리던 하밀카르가 아이를 제단으로 데려가 제물에 손을 올려놓게 하고서는, 능력이 있다면 되도록 빨리 로마인의 적으로 선언될 것을 맹세하도록 하였다고 이야기된다. 시칠리아와 사르디니아의 상실은 하밀카르의 자부심을 손상하는 계속된 고문이었다. 왜냐하면 카르타고인들이 너무 일찍 낙담하여 시칠리아를 넘겨주었으며, 로마인들이 아프리카에서 소요가 일어나는 동안 부당하게 사르디니아를 차지한 데다가, 심지어 배상금까지 지불했다고 하밀카르가 주장하였기 때문이다.[6] ……

한니발은 히스파니아로 보내졌다. 그는 도착하자마자 그곳 군대 전체에서 호감을 얻었다. 노병들은 하밀카르가 청년 시절 모습으로 다시 나타난 것 같다고 생각하였다. 그들은 한니발에게서 하밀카르와 똑같이 생생한 인상과 날카로운 눈, 똑같은 표정과 자태를 발견하였다. 그러나 한니발은 아버지와 비슷하게 생긴 점이 그가 지지를 받게 된 최소한의 고려 사항이라는 점을 인정하게끔 만들었다. 그의 성격은 복종과 명령이라는 가장 상반된 것에 더할 나위 없이 잘 적응할 수 있었다. 그래서 한니발이 장군에게 더 소중한지, 병사들에게 더 소중한지 기꺼이 말할 수 있는 사람은 아무도 없었다. 어떤 대담하거나 힘든 작전을 펼쳐야 할 때면, 하스드루발[7]이 기꺼이 위탁할 사람이 그 말고는 없었으며, 다른 지휘관들에게도 그보다 더 신뢰하여 담대하게 맡길 부하가 없었다.

한니발은 위험이 도사린 상황에서 용기를 발휘하였을 뿐 아니라 위험에 처하였을 때 가장 중요한 판단을 내렸다. 어떤 고생도 그의 육신을 지치게 하거나 그의 정신을 쇠약하게 하지 못하였다. 더위와 추위도 마찬가지로 견뎠다. 그가 고기와 음료[8]를 먹은 것은 자연적 욕구를 따른 것이었지, 쾌락을 따른 것은 아니었다. 그가 자고 깨는 것은 밤과 낮에 의해 구분되지 않았다. …… 그의 잔인함은 비인간적이었고, 그의 기만술은 페니키아인을 능가하였다. 그는 진리에 관심이 없었고, 신성한 의무에 무심했고, 신들에 대하여는 두려움도 없었으며 …… 위대한 장군이 될 사람이 해야 하고 보아야 하는 것은 그 어떤 것도 빼놓지 않았다.

[6] 한니발 전쟁의 도발이 바르카Barca 가문의 분노에서 비롯한다는 주장은 로마 측의 전승에 따른 것이다. 이 전승은 로마가 부당하게 카르타고의 권리를 침해하여 전쟁을 일으키도록 한 사실을 흐릿하게 만든다.

[7] 하스드루발은 하밀카르의 사위로, 하밀카르가 피살된 뒤 전권을 잡고 있었다. 한니발의 동생 하스드루발과 이름이 같다.

[8] 병사들의 음료는 대개 포도주에 물을 탄 것이었다.

전쟁 책임은 어느 쪽에 있는가?

리비우스, 《도시의 건설부터》 21.18

이처럼 준비가 다 되었을 때, 전쟁에 앞서서 모든 것을 정당화하고자 나이 많은 사절들, 즉 퀸투스 파비우스, 마르쿠스 리비우스, 루키우스 아이밀리우스, 가이우스 리키니우스, 퀸투스 바이비우스를 아프리카로 보내 한니발이 사군툼을 공격한 것이 공적 결의에 따른 일인지를 카르타고인들에게 묻게 하고, 만일 그들이 하려는 의도가 있었음을 인정하고 공적 결의에 따라 이루어졌다고 옹호한다면, 카르타고인들에게 전쟁을 선포하도록 하였다.

로마인들이 카르타고에 도착하자 그곳의 원로원이 소집되었다. 퀸투스 파비우스가 거두절미하고 자신들이 위임받은 질문을 던지자, 한 카르타고인이 이렇게 답변했다.

"로마인들이여, 성급하구려. 먼저 파견된 사절도 그러했는데, 당신들의 사절단은 저번에는 한니발이 자신의 결의에 따라 사군툼을 공격했을 때 그처럼 내놓으라고 요구하지 않았겠소? 이번 사절단은 말로는 저번보다 더 부드러우나, 실제는 더 가혹하단 말이오. 왜냐하면 그때에는 한니발이 고소도 되었고 소환 요구도 받았기 때문이오. 지금은 우리가 죄를 자백해야 하고, 또 그 자백에 따라 즉각 원상 복구해야 하니 말이오.

그런데 내 생각으로는 사군툼이 공격받은 것이 개인적 결의에 따른 것인가, 공적 결의에 따른 것인가를 물을 게 아니라 정당한지 아닌지를 물어야 한다고 보오. 왜냐하면 우리나 그가 자의로 한 것이냐는 질문, 그리고 우리 시민이 유죄인가 아닌가를 인정하는 것은 우리의 권한이기 때문이오.

당신들에게는 하나의 토론만 있을 수 있는데, 조약을 통해 그런 일이 이루어질 수 있는가에 관한 것이오. 따라서 장군들이 공적 결의에 의해 무엇을 하며, 각자의 의사에 따라 무엇을 하는지를 구분하는 것이 적절했기에, 가이우스 루타티우스가 콘술로 재직할 때,[9] 우리와 당신들 간에 조약이 이루어졌던 거요. 여기에는 양측의 동맹국에 관해서도 규정되어 있었지만, 사군툼인들에 관해서는 아무것도 규정되어 있지 않았소. 왜냐하면 당시에는 그들이 당신들의 동맹 시민이 아니었기 때문이오. 하여간 하스두르발과 체결한 그 조약에서 사군툼인들은 제외되었소.

이 점과 관련해서 당신들을 통해 내가 알게 된 사실이 아니라면, 나는 더는 이야기하지 않을 것이오. 왜냐하면 가이우스 루타티우스가 콘술로서 최초로 우리와 더불어 조약을

9 | 기원전 241년.

체결하였는데, 그 조약은 원로원 의원들의 권위를 따르지도 않고 인민의 명령[10]에 따르지도 않은 채 이루어졌으니 조약에 구속된다는 것을 당신들이 부정했고, 또 다른 조약도 전부 새로운 공적 결의로 제정되었기 때문이오.

만약 당신들이 권위나 당신들의 명령에 따라 체결된 것이 아닌 조약들을 당신들의 것으로 인정하지 않는다면, 하스드루발의 조약은 우리가 알지 못한 채 제정된 것이니 그것이 우리를 구속할 수는 없을 것이오. 거두절미하고, 이제 사군툼과 이베루스[11]에 관하여 이야기하는 것은 그만두고, 오랫동안 당신들의 마음이 표출하고 싶었던 바를 드러내보시오."

그러자 로마인들은 옷자락에 주름을 잡으며 말했다. "당신들을 위해 우리는 여기에 전쟁과 평화를 가져왔다. 좋을 대로 취하라!" 이 말에 이어, 그에 못지않게 과감하게 "주고 싶은 것을 주어라"라는 말이 외쳐졌다. 그리고 그 카르타고인이 다시 옷주름을 접은 채 전쟁을 주겠다고 말을 마치자, 모든 참석자가 기꺼이 그것을 받겠으며, 받아들인 그 마음가짐으로 실천할 것이라고 대답하였다.

자료 06

알프스를 넘다

폴리비오스, 《역사》 3.56.1~4

한니발은 이제 자신의 모든 병력을 장악하고 계속 하산하여, 바로 앞에서 기술한 절벽으로부터 사흘간 행군하여 평평한 곳에 도착하였다. 그는 여러 강을 건너다가, 그리고 전반적으로 행군 도중에 적군의 손에 의해 병력을 많이 상실하였다. 알프스의 절벽과 난관들은 그에게 병력 손실만이 아니라 더 많은 수의 군마와 짐 부리는 가축의 상실을 가져왔다.

노바 카르타고에서부터 이어진 행군 기간은 총 다섯 달이었으며, 알프스를 넘는 데는 열닷새가 걸렸다. 그리고 과감하게 포Po 강의 평원과 인수브레스Insubres인의 영토에 안착한 지금, 잔존한 병력은 아프리카인 보병 1만 2000명과 이베르인 8000명이었으며, 기병은 전부 해서 6000명을 넘지 못하였다.

이 수치들은 그가 라키니움에 있는 비문에서 자신의 병력 수와 관련하여 직접 언급한 것들이다.[12]

동맹국들의 이반에 단호하게 대처하다

리비우스, 《도시의 건설부터》 22.61.10~14

그 밖에도 이런 사실을 통해 이 재앙이 전에 있었던 재앙을 얼마나 더 키웠는지는 명백하다. 칸나이의 전투까지는 군건하게 유지되었던 동맹국들의 충성심이 이제는 흔들리기 시작한 것이다. 확실히 그들이 제국에 대한 희망을 상실했다는 이유 말고는 다른 이유가 없었다. 다음의 명단은 반란을 일으켜 카르타고인에게 넘어간 종족들이다.

캄파니아인, 아텔라니인, 칼라티니인, 히르피니인, 일부의 아풀리아인, 펜트리족을 제외한 나머지 모든 삼니움인, 브루티아인 전체, 루카니아인이 있고, 이 외에도 우젠티니인과 해변에 거주하는 대부분의 그리스인(타렌툼인, 메타폰툼인, 크로토니아인, 로크리인), 아울러 알프스 이남의 갈리아인들이다.

이런 재앙과 동맹의 이반이 있었는데도 로마인은 강화에 대해 언급하지 않았다. 콘술이 로마에 오기 전이나, 콘술이 와서 자신들이 겪은 재앙을 환기시킨 후에나 이 점은 달라지지 않았다. 바로 그때 시민들의 마음속에 커다란 용기가 있었다. 패전에 책임이 있는 콘술이 돌아오자, 모든 계층의 군중이 즉시 그를 맞으러 나가 그가 국가를 포기하지 않은 점에 감사한다고 말하였다.

포로 문제로 딜레마에 빠진 로마 원로원

리비우스, 《도시의 건설부터》 22.60.2~4; 22.61.1~3

원로원에서 외국인 사절이 나가자 토론이 시작되었다. 의견들이 달랐다. 어떤 사람은 공공 비용을 들여 포로의 몸값을 지불하는 데 찬성하였고, 다른 사람들은 어떤 돈도 국가가 지불하지 않도록 하겠지만 개인의 비용으로 몸값을 지불하는 것은 막지 않을 것이며 수중에 돈이 없는 사람에게는 저당과 보증인을 취함으로써 국가에 손실을 끼치지 않는 선에서 국고에서 대부해줄 것을 제안하였다. ……

비록 대부분의 원로원 의원들도 적에게 잡힌 포로들 중에 친척이 있었지만, …… 그들 역시 필요한 총액이 어마어마한 점에 마음이 동요되었다. 그들은 노예를 구입하여 무장시키는 데 이미 거액의 자금을 인출하였기에 국고를 더는 고갈시키기를 원하지 않았거나, 한니발이 가장 필요로 하고 있다고 소문이 난 돈을 그에게 제공하고 싶지 않았던 것이다. 포로의 몸값을 지불하지 않을 것이라는 단호한 답변에 많은 동료 시민을 잃을 것이라는 새로운 슬픔이 과거의 슬픔에 더해졌으므로, 군중은 사절들을 문까지 수행하면서 눈물을 쏟으며 비탄에 빠졌다.[13]

다급한 로마, 노예군을 모집하다

막시무스, 《업적과 명언》 7.6.1

2차 포이니 전쟁 도중에 군 복무에 적합한 로마 청년들이 여러 불운한 전투로 인해 고갈되었다. 이에 원로원은 콘술, 티베리우스 그라쿠스[14]의 제안에 따라 노예들을 공공 자금으로 구매하여 적을 몰아내자고 선언하였다. 호민관들의 간섭으로 이 문제에 관해 인민에 의해 평민의 결의가 통과되고 난 후에, 2만 4000명[15]의 노예를 구입하기 위해 3인위원이 선임되었다. 열과 용기를 다해 복무하겠으며 이탈리아에 카르타고인이 있는 한 무기를 들겠노라고 노예들에게 맹세하게 한 후, 그들을 병영으로 보냈다. 아풀리아인과 파이디쿨리Paediculi인들 중에서도 노예 270명을 구입하였는데, 이들은 기병을 대체하였다. ……

이제까지 재산이 없는 자유인을 병사로 삼는 일을 무시했던 로마는 노예 숙사에서 모집한 자들과 목동의 오두막에서 모은 노예들을 주요 지지 세력으로 군대에 더했다.

14 | 티베리우스 그라쿠스 Tiberius Gracchus: 로마에서 농지법과 곡물법을 통과시킨 그라쿠스 형제의 아버지. 스키피오 장군의 딸 코르넬리아와 혼인하여 두 형제 말고도 딸 셈프로니아를 낳았는데, 이 딸은 소 스키피오와 혼인한다.

15 | 이 수는 과장된 것으로 보며, 리비우스가 보고한 대로 8000명일 것으로 본다.

자료
09

카르타고에 제시된 강화 조건

폴리비오스, 《역사》 15.17

제시된 강화 조건의 요점은 다음과 같았다.

카르타고는 로마와 마지막 전투를 치르기 전에 아프리카에서 보유하고 있던 모든 도시와 영토와 가축과 노예와 기타 재산을 보유한다. 그날부터 카르타고인은 어떤 부당 행위도 겪지 않으며, 그들 고유의 법과 관습에 따라 통치되며, 어떤 주둔군도 받아들이지 않는다. 이 조건들은 관대한 편이다.

반대되는 종류의 것은 다음과 같다. 휴전 기간에 카르타고인이 저지른 모든 부당 행위에 대해 로마인들에게 보상해야 한다.[16] 어느 때든지 카르타고인의 수중에 떨어진 전쟁 포로와 탈영병들은 귀환되어야 한다. 삼단노선 열 척을 제외한 모든 군선을 포기해야 한다. 모든 코끼리를 넘겨야 한다. 아프리카 밖의 그 어떤 국가와도 전쟁을 벌여서는 안 되고, 로마와 상의하지 않고 아프리카 내의 어떤 국가와도 전쟁을 해서도 안 된다. 마시니사 왕[17]에게 차후에 할당될 영역 안에 있는 모든 가옥과 토지와 도시, 그와 그의 조상에게 귀속되었던 다른 재산을 반환해야 한다. 카르타고인은 로마 군대가 3개월간 먹을 수 있을 만큼 충분히 곡물을 제공해야 하며, 로마에서 조약에 관련한 답변이 올 때까지 병사들에게 봉급을 지불해야 한다. 에우보이아탈란톤으로 매년 200탈란톤씩 50년간 총 1만 탈란톤을 납부해야 하며, 카르타고인으로서 14세에서 30세 사이의 남자 중에 로마인 장군이 선발한 자 100명을 볼모로 제공해야 한다.

자료 10

카르타고, 없앨 것인가, 남길 것인가?

조나라스, 《요약집》 9.30

그렇게 해서 스키피오는 카르타고를 점령하였다. 그리고 그는 원로원에 다음과 같이 보고하였다. "카르타고가 점령되었습니다. 이제 여러분의 명령은 무엇입니까?" 이 보고서를 읽고 나자, 원로원 의원들은 무엇을 해야 할지를 논의했다.

카토는 카르타고를 완전히 파괴하고 그 사람들을 없애버려야 한다는 의견을 피력하였다. 반면에 스키피오 나시카는 카르타고인에게 여전히 관용을 베풀어야 한다고 충고하였다. 이를 둘러싸고 의원들은 격론을 벌였다. 어떤 사람이, 로마인을 위한다는 이유 말고 다른 이유가 없다면 그들을 용서하는 것이 필요하다고 생각해야 한다고 외칠 때까지 그러하였다. 그는 이 나라가 적대국으로 남아 있으면, 로마인이 쾌락과 사치의 길로 잘못 가는 대신 틀림없이 용기를 발휘할 것이라고 하였다. 반면에 로마인으로 하여금 전쟁을 추구하도록 압박할 수 있는 자들이 무대에서 제거된다면, 로마인은 가치 있는 경쟁자의 부재로 실천이 부족하여 타락할 것이라고 하였다.

토론의 결과, 모든 사람이 카르타고를 파괴하는 데 찬성하였다. 그 주민들이 완전히 평화로운 상태로 남아 있지 않을 거라고 확신하였기 때문이다. 그리하여 도시 전체가 철저히 파괴되어 없어졌으며, 그 지역에 어느 누가 정착하든지 저주받은 행위가 될 것이라고 선포되었다. 사로잡힌 자들의 대부분은 투옥된 곳에서 죽었으며, 소수는 매각되

18 │ 소 스키피오의 본명은 'Publius Cornelius Scipio Aemilianus Africanus Numantinus'인데, 아이밀리아누스 가문에서 대 스키피오의 손자로 입적시켰다.

었다. 그러나 볼모들과 유력자들, 하스드루발과 비티아스는 그 영예에 합당하게 이탈리아의 서로 다른 지역에서 감금된 채 남은 생을 보냈다. 스키피오는 그 영광과 명예 둘 다를 얻었으며 아프리카누스라고 불렸다. 그의 조부 덕분이 아니라 그 자신의 업적 덕분이었다.[18]

| 출전 |

리비우스, 《도시의 건설부터》: 이 장에서 인용한 21권의 내용 중에 한니발에 관한 기술은 특이하다. 카르타고가 멸망한 이후 패장인 한니발이 명장 대우를 받게 된 것은 순전히 리비우스 덕분이다. 이런 태도는 인간의 업적을 중시하는 리비우스 역사 서술의 특징과 관련이 있다.

막시무스, 《업적과 명언》: 막시무스가 주로 발췌한 저술은 키케로, 리비우스, 살루스티우스Sallustius, 폼페이우스 트로구스Pompeius Trogus이다. 막시무스는 주로 수사학적 관점에서 자료를 편찬했기에 시대 착오의 실수 등이 보이지만, 사라진 자료를 담고 있어서 역사 연구에 소중한 사료이다.

조나라스Zonaras, 《요약집Epitome》: 조나라스는 12세기에 활약한 비잔티움 역사가이다. 《요약집》은 카시우스 디오Cassius Dio의 《로마사》를 조나라스가 권별로 요약한 것이다.

폴리비오스, 《역사》: 기원전 146년 폴리비오스는 카르타고 시의 파괴를 목도했다. 특히 한니발과 스키피오에 관한 자세한 서술은 키케로나 리비우스가 참조할 만큼 영향을 미쳤다.

| 참고문헌 |

몬타넬리, 인디로, 《로마제국사》, 김정하 옮김, 까치, 1998.

몽고메리, 버나드 로, 《전쟁의 역사》, 송영조 옮김, 책세상, 1995.

배은숙, 《강대국의 비밀》, 글항아리, 2008.

신미숙, 〈공화정기 로마의 제국주의〉, 《서양 고대사 강의》(개정판) 한울아카데미, 2011.

테오도르 몸젠, 《몸젠의 로마사 3―이탈리아 통일에서 카르타고 복속까지》, 김남우 외 옮김, 푸른역사, 2015.

_____, 《몸젠의 로마사 4―희랍 도시국가들의 복속》, 김남우·성중모 옮김, 푸른역사, 2019.

하이켈하임, 프리츠, 《로마사》, 김덕수 옮김, 현대지성사, 1999.

하트, 리델, 《스키피오 아프리카누스》, 박성식 옮김, 마니아북스, 1999.

해밀턴, 이디스, 《고대 그리스인의 생각과 힘》, 이지은 옮김, 까치, 2009.

Lewis & Reinhold, *Roman Civilization: Selected Readings, v.1. The Republic*, Columbia University Press, 1951.

Toynbee, Arnold, *Hannibal's Legacy*, Oxford, 1965.

20 로마의 지방 통치
: 자치에 기반한 지배

이제는 우리나라에도 지방자치제가 도입되어 시장과 도지사 등이 선거로 선출되고 있다. 지방자치의 원리는 이제 대세나 마찬가지여서 거부하거나 폐지하는 것이 불가능한 상황이다. 그런데 다른 문제가 싹트기 시작했다. 바로 지방을 어떻게 통제하는가 하는 문제다.

로마인들도 일찍이 이탈리아 반도를 정복하면서, 지방을 어떻게 통치할지를 고민했을 것이다. 더구나 오늘날처럼 교통과 통신이 발달하지 못했던 시절에 광역화된 지방 통치는 불가능했을 것이다. 게다가 그리스의 폴리스가 출현한 이래로 서양인들은 제국이라는 체제를 유지해보지 못한 상태였다. 따라서 반도를 아우르고, 나아가 지중해 지역을 통치하는 것은 로마인들이 해결해야 할 큰 과제였을 것이다.

로마의 지배 정책—분할 통치

로마의 지배 정책을 한마디로 요약하면, '분할하라. 그리고 지배하라(divide et impera)'였다. 이 말은 피지배민을 분할하여 차등 대우함으로써 분열과 경쟁을 조장하여 충성심을 확보하고 통치하는 방식을 뜻한다. 이 점만 본다면 로마의 지배나 다른 제국주의 국가의 지배에는 별로 차이가 없을 것이다.

그러나 로마가 위기, 특히 2차 포이니 전쟁 기간에 로마의 지배 하에 있던 대부분의 이탈리아 동맹국이 로마에 협조하여 한니발을 격퇴할 수 있었던 것은 그 같은 분할 통치 방식만으로는 설명할 수가 없다.|자료 1| 로마의 지배가 피지배민들에게 진정한 의미의 협조를 얻어내지 못했다면 그 같은 결과는 기대할 수 없었을 것이다. 피지배민의 동의를 얻어낸 데에서 더 나아가 일종의 공동체 의식을 갖게 했다는 것은 로마가 지방 통치에 성공했음을 시사한다.|자료 2| 이 점을 고려하지 않으면, 서양 역사에서 가장 넓은 제국이 가장 오랫동안 존속한 이유를 설명할 수가 없다.

로마인은 내부적으로도 상당한 차등을 두었고, 외부에도 그렇게 하였다. 로마는 기원전 341년 반기를 든 라틴인을 진압한 뒤, 기원전 338년에는 동맹을 해체하여 로마로 통합했다.|자료 3| 이어서 기원전 290년에는 삼니움과의 전쟁에서 이겨, 삼니움-에트루리아-갈리아 동맹을 저지했다. 기원전 265년에는 오랜 숙적이었던 에트루리아를 정복하여, 마침내 포 강 이남의 이탈리아 반도를 지배하게 되었다.

이런 일련의 과정 속에서 로마는 이탈리아 반도에 있던 여러 국가를 조직해 나갔다. 그 방법은 편입과 동맹이었다. 편입시킬 경우, 일반적으로 시민권을 부여했다. 동맹의 경우에는 자치권을 허용했다. 시민권은 두 가지로 구분되어 있었다. 완전한 정치적 권리를 누릴 수 있는 '완전 시민civis optimo iure'과 참정권, 특

도판 38 동맹국 전쟁 기간에 주조된 데나리우스 은화. 무게는 4.04그램이다. 황소가 늑대를 들이받는 장면이 묘사되어 있는데, 황소는 이탈리아를, 늑대는 로마를 상징한다. 주화에 적인 명문은 오스카어로 'VITELIU', 즉 이탈리아를 뜻한다.

히 '투표권이 없는 시민civis sine suffragio'으로 구분했다. 완전 시민이 되면 로마 시민으로서 명실상부하게 권리를 누렸다. 반면 투표권이 없는 시민은 정치적 권리를 제외한 다른 권리, 곧 통혼권·매매권·상고권을 지녔으며, 병역 의무와 담세 의무를 졌다. 후자의 시민들은 기원전 150년까지 대다수가 완전 시민으로 바뀌었으나, 충성심이 의심되는 일부 시민들은 그대로 남아 있기도 했다.

라틴 동맹국과 일반 동맹국

동맹국에는 라틴 동맹국과 일반 동맹국, 두 가지 범주가 있었다. 전자는 '라틴인의 권리ius Latinum'를 누리고, 후자는 '외국인의 권리ius peregrini'를 누린다. 라틴인들은 화폐 주조의 권리, 로마인과의 통혼 및 매매의 권리가 있었으며, 로마에 체류하다가 호구조사 때 등록하면 로마 시민이 될 수 있었다. 그런데 라틴인 유력자들이 로마 시민의 특권을 누리고자 로마로 몰려가는 바람에 막상 본국에서는 자원이 부족해지고 로마에 대한 부담은 그대로 유지되자, 동맹국들이 거세게 항의하는 사태가 빚어졌다. |자료4| 그래서 로마 정부는 기원전 266년부터 이유 불문하고 이주를 금했으나, 상황은 별로 달라지지 않았다.

로마는 라틴 동맹국들에서 관리를 역임한 자들에게 로마 시민권을 부여했는데, 이는 로마에 대한 지배층의 충성심을 확고히 하려는 전략이었다. 게다가 로마는 라틴인의 권리를 지닌 자들을 우대하여, 그들이 로마에 와 있을 때 추첨으로 지역구를 배정하여 정치에 참여하도록 했다. 이 정책은 라틴인들에게 유효하여, 기원전 91년 동맹국 전쟁이 발발했을 때조차 동맹의 반군 편에 선 라틴 동맹국이 없었다.

표 5 기원전 225년경
이탈리아의 인구수와 면적

	청년조	성인 남자	전체 자유인	면적(km²)
로마인	205,000명	300,000명	923,000명	25,615
라틴인	85,000명	134,000명	431,000명	10,630
이탈리아인	276,000명	441,600명	1,398,000명	71,565
계	566,000명	875,600명	2,752,000명	107,810

일반 동맹국들은 '소키socii'라고 불렸는데, 같은 일을 분담하는 동료 사원이라는 뜻이다. 이 동맹국들은 외견상 독립 국가였다. 하지만 외국과 조약을 체결할 수 없었고, 로마에 군사력을 제공해야 했다. 그 부담은 때로 힘에 겨운 것이어서 거부하는 경우도 있었다. 이들이 제공한 군사력은 기병과 보병, 군선 등이었는데, 그 병력 규모가 로마 자체의 병력보다 큰 경우도 있었다. 이들은 로마 지휘관의 지휘를 받았고 로마로부터 곡물을 받았다. 로마는 지중해로 진출하면서 군사력이 많이 필요했는데 동맹국이 없었더라면 충분히 조달하기 어려웠을 것이다. 달리 말하면, 로마의 지중해 정복은 이탈리아 동맹국과의 합작품이었다. 이렇게 해서 얻어진 정복의 과실을 오로지 로마 시민만이 누린다고 여긴 이탈리아 동맹국들은 로마에 시민권을 요구했다. 로마인들 사이에서도 이 문제로 논란이 있었고, 시민권을 주어야 한다는 주장이나 시도가 있었지만, 결국 시민권 수여는 이루어지지 않았다. 그러자 이탈리아 동맹국들은 로마와 결별하고 이탈리아라는 국명을 새로 만들고 저항했다. 이 전쟁이 기원전 91년부터 3년간 지속된 '동맹국 전쟁the Social War' 또는 '이탈리아 전쟁Bellum Italicum'이다. |자료5|

이처럼 로마는 시민권을 부여하는 문제에서 그다지 관대한 정책을 취하지 않았다. 오히려 차등에 입각한 정책을 통해 동맹국을 통제하고자 했다. 전쟁 와중에도 로마에 협조하는 동맹국에 먼저 시민권을 약속하는 식으로 분열을 꾀했다. 삼니움족은 이런 정책에 끝까지 저항했지만, 기원전 88년에 이르는 동안 이탈리아 동맹국 대부분은 로마 시민이 되었다. 동맹국 시민들은 시민권을 원했으나, 국가 영역의 확대는 새로운 문제를 낳을 수밖에 없었다. 결국 새로운 시민을 어디에 편입시킬 것이며, 이들의 권리는 어디까지 보장할 것인가 하는 문제는 로마공화정 말기까지 완전히 해결되지 못했다. 이탈리아 반도의 외형적 통일은 이루어졌으나 내부 통일의 길은 아직 먼 상태였던 것이다.

효율성 높은 로마의 지방자치제도

로마는 이 문제를 어떻게 해결했을까? 로마인들은 과거 역사 속에서 해결책을 찾았다. 로마에는 기원전 4세기경부터 '무니키피움municipium'이라는 지방자치

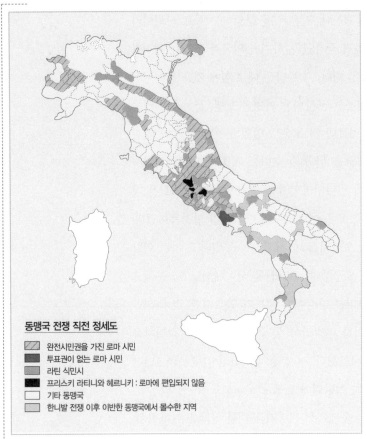

동맹국 전쟁 직전 정세도

- ▨ 완전시민권을 가진 로마 시민
- ▦ 투표권이 없는 로마 시민
- ▩ 라틴 식민시
- ◼ 프리스키 라티니와 헤르니키 : 로마에 편입되지 않음
- ☐ 기타 동맹국
- ▨ 한니발 전쟁 이후 이반한 동맹국에서 몰수한 지역

도판 39 이탈리아 반도에 대한 로마의 통치를 보여주는 지도. 로마는 반도를 지배한 이후에도 지역을 차별화하는 정책을 유지했다.

제도가 있었다.|자료6|(지금도 이탈리아에서는 '무니키피오municipio'라는 말을 자치정부를 가리키는 데 사용한다). 로마는 이 제도를 적극 활용하여, 동맹국 전쟁이 끝난 직후 동맹국을 자치도시로 육성했다. 자치도시는 행정관을 별도로 보유하고, 로마의 감독을 최소한으로만 받았다. 과거의 연구에서는 자치도시에 거주하는 사람들은 대체로 정치적 권리가 없는 시민들일 것이라고 추측했다. 그러나 최근 연구에 따르면, 신분의 차등은 문제되지 않았다. 사실상 모든 로마 시민이 자치도시의 일원으로 살아갔고, 로마 정부는 각 자치도시의 전통과 관습을 최대한 존중했다. 그 덕분에 자치도시는 나름의 특성을 간직한 채 발전할 수 있었다. 말하자면 로마의 자치도시는 로마라는 국가의 울타리 안에 재현된 폴리스와 같은 것이었다.|자료7|

자치시민은 2인 또는 4인의 관리를 선출하여 자치행정을 펼쳤고, 지방 유지들이 지방사회의 주역으로 성장했다. 현재까지 남아 있는 비문을 살펴보면 지방 유지의 이력이 많이 보이며, 지방 유지가 신전 같은 공공건물에 헌사한 기록도 보인다. 후에 이들은 성장하여 로마제국 통치의 자원이 되었다. 특히 제정로마 시기에는 이탈리아 출신들이 주역으로 활동했다.|자료8|《로마 혁명사》라는 저서로 '로마사의 황제'라는 별명을 얻은 역사학자 로널드 사임Ronald Syme은 이런 보이지 않는 변화에 주목하여, 이를 '로마 혁명'이라고 명명하기도 했다. 그리

고 황제라는 존재가 자치도시들의 구심점이 되었기에 제국의 통일성도 유지할 수 있었다. 이렇게 형성된 서양의 도시들은 국가가 멸망해도 계속 존속했다. 이런 점을 염두에 두면 중세 이탈리아의 수많은 도시에 활기가 넘쳤던 점을 이해할 수 있을 것이다.

자료
01

한니발의 이탈리아 회유

폴리비오스, 《역사》 3.77.4~7

한니발은 갈리아 키살피나Galia cisalpina에서 월동하며 전투에서 사로잡은 로마인들을 구금해놓고 먹을 것은 충분히 주었다. 그러나 [로마] 동맹국 출신자들에게는 관대함을 계속 베풀었다. 그는 후에 이들을 모아놓고 연설을 했는데, 내용인즉슨 다음과 같았다. 자신이 전쟁을 하는 것은 그들을 상대로 하는 것이 아니라 그들을 대신하여 로마인을 상대로 하는 것이고, 만약 그들이 지각이 있다면 자기와 친구 관계가 될 수 있을 터인데, 왜냐하면 자신이 온 주요 목적은 이탈리아 인민의 자유를 되찾아주기 위함이며 로마인들이 빼앗은 그들의 도시들과 영토를 다시 얻도록 도와주기 위함이라고 하였다. 이런 식으로 말하고 나서 아무런 몸값도 요구하지 않고 그들을 고향으로 돌려보냈다. 그는 이렇게 함으로써 이탈리아 인민을 자기편으로 끌어들이고 로마에 대한 충성심을 돌리고자 하였다.[1]

1 | 기원전 218년에 있었던 일인데, 한니발의 의도는 성공하지 못했다. 그러나 한니발이 로마가 가진 힘의 원천이 동맹국에 있다고 본 것은 정확했다.

동맹국에 비친 로마의 모습

리비우스, 《도시의 건설부터》 26.16.8~12

모든 토지와 건물이 로마 인민의 공유재산이 되었다. 카푸아[2]는 단지 거주하고 사람들이 모이는 장소로서의 도시로 남는 것이 허용되었다. 그곳에는 정치제도도 원로원도 민회도 정무관도 없을 것이다. 인민은 자신들을 통치할 정체나 군사 조직을 가지지 못하므로 공공의 이익도 같이 나누지 못하고 어떤 종류의 공공 행위도 할 수 없을 것으로 보였다. 그리고 해마다 로마에서 법무관이 파송되어 사법권을 행사할 것이다. 카푸아 문제의 결정은 모든 점에서 찬탄할 만하였다. 죄의 대부분이 신속하고 단호하게 처벌

2 | 카푸아Capua: 에트루리아계의 도시. 한니발 전쟁 초기에는 로마에 충성했으나, 칸나이 전투에서 로마가 패하자, 로마 콘술 중에 한 명은 직접 뽑겠다고 주장한다. 로마가 이를 거절하자, 한니발 측으로 넘어가서 한니발 군대가 이곳에서 월동한다. 로마는 기원전 211년 이곳을 단호하게 응징했다.

되었으며, 자유 시민의 대부분은 분산되어 돌아올 희망을 갖지 못하였다. 범죄와 무관한 건물과 방어물은 무익하게 불태워지거나 파괴되는 일을 모면하였다. 그리고 로마는 가장 부유하고 고귀한 그 도시를 보존함으로써 이익과 더불어 동맹국 앞에 자애로운 모습을 얻고자 하였다.[3]

자료 02

로마의 놀라운 통합 정책

키케로, 《발부스를 위한 연설》 27~28

그러나 그[기소자]는 시민권의 교체에 대해 무지합니다. 여러분, 그것은 국가의 법에 바탕을 둔 것이 아니라 개인의 의사에 바탕을 둔 것입니다. 왜냐하면 우리의 법 아래에서는 어느 누구도 자신의 의사에 반해서 시민권을 바꿀 수 없습니다. 혹여 바꾸기를 원한다 해도, 그가 시민이 되고자 하는 국가가 받아들이지 않는 한 그럴 수 없습니다. ……

우리 시민 가운데 어느 누구도 우리의 민법 하에서는 두 나라의 시민이 될 수 없습니다. 다른 나라의 시민권을 받은 자는 이 나라의 시민이 될 수 없습니다. 누케리아로 추방당한 퀸투스 막시무스, 가이우스 라이나스, 퀸투스 필리푸스, 타라코로 [추방당한] 가이우스 카토, 스미르나로 [추방당한] 퀸투스 카이피오, 루푸스 루틸리우스 같은 위인들[4]은 거주하던 도시의 시민이 되었는데, 시민권을 바꿈으로써 거주지를 변경하기 전에 [로마의] 시민권을 포기할 수 없었지요. 이들의 경우를 살펴보면, 시민권의 교체는 허락에 의해서만이 아니라 '귀환권postliminium'[5]에 의해 성사되기도 합니다.

키케로, 《발부스를 위한 연설》 31

로마라는 이름으로 처음부터 우리 조상들이 발전시킨 법은 얼마나 감탄할 만하며 또 신의 영감을 받은 것인가! 우리들 중 누구도 한 나라보다 더 많은 나라의 시민이 될 수 없으며(왜냐하면 상이한 나라는 상이한 법을 갖기 마련이므로) 어느 누구도 자신의 의지에 반하여 시민권을 바꿀 수 없거나, 또는 의지에 반하여 시민으로 머물 수 없다는 법이 그러합니다. 이것이야말로 우리 자유의 가장 튼튼한 기초이지요. 즉, 모든 사람은 자신의 시민권을 보유할 수도 포기할 수도 있는 권리를 가진다는 말입니다.

이 나라의 기초를 세운 로물루스가 사비니인들과의 조약을 통해 심지어 적들마저 받아

4 | 이들은 기원전 2세기에 이탈리아 반도 밖의 동맹국으로 되돌아간 인사들이다.

5 | 귀환권은 망명자나 전쟁 포로에게 주어진 권리다. 이들은 자동으로 시민권을 상실했다가, 귀환하면 다시 시민권을 얻었다.

들여 시민단을 키워야 한다고 우리에게 가르친 일이야말로 의심할 여지 없이 우리 힘과 로마 인민의 명성이 널리 퍼지는 데 근본이 되는 것이지요. 그의 권위에 따라, 또 그를 모범으로 하여 우리 조상들은 시민권 수여를 중단하지 않았습니다. 그리고 라티움으로부터는 투스쿨룸인과 라누비움인들이, 사비니인과 볼스키인과 헤르니키인 같은 부족은 부족 전체가 시민으로 등록되었지요. 이들 나라의 성원들은 시민권을 반드시 교체하라는 요구를 받지 않았을 것이며, 그들 중 누군가가 로마 인민이 된 선물로 로마 시민권을 획득했다면 그들과 맺은 조약을 위반한 것으로 여겨지지 않았을 것입니다.

자료
03

로마의 라틴 동맹국 통합 과정

리비우스, 《도시의 건설부터》 8.14

원로원의 지도자들은 이 점과 관련하여 [카밀루스[6]의] 제안을 칭찬하였다. 그러나 각 사례별로 다르므로, 각 종족별로 거명하여 각자의 공적에 따라 정한다면 그의 제안은 무엇보다도 쉽게 수행될 수 있었을 것이라고 말하였다. 그래서 종족별로 호명되어 결정 사항이 선포되었다.

라누비움인들은 시민권을 받았으며, 유노 소스피타의 숲을 라누비움 시민과 로마 인민이 공유하는 조건으로 그들의 성소도 돌려받았다. 아리키아와 노멘툼과 페둠의 인민은 라누비움인들과 같은 근거로 시민권을 부여받았다. 투스쿨룸인은 기존의 시민권을 그대로 보유하였으며, 반란죄는 몇몇 모의자에게 책임을 물었을 뿐, 나라 전체에 그렇게 하지는 않았다.

벨리트라이Velitrae 인민은 오랫동안 로마 시민이었는데, 종종 반란을 도모한 탓에 심하게 처벌받았다. 그래서 그들의 성벽은 파괴되었고 원로원은 제거되었으며 티베리스 강 건너편에서 살라는 명령이 내려졌다. 그들에게 가해진 조건은, 만약 어떤 사람이 티베리스 강을 건너다 잡히면 청동 1000파운드의 벌금을 내야 하며, 그를 잡은 사람은 몸값을 받을 때까지 그를 쇠사슬에서 풀어줄 수 없다는 것이었다. 그리고 식민자들은 원로원 관할 농지로 이주되었는데, 그들이 등록되고 나서야 벨리트라이는 예전 인구를 회복하였다.

또 새로운 식민 도시가 안티움Antium에 건설되었다. 안티움 인민이 원한다면 식민자로 등록되는 것을 허용하는 대신, 그들의 전함을 몰수하고 바다로 나가는 것은 금지하며

6 | 카밀루스Camillus(기원전 446~365): 개선식을 4회나 치르고 독재관을 5회 역임해, 로마의 두 번째 창설자라는 평을 들은 인물. 여기서 그는 라틴인에게 관용을 베풀 것을 제안했다.

시민권을 준다는 조건이었다.

티부르Tibur와 프라이네스테Praeneste의 인민은 영토를 몰수당하였다. 그들은 나머지 다른 라틴인들과 함께 반란을 주창하였을 뿐 아니라, 한때 로마인의 권력을 혐오하여 야만인인 갈리아인과 군사 동맹을 맺었기 때문이다.

나머지 라틴인들은 통상권, 통혼권, 스스로 결사할 권리가 금지되었다. 캄파니아인들(라틴인들과 더불어 반란을 일으키지 않은 기사들을 위해), 그리고 푼디Fundi와 포르미아이Formiae의 인민은 (그들의 영토를 안전하게 지나는 것을 언제나 허용하였으므로) 투표권 없는 시민권을 받았다. 쿠마이Cumae와 수에술라Suessula의 인민에게는 카푸아 인민과 같은 권리와 조건을 부여하기로 결정하였다. 이 조약은 기원전 338년 캄파니아 전쟁이 끝난 후 쿠마이·수에술라와 맺은 것이다.[7]

자료
04

로마 시민권은 현대판 미국 시민권

리비우스, 《도시의 건설부터》 41.8.6~12; 41.9.9~12

원로원은 라틴 동맹국 사절들의 말을 듣고 납득하였다. …… 그들이 제기한 불만의 요점은 자기 도시들의 시민들이 로마로 이주하여 로마의 호구조사에 참여했다는 것이었다. 그들은 이런 일이 계속 허용된다면, 불과 5년이면 성읍과 농장이 버려져 병사들을 제공할 수 없을 것이라고 하였다. 삼니움인들과 파일리그니Paeligni인들도 4000개 가정이 자기네 영토에서 프레겔라이Fregelae로 이주하였는데, 자신들은 징병 기간에 병력 제공을 줄이지 않았다고 불평하였다.

또한 시민권을 개별적으로 바꾸기 위해 두 유형의 눈속임이 사용되었다. 법에 따르면 라틴인 자녀를 고향 도시에 남겨놓은 동맹국 시민은 로마 시민이 될 수 있었다. 이 법을 남용하여, 어떤 사람들은 동맹국 시민에게 해를 끼치고, 어떤 사람들은 로마 시민에게 해를 끼치고 있다. 그들은 자기 자식들을 뒤에 남겨놓지 않으려고, 나중에 해방시켜서 피해방민이 되게 해준다는 조건으로 자기 자식을 로마 시민에게 노예로 제공한다. 그리고 남겨놓을 자식이 없는 자들은 로마 시민이 되려고 입양을 하였다. 후에는 합법성을 가장하지도 않고 법은 안중에도 없이, 또 자식의 존재 여부와 관계없이 로마로 이주하여 호구조사에 등록함으로써 로마 시민으로 탈바꿈하였다.

사절들은 이런 일이 계속되지 않도록 다음 세 가지를 요구하였다. 첫째, 원로원은 동맹국 시민들에게 자신들의 도시로 돌아가라고 포고할 것, 둘째, 시민권을 바꿀 목적으로 아들을 입양하거나 양자로 보내는 것을 금지하는 법을 제정할 것, 마지막으로, 만약 어떤 사람이 이미 로마 시민이 되었다면 무효로 처리할 것. 이 요구 사항들은 원로원에 의해 승인되었다.[8] ……

그때 가이우스 클라우디우스Caius Claudius가 동맹국 시민에 관한 법을 제안하였다. 이 법은 원로원의 동의를 얻어 공표되었는데, 마르쿠스 클라우디우스Marcus Claudius와 티투스 큉크티우스Titus Quinctius가 호구조사관을 지내던 때[9]나 그 이후에 라틴인으로 등록된 모든 라틴 동맹국 시민들 또는 그 선조들은 아홉 번째 달 첫째 날 전까지 본국으로 돌아가라는 내용이었다. 돌아가지 않은 자들에 대한 심사는 법무관인 루키우스 뭄미우스Lucius Mummius에게 맡겨졌다. 이 법과 콘술의 칙령에 원로원의 규정이 더해졌다. 그 규정은 독재관, 콘술, 간왕, 호구조사관이나 법무관으로서 현직에 있거나 장차 직책을 맡을 사람 앞에 해방시키고자 하는 노예를 데리고 오는 경우, 관리들은 해방을 선포하기에 앞서, 누구든지 시민권을 바꾸기 위해 해방시키는 것이 아니라는 선서를 요구해야 한다는 내용이었다. 만약 맹세하지 않으면, 해방이 이루어질 수 없다고 선포하였다.

8 | 기원전 177년의 사건이다. 이 시기의 콘술은 가이우스 클라우디우스였다.

9 | 이 두 사람은 기원전 189년에 호구조사관으로 선출되어 호구조사를 실시했다.

자료
05
이탈리아의 화약고가 터지다

벨레이우스 파테르쿨루스, 《로마사》 2.15.1~17.1

루키우스 카이사르Lucius Caesar와 푸블리우스 루틸리우스Publius Rutilius[10]가 콘술로 재직하던 해에, 이탈리아 전체가 로마에 대항하여 무기를 들었다. 반란은 아우스쿨룸인들이 시작하였는데, 그들은 법무관인 세르빌리우스Servilius와 그의 사절인 폰테이우스Fonteius를 살해하였다. 그런 뒤 마르시인들이 전쟁을 일으켰고, 그다음으로는 이탈리아 전체로 확산되었다.

이탈리아인들의 주장은 정당했으나 그들의 운명은 잔인하였다. 왜냐하면 그들은 자신들이 무장시킨 병력으로 지키는 나라에 시민권을 요구하였기 때문이다. 그들은 해마다, 또 전쟁 때마다 보병과 기병을 합해 두 배나 많은 병력을 제공하였으나 여전히 시민권을 받지 못했던 것이다. 로마는 그들의 노력 덕분에 매우 높은 위치에 오른 뒤, 같은 기원과 혈통을 가진 사람들을 외국인이요 동맹국으로 깔보았다.

전쟁은 이탈리아의 청년 30만 이상을 쓸어버렸다. 이 전쟁에서 저명한 로마의 장군으

10 | 동맹국 전쟁이 발발하자 카이사르는 삼니움족, 루틸리우스는 마르시인을 진압하러 갔다. 루틸리우스는 신중을 기하라는 마리우스의 권고를 무시하다가 함정에 빠져 전사했다.

로는 대★ 폼페이우스의 아버지인 크나이우스 폼페이우스, 이미 언급한 가이우스 마리우스, 전년도에 법무관을 지낸 루키우스 술라, 메텔루스 누미디쿠스의 아들인 퀸투스 메텔루스가 있었고…… 이탈리아 측에서 가장 유명한 지도자로는 포파이디우스 실로, 헤리우스 아시니우스, 인스테이우스 카토, 가이우스 폰티디우스, 폰티우스 텔레시누스, 마르쿠스 에그나티우스, 파피우스 무틸루스가 있었다.

나는 진실만 말할 것이며, 지나치게 겸양을 떠느라 우리 가문의 영광을 가리지는 않을 것이다. 나는 나의 고조부이자 캄파니아인들의 지도자요, 명성과 충성심이 큰 분이었던 데키우스 마기우스의 손자인, 아이클라눔 출신 미나티우스 마기우스Minatius Magius의 기억을 깊이 신뢰한다. 미나티우스는 이 전쟁에서 로마인들에게 그러한 충성심을 보여주었다. 즉, 그는 스스로 티투스 디디우스와 더불어 히스파니아인들로부터 소집한 병력을 가지고 헤르쿨라네움Herculaneum을 정복하였고, 술라와 더불어 폼페이Pompeii를 공격하였으며, 콤프사Compsa를 차지하였다. ……

이탈리아 전쟁은 매우 비참하고 우여곡절이 많아서 연속해서 두 해 동안 로마의 콘술들, 즉 루틸리우스와 그 뒤를 이은 카토가 적군에게 피살되었다. 로마 인민의 군대는 여러 곳에서 패배하였으며, 로마인들은 오랫동안 군복을 입고 지낼 수밖에 없었다. 이탈리아인들은 코르피니움Corfinium을 수도로 선정하여 이탈리카Italica라고 이름 붙였다. 그런 후 무기를 들지 않았거나 바로 무기를 내려놓은 자들을 시민으로 받아들임으로써 로마 인민의 힘은 증대되었다. 그리고 폼페이우스와 술라와 마리우스는 동요하던 로마 인민의 힘을 회복시켰다. 놀라Nola에 남아 있던 반란의 잔당을 제외하고, 이탈리아 전쟁은 대체로 종식되었다. 그리고 로마인들 스스로도 지친 나머지, 시민권을 그들의 힘이 손상되지 않았을 때 한꺼번에 주기보다는 정복했거나 굴복시킨 자들에게 주는 데 동의하였다.

자료
06

로마인에게는 두 개의 조국이 있다

키케로, 《법률론》 2.5

아티쿠스: …… 그러나 방금 전에 자네가 말한 것, 그러니까 내가 이해하기로는 아르피눔[11]인데, 그곳이 자네의 타고난 조국germana patria이라고 한 말은 무슨 뜻인가? 자네는 두 개의 조국을 가지고 있다는 말인가? 아니면 하나의 공통된 조국paria

11 | 아르피눔Arpinum: 키케로의 고향 도시.

communis이 있다는 것인가? 아마도 현명한 카토에게 조국은 로마이겠지, 투스쿨룸이 아니라면.

키케로: 헤라클레스에 맹세코, 그 사람에게도 또 모든 무니키페스[12]에게도 두 개의 조국이 있다고, 나는 믿네. 하나는 자연에 따른 것이고, 다른 하나는 시민권 덕분에 생긴 것이지. 이를테면 카토는 투스쿨룸에서 태어났지만 로마 인민의 시민권 속으로 받아들여졌네. 그는 출생으로는 투스쿨룸 사람이지만 시민권으로는 로마인이므로, 출생 장소에 의해 하나의 조국이 생기고, 법으로 또 하나의 조국을 갖게 되는 것이네. …… 그러나 우리가 태어난 곳은 우리가 입적된 조국 못지않게 즐거움을 가져다준다네. 나는 이곳[아르피눔]이 내 조국임을 부인하지 않네. 비록 다른 조국이 더 크고 그 안에 내 작은 조국을 품고 있을지라도 말일세.

키케로, 《법률론》 3.36

퀸투스: …… 이 문제가 그에게 보고되자, 콘술인 마르쿠스 스카우루스Marcus Scaurus는 이렇게 말했다고 합니다. "마르쿠스 키케로여, 당신의 마음과 정력을 당신의 무니키피움에 돌리지 말고 우리 큰 국가에 돌리기를 원하오."[13]

자료
07
자치도시 운영의 모범 사례: 타렌툼

몸젠T. Mommsen 편, 《라틴 비문 집성Corpus Inscriptionum Latinarum》 12,590, 1853

…… 이 무니키피움에 속하거나 그렇게 될 돈은, 공공 기금이든 신전용이든 제사에 사용될 것이든, 어떤 사람도 사취하거나 절도해서는 안 된다. 사취나 절도를 조장할 만한 일을 해서도 안 된다. 또는 사취나 공공 회계 조작으로 공공재산을 고의적으로 손상해서도 안 된다. 이런 행동을 한 사람에게는 누가 되었든 관련된 액수의 네 배가 벌금으로 부과될 것이다. 그리고 무니키피움에 벌금을 내라는 판결을 받을 것이며, 무니키피움의 어떤 정무관이든 이 벌금의 액수를 가지고 소추할 수 있다. 이 특허장에 의해 처음 선출되는 4인행정관quattuorviri과 관리관aediles 중에 타렌툼으로 온 자는, 특허장이 포고되고 타렌툼에 도착한 이후 20일 이내에 다음 절차를 밟아야 한다.

우선 그는 자신을 보증하도록 출두해야 하며, 4인행정관이 되기 전에 안전책과 보장 방안을 충분히 제시해야 한다. 이 무니키피움에 속하는 어떤 돈이든, 즉 공공 기금이든 신전용이든 제사에 사용될 것이든, 그가 관직에 있는 동안 그의 손에 들어온 돈은 타렌툼 무니키피움에 틀림없이 보관될 것이며 원로원이 정하는 어떤 방식으로든 이 돈의 회계를 보고할 것을 보증해야 한다. …… 무니키피움의 원로원이 포고문을 선포한 후 10일 이내에 원로원에 이 기금의 회계를 성실하게 제출하는 것이 그런 업무가 위탁된 사람, 그 업무를 공적으로 이행한 사람, 공금을 사용하거나 받은 사람의 의무가 될 것이다. 타렌툼 무니키피움의 데쿠리온[14]이 되었거나 될 사람, 또는 본 무니키피움 원로원에서 투표권이 있음을 선언한 사람은 타렌툼 시내나 본 무니키피움 영토 안에서 1500장 이상의 기와가 있는 집을 확실하게 가져야 한다. 그 자신의 집이 없거나 이 법을 회피하기 위해 문서상의 전이를 통해 거짓으로 그런 집을 사거나 받은 사람은 범법 행위를 한 해마다 5000세스테르티[15]를 타렌툼 무니키피움에 지불할 의무를 진다. 타렌툼 무니키피움 내에 있는 가옥은 예전 상태로 수리하려는 의도가 없는 한 누구도 원로원의 포고 없이 그 지붕을 벗기거나 훼손하거나 헐어서는 안 된다. 이 규정에 반하여 행동하는 사람은 그 가옥의 가치에 해당하는 액수를 무니키피움에 바칠 의무가 있으며, 원한다면 누구나 그 금액에 대해 소추할 수 있다. 그 벌금을 수합한 관리는 그것의 절반을 공공 금고에 내야 하며, 나머지 반은 정무관으로 재직하는 동안 베풀고자 하는 공연에 지출할 수 있다. 만약 그가 자신을 위한 공공 기념물을 세우는 데 사용하고자 한다면, 그렇게 하는 것은 합법적이므로 처벌받을 위험은 없다. 만약 4인행정관이나 2인위원duumvir, 또는 관리관이 무니키피움과 무니키피움에 속하는 영토 안에서 공공선을 위해 도로·배수구·하수구를 만들거나 정비하거나 고치거나 짓거나 포장하기를 원한다면, 개인들에게 피해를 주지 않는 조건에서 이 일을 하는 것은 합법적이다. 타렌툼 무니키피움에 돈을 빚진 자로서 무니키피움의 시민이면서 지난 6년간 2인위원이나 관리관이 아니었던 자라면 누구나 개인적인 처벌을 면하면서 타렌툼 무니키피움에서 이주하는 것이 허용될 것이다.[16]

이탈리아 지방 향신들의 치적

헤르만 데사우Hermann Dessau 편, 《라틴 비문 선집Inscrptiones Latinae Selectae》 5531, 1892

크나이우스의 아들 크나이우스 사트리우스 루푸스는 판결을 위한 4인위원으로서 공회당 건물들에 판자 지붕을 더하고 서까래를 철로 보강하고 건물들을 돌로 치장했으며,

치장한 계단으로 건물을 둘러쌌다.

2인위원회에 6000세스테르티, 군단 보급에 3450세스테르티, 디아나 신전 재건에 6200세스테르티, 아우구스투스 카이사르의 승전 기념제에 7750세스테르티.[17]

《라틴 비문 집성》 9.2845

푸블리우스 파키유스 스카이바는 스카이바와 플라비아의 아들이며, 코수스와 디디아의 손자이고, 바르부스와 디루티아의 증손자이다.

재무관을 역임하고, 재무관 역임 후 원로원의 의결로 송사 심판 10인위원을 지내다. 재무관과 송사 심판 10인위원을 역임한 후 원로원의 의결에 따라 중죄를 다루는 4인위원을 지내다.

호민관, 귀족 출신 관리관, 형사 법정 심판관, 국고 관할 법무관을 지내다.

콘술 급 총독으로 키프로스 속주를 통치했고, 원로원 의결로 5년간 로마 시외 도로의 감독관을 지냈으며, 아우구스투스 황제의 권위에 따라 두 번째로 특임 총독이 되었으며, 원로원 의결에 따라 키프로스 속주의 나머지 지방에 파견되어 질서를 회복하다.

전쟁 선포에 관련된 사제직을 역임하다.

콘수스의 딸이며 스카풀라의 손녀이고 바르부스의 증손녀인 플라비아의 조카이자 남편으로서 합장되다.

《라틴 비문 선집》 932

퀸투스의 아들 퀸투스 바리우스 게미누스, 신이 된 아우구스투스의 사절 2년간, 콘술 급 총독, 법무관, 호민관, 재무관, 심판관, 곡물 분배관, 송사 심판 10인위원, 신전과 공공 기념물 관리를 위한 감독관, 파일리그니인으로는 최초로 원로원 의원이 되고 이런 직책들을 보유하다.

수페르아이쿰Superaequuum의 인민이 보호자를 위해 공공 비용으로 세우다.[18]

17 | 이 비문은 기원후 1세기 이구비움Iguvium에서 발견된 것으로, 당시 회계 사정을 보여준다.

18 | 기원후 1세기에 수페르아이쿰에 세워진 비문의 내용이다.

| 출전 |

리비우스, 《도시의 건설부터》: 이탈리아 동맹국 문제와 관련해서는 리비우스도 충실한 증언자다. 그는 기원전 59년 북이탈리아의 파타비움에서 태어났으며 고향에서 기본적인 소양을 쌓았다. 그의 고향 도시는 기원전 49년에야 로마 시민권을 얻었다. 그는 로마로 이주하여 로마사를 저술했지만, 문체와 표기법 등에서 이탈리아 지방색을 드러낼 정도로 자신의 고향에 애착을 가졌다. 리비우스를 이런 맥락에서 볼 필요가 있다.

키케로, 《발부스를 위한 연설Pro Balbo》: 기원전 55년에 작성된 키케로의 연설문. 발부스는 기원전 63년에 호민관을, 기원전 58년에 아시아 총독을 역임했다. 애초 폼페이우스파였으나 나중에는 카이사르와도 교분을 맺었다. 이 법정 연설은 발부스가 외국인으로서 부당하게 시민권을 취득했다고 고발당하자, 키케로가 그를 변호하며 한 것이다.

키케로, 《법률론》: 2.5와 3.36에는 이탈리아 출신 로마 정치가들의 태도가 잘 묘사되어 있다. 특히 키케로 자신은 물론이고, 심지어 콘술을 7회나 역임한 마리우스의 경우에도 여기 묘사된 것처럼 두 개의 조국이 있었음을 보여준다. 키케로는 처음에는 귀족과 기사 신분의 단합으로 '신분의 조화concordia ordinum'를 이루려 했으나 실패하자, 지방의 향신들이 단합하여 공화정을 수호하자는 의미에서 '모든 선량의 합의 consensus omnium bonorum'라는 정치구호를 내걸었다. 이는 이탈리아 향신의 동조를 얻으려는 생각에서 나온 것이었다.

벨레이우스 파테르쿨루스Velleius Paterculus(기원전 19~기원후 31), 《로마사Historia Romana》: 원제목은 알려지지 않았으나 그가 저술한 책은 통상 '로마사'라고 불린다. 이 책은 트로이 전쟁부터 기원후 29년 아우구스투스의 황후 리비아의 사망까지를 다룬다. 이 중에서 가장 볼 만한 가치가 있는 부분은 카이사르와 아우구스투스 부분이다. 라틴 문학의 역사에서 은의 시대를 연 최초의 문인으로 평가된다. 그는 카토, 호르텐시우스, 트로구스Trogus, 네포스Nepos와 리비우스를 참조하여 저술했다.

폴리비오스, 《역사》: 이 책의 6권은 로마사이다. '로마가 단기간에 패자가 된 이유는 무엇인가'라는 별도의 제목을 붙일 정도인데, 여기에서 로마가 지닌 혼합정체의 특성을 자세히 논하고 있다. 그러면서 다른 혼합정체 국가인 스파르타와 카르타고를 비교하면서, 로마가 지중해의 패자가 된 이유는 시류를 잘 탔기 때문이라고 설명한다. 이 부분에서 국가를 유기체로 보는 폴리비오스의 관점이 잘 드러난다. 이 장에서 인용한 부분(3.77.4~7)에서는, 한니발의 회유에 넘어가지 않은 이탈리아 동맹 체제에 대한 그의 관찰력을 엿볼 수 있다.

| 참고문헌 | --

김창성, 《로마 공화국과 이탈리아 도시—통합과 조직의 역사》, 서울시립대 도시인문학 연구소 엮음, 메이데이, 2010.

Gabba, Emilio, *Italia Romana,* Bibliotheca di Athenaeum 25, Edizioni New Press, 1994.

Humbert, Michel, *Municipium et Civitas sine Suffragio—L'organization de la conquête jusqu'à la guerre sociale*, École française de Rome, 1993.

Lomas, Kathryn, *Roman Italy—338B.C.~A.D.200: A Sourcebook*, Taylor & Francis Group, 1996.

21

그라쿠스 형제의 개혁과 라티푼디아

: 로마의 토지 문제

1789년 프랑스에서 혁명이 일어나자, 농민들은 자신들에게도 토지가 분배되리라고 기대했다. 1792년에 피카르디Picardie 출신의 사상가 바뵈프Babeuf는 로마 공화정기에 그라쿠스Gracchus 형제가 그랬듯이, 토지를 몰수하여 농민에게 재분배해야 한다고 주장했다. 그러나 당시 정국을 주도한 로베스피에르Robespierre는 그의 제안을 거부했다. 이처럼 대토지를 몰수하여 농민에게 분배한다는 생각은, 유럽의 귀족은 물론이고 토지 소유에 이해관계가 깊었던 시민 계층에게도 받아들이기 어려운 것이었으며, 그런 일이 실현될까봐 크게 두려워하였다. 프랑스 혁명이 끝난 후에도, 전승되어온 그라쿠스 형제의 농지법의 실체를 두고 논란이 많았다.

이 법은 일정한 한도 이상으로 보유한 토지는 몰수한다는 내용을 담고 있었기에 그동안 일반적으로 개인의 소유권을 최대한 제한하는 근거로 이해되었다.

그러나 여러 법학자들의 연구로 그런 생각은 오해라는 점이 밝혀졌다. 우선 그 법은 개인의 토지에는 영향을 미치지 않았고, 공유지에만 적용되었다는 사실이 밝혀졌다. 또 인도의 토지 제도에 대한 이해가 깊어지면서 고대 로마의 '공유지ager publicus'에 담긴 의미를 조명할 수 있게 되었

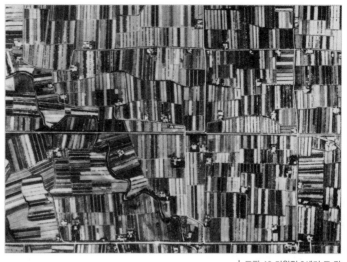

도판 40 기원전 2세기 포 강 유역에서 이루어진 로마의 구획 정리 사업인 켄투리아의 흔적을 보여주는 사진. 정사각형의 한 변은 20악투스(710미터)이며, 면적은 200유게라(50헥타르)이다. 1945년에 찍은 항공사진.

다. 로마법에서는 이른바 법적이고 배타적인 '소유권property'과 사실상의 권리인 '점유possession'를 확실히 구분했고, 개인이 공유지에 대해 가지는 권리는 소유가 아니라 점유로 보았다.

소유권은 현실적인 문제와도 깊이 관련되므로 로마사 연구에서 가장 집중된 분야가 그라쿠스 형제의 개혁인 것은 지당하다고 볼 수 있다. 그라쿠스 형제 중에 형인 티베리우스Tiberius는 '농지법lex agraria'을, 동생인 가이우스Caius는 '곡물법lex frumentaria'을 제정했는데, 이들의 활동은 이후 로마사에서 분수령을 이룰 만큼 중요했다. 이 장에서는 그들이 개혁을 단행한 이유와 그 내용을 중심으로 당시 로마 사회의 여러 문제를 살펴보고자 한다.

정복의 과실로 생겨난 대농장

지중해 세계를 정복한 로마는 한동안 정복의 과실을 따 먹는 듯이 보였다. |자료 1| 기원전 168년에는 배상금과 전리품이 넘치게 유입되어 국고가 채워지자 거의 해마다 거두어왔던 전쟁세(트리부툼) 징수가 중단되었다. 또한 소비 정책이 실시되고 로마에 여러 공공건물이 신축되어, 많은 인구를 도시로 유입시키는 효과를 가져왔다. 이와 같은 호황은 기원전 140년대까지 지속되었다.

로마의 토지 소유관계에도 변화가 생겼다. 로마가 사활을 걸었던 전쟁의 과실은 대개 부유층에게 돌아갔다. 이렇게 확보된 자금은 마땅한 투자처를 찾게

되었는데, 당시에 로마로 유입된 다수의 노예와 정복을 통해 획득한 토지가 주요 투자 대상으로 부각되었다. 로마의 부유층은 로마 시에서 거주하고 활동했기에 현금 확보가 중요했다. 특히 귀족은 법적으로 상업에 진출하는 것이 금지되어 있어, 화폐 소득을 보장해줄 과수 재배나 목축에 눈을 돌렸다. 이탈리아의 지형이나 기후에 적합했던 과수 재배와 목축업에는 전문화한 노예노동을 필요로 했는데, 노예 공급이 원활해지면서 값이 저렴해 노동력 확보가 수월해졌다.

한편 로마 정부는 정복으로 획득한 공유지에 일정 비율의 지세(곡물은 10분의 1, 기타는 5분의 1)를 납부하는 조건으로 점유하여 이용하는 것을 허용했다. 그리고 토지 점유와 관련해서는 이미 기원전 367년에 한 번, 그리고 기원전 167년 이전 어느 때인가 또 한 번 점유 규모를 제한하는 법이 만들어졌는데, 500유게라(125 헥타르)가 기준이 되었다고 알려져 있다.|자료 2| 전자의 법은 과연 그것이 제정된 시기에 이 제한 규모가 토지 점유를 제한하는 규정이었는지 의심의 여지가 있으며, 후자의 법은 거의 지켜지지 않은 것으로 알려져 있다.|자료 3| 이처럼 공유지에 대한 사적 점유로 라티푼디아latifundia('넓다'는 의미의 'latus'와 '토지'나 '농장'을 뜻하는 'fundus'의 합성어로, 단수는 'latifundium'이다)라는 대농장이 널리 확산되어 국가적 경제 형태가 되었다.|자료 4|

소농과 도시 빈민에게 닥친 식량 부족 사태

평민이나 소농의 상황은 어떠했는지 살펴보자. 일련의 전쟁은 로마가 강성해지게 했지만, 인력 손실을 가져올 수밖에 없었다. 그런데 최근의 연구에 따르면, 기이하게도 급격한 인력 감소 현상은 없었다고 한다. 하지만 군 복무 자격의 하한선인 보병 5등급의 재산 보유 기준이 낮아졌다는 연구 결과를 참조하면, 이런 모순이 어느 정도 해결된다. 이 같은 사정은 심각한 인력 부족 문제가 표면으로 드러나지 않았음을 의미하기 때문이다.

전쟁을 마치고 귀향한 농민의 상황은 어떠했을까? 아마도 일부 농민은 농촌 지역에 정착했을 것이다. 고고학 분야의 연구 결과에 따르면, 이 시기에는 라티푼디아와 소농민의 농장이 병존했으며, 라티푼디아 경영 측면에서도 소농장의 존재가 필요했던 것으로 분석된다. 그러나 기원전 1세기에 재산을 가진 사람이 2000명에 불과했다는 주장은 위험한 생각이라고 일축한 키케로의 연설도 있고 노예가 대농장에 정규 인력으로 사용된 것은 사실이므로, 농촌으로 귀향한 병사들을 농장이 수용하는 데에는 한계가 있었을 것으로 보인다.

기원전 140년대까지 로마 경제에 호황이 지속되면서 로마 시로 많은 인구가 유입되었다. 특히 공공건물 신축과 토목공사에는 인력이 많이 필요했기에 유입된 인구를 부양할 수 있었다. 이런 점 때문에 더 많은 인구의 유입이 초래되었다. 이렇게 유입된 사람들의 식량 수요는 해외의 속주인 사르디니아와 시칠리아, 아프리카(옛 카르타고)에서 수입하는 곡물로 충당할 수 있었다.|자료5| 해외에 곡물을 의존한 이유는 로마에 인접한 지역의 자연환경이 바뀌어 곡물을 생산할 수 없게 되는 등 여건의 변화를 꼽을 수 있다. 그러나 무엇보다 근본적인 원인은 로마 시 근교에 라티푼디아가 많이 생겨났으며, 라티푼디아에서는 기초 식량 대신 포도와 올리브 같은 환금성이 좋은 작물을 주로 재배했고, 로마의 지배층이 여기에 깊은 이해관계를 가지고 있었다는 점이다.

한 나라의 식량을 주로 해외에서 수입한 곡물에 의존하다가는 크나큰 난관에 봉착할 우려가 있다. 당시 로마에서는 그런 우려가 현실이 되었다. 기원전 135년에 시칠리아에서 발생하여 여러 해 지속된 노예 반란은 전쟁이라 부를 정도로 그 규모가 컸는데, 그 결과 식량 생산이 어려워졌고 로마 시의 곡물 부족 사태로 직접 이어졌다. 기원전 127년의 곡가는 기원전 140년 대비 1200퍼센트 급등한 것으로 알려져 있다. 엎친 데 덮친 격으로, 기원전 125년에는 북부 아프리카 지역이 메뚜기 떼의 습격을 받았다.

이런 사태들은 자연히 도시의 빈민에게 직접적으로 타격을 입혔다. 게다가 기원전 130년에 들어서면서 국고가 고갈되기 시작했고, 식민 사업이 중단되었다. 그러자 도시에 밀집해서 살던 빈민들은 생사의 갈림길에 놓였고, 세계의 정복자 로마의 시민들은 굶주림에 처하고 말았다.|자료6| 이런 역사적 사실은 식량을 해외에 과도하게 의존하고 있는 우리에게도 큰 교훈을 안겨주는 것이다.

그라쿠스 형제의 개혁

어려운 시대일수록 영웅과 현명한 재상이 필요한 것처럼, 위기에 놓인 로마에 개혁가 그라쿠스 형제가 등장한다. 이들은 로마의 명문가 출신으로, 혈통과 자질에서 두각을 드러냈다. 이들에게 영향을 준 교사들은 그리스인이었다.|자료 7| 특히 왕정·귀족정·민주정의 요소가 혼합되어 견제와 균형을 이루었기에 로마가 강성하다는 폴리비오스의 혼합정체관은 그 당시 로마 지식층에게 큰 영향을 끼치고 있었다.

티베리우스에게 직접적으로 충격을 준 사건은 그가 이탈리아 남부를 여행하면서 본 장면이었다. 드넓은 농장에 노예들만 가득했던 것이다. 게다가 그가 호민관으로 출마하기 바로 전해에 급상승한 곡가로 고통스러워하던 빈민의 모습을 보고 개혁에 대한 결심을 굳혔던 것 같다.|자료 8| 기원전 133년 호민관에 당선된 그가 민회에 제출한 법안의 상세한 내용은 전하지 않는다. 다만 여러 단편을 통해 대체적인 골격만 알 수 있을 뿐인데, 주요 내용은 다음과 같다.

첫째, 로마 시민은 누구든 공유지를 500유게라 이상 보유할 수 없다. 단, 성년의 아들이 있는 경우, 2인까지 250유게라씩 추가로 인정하여 1000유게라를 보유할 수 있다. 둘째, 보유 상한선을 초과하는 농지는 몰수하여 농지가 없는 로마 시민에게 추첨으로 30유게라씩 분배하고 일정한 농지세를 내도록 한다. 셋째, 이 법을 시행하기 위해 농지 분배 3인위원을 선출한다.

이렇게 간략한 내용만 놓고서 판단하려면 상당한 추론이 필요하다. 당대에 가장 가까운 사가인 아피아노스Appianus는 티베리우스가 농지를 분배함으로써 군 복무의 자격을 갖춘 시민 수를 늘리고자 했다고 보고한다.|자료 9| 현대의 학자들은 로마 근교에 토지가 없는 시민을 정착시키는 것은 사실상 지배층의 이해를 침해하는 조치였기에 정치적 반대에 부딪힐 우려가 컸다고 본다. 그런데도 티베리우스가 이를 강행한 이유는 로마 근교를 곡물 공급지로 만들어 곡물 문제를 항구적으로 해결하는 것이 그의 목표였기 때문이라고 설명한다.

이런 설명들을 참조하면, 티베리우스의 개혁은 시기에 알맞은 정책으로 보이며, 실제로 다수의 지지 세력이 있었다.|자료 10| 그러나 몰수 대상이 된 농지를 가

도판 41 프랑스 파리의 오르세 박물관에 소장되어 있는 그라쿠스 형제의 조각상, 외젠 기용(1822~1905)의 작품.

진 사람의 입장에서는 그 개혁을 무효화하는 일이 시급했다. 농지법 제정으로 인기를 한 몸에 받게 된 티베리우스는 개혁을 실천하는 도중에 귀족들의 습격으로 자신을 추종하던 사람들과 더불어 무참하게 살해되었다.|자료 11|

　형이 죽음을 맞은 현장에 없었던 동생 가이우스는 형이 죽은 지 10년 후인 기원전 123년에 호민관으로 출마해서 당선되자, 형과 같은 길을 걷는다. 그는 형이 제정한 법을 계승하는 한편, 그 당시에 가장 시급했던 문제인 곡물 가격 앙등을 해결하기 위해 곡물법을 제정했다. 그 내용은 시민 1인당 한 달 식량에 해당하는 5모디우스Modius를 유상으로 배급하되, 시중 곡가의 절반 이하로 한다는 것이었다. 뿐만 아니라 그는 이 법을 시행하기 위해 필요한 창고법 등을 제정했고, 부족한 재정 문제도 독자적으로 해결하고자 했다. 오늘날, 이 조치는 생계 문제를 해결하기 위한 최선의 방안으로 평가된다.|자료 12| 그러나 동생에게도 형과 같은 운명이 기다리고 있었다. 귀족들의 공격으로 3000명에 이르는 가이우스의 추종자들이 죽임을 당했고, 가이우스는 자살했다.|자료 13|

포풀라레스와 옵티마테스의 대립

그라쿠스 형제는 이렇게 사라졌지만, 이들은 죽어서 더 큰 힘을 발휘했다. 살아 생전에 이들을 존경했던 평민들은 이들을 성인처럼 숭배했다. '인민의 편'이라는 뜻의 '포폴라레스populares'라고 불리는 정치가들이 출현했다. 이들은 그라쿠스 형제를 모방했으며, 평민회를 중심으로 활동하여 정치적 야심을 실현하고자 했다.|자료14| 평민 출신 병사들은 군 복무 이후에 별다른 대책이 없다는 사실을 깨닫자, 자신들의 요구를 들어줄 유력자들과 결탁하여 그들의 지지자, 때로는 그들의 사병으로 변모하기 시작했다. 이들에 반기를 든 사람들은 '옵티마테스 optimates'라고 칭해졌는데, '가장 선한 사람'이라는 뜻이다. 옵티마테스의 활동 무대는 원로원이었다.|자료15|

이와 같은 파벌 대립은 오늘날의 계층 간 대립이나 정당 간 대결과는 달랐다. 이들은 대개 비슷한 가문 출신으로, 그때그때 정치적 구호에 따라 나뉘었을 뿐이다. 그라쿠스 형제의 개혁에 반대한 자들은 대체로 옵티마테스라고 할 수 있는데, 가이우스 사후에도 그의 법안을 폐지하지 않고 유지했던 것으로 보아, 이들 역시 법안의 필요성은 인정했던 것으로 보인다. 이들이 그라쿠스 형제를 공격한 동기는 개인의 이해관계라는 측면도 있겠지만, 체제 수호라는 점에서도 일치된 생각을 가졌던 것으로 해석할 수 있다.

티베리우스 그라쿠스의 농지법은 기원전 111년경에 거의 소멸되었다.|자료16| 그 이후 개인이 보유한 토지는 지세를 내는 조건으로 사유화된다. 이로써 농지의 무제한 보유가 가능해지면서 라티푼디아 전성시대가 도래했고,|자료17| 이와 동시에 체제에 위기가 오기 시작했다.

로마의 분열

플로루스, 《로마사 개요》 1.47.1~13

그런 것들이 로마 인민의 역사에서 세 번째 시기[1]에 해외에서 일어난 사건들이다. 이 시기에 그들은 우선 이탈리아 밖으로 진출하고자 하였으므로 군대를 전 세계에 파견하였다. 이 기간의 처음 100년은 순수하고 정의로웠다. 그리고 우리가 언급하였듯이, 목가적 생활이 여전히 때 묻지 않고 타락하지 않아 사악함과 죄악에서 벗어난 황금기였으며, 카르타고의 적들이 위협한 덕분에 옛날의 규율이 살아 있었다.

다음 100년은 카르타고·코린토스·누만티아가 멸망하고 로마 인민이 아시아의 아탈로스Attalos 왕국을 유산으로 받은 때부터 카이사르와 폼페이우스와 그들의 계승자인 아우구스투스에 이르는 기간이다. 이 중에 아우구스투스의 역사는 우리가 다루어야 할 부분이다. 그런데 이 기간은 사람들이 스스로 이룬 군사적 업적에 따르는 영예로 저명해진 만큼, 내부에서 일어난 비운 탓에 불행해졌고 한탄해야 했다. 아르메니아인과 브리타니아인의 영토뿐만 아니라 갈리아·트라키아·킬리키아·카파도키아의 부유하고 강력한 속주들을 획득한 것은 영예롭고도 영광스러운 일이었다. 이런 속주들은 물질적 혜택을 전혀 가져오지 않았을지라도 제국의 위대함을 주장할 수 있는 근거를 형성하였다. 따라서 이와 동시에 동료 시민과 동맹국, 그리고 노예 및 검투사와 국내에서 싸운 일이야말로 부끄럽고 한탄할 만한 것이었으며, 원로원은 스스로 분열되었다.

참으로, 로마 인민이 너무 커져 자신의 힘에 의해 멸망하기보다 시칠리아와 아프리카에 만족하였더라면, 또는 아프리카마저 가지지 않았더라면, 그래서 이탈리아의 영토만 가졌더라면, 더 나았을지 어떨지 나는 모른다. 과도한 번영이 아니라면 무엇이 자중지란을 일으키겠는가? 우리를 처음으로 타락시킨 것은 시리아 정복이었다. 이어서 페르가뭄[2]

1 | 대략 기원전 264년에서 기원전 30년까지를 의미한다. 첫 번째 기간, 즉 공화정 중기(기원전 261~134년)를 정당화하는 것은 공화정 후기와 제정 초기 문헌에서는 관례이다.

2 | 페르가뭄 Pergamum: 그리스어로는 페르가몬 Pergamon. 소아시아 지역에 있던 왕국으로, 국왕 아탈로스 Attalos 3세가 자신의 왕국을 로마 시민에게 유산으로 물려주었다. 그라쿠스 형제는 이것을 활용하여 개혁을 추진했다. 이하에서는 왕국명은 라틴어로 표기한다.

3 | 아풀레이우스: 본명은 루
키우스 아풀레이우스 사투
르니누스Lucius Appuleius
Saturninus이다. 기원전 103
년과 100년에 호민관을 지냈
으며, 그라쿠스의 전통을 따
라 개혁을 추진했으나, 피살
되었다.

4 | 드루수스: 본명은 리비우
스 드루수스Livius Drusus
로, 기원전 121년 가이우스
그라쿠스를 몰락시키는 데
기여한 드루수스의 아들이
다. 그는 아버지와 달리 농지
법과 이탈리아인에 대한 시
민권 부여를 주장하여 이를
실천에 옮기다가 기원전 91
년에 피살되었다. 이 사건으
로 이탈리아 동맹국 전쟁이
발발했다.

왕국의 왕이 우리에게 물려준 아시아의 유산이 그러했다. 그렇게 획득한 자원과 부는 그 시대 사람들의 도덕을 망쳐놓았고 국가를 파멸시켰다. 국가는 마치 공공 하수구에 빠진 것처럼 자신의 악덕에 휘말려들었다.

사치로 생겨난 부족이 아니라면, 로마 인민으로 하여금 호민관들에게 토지와 식량을 요구하도록 하는 어떤 다른 원인이 있었겠는가? 이로부터 일차와 이차로 그라쿠스 형제의 선동seditio이 있었고, 세 번째는 아풀레이우스[3]에 의해 주도되었다.

배심원법과 관련하여, 국가의 세입과 법정을 개인에게 이익이 되도록 이용하고자 하는 탐욕이 아니라면, 기사 신분과 원로원을 극단적으로 갈라놓은 것이 무엇이겠는가? 여기서부터 드루수스[4]가 라틴인에 대한 시민권을 약속하고 이를 주려고 시도하였다. 이 조치는 우리가 동맹국과 전쟁을 벌이게 하였다.

또 우리의 노예 제도가 과도하지 않았더라면, 어떤 요인으로 노예 전쟁이 초래되었겠는가? …… 이런 탐욕이야말로 카이사르와 폼페이우스로 하여금 국가를 파멸시키는 맹렬한 횃불로 무장하게 만들었다.

자료 02

농지 점유 규모를 제한하는 법들

리비우스, 《도시의 건설부터》 6.35.4

두 호민관 리키니우스와 섹스티우스는 귀족들의 재산에 손해를 끼치고 평민의 이익을 증진하는 법들을 선포하였다.[5] …… 두 번째는 농지 규모에 관한 것으로, 어느 누구도 500[유게라] 이상의 농지를 점유하지 못하게 하였다.

겔리우스, 《아테네의 밤》 6.3.37

5 | 이 법은 기원전 367년에
두 호민관이 제정한 리키니
우스－섹스티우스법이다.

6 | 이 부분은 카토의 연설을
인용한 것이다. 이 연설은 기
원전 167년 이전에 행해진
것으로 추정된다.

다음과 같이 규정한 법만큼 잔인한 법이 있겠습니까? 어떤 것을 행하려는 의사를 가졌을 뿐인 사람에게 가산의 절반 이하인 1000아스의 벌금을 부과한다거나, 500유게라를 초과하여 보유할 의사를 가졌을 뿐인 사람을 그렇게 처벌받게 하거나, 규정된 가축 수보다 많이 가지고자 의도했을 뿐인 자가 그처럼 유죄 선고를 받는다면 말입니다.[6]

자료 03

부자들, 토지를 약탈하다

아피아노스, 《내란기》 1.7

부자들은 이 분배되지 않은 토지의 대부분을 점유하면서, 그리고 시간이 지남에 따라 토지를 다시 빼앗기지 않을 거라는 대담한 생각을 하면서, 인접한 곳의 사람들이 가진 얼마 안 되는 또 다른 토지를 설득하여 구입하거나 강제로 취득하여 넓은 농토를 경작하였다.

카토, 《농업에 관하여》 1.7

만약 당신이 나에게 1등 농지는 어떤 것이냐고 묻는다면, 나는 다음과 같이 답변할 것이다. 모든 농지 중에서, 그리고 가장 좋은 자리에 있는 100유게라[7] 의 농지 중에서 1등전은 포도밭인데, 만약 포도주가 질이 좋고 양이 많다면 그러할 것이다. 2등전은 관개 시설을 갖춘 채소밭, 3등전은 버드나무밭, 4등전은 올리브밭, 5등전은 목초지, 6등전은 곡물 재배지, 7등전은 삼림지, 8등전은 과수원, 9등전은 상수리나무밭이다.

7 | 환산하면 25헥타르에 해당한다.

자료 04

이탈리아 농장의 실태

바로, 《농업론》 1.2.3~4

우리가 자리를 잡고 앉았을 때 아그라시우스Agrasius[8] 가 말하였다. "여러분은 여러 토지를 돌아다녀 보았을 텐데, 이탈리아보다 더 잘 경작된 곳을 보신 적 있나요?" 아그리우스Agrius가 답변하였다. "진실로 나는 그렇게 전부 경작된 곳이 없다고 판단합니다. 우선 에라토스테네스에 따르면, 지구orbis terrae는 무엇보다 자연에 따라 두 부분, 즉 북쪽과 남쪽으로 나뉘었고, 남쪽 부분보다는 북쪽이 더 건강에 좋다는 점은 의심할 여지가 없습니다. 그리고 건강에 더 좋은 곳이 열매가 더 많으므로, 이탈리아가 아시아보다는 경작하기에 훨씬 더 적합하다고 해야 합니다. 첫째로 이탈리아는 유럽에 있으며, 둘째로 유럽은 더 깊은 내륙보다 더 온화한 지역이기 때문입니다.……"

8 | 이 책에 등장하는 화자인 아그라시우스와 아그리우스는 '농지'를 뜻하는 '아게르 ager'에서 파생한 이름이다.

바로, 《농업론》 2.서문.1~4

우리의 위대한 조상들은 시골에 사는 로마인들을 도시에 사는 자들보다 우선시하였는데, 이는 이유가 없지 않다. 왜냐하면 시골의 빌라에서 사는 자들이 밭에서 어떤 일이든 지 계속 하는 자들에 비해 더 게으른 것처럼, 성읍oppidum에 거주하는 자들은 시골에서 사는 자들보다 더 나태하다고 사람들은 평가하기 때문이다. …… 이 즈음 성벽 안에서 가부장들이 낫과 쟁기를 버리고 몰래 도시로 갔으며, 자신들의 손을 곡물 재배지와 포 도원보다는 극장과 서커스에 사용하기를 더 좋아하였으며, 법을 위반하면서 곡물 재배 지에서 방목을 행해왔다.

노老 플리니우스, 《자연사》 18.6.35

그리고 진실을 말하건대, 라티푼디아가 이탈리아를 망쳤다.

자료
05
로마에 곡물을 공급한 시칠리아

리비우스, 《도시의 건설부터》 27.5.1~5; 27.8.18

시칠리아에는 카르타고인은 단 한 명도 없고, 시칠리아인은 한 명도 빠짐없이 모두 있 다. 공포에 휩싸여 도망가서 부재중이었던 사람들이 모두 도시와 농장으로 다시 돌아 와 쟁기질하고 씨를 뿌리고 있었다. 버려진 땅은 다시 경작되었고, 드디어 농민 자신과 로마 시민이 평시든 전시든 가장 의존할 만한 원천인 곡물이 생산되고 있었다. …… 콘술은 속주들을 돌아다니면서 농장들을 방문하여 경작된 토지와 그렇지 않은 토지를 구분하고 토지 보유자를 칭찬하거나 책망하였다. 이런 근면 덕택에 곡물 수확이 늘어 나자 그는 곡물을 로마에 보냈고……[9]

9 | 이 부분은 기원전 210년 경 로마 콘술이 원로원에 보 낸 보고서 내용이다. 기원전 66년 키케로의 보고에 따르 면, 곡물 공급의 세 원천이 아프리카, 시칠리아, 사르디 니아였던 것을 알 수 있다.

자료
06
로마에 식량이 없어

워밍턴Warmington, 《옛 라틴어 수집 Remains of Old Latin》 3.66, Harvard, 1935

먹을 식량이 부족하여
평민은 빵이 없으니[10]

10 | 기원전 131년경에 집필 활동을 시작한, 루킬리우스 Lucilius라는 풍자 시인이 남 긴 단편.

리비우스, 《도시의 건설부터》 4.12.11

11 | 이 기사는 기원전 440년에 있었던 식량 부족 사태를 기술한 것이다.

많은 평민이 희망을 잃고 생명을 연장하면서 계속 고통을 당하기보다는 차라리 머리를 싸매고 티베리스 강물로 몸을 내던졌다.[11]

자료 07

그라쿠스 형제의 가정교육

키케로, 《브루투스》 27.104

그라쿠스는 어머니 코르넬리아의 열성 어린 뒷바라지 덕택에 소년 시절부터 교육을 받아 그리스어에 능통하였다. 그는 항상 세심하게 선정된 그리스인 교사들의 가르침을 받았는데, 청년 시절에는 당대 유능한 연설가로 명성이 자자했던 미틸레네Mytilene 출신인 디오파네스Diophanes를 사사하였다.

12 | 디오파네스와 블로시우스가 그라쿠스 형제에게 어떤 영향을 미쳤는지는 불분명하다. 스파르타의 토지 분배를 모범으로 삼으라고 권했다는 견해도 있다.

플루타르코스, 《티베리우스 그라쿠스》 8.4~5

대부분의 작가들이 말하기를, 그가 이렇게 행동하게 된 것은 수사학자 디오파네스와 철학자 블로시우스Blossius에게 자극을 받았기 때문이라고 한다. 디오파네스는 미틸레네에서 추방된 망명객이었으나, 블로시우스는 쿠마이에서 온 이탈리아 본토인이다.[12]

자료 08

티베리우스 그라쿠스, 농지 개혁을 꿈꾸다

플루타르코스, 《티베리우스 그라쿠스》 8.7; 9.5

그의 동생 가이우스가 어떤 책에 기록하기를, 티베리우스는 티레네[13]를 경유하여 누만티아로 갈 때 농토가 황폐해진 모습과 수입된 야만인 노예들이 경작하고 목축하는 모습을 보고서, 공화국이 수많은 미천한 출신의 노예들에 의해 타격을 받기 시작했음을 처음으로 느끼게 되었다고 한다. …… 그[티베리우스]는 빈민에게 이렇게 호소하였다.

"이탈리아에 떠도는 야생 짐승들도 저마다 은신할 굴이나 집이 있습니다. 그러나 이탈리아를 위해 싸우거나 죽은 사람들은 공동의 공기와 햇빛을 향유할 뿐, 정말 아무것도 가진 것이 없습니다. 그들은 집도 없고 가정도 없고 처자식과 함께 떠돌아다니고 있습니다. 장군들은 전쟁터의 병사들에게 적에 대항하여 묘지와 신당을 방어하라고 촉구합

13 | 티레네Tyrrhene: 현재의 토스카나 지방.

니다만, 그것은 거짓말입니다. 왜냐하면 병사들 중에 아무도 세습되는 제단을 가진 자가 없기 때문입니다. 그들은 오직 다른 사람들의 부와 사치를 위해 싸우다 죽을 뿐입니다. 그들은 세계의 지배자가 되었지만, 그들 자신의 소유라고 할 만한 땅은 단 한 조각도 없습니다."

자료
09

티베리우스 그라쿠스가 농지법을 제정한 목적

아피아노스, 《내란기》 1.11

그라쿠스의 입법 의도는 부의 증대에 있지 않고 인구의 증가에 있었다. 유익이라는 측면에서 이 일이야말로 가장 중요하게 생각되었기에, 마치 당시 이탈리아에서는 그보다 더 중차대한 일은 경험할 수 없을 정도였다. 그는 여기에 따른 난관에 대해서는 결코 생각하지 않았다.

자료
10

티베리우스 그라쿠스 개혁의 후원자

14 | 기원전 133년의 콘술. 그라쿠스에게 폭력을 가하는 데 반대했다.

15 | 가이우스 그라쿠스의 장인.

키케로, 《아카데미카》 2.13

매우 현명하고 뛰어난 두 형제, 푸블리우스 크라수스Publius Crassus[14]와 푸블리우스 스카이볼라Publius Scaevola[15]는 티베리우스 그라쿠스가 제정한 법을 지지하였는데, 전자는 공공연히, 후자는 한층 더 은밀하게 그러하였다.

자료
11

티베리우스 그라쿠스의 피살

16 | 스키피오 나시카 세라피오Scipio Nasica Serapio (기원전 183~132): 138년에 콘술을 역임했고, 대제관을 맡기도 했다. 나시카는 '날카로운 코'라는 뜻인데, 같은 뜻의 세라피오라는 별칭은 일종의 모욕이기도 했다.

리비우스, 《도시의 건설부터》 요약, 58

그라쿠스는 다시 호민관이 되고자 하던 때, 푸블리우스 코르넬리우스 나시카[16]의 주도로 카피톨리움에서 옵티마테스에 의해 살해되었다. 옵티마테스는 처음에 그를 의자 바닥의 조각으로 내리쳤고 다음에는 소요에서 살해된 다른 사람들과 함께 매장하지 않고 강물에 던졌다.

자료
12

내 몫은 챙기겠소

17 | 이 부분은 곡물법에 반대한 피소라는 귀족이 곡물 배급 현장에 나타났을 때 가이우스가 한 질문에 답변한 내용이라고 알려져 있다. 이 말은 그라쿠스의 국고 고갈을 비난하려 한 것이지만, 현대 학자들은 가이우스가 제정한 곡물법의 당위성을 옹호할 때 자주 인용한다.

키케로, 《투스쿨룸에서의 논쟁》 3.20.48

그라쿠스여, 나는 그대가 내 재산을 사람들에게 나누어 주는 것을 원치 않소. 그러나 그대가 그렇게 할 것이라면 내 몫은 요구하겠소.[17]

자료
13

가이우스 그라쿠스 추종자들의 몰사

플루타르코스, 《가이우스 그라쿠스》 17

한편 그들과 다른 사람들의 시신이 강에 던져졌는데, 죽은 자가 3000명에 이르렀다. 죽은 자들의 재산은 매각되어 국고로 들어갔다. 그들은 부녀자들에게 호곡을 금지하였으며, 가이우스의 처인 풀비아Fulvia와 그녀의 지참금을 빼앗았다.

자료
14

사유재산은 신성한 것

키케로, 《의무론》 2.21.73

그러나 스스로 포풀라레스가 되기를 원하고 또 바로 그 이유로 토지 선점자들을 그들의 거처에서 내쫓으려고 농지법을 통과시키고자 하거나, 채무자들의 부채를 말소해주어야 한다고 생각하는 자들이 공화국의 주춧돌을 흔들고 있다. 첫째, 그들은 화합을 깨뜨리고 있으니, 일부의 사람에게서 빼앗은 돈이 다른 사람에게 선물로 주어질 때 화합이란 있을 수 없다. 둘째, 그들은 형평을 깨뜨리고 있으니, 만약 각자가 자기 것을 소유하는 것이 허용되지 않는다면 형평이 완전히 사라질 것이다. 내가 앞서 말했듯이, 각자가 방해받지 않고 자기 재산을 안전하게 보호하게 해주는 것이 시민 공동체인 국가와

도시가 지닌 고유 기능이기 때문이다.

자료
15

옵티마테스냐, 포풀라레스냐

키케로, 《세스티우스를 위한 변론》 45.95~96; 46.99

대중을 기쁘게 하는 것이라면 무엇이든지 말하고 행하고자 한 자들은 포풀라레스로 여겨졌고, 정책을 통해 가장 선한 시민들의 승인을 얻고자 한 자들은 옵티마테스로 여겨졌습니다. ……

천성이 범죄형이 아니거나 악의적이지 않은 사람, 가정 문제로 광기를 부리거나 속을 썩이지 않는 사람은 모두 옵티마테스이지요. 그러므로 마음이 곧고 건전하며 안락하게 지내는 자들은 여러분이 옵티마테스의 부류라고 이야기하는 자들입니다. 국정을 펼쳐 갈 때 이들의 소원과 이익과 원칙에 입각하여 일하는 자들이 옵티마테스의 대표자라 불리고, 그들 스스로는 옵티마테스 중 가장 영향력이 큰 사람, 가장 뛰어난 시민, 국가 지도자라고 믿고 있습니다. ……

공화국에 폭풍우가 일었을 때 국가라는 배의 키를 잡았다고 이제껏 주목받았던 옵티마테스는, 내가 바로 지금 언급한 저 주춧돌과 구성물을 조금도 손상하지 않고 항로를 제대로 잡아주고 저 권위를 지닌 질서의 항구에 도착하기 위해, 자신들의 기술과 힘을 최대한 기울여 지켜보고 투쟁해야 합니다.

자료
16

그라쿠스 농지법의 유명무실화

아피아노스, 《내란기》 1.27

그 후 머지않아서 분쟁이 되는 토지를 제외하고는 모든 토지 보유자들에게 매각을 허용하는 법이 통과되었다. 왜냐하면 그렇게 허용하는 것은 티베리우스 그라쿠스가 시도하지 않았던 일이기 때문이다. 그러자 그 즉시 부자들은 여러 가지 구실을 붙여 [땅을] 점탈하기보다는 빈자들로부터 토지를 구입하였다. 그래도 스푸리우스 토리우스Spurius Thorius가 호민관으로서 법을 제정할 때까지는[18] 빈자들의 수중에 남아 있는 것이 있었다. 그가 토지를 더는 분배하지 않도록 하는 대신, 보유자가 지니면서 인민에게 납부

18 | 기원전 118년경으로 파악된다.

금을 내도록 함으로써 재산이 분배되는 일은 중단되었다. …… 그리고 그 납부금도 얼마 안 있어서 호민관이 폐지하자[19] 인민은 모든 것을 잃었다. 그리하여 마침내 시민도, 병사도, 토지 세입도, 농지 분배도, 법률도 없어지게 되었으니, 그라쿠스의 입법 이후 불과 15년 만의 일이며, 10년 만에 아무런 활동이 없는 상태가 되었다.

19 | 기원전 111년의 농지법을 가리킨다.

자료
17

라티푼티아 경영의 지침: 포도원 경영 사례

콜루멜라, 《농업론》 3.3.7~11

학식을 부지런함과 결부시키는 사람은 내가 생각한 대로 40 아니면 확실히 30이 아니라, 그라이키누스[20]의 말대로 최소한으로 계산해서 유게라당 20암포라 ampora를 수확하더라도, 가산의 증대라는 면에서 건초와 채소 생산에 전념하는 저 사람들을 능가할 것이다. 그는 이 점에서 잘못하지 않았다. 사실 부지런한 회계원이 그러하듯이, 그는 계산을 하고서 그런 종류의 영농이 집안의 재산 증식에 가장 크게 기여할 것이라고 보기 때문이다.

이를테면 포도원은 최고가의 비용을 필요로 한다. 그럼에도 7유게라의 포도원은 전지剪枝기술노예 vinitor 한 명이 감당할 만한 면적이다. 사람들은 전지기술노예를 낮은 가격으로, 혹은 경매대에서 범죄인 상태로 구매할 수 있다고 여긴다.

그러나 나는 이와 달리 우선적으로 전지기술노예는 제값을 치러야 한다고 생각한다. 그리고 그 노예는 6000 혹은 8000세스테르티에 구입될 수 있을 것이며, 7유게라의 농지도 이와 같은 금액으로 획득할 수 있다.

포도원 자체의 시설, 즉 말뚝과 지지대는 유게라당 2000으로 마련할 수 있다고 나는 추산한다. 합계는 돈으로 2만 9000세스테르티가 될 것이다. 여기에 포도나무가 어려서 과실을 내지 못하는 기간인 2년간 매월 0.5퍼센트의 이자 3480세스테르티가 가산된다. 원금과 이자를 합한 총액은 3만 2480세스테르티가 될 것이다.

만약 대금업자가 채무자에게 하듯이 농부가 자신의 포도원을 담보로 돈을 빌리되, 채주가 영구적으로 총액에 대해서 앞서 말한 월 0.5퍼센트의 이자를 정한다면, 채주는 매년 1950세스테르티를 받아야 할 것이다. 그래도 그라이키누스의 의견에 따라 계산해보면, 7유게라에서 수확한 것이 3만 2480세스테르티에 대한 이자보다 많다. 최악의 포도원일지라도 그렇게 경작되면 실제로 유게라당 1쿨레우스[21]를 산출할 것이다. 또 비

20 | 그라이키누스 Graecinus: 기원후 39년 혹은 40년에 사망한 정치가이자 농업서 저술가로 두 권의 포도 재배서를 남겼으나 전하지 않는다. 여기에서 보다시피 콜루멜라가 전거로 삼았다.

록 1년 수확으로는 최저 수치인 40단지(우르나)가 300세스테르티에 팔리는 경우라도 7쿨레우스가 되므로, 총 수확고는 2100세스테르티에 이른다. 이 액수도 월 0.5퍼센트의 이자를 초과한다. 게다가 우리가 제시한 이 계산은 그라이키누스의 추산에 따른 것이다. 그러나 우리는 유게라당 3쿨레우스보다 적게 생산하는 포도밭은 갈아엎어야 한다고 생각한다.

21 | 암포라ampora는 환산하면 약 39리터이며, 쿨레우스는 20암포라이다. 우르나urna는 0.5암포라이다.

| 출전 |

겔리우스, 《아테네의 밤》: 이 장에서 인용한 부분은 기원전 167년 카토의 연설 가운데 일부다. 로도스인이 로마에 반항할 의사를 품었으나 실천에 옮기지 않은 것을 가지고 처벌할 수 없다는 변론을 하면서 나온 말이다. 이 말을 통해 이 시기 이전에 농지 규모에 관한 법이 제정되었음을 알 수 있는데, 기원전 185~175년으로 추정한다.

리비우스, 《도시의 건설부터》 요약: 리비우스의 역사책은 분량이 방대하다. 남아 있는 것만 보아도 그러하다. 로마인들은 원본보다는 이를 요약한 페리오카Periocha('요약'이라는 뜻, 복수는 페리오카이Periochae)를 주로 보았던 것으로 보인다. 그 덕분인지 136권과 137권만 빼고 나머지는 모두 남아 있다. 리비우스의 아들이 원본의 축약인 에피토마이Epitomae를 만들었다는 설이 있다. 이 축약의 요약이라 할 페리오카이가 오히려 더 많이 읽혀서 원본은 별로 남지 않았으며, 불과 서문과 1~10권, 21~30권, 31~45권만이 있다. 1세기부터 그런 다이제스트판이 유행했음을 알 수 있다.

바로, 《농업론De re rustica》: 바로는 로마 고증학의 대가로, 로마에서 가장 박식한 인물로 칭송받았다. 그가 남긴 농업서인 《농업론》은 전체 3권으로 되어 있으며, 공화정기 로마 대농장의 운영에 관한 1차 사료로 통한다.

아피아노스Appianus(기원후 95~165), 《내란기Bellum civile》: 아피아노스는 이집트 알렉산드리아 출신의 그리스인으로, 로마 시민권을 획득했으며 황제의 프로쿠라토르를 역임하기도 했다. 로마사 24권을 저술했으나 모두 전해지지는 않는다. 그의 역사는 로물루스부터 공화정 말기까지를 다루었으며, 로마의 전쟁을 중심으로 서술되어 있다. 특히 가장 많이 인용되는 부분이 13~17권인 《내란기》이다. 그의 결점은 다른 많은 작가들을 인용했지만 확실하지 않은 증거를 이용했다는 점이다. 그리고 연대기와 소설이 섞인 양식의 역사라는 비판을 받는다. 그렇지만 현재 전하지 않는 여러 작가들의 글을 담고 있는 점에서 로마사 연구에 중요한 사료이다.

카토Marcus Porcius Cato(기원전 234~149), 《농업에 관하여De agri cultura》: 라틴 산문의 창시자로 불린다. 로마 전통의 미덕을 숭상했으며 헬레니즘 사조가 밀려드는 현상을 비판했다. 그가 남긴 저술로는 기원전 264년부터 기원전 149년까지 당대사를 다룬 《기원Origines》과 《농업에 관하여》가 있다. 후자는 기원전 160년경에 저술되었는데, 당시에 늘고 있던 라티푼디아 소유자들에게 농업 지침서로 활용되었다. 이 책에서 노예를 이용한 플랜테이션이 최초로 언급되는데, 이는 이탈리아 사회경제가 변화해가는 양상을 증언해준다.

콜루멜라Columella(기원후 4~70), 《농업론De re rustica》: 히스파니아의 가데스Gades 출신으로, 전역한 후 이탈리아에서 농민으로 정착했다. 네로 황제 때인 기원후 1세기에 활약했는데, 그가 저술한 《농업론》과 《식목론De arboribus》은 로마의 농업 기술과 대농장 운영에 관련한 가장 포괄적인 자료를 제시한다. 아울러 카토나 바로보다 제정 초기의 상황을 많이 전하고 있어, 농업의 추이를 비교할 수 있는 근거를 제공한다.

키케로: 키케로가 그라쿠스 형제에게 품은 반감은 여러 곳에서 드러난다. 특히 로마의 곡물 공급을 개시하여 재정 손상을 초래한 일 등을 들어 민중을 선동한 자라고 비난한다. 키케로는 보수 원로원의 입장을 대변하는 인물이었다. 그의 산문은 라틴어의 황금기를 이루었다. 《브루투스Brutus》, 《세스티우스를 위한 변론Pro Sestio》은 웅변 및 수사학, 《아카데미카Academica》는 인식론, 《투스쿨룸에서의 논쟁》은 철학 논쟁, 《의무론》은 윤리적 실천 강령을 다루었다.

플로루스Florus, 《로마사 개요Epitomae de Tito Livio bellorum omnium annorum DCC libri II》: 저자인 플로루스에 관해서는 알려진 바가 별로 없다. 다만 하드리아누스 황제 때 활동했던 것으로 추측된다. 이 책은 리비우스의 《로마사》를 요약한 것으로 알려져 있으나, 일부 다른 내용이 있는 것을 보면 그것 말고도 다른 여러 자료를 참조하여 저술한 것으로 보인다. 이 책은 17세기까지 유럽에서 로마사 교과서로 널리 사용되었다.

플루타르코스, 《티베리우스 그라쿠스》, 《가이우스 그라쿠스》: 플루타르코스는 티베리우스가 살해된 후 블로시우스가 심문받은 내용을 전한다. 블로시우스가 티베리우스와는 막역한 사이임을 보여주기 위해 "카피톨리움에 불을 지를 수도 있다"라는 취지의 발언을 한 것으로 묘사한다. 석방된 블로시우스는 페르가뭄 왕국을 찾아갔으며 그곳에서 자살했다. 플루타르코스는 가이우스 그라쿠스가 웅변을 더 잘했고 훨씬 현실적이었다고 평가하는데, 그가 실패한 이유는 리비우스 드루수스의 식민법 때문이라고 기술한다. 형제는 각각 스파르타의 왕인 아기스와 클레오메네스와 비교된다.

노老 플리니우스Caius Plinius Secundus(기원후 23~79), 《자연사Historia naturalis》: 베로나Verona에서 출생한 귀족으로, 히스파니아의 총독을 역임했다. 기원후 79년 베수비우스 화산 폭발을 관찰하다가 사망했다. 그가 남긴 《자연사》는 당시의 모든 지식을 망라한 책으로, 자연현상은 물론이고 지리학·과학·예술·상업 등을 기술했다. 플리니우스는 이 책에 자신이 인용한 전거를 밝혀놓았다. 그의 사후에 소少 플리니우스가 편집하여 간행되었다.

| 참고문헌 |

셰이드, 존·로제르 아눈, 《로마인의 삶—축복받은 제국의 역사》, 손정훈 옮김, 시공사, 1997.임웅, 《로마의 하층민》, 한울아카데미, 2004.
키케로, 《의무론》, 허승일 옮김, 서광사, 2006.
테오도르 몸젠, 《몸젠의 로마사 5—혁명: 농지개혁부터 드루수스의 개혁 시도까지》, 김남우·성중모 옮김, 푸른역사, 2020.
플루타르코스, 《플루타르코스 영웅전》, 천병희 옮김, 숲, 2010.
하이켈하임, 프리츠, 《로마사》, 김덕수 옮김, 현대지성사, 1999.
허승일, 《로마사—공화국의 시민과 민생정치》, 나녹, 2019.
_____, 《증보 로마공화정 연구》, 서울대출판부, 1995.
홀랜드, 톰, 《공화국의 몰락》, 김병화 옮김, 웅진닷컴, 2003.

22

스파르타쿠스의 난과 노예제

: 노예도 사람이다

헤겔은 《역사철학 강의》에서 "물질의 본질이 중력이듯, 정신의 본질은 자유"라는 말을 남겼다. 그는 세계사에서 본질적인 것은 자유 의식과 자유 의식의 전개라고 하면서, 이런 의식을 처음으로 보여준 사람들은 그리스인과 로마인이라고 보았다. 그렇지만 그 자유는 소수의 것이었고, 인간이 그 자체로서 자유라는 사실을 그들은 몰랐으며, 오히려 그 자유는 노예에 의존하고 있었으므로 가혹한 예속을 의미한다고 지적하였다. 기원전 73년부터 71년까지 로마제국을 흔들어 놓았던 스파르타쿠스Spartacus의 노예 반란은 모든 인간은 자유롭다는 명제를 증명하려는 시도였기에, 실패한 반란이지만 오늘날까지도 자유를 가장 소중히 여기는 모든 사람의 마음속에 살아 있는 전설이 되었다.

로마제국을 뒤흔든 스파르타쿠스의 반란

스파르타쿠스는 발칸 반도에 있던 트라키아 왕국 출신이었다. 그는 로마 군대에서 복무한 적도 있었으나, 군대에서 탈영한 뒤 무리를 모아 무장을 하고서 산적으로 활동하다가 로마 군에게 사로잡혀 노예로 팔렸다고 한다. 그는 검투사로 활약하던 중, 카푸아Capua에 있는 검투사 훈련소에서 동료 노예들과 함께 탈출하여 베수비우스Vesuvius 산의 한 분화구

도판 42 검투사들은 같은 무기를 들고 싸우기도 했지만 이 모자이크에서처럼 상이한 무장과 무기를 가지고 싸우기도 했다. 왼편에 있는 검투사 아스트라낙스Astranax는 투망사(레티아리우스retiarius)라고 불렸는데, 얇은 금속판으로 자신을 방어했으며 긴 삼지창과 그물을 이용했다. 오른쪽 검투사 칼렌디오 Kalendio는 갈리아인의 무장을 했으며, '미르밀로mir-millo' 또는 '무르밀로mur-millo'라고 불리는데, 물고기 모양의 장식이 달린 투구와 검과 방패를 썼다. 이 모자이크는 왼쪽이 '승리vicit'했음을 보여주며, '∅' 표시는 죽었음을 나타낸다.

에 거점을 마련하고서 노예 해방을 부르짖으며 무리를 모았다. 모인 무리는 약 7만 명이었다. 이들 가운데에는 갈리아인과 게르만인이 많았으며, 이탈리아 남부의 농장에서 고된 노동을 하던 농장노예, 소나 양을 돌보던 목동도 가담하였다.

스파르타쿠스는 로마 군대의 무기를 탈취하거나 무기를 구입해 이들을 무장시켰다. 이들은 주로 노예 감옥을 습격하여 노예들을 풀어주는 방식으로 수를 늘려갔다. 곧 로마 정부는 이들을 진압하기 위해 군대를 소집했다. 그 무렵 로마 군의 정예부대는 히스파니아와 소아시아 지역에 파견되어 있었다. 치밀한 준비나 훈련 없이 스파르타쿠스의 무리와 마주친 로마 군대는 참패를 당했다. 승승장구한 노예군은 이탈리아 전체를 공포에 떨게 하면서 알프스 북쪽까지 치고 올라갔다. 여기서 스파르타쿠스는 노예군을 해산하고 고향으로 돌아가게 하려 했으나, 의견의 일치를 보지 못했다. 오히려 로마로 진격해 로마 시민을 노예로 삼아야 한다는 의견까지 나왔다. 그래서 다시 남하하여 이탈리아 반도의 남쪽

끝인 브루티움Bruttium에 진을 쳤다.

　노예군에게 참패했다는 소식을 들은 로마 원로원은 크라수스Crassus를 사령관으로 임명하고 패잔병과 함께 6개 군단을 그에게 배속시켰다. 크라수스는 브루티움으로 진격하여 노예군이 도망하지 못하도록 방벽을 쌓았다. 그러나 스파르타쿠스는 이 방벽을 뚫고 해적들과 연계하고자 루카니아Lucania로 진격했다. 이 소식에 놀란 로마인은 히스파니아에 있던 폼페이우스Pompeius를 불러들였다. 게르만인과 켈트인으로 구성된 노예군은 두 번의 전투로 크라수스의 군대에게 격파되었고, 스파르타쿠스 본대도 정면 대결 후 격파되었다. 이때 노예 4만 명이 처형당했다. 히스파니아에서 귀환하던 폼페이우스는 5000명으로 이루어진 노예 부대를 만나 섬멸시켰다. 이리하여 마침내 2년간 아홉 개 로마 군단을 격파한 스파르타쿠스의 반란도 끝났다. 이 반란은 흔히 '노예 전쟁' 혹은 '검투사 전쟁'으로 표현될 만큼, 그 규모나 기간 면에서 이전의 어떤 노예 반란과는 비교할 수 없을 만큼 컸다.

서양에서 노예의 개념과 역사

노예에 대한 이해는 서양 고대 사회를 이해하는 데 큰 도움을 준다. 그런데 노예는 중세와 근대에도 존재했다. 따라서 노예의 유무가 아니라, 노예가 해당 사회나 시대에서 어떤 기능을 했는지를 파악해야 한다.

　우선 노예가 어디서 유래했는지부터 살펴보자. 일반적으로 서양 고대인들은 노예를 외국인으로 보았다. 이 견해에 따르면 동포나 동족을 노예로 삼아서는 안 된다. 이런 원칙은 솔론의 개혁 이후에 생겨났다. 하지만 그전에도 노예가 존재했는데, 같은 동포나 시민인데 부채로 예속된 사람들이었다. 때로는 버려진 아이나 자기 자신을 매각한 사람도 있었다. 이 경우에는 서로 의사소통이 가능하고 대부분 면식이 있었기에 상대적으로 덜 가혹한 대우를 받았다. 이 유형의 노예를 '부채 노예Debt Bondage'라고 하는데, 세계사에서 일반적으로 노예는 이 유형을 뜻한다.

　그렇지만 외국인의 경우, 말도 통하지 않았을 테고, 대부분 전쟁에서 사로잡

도판 43 튀니지의 두가Dou-
gga에서 발견된 술 따르는 노
예의 모습이 담긴 모자이크.
어깨에 술통을 멘 노예가 손
님들에게 술을 따르고 있는
이 모자이크는 손님을 후하게
대접한다는 의미를 담고 있
다.

힌 자들이었다. 이들을 통제하려면 국가가 노예 주인에게 노예에 대한 강력한
권리를 부여해야 했을 것이다. 그래서 노예들은 일종의 물건으로 취급되기에
이른다. 그리하여 이른바 '동산 노예Chattel Slavery' 개념이 나왔다. 이 유형의 노예
는 그리스·로마 세계에서 크게 발전하여, 서양 고대사에서 노예라고 하면 이 부
류를 연상하게 되었으며, 사적 소유권이 발전하는 데 중요한 계기가 되었다.

반면 스파르타의 헤일로타이는 정복으로 발생한 노예이지만, 국가가 그 처분
권을 지녔으며, 토지 소유자인 스파르타 시민은 경작자인 이들에게서 단지 지
대를 징수하는 권리만 가졌다. 요컨대 이들은 국가의 노예인 동시에 농노의 성
격을 지닌다.

이처럼 서양 고대 사회에는 세 가지 유형의 노예가 있었지만, 서양 사회를 특
징짓는 것은 동산 노예가 특히 발달했다는 점이다. 따라서 개별적으로는 처지
가 조금 달랐겠지만, 노예란 법적으로 보아 '말하는 도구instrumentum vocale' 수준
을 넘지 못했다. 한마디로 가축이나 물건과 같은 존재였다.|자료1| 그리고 노예의
반란은 가혹한 대우에 대한 여러 가지 저항 형태|자료2| 중 하나였다.

반란 이후 시행된 노예의 처우 개선

스파르타쿠스의 노예 반란이 진압된 이후 큰 교훈을 얻은 로마인은 노예의 처우를 개선했다.|자료3| 우선 숙련된 기술을 가졌거나 학식이 있는 노예는 전과 다름없이 여러 가지 유익을 누렸다. 가정교사로 활약하는 노예는 로마인 자제를 교육하여 그리스의 문화와 가치를 전했다. 주인이 부유하고 유력하면 그 노예는 일반 자유 시민보다 더 나은 처지에서 생활할 수 있었다. 주인을 대신하여 농장을 경영하고 사업에도 나설 수 있었다. 이들은 후한 상을 받거나 해방되기도 했으며, 일부는 큰 재산을 모으기도 하고 또 다른 노예를 거느리기도 했다.|자료4|

로마인은 노예를 해방시키는 데 인색하지 않았으며, 노예를 친구나 식구로 대하는 이도 있었다.|자료5| 특히 해방된 자들은 옛 주인에게 충직한 피호민이 되었기에, 이들이 투표권을 가질 수 있도록 지역구인 트리부스에 가입시키려는 시도도 있었다. 여성 노예는 주로 가사노동에 종사했는데, 로마에서 많은 여성 노예가 해방되어 다시 주인의 집에서 일하거나, 직업을 가지고 독립하기도 했다. 때로는 로마 시민이 해방된 여성 노예와 혼인하기도 했는데, 그런 일이 흠이 되지 않았다.|자료6| 한마디로 로마인은 노예에게 인센티브를 제공함으로써 그들의 불만을 희석시켰고, 나아가 보호책을 강구하기도 했다.|자료7|

한편 노예 반란의 위험이 상존한다는 사실을 절감한 대농장주들은 농지를 보유하지 못한 자유 농민에게 농지를 분할하여 소작시키고 지대를 받는 쪽으로 경영 방향을 선회하기 시작했다. 이러한 변화는 크게 보아 스파르타쿠스의 반란이 가져온 여러 변화 가운데 하나다.

고대 사회에서 노예제가 맡은 기능

노예는 고대 사회에서 어떤 기능을 수행했을까? 시기나 지역이나 연구자의 견해에 따라 상이하지만, 우선 인구 면에서 보면 노예의 수가 자유인의 수보다 많았다. 고대 사회에서 노예의 존재는 그 사회의 발전과 유지에 필수적이었다. 물론 생산의 절대적 규모를 보면 자유 농민의 기여가 가장 컸을 것으로 인정된다.

그러나 시민으로서 정치에 참여하고 병사로서 군대에 복무해야 하는 처지에서는 가사를 보살피고 농사에 전념할 존재가 필요했다. 노예가 존재하지 않았더라면 아테네의 민주정도, 스파르타의 체제도 굳건하게 유지되기 어려웠을 것이다. 고대 폴리스에서 시민이 누린 정치적 자유는 노예의 희생이라는 밑받침이 있어야 가능했던 것이다.

이뿐만 아니라 고대에 노예는 자본 축적의 중요한 수단이기도 했다. 근대에 와서 공장에 자본을 투자하여 이익을 창출했듯, 고대인들은 농장과 수공업 작업장에 노예를 배치함으로써 같은 목표를 달성할 수 있었다. 공장과 달리, 노예는 두부를 자르듯 나누어서 다른 작업장에 배치할 수도 있었다. 그래서 노예 소유주들은 노예의 노동력을 자영하거나 임대하여 이익을 창출할 수 있었다. 무역이나 상업을 하는 경우, 노예들은 주인의 대리인으로서 다방면에서 기여했다. 속기사로 구입한 노예가 없었더라면, 키케로의 방대한 문집도 없었을 것이다.

이처럼 노예는 잉여와 여가를 낳음으로써 서양 고대 사회가 원활히 유지되는 데 기여했으나, 동시에 고대 사회의 몰락을 가져오는 요인이 되었다. 노예 소유주가 안정적으로 사업을 영위하려면 몇 가지 전제조건이 필요했다. 우선 식량 가격이 저렴해야 한다. 식량 가격이 안정되지 못하면 도시 지역에서 노예를 유지하는 일은 난관에 부닥쳤다. 로마제정기에는 평민을 위한 식량을 무상으로 공급받기 위해 노예가 해방되기도 했다. 또 노예는 비싼 고정 설비와 같아서, 급격한 가격 변동이 생기면 대농장 소유자들은 대처하기가 어려웠다. 그래서 노예 소유주에게는 생산물의 독점 가격이 유지되어야 했다. 이를테면 알프스 너머에서는 포도 재배를 금지했다. 그렇지만 독점은 기술의 정체를 가져오는 요인이 되었다. 또 노예 가격이 저렴해야 했다. 노예 구매는 일종의 비용이므로 그 비용을 최소화할 필요가 있었다. 노예를 양육하는 것은 너무 많은 비용이 들어갔기에 채택되기 어려웠다. 가장 손쉬운 방법은 전쟁으로 노예를 조달하는 것이었다.

그러나 이런 조건들이 충족되는 기간은 오래 지속될 수 없었다. 전쟁을 끊임없이 하기란 불가능했기 때문이다. 노예 공급 문제가 나타나면서 노예에 토대를 둔 영업 활동에 위기가 왔다. 이 위기는 대체 노동력인 콜로누스colonus를 이용하거나 노예에게 가정을 부여함으로써 극복되었으나, 이러한 해법은 실상 노예제의 쇠퇴를 의미했다.

무엇보다도 노예제가 고대에 미친 가장 부정적인 영향은 노동을 천시하는 태도를 낳았다는 점이다. 노동이 귀족이나 부유한 사람들에게 회피되고 노예의 전유물이 되면서, 사회적으로 그런 인식이 만연한 것이다. 고대에도 근대인이 알고 있는 과학지식이나 기술이 있었지만, 그것이 일반화되어 경제나 생산 문제를 해결하는 데까지 이르지 못하면서 결국 사회와 국가의 토대가 흔들리고 말았다.

자료 01

노예는 물건이다

디오도로스 시쿨루스, 《역사 서재》 5.38.1

광산 노동에 종사하는 노예들은 거의 믿을 수 없을 만큼 많이 노예 주인의 이익을 확보
해준다. 그러나 노예들 자신은 육체적으로 망가진 상태이다. 그들의 몸은 밤낮으로 채
광 갱도에서 노동한 탓에 기진맥진하다. 많은 노예가 부당하고 가혹한 학대로 죽는다.
그들은 휴가도 없고 노역에서 쉴 짬도 없다. 오히려 감독자가 휘두르는 채찍 때문에 무
겁기 짝이 없는 고역을 참아내야만 한다. 그래서 그들은 비참함 속에서 자신의 생명을
고갈시킨다. …… 비록 그들이 겪는 고통이 커서 차라리 죽기를 원할지라도.

노老 플리니우스, 《자연사》 9.39.77

1 │ 아우구스투스가 이 집을
방문했을 때 베디우스 폴리
오는 이 광경을 재현하려고
유리잔을 깬 노예를 이와 같
은 방식으로 처벌하려 했다.
그러자 황제는 그의 마음을
돌리려고 집 안에 있던 유리
그릇을 죄다 깨뜨렸다. 폴리
오는 기원전 15년에 죽었다.

베디우스 폴리오Vedius Pollio는 로마의 기사 신분으로, 아우구스투스 황제의 친구이다.
그는 뱀장어를 이용하여 잔인함을 보여줄 좋은 기회라고 생각하여, 뱀장어가 들어 있
는 연못에 노예를 던져 죽이곤 하였다. 그가 이렇게 한 것은, 육상의 야생 동물이 노예
를 죽일 수 없어서가 아니라, 다른 짐승을 이용하면 한 사람이 일순간에 완전히 해체되
는 광경을 즐길 수 없었기 때문이다.[1]

자료 02

노예의 도망과 복수와 항거

《라틴 비문 집성》 15.7194

나는 도망쳤다. 나를 잡아보라. 그대가 나를 내 주인 조니누스에게 돌려보내면, 그대는

보상을 받으리라.

페트로니우스, 《사티르콘》 97.1~3

에우몰푸스Eumolopos가 바르가테스Bargates와 한담을 나누고 있을 때, 여인숙에 전령 한 명이 들어왔고, 이어서 경관 한 명과 작은 무리의 사람들이 따라 들어왔다. 빛보다 연기를 더 많이 내는 횃불을 휘두르며 전령이 말했다.

"주목하시오. 얼마 전에 한 노예 남자 아이가 공중목욕탕에서 도망하였소. 나이는 열여섯 정도이고, 곱슬머리에 얼굴이 곱상하니 잘생겼고, 이름은 기톤이오. 그를 돌려주거나 그의 거처를 알려주는 분에게 1000세스테르티[2]를 후사하겠소."

소少 플리니우스, 《편지》 3.14

라르키우스 마케도Larcius Macedo는 법무관을 역임한 자인데, 자신의 노예 때문에 무서운 시련을 겪었다네. 누구나 인정하다시피, 그는 교만하고 잔인한 주인으로, 자기 아버지가 한때는 노예였다는 사실을 아주 몰랐거나, 아니면 너무 잘 알고 있었지. 그가 포르미아이[3]에 있는 별장에서 목욕하고 있을 때, 갑자기 노예들이 그를 둘러쌌다네. 한 명이 그의 목을 조르기 시작하였고, 다른 자가 얼굴을 주먹으로 쳤고, 또 다른 자가 가슴과 배, 심지어 (말하기 거북하지만) 생식기를 때렸다네.

디오도로스 시쿨루스, 《역사 서재》 단편 34.2

시칠리아의 노예 전쟁[4]은 다음과 같은 원인으로 시작되었다. 자수성가하여 많은 재산을 모은 시칠리아인들은 엄청난 수의 노예를 구입하였다. 수집한 곳에서 시칠리아로 노예 무리를 데리고 온 후 그들은 노예들에게 곧바로 불도장을 찍어 몸에 식별 표시를 하였다. …… 노예들은 육체노동으로 지치고 거의 아무런 이유 없이 자주 매질을 당하며 부당한 대우를 받자, 더는 참을 수가 없었다. 그들은 적절한 기회를 잡자, 함께 모여서 반란에 관해 이야기를 나누었다.

2 | 당시 잃어버린 구리솥을 되찾아주면 사례금으로 65 세스테르티를 주었다고 한다.

3 | 포르미아이Formiae: 로마와 나폴리 사이에 있는 해변 지역.

4 | 시칠리아에서 일어난 1차 노예 반란은 기원전 135년에서 132년까지 지속되었으며, 7만 명이 가담했다.

노예 다스리기

카토, 《농업에 관하여》 2.7; 2.39

늙은 황소와 출산력이 없는 양, 양모, 가죽, 낡은 수레, 낡은 농기구, 늙은 노예, 병든 노예, 그리고 무엇이든지 남는 것은 매각하라. …… 날씨가 나빠 농장 일을 할 수 없을 때에는 거름을 모으고, 가축 우리와 농장 건물을 청소하고, 포도주 저장 용기를 납으로 수선하라. …… 비가 오는 동안에도 옥내에서 할 수 있는 일이 무엇인지 모색하라. 아무 일도 하지 않더라도 비용이 적지 않게 들어간다는 것을 생각하라.

바로, 《농업론》 1.17.5~6

만약 동일한 결과를 달성할 수 있다면, 감독 노예들이 말보다는 채찍으로 노예들을 통솔하게 해서는 안 된다. …… 감독 노예들은 보상을 통해 더 열심히 일하게 해야 하며, 약간의 특유재산[5]을 허용하고 여자 노예와의 동거를 허용하여 자식을 갖게 하라. 이렇게 하면 그들은 농장에 더욱 애착을 가질 것이다.[6]

아일리우스 스파르티아누스, 《하드리아누스 전기》 18.7~11

하드리아누스Hadrianus 황제는 주인이 자기 노예를 죽이는 것을 금지하였다. 노예에게 중형을 가하는 것은 공식 기관과 절차에 따라 다루도록 했다. 필요하다면, 이런 법정에서 수행하도록 했다. 또한 노예 주인이 정당한 이유를 제시하지 않고서 남녀 노예를 매춘업자나 검투사 조련사에게 파는 것을 금지하였다. …… 그는 사적인 감옥을 금지하였다. …… 만약 노예 소유주가 집에서 피살된다면, 증거를 얻고자 모든 노예를 고문할 것이 아니라, 그 사안에 대해 조금이라도 아는 것이 있을 만큼 근접한 노예들만 고문하도록 하였다.

5 | 특유재산 peculium: 주인이 노예에게 준 소액의 재산.

6 | 바로 앞에서 인용한 카토의 글과 이 부분을 비교해보면 노예를 이용하는 방식이 달라졌음을 알 수 있다.

어떤 해방 노예의 재산

페트로니우스, 《사티르콘》 48.1~3

만약 당신이 포도주가 마음에 들지 않으면, 바꾸게 하지요. 정당하게 평가하는 것은 당

7 | 테라키나Terracina는 이탈리아 중서부 지방에 있는 항구이고, 타렌툼은 이탈리아 남부에 있는 항구이다.

8 | 이 내용은 피해방민인 트리말키오Trimalchio가 저녁 만찬에서 친구들에게 한 이야기다. 아무리 돈이 많아도 신분의 차이를 극복할 수 없다는 예로 자주 인용되는 문구다.

신 몫입니다. 고맙게도, 나는 포도주를 구입하지 않습니다. 실제로 이 저녁에 당신의 입천장을 적시는 포도주는 어떤 것이든지 내가 가 보지도 못한 내 영지에서 옵니다. 내 영지는 테라키나와 타렌툼[7]에 걸쳐져 있다고 이야기됩니다. 내가 지금 하고자 하는 일은 내 자그마한 토지에 시칠리아 섬을 더하는 것이지요. 아프리카에 갈 때 내 토지를 벗어나지 않은 채 배를 타고 갈 수 있게 말입니다.[8]

자료 05

노예에 대한 정

키케로, 《친지와 주고받은 편지》 16.16

마르쿠스 형님에게. 티로Tiro 문제와 관련하여, 형님과 제 아들 키케로와 딸 툴리아와 형님 아들을 보았으면 합니다. 자신이 처한 운명에 어울리지 않는 티로가 노예이기보다는 우리의 친구이기를 형님이 원했을 때, 형님이 나에게 가장 고마운 일을 해주셨지요. 형님의 편지와 그의 편지를 읽었을 때, 나는 참으로 기뻐서 펄쩍펄쩍 뛰었습니다. 그리고 이제 형님에게 감사와 축하의 말을 올립니다. 만약 스타티우스Statius의 신의가 저에게 큰 기쁨이었다면, 문필력·언변·인문지식을 겸비한 티로가 가진 그 같은 장점들은 얼마나 대단한지요! 그 장점들이야말로 이런 이익들보다 중요하지요.[9]

9 | 이 편지는 기원전 54년 혹은 53년에 키케로가 보낸 편지에 대한 답장으로 트란스알피나 갈리아에 있던 그의 동생 퀸투스가 보낸 것이다. 스타티우스는 퀸투스가 해방시킨 노예이며, 티로는 속기법을 발전시켜 키케로의 문필 활동에 크게 기여한 노예다.

10 | 이 편지는 세네카가 친구 루킬리우스에게 보낸 편지로, 만민평등에 대한 스토아 사상의 단면을 보여준다.

소小 세네카, 《편지》 47

나는 자네를 방문한 적이 있는 사람들로부터 자네가 노예들과 친하게 지낸다는 말을 듣고서 만족했네. 이런 태도야말로 자네의 양식과 교양에 부합하는 것이네. 어떤 사람은, "그들은 단지 노예에 불과하다"라고 말한다네. 그러나 그들은 동료 인간이지. "그들은 노예일 뿐이다."—그러나 그들은 우리와 함께 살고 있단 말일세! "그들은 단지 노예이다."—만약 운명이 노예에게 그런 것만큼 우리들에게도 같은 정도로 통제한다는 점을 자네가 잠시 고려해본다면, 사실 그들은 우리의 동료라는 걸 알 수 있을 것이네. 따라서 자신의 노예와 더불어 정찬을 먹는 것이 체면을 깎는 일이라고 생각하는 저 어리석은 자들을 나는 비웃으려네.[10]

《라틴 비문 집성》 3.14206.21

여기 비탈리스Vitalis가 누워 있도다. 원래는 노예였으나[11] 후에는 가이우스 라비우스 파우스투스Gaius Lavius Faustus의 아들이 되었다. 나는 16년을 살았고, 상점의 판매원이었다. 나는 재미있게 지냈고 대우도 잘 받았으나 신들에 의해 졸지에 저승으로 간다. 여행자들과 지나가는 사람들이여, 부탁하노니, 혹여 내가 나의 아버지에게 더 많은 이익을 가져다주기 위해 거스름돈을 속인 적이 있다면, 나를 용서해주시오. 천지신명께 비나니, 나의 부모님에게 친절히 대해주시고 존중해주시기를 바랍니다. 안녕히.

11 | 이 인용문의 노예는 어머니가 노예여서 주인의 노예가 된 사람이다.

자료 06
해방된 여자 노예

《학설휘찬》 23.2.28~29

1. 보호자는 해방된 여자를 그녀의 의사에 반하여 자신과 강제로 혼인시킬 수 없다.

2. 그러나 보호자가 그 조건으로 해방시켰다면, 그녀는 그와 혼인해야 한다.

자료 07
노예의 가족을 보호하라

《테오도시우스 법전》 2.25.1

자식이 부모와, 자매가 형제와, 부인이 남편과 떨어지는 것을 누가 참을 수 있겠는가? 그러므로 가족과 따로 분리하여 다른 소유주에게 넘기는 노예는 원상 복구시켜 한 주인에게 속하도록 해야 한다. 그리고 만약 어떤 사람이 노예 가족을 합치는 이 정책으로 노예를 잃게 된다면, 위에 언급한 노예들을 받아들인 사람이 대체할 노예를 내주어야 한다. 오늘부터 노예 가족의 이산 문제에 관하여 아무런 불평이 없도록 하라.

| 출전 |

디오도로스 시쿨루스, 《역사 서재》: 저자가 직접 답사하여 30년에 걸쳐 완성한 저술로, 신화 시대부터 기원전 60년에 이르는 이집트·페르시아·시리아·메디아·그리스·로마·카르타고의 역사를 40권에 담았다고 한다. 신빙성이 다소 떨어진다는 평을 받지만 노예의 참상에 관한 보고는 직접 목격한 것을 적은 내용이라고 판단된다.

바로, 《농업론》: 바로는 다작한 저술가인데, 한 추정에 따르면 620여 권을 썼다고 한다. 특히 《농업론》은 자신의 경험을 토대로 종합한 책이라는 평가를 받는다. 이 저술에도 키케로를 비롯한 많은 저자들의 저술 내용이 발췌되어 있다.

소少 세네카Lucius Annaeus Seneca(기원전 4~기원후 65): 히스파니아의 코르도바 출신으로, 네로의 교사이자 조언자였다. 네로에게 반대하는 음모에 가담한 혐의로 자살을 명령받았다. 《자선론De clementia》과 《선행론De beneficiis》, 124편으로 된 《편지Epistulae morales ad Lucilium》를 남겼다. 이들 자료는 스토아 사상과 관련하여 중요한 사료다.

아일리우스 스파르티아누스Aelius Spartianus: 라틴 역사가로, 《황제사Historia Augusta》를 집단 저술한 '황제사 서술가Scriptores Historiae Augustae'의 한 사람으로 알려져 있다. 그 외에도 황제사 서술가로 율리우스 카피톨리누스Iulius Capitolinus, 불카니우스 갈리카누스Vulcanius Gallicanus, 아일리우스 람프리디우스Aelius Lampridius, 트레벨리우스 폴리오Trebellius Pollio, 플라비우스 보피스쿠스Flavius Vopiscus 등 5인이 있다고 한다. 이 저자들은 카이사르에서 디오클레티아누스에 이르기까지, 제정로마 시기 모든 황제의 전기를 남겼다. 스파르티아누스는 그중에서 《하드리아누스 전기》를 저술했으나, 자세한 내용은 알려지지 않았다.

카토, 《농업에 관하여》: 이 장에 나오는 카토의 보고는 노예에게 가혹한 태도를 보여준다. 노예를 끊임없이 노동하게 하고, 아플 때는 식량을 줄이고, 늙으면 팔아버리라는 조언은 잘 알려져 있는데, 이 당시 노예와 관련한 일반적인 태도로 간주된다.

키케로, 《친지와 주고받은 편지Epistulae ad familiares》: 이 편지들은 기원전 62~43년에 키케로가 친지들과 주고받은 편지를 모은 것이다. 친지들과의 교분이나 관계를 잘 드러내는 귀중한 사료이다. 이 편지들은 키케로의 노예였던 티로가 수집했으며, 426편을 대체로 시간 순으로 모은 것이다.

페트로니우스Petronius, 《사티르콘Satyrkon》: 알려진 바가 별로 없는 인물로, 네로 황제의 궁정 신하로 추측된다. 그가 남긴 《사티르콘》은 귀족의 시각에서 냉소적으로 기술한 소설로 평가된다. 그가 이 책에서 부유한 피해방민인 트리말키오라는 인물을 네로와 비교한 것으로 여겨져 실각했다고 보는 견해도 있다. 이 책은 비록 최초의 소설이라는 평가를 받지만, 로마제정 초기 사회·경제에 대한 중요한 보고서다.

노老 플리니우스, 《자연사》: 1세기에 들어서 소 세네카와 노 플리니우스 둘 다 노예를 잔인하게 처형한 베디우스 폴리오의 일화를 거론했다. 세네카는 이 사례를 들어 극단의 분노가 초래할 불상사를 보여줌으로써 자비로움이 필요하다고 역설한 반면, 플리니우스는 이 예에서 나오는 장어(칠성장어)를 단지 물고기의 종류를 설명하는 데 사용했다. 플리니우스는 비록 아우구스투스와 베디우스 폴리오의 우정을 언급하긴 했으나 자비로움에 관한 이야기는 무시한 것이다. 그는 아우구스투스를 숭배하지 않았기 때문이다.

소少 플리니우스Gaius Plinius Caecilius Secundus(기원후 61~113), 《편지Epistulae》: 본명은 가이우스 카이킬리우스 세쿤두스Gaius Caecilius Secundus이다. 노 플리니우스의 외조카로, 그의 양자로 입적되어 같은 이름을 사용하게 되었다. 북부 이탈리아 코뭄Comum(현재 코모Como) 출신의 법률가로, 비티니아Bithynia의 총독을 역임했다. 웅변에 두각을 드러냈으며, 트라야누스 황제에게 총애를 받았다. 그의 저술 중에 남아 있는 것은 《황제찬사집Panegyricus》과 《편지》가 있는데, 368편이 실린 《편지》에는 로마 귀족의 눈으로 본 당시 세태가 다방면에 걸쳐 드러나 있다.

《테오도시우스 법전Codex Theodosianus》: 기원후 438년 테오도시우스 2세의 명으로 편찬된 법전. 콘스탄티누스 이래의 모든 법제를 담았다고 하는데, 그 내용의 대부분이 전한다.

《학설휘찬Digesta》: 기원후 529년에 유스티니아누스의 명으로 편찬된 《법전Codex》을 약 20분의 1로 줄인 것으로, 가장 중요한 로마법 사료다. 그리스어로 쓰인 것은 판덱타이Pandectae('모든 것을 담다'라는 뜻)라고 한다. '법률휘찬', '법률선집', '법률요약집'으로도 번역되는 'digesta'는 '분리'를 뜻하는 'di'와 '이끈다'는 뜻을 가진 'gerere'의 합성어로, '정리'라는 뜻이다.

| 참고문헌 |

브래들리, 《로마제국의 노예와 주인》, 차전환 옮김, 신서원, 2001.

송문현, 〈그리스 노예제〉, 《서양 고대사 강의》(개정판), 한울아카데미, 2011.

임웅, 《로마의 하층민》, 한울아카데미, 2004.

차전환, 〈로마 시대 노예제의 발달〉, 《서양 고대사 강의》(개정판), 한울아카데미, 2011.

카르코피노, 제롬, 《고대 로마의 일상생활》, 류재화 옮김, 우물이있는집, 2003.

Shelton, Jo-Ann, *As The Romans Did: A Source Book in Roman Social History*, Oxford University Press, 1988.

23

1·2차 삼두정치
: 공화정치의 한계

한 나라의 역사에서 법에 의거하지 않거나 법을 초월한 소수의 정치가나 군인이 정국을 주도하는 현상을 드물지 않게 볼 수 있다. 물론 그런 체제 때문에 피해를 본 사람의 시각이나 민주주의를 최고의 가치로 여기는 이론에 비추어보면, 그런 상황은 역사에서 제거되어야 하는 국면이다. 이를테면 독일 역사에서 히틀러의 위상이 그러하다. 하지만 그런 현상을 단순하게 비정상이라고 평가할 수만은 없다. 오히려 숨겨져 있는 단면이나 구조를 드러내는 계기이므로 중요한 연구 대상이 될 수 있다. 로마공화정 말기에 삼두정치라고 알려진 현상이 있었다. 이 현상의 원인이 무엇인지를 분석해보면 사회의 구조나 문제점을 실감나게 이해할 수 있을 것이다.

삼두정의 의미

'삼두정치Triumviratus'라는 말은 민회에서 특별한 임무를
수행하기 위해 선발된, 3인으로 구성된 위원회에서 유
래한 말이다. 이들은 농지 분배라든지, 곡물 공급이라
든지, 식민 도시 건설 같은 긴요한 일들을 임시로 처리
했다. 이들은 흔히 '3인tresviri'으로 불렸으며, 이 위원회
가 본격적으로 활용된 시기는 대략 기원전 3세기부터
다. 따라서 삼두정치라고 했을 때, 원래는 3인으로 구
성된 위원회를 지칭하는 말에 지나지 않았다. 그런데
공화정 말기에 두 차례 등장한 삼두정치는 법을 따르
기보다 법을 넘어선 3인의 협정이었다. 이 협정은 원로
원이나 민회의 통제를 벗어난 것으로, 로마공화정 체
제가 안고 있던 한계를 드러냈을 뿐 아니라, 크게 보아
공화정의 종말을 가져온 현상이었다.

도판 44 율리우스 카이사르
의 두상. 갈리아를 정복한 장
군으로, 기원전 48~44년에
는 독재관을 역임했으나 기원
전 44년 3월 15일에 암살되었
다.

카이사르의 주도로 결성된 1차 삼두정

1차 삼두정은 기원전 60년에 카이사르·폼페이우스·크라수스 3인이 결성했다.
삼두정이 결성되기 전 카이사르와 폼페이우스는 정치 관계로 보아 대립하는 상
황이었다. 카이사르는 포풀라레스로 분류될 만큼 원로원에 도전적인 입장이었
으나, 폼페이우스는 원로원의 결정에 충실하게 따라야 한다는 태도를 보였다.
폼페이우스는 기원전 66년에 지중해 일대의 해적을 단숨에 소탕했고, 로마 반
대 운동의 중심이던 미트리다테스Mithridates를 파멸시켰으며, 시리아와 팔레스
타인 지역을 속주로 만들었다. 이렇게 눈부시게 공을 세운 폼페이우스는 군대
를 해산한 뒤, 제대한 군인에게 토지를 분배해달라는 요구를 원로원에 제시했
다. 그러나 원로원의 반응은 차가웠고, 이에 폼페이우스는 실의에 빠졌다. 이때
명문 귀족 출신이기는 하나 세력이 크지 않던 율리우스 카이사르Julius Caesar
가 동료인 크라수스를 끌어들여 폼페이우스와 비밀 협정을 맺어, 정권을 나누어

가지기로 합의한다.|자료1|

물론 이 협정은 아무런 법적 절차를 거치지 않은 협약에 불과했는데도 로마의 정치는 이들 3인에 의해 좌우되었다. 카이사르는 폼페이우스에게 자신의 딸 율리아를 시집보내 둘의 관계를 더욱 돈독하게 다졌다. 그리고 기원전 59년에는 콘술에 당선되어, 폼페이우스 휘하에서 복무한 노병들에게 토지를 분배했다. 다음해에는 갈리아 총독으로 부임했고 8년에 걸쳐 갈리아 지방을 정복한다.

갈리아 원정은 여러 가지 면에서 중요했다. 당시 군대는 '국가 안의 국가'라고 할 만큼 중요한 세력이 되고 있었다. 따라서 장기간 군대를 통솔한다는 것은 장차 로마의 정권을 장악할 기반을 확보했음을 함의했다. 또한 갈리아 정복으로 유럽 대륙의 내륙 지방이 고대 문명권으로 들어오면서 장차 고대 문명의 성격이 변화하는 계기가 된다. 이 전쟁은 카이사르 군대에게 순조롭지도 유리하지도 않은 전쟁이었다. 특히 기원전 52년에 베르킹게토릭스Vercingetorix와 벌인 대전은 갈리아 정복의 고비였다. 카이사르는 이 고비를 탁월한 지략과 용기로 극복했을 뿐 아니라, 장군으로서는 드물게 전쟁 기록을 남겼다. 그가 남긴《갈리아 전기戰記》는 갈리아인에 관해 기록한 유일한 문헌이자 최고의 문헌 사료다.

카이사르는 사령관으로서 군사 문제에서 재능을 발휘했을 뿐 아니라 국내 문제에도 관심을 가져, 자신을 추종하던 호민관 클로디우스Clodius를 통해 기원전 57년에 빈민에게 무상으로 곡물을 배급했는데, 그 수혜자가 30만 명에 달했다. 이 정책은 사회문제를 '빵과 서커스'로 해결한 시도였다. 이 조치로 카이사르는 인기를 얻었다. 아울러 그는 자신은 갈리아, 폼페이우스는 히스파니아, 크라수스는 시리아를 맡기로 하는 협약을 체결하여 삼두정을 공고히 한다.

그러나 3인의 협력 체제는 오래 지속되지 못했다. 율리아가 죽었고, 크라수스가 3만 5000명의 병력을 거느리고 파르티아Parthia를 공략하려다 실패하여 전사한다. 이렇게 하여 삼두의 한 축이 무너지자, 원로원은 폼페이우스를 단독 콘술로 삼아 질서를 잡고 카이사르를 제거하고자 한다. 기원전 49년, 원로원은 갈리아에 주둔하고 있던 카이사르에게 군대 지휘권을 연장해주지 않고 소환 명령을 내렸다. 그러자 카이사르는 이 명령을 따르는 대신 정예부대를 이끌고 루비콘

강을 건너 로마로 진격한다. 그리고 기원전 44년 3월 15일에 암살당할 때까지 독재 권력을 유지했다.

옥타비아누스에게 권력이 집중된 2차 삼두정

카이사르의 암살은 공화정의 부활을 꿈꾸던 일단의 정객들에 의해 이루어졌다. 이들은 카이사르의 암살이 곧바로 시민의 환호를 받을 것이라고 기대했으나 그 기대는 무산되었다. 카이사르의 기병대장이던 안토니우스Antonius는 추도 연설을 통해 카이사르의 암살자들에게 복수의 화살을 돌리게 했다. 이듬해 로마로 돌아온 카이사르의 양아들 옥타비우스Octavius(카이사르의 누이가 그의 할머니다)는 카이사르가 유언장에 자신을 주요 상속자로 지명한 사실을 알고 자신의 이름을 카이사르로 바꾸었다(근대 작가들은 이때부터 기원전 27년 그가 아우구스투스Augustus라는 칭호를 받기 전까지 그를 옥타비아누스Octavianus라고 부른다).

카이사르의 유산을 요구했으나 안토니우스가 이를 미루자, 옥타비아누스는 카이사르의 고참병을 자신의 수하로 끌어들여 안토니우스에게 맞설 힘을 얻는다. 그런 뒤 옥타비아누스와 안토니우스는 카이사르의 또 다른 부하로서 최정예 군단을 거느리고 있던 레피두스Lepidus와 결탁하여 2차 삼두정을 결성한다. 이때 이루어진 삼두정치는 전과 달리 민회에서 법으로 확정되었다. 이후 대대적인 정치 숙청이 단행되어 원로원 의원 300명과 기사 신분 2000명이 이른바 공개 처형자 명단에 들어가 처형되었고, 저명한 문인이자 정치가였던 키케로도 이때 희생되었다.

안토니우스와 옥타비아누스는 카이사르 암살자였던 브루투스Brutus와 카시우스Cassius의 군대를 격파했다. 그러다 기원전 36년 레피두스의 군대가 병사들의 여론에 따라 안토니우스의 군대에 병합된 이후 레피두스는 삼두에서 제외되었고, 옥타비아누스가 서방을, 안토니우스가 동방을 지배하게 된다. 동방을 차지한 안토니우스가 이집트의 클레오파트라Cleopatra VII와 결탁하자, 옥타비아누스는 이에 대한 시민들의 반감을 이용하여 로마 시민과 서방을 결속시켜 안토니우스에게 대항했다.

이 두 사람 사이의 경쟁은 기원전 31년 악티움 해전에서 안토니우스의 패배로 결판이 났다. 안토니우스의 패배 소식을 접한 클레오파트라는 자살로 생을 마감하고 이집트의 프톨레마이오스 왕조도 끝난다. 이집트는 승자인 옥타비아누스의 개인 재산으로 간주되어 황제권의 기틀이 된다. 이처럼 2차 삼두정은 결과적으로 옥타비아누스 개인에게 권력을 몰아주었다. 그리하여 로마는 새로운 체제, 즉 제정을 맞이한다.

로마 원로원은 왜 자멸했는가

그러면 세계 제국을 건설하는 데 유감없이 효력을 발휘한 체제인 공화정이 마지막 숨을 몰아쉬다가 몰락한 원인을 어디에서 찾을 수 있을까? 이 문제는 여러 각도에서 조명할 수 있을 것이다. 사상이나 정체 면에서, 또 경제나 사회 측면에서도 원인을 찾을 수 있겠지만, 직접적으로는 공화정을 지배했던 원로원의 정책에 문제가 있었다고 볼 수 있다.

로마 원로원의 위상이 높아진 계기는 2차 포이니 전쟁이었다. 이 전쟁 기간에 원로원은 가장 무거운 짐을 짊어짐으로써 그 권위를 높였다. 특히 자신들에게 맡겨진 전쟁세를 납부했을 뿐 아니라, 병력을 차출해 이들을 무장시켜 내보내는 일에서도 크게 기여하여 국가를 위기에서 지켜냈다. |자료 2|

그러나 로마가 제국으로 변모하면서 가장 많이 이익을 얻는 집단이 되자, 원로원은 더는 위상에 걸맞은 기능을 수행하지 않았다. 특히 농업 문제가 로마에서는 가장 중요했는데, 이 문제를 적극적으로 해결하기 위해 나서지 못한 것은 자신들의 이해관계와 상충했기 때문이다. 이들이 내세운 논리는 '불평등이 평등'이라는 구호였고, 이 구호 아래에서 단합한 이들이 옵티마테스라는 파벌이었다. |자료 3| 이들은 사유재산은 신성하다는 논리를 내세워 토지 분배나 제대 군인에 대한 보상을 외면했다. 반면 로마 시민의 대다수를 이루는 농민은 새로운 경제 변화에 대처하지 못하고 경제적 약자로 전락했다. 이들은 자신들이 요구한 토지 분배를 외면한 원로원에 등을 돌릴 수밖에 없었다. 제대를 앞둔 병사들도 토지 분배나 보상을 약속하는 장군에게 의탁할 수밖에 없었다. 이런 점들이 삼

두정치가 성립되는 여건을 마련해준 셈이다.

삼두로 등장한 인물들은 병사들에게 호감을 얻는 데 필요한 조건을 구비하고 있었다. 카이사르는 조직력과 인기를 갖고 있었고, 폼페이우스는 명성이 높았으며, 크라수스는 돈이 많았다. 이처럼 조직을 장악하거나 돈을 장악할 수 있는 능력을 가진 인물에 의해 국정이 좌우되었다는 것은 원로원이 지닌 정치력의 한계를 입증한다. 특히 옥타비아누스를 이용해 안토니우스를 제압하여 원로원의 위상을 회복하려는 시도는 여러 면에서 가능성이 있었지만, 보상에 인색하게 굴어 기회를 상실한 점도 원로원의 자멸을 가져온 원인으로 볼 수 있다.|자료4|

반면 삼두로 대표되는 정치가들은 평민의 지지를 얻기 위해 제대병에게는 보상을 약속하고 빈민에게는 곡물 무상 배급과 아울러 각종 경기와 시합을 무료로 관람하게 해주었다. 이렇게 되자 원로원은 그 위상을 더는 유지할 수 없게 되었다. 게다가 옥타비아누스(아우구스투스)는 원로원이 기피하던 일을 실행하여 권력을 강화했다. 재원을 마련하기 위해 기원후 6년에 재산 상속세를 부과한 것이다. 결국 원로원은 자신들이 가장 절실하게 지키려 했던 사유재산을 지키지 못하고 권력마저 상실하고 말았다.

결탁한 삼두가 정권을 장악하다

플루타르코스, 《크라수스》 14~15

콘술이 되고자 속주에서 돌아왔을 때,[1] 카이사르는 크라수스와 폼페이우스의 사이가 다시 나빠졌다는 것을 알게 되었다. 그는 한 사람과 가까워짐으로써 다른 한 사람을 적으로 삼는 것을 원하지 않았다. 그리고 둘 다 자신을 돕지 않으면 성공을 바랄 수 없었다. 따라서 그들을 화합하게 만들어야만 했다. 카이사르는 그들에게 상대방을 파멸시켜봐야 키케로, 카툴루스Catulus, 카토 같은 사람의 권력을 증대시킬 뿐임을 보여주었다. 그리고 두 사람이 친구들과 지지자들을 단합시켜 하나의 권력과 하나의 정책으로 국정을 주도해나가면, 이들은 무기력해질 것이라고 말했다.

카이사르는 이렇게 설득력 있게 화해시킴으로써 두 사람을 단합시켰으며, 이 세 사람은 억누를 수 없는 권력을 형성하였다. 그는 이 권력으로 원로원과 인민의 정부를 타도하였다. 그리고 폼페이우스나 크라수스가 서로 상대방의 견제로 더 강해지지 않게 하였으며, 이들을 이용하여 자신을 가장 큰 자로 만들었다. 그는 그 두 사람 덕분에 우선 성대하게 콘술에 당선되었으며, 콘술이 되자 그들이 군대 지휘권을 자신에게 주도록 하는 안을 제안하여, 갈리아 속주를 맡았다. 이렇게 마치 요새 안에 있는 것처럼 자기 자리를 잡은 데다 자신에게 주어진 지휘권을 확실하게 만들었으니, 나머지는 그들이 마음 내키는 대로 분할하리라는 점은 의심의 여지가 없었다.

폼페이우스는 권력을 무한히 사랑해서 이 모든 일에 나섰다. 그리고 크라수스는 탐욕이라는 오랜 질병에다 전리품과 승리의 영광을 향한 새롭고도 불타는 열정을 더하였다. 크라수스는 카이사르의 공적을 시기했다. 다른 모든 면에서 카이사르를 능가하는 데도 이런 일에서 카이사르 밑에 들어가는 것이 불만이었던 그는, 불명예스럽게 전사

1 | 기원전 61년 카이사르는 로마에서 멀리 떨어진 히스파니아 울테리오르Hispania Ulterior의 총독이었다.

해 국가에 막대한 재앙을 안겨주고서 끝날 때까지 그 열정을 중단시키거나 잠재울 수 없었다.[2]

카이사르가 갈리아에서 루카Luca 시로 왔을 때[3] 많은 로마인이 그를 만나러 왔는데 이 중에는 폼페이우스와 크라수스도 있었다. 이 두 사람은 카이사르와 비밀 회담을 가졌으며, 더 결정적인 단계로 나아가 국가 전체의 운영을 자신들의 손에 넣기로 결정하였다. 카이사르는 현재 지휘하고 있는 군대를 지휘하며, 폼페이우스와 크라수스는 다른 속주와 군대를 차지하기로 하였다. 이 모든 것을 이룰 수 있는 유일한 길은 다시 콘술 선거에 나서는 것이었다. 카이사르는, 그들이 입후보하면 선거에서 그들을 지지하도록 자기 친구들에게 편지를 쓰고 다수의 병사들을 파견하여 지원하는 식으로 협조할 터였다. 이렇게 이해하고서 그들은 로마로 돌아왔다. 로마에서 그들의 계획은 의문의 여지가 있으며 그 모임이 효력이 없었다는 보고가 퍼졌다. ……

많은 사람들이 질문하였다. "왜 이 사람들이 다시 콘술 직에 출마하려고 하였는가? 왜 다시 모였는가? 왜 다른 동료들과는 모이지 않았는가? 여기에도 분명 크라수스, 폼페이우스와 동료 콘술이 되기에 자격이 없지 않은 사람이 많다." 이런 반대에 놀라, 폼페이우스파는 매우 큰 소요와 폭력에 호소하였다. 이들은 도미티우스[4]가 새벽에 투표하러 수행원들과 함께 내려올 때 그를 습격하여 횃불을 들고 가던 사람을 죽이고 카토를 비롯한 많은 사람에게 상해를 입혀 모든 일을 마무리하였다. 이 사람들이 폭행당하여 집에 갇혀 있는 동안, 폼페이우스와 크라수스가 콘술로 선포되었다. 오래지 않아 그들은 무장한 사람들로 연단을 다시 한 번 둘러싸고서, 카토를 광장에서 몰아내고 반항하던 몇 사람을 죽였다. 그런 후 카이사르에게 5년간 군대를 지휘하는 권한을 부여하였고, 속주 시리아와 히스파니아 두 지역은 자신들이 맡기로 하였다. 주사위를 던져 시리아는 크라수스가 차지했고, 히스파니아는 폼페이우스에게 돌아갔다.

2 | 크라수스는 기원전 53년 파르티아 원정에서 병력 4만 4000명 대부분과 함께 전사했다.

3 | 이 루카 회동은 기원전 56년에 이루어진 것이다. 이 회합이 1차 삼두정을 공고히 했다.

4 | 도미티우스Domitius: 카토파에 속하는 인물로, 콘술 후보로 나서 경쟁하려 했다.

자료
02 ··

포이니 전쟁 때 이루어진 시민들의 자발적 기부

아피아노스, 《내란기》 4.32~33

당신들은 이미 잘못을 저질렀다고 고발하여 우리에게서 아버지와 아들, 남편과 오빠, 동생을 빼앗아갔습니다. …… 우리의 어머니들은 일찍이 카르타고인들과 싸우는 동안 전 제국과 로마 시를 잃을 위험에 처하자, 성을 초월하여 일어나 기부금을 냈습니다. 그

5 | 이 부분은 2차 삼두정이
결성된 뒤 부유한 부녀자
1400명을 선정하여 강제로
분담금을 할당하자, 그 부당
성을 지적하며 호르텐시아
라는 여자가 연설한 것이다.

때 그들은 자발적으로 기부했습니다. …… 정해진 가격에 따라서도 아니고, 제보자나 고발자를 두려워해서도 아니며, 힘과 폭력에 의한 것도 아니고, 오직 그들 스스로 기부할 생각이 있던 것들을 흔쾌히 내놓은 것이지요. [5]

자료
03

국가는 사유재산을 지켜야 하며, 차별이 곧 평등이다

키케로, 《의무론》 2.21.73

국가 행정을 담당할 사람이 제일 먼저 주의해야 할 점은, 각자 자기의 것을 소유케 하고 국가의 간섭으로 사유재산을 침해하지 않도록 하는 것이다. 사실 필리푸스는 호민관으로 있을 때, 위험하게도 농지법안을 제출하였다. 법안이 부결되자, 그는 그 사실을 쉽게 받아들였다. 그 점에서 그는 자신이 온건하다는 점을 확실히 입증했다. 그러나 실제 행동에서는 다분히 포풀라레스처럼 하였으며, "나라 안에 재산을 가진 사람은 2000명도 안 된다"라는 말을 하였다. 이는 재산의 평등을 주장하는 악한 연설이다. 이 역병보다 더 위험한 것이 무엇이겠는가? 공화국 제도와 시민 공동체는 각자의 재산을 지켜준다는 특별한 목적을 위해 수립되었으니 말이다. 다시 말해, 비록 인간은 자연이 부여한 본성에 따라 본능적으로 한데 모여 공동체를 이루었지만, 그럼에도 각자 자기의 재산을 지킬 수 있으리라는 기대로 도시의 보호를 받고자 했던 것이다.

키케로, 《국가론》 1.34.53

스키피오: 한편 자유로운 인민이 환영하는 권리의 동등함이란 사실 지켜질 수 없는 것이며―왜냐하면 인민은 아무리 자유롭고 구속받지 않는다고 하여도 많은 사람들에게 여러 가지 권리를 부여하며, 심지어 인민 자신도 인품과 등급을 크게 선호하므로―, 동등함이라고 불리는 것은 가장 불공평한 것입니다. 모든 민족에게는 고귀한 자들과 미천한 자들이 있기 마련인데, 양자가 똑같은 명예를 누린다면 그 동등함은 가장 불공평한 것입니다. 이는 최선자들[6]에 의해 통치된 도시국가에서는 일어날 수 없는 일입니다.

재정 문제가 해결되지 않으면 되는 일이 없다

디오니시오스, 《고대 로마》 4.9.7

[툴리우스 왕이 연설하길] …… 여러분들이 국가에 내는 전쟁세의 부담을 장차 경감하고자―가난한 사람들은 이 때문에 부담을 느끼고 돈을 빌리기까지 하고 있습니다―, 나는 모든 시민이 자신의 재산을 평가하여 제출하고 그 평가에 따라 각자의 몫을 내라고 명령합니다. ―내가 알기로는 이것이 가장 크고 잘 통치되고 있는 도시들, 예컨대 솔론 치하의 아테네에서 시행되었습니다.― 왜냐하면 많이 가진 자가 세금을 많이 내고, 적게 가진 자가 적게 내는 것이 공익에 유리하고 정당하다고 생각하기 때문입니다.[7]

키케로, 《친지에게 보낸 편지》 12.30.4

귀관이 말하는바 군사적 목적을 위해 필요하고 또 이미 소요된 경비에 관해 말하자면, 제가 귀관을 전혀 도울 수 없어서 걱정입니다. 콘술 두 사람이 모두 전사하여 원로원은 고아처럼 되었고, 국고는 놀랄 정도로 바닥나 있습니다. 국가에 공을 세운 병사들에게 주기로 한 약속을 이행하기 위해 모든 세원에서 징수하려는 노력이 경주되고 있습니다. 제가 생각하기로는 전쟁세를 부과하지 않고는 불가능합니다. 이런 조치가 불가피해진 것은 원로원이 군사력을 확보하기 위해 1인당 5000데나리우스씩 보상해주기로 약속한 탓입니다.

키케로, 《브루투스에게 보낸 편지》 1.18.5

그렇지만 저의 판단이 틀리지 않다면, 국정에서 가장 골치 아픈 문제는 재정 부족일 것입니다. …… 지도층인 유산자들이 매일같이 세금을 내라는 소리에 점점 더 귀를 막고 있기 때문입니다. 부자들에게서 징수한 세금은 너무 소액이어서 1퍼센트밖에 안 되는 수익금 전액은 2개 군단에 상여금을 지급하면 없어지고 말 것입니다. 더욱이 지금 우리를 지키고 있는 군대와 귀관의 군대를 위한 경비가 한없이 들어가게 되어 있습니다.[8]

7 | 로마에서 여러 제도의 기초를 세운 6대 왕 세르비우스가 한 말이다. 이른바 '기하학적 평등'이라는 원리로서 제시되어 있다.

8 | 이 부분은 기원전 43년에 키케로가 보낸 편지로, 재산의 4퍼센트에 해당하는 전쟁세를 납부하도록 했으나 징수액이 극히 미미했음을 알 수 있다. 이 전쟁세는 기원전 167년 이래로 중단되었다가 124년 만에 부활했으나, 징수에는 실패했다.

| 출전 |

할리카르나소스의 디오니시오스, 《고대 로마》: 디오니시오스의 《고대 로마》 20권은 로마 건국부터 기원전 264년까지를 다뤘는데, 10권과 11권의 일부, 그리고 단편들만 전한다. 비역사적인 기술도 일부 있으

나, 초기 로마의 제도와 구전을 알 수 있는 가장 중요한 사료다.

키케로, 《의무론》, 《국가론》, 《친지에게 보낸 편지Ad familiares》, 《브루투스에게 보낸 편지Ad Brutum》: 《의무론》은 아들에게 정치인으로서 져야 할 의무에 관해 교훈을 주기 위해 카이사르가 피살된 후인 기원전 44년 초여름에 서술한 것이다. 《국가론》은 기원전 54년에 집필에 착수한 것인데, 원로원 귀족들의 일반적인 재산관을 보여준다. 키케로와 관련된 서한으로는 그가 작성한 편지 774편, 그와 편지를 주고받은 상대가 작성한 90편을 합해 모두 864편이 전하는데, 《친지에게 보낸 편지》는 16권, 《브루투스에게 보낸 편지》는 2권으로 되어 있다. 이 서한집들은 한 로마 귀족의 사생활을 통해 당시의 정치와 사상, 귀족의 생활을 알려주는 소중한 자료다.

플루타르코스, 《크라수스》: 크라수스와 대비하기 위해 플루타르코스가 선정한 그리스 인물은 시칠리아 원정에 실패하여 기원전 413년에 전사한 니키아스Nicias로, 크라수스가 파르티아 원정에서 실패한 일과 비교되어 있다. 플루타르코스는 크라수스가 파르티아 원정을 너무 쉽게 생각하는 실수를 범했으나 그의 목적은 고상했다고 평가한다.

| 참고문헌 |

배은숙, 《강대국의 비밀》, 글항아리, 2008.
사임, 로널드, 《로마혁명사 1, 2》, 허승일·김덕수 옮김, 한길사, 2006.
셰이드, 존·로제르 아눈, 《로마인의 삶—축복받은 제국의 역사》, 손정훈 옮김, 시공사, 1997.
수에토니우스, 《열두 명의 카이사르》, 조윤정 옮김, 다른세상, 2009.
————, 《풍속으로 본 12인의 로마 황제》, 박광순 옮김, 풀빛미디어, 1998.
하이켈하임, 프리츠, 《로마사》, 김덕수 옮김, 현대지성사, 1999.
허승일, 《증보 로마공화정 연구》, 서울대출판부, 1995.
홀랜드, 톰, 《공화국의 몰락》, 김병화 옮김, 웅진닷컴, 2003.
Lewis, Naphtali & Meyer Reinhold, *Roman Civilization: Selected Readings, vol.1. The Republic*, Columbia University Press, 1951.

4부

로마제정

제정이라고 하면 흔히 황제가 통치하는 시대로 알려져 있다. 그런데 사실 로마에는 황제라는 말이 없었다. 초대 황제로 거론되는 아우구스투스의 공식 직함도 정해진 것이 없었다. 때로는 호민관이나 콘술 같은 직함을 가진 적도 있고, 스스로는 '프린켑스', 곧 '제일시민'이라는 명칭을 사용하면서 실제로 정식으로 선출된 콘술이 오면 예를 표했다고 한다. 그렇다고 해서 그가 일반 시민과 같은 생활을 영위한 것은 아니다. 이집트는 그의 사금고였으며, 그가 원로원에 의사를 표현하면 그대로 국정이 진행되었다. 이후 그의 이름 아우구스투스는 카이사르라는 이름과 함께 황제를 뜻하는 일반명사가 되었다. 이런 전통은 중세에 이어 근대까지 지속되었다. 널리 알려진 '엠페러Emperor'라는 단어는 라틴어에서 '장군'을 뜻하는 '임페라토르imperator'에서 차용한 것이다.

로마제정기는 크게 전기와 후기로 나뉜다. 과거에는 전기를 '프린키파투스', 후기를 '도미나투스'로 명명했으나, 근자에는 이런 구분에 큰 의미가 없다고 보고 디오클레티아누스 이후를 일컬을 때 '제정 후기'라는 말을 사용한다.

공화정에서 제정으로의 이행은 불가피했는지, 아니면 공화정의 구조가 그대로 지속되어 제정기까지 이어졌는지에 대해서는 학자들의 견해가 다양하다. 특히 정복한 지중해 세계를 하나로 통합하는 데에는 제정이 기여한 바가 컸으며, 각 지역에서 다양하게 로마화가 전개되었다. 오늘날 지중해 일대에서 로마의 특징이 관찰되는 것은 제정기 로마의 문화적 기여 덕분이다.

24
아우구스투스와 프린키파투스의 확립
: 황제의 시대가 시작되다

기원전 31년에 벌어진 악티움 해전은 유명하다. 실제로 그 전쟁이 어떻게 진행되었는지 잘 알려져서가 아니라 그 전쟁이 공화정의 끝과 제정의 시작을 의미하기 때문이다. 전쟁이 끝난 이후의 형태로 보아 로마의 체제에는 변화가 없었다. 민회도 있었고, 콘술을 비롯한 정무관들도 그대로 있었으며, 원로원도 건재했다. 또 최고의 권력자가 된 옥타비아누스도 자신에게 왕이나 군주라는 호칭을 사용하지 않았다. 그는 양자가 된 이래로 사용하던 카이사르라는 이름을 그대로 썼으며, 승전한 장군이라는 의미에서 '임페라토르'라는 명칭을 사용했고, 더군다나 국가의 '제일시민'이라는 뜻의 '프린켑스'라는 호칭을 썼다. 이런 명칭들은 새로 나온 것이 아니라, 공화정기에 다른 위인들도 사용하던 것들이었다.

그러나 옥타비아누스가 공화정의 용어로 아무리 자신을 위장하고 공화정 회복을 내세웠어도 로마가 공화제와 정반대 구조로 바뀐 것은 사실이다.|자료1| 그

런 체제가 지속되면서 어휘의 의미도 변화하여, '카이사르'라는 이름과 '장군'을 뜻하던 '임페라토르'는 '황제(카이저Kaizer, 차르Czar, 엠퍼러Emperor)'를 지칭하게 되었고, '프린켑스'에서 파생한 '프린키파투스principatus'는 로마의 제정 체제를 의미하게 되었다. 이처럼 공화정이 해체되고 프린키파투스라는 체제로 변화한 원인은 무엇인가?

로마가 공화정에서 제정으로 변모한 이유

많은 연구자들이 이 문제의 해답을 제시하고자 했다. 우선 생각해볼 수 있는 것은 공화제가 지닌 한계다. 일반적으로 제도는 어떤 상황에 대처하기 위해 만들어진다. 기원전 3세기 이후 로마공화정은 하나의 제국으로서 활기차게 성장했다. 그러나 기원전 1세기에 이르러 그 한계가 노출되기 시작했다.

원래 로마의 최고 관직은 임기가 1년이었고 그 권리도 상호 비토권에 의해 제약을 받았다. 원로원도 좁은 시야와 경험 탓에 장기간 전쟁을 수행할 수 없었고 타국에 있는 속주를 관리할 수도 없었다. 사실 공화정의 여러 제도는 귀족들 간에 기회를 균등하게 한다는 점에서는 바람직한 면이 있었으나, 그들 사이에 분쟁이 생겼을 때 이를 중재하거나, 제국의 틀을 만들고 유지하는 데에는 부적합했다. 이런 문제를 해결하는 방법 가운데 하나가 '대행' 또는 '전직'이라는 뜻이 담긴 '프로pro-'라는 말을 앞머리에 붙인 관리(이를테면 속주의 총독으로 파견되는 프로콘술Proconsul, 프로프라이토르Propraetor)나, 특별한 임무를 맡은 장군을 두는 것이었다. 이들은 독자적으로 권한을 행사할 수 있었는데, 정체의 결함을 보완하는 데에는 큰 역할을 할 수 있었으나 지배층 내부의 평형을 깰 소지가 컸다.

물론 제도의 허점을 이용하여 체제를 변화시키는 것은 개인의 야심이나 능력과 관련된 문제이기도 하다. 그렇지만 이런 야심은 한 사람에게 국한된 문제는 아니었다. 공화정기에 대부분의 유명 정치인들이 영예에 야심을 품고 있었고, 그런 경쟁은 분명 공화정을 방어하고 또 발전시킨 활력이 되었다. 그 덕택에 영토가 확대되어 토지에 굶주린 로마 시민의 갈증을 해소하는 데에도 크게 기여했다. 이런 경쟁이 이탈리아 반도 안에 국한되었을 때에는 귀족들이 통제되었

도판 45 기원후 1세기경 청동 상을 본떠서 만든 아우구스투스의 대리석 입상. 높이 2.03미터.

다. 그러나 해외로 영역을 넓혀가면서 수년에 걸친 원정으로 생긴 막대한 부와 권력이 귀족이나 지배층의 경쟁을 심화시켜, 결국은 체제 자체를 위협하는 수준에 이른다. 이런 경쟁에서 살아남은 한 위인에게 권력이 집중되는 현상은 어쩌면 자연스러운 귀결이었다.

프린키파투스의 성격

그러면 옥타비아누스에 의해 확립된 프린키파투스의 기본 성격은 어떠했는가? 역사가 카시우스 디오Cassius Dio(기원후 155~235)는 옥타비아누스가 수립한 체제를 단순하게 군주정monarchy이라고 묘사했다.│자료 2│ 이 평가는 진실에 가장 가까운 진술이라고 할 수 있다. 그러나 옥타비아누스가 만든 체제가 페르시아나 헬레니즘 시기의 왕정과 같은 것은 아니었다. 특히 통치자의 절대적 권력이나 세습의 권리 같은 것은 없었고, 오히려 원로원이나 민회에서 통과된 법에 의존하는 체제였다. 따라서 그 체제는 근대의 입헌군주정에 가까운 것이었다고 볼 수 있다.

옥타비아누스는 이런 체제를 이용해 정치적 수완을 발휘하여 자유로운 공화정의 전통을 충분히 보존하면서, 다른 한편으로는 은폐된 군주정을 수립했다. 그가 이런 체제를 수립한 것은 양아버지인 카이사르의 전철을 밟지 않으려는 의도에서 비롯했다. 카이사르의 노골적인 태도에 공화주의자들이 보인 반감은 매우 뿌리가 깊었기에 이를 무시할 수 없었던 것이다. 기원전 27년, 원로원에 권한을 대폭 이양한 대가로 원로원이 수여한 '로물루스'라는 칭호 대신 '아우구스투스Augustus'를 채택한 것도 그런 분위기를 반영한다. 이런 점에서 그는 현명하고 사려 깊으며 기다릴 줄 아는 군주였다.

이 체제를 유지하기 위해 우선 필요한 것은 군사력이었다. 자신의 권력 기반이 자신을 지지하는 병사들이라는 점을 아주 잘 알고 있던 아우구스투스로서는 군대의 충성심을 확보하는 일이 중요했다. 공화정 후기 이래로 거의 사병화한 병사들을 그대로 두었다가는 다시 위험에 처할 수도 있었다. 그래서 그는 모든 병사에게 충성 서약을 하게 했고, 자신에게 충성을 다하는 기사 신분 출신의 지휘관에게 지휘권을 맡겼다.

또한 평화가 확립된 상황이니만큼 군대를 적당한 수준으로 유지할 필요가 있었다. 그래서 그는 60개에 이르던 군단을 28개(약 16만 명)로 대폭 감축했다. 제대한 병사들에게는 로마제국 전역에 걸쳐 식민시를 건설하여 농지를 지급했고, 농지가 부족해지자 제대 연금을 주어 생계를 꾸리도록 해주었다. 초기에 아우구스투스는 이 연금을 자기 개인의 비용으로 지급하다가, 안정적으로 마련하기 위해 기원후 6년에 5퍼센트의 상속세와 기타 기여금을 합해서 '군인 금고aerarium militare'를 마련했다. 이런 조치는 병사들의 국가에 대한 충성심을 회복시키는 효과를 가져왔다. |자료3|

공화정기의 군대는 비상시에 소집되는 예비군과 같았다. 그런데 이런 방식은 광범한 국경을 지키는 데에는 불합리했다. 이런 단점을 보완하려면 상설 직업 군대를 창설해야 했다. 직업군인들의 기본적인 복무 기간은 16년이었으나 통상 20년을 복무했다. 한편 속주에서 새로 시민이 된 자들은 보조군으로 복무했는데, 이들은 통상 25년을 복무했다. 친위대는 로마 시민으로 구성되었으며, 각각 500명으로 구성된 부대 아홉 개가 있었다. 전체적으로 보면 총 6400킬로미터의 국경선을 약 25만 내지 30만의 병력이 지켰다.

전통적으로 원로원이 관할하던 사투르누스 신전의 국고aerarium Saturni에 있던 기금은 공화정 말기에 고갈되었고, 징수 체계도 무너진 상태였다. 국고를 확충

도판 46 아우구스투스 입상의 흉배 부분. 여기에 새겨진 부조는 정치적 선전을 목적으로 한 것이다. 목 바로 아래쪽에 있는 하늘의 신은 덮개를 들고 있는데, 이는 제국에 평화가 확산되는 것을 의미하며, 아래쪽의 느슨한 바지를 입은 자는 파르티아인으로, 군기를 병사에게 돌려주고 있다. 병사는 로마 군대를 상징한다.

하지 않고서는 이 체제를 유지하기가 불가능했다. 아우구스투스는 우선 자신의 개인 수입으로 국고를 보조하여 안정시키고 실질적으로 장악했다. 이어서 기원 전 27년부터는 각 속주에 '광주리'라는 뜻의 '피스쿠스fiscus(여기에서 '재정상의fiscal'이라는 말이 파생했다)'를 설치하고, 속주에서 나오는 수입 중에 군단에 지급할 돈을 거기에 넣어 관리하게 했다. 이로써 그는 군대를 완전히 장악했고, 나중에는 피스쿠스들이 하나로 통합되면서 가장 중요한 재원이 되었다.

마지막으로, 아우구스투스의 재정 기반이 되었던 것은 황제의 가산patrimonium Caesaris에서 나오는 수입이었다. 그의 사유재산이 된 이집트와 속주에 있는 사유지에서 나오는 수입과 유증으로 받은 수입을 망라한 것이었다. 아우구스투스는 이 기금을 총괄함으로써 제국의 재정을 장악했고, 원로원이 관리하는 국고는 작은 부분에 불과했다. 이렇게 장악된 재정은 황실의 재정을 튼튼히 했을 뿐 아니라 이어지는 황제정부 운영의 기초가 된다.

아우구스투스의 새로운 행정 체제

공화정기의 행정 체제에는 여러 가지 문제가 있었다. 관리들이 1년 단위로 새로 파견되었기에 통치에 안정성이 떨어졌으며, 고위 공직자들이 봉급을 받지 않고 복무하는 관행은 통치 지역을 대상으로 한 가렴주구 행위로 이어질 수 있었다. 따라서 이 문제를 시정하고 행정을 안정시키는 일이 중요했다. 아우구스투스는 우선 '프린켑스 위원회concilium principis'를 설치했다. 이 위원회는 두 명의 콘술과 기타 정무관의 대표, 추첨으로 선발된 열다섯 명의 원로원 의원으로 구성되었다. 이 위원회가 맡은 역할은 내각의 기능과 유사하여, 일종의 행정 기구로 작동했다. 아우구스투스의 측근들은 비공식적으로 만나서 주요 정책을 결정했다.

아우구스투스는 양부에게서 물려받은 훈련된 노예와 대리인을 이용하여 최초로 상설 행정직을 창출했다. 이들은 전문적인 행정 훈련을 받았고 봉급으로 생활했다. 아우구스투스 이후의 황제들은 이 체제를 통해 제국 전체를 통치할 수 있었다.|자료4| 이런 통치 체제를 마련하기 위해서는 많은 인원이 필요했다. 아우구스투스는 원로원 의원들을 국가의 중요한 위원회에 위원으로 임명하여 활

동하게 했다. 그런데 그들보다 더 중요한 일을 맡은 자들은 기사 신분이었다. 이들은 공화정기에 징세 청부나 대금업 때문에 속주민의 원성을 샀던 터라, 아우구스투스는 속주민 보호를 위해 공정한 과세 원칙을 세우고 기사들을 그런 역할에서 제외시켰다. 그리고 속주에서의 조세 징수는 '프로쿠라토르procurator'라는 관리에게 일임하고 기사 신분은 군사·행정·재정 면에서 중요한 역할을 담당하게 했다. 아우구스투스 편에서 보면, 충성심을 확보하는 데에는 귀족보다 이들이 더 유리했기 때문이다.

하지만 가장 광범위한 분야에서 두드러진 역할을 한 자들은 피해방민들이었다.|자료5| 이들은 궂은일부터 고도의 행정 지식이 필요한 분야까지, 이를테면 재정이나 화폐 주조 등에서 큰 역할을 했다. 게다가 이들은 속주에서 올라오는 온갖 종류의 청원서를 수령하여 황제에게 전달하는 기능도 수행했다. 한편 빈민들에게는 '빵과 서커스'로 대변되는 여흥을 제공하면서 민회를 무력화시켰기에, 프린켑스의 의사에 따라 민회에서 선거와 입법이 이루어졌다.

아우구스투스는 자신의 양부가 암살되었을 뿐 아니라 자신도 그런 음모에 휘말린 적이 있었기에, 암살을 막고자 여러 가지 제도를 만들었다. 예컨대 대역죄 maiestas에 관한 법을 만들어 혐의가 있는 자들을 처벌했고, 고발한 자에게는 피고가 가진 재산의 4분의 1을 넘겨주었다.

성공적인 개혁과 사후 신격화

아우구스투스는 변화와 개혁을 추구하면서 공화정의 가치와 덕목을 재생시키기 위해 노력했다. 출산을 장려하는 법을 제정하여 50세 미만의 과부와 60세 미만의 홀아비가 3년 안에 혼인하게 했고, 자녀를 셋 이상 낳도록 했다. 이 정책은 성공을 거두지는 못했다.|자료6|

종교 제도 측면에서도 그는 공화정의 관행을 부활시키고자 했다.|자료7| 쇠락한 신전을 수리하여 재건하고, 잊혀버린 종교 의식도 부활시켰다. 이런 시책은 경건한 신앙심을 부활시키기 위한 것이라기보다 새로운 체제를 선전하고 충성심을 드높이기 위한 것이었다. 그는 자신에 대한 공개 숭배를 금지했으나, 그의

수호정령이라 할 수 있는 게니우스Genius(원래는 씨족gens의 남성 정령으로, 가부장과 일평생을 같이하는 존재) 숭배는 허용했다. 그리고 이를 장려하기 위해 '아우구스탈리스Augustalis'라고 불리는 하급 관리 여섯 명을 각 지역의 피해방민 가운데에서 선출했다.

아우구스투스는 40년의 통치 기간 동안 로마의 거의 모든 방면에 적용되는 개혁을 단행했다.|자료8| 그러면서도 단계별로 점진적으로 추진한다는 원칙을 고수했다. 그의 개혁은 크게 성공을 거두었으며, 황제의 계승 문제를 제외하고는 그 자신도 만족했던 것 같다. 그는 죽을 때 그리스의 극을 인용하여 자신이 맡은 배역을 잘 해냈는지 묻고는 박수를 쳐달라고 부탁했다고 한다. 원로원도 그가 죽은 후 기꺼이 그에게 신격을 부여했다.|자료9|

공화정은 이름만 남고

타키투스, 《연대기》 1.2; 1.3.7~4.2

브루투스와 카시우스가 죽은 이후 공화국에 충성을 바치는 군대가 더는 없었다. 폼페이우스[1]는 시칠리아에서 진압되었고, 레피두스는 밀려나고 안토니우스는 사망하였으며, 카이사르를 제외하고는 율리우스 파벌에도 지도자가 없었다. 그러자 아우구스투스는 삼두라는 호칭을 없애고 콘술임을 과시하면서도 자신은 평민을 보호하기 위해 만들어진 호민관의 권한에 만족한다는 점을 드러내며, 병사들은 선물로, 시민은 곡물로, 모든 사람은 평화라는 미끼로 유혹하였다.

그는 원로원과 정무관과 법의 기능을 자신의 손에 그러모으며 점진적으로 권력을 키워 나갔다. 어떤 사람도 그에게 대항하지 않았다. 왜냐하면 가장 용기 있는 자들이 전투나 공개 처형으로 죽어버렸기 때문이다.

남아 있는 귀족들에 관해서 말하자면, 노예 상태를 자발적으로 받아들인 자일수록 더 부유해지고 관직이 더 높아졌다. 변혁을 거치며 거대해진 귀족들은 현재의 안전을 과거의 위험보다 더 좋아하였다. 속주에 있던 사람들도 이런 모습에 혐오감을 느끼지 않았다. 왜냐하면 유력자들끼리 서로 권력투쟁을 벌이고 관리들이 탐욕을 부리는 동안 법이 속주에 부여한 보호 기능이 작동하지 않았고 되풀이되는 폭력과 음모, 마침내는 뇌물에 의해 무질서 상태가 된 탓에, 그들 역시 원로원과 인민의 통치를 혐오하였기 때문이다.
……

국내에서는 모든 것이 평온하였다. 관리들은 전과 같은 직함을 유지했다. 악티움에서 승리한 후에 신세대가 태어났으며, 구세대의 대다수도 내란 기간에 태어났다. 공화국을 본 자들이 얼마나 남았는가? 그래서 체제는 변모하였다. 그리고 과거의 좋았던 생활방식

1 | 대大 폼페이우스의 아들인 섹스투스 폼페이우스.

가운데 남은 것은 전혀 없었다. 평등을 빼앗긴 탓에, 모든 사람이 현실을 제대로 파악하지 못한 채 한 명의 프린켑스가 지시하는 대로 따랐다. 그동안 아우구스투스는 인생의 전성기를 보내며 자신의 권력과 가문의 권세와 평화를 누렸다.

자료 02

아우구스투스의 책략

카시우스 디오, 《로마사》 53.12.1~3; 53.16.1; 53.16.6~8; 53.17.1

아우구스투스는 자신이 민주적인 인물로 여겨지기를 바랐다. 그래서 정부 업무에 관심을 기울이며 전부 관리하고 책임을 맡으면서도, 상당한 주의가 필요하다는 이유로, 자신이 모든 속주를 관할하지는 않을 것이며 자신이 직접 통치하는 속주일지라도 영구히 통치하지는 않겠다고 말하였다. 실제로 그는 좀 더 약한 속주들은 평화로운 상태이고 전쟁을 하고 있지 않다며 원로원에 반환하였다.[2] 하지만 더 강력한 속주들은 불안하고 분쟁이 터지기 쉽다거나, 적대적인 이웃을 두고 있거나, 심각한 반란을 야기할 수 있다는 이유로 자신이 통제권을 가졌다. 그는 자신이 이렇게 하는 것은 원로원이 제국의 가장 좋은 부분을 아무 걱정 없이 향유하게 하기 위함이라고 주장하였다.

그러나 실상 그가 이렇게 한 것은 자신의 계획을 실행하는 동안 원로원 의원들이 무장도 하지 않고 아무런 준비도 하지 않게 하고 자신만이 군대를 거느리고 병사를 유지하기 위해서였다. ……

카이사르[3]는 명백히 언제나 모든 문제와 관련하여 절대권을 쥐고 있었다. 그는 국가 재정을 통제하였으며(겉으로는 자신의 돈과 국가의 돈을 구별하였지만, 실제로는 국가의 돈도 원하는 대로 썼다), 병사들을 지휘하였다. ……

아우구스투스라는 이름은 원로원과 인민이 그에게 수여하였다. 그들은 그를 특별한 이름으로 부르고 싶어했다. 그들이 이런저런 이름을 제시하고 결정하고자 하였을 때, 카이사르는 로물루스라고 불리기를 간절히 원하였다. 그러나 그렇게 되면 인민들이 그가 왕의 지위를 바란다고 의심할 수 있다는 점을 깨닫자, 이 명칭을 더는 고집하지 않았다. 그 대신 자신이 인간 이상의 어떤 존재라도 되는 듯 아우구스투스[4]라는 명칭을 받아들였다. 가장 가치 있고 가장 신성한 것은 무엇이든지 아우구스투스라고 불렸기 때문이다. ……

그리고 인민과 원로원 양 세력은 아우구스투스의 손아귀에 완전히 넘어갔다. 이때부터

2 | 이 자료에 근거하여 역사학자 몸젠은 양두정兩頭政, Dyarchie이라고 규정했으나, 많은 비판을 받았다.

3 | 여기에서는 옥타비아누스를 가리킨다.

4 | 아우구스투스Augustus: 이 단어는 형용사로 '장엄한', '존경받을 만한'의 뜻을 가지고 있다.

진정한 군주정이 되었다. 아마도 군주정[5] 이라는 말이 가장 적확한 용어일 것이다.

자료 03
아우구스투스의 군대

카시우스 디오, 《로마사》 55.23.1~24.8

병사들은 자신들이 이 시기에 참여한 전쟁의 대가로 지급된 보수가 하찮다는 점에 매우 기분이 상하였다. 그래서 어떤 병사도 규정된 복무 기간보다 더 길게 복무하려 하지 않았다. 그래서 친위대 병사는 16년을 복무하고 [제대 시에] 2만 세스테르티를 받고, 기타 군단병은 20년을 복무한 뒤에 1만 2000세스테르티를 받는 안이 표결되었다.[6] 이 시기에 23개, 또는 다른 사람들의 말대로 25개 군단의 시민병이 부양을 받고 있었다.[7] ……

아우구스투스의 시기에 …… 그 수가 얼마이든지(나는 정확한 수를 밝힐 수 없다), 보병·기병·수병으로 이루어진 동맹 병력도 있었다. 게다가 [황제의] 경호 부대원들이 있었고, …… 수도 경비병도 있었으며, 바타비아인이라 불리는, 선발된 외국인 기병들도 있었다(라인 강 주변의 바타비아Batavia 섬에서 온 자들은 뛰어난 기병이었다). 그러나 나는 그들이 정확히 몇 명이었는지 수를 제시할 수 없으며, 마찬가지로 재소집병[8] 의 수도 말할 수 없다.

아우구스투스가 안토니우스에게 대항하여 자신의 양부와 함께 복무했던 병력을 다시 소집할 때부터 재소집병을 충원하는 관행이 생겼으며, 나중에도 이들을 그대로 유지하였다. 이들은 심지어 지금도 특별 부대를 이루고 있으며, 마치 백부장인 양 회초리를 들고 다닌다.

6 | 기원후 5년의 일이며, 이
를 계기로 각각 12년과 16년
이던 복무 기간이 늘어났다.

7 | 25개 군단은 아우구스투
스가 사망할 때의 규모다.

8 | 재소집병evocati: '다시
소집되었다' 라는 뜻. 고참병
으로 예비군을 이룬 이들을
가리킨다.

자료 04
속주 통치는 이렇게

카시우스 디오, 《로마사》 53.14~15

전직 법무관과 전직 콘술을 두 부류의 속주에 총독으로 파견하는 것은 이런 사정 속에서 확립되었다. 전자의 경우, 황제는 자신이 원하는 속주면 어디든지, 언제든지 총독으로 임명할 것이다. …… 원로원 관할 속주의 경우, 아시아와 아프리카를 자신[아우구스투스]의 책임으로 하고 전직 콘술에게 할당하였으며, 나머지 속주는 전직 법무관에게 할당하였다.

그러나 그는 모든 원로원 의원 출신 총독에게 적용되는 포고령을 통해 로마 시에서 관직을 역임한 지 5년이 지나기 전에 원로원 의원에게 총독직을 주는 것을 금하였다. …… 이것은 인민의 속주와 관련해서 따라야 하는 체제였다. 황제의 속주라고 불리고 시민으로 편성된 군단이 하나 이상인 속주에는 레가투스legatus라고 불리는 관리들이 파견되어 속주를 통치해야 했다. 이들은 대개 전직 법무관 중에서 황제가 직접 선임하였다. …… 이런 직책들은 원로원 의원들에게 속하는 직책이었다.

이제 기사 신분으로 넘어가 보면, 황제는 지휘관인 천부장으로 보낼 기사를 직접 선발한다. …… 그들 중 일부는 순수하게 시민으로 구성된 부대를 지휘하고, 또 일부는 보조 부대의 지휘를 맡도록 파견한다. 프로쿠라토르들은 인민의 속주와 황제의 속주 모두에 파견한다(이 명칭은 공공 세입을 징수하고 그들에게 주어진 훈령에 따라 지불해주는 사람에게 붙여지는 것이다). 이 직책에는 때로는 기사 신분이 지명되고, 때로는 심지어 피해방민이 지명된다. 단, 콘술을 역임한 총독이 통치하는 인민으로부터 직접세를 징수하는 경우는 제외된다.

황제는 프로쿠라토르, 전직 콘술 총독, 전직 법무관 총독에게 훈령을 부과했다. 정해진 규정대로 속주에 부임하도록 하기 위해서였다. 이런 관행이 확립되고 그들을 비롯한 관리들에게 봉급을 주는 일이 확립된 것은 이때였다. 전에는 물론 어떤 사람들이 국가와 계약하여 직무 수행에 필요한 모든 것을 관리에게 공급하였다. 그러나 카이사르 하에서 이 관리들은 최초로 고정적인 봉급을 받기 시작하였다. ……

다음과 같은 규정도 마찬가지로 그들 모두에게 하달되었다. 원로원이 투표를 해서 의결하거나 황제가 명령을 내리기 전에 관리들은 부과된 양 이상으로 병사를 징집하거나 돈을 징수해서는 안 되었다. 그리고 후임 관리가 임지에 도착하면 관리들은 즉시 속주를 떠나야 한다. 그리고 돌아오는 동안에도 지체해서는 안 되며, 석 달 내에 돌아와야 한다.

피해방민의 기여와 그들이 야기한 문제

디오니시오스, 《고대 로마》 4.24.4~8

사태가 매우 혼란스러운 상태에 처하고 로마공화국의 고귀한 전통이 타락하고 더럽혀지자 절도, 가택 침입, 매춘업 및 기타 저질 수단으로 돈을 모은 자들 중에 일부는 그렇게 번 돈으로 자유를 사서 로마인이 되었다. 독살과 사형, 신이나 국가에 대한 죄악을 저지른 대가로 자신들의 주인에게 충실한 친구이자 추종자가 된 어떤 자들은 주인에게 이런 보상을 받았다. 일부는 그렇게 해방되어, 공공 비용으로 매달 공급되는 곡물이나 가난한 시민들에게 지도급 인사가 나누어 주는 기타 증여물을 받았는데, 그것을 자신에게 자유를 준 사람에게 가져다주었다. 또 어떤 사람은 주인의 경박함과 인기에 대한 부질없는 목마름 덕분에 자유를 얻었다.

어쨌든 자신이 죽은 다음에 노예를 모두 해방시키라고 허락한 사람들을 나는 알고 있는데, 죽을 때 그들은 선한 자라고 불릴지도 모르며, 장례 때 머리에 해방 모자[9]를 쓴 애도자 무리가 수행할 것이다. ……

그렇게 큰 불명예와 치욕은 일소하기 어려우므로 국가에 들어와서는 안 된다. 그것은 중요한 관직을 필요로 하므로, 나는 차라리 켄소르[10]들이, 아니 그들이 없다면 콘술들이, 이 문제를 다루었으면 한다. 마치 이들이 기사 신분과 원로원 의원의 생활을 조사하듯이. 다시 말해 피해방민들의 신원, 해방된 이유와 방법을 매년 조사했으면 한다. 그런 다음에 시민권에 합당하다고 생각하는 자들은 지역구에 등록하고 도시에 머물게 하면 되지만, 더럽고 타락한 무리는 도시에서 몰아내야 한다.

9 | 해방 모자pilleus: 노예가 해방될 때 자유의 상징으로 쓴 모자.

10 | 켄소르censor: 호구조사(센서스)를 전담하는 관리로 5년마다 1년 반의 임기로 뽑혔다. 센서스 때 풍기나 사생활까지도 조사했기에, 감찰관으로 옮기기도 한다.

세금을 절약하려면 자녀를 낳으시오

카시우스 디오, 《로마사》 54.16.1~2

아우구스투스는 미혼 남자와 미혼 여자에게 세금을 더 무겁게 부과하도록 하였다. 반대로 혼인과 자녀의 출산에는 포상을 제시하였다. 그리고 귀족은 남자가 여자보다 훨씬 많았으므로, 원로원 의원을 제외하고, 원한다면 [자유인] 모두가 피해방민 여자들과 혼인하는 것을 허용하고, 그 자식을 적자로 간주하라고 포고하였다.

수에토니우스, 《아우구스투스 전기》 34

그리고 그는 미성숙한 소녀들과 약혼하거나 아내를 자주 바꿈으로써 법을 회피하는 것을 보자, 약혼 기간을 줄이게 했고 이혼도 제한하였다.[11]

자료
07
종교 제도의 정비

수에토니우스, 《아우구스투스 전기》 31.1~4

그가 마지막으로 대제관pontifex maximus 직책을 맡은 이후에 …… 그는 그리스어와 라틴어로 쓰여 있으면서 익명으로, 또는 무책임한 저자의 이름으로 유통되는 예언서들을 수집하여 2000권 이상을 태웠다. 그러면서 시빌라[12] 에 관한 책들만 간직하여 선별하였다. 그리고 그것들을 금박 상자에 넣어 팔라티움에 있는 아폴로 신상의 발판 아래에 안치하였다. ……

그는 사제 수를 늘리고 그들의 위신을 높여주었으며 그들의 특권도 신장시켰다. 특히 베스타 여신의 사제들을 그렇게 하였다. 더욱이 죽은 여사제 대신 새로운 여사제를 선발하는 경우, 그리고 많은 이들이 자신의 딸을 추첨의 운에 맡기는 일을 피하고자 온갖 영향력을 행사하는 때에, 만약 자기 손녀 중에서 누구라도 선발될 나이가 되면 이름을 제시하겠다고 엄하게 선언하였다.

그는 또한 점차 시행되지 않고 있던 고대의 의식 가운데 일부를 부활시켰다. 이를테면 안전 복점,[13] 플라멘 디알리스,[14] 루페르칼리아[15] 의 제사, 세속적인 경기, 사거리 축제[16] 등이 그러했다. 루페르칼리아의 경우, 수염을 달지 않은 청년은 달리기에 참여하지 못하게 하였다. 그리고 세속적인 경기에서는 남녀 구별 없이 젊은 사람이 성인 친척을 동반하지 않으면 밤의 여흥에 참가하지 못하게 하였다. 사거리의 보호신은 1년에 두 차례, 봄과 여름에 꽃으로 장식하게 하였다.

12 | 시빌라Sibylla: 일반적으로 예언 능력이 있는 여자를 뜻한다. 로마에서는 이들의 예언집을 모아서 카피톨리움 언덕에 보존했다.

13 | 로마 인민의 안전을 염원하며 평화로운 시기에 매년 행하던 복점 의식.

14 | 플라멘 디알리스flamen Dialis: 플라멘은 인도의 브라만과 통하는 말로, 최고의 신인 유피테르를 섬기는 사제를 가리킨다.

15 | 루페르칼리아Lupercalia: '늑대 축제'라는 뜻. 일종의 정화 의식으로, 희생 염소의 피가 사용된다.

16 | 콤피탈리아Compitalia 축제. 거리의 구석에 있는 묘에서 진행되었는데, 카이사르가 폐지했었다.

벽돌의 로마를 대리석의 로마로

수에토니우스, 《아우구스투스 전기》 28.3

도시 로마는 제국의 위엄에 걸맞게 장식되어 있지도 않았고 홍수와 화재에 노출되어 있었기에 그는 도시를 아주 아름답게 꾸몄다. 그러므로 그가 자신은 벽돌의 도시를 보아왔으나 대리석의 도시를 남겨주었노라고 자랑한 것은 지당하다.

8월이 오거스트August가 되다

마크로비우스, 《사투르날리아》 1.12.35

"섹스틸리스Sextilis 달에 황제 카이사르 아우구스투스는 처음으로 콘술을 맡았으며, 국가의 개선식을 세 번 치렀으며, 야니쿨룸Janiculum에서 군단이 내려와서는 그의 보호와 맹세 하에 복무하였다. 그리고 이 달에 이집트가 로마 인민의 권력에 놓였고, 이 달에 내란이 끝났다. 이런 이유로 이 달은 이 제국에 가장 행운이 있는 달이며 또 그래왔으므로, 원로원은 이 달을 아우구스투스로 명명하라고 포고하였다."

마찬가지로 같은 사안에 대해 호민관 섹스투스 파쿠비우스Sextus Pacuvius의 동의에 따라 평민의 결의가 통과되었다.

죽어서 신이 되다

카시우스 디오, 《로마사》 56.46

[원로원은] 아우구스투스를 불사의 존재라고 포고하였으며, 그에게 사제단을 지정하였고 신성한 의식을 마련하였다. 그리고 전에 율리아와 아우구스타[17]로 불린 황후 리비아Livia를 그의 여사제로 만들었다. 또 리비아가 신성한 직무를 수행할 때 수행원인 릭토르[18]를 거느리도록 허용하였다. 리비아도 원로원 의원이자 전직 법무관인 누메리우스 아티쿠스에게 100만 세스테르티를 하사하였다. 왜냐하면 그는 프로쿨루스와 로물루스와 관련된 전승에서 나오는 대로 아우구스투스가 하늘로 올라가는 것을 보았다는 맹세를 했기 때문이다. 원로원이 표결하고 리비아와 티베리우스가 건축한 묘당이 그를 기리도록 로마 시내에 세워졌으며, 그 밖의 다른 지역에도 많이 세워졌

17 | 아우구스타 Augusta: 아우구스투스의 여성형.

18 | 콘술의 권위를 상징하는 속간을 들고 나르는 수행원.

다. 일부 자치단체에서는 그것을 자발적으로 세웠고, 일부는 마지못해 세웠다. 세상을 떠날 때 그가 머물렀던 놀라의 집은 성역으로 조성되었다. 로마 시내에 그의 묘당이 세워지는 동안, 그들은 마르스의 신전에다 침상에 자리한 아우구스투스의 황금상을 배치하였고, 그의 입상 앞에서 사람들이 바치던 모든 의식을 훗날엔 여기에 바쳤다.

| 출전 | --

할리카르나소스의 디오니시오스, 《고대 로마》: 이 장에서 인용한 노예 해방은 디오니시오스가 로마 왕인 툴리우스 시절의 관행을 설명하면서 나온 언급이다. 하지만 이 설명은 공화정 말기나 제정 초의 사정을 전하는 것으로 보는 견해가 일반적이다.

마크로비우스Macrobius, 《사투르날리아Saturnalia》: 마크로비우스는 기원후 400년경에 살았다고 하는데, 생애에 관해서 알려진 바가 별로 없다. 그가 지은 《사투르날리아》는 고대 로마에 관한 박물학적 지식의 보고이다. '사투르날리아'는 사투르누스 신을 기념하는 축제다.

수에토니우스Suetonius(기원후 69~150), 《아우구스투스 전기》: 수에토니우스는 부유한 로마인 가정 출신으로 법률 실무를 익혔으며, 하드리아누스 황제의 비서를 지냈다. 그가 남긴 《열두 황제의 전기De vita Caesarum》는 율리우스 카이사르와 초기 열한 명의 황제에 관한 기록이다. 그는 바로처럼 고증학의 방식으로 전기를 기술했다. 즉, 편지와 소문 등을 망라하여 사용했다.

카시우스 디오Cassius Dio(기원후 155~230), 《로마사Romaike Historia》: 비티니아 출신으로 로마 시민이 되었으며 기원후 205년에는 보궐 콘술이 되기도 했다. 그는 《로마사》를 써서 '그리스의 리비우스'라고 불린다. 이 책은 그리스어로 기술되었는데, 기원후 220년까지 1400년의 역사를 다루었다. 전체 80권에 이르며, 상당수가 현재에도 남아 있다. 주로 2차 사료에 근거하고 있으나 그의 기록 덕분에 소중한 자료가 확보되었다. 공화정 말 제정 초의 역사와 관련해서는 다소 시대 착오가 있지만 믿을 만하다는 평가를 받는다.

타키투스Publius Cornelius Tacitus(기원후 55~120), 《연대기Annales》: 타키투스는 로마의 명문가에서 출생했고 법률을 공부했다. 그의 《연대기》는 헤로도토스의 《역사》와 더불어 가장 중요한 저작으로 손꼽힌다. 《연대기》는 기원후 14~68년의 역사를 담고 있는데, 가장 믿을 만한 저술이다. 타키투스는 역사에서 윤리적 관점을 중시했다.

| 참고문헌 | --

김덕수, 《아우구스투스의 원수정—로마공화정에서 제정으로》, 길, 2013.
몬타넬리, 인디로, 《로마제국사》, 김정하 옮김, 까치, 1998.
사임, 로널드, 《로마혁명사 1, 2》, 허승일·김덕수 옮김, 한길사, 2006.
에버렛, 앤서니, 《아우구스투스》, 조윤정 옮김, 다른세상, 2008.
크리스토퍼 켈리, 《로마 제국》, 이지은 옮김, 교유서가, 2015.
타키투스, 《타키투스의 연대기》, 박광순 옮김, 범우사, 2005.
_____, 《타키투스의 역사》, 김경현·차전환 옮김, 한길사, 2012.
하이켈하임, 프리츠, 《로마사》, 김덕수 옮김, 현대지성사, 1999.

한국서양고대역사문화학회, 《아우구스투스 연구》, 책과함께, 2016.

한국서양사학회 엮음, 《서양의 가족과 성》, 당대, 2003.

허승일 외, 《로마제정사 연구》, 서울대출판부, 2000.

Lewis, Naphtali & Meyer Reinhold, *Roman Civilization: Sourcebook II—Empire*, Harper, 1966.

Shelton, Jo-Ann, *As the Romans Did: A Source Book in Roman Social History*, Oxford University Press, 1988.

25

빵과 서커스

: 로마인의 일상생활

현대 국가는 복지를 지향한다. '무덤에서 요람까지'라는 구호가 국가의 목표가되고 있다. 이는 먹는 문제만 해결된다고 끝나는 것이 아니라, 스포츠와 문화를통해 시민의 정신까지도 책임지는 것을 의미한다. 여흥의 문제는 단순히 복지의 문제로만 귀결되지 않고 정치의 향방을 좌우하는 중대한 사안이다. 최근 한국에서는 포퓰리즘 경계론이 나왔다. 각종 복지 정책이 국가 경제를 어둡게 할것이라고 우려를 표명하면서도 표심을 얻고자 경쟁적으로 복지 정책을 남발하는 추세이다.

로마의 '빵과 서커스'

세계의 심장이었던 로마 시에서도 이와 같은 현상이 벌어졌다. 로마 시민은 자격을 갖추면 시에서 무상으로 곡물을 배급받을 수 있었고, 욕장에서 목욕을 즐

겼으며, 중요한 경기에 참여
했다. 당시 로마 시민의 관심
을 끈 경기로는 검투 말고도
'키르쿠스circus'라고 불리는
타원형 경기장에서 벌어지
는 전차 경주도 있었다. 그래
서 로마인들은 정치에는 무

관심하고 오로지 '빵과 서커스'|자료 1|에만 관심이 있었다고들 말한다.

하지만 곡물 공급의 역사에서 기원전 58년은 기억할 만한 해다. 호민관 푸블
리우스 클로디우스 풀케르Publius Clodius Pulcher가 로마 시에 거주하는 시민, 특히
가난한 평민에게는 무상으로 곡물을 배급한 해이기 때문이다.|자료 2| 물론 그전
인 기원전 123년 가이우스 그라쿠스의 곡물법 제정 이래 여러 법이 제정되어
곡물 공급 조치가 따랐다. 그러나 대부분은 시세보다 낮은 가격에 공급하는 수
준이었고 무상 공급은 처음이었다.

클로디우스의 법에 따르면 수혜자는 로마 시에 거주하는 남성 시민으로 국한
되었으며, '곡물 수혜 평민plebs frumentaria'이라는 용어를 볼 때, 평민에게 혜택이
돌아갔던 것으로 보인다. 또한 수혜자를 파악하기 위해 '비쿠스Vicus'라는 구역별
로 작성된 기록을 이용했는데, 이 기록은 '콜레기아Collegia'라는 단체의 명부이기
도 했다. 여기에는 주로 수공업자와 소상점 주인 등이 등록되었다. 클로디우스
이후 로마의 하층민들은 매달 시에서 곡물을 공급받았는데, 무상 공급은 제정
기에도 이어졌다.

세계적 도시 로마에 나타난 새로운 계층, 도시 빈민

제정 초기에 로마 시에 거주하는 인구는 100만에 이르렀다. 이처럼 도시가 거
대해진 이유는 무엇일까? 당시 세계의 중심이 된 로마에 거주하고자 이주하는
사람들이 늘어난 것은 당연한 현상이었다. 이탈리아의 농촌에 거주하던 많은
농민이 농토를 잃고 일자리를 찾아 로마로 이주할 수밖에 없었기 때문이다. 어

도판 48 콘스탄티누스 황제 시기의 로마 모형. 무솔리니가 지시하여 만든 것으로, 현재는 로마 시내에 있는 로마 문명 박물관Museo della Civiltà Romana에 소장되어 있다. 시민에게 오락을 제공하는 콜로세움과 물을 공급하는 수도교의 모습(노란색)이 보인다.

떤 노예들은 로마로 끌려왔다가 해방되어 수도에 계속 머물렀을 것이다. 이렇게 인구가 불어난 도시는 문제투성이었다. 지금도 남아 있는 수도교는 로마에서 물 공급 문제가 얼마나 시급했는지를 잘 보여준다. 게다가 도시의 환경이 이주자들에게 좋을 리 없었다. 로마에는 늘어난 인구가 거처할 보금자리가 필요했기에 자연히 주택이 빽빽이 들어차고 다층 건물이 속속 들어섰다. 화장실은 집집마다 있지 않고 공용으로 사용했기에 다가구 주택은 그저 잠만 자는 공간이었다. 따라서 도시의 빈민들은 도시를 헤집고 다녀야 했다.

그러나 그들에게 일자리는 없었다. |자료 3| 비록 그들 역시 로마 시민이었지만, 기존의 일자리는 노예나 피해방민이 이미 차지해버린 것이다. 자연스럽게 로마 빈민은 기아선상에 놓였으며, 최소한 먹을거리라도 해결해주는 것이 로마 정부가 할 수 있는 유일한 선택이었다. 이를 위해 국가에서는 오스티아 항구에 곡물 창고를 많이 건설했고 해외의 속주 경영에도 관심을 기울였다.

계속 확장된 황제의 시혜 정책

그런데 빈민들은 로마의 장래를 결정할 투표권을 가지고 있었다. 당연히 정치인들은 표를 얻기 위해 이들에게 시혜를 베풀었다. 흔히 '라르기티오largitio'라고 불리는 이런 시혜는 부자들이 정치에 입문하는 유력한 방식이었으며, 기원전 140년 이후에

활성화되기 시작했다.|자료4| 그라쿠스 형제가 살해된 것은 이런 정치적 야심과 충돌한 결과였다. 그리고 곡물 공급 문제를 둘러싼 정치적 주도권 싸움은 공화정의 종말을 가져왔고, 제정으로 이어지는 분수령이 되었다.

기원전 2년, 아우구스투스는 곡물 배급 수혜자의 명부를 다시 정리하여 수혜자를 20만 명으로 축소했다. 일찍이 그의 양부인 카이사르가 15만으로 제한했으나, 그간 30만여 명까지 늘었던 것을 다시 줄인 것이다. 그뿐이 아니었다. 심지어 노예 해방을 제한하는 법까지 만들도록 했는데, 이는 로마 시민의 혈통을 보존한다는 뜻도 있었으나 실제로는 곡물 수혜자를 늘리지 않으려는 의도였다. 이처럼 중요해진 곡물 공급을 책임질 관리로는 기사 신분 출신을 임명했고, 곡물 관리관praefectus annonae은 기사 신분이 가장 선망하는 직책이 되었다.

티베리우스 황제는 곡물 부족에 분노한 민중의 공격을 받기도 했다.|자료5| 그 이후 즉위한 황제들도 곡물 공급에 관심을 가지고 실천한 사실을 그들이 남긴 주화를 통해 알 수 있다. 대개는 주화 앞면에 황제의 초상을 새기고 뒷면에는 곡물의 여신인 케레스를 각인했다. 나쁜 이미지로 각인된 코모두스 황제도 오스티아에 거대한 곡물 창고를 짓도록 했다. 셉티미우스 세베루스 황제는 올리브기름도 배급 대상에 포함했다. 그전에도 간혹 기름이 공급된 적이 있으나 이때 정규 품목이 되었다. 아우렐리아누스 황제는 돼지고기와 포도주까지 추가했

도판 49 오스티아 항구에 있는 한 곡물 창고의 정문. 이 창고의 이름은 호레아 에파가티아나 에트 에파프로디티아나 Horrea Ephagathiana et Ephaphroditiana이며, 에파가투스 Ephagathus와 에파프로디투스 Ephaphroditus라는 두 피해방민이 상품의 수출입을 위해서 만든 회사 건물로 추측된다. 이 창고는 1942년에 1층이 복원되었는데, 호레아 관련 비문에 의해 확인된 유일한 창고로, 기원후 140~145년경에 지어진 것으로 추정된다.

을 뿐 아니라 곡물 대신 빵을 공급하게 했는데, 이로써 배급 체계에 큰 변화를 가져왔다. 빵은 매일 여러 곳에서 동시에 분배해야 했기 때문이다. 콘스탄티누스 황제는 빵의 품질을 다소 낮추는 대신 급식량을 두 배로 늘려 스무 개씩 배급했다. 기원후 419년에는 로마 시에서 수혜 대상이 12만 명에 이르렀다는 사실을 통해 빵의 무상 배급이 늦게까지 지속되었음을 알 수 있다.

잔인하고 무자비한 검투 대결

로마 시민이 받은 혜택은 식량만이 아니었다. 인간은 놀기를 좋아하는 존재(homo ludens)라는 말처럼 로마 시민들은 각종 놀이를 즐겼다. '놀이'를 뜻하는 라틴어 '루디ludi'는 종교 제전에서 파생한 말이다. 도시민들은 '케레스 축제Ludi Cerealis'를 학수고대했다. 제전 기간에 베풀어지는 전차 경주를 관람하고 싶어서였다. 이런 성향이 정치가들의 눈에서 벗어날 리 없었다. 정치가들은 막대한 돈을 들여 제전을 후원함으로써 정치적 지지를 얻어냈다. 그들은 죄인 취급을 받다가도 제전을 후하게 베풀면 용서받고 인기를 얻었다.

공화정기에 이런 제전은 통상 돈 많은 귀족이 하층 시민에게서 정치적 지지를 얻는 수단이 되었다. 제정기의 황제는 하층민의 표를 걱정할 필요가 없었어도 시민의 마음을 즐겁게 해주어야 했다. 불만을 가진 인민이 반란을 일으켜 새로운 황제를 옹립할 수도 있었으니까. 그래서 황제들은 새로 즉위하면 축제 기간을 늘리곤 했다. 그러면 실업과 곡물 부족이라는 현안을 회피할 수 있을 거라고 보았기 때문이다.|자료6|

기원후 80년, 10년의 공사 끝에 콜로세움이 개장된 뒤, 황제 티투스는 기원후 108년에 100일 동안 축제를 베풀었고, 다키아Dacia에서 전승을 거둔 황제 트라야누스는 117일간 이를 기념했다. 물론 100일이 넘는 기간 내내 제전에 참여할 일반인은 없었겠지만 말이다.

로마인들이 즐긴 놀이는 올림피아드나 연극처럼 고상한 것이 아니었다. 그들을 열광케 한 것은 검투 경기와 전차 경주였다. 로마인의 기이한 풍습 가운데하나는 장례식장에서 조문객을 위해 검투 경기를 베푸는 것이었다. 검투 경기

는 원래 에트루리아인의 장례 풍습에서 유래한 것인데, '의무'라는 뜻의 '무누스munus (복수는 무네라munera)'라고 불렸다. 검투사들의 용기를 보여줌으로써 고인을 명예롭게 하는 것이 가족의 의무였음을 암시하는 말이다. 이 의무는 부자만이 이행할 수 있었다. 카이사르는 부친상을 당하자 부친을 위해 검투사끼리 대결하도록 했고, 스스로도 검투사를 육성했다. |자료7|

도판 50 이 모자이크의 라틴어 'Ex vicen[alibus] f[e]l[iciter] veli'는 '20번째부터 복되게 출범하시기를 바랍니다'라는 뜻이다. 이 내용은 안토니누스 피우스 황제가 재위 20년 되는 해(138년)를 기념하고 있다. 사진에서 'Θ'는 죽음을, 'V'는 승리 vicit를 뜻하므로 검투사가 짐승과 싸워 승리했다는 의미이다.

공화정기에 검투 경기는 국가가 지원하는 제전이 아니었다. 검투사들의 황금기는 제정기였다. 이들은 노예로 구입되어 전문 싸움꾼으로 길러지거나, 범죄를 저지른 경우에 검투사 학교에 보내졌다. 때로는 무위도식하는 자유인이 지원하기도 했다. 검투사 학교에서 온갖 무기를 익히고 나면, 나름의 전문 무기를 갖게 된다. 검투사는 여러 종목으로 나뉘어 있었다. 가장 재빠른 사람은 '레티아리우스retiarius'라고 불리는 투망꾼이 되었는데, 이들은 적을 올가미로 씌워서 삼지창으로 찔렀다. 반면 '미르밀론myrmillon'은 완전무장한 검투사로 상대적으로 동작이 느렸으므로 속도보다는 힘에 의존하여 공격했다. 그 밖에도 여러 범주가 있었다.

검투사의 주인들은 이들을 임대하여 수입을 올렸다. 일대일 대결을 벌이는 경우도 있었고 9 대 9로 집단 대결을 벌이는 경우도 있었다. 살아남아 명성을 올린 검투사 중에는 해방되는 자도 있었고, 때로는 해방이 되었어도 검투사로 남기도 했다. 대결의 백미는 패배한 적에 대한 처분이었다. 관중들이 "미테mitte"라고 외치면 살려주었고, "유굴라iugula"라고 외치면 목을 베었다(흔히 이때 엄지손가락으로 표현하는 것을 '폴리케 베르소Pollice Verso'라고 하는데, 어떤 모양이 생사를 표시하는지에 대해서는 의견이 분분하다). 때로는 사람이 짐승과 싸우기도 했고, 짐승들끼리 싸우게 하기도 했다.

검투 경기의 인기가 대단했음은 말할 것도 없다. 콜로세움이 개장한 날에는 100일 동안 9000마리의 짐승이 희생되었으며, 108년에는 1만 명의 검투사가 무공을 겨루었고, 1만 1000마리의 짐승이 살해되었다. 이 놀이의 잔인함과 무자비함은 그 무엇에도 비할 수 없을 것이다.|자료8| 법적 지배와 질서로 상징되는 로마의 이면에서는 이 같은 광기가 흘러나왔다. 별로 인기는 없었지만, 여성들이 검투사로 진출하는 예도 있었다.

현대의 자동차 경주에 맞먹는 전차 경주

무엇보다 로마 시민의 관심을 끈 놀이는 전차 경주였다. 콜로세움이 5만 관중을 수용했다면, 로마의 전차 경기장인 '키르쿠스 막시무스Circus Maximus'는 25만 관중을 수용할 수 있었다. 올림피아 제전에도 같은 종목이 있었지만, 로마의 것은 현대의 포뮬러원F1에 가까웠다. 로마에는 전차 경주 회사가 네 군데 있었고, 트랙도 각각 하양, 파랑, 초록, 빨강, 네 가지 색이었다. 각 회사는 '당'이라는 뜻을 가진 '팍티오factio'라고 불렸는데, 사업가들이 소유했다. 이들은 말, 전차, 마구간 등도 함께 가지고 있었다. 기수들은 대개 노예였다. 이 경기를 관장하는 관리는 도시 관리관(아이딜리스)이나 법무관이었는데, 각 당의 소유자와 협상하여 제전 기간에 전차, 말, 기수 등을 임대했다. 통상 '로마의 축일Ludi Romani'은 14일간 지속되는데, 이 기간에 사용했다. 이런 경우 소유자는 기본 비용에 승리 수당까지 받을 수 있었다.

기수들이 사용하는 전차는, 영화에서 나오는 모습과 달리, 작고 볼품없었으며 급회전하면 사고가 날 가능성이 컸다. 이런 위험에도 무모할 정도로 기수들이 달려서 경쟁한 것은 우승하면 노예의 경우 특유재산(페쿨리움peculium)을 받아서 저축하여 자유를 사거나 유복한 생활을 누릴 수 있었기 때문이다. 그러나 실패하여 젊은 나이에 죽는 기수들로 다수 있었다.|자료9|

경주에는 통상 네 팀이 참가했으나, 키르쿠스 막시무스에서는 회사당 세 팀,

즉 열두 팀이 동시에 시합을 벌일 수 있었다. 경기 종목도 다양하여, 흔히 4두 전차가 일반적이었으나, 2두 전차도 있었고 10두 전차 시합도 있었다. 두 명의 기수가 한 팀을 이루어 경주하기도 했다.

전차 경주는 검투 경기와 마찬가지로 무료 관람이었다. 많은 이들이 특정 팀과 선수에게 열광했으며, 황제들도 경기에 관심을 보였다.┃자료 10┃ 평민들은 황제가 자신들과 같은 취미를 가지고 있다고 생각했으며, 경기장에 온 황제는 관중에게 열렬한 환영과 환대를 받았다.

도판 51 로마에서 전차 경주 선수는 각광받는 직업이었고, 큰돈도 만질 수 있었다. 이 모자이크에서 보듯이 전차를 끄는 말에 대한 애정이 컸으며, 개별 말마다 팬도 따로 있어서 말에도 이름을 붙였다. 종종 팬들 간에 싸움이 벌어지기도 했다.

로마 지배층의 시혜 정책을 어떻게 보아야 할까

이런 방식의 시혜를 우리는 어떻게 평가해야 할까? 현재의 경제관념으로 보면 낭비와 사치를 조장하고 경제 발전을 저해하는 주요 요인으로 찍혀 개혁의 대상이 될 것이다. 그러나 이것을 단순히 로마의 문화로만 보지 않고 세계의 보편적인 문화로, 고대 서양에 있었던 '선행euergetism'의 일환으로 볼 수도 있을 것이다. 프랑스의 저명한 역사학자 폴 벤Paul Veyne은 이런 시각에서 이를 '시혜 경제gift economy'로 보고, 통치자인 황제와 피치자인 시민 간의 의사소통 방식으로 이해했다.

특히 로마에서 나타난 무료 혜택은 로마의 독특한 정치 구조에서 발전했다는 점을 염두에 둘 필요가 있다. 민주정 체제였던 아테네에서는 귀족의 기부가 일종의 세금으로 제도화되어 '공공 봉사leitourgia'가 되었고, 기원전 4세기부터 귀족이 사회를 주도하고 선행이 공공연하게 이루어지면서 계급투쟁의 길을 피했다. 반면 로마는 보호자와 피호민의 관계가 발전하면서 이런 시혜가 제도화되지는 않았으나, 제정기에 이르러 황제가 유일하고도 가장 큰 시혜자로 등장했다. 그

도판 52 4세기경 만들어진 모디우스 측량 용기. 청동으로 만들어졌고 무게와 부피에 관한 명문이 새겨져 있다. 우리나라의 반 말(약 9리터)에 해당하는 8.73리터를 담을 수 있다.

리고 마침내 여러 가지 무료 혜택은 공적인 것이 되기에 이르렀다. 이는 로마에서 유난히 '빵과 서커스'라는 무상 시혜 정책이 활발하게 시행되었던 이유이기도 하다. 이처럼 고대 로마의 무료 공연과 축전과 놀이는 현재의 관점으로 볼 것이 아니라 당시의 가치와 이론으로 볼 필요가 있다. 놀이를 둘러싼 역학 관계는 그 사회의 성격을 파악하는 데 중요한 단서가 되기 때문이다.

빵과 서커스

1 | 원문은 "panem et cir-
censes"로, 'panem(panis
의 목적격)'은 빵을 의미한
다. 실제로는 시민 1인당 곡
물 5모디우스(약 33킬로그
램)를 받았는데, 빵을 만들려
면 제분 과정을 거쳐야 했다.
서커스는 일반적으로 전차
경주를 의미한다.

유베날리스, 《풍자시》 10.77~81

이미 오래전, 우리가 아무에게도 투표권을

팔아먹지 않았을 때부터 [인민은] 관심을 털어냈지.

왜냐하면 오래전부터 대권, 속간, 군단 등 모든 것을 부여했던 사람들이 이제

스스로를 억제하고 걱정하면서 오로지 두 가지를 선택했기 때문이라네.

빵과 서커스를.[1] ……

클로디우스의 곡물 무상 공급

아스코니우스, 《피소 기소 연설》 124.22~26; 키슬링 외 A. Kiessling et al., 《키케로의 다섯 가지 연
설에 관한 아스코니우스의 언급 Q. Asconii Pediani Orationum Cliceronis Quinque Enarratio》, Berolini, 1875,
p. 7에서 재인용

루키우스 피소Lucius Piso와 아울루스 가비니우스Aulus Gabinius가 콘술일 때 푸블리우스
클로디우스는 호민관으로서 로마 인민에게 해로운 네 가지 법을 발의했다고 우리는 말
했다. (그 법이 최고의 인기를 누리고 있었기에) 이 자리에서 키케로가 곡물법에 관해서는 언급하
지 않았는데, 전에는 모디우스당 6과 3분의 1 아스에 지급되던 곡물을 인민에게 거저
주도록 한 것이었다.

키케로, 《세스티우스를 위한 변론》 25.55

그러나 한 사람의 검투사에 의해 수많은 새로운 것들이 규정되었는데, 이를테면 6과 3분의 1[아스]을 줄임으로써 세수의 거의 5분의 1이 삭감되었다.

아피아노스, 《내란기》 2.17.120

한편 로마에 거주하는 가난한 자들을 위해 배급된 식량이 이탈리아의 무직자와 거지, 행동이 발 빠른 사람을 로마로 끌어들이고 있다.

자료 03
로마인의 직업

키케로, 《의무론》 1.150~151

150. 기술과 기타 생계 수단, 즉 직업의 귀천에 대해 우리는 이미 대체로 다음과 같이 배웠다. 우선 사람들에게 혐오의 대상이 되는 세금 징수인과 고리대금업자는 바람직하지 못한 것으로 간주된다. 또 모든 고용 노동자들의 생계 수단은 귀하지 않다. 다시 말해 천하다. 왜냐하면 그들은 기술이 아니라 단순히 손으로 하는 노동력을 팔고 그 대가로 받는 보수는 노예 상태의 임금 수준이기 때문이다. 물건을 도매상에게 사서 즉각 소매하는 것은 천하게 여겨야 한다. 그들은 거짓말을 전혀 하지 않으면 어떤 이익도 볼 수 없는데, 거짓말하는 것보다 도덕적으로 나쁜 것은 없기 때문이다. 수공업자처럼 손으로 물건을 만드는 사람들 역시 천하게 평가받아야 하니, 그 까닭은 작업장에서 일하는 사람치고 자유인 출신이 없기 때문이다. 테렌티우스[2]가 말하는 바로는, 모든 직업 중에 가장 천한 것은 감각적 쾌락을 만족시켜주는 것으로 다음과 같은 사람들이다. 즉, 생선 장수, 백정, 요리사, 가금업자, 어부 등이다. 여기에 향로 장수, 무희, 어릿광대를 첨가해도 좋다.

151. 그러나 전문 지식이 필요하거나 상당히 유용한 기술, 즉 의술, 건축술, 도덕적으로 선한 것들의 교수법은 출신 성분에 적합한 사람들에게 명예로운 직업이다. 그런데 무역이 소규모라면 천하게 생각해야 하지만, 세계 각처에서 대규모로 물품을 수입하여 많은 사람들에게 속임 없이 대량으로 분배한다면, 비난을 퍼부어서는 안 될 것이다. 아니, 도리어 공정하게 무역을 하여 큰 재산을 마련해 만족감을 충족시키고 나서, 바다에서 항구로 활로를 찾듯, 바로 그 항구에서 시골의 토지로 가 자신의 진로

2 | 테렌티우스 Terentius: 기원전 2세기에 살았던 로마의 희극 작가. 이 말은 《환관 Eunuchus》 257행에 나온다.

를 개척하는 것은 최상의 찬사를 받을 만하다. 그러나 소득을 얻는 모든 직업 중에 농업보다 더 좋고 즐거우며, 자유인 출신에게 더 적합한 것은 없다.

자료
04

선심을 베푸는 바른 관행은 정치의 기초

키케로, 《의무론》 2.55; 2.63~64

55. 일반적으로 베푸는 사람에는 두 부류가 있다. 하나는 마구 베푸는 자이고, 다른 하나는 관대한 자들이다. 마구 베푸는 자는 향연을 베풀고, 고기를 배급하고, 검투사 시합을 벌이고, 경기를 개최하고, 금수를 싸움시키는 등의 일, 즉 빵과 서커스 구경에 돈을 쓰는 그런 부류로, 그들은 사람들에게 그 기억을 짧게 남기거나 전혀 남기지 못할 것이다. ……

63. 게다가 선하고 고마워하는 사람에게 선심을 베푼다면, 자신뿐만 아니라 다른 사람에게도 즐거운 일이다. 왜냐하면 가장 고마운 선심 베풀기는 무분별한 베풀기와는 전연 관계가 없는 것으로 최대의 찬사를 받는 일이며, 그 점에서 대다수 사람들이 가장 고마운 선심 베풀기를 더 열렬히 찬양하는 것이며, 가장 고귀한 자의 선심은 모든 사람의 공통적인 피난처이기 때문이다. 그러므로 되도록이면 모든 자에게 선심을 베풀도록 노력해야 한다. 그리하여 그 기억들이 그 자손들에게 길이길이 전해져 그들이 배은망덕하지 못하게 하자. 사람들은 모름지기 선심을 망각하여 배은망덕하는 것을 혐오하고, 그 망각은 선심을 베풀고자 하는 사람의 마음을 상하게 하는 점에서 불의로 여기며, 배은망덕하여 불의를 행하는 자는 가난한 자의 공동의 적이라고 생각한다. 그리고 포로를 노예 상태에서 다시 사오고 가난한 자들을 부유하게 만들어 주는 것 같은 선심 베풀기는 개인에게만이 아니라 공화국에도 유익하다. 사실 우리는 크라수스의 훌륭한 연설에서 흔히 우리 원로원 의원들이 행한 것을 본다. 따라서 나는 이 선심 베풀기 관행이 빵과 서커스 같은 것을 마구 퍼주는 베풀기보다 훨씬 낫다고 생각한다. 전자는 더 신중하고 더 위대한 사람들의 속성이라 할 수 있고, 후자는 쾌락으로 인민 대중의 경망스러움을 부추기는 아첨꾼의 속성이라고 생각한다.

64. 그런데 주는 데 관대할 뿐만 아니라 요구할 때 지나치지 않게 하고, 계약을 하고 사고팔고, 빌리고 빌려주고 하는 모든 일에 이웃과 외국인들에게 십분 공정을 기하고, 자신의 판단에 따라 많은 사람들에게 충분히 주고, 경비가 얼마나 들지 모르는 소송

은 피하는 게 옳다. 왜냐하면 자신의 판단에 따라 때로는 조금 양보하는 것이 관대할 뿐 아니라 유익하기도 하기 때문이다. 그런데 세습 재산인 가산에 대해서도 생각해보면, 가산을 탕진하는 것은 부끄러운 일이기는 하나, 인색과 탐욕은 버려야 한다고 생각한다. 진실로 자신의 가산을 낭비하지 않고 선심을 베푸는 것은 돈으로 얻는 최대의 기쁨이다.

자료 05

황제 클라우디우스의 봉변

타키투스, 《연대기》 6.13; 12.43

곡물 공급과 관련한 심각한 문제로 거의 대란이 일어났다고 할 정도였다.[3] 여러 날 동안 극장[4]에서 항의가 벌어졌는데, 이 항의는 황제를 향하였으며, 전보다 더 빈번하고 노골적이었다. 황제는 격노하여 정무관과 원로원을 비난하였다. 왜냐하면 공복인 그들이 자신들에게 부여된 권위로 일반인들을 통제하지 않았기 때문이다. 황제는 어떤 속주들에서 직접 곡물을 실어왔으며, 전임 황제 아우구스투스보다 얼마나 더 많이 곡물을 가져왔는지를 밝혔으며 ……

곡물 부족과 그로 인한 기근은 그런 조짐으로 간주되었으며, 사람들의 불만은 잦아들거나 개인 차원에 머물지 않았다. 오히려 황제가 법정에서 소송을 듣고 있을 때, 사람들이 성나서 외치며 황제를 둘러쌌다. 그런 다음, 황제를 밀어 광장 끝자락까지 몰고 갔다. 황제가 병사들의 도움으로 호전적인 폭도에게서 도망칠 때까지 그러했다.[5] 로마시에는 단지 15일 분량의 곡물만 남아 있다는 사실이 알려졌다. 이 절망적인 사정을 구제한 것은 오로지 신들의 가호와 좋은 겨울 날씨뿐이었다.

3 | 기원후 32년, 티베리우스 황제 때의 일이다.

4 | 당시의 시위는 주로 극장에서 행해졌다. 극장은 일종의 공공장소였다.

5 | 기원후 51년, 클라우디우스 황제 때의 일이다.

자료 06

엔터테인먼트와 정치가

프론토, 《역사 개요》 18

황제[트라야누스]는 영민한 정치력을 가지고 있었기에 무대나 경주장, 검투장에 있는 배우와 기타 공연자들에게까지 관심을 기울였다. 그는 로마 인민이 주로 두 가지 — 공짜로 제공되는 곡물과 볼거리—에 의해 통제되고 있음을 알았던 것이다. 정치적 지원은 심각한 현안만큼이나 오락에 달려 있으니, 심각한 문제를 무시하는 것은 더 큰 해악을 가져오지만, 오락을 무시하는 것은 치명적인 악평을 초래한다. 선물은 볼거리만큼 열광적으로 바라는 것이 아니다. 결국 선물은 곡물 수여로 일반인들을 하나하나 개인적으로 즐겁게 해주는 반면, 볼거리는 모든 사람을 즐겁게 해준다.

타키투스, 《연대기》 14.20

네로는 자신의 네 번째 콘술 임기[6]에 동료인 코르넬리우스 코수스Cornelius Cosus와 아울러 로마에서 볼거리를 베풀기로 결정하였다. 볼거리는 5년마다 개최될 것이며 그리스의 경연 행사에 따라 틀을 갖출 것이다.[7] 다른 모든 새로운 것과 마찬가지로, 이 볼거리는 상반된 평가를 받았다. 어떤 사람들은 심지어 그나이우스 폼페이우스마저 당대의 노인들에게 영구적인 극장 건물을 지었다는 이유로 비난받은 적이 있다고 말했다. 폼페이우스의 극장이 건설되기 전에는 흔히 노천 관람석 위에 가설된 임시 무대에서 공연을 제공했기 때문이다. 그리고 만약 당신이 옛날로 돌아가서 본다면 관중은 연극 관람 도중에 서 있었으니, 사람들은 극장에 앉음으로써 게으름과 나태함 속에서 시간을 보내는 데 익숙해지지는 않았을 것이다. 고대의 볼거리들이 가진 성격은 보존될 필요가 있었다. …… 그리고 어떤 시민에게도 경쟁을 강요하는 느낌을 주어서는 안 되었다.

그러나 점차 우리의 전통적인 도덕적 가치들이 약화되고 수입된 방종으로 완전히 전도되기에 이르렀으니, 우리는 여기 우리의 도시에서 타락시킬 수 있고 타락될 수 있는 것을 모조리 보기 시작했다. 우리 젊은이들은 외국 방식의 탐닉과 스포츠와 무위도식과 변태적 성교에 대한 열광과 게으름으로 파멸하였다. 이 모든 것이 황제와 원로원의 재가를 받았으니, 그들은 그런 공격적인 행위를 허용했을 뿐 아니라, 로마 귀족마저 무대에서 공연되는 희롱과 시구들로 불명예스럽게 하도록 강요하였다. 그들이 벌거벗고 권투 장갑을 끼고서 전쟁 대신 운동 시합을 위해 훈련받은 것 말고 무엇이 남았는가?

6 | 기원후 61년의 일이다. 황제들은 스스로 콘술 직을 맡기도 했다. 제정 초기에도 콘술은 최고 관직이었다.

7 | 네로 황제는 그리스 연극 관람을 즐겼을 뿐 아니라, 스스로 공연에 참여하여 악기 연주도 하고 배역도 맡고 노래도 불렀다. 그가 경연을 위해 그리스로 간 것은 유명한 일화다. 올림피아드에서는 10두 전차를 몰고 참여했는데, 중간에 떨어져서 완주하지 못했지만 1등상을 받았다. 네로는 검투 경기를 열지 못하게 하는 대신, 그리스식 경연을 도입해 로마인의 심성을 바꾸어보고자 했으나, 당연히 호응을 받지는 못했다.

카이사르가 기른 검투사

수에토니우스, 《율리우스 카이사르》 10

카이사르가 관리관으로 재직하고 있을 때 …… 야생 동물 사냥과 극장 공연을 베풀었

8 | 기원후 65년에 카이사르와 비불루스는 귀족 관리관으로 재직했고, 발부스와 키케로의 동생 퀸투스가 평민 관리관으로 재직했다.

9 | 이것은 카이사르가 부친상을 위해 마련한 경기였다.

10 | 이 조치는 스파르타쿠스 노예 반란의 영향을 보여 주며, 카이사르가 쿠데타를 일으킬지 모른다는 의구심에서 제정된 것이다.

는데, 때로는 그의 동료인 마르쿠스 비불루스의 도움을 받았고, 때로는 자신의 힘으로 하였다.[8] …… 그는 또한 볼거리로 검투사들의 대결 관람을 베풀었으나, 원래 기획했던 것[9]보다는 작은 규모였다. 그가 고용한 집단이 매우 커서 그 규모만으로도 정적들을 두렵게 하였기에, 정적들이 법을 만들어 한 사람이 로마에서 거느릴 수 있는 검투사 수를 제한하였기 때문이다.[10]

자료 08
경기 관람의 폐해

소 세네카, 《편지》 7.2~5

어떤 구경거리에 빠지는 것보다 사람의 성품에 해로운 것도 없습니다. 당신이 즐기는 동안, 악덕들이 당신의 영혼에 더 쉽사리 스며들기 때문이지요. 구경하고 집으로 돌아올 때, 나는 탐욕이 더 늘어나고 더 공격적이 되고 쾌락적인 감각에 더 집착합니다. 더 잔인하고 비인간적으로 되지요. 그리고 이 모든 것은 내가 다른 사람들과 함께 있었기 때문입니다!

최근에 나는 우연히 정오에 열리는 놀이판에 들르게 되었습니다. 나는 해학과 익살과 약간 기분 전환이 되는 막간[11]을 기대했습니다. 그러면 사람들의 눈이 낭자한 유혈을 보는 놀이에서 쉴 수 있지요. 그러나 나의 기대와 완전히 반대였습니다. 차라리 아침에 열린 검투 시합이 비교적 자비로웠답니다. 모든 고상한 순서는 제거되고 살육의 시간만 있었습니다. 싸움꾼들에겐 아무런 보호 장비도 없었지요. 그들의 몸이 완전히 상대방의 타격에 노출되었으니, 상대방에게 상처를 입히지 않을 사람이 없었습니다. 관중석에 있는 사람들 대부분이 정식 검투사들이나 요청에 의한 단판 경기보다는 이런 유형의 시합을 더 좋아합니다.

어쨌든 누가 갑옷이 필요한가요? 누가 기술이 필요한가요? 이런 것들은 단지 죽는 것을 연기하는 데 불과하지요. 오전에는 사람들이 사자와 곰에게 던져졌고, 정오에는 관중에게 던져졌지요. 관중은 상대방을 죽인 싸움꾼들이 다시금 싸움꾼들에게 던져져 죽게 하라고 요구합니다. 그러면 그들은 한 사람의 승자로 하여금 또 다른 도살을 위해 남게 만들지요. 그러므로 모든 싸움꾼이 맞이하는 최후는 확실한 죽음입니다. 그들은 무기를 들거나 불을 들고 싸웁니다.[12]

이런 일은 검투장이 비어 있는 동안에도 계속됩니다. "그러나 이 사람들 중 하나는 도둑이다." 그래서 그런가요? "그러나 그는 사람을 죽였다." 마땅하지요, 살인한 자를 극형에 처하는 것은. 그러나 무뢰배인 당신이 그것을 구경하는 벌에 합당한 일을 했나요?— "그를 죽여라, 매질해라, 태워라! 그놈은 왜 그렇게 겁을 내며 싸우러 가는 거냐? 그 녀석은 왜 그렇게 망설이다 죽이는 거야? 왜 기꺼이 죽지 않아? 왜 저 녀석은 채찍에 휘둘려서 칼침을 맞는 거야? 놈들의 가슴팍을 벗겨서 딴 놈의 무기에 드러내라. 이것이야말로 검투사들을 위한 막간이지. 그래서 몇 놈 죽게 해야 해. 놀이를 멈추지 마!"— 나쁜 예들은 그것들을 놓은 자들에게 다시 돌아온다는 것을 이해하지 못하나요?

자료
09
전차 경기와 떨어진 꽃들

시도니우스 아폴리나리스, 《시》 23.323~424

하양, 파랑, 초록, 빨강, 네 팀의 색깔이 선명하게 보인다.[13] 기수들은 말의 머리와 재갈을 잡고 있다. …… 그들은 말을 가볍게 두드려서 달래고 용기의 말로 위로하며 진정시키고 있다. 말들은 아직 문 앞에서 재갈을 물고 출발할 방벽에 기대어 콧김을 세차게 내뿜고 있다. …… 녀석들은 발을 쳐들고 뛰면서, 못 참겠다는 듯이 문짝의 나무를 발로 걷어찬다. 날카로운 나팔 소리가 들리고 전차들은 문짝들을 뛰어넘어 경주로로 들어선다. …… 바퀴들이 땅 위를 날아가고, 공기는 경주로에서 올라온 먼지로 숨이 탁탁 막힌다. 기수들은 말들을 채찍으로 몰아친다. 전차에서 일어서거나 말의 어깨까지 채찍질을 할 수 있을 정도로 몸을 앞으로 기울인다. ……

전차들은 시야에서 사라져 개방된 긴 직선 주로에 재빨리 들어선다. …… 먼 쪽의 회전로를 돌 때, 경쟁하는 조들이 콘센티우스Consentius[14]를 지나쳤다. 그러나 그의 동료는 선두이다. 중간 조들은 이제 안쪽 경로에서 주도권을 잡으려고 집중한다. 만약 앞에 있는 기수가 말들을 관중석을 향해 오른쪽으로 많이 당긴다면 그의 왼편에 공간이 생기므로 안쪽 경로로 들어갈 수 있을 것이다.[15] 그러나 콘센티우스는 자기 말들을 더욱 진정시키려 애를 써서 일곱 번째 회전과 마지막 회전을 위해 기술적으로 힘을 비축한다. 다른 기수들은 채찍과 목소리로 말들을 다그쳐 최고 속도로 달리게 한다. …… 또 그렇게 경주하여 첫 번째, 두 번째, 세 번째, 네 번째 바퀴를 돈다. 다섯 번째 바퀴에서 1등 기수는 추적자들의 압력을 더는 견디지 못한다. 자신의 말들이 지쳐서 자신이 요구하는 속도로 반응할 수 없음을 알기에 그들을 옆으로 제쳐버린다. 여섯 번째 바퀴가 끝나자, 군중은 벌써부터 상을 내리라고 요구하였지만, 콘센티우스의 경쟁자들은 마지막 일곱 번째 바퀴에서 아주 안전하게 수위를 차지할 것으로 생각했기에 자신 있게 몰아갔다.

콘센티우스의 움직임에는 추호의 걱정도 없다. …… 그는 자신의 빠른 말들이 힘을 다해 뛰도록 한다. 기수들 중 한 명이 콘센티우스가 자신의 발뒤꿈치에 있음을 느끼자, 멀리 떨어진 기둥에서 급격히 회전하려고 시도하나, 네 마리 흥분한 말들을 회전시키지 못하고 결국 말들이 통제에서 벗어난다. 콘센티우스는 그 기수 옆을 조심스럽게 지나간다. 네 번째 기수는 관중의 환호에 사로잡힌 나머지 관중석을 향하여 뛰는 말들을 오른쪽으로 너무 많이 회전시킨다. 콘센티우스는 똑바로 빠르게 몰아가면서 한 기수를 따돌렸다. 그 기수는 그제야 몸을 앞으로 기울여 채찍으로 말들을 재촉했으나, 이미 늦었다. 그 기수는 콘센티우스를 무모하게 따라온다. 따라잡을 것을 희망하면서 그랬을 것이다. 그는 경로를 급격하게 가로질러 들어온다. 그의 말들은 균형을 잃고 쓰러진다. 말들의 다리가 회전하는 전차 바퀴에 엉키고 꺾이면서 부러진다. 그 기수는 부서진 전차 앞쪽으로 내동댕이쳐졌고 파편들이 한 무더기로 뒤엉켜 그의 정수리로 떨어진다. 그의 부러지고 피범벅이 된 몸은 아직……

그리고 황제께서 승리의 종려나무 가지[16]를 콘센티우스에게 수여하신다.

《라틴 비문 선집》 5285

어떤 기수의 경력

　크레스켄스: 청색당의 기수

　모리타니아에서 태어남, 22세

스물네 번 출전한 후 처음으로 115년에 4두 전차로 승리하였다.

그가 몬 말의 이름은 키르키우스, 아켑토르, 델리카투스, 코티누스[17]이다.

그는 기원후 124년에 마지막으로 몰았다.

출전: 686

승리: 47 — 단식: 19, 복식: 23, 3조식: 5

동료로 입장: 1, 처음부터 선두: 8, 최종 직선로에서 승리: 38

16 | 정규 경기에서는 상금도 있었으나, 상금은 주인에게 돌아갔다.

17 | 키르키우스Circius는 '회오리바람', 아켑토르Acceptor는 '매', 델리카투스Delicatus는 '감미로움', 코티누스Cotynus는 '적토마'라는 뜻이다.

장소: 130

흥행: 111

수입: 155만 8346세스테르티

황제 코모두스와 검투 경기

황제사가, 《코모두스》 15.3~17.3

15.3. 코모두스는 검투 경기를 보고 싶어했고, 싸우고자 머물렀으며, 드러낸 어깨를 보라색 천으로 덮고 있었다. 더욱이 자신이 한 모든 미천하거나 더럽거나 잔인한 짓, 검투사나 뚜쟁이가 전형적으로 했을 법한 짓을 도시의 공보에 기록하라고 명령하는 것은 그의 습관이었다(이 점은 적어도 마리우스 막시무스의 저술이 입증한다). 그는 로마 인민을 '코모두스의 인민'이라고 불렀는데, 이는 그가 인민이 참석한 가운데 검투사로서 매우 빈번하게 싸웠기 때문이다. 당연히 인민은 빈번한 싸움 때마다 마치 그가 신인 양 환호했는데도 그는 자신이 조롱받았다고 확신하고는, 차일을 펼치는 수병들에게 원형 경기장에 있던 로마 인민을 학살하라고 명령했다. 또 로마 시를 마치 개인 식민시라도 되는 듯 태워버리라고 명령하였는데, 만약 친위대장인 라이투스Laetus가 그 명령을 지연시키지 않았더라면 그대로 시행되었을 것이다. 코모두스는 개선 장군들의 호칭 중에서 '추적자들[18]의 대장'이라는 이름으로 620번 불렸다.

16.1. 그의 치세에 징조들이 나타났다. 국가에 관련된 것이기도 하고 코모두스에게 영향을 준 것이기도 한 것들로, 다음과 같다. 혜성이 나타났다. 신들의 발자국이 포룸에서 보였는데, 포룸에서 떠나고 있었다. 탈주자들의 전쟁[19]이 일어나기 전, 화염이 하늘로 치솟았다. 1월 초하루에 안개가 빠르게 밀려왔고 경기장에서 어둠이 올라왔다. 그리고 새벽이 되기 전 불새들이 보였으며, 흉조의 전조가 있었다. 코모두스는 자신의 거처를 팔라티움에서 카일리우스 언덕에 있는 벡틸리아누스의 빌라[20]로 옮겼다. 그가 팔라티움에서는 잠을 잘 수 없었다고 말하였던 것이다. ……

16.8. 그는 인민에게 선심을 베풀었는데, 1인당 725데나리우스씩 주었다. 다른 모든 것에는 어느 정도 인색하였는데, 그의 사치스러운 생활에 드는 비용이 국고를 고갈시킨 탓이었다. 경주장에서 수많은 경기를 베풀었으나, 이는 종교적 행위이기보다는 변덕의 결과였으며, 경주를 위한 여러 당의 지도자들을 부유하게 해주려는 의도였

18 | 추적자들secutores: 검투사의 한 유형.

19 | 186년 마테르누스Maternus가 촉발한 봉기로, 로마 군에 의해 진압되었다. 마테르누스는 이탈리아로 숨어 들어와 코모두스를 죽이려 했다.

20 | 벡틸리아누스Vectilianus 빌라: 검투사 학교로, 콜로세움 근처에 있었다. 코모두스는 192년 12월 31일 밤을 이곳에서 보내고 다음 날 추적자로서 관중 앞에 등장하려는 계획이었다.

다. ……

17.3. 그는 신체적으로 균형이 잘 잡혀 있었다. 주정뱅이가 늘 그러하듯, 그의 화법은 아둔했고 연설은 세련되지 못했다. 그는 머리카락을 언제나 염색했고 금분을 사용하여 빛나게 하였으며, 이발사를 두려워하였기에 머리털과 수염을 불에 지지곤 했다. ……

17.1. 이런 일들로 인해—그러나 모든 것이 너무 늦게—근위대장 퀸투스 아이밀리우스 라일투스와 그의 첩 마르키아가 봉기하도록 자극을 받아, 그를 죽이려는 음모에 가담하였다. 그들은 그에게 먼저 독을 주었는데 이것이 효과가 없자, 그가 훈련으로 친숙했던 선수를 시켜서 목 졸라 죽이게 했다.

| 출전 |

소少 세네카: 원래 이름은 루키우스 안나이우스 세네카Lucius Annaeus Seneca이며, 기원전 4년경에 태어났다. 피소 암살 음모에 연루되어 네로 황제에게 위협을 받자 기원후 65년에 자결했다. 로마의 대표적인 스토아 철학자이자 정치가이자 극작가로, 라틴 문학에서는 '은의 시대'를 대표한다. 그에 대한 평가는 그다지 좋지 않다. 기존의 지식을 답습한 지식인으로, 또 돈과 권력에 탐닉하고 네로 황제에게 잘못된 인식을 심어주었기에 죽어 마땅한 악한으로 통했다. 그러나 최근에는 인간의 성격이나 감정에 관해 깊이 있는 통찰을 보여주고 인간의 본성이 가진 복잡한 특성을 잘 규명한 위대한 사상가로 재조명되기도 한다. 7.2~5에서 세네카가 검투장에서 본 장면은 시합이 아니라 처형 장면이었던 것으로 보인다. 대개는 중범자로 하여금 검투장에서 다른 중범자를 죽이게 했다.

수에토니우스, 《율리우스 카이사르》: 수에토니우스는 황제의 역사를 일정한 패턴—황제의 겉모습, 징조, 가족사, 인용 문구 등—을 기술했다. 카이사르의 검투사 관련 기술은 여기에 소개한 부분 말고도 두 군데가 더 있는데, 딸의 죽음을 추모하는 검투 경기를 베풀어 기존의 관행을 무시한 것, 실력 있는 검투사를 양성하는 데 관심을 기울였다는 사실을 전한다.

아스코니우스Quintus Asconius Pedianus(기원전 9~기원후 76), 《피소 기소 연설In seratu contra L. Pisonem》: 아스코니우스는 역사가로, 자기 아들을 위해 키케로와 다른 연설가들의 작품을 발췌하여 간행했다. 이 작업은 54~57년에 이루어진 것으로 보인다. 이 편집 덕분에 현재는 전하지 않은 소중한 자료들이 알려졌다.

시도니우스 아폴리나리스Sidonius Apollinaris(기원후 430~489), 《시Carmen》: 리용 출신의 시인이자 외교관이자 주교로, 5세기 갈리아의 가장 중요한 작가로 알려져 있다. 이 장에서 인용한 시에는 전차 경주가 상세히 묘사되어 있다.

유베날리스Juvenalis, 《풍자시Saturae》: 기원후 100년경에 활약한 로마 시인이자 풍자가. 여기서 인용한 풍자시에서는 로마 시민의 관심이 정치에서 떠나 있는 점을 개탄한다. 로마 정치가들은 시민들의 표를 얻기 위해 기원전 140년부터 이런 방식으로 선심을 베풀었다.

키케로, 《세스티우스를 위한 변론》: 여기에서 키케로가 검투사라고 칭한 사람은 클로디우스이다. 키케로는 그가 곡물을 무상 배급함으로써 초래된 국고 손실을 언급한다. 학자들은 1년에 7000만 세스테르티가 더 들어갔을 것으로 추산한다.

키케로, 《의무론》: 25장에 제시된 내용은 로마인이 가진 직업관을 요약한다. 귀천이 있었음을 분명히 인식하고 있었음을 알 수 있다. 그중 농업이 자유인에게 적합한데, 이와 관련해서 키케로는 카토의 책을 볼 것을 아들에게 권고한다. 키케로는 상업은 천하지만 대규모의 무역상들은 그렇지 않다고 말하는데, 이는 기사 신분이 이런 업종에 많이 종사했기 때문이다. 원로원 의원이 무역에 종사하는 것은 금지되었지만 우회 수단을 통해서 하기도 했다.

타키투스, 《연대기》: 〈자료 5〉에서 타키투스는 티베리우스가 전임 황제보다 더 많은 곡물을 수입했는데도 오만한 태도 탓에 어려움에 처했음을 보여준다. 그는 이탈리아가 과거에는 속주로 곡물을 보냈으나 이제 그렇지 못한 이유를 이집트와 아프리카에서 곡물 경작에 더 힘쓴 결과에서 찾는다.

프론토 Marcus Cornelius Fronto, 《역사 개요 Principia historiae》: 기원후 100~170년에 활약한 문법학자·수사학자. 누미디아에서 출생했으며, 142년에는 보궐 콘술을 지냈다. 변론술로 유명하여, 오로지 키케로에게만 뒤진다는 평가를 받았다. 황제 안토니누스 피우스는 그를 마르쿠스 아우렐리우스의 교사로 삼았다. 이 장에서 인용한 그의 책은 아우렐리우스와 공동 황제인 베루스 Verus가 기원후 166년경에 그에게 파르티아 전쟁사와 더불어 써달라고 부탁한 것인데, 전쟁사는 저술되지 않았다. 또 《역사 개요》도 단순히 그의 편지 중 일부에 불과한데, 3세기에나 편집되므로 프론토 자신이 편집했을 가능성은 없다고 본다.

《황제사 Historia augusta》: 117년부터 284년까지 재위한 로마 황제들과 그 후계자와 찬탈자의 업적을 집단 전기 형태로 엮은 책. 총 여섯 작가가 기술했는데, 이들은 '황제사가'로 통칭된다. 이들이 어떤 사람들인지는 밝혀진 바가 없어서 논쟁중이다. 작성된 시기는 디오클레티아누스와 콘스탄티누스 연간으로 보이지만, 집필 의도나 저술 책임자 등은 파악되지 않았다.

| 참고문헌 |

냅, 로버트, 《99%의 로마인은 어떻게 살았을까》, 김민수 옮김, 이론과실천, 2012.
배은숙, 《로마 검투사의 일생—살육의 축제에 들뜬 로마 뒷골목의 풍경》, 글항아리, 2013.
벤느, 폴 편집, 《사생활의 역사 1》, 주명철 외 옮김, 새물결, 2002.
안희돈, 《네로 황제 연구》, 다락방, 2004.
플루타르코스, 《모랄리아: 교육 윤리편》, 허승일 옮김, 서울대학교 출판문화원, 2012.
Van Berchem, Denis, *Les Distribution de blé et d'argent à la plèbe romaine sous l'empire*, Arno Press, 1975.
Liberati, Anna Maria and Fabio Borbon, *Rome—Splendours of Ancient Civilization*, Thames & Hudson, 2005.
Rickman, Geoffrey, *Roman Granaries and Store Building*, Cambridge, 1971.
─────────, *The Corn Supply of Ancient Rome*, Oxford Clarendon Press, 1980.
Veyne, Paul, *Bread and Circuses—Historical Sociology and Political Pluralism*, 1976, tr. by Brian Pearce & Allen Lane, The Penguin Press, 1990.
Virlouvet, Catherine, *Famines et émeutes à Rome des origine de la République à la mort de Néron*, École française de Rome, 1985.

콜로나투스의 형성과 의의

: 중세가 다가오다

역사에서 시대는 특정 시점에 갑자기 바뀌지 않는다. 오히려 장기간의 이행기를 거쳐 서서히 변화하게 마련이다. 서양의 고대와 중세도 마찬가지여서 중세는 고대가 끝나지 않은 시점에 이미 시작되었다고 볼 만한 여러 근거가 제시되고 있다. 이 장에서 다루고자 하는 '콜로나투스colonatus' 역시 중세 유럽에서 등장한 농노의 효시로 여겨진다.

콜로나투스의 정의

콜로나투스는 콜로누스colonus의 집합명사로, '토착농부제', '소작제', '토지에 결박된 소농' 등 여러 가지로 번역된다. 이런 번역어들은 단어 자체의 뜻에 바탕을 두기보다는 그 용어가 지시하는 대상의 성격을 설명하기 위해 선택된 것들이다. 콜로누스는 원래 단순히 '농민' 또는 '식민 정착자'를 의미했다.|자료1| 이 말의

도판 53 등이 굽은 농민이 소를 끌고 시장에 가는 모습이 묘사된 부조. 손에는 과일 바구니를 들고 어깨에는 새끼 돼지를 묶은 작대기를 메고, 소 등에는 양 두 마리의 다리를 서로 묶어 실었다.

어원은 '경작하다', '식민하다'라는 뜻을 가진 '콜레레colere'이다. 따라서 이 말에 예속을 암시하는 의미는 없다. 이처럼 예속의 의미가 전혀 없던 단어가 변화하여 위에서 말한 번역어의 의미를 갖게 된 것은 탐구해볼 만한 주제다.

콜로나투스에 관한 연구는 16세기에 시작되어 17, 18세기에는 프랑스에서 집중적으로 조명되었다. 이 문제를 둘러싸고 왕권 지지자와 귀족 지지자 사이에 논쟁이 벌어졌다. 국가의 권력을 강화하려는 왕의 입장에서는 귀족의 사회경제적 기반을 약화시킬 필요가 있었다. 반면에 귀족은 자신들이 정복자인 프랑크족의 후예라고 주장하면서, 정복자들이 로마인들로부터 콜로나투스라는 제도를 물려받았고 자신들의 봉건적 권리의 뿌리가 이 제도에 있다고 내세웠다. 왕권을 지지하는 측도 그러한 연속성을 부정하지는 않았다. 다만, 귀족들이 농민을 대상으로 주장하는 권리는 제한되어야 한다고 주장했는데, 로마의 콜로나투스는 중세의 농노보다 더 나은 상태였기 때문이라는 근거를 제시했다. 이런 논쟁사를 보더라도, 콜로나투스가 중세의 농노(최근에는 '예농'이라는 표현이 선호된다)와 어떤 관련성이 있는지 규명하는 작업은 중요한 과제임이 틀림없다. 많은 학자들이 이 문제에 주목해온 만큼 우리도 이 문제를 검토해봐야 할 것이다.

자유로운 농민에서 콜로누스로

우선 자유로운 신분이었던 로마의 농민이 독자적 지위를 상실해간 과정을 검토할 필요가 있다. 기원전 2세기 말, 특히 기원전 111년에 농지법이 제정되면서 로마에서는 공유지 점유를 제한하거나 몰수하는 조치가 사라지고 당시 보유자들의 농지가 사유지로 인정되면서 무제한의 토지 소유가 허용되었다. |자료 2| 이는 종래의 공유지가 대부분 사유지로 변화했음을 의미한다. 이로써 토지 보유 관계에 근본적이라고 할 만한 변화가 생겼다.

문헌으로 보나, 고고학 발굴로 보나, 적어도 공화정기 농촌에는 노예노동을 이용하는 대토지 보유자와 소농, 임금노동자, 피호민이 공존했음을 알 수 있다. 그중에 클리엔테스clientes라고 불린 피호민은 유력자인 보호자(파트로누스patronus)가 점유한 토지를 임시로 경작했다. 이런 토지를 프레카리움precarium이라고 하는데, 일반적으로 지대 납부의 의무 없이 유대 관계의 보증으로서 수여되었으며, 유대 관계가 단절되면 회수되었던 것으로 파악된다.

그런데 보호자가 지니고 있던 토지가 사유지로 변하면서 이런 관계에도 변화가 일어났다. 프레카리움이던 토지가 임대차賃貸借 관계로 바뀐 것이다. 임대차라는 말은 라틴어로 '로카티오-콘둑티오locatio-conductio'라고 하는데, 법적으로 볼 때 프레카리움보다 세련된 형태였다. 이런 변화에 따라 피호민이 차지농tenants으로 바뀌었다. 이후 임대차 관계가 확산되어 차지농이 광범하게 양산되면서, 이 부류에 속하는 사람들이 콜로누스로 인식되기 시작했다. 우리의 용어로 표현하자면, 지주地主-전호佃戶 관계가 보편적으로 확산되었다고 할 수 있다. 이런 변화는 생산력의 증대와 같은 내적 요인보다는 로마가 이탈리아 반도의 폴리스에서 지중해를 지배하는 제국으로 이행하는 데 따른 불가피한 결과로 보인다. 종래의 토지 점유 제한 조치로는 광대한 제국을 지배할 수 없었고, 로마 시민에게 토지 무제한 소유의 길을 열어줌으로써 이들을 지배 도구로 활용하는 일이 긴요했기 때문이다. |자료 3|

이때의 콜로누스는 크게 보아 두 부류로 나눌 수 있다. 우선 소유 토지가 생계를 영위하기에는 부족했던 소농의 경우, 종래에는 공유지를 점유하여 생계를 보충할 수 있었는데 이제 대부분의 공유지가 사유지로 전환되면서 그 가능성이 사라져, 대토지 소유자의 소작인으로 전락했다.[자료4] 반면에 임대차 계약을 이용하여, 대농장을 운영하는 기업농entrepreneurs이 출현했다. 이들은 노예 농장이라고 알려진 대규모 농장을 임차하고, 여기에 노예를 투입해 경영했다. 후자의 경우는 소유주가 직접 영농에 간여하기는 어려웠을 것으로 보이며, 노예 출신 대리인인 빌리쿠스vilicus 등을 이용했을 것으로 보인다. 따라서 콜로누스를 단순히 소작인으로 일반화하기는 어렵다.

차지농과 지주에 관련된 규정은 대체로 균형을 이루었다.[자료5] 그러나 기원후 2세기 후반부터 나온 규정에서는 임대료 감액remissio mercedis 제한 조치, 임차보증물invecta et illata 규정이 강화되었다. 아울러 소작인이 지불하지 못한 임차료가 증가하는 현상이 나타났다.[자료6] 이런 현상은 일반적으로 지주의 권한이 강화되고 차지농의 처지가 영세화한 현상으로 볼 수 있다.[자료7] 이런 변화와 더불어 나타난 제도가 플리니우스의 편지에서 보이는 '분익 소작share-cropping'이다.[자료8] 이처럼 지대를 화폐가 아닌 현물로 지불하는 방식은 그전까지 이탈리아 반도에 없었던 현상으로, 다른 지역에서 유입되었다고 보는 것이 일반적이다. 이 즈음부터는 정복지마다 달랐던 토지 보유 관행이 동일해지는 현상이 확산된다. 그리고 세베루스 황제 치세부터 디오클레티아누스 황제 치세까지 제정된 법규, 특히 콜로누스에 관한 규정은 제국 내 전 영역에 걸쳐 동일하게 적용되었다. 이런 점으로 미루어볼 때 기원후 4세기부터는 황제들이 제국 전체에 걸쳐 동일한 법을 적용할 수 있었던 것으로 보인다.

황실 소유의 토지에 예속된 콜로누스

한편 이 시기, 특히 디오클레티아누스 황제 때부터 로마제국에서 임대차 관련 언급이 사라지는 현상이 주목된다. 이런 법적 관계가 사라지면서 콜로누스의 처지는 예속농의 처지로 전락하고 만다. 예속 상태가 언제부터 나타났는지에 대해서는 의견이 분분하다.

먼저, 기원후 2세기부터 농민이 채무를 청산하지 못하면 차지농으로 있던 지

역을 떠날 수 없는 관행이 있었음을 보고, 종래의 임대차가 예속농을 만들어낸 원인이라고 보는 견해가 있다.|자료 9| 이 견해는 그런 범주에 드는 농민 수가 얼마였는지 알 수 없고, 또 채무 상태와 제정 후기에 나타난 콜로누스의 법적 지위는 전혀 무관하다는 이유로 수용되기 어렵다.

대안으로 제시되는 견해는 다음과 같다. 제정 후기, 재정 압박에 몰린 황제들은 세수를 확보하기 위해 '오리고origo(원래 뜻은 '기원', '원적'으로 번역할 수 있는데, 본적 취득 이전의 본적이라는 의미의 원적은 아니다)'라는 제도를 만들었다. 출신지에 관계없이, 콜로누스를 황실 소유의 토지에 귀속되게 한 제도였다. 이런 부류에 해당하는 콜로누스는 지방 행정 단체에서 부과하는 의무를 수행하거나 관직을 맡을 수 없었다.|자료 10| 그리하여 '오리고에 귀속된 콜로누스colonus originalis'라는 범주가 생겼으며, 이들과 관련된 '콜로누스법ius colonatus'이 최초로 황실 소유지에서 만들어졌다.

이 법은 사유지에도 적용되었다. 당시 인두세 성격이 짙은 '카피타티오capitatio'라는 세금을 회피하려고 도망한 콜로누스가 다수 생기면서, 징수 책임을 진 지주들이 어려움에 처했다. 이에 황제들은 일련의 법을 제정하여 도망한 콜로누스는 의무적으로 자신의 오리고로 돌아가 세금을 납부하도록 했다. 그래도 이때까지는 콜로누스가 농토에 결박되지는 않았다. 기원후 365년, 발렌티니아누스 황제와 발렌스 황제는 납세 의무와 관계없이 모든 콜로누스를 농지에 묶어놓는 결정을 내린다.|자료 11| 그 결과, 조세 대장에 등재된 콜로누스들(이들은 켄시티censiti, 켄시부스 아드스크립티censibus adscripti라고 불렸다)은 이제 자유인으로 분류되지 않게 되었다.

그러나 모든 콜로누스가 이와 같은 처지에 놓이지는 않았다. 다른 콜로누스들은 인두세도 납부하지 않았으며, 다른 지역으로 이주하지 못하는 점 외에는 자유인의 특권을 전부 누렸다. 아르카디우스 황제와 호노리우스 황제 때에는 '장기간의 규정praescriptio longi temporis'이 마련되었는데, 이 규정에 따르면 도망한 지 30년이 넘은 콜로누스는 자유인이 될 수 있었다.|자료 12|

두 제국으로 분열된 이후 달라진 콜로누스의 위상

서로마제국이 멸망할 무렵에 동로마 지역에서는 임대차라는 법 제도가 다시 적용되었다. 이는 제국의 동·서에 이미 농지 보유 면에서 구조적으로 차이가 생겨났음을 의미한다. 동로마제국 지역의 콜로누스는 '자유 콜로누스coloni liberi'와 '예속 콜로누스(아드스크립티키adscripticii)'로 나뉘었다. 자유 콜로누스는, 제정 초기에 그랬듯이 계약이 끝나면 아무 곳이나 갈 수 있는 자유로운 차지인은 아니었다. 대신 법적으로 '자유인ingenui'으로 분류되어 '예속된 사람obnoxi'과는 구분되었다. 이들은 자신의 소유권을 충분히 누릴 수 있었고, 타인의 토지를 임차할 필요가 없을 정도로 충분한 양을 소유하면 자신이 소유한 토지로 이전하는 일이 허용되었다. 반면 예속 콜로누스는 노예와 거의 다를 바 없었다.|자료 13| 물론 이들을 노예처럼 부리는 대토지 소유자도 병존했다. 하지만 동로마제국은 소농을 정책적으로 보호했고 자유로운 소농의 토지 보유가 대세였다는 사실에 주목할 필요가 있다.

　서로마 지역에서는 사정이 매우 달랐다. 모든 범주의 콜로누스가 법적으로 보아 저열한 상태에 처했고, 이들은 대개 '오리기나리originarii(오리고에 귀속된 콜로누스)' 범주에 들어갔다. 이들의 법적 지위는 자유인의 그것과 구분되었다. 서로마제국이 멸망한 뒤로는 지주에게 콜로누스를 해방할 권리를 부여함으로써 콜로누스의 위상은 더 낮아져, 비록 노예와 동일시된 적은 없지만, 중세의 예농과 비슷해졌다.|자료 14| 이와 같은 동서 간의 구조적 차이는 서로마제국의 멸망 이후 1000년을 더 지속한 동로마제국의 토대이기도 했다.

자료
01
콜로누스는 농민이라는 뜻

카토, 《농업에 관하여》 서문.2

그리고 그들은 선한 사람을 칭찬할 때 좋은 농부agricola이자 좋은 콜로누스라고 칭찬하
곤 하였다.

바로, 《농업론》 1.16.4

그러므로 콜로누스들은 그런 상황에서 외과의사·정육업자·장인을 소유 대상으로서
농장에 보유하기보다는 매년 계약하여 불러들일 수 있는 이웃으로 둔다. 때때로 그런
숙련노동자artifex의 죽음이 농장의 소득을 앗아가 버리기 때문이다.

자료
02
토지 소유 상한 철폐

기원전 111년 농지법 19행

19[행] [법 혹은 평민의 결의에 따라] 이 법에 의해 사유화된 농지, 대지[1] 및 그곳에
위치한 건물을 보유한 자는 이 법이 통과된 후 처음으로 조세가 확정되면 그 농지나
대지나 건물에 대하여, 또는 그 농지에서 방목되는 가축에 대하여 [돈이나 방목세나
세금을 인민이나 조세 징수 청부업자에게 지불할 의무를 지지 않도록 한다.] 또는
어떤 사람도 그에게 돈이나 방목세나 세금을 인민이나 조세 징수 청부업자에게 납
부하도록 해서도 안 되며 어느 누구도 [그런 내용을 포고하지 말아야 한다.]

1 | 농지ager와 대지locus:
농지는 공유지로 과세가 확
정되지 않은 토지를 가리키
고, 대지는 정규적으로 농지
세가 부과되는 것으로 보기
도 한다.

대토지 소유의 문제점

노老 플리니우스, 《자연사》 18.7.35

선조들은 농지의 점유 규모가 우선적으로 지켜져야 한다고 생각하였다. 그래서 실제로 씨는 더 적게 뿌리고, 쟁기질은 더 많이 하는 것이 더 만족스럽다고 생각하였다. 내가 보기에 베르길리우스도 그런 의견을 가지고 있었다. 그리고 진실로 라티푼디움들이 이 탈리아를 망치고 이제 참으로 속주들도 그러하다고 고백한 자들 — 여섯 명의 주인이 아프리카의 절반을 점유해왔는데, 프린켑스 네로가 그들을 살해했다 — 을 대범한 그나이우스 폼페이우스는 속이지 않았던 것이다. 그는 결코 이웃의 농지를 사지 않았다.

소小 플리니우스, 《편지》 10.8.5

그러므로 무엇보다도 폐하의 조각상을 가지고 장식하기 시작한 작업을 제가 하도록 허락해주시옵소서. 이어서 그 일을 더할 나위 없이 완숙하게 할 수 있도록 말미를 주시옵소서. 그런데 한편 폐하의 호의 가운데 있으면서 제 가사를 도모하고자 가장 크게 관심을 기울여주시는 폐하에게 숨기는 것은 저의 정직함에 어울리지 않사옵니다. 같은 지역에 제가 점유하고 있는 농지들을 임대하는 일이 있습니다. 그것은 40만 세르테르티를 족히 넘는 임대료 수입을 가져오는데, 농지 임대는 지연될 수 없으니 새로운 콜로누스가 매우 신속하게 계약을 체결하도록 해야 합니다. 게다가 계속된 흉작으로 지대 감축을 고려하지 않을 수 없습니다. 지대들에 대한 계산을 제시하지 않고서 저는 들어갈 수 없습니다.[2]

2 | 이 내용은 99년에 플리니우스가 트라야누스 황제에게 보낸 편지의 일부다. 여기에서 문제되는 점은 40만 세스테르티가 한 콜로누스가 납부한 액수인지, 아니면 다수의 콜로누스가 납부한 것인지 하는 것이다. 플리니우스는 이 지역에서 약 1000헥타르의 농지를 보유했던 것으로 보인다.

소작인이 등장하다

키케로, 《카이키나 변호》[3] 32.94

당신은 카이센니아[4]가 용익권 때문에 점유하였음을 부인하지 않습니다. 카이센니아에게서 임차한 농장을 가지고 있던 어떤 콜로누스가 동일한 임차에 따라 농장에 있었을 때, 만약 카이센니아가 점유하고 있었다면 그녀가 죽은 후에 같은 권리를 가진 상속인이 그것을 점유할 것을 의심하나요? 상속이 이루어진 후에 카이키나 자신이 소유지

3 | 이 연설은 기원전 69년에 행해진 것이다.

4 | 카이센니아Caesennia: 카이키나에게 재산을 물려준 미망인.

들을 순회하려고 할 때 바로 그 농장에 와서는 콜로누스에게서 회계 자료를 받았던 것입니다. 이 일에 관련해서는 증인도 있습니다.

키케로, 《베레스에 대한 탄핵 연설》 2.3.22.55

5 | 기원전 70년 시칠리아에서 있었던 일이다.

가장 고결한 자인 크세노 메나이누스Xeno Menaenus의 부인의 농장이 콜로누스에게 임대되었다.[5]

살비우스 금령

가이우스, 《법학 개론》 4.147

살비우스 금령interdictum Salvianum[6] 역시 소유권을 획득하기 위해 고안되었으며, 토지의 주인은 소작인이 토지의 지대에 대한 담보로 제공한 재산에 대해 이 금령을 적용한다.

《학설휘찬》 19.2.25.3

임차인은 모든 일을 임대법에 따라 행해야 한다. 또 무엇보다도 콜로누스는 농촌의 일을 제시간에 하여 시기에 맞지 않는 경작으로 농장이 훼손되지 않도록 관심을 기울여야 한다. 그리고 빌라[7]들이 낡지 않도록 관리해야 한다.[8]

6 | 살비우스Salvius에 관해서는 알려진 바가 거의 없다. 기원전 1세기에 활약한 법무관으로 추정된다.

7 | 여기서 빌라는 대저택이 아니라 농촌 장원에 부속된 농장 건물이다.

8 | 이 인용문은 법학자 가이우스의 의견이다.

9 | 이 부분은 2~3세기의 법학자인 율리우스 파울루스 프루덴티시무스Julius Paulus Prudentissimus의 의견이다.

《학설휘찬》 19.2.24.2

가옥이나 농장이 5년간 세를 받기로 하고 임대되었는데, 콜로누스나 거주자가 거주지나 농장의 경작을 망친다면, 주인은 그들에게 즉시 소송을 제기할 수 있다.[9]

《학설휘찬》 19.2.25.1

용익할 농장이나 거주처를 어떤 사람에게 임대한 자가 만약 다른 이유로 농장이나 건물을 매각한다면 매입자 측에서 콜로누스에게는 용익할 수 있도록 하고 세입자에게는 거주할 수 있도록 하되, 동일한 계약 조건으로 해야 한다. 그렇지 않고 어떤 사람이 금지되었다면 임차에 따라 새 매입자에 대해 소송하도록 한다.

심각한 소작료 체납

소_小 플리니우스, 《편지》 3.19.5~7

이제 우리가 고려해야 할 것들 중에 핵심이 되는 것은 바로 토지가 비옥하고 기름지고 습기가 있어야 한다는 것이네. 토지는 경작지, 포도원, 삼림으로 구성되는데, 이것들은 원료를 제공할 뿐 아니라 그 원료에서 적절히 고정 소득을 올리게 해주어야 하네.

그러나 토지의 이 비옥함은 연약한[10] 경작자들에 의해 소멸되고 마네. 왜냐하면 전 점유자가 농민이 맡긴 담보물을 더 빈번하게 팔아서 콜로누스들이 내야 할 소작료 미수금을 당분간은 줄였지만, 나중에는 그들의 힘을 고갈시킨 결과, 거꾸로 미수금이 증가했기 때문이네. 그래서 토지에 전보다 더 많은 구매 노예들이 투입되어야 한다네. 그러는 것이 유익하지. 왜냐하면 나에게는 농장에 묶인 콜로누스도 없고, 여기에서는 누구나 그렇기 때문이라네. 이제 남은 것은 노예를 몇 명이나 구입할 수 있는지를 자네가 아는 것이지.

10 | 가난하다는 뜻으로 이해된다.

소작인은 이렇게 대우하라

콜루멜라, 《농업론》 1.2.1~2

이것들 모두가 그처럼 받아들여지거나 구성된 후에는 주인의 특별한 관심이 요구될 것이니, 다른 물건들에 관해서도 그러하지만 무엇보다도 사람들에게 그러하다. 후자는 콜로누스들이거나 노예들로, 그들은 풀려나 있거나 묶여 있다. 주인은 콜로누스들에게 점잖게 행동해야 하며 자신이 편한 사람임을 보여주어야 할 것이다. 주인은 지대보다는 노동을 더 선호하여 징수할 터인데, 그렇게 하는 것이 기분을 덜 나쁘게 하고 전체적으로 이익이 더 크기 때문이다. 이를테면 농지가 부지런한 자에 의해 경작되는 곳에서는 대체로 수익이 생기고 (하늘의 힘이나 도둑질이 더 크게 영향을 미치지 않은 한) 손해가 나지 않는다. 또 콜로누스는 손해가 나는 경우에도 지대를 감해달라고 감히 요청하지 않는다.

그러나 주인은 어떤 일에 관련해서든지 콜로누스에게 의무를 지울 때 권리에 집착해서는 안 된다. 이를테면 계산하는 날에 나무 조각과 기타 작은 부속품을 징수할 정도가 되어서는 안 된다. 이런 것들에 관심을 기울이면 시골 사람들에게 비용보다는 성가심을 더 크게 하기 때문이다.

자료
08

분익 소작의 등장

소 少 플리니우스, 《편지》 9.37

특히 농장을 여러 해 동안 임대해야 하는 사정이 생겨서 이에 몰두하고 있으니, 나로서는 새로 계획을 세워야 하네. 왜냐하면 지난 5년 계약 기간에 비록 감면을 많이 했지만 미수금이 늘었기 때문이네. 이렇듯 미납금이 청산될 희망이 없기에 사람들은 부채를 감소시키는 데 아무런 관심이 없다네. 사람들은 생산된 것을 강탈하고 먹어버리며, 이제 스스로를 위해서는 절약하지 않겠다고 생각하네. 이처럼 악습들이 늘어나니, 이에 대처하고 이를 치료해야만 하네. 내가 치료 방법 하나를 제시하겠네. 그것은 돈이 아니라 일부분을 대가[11]로 하여 임대하고, 이어서 내가 가진 일손들 중에서 어떤 자를 징수자요 수확물에 대한 감독자로 임명하는 것이라네. 땅과 하늘이 매년 가져다주는 것보다 더 정당한 수익은 없지. 그렇지만 이 방식은 깊은 신뢰와 날카로운 눈과 수많은 일손을 요한다네. 그래도 시험해보아야 할 것이니, 이는 마치 오래된 병을 제거하기 위해 도움을 구하는 것과 마찬가지라네. 자네[12]가 콘술을 맡은 첫날인데, 즐겁지 못한 이유 때문에 내가 못 간다는 것을 자네는 알고 있겠지. 그렇지만 그날 참석한 것처럼 여기에서 나는 다짐건대 즐거워하고 환호하면서 자네를 축하할 것이네. 발레.[13]

11 일반적으로 화폐 지대가 아니라 분익 소작을 대가로 임대한다는 의미로 해석한다.

12 이 편지 수신자는 플리니우스의 친구인 파울리누스 Paulinus이다.

13 발레 vale: 헤어질 때 하는 인사. 만날 때는 '살베 salve'라고 한다.

자료
09

미지불된 임차료 문제

《학설휘찬》 33.7.20.3

어떤 사람이 물려받은 장원을 유언으로 남겼는데, 여기에는 지참금, 콜로누스들, 빌리쿠스의 미수금, 구매 노예들, 모든 가축과 특유재산과 고소자가 포함된다. 임차가 끝난 후 식민시에 관심이 생겨서 떠나려 하는 콜로누스들에게 남겨진 미수금이 위에 기술된 문구에 따라 규정된 증여에 해당하는가를 묻는 질문이 있다. 그[14]는 이런 미수금은 고려하지 않는 것으로 본다고 답변하였다.

14 퀸투스 무키우스 스카이볼라 Quintus Mucius Scaevola이다. 그는 사제 Pontifex라고도 불렸으며, 로마법 연구의 기초자로도 알려졌다. 기원전 82년에 사망했다.

황실 토지에 소속된 콜로누스

15 │ 제정기에 군대 및 행정 비용을 조달하기 위해 별도로 설치된 금고. 피스쿠스는 황제의 관할로 남고, 원래의 금고인 아이라리움은 원로원이 맡았다.

16 │ 이 법에서 '오리고에 귀속된 콜로누스'라는 표현이 최초로 등장한다. 콜로누스를 소속 자치도시에서 분리해 그들의 오리고를 별도로 정했음을 보여주는 대목이다. 오리고는 황실 소유 농장이다. 황실 재산에 귀속된 콜로누스 관련 규정은 332년에 제정된 콘스탄티누스의 법에서 처음 등장한다.

《학설휘찬》 50.6.6.11

어쨌든 황제의 콜로누스들은 여러 가지 의무에서 해방되고 있는데, 이는 피스쿠스fiscus[15]에 소속된 농장들에 더 적합하다고 간주되기 위해서이다.

《칙법휘찬》, 11.68.1

황실 재산의 오리고에 소속된 콜로누스는 도시의 어떤 다른 명예나 어떤 다른 의무를 이행하도록 소환되어서는 안 된다.[16]

콜로누스의 권리와 법적 제한

《테오도시우스 법전》 5.17.1

어느 누구의 농장에서든지 타인의 권리에 속한 콜로누스가 발견되는 경우, 농장주는 그를 그의 오리고로 돌려보낼 뿐 아니라, 그 기간에 그에게 부과된 카피타티오를 승인해야 할 것이다. 도망까지 생각한 콜로누스들은 쇠사슬로 묶어 노예 상태로 두는 것이 적합할 것이다. 그리하여 자유인에게 적합한 직무들이 노예에게 한 것과 같은 처벌을 통해 강제로 수행되도록 해야 할 것이다.

《테오도시우스 법전》 5.19.1

콜로누스들에게 경작하는 토지를 양도할 권한이 없다는 점은 의심할 수 없이 명백하므로, 혹 그들이 토지를 가지고 있다 하더라도 보호자와 상의하지 않거나, 또는 보호자가 모르게 다른 사람에게 이전하는 것은 허용되지 않는다.

《칙법휘찬》 11.48.6

속주에서 관할하는 모든 도망자·[등재된 자]·콜로누스 또는 자유인inquilinus은 성性과 의무와 조건의 구분 없이, 반드시 호구조사를 받게 하고 양육되어야 하며 태어난 옛집으로 돌아가야 한다.

《칙법휘찬》 11.51.1

우리의 지고한 황제권에 복속된 다른 속주에 대해 선조들이 제정한 법[17] 이 영구적 권리에 따라 콜로누스를 억류할 것이므로, 그들은 양육된 고장에서 떠나는 것이 허용되지 않는다. 그리고 그들은 한번 경작하고자 떠맡은 전답을 버려서도 안 된다. 또한 이와 같은 일이 속주 팔레스티나를 점유한 자들에게 허용하지 않도록, 우리는 다음과 같이 포고하노라. 팔레스티나에서도 콜로누스는 어느 누구도 자신의 권리에 따라 부랑자와 자유인처럼 이동해서는 안 되며, 다른 속주들의 예에 따라, 농장의 주인에게 구속되어야 한다. 그래서 그를 받아들인 자를 처벌하지 않고서는 떠날 수 없도록 한다. 여기에 덧붙여서, 점유물의 주인에게 그를 소환할 전권을 부여하도록 한다.

17 | 발렌티니아누스 황제와 발렌스 황제가 365년에 제정한 법을 뜻한다.

자료
12

30년이 지나면 콜로누스에서 해방되다

《테오도시우스 법전》 12.19.2

짐은 공적 송사와 사적 송사를 다음과 같은 원칙에 따라 결정한다. 같은 속주 내에서 쿠리아[18] 나 조합이나 시민 단체 및 기타 단체에 30년 동안 봉사한다면, 혹은 다른 곳에서[19] 40년 동안 단절 없이 봉사한다면, 어떤 사람이 콜로누스의 신분colonatus인지, 외래 소작인 신분inquilinatus인지 하는 문제를 해결하려 시도하더라도, 황실에 관련된 것과 사적 소송이 영향을 주지 않도록 한다.[20]

18 | 쿠리아curia: 여기서는 로마의 원로원이 아니라 각 도시의 의회를 가리킨다.

19 | 다른 지역으로 이동한 경우를 의미한다.

20 | 이 조항은 400년에 아르카디우스·호노리우스 황제가 정한 것이다.

《칙법휘찬》 11.48.19

농부들 중에 일부는 아드스크립티키adscripticii로, 이들의 특유재산은 주인에게 귀속된다. 또 다른 일부는 30년 동안 콜로누스가 되며, 자신의 소유물을 가진 채 자유인으로 남는다. 후자는 토지를 경작하고 트리부툼을 내는 것이 의무이다. 한편 이것은 농부들에게 그런 것처럼 농장 주인에게도 도움이 된다.

《칙법휘찬》 11.48.23

한편 아나스타시우스법lex Anastasiana은 30년간 콜로누스 상태에 있었던 자는 사실상 자유로운 상태로 머물 수 있다는 것을 의미하나, 토지를 버리고 다른 지역으로 이주할 권리를 가졌다는 것을 의미하지는 않는다.[21]

자료
13
예속 콜로누스는 노예에 가까운 존재

《칙법휘찬》 11.48.21

만약 어떤 사람이 여자 아드스크립티키우스adscripticia와 노예 사이에서 출생했거나, 남자 아드스크립티키우스와 여자 노예 사이에서 출생했다면, 그의 지위가—그보다 더 나쁜 운이 무엇이겠는가— 아드스크립티키우스 신분인지 아니면 노예 신분인지가 더는 문제가 되지 않도록, 우리는 실제로 옛날 법조문들에서 그런 후손에 대해 규정했던 것을 포고하노라. 그 규정은 아드스크립티키우스 신분의 여자와 자유인 남자 사이에서 태어난 자는 자신의 지위에 머물게 한다. 그리고 그러한 결합에서 태어난 아이는 [모친인] 아드스크립티키우스 신분이 되게 한다.

자료
14
예속인의 자녀는 누구의 것인가?

《테오도리쿠스의 칙법》 67장

타인에게 소속된 오리기나리우스originarius가 어쩌다가 여자 오리기나리우스와 결합하였을 경우, 자식 중에 둘째까지는 남자 오리기나리우스의 주인이 획득하고, 셋째 아이는 여자 오리기나리우스가 획득한다.

《테오도리쿠스의 칙법》 128장

자식은 부친의 권한 하에 놓인다. 만약 자식이 어떤 범죄를 저질렀는데도 그의 아버지나 주인에게서 변호를 얻지 못하면, 소송을 제기한 편에 넘겨야 한다.

| 출전 |

가이우스Gaius, 《법학 개요Institutes》: 기원후 2세기에 활약한 법학자인데, 신상에 관해서는 밝혀진 바가 없다. 그가 남긴 《법학 개요》는 법학을 배우는 학생들이 기본적으로 읽는 책이었으며, 고전 법률 저작 가운데 가장 중요한 것으로 평가된다. 이 책은 161년경에 저술되었는데, 4권으로 구성되어 있고 인신과 신분, 물건, 무·유언 상속, 소송을 각각 다루었다. 1816년 베로나에서 재사용 파피루스의 형태로 발견되었다.

바로, 《농업론》: 이 장에서 인용한 부분(1.16.4)은 바로가 농장에서 이익이 가장 많이 나는 경우를 설명하면서 제시한 예다. 그는 주변에 큰 농장과 촌락이 있는 것이 더 좋으며, 멀리 떨어진 농장이라면 상시 일하도록 장인을 감시할 것을 권한다. 여기서 콜로누스는 농장을 소유한 농민 정도로 보는 것이 좋을 듯하다.

카토, 《농업에 관하여》: 이 책의 서문에서 카토는 상인과 고리대금업자를 혐오하는 발언을 한다. 심지어 고리대금업자는 도둑만도 못하며, 반면 용감하고 근면한 사람을 배출하는 농사꾼이 가장 고귀하다고 주장한다.

콜루멜라, 《농업론》: 인용한 부분(1.2.1~2)에서 주인의 태도는 지력의 쇠퇴를 막자는 뜻에서 나온 것이다. 콜루멜라는 가장 나쁜 것은 도시에 살면서 노예를 부려 경작하는 임차인이고, 가장 좋은 것은 농장이 있는 곳에서 거주하되 주인의 부친의 농장에서 태어난 사람에게 임차하는 것이라는 일반적인 의견을 제시한다. 이런 관계는 소작인이 주인과 피호 관계에 있음을 암시한다. 그런 경우가 임차에 가장 바람직하다는 얘기이다.

키케로, 《베레스에 대한 탄핵 연설In Verrem》, 《카이키나 변호Pro A. Caecina》: 《베레스에 대한 탄핵 연설》은 시칠리아 총독이었던 베레스Verres에 대한 기소 연설이다. 키케로는 이 연설을 통해 베레스의 부도덕한 가렴주구 행위를 공격한다. 이 과정에서 국가의 재정 지출과 관련한 여러 사항들이 그대로 드러난다. 이 연설은 베레스에 의해 피해를 입은 기사 신분을 위한 것이었다. 사실 베레스의 행위는 다른 관리들과 비교해서 그다지 유별난 것은 아니었던 듯하다. 《카이키나 변호》는 카이키나와 아이부티우스Aebutius 사이에서 벌어진 유산 상속 재판에 관한 것이다. 여기에서 키케로는 카이키나의 변호인으로 나온다.

노촌 플리니우스, 《자연사》: 라티푼디아가 문제의 핵심이라는 이 비판은 콜루멜라의 《농업론》에 나오는 수익 지향의 장원에 대한 반대에서 나왔다. 이런 태도는 제정 초기에 상류층이 이익을 지향하는 농업에 보인 보수주의적 시각을 반영한 것이라 할 수 있다.

소少 플리니누스, 《편지》: 이 장에서 제시한 편지들은 많은 농장을 가지고 있던 소 플리니우스의 직접적인 보고이다. 이 보고에서, 임대 수입을 올리지 못하게 되자 소작 방식을 사용한다는 말이 등장하는데, 이는 로마의 소작에 대한 최초의 기록으로 인정된다. 소 플리니우스는 공화정기의 키케로만큼이나 많은 작품을 저술했으나, 현재 전하는 것은 10권으로 된 《편지》와 《황제찬사집》뿐이다.

기원전 111년의 농지법Lex Agraria: 이 비문은 종래에는 소장자의 이름을 따서 '뱀보 서판Tabula Bembina'이라고 불렀으나, 지금은 발견된 곳의 이름을 따서 '우르비노Urbino 서판'이라고 부르기도 한다. 맨 앞에 있는 숫자는 비문의 행 번호이며, [ ] 안의 내용은 파편이 발견되지 않아 판독이 안 되는 부분을 테오도르 몸젠이 빠진 칸 수를 세어 보충한 것이다.

《칙법휘찬》: 황제 유스티니아누스[Iustinianus](재위 527~565)는 서기 528년에 과거의 법과 황제 칙령을 모두 수집·편집하도록 명하여 《법전[Codex]》을 만들게 했다. 이 법전이 이른바 '유스티니아누스 법전'이다. 이 법전은 편집·주석·개정 작업을 거쳐 534년에 완성되어 오늘날에도 전한다. 이 법전을 다시 약 20분의 1로 줄인 것이 《학설휘찬[Digesta]》인데, '학설유집學說類集'으로도 번역된다. 그리스어로 된 것은 '판덱타이[Pandectae]'라고 한다.

《테오도리쿠스의 칙법》: 테오도리쿠스[Theodoricus](489~526)는 동고트족의 왕으로, 로마를 멸망시킨 오도아케르[Flavius Odoacer](또는 오도바케르[Odovacer])를 죽이고 이탈리아를 통치했다. 그의 칙법[Edictum Theodorici]은 법전이라기보다는 행정명령을 모아놓은 것에 가깝다.

《테오도시우스 법전》: 동로마제국 황제인 테오도시우스 2세의 명으로 이전 40년간 공포된 법을 모아 438년에 편찬한 법전이다.

| 참고문헌 |

막스 베버, 《고대농업사정》, 김창성 옮김, 공주대학교출판부, 2019.

허승일 외, 《로마제정사 연구》, 서울대출판부, 2000.

_____, 《인물로 보는 서양 고대사》, 길, 2006.

De Neeve, *Colonus*, J. C. Gieben, 1984.

Rosafio, Pasquale, *Studies in the Roman Colonate* (Ph. D. Thesis), University of Cambridge, 1991.

27
디오클레티아누스의 경제 개혁
: 체제냐, 개인이냐

인간으로서는 어찌할 수 없는 거대한 힘이 작용하여 위기가 왔을 때, 그 힘을 인식하고 방향을 전환하여 위기를 타개하는 인물이 탄생하기도 한다. 우리는 그런 인물을 위대한 인물, 곧 영웅이라고 부른다. 그런 영웅 가운데 한 사람이 디오클레티아누스 황제(284~305년 재위)다. 그는 외침과 내란의 소용돌이를 진정시켜 병영 황제 시대를 마감하고 제국을 재건하여 후기 로마제국과 비잔티움 제국의 토대를 놓았다는 평가를 받는다.

후기 로마제국의 영웅, 디오클레티아누스

디오클레티아누스는 황제의 권한을 강화하기 위해 동방식 전제정, 이른바 '도미나투스Dominatus'라고 불리는 체제를 구축했다. |자료1| 오늘날 이 용어는 별로 쓰이지 않지만, 그가 새로운 토대를 놓은 제정 후기의 체제를 적절하게 설명해주

는 말임은 틀림없다. 또한 광대한 제국을 통치하기 어렵다는 사실을 절감하여 두 명의 황제('아우구스투스'라고 한다)와 두 명의 부황제('카이사르'라고 한다)에게 통치를 분할하는, 이른바 '4분체제Tetrarchy'를 창안했다. 또한 이탈하는 속주들을 다시 정비하여, 그 수를 50개에서 100개로 늘려 통치 체제를 강화했다. 아울러 특권을 누리던 이탈리아를 16개 속주로 분할하여 기존의 속주들과 동등하게 취급했다. 군대는 40만 명 규모에서 50만 명으로 증강시켰는데, 군단 자체의 규모를 줄여 군단 수를 39개에서 65개 이상으로 늘렸다. 그리고 국경에서 주둔하며 수비하는 변경군(리미타네이limitanei)과 언제든지 이동할 수 있는 기동야전군(코미타텐세스comitatenses)으로 나누어 편성했다. 따라서 체제가 원활하게 작동하려면 많은 민간인 관료가 필요했고, 군사 시설과 화려한 궁정이나 건물도 다수 건설해야 했다. 이런 일련의 개혁을 실현하기 위해서는 재정 수요가 급증할 수밖에 없었고, 그러려면 무엇보다 제국의 경제가 안정되어야 했다.

도판 54 4분체제를 상징하는 조각. 두 명의 정황제와 두 명의 부황제가 서로 껴안고 있는 모습이다. 베네치아 광장 산마르코 대성당의 전면 모퉁이에 있는데, 십자군 전쟁기에 콘스탄티노플에서 옮겨온 것이다.

디오클레티아누스의 화폐 개혁

디오클레티아누스가 먼저 해결해야 할 문제는 화폐 불안정이었다. 당시의 물가를 조사해보면, 아우구스투스 재위 때의 가격지수를 100으로 보았을 때, 기원후 250~300년에는 300에서 약 7000으로 급격하게 상승한 것을 알 수 있다. [자료 2] 이렇게 된 데에는 여러 가지 이유가 있었지만, 화폐의 순도가 낮아진 점도 큰 요인이었다. 그래서 디오클레티아누스는 화폐 안정을 위해 286년에 처음으로

도판 55 디오클레티아누스의
얼굴이 새겨진 주화.

자신의 화폐를 발행한다. 이 화폐는 아우레우스 aureus라는 금화로, 그 무게는 5.18~5.36그램이었다. 294년부터 이 금화는 본위화폐로 기능하게 된다. 은화로는 아르겐테우스argenteus를 주조했는데, 1파운드에서 96개가 나왔다. 그 밖에도 은도금 데나리우스화 같은 소액 주화도 발행했다. 하지만 화폐 개혁이 순조롭게 진행되지만은 않았다. 2차에 걸친 개혁 끝에 화폐 가치가 안정되었다. 그가 죽은 뒤에 다시 혼란이 오기도 했으나, 그의 영향을 받은 화폐 제도가 그대로 유지되었다. 특히 312년 이후 콘스탄티누스 1세에 의해 주조된 금화인 솔리두스solidus는 서로마제국이 멸망한 후에도 중세와 비잔티움 제국에서 널리 사용되었다.

디오클레티아누스의 세제 개혁

화폐를 어느 정도 안정시킨 디오클레티아누스는 세제 개혁을 단행했다. 우선 이 조치는 통화의 안정과 관련이 있는 것으로 보인다. 그가 발행한 주화는 처음에는 비축되어 있거나 수집해놓은 금괴에 기초하여 발행되었으나 계속 유지되기가 어려웠으며, 대체로 명목 가치가 실제 가치보다 더 컸다. 일종의 신용화폐라고 할 수 있겠는데, 이를 유지하려면 재정을 안정시켜야 했다. 그러려면 세수 확보가 중요했다. 종래에는 세금을 시민의 유산에 부과했으나, 디오클레티아누스는 이를 폐지하고 생산물에 정규적으로 부과하는 일종의 소득세indictio를 보편적으로 부과했다.

소득세 중에는 인두세로 이해되는 카피타티오가 있는데, 이 명칭은 '머리caput'에서 나온 말이다. 이 세금은 개인세라기보다 개인이 가진 동산과 부동산에 종합적으로 부과되는 것이었다. 이를테면 일정 세액을 부담할 수 있는 면적의 토지에 일치하는 노동력이 하나의 카푸트로 규정된다.|자료3| 통상 여자는 남자의 절반으로, 가축은 더 낮은 비율로 산정되었다. 일부 속주에서는 카푸트 대신에

유굼iugum(그리스어로는 유곤iougon)이라는 단위가 사용되었다. 유굼은 카푸트에 해당하는 가치를 지닌, 작물 생산에 필요한 면적을 의미했다.|자료4| 현실에서 이 두 단위는 서로 조합될 필요가 있었기에, 유가티오-카피타티오iugatio-capitatio라는 합성 단위가 널리 사용되었다(그러나 이 제도가 실제로 어떻게 운영되었는지는 아직 명백하게 밝혀지지 않은 상황이다).

이렇게 정해진 과표課標는 이후 5년간 또는 15년간 유효했으므로, 지역별 세원이 카푸트 단위로 파악되었고, 여기에 맞추어 재정이 집행될 수 있었다. 그리하여 이른바 정부 예산도 편성할 수 있었는데, 안정된 정부 재정이야말로 건실한 경제의 기초임은 말할 나위도 없다. 아울러 납세자 편에서도 세액을 미리 예상할 수 있고, 이론상이긴 하지만, 공평한 납세가 가능해진다.|자료5| 이 제도는 장차 비잔티움 제국의 기초가 될 것이었다.

최고가격령에 대한 상반된 평가

301년에 디오클레티아누스는 유명한 최고가격령을 반포했다.|자료6| 놀랍게도, 이 문서에는 1000가지가 넘는 품목의 최고가격이 공시되어 있어|자료7| 당시의 경제를 알려주는 가장 중요한 자료로 손꼽는다. 디오클레티아누스가 이 칙령을 반포한 목적은 투기꾼과 부당 이익을 취하는 자를 사형에 처해, 유통 질서를 바로잡는 데 있었다. 이러한 긴급 조치는 앞서 단행한 화폐 개혁이 실효성을 갖게 하려면 불가결했을 것이다.

그러나 그 부작용도 만만치 않았다. 이른바 공정한 가격이라는 관념을 실현했다고 하는 이 조치가 생산을 위축시키거나, 암시장에서 상품이 유통되는 결과를 초래한 것이다. 결국 최고가격령은 얼마 못 가서 콘스탄티누스 황제에 의해 폐지된다.

디오클레티아누스의 개혁을 어떻게 평가할 것인지도 문제다. 그는 그리스도교도를 박해한 인물로, 그리스도교사가들은 그를 폭군으로 기술했다.|자료8| 그가 개혁 정책을 일관성 있게 추진하려면 반대 세력을 극복해야 했는데, 통상 그 방법이 군인이나 소비자 편에서는 환영받았으나, 상인이나 제조업자에게는 그

렇지 못했다. 그러나 그의 비교적 안정적인 통치는 제국을 유지하는 데 대단히 중요한 역할을 했다고 인정된다. 이 점은 사실일 것이다. 그러나 반대로, 이렇게 위기를 벗어난 국가는 로마 시민이 이상으로 생각하던 사회와는 동떨어진, 고도로 통제된 사회였다.

자료
01

친위대장, 황제로 군림하다

아우렐리우스 빅토르, 《황제들의 전기》 39.1~8

장군들과 천부장들의 결의에 따라, 친위대장이던 발레리우스 디오클레티아누스가 지혜 덕분에 황제로 선출되었다. 그는 강한 사람이었으며, 그의 성격은 다음과 같았다. 그는 금으로 수놓은 외투를 걸치고 비단 신발과 여러 보석이 아로새겨진 자색 옷을 탐낸 최초의 인물이다. 이런 태도는 로마 시민과 어울리지 않으며 거만하고 분별없는 자의 특징이었지만, 다른 일과 비교하면 사소한 것에 불과하다. 참으로, 그는 칼리굴라와 도미티아누스 황제 이래 처음으로 자신의 공적으로 '주인dominus'이라는 칭호를 얻고 '신神'으로 불렸으며, 그러한 경의가 표현되도록 허용한 최초의 인물이다. ……

그러나 디오클레티아누스의 잘못은 그의 좋은 자질로 상쇄된다. 그가 비록 '주인'의 칭호를 누렸을지라도, [로마 시민에 대해서는] 아버지처럼 행동하였기 때문이다.

자료
02

악화의 주조와 유통

1 | 이 편지는 300년경 한 정부 관리가 사전에 정보를 빼내 가격 칙령이 선포되기 전에 보낸 것이다.

2 | 누무스nummus: 여기에서는 세스테르티우스와 동의어로 간주된다.

3 | 돈을 더 지불한 것처럼 하여 차액을 챙기는 수법.

라일런드 파피루스Rylands Papyrus No.607

아피오의 디오니시우스에게.1 |

안녕하신가? 신성한 운명을 타고난 우리의 주인들께서 이탈리아에서 발행된 주화를 2분의 1 누무스2 | 로 평가절하하도록 명령을 내렸네. 그러니 자네가 가진 이탈리아 돈을 전부 사용해서 모든 종류의 상품을 어떤 가격이든지 서둘러서 구입하게나. ……

그러나 미리 말하건대, 만약 자네가 협잡3 | 을 하고자 한다면, 내 가만두지 않겠네. 무병

4 서남아시아 지역의 인사
법이다.

장수하시게, 내 형제여.[4]

자료 03
카푸트의 의미

《칙법휘찬》 11.48(47).10

황제들 그라티아누스, 발렌티니아누스, 테오도시우스, 아르카디우스.

전에는 남자 각 사람에 대해서, 참으로 여자 두 사람에 대해서 머리caput의 단위가 산정
된 반면에 이제 둘 혹은 세 남자에 대해서, 한편 네 여자에 대해서 한 사람의 머리로 계
산하도록 지정되었다.[5]

5 이 법규는 386년에 반포
되었다.

《테오도시우스 법전》 11.16.6

궁정인들과 콘스탄티노플의 시민은 자신의 카푸트나 유굼으로 납세할 수 있다.

자료 04
유굼의 의미

6 1유게라는 2520제곱미터
이다. 플레트라Plethhra는
그리스 거리 단위로 약 30미
터이며, 면적으로는 900제
곱미터이다. 페르티카는 약
2.9미터인데, 면적 단위로는
12분의 1 유게룸으로 계산된
다. 독일어 번역문에서는 루
텐Ruthen으로 기록되어 있
는 것을 페르티카로 옮겼다.

7 안노나annona: 1년간 납
부하는 곡물세.

브룬스와 사카우Bruns & Sachau, 《5세기에 유래한 시리아-로마 법전Syrisch-Römisches Rechtsbuch aus
dem füften Jahrhundert》, F. A. Brockhaus, 1880, pp. 37~38

로마의 왕은 토지를 페르티카 기준으로 측정하였다. 100페르티카는 1플레트론이다.
디오클레티아누스 시기에 유굼이 정해졌으며 다음과 같이 산정된다. 5유게라[6]의 면
적이 있고, 여기에 10플레트라의 포도원이 만들어졌다면 1유굼으로 정한다. 20유게라
의 경작지가 있는데 여기에 40플레트라가 경작되면 1유굼의 안노나[7]를 납부한다. 심
은 지 오래된 올리브나무 밭 225페르티카의 경우, 1유굼의 안노나를 납부한다. 450플
레트라의 산지山地는 1유굼으로 정한다.

조세 공평을 이루자

이집트 파피루스학 왕립학회Societé Royale Égyptienne de Papyrologie, 《파피루스학 연구Etudes de Papyrologie》 II, Le Caire, 1933, pp. 1~8

아리스티우스 옵타투스Aristius Optatus, 가장 완벽한 사람, 이집트 총독이 선언하노라. 지고한 선견지명을 가지신 우리의 황제들, 영원한 황제 디오클레티아누스와 막시미아누스, 그리고 가장 고귀한 부황제 콘스탄티우스와 막시미아누스께서 국가 세금이 매우 불합리하게 부과되어 몇몇 납세자들은 면제받은 반면에 다른 이들은 과도하게 부담한다는 사실을 파악하셨노라. 이에 황제들께서 속주민들을 위해 이 가장 악하고도 치명적인 관행을 뿌리 뽑기로 결정하고 해방시키는 규정을 발표하노니, 모든 조세 부과는 이를 따를지어다.

[근자에] 반포된 신성한 칙령과 여기에 부가된 일정에 따라, 토지의 등급에 따라 각 아루라[8]에 부과되는 조세, 농민의 머리에 부과되는 세금은 몇 살부터 몇 살까지 부과되는지 정확하게 모든 사람이 알게 될 것이다. 그 칙령의 사본을 보급하기 위해 우리의 칙령으로 서문을 쓰노라. 이 사본에서 망극한 은혜를 받은 줄 알게 된 속주민들은 신성히 포고된 규정에 따라 신속히 조세를 납부하는 것을 자신의 업무로 여기라. 그리고 징수자의 강제 집행을 기다리지 말라. 힘을 다해서, 양심적으로 모든 충성스러운 의무를 다하는 것이 마땅하니라. 만약 이 관대함에 따르지 않고 다르게 행하는 자가 드러나면, 그는 처벌을 받으리라.

모든 도시의 정무관들과 의회 의장들은 일정표를 첨부하여 신성한 칙령 사본이 모든 촌락, 심지어 어느 구석에라도 보내야 할 것이며, 모든 사람이 이 칙법을 신속히 알게 함으로써 우리 황제와 부황제의 관대함을 누리는 것이 중요하도다.

또한 세입 징수자들은 [이 규정을] 전심으로 지킬 것을 명심할지어다. 만약 위반한 사실이 드러나면, 사형을 받으리라.

우리의 주군이신 황제 디오클레티아누스와 막시미아누스, 지고한 부황제인 콘스탄티우스와 막시미아누스의 재위 13년 12년 5년, 파메노스 달, 20일.[9]

8 | 아루라aoura: 이집트의 농지 단위. 유굼과 상통한다.

9 | 이날은 기원후 297년 3월 16일이다. 13, 12, 5년은 각각 디오클레티아누스와 막시미아누스, 두 부황제의 재위연수이다. 부황제인 막시미아누스는 갈레리우스를 가리킨다.

자료 06

최고가격령 서문

나탈리 루이스와 마이어 라인홀트Naphtali Lewis & Meyer Reinhold, 《로마 문명: 사료집Roman Civilization: Sourcebook》 2권(제정 편), Harper, 1966, pp. 464~465

임페라토르 카이사르 가이우스 아우렐리우스 발레리우스 디오클레티아누스 경건한 자, 행운이 있는 자, 불가침자, 아우구스투스, 대사제, 여섯 번째 가장 위대한 게르마니쿠스, 네 번째 가장 위대한 사르마티쿠스, 두 번째 가장 위대한 페르시쿠스, 가장 위대한 브리타니쿠스, 가장 위대한 카르피쿠스, 가장 위대한 아르메니아쿠스, 가장 위대한 메디쿠스, 가장 위대한 아디아베니쿠스, 열여덟 번 호민관의 권한을 지니고, 일곱 번 콘술을 맡고, 열여덟 번 사령관이 되고, 국부이자 프로콘술이 …… 다음과 같이 포고하노라. ……

공공의 안녕을 지키기 위하여 우리 군대의 파견이 필요한 모든 곳에서, 거리나 마을뿐 아니라 모든 도로에서 부당하게 이익을 도모하는 자들이 탐욕스럽게 공공의 유익을 해치고 있고, 모든 판매 상품의 가격을 네 배나 여덟 배 정도가 아니라 더 지나치게 매겨서, 화폐로 평가된 액수와 실제 액수를 합리적인 방식으로는 설명할 수 없을 정도로 강매하고 있음을 모르는 자, 누구인가? 결국 병사들이 한 번의 물품 구입으로 급료와 기부금을 전부 강탈당하고 있다.

자료 07

디오클레티아누스가 선포한 주요 품목의 최고가격

루이스와 라인홀트, 《로마 문명: 사료집》 2권, p. 466~472에서 취사 정리

구분	단위	품목 (가격=데나리우스)
I. 곡물	병영 모디우스	밀(100), 보리(60), 호밀(60), 분말 기장(100), 통 기장(50), 으깬 콩(100), 갈지 않은 콩(60), 렌즈콩(100), 쪼갠 완두(100), 청결미(200)
II. 포도주	이탈리아 섹스타리우스	피케눔산(30), 티부르산(30), 사비니산(30), 1등품 묵은 포도주(24), 2등품 묵은 포도주(16), 갈리아나 판노니아 맥주(4), 이집트 맥주(2)

구분	단위	품목 (가격=데나리우스)
III. 기름, 꿀, 소금	이탈리아 섹스타리우스	새로 짠 올리브기름(40), 2등품 올리브(24), 양념된 소금(8), 최고급 꿀(40), 2등품 꿀(24)
	병영 모디우스	소금(100)
IV. 육류	이탈리아 파운드	돼지고기(12), 쇠고기(8), 최상급 돼지 다리(20), 쇠고기 다짐(10), 살찐 꿩(250), 야생 꿩(125), 사슴 고기(12), 버터(16)
V. 어류	이탈리아 파운드	거친 비늘을 가진 바다 생선(24), 2급 생선(16), 최상급 민물 생선(12), 2등급 민물 생선(8), 염장 생선(6), 굴(1)
VII. 임금	일당(부양 추가)	농장 노동자(25), 목수(50), 벽화공(75), 화공(150), 낙타 몰이(25), 목자(20), 노새 몰이(25), 하수구 청소(25)
	월급(학생 1인당)	초등학교 교사(50), 수학 교사(75), 라틴·그리스어 문학 교사(200), 기하학 교사(200), 수사학 교사(250), 건축학 교사(1000)
	100행당	최상 필체의 서기(25), 2급 필체의 서기(20), 공증인(10)
	소송 한 건당	고소 변호사(250), 변론 변호사(1000)
XI. 신발	켤레	징을 박지 않은 최상품 장화로 노새 몰이나 농장 노동자용(120), 징을 박지 않은 군화(100), 귀족 신발(150), 원로원 의원 신발(100), 기사 신분 신발(70), 여성 신발(60)
XVII. 운송비	마일	사람 1인당(2), 1200파운드 짐차(20), 600파운드 낙타 짐(8), 당나귀 한 마리 짐(4)
XXIII. 비단	파운드	백색 비단(12,000) *누에고치 푸는 노동자(온스당 64, 부양 추가)
XXIV. 자색 염색	파운드	생사에 자색 염색(150,000), 모직에 자색 염색(50,000)
XXV. 세척 모직물	파운드	타렌툼산(175), 라오디케아산(150), 아스투리아산(100), 중간 품질(50)
XXX. 금	파운드	막대나 주화로 된 정금(50,000), 금 세공비(5,000)
• 화물 운송	병영 모디우스	알렉산드리아-로마(16), 알렉산드리아-니코메디아(12), 알렉산드리아-비잔티움(12), 알렉산드리아-달마티아(18), 알렉산드리아-아퀼레이아(24), 아시아-로마(16), 아시아-아프리카(8), 아프리카-히스파니아(8), 아프리카-갈리아(4)

* 섹스타리우스sextarius=546㎖, 모디우스modius=8.73ℓ, 파운드libra=328.9g, 마일mille=1.48km

악당 디오클레티아누스

락탄티우스, 《박해자들의 죽음에 대하여》7

디오클레티아누스는 범죄를 발명한 자요, 사악의 전문 기술자였다. 그는 모든 것을 파멸시켰는데도 신에게 손을 대고 말았다. 그는 탐욕과 비겁함으로 세상을 뒤집어놓았다. 그는 자신의 제국을 다스릴 세 명의 협력자를 만들어냈으며, 세계를 네 부분으로 분할하였고, 군대를 몇 배로 키웠다. 그의 협력자들은 이전 황제들이 혼자서 국가를 통치할 때 가졌던 병력보다 훨씬 더 많은 병력을 가지고자 하였다.[10] 급여를 받아서 생활하는 자들의 수가 납부하는 자보다 훨씬 많아지기 시작하자, 소농들의 힘은 과도한 조세 요구 탓에 고갈되고, 농토는 버려지고, 경작지는 황무지로 바뀌었다. 그들은 모든 것을 공포로 채우기 위해 속주들을 더 작은 단위로 조각냈다. 그래서 총독이 늘어났고, 개별 구역과 개별 도시를 맡은 관직도 더 많아졌으며, 회계사와 대리인과 대리총독도 많이 생겼다. 이들은 시민의 송사는 거의 취급하지 않고, 단지 몰수 선고와 빈번한 몰수에만 관심을 두었다. 내가 말하고 싶은 것은 징발이 빈번했다는 점이 아니라, 수많은 대상물에 대해 항구적으로 징발이 일어나며, 그 징발 과정에서 용인할 수 없는 악행이 저질러졌다는 점이다. 신병을 징모하는 수단 또한 참을 수 없는 것이었다.

만족할 줄 모르는 탐욕을 가진 그는 국고가 줄어드는 일은 결코 허용하지 않았으며, 특별 재원과 기부금을 늘 축적하였다. 그리하여 자신이 저장한 것을 남의 손이 닿지 않게 온전히 지킬 수 있었다. 또 여러 가지 불법 행위로 물자 부족 현상이 광범해지자, 판매되는 상품의 가격에 법적 제한을 가하였다. 그 결과 몇 가지 빈약한 상품을 얻고자 유혈극이 벌어졌으며, 공포 때문에 팔려고 내놓는 상품이 없었다. 물자 부족이 더욱 심각해져 많은 사람이 죽고 난 후에야 법이 완화되었는데, 이는 필연적인 조치였다.

여기에 끝없는 건축 욕심까지 더해졌다. 이를 위해 장인과 노동력, 마차와 기타 건축에 필요한 모든 것을 속주에서 더 많이 징발하였다. 여기에 공회당이, 저기에 경주장이, 여기에 화폐 주조소가, 저기에 무기 공장이, 여기에 황후를 위한 집이, 저기에 공주를 위한 집이 있었다. 도시의 넓은 구역이 갑자기 철거되기도 하였다. 그러면 사람들은 아내와 자식과 더불어 도망하였는데, 마치 적군에게 도시를 빼앗긴 것과 같았다. ……

그는 늘 니코메디아Nicomedia를 도시 로마에 버금가게 만들고자 비정상적으로 노력하였다. 나는 많은 사람이 소유권과 재산으로 인해 죽임을 당하였다는 사실은 지나치고

10 | 락탄티우스는 병력 증가를 과장한 것으로 보인다.

자 한다. 그것은 일상적이고 거의 합법적이어서, 우리는 그런 일에 익숙해졌다. 그러나 중요한 것은 황제가 잘 경작된 농지나 잘 지어진 집을 보면, 언제든지 그 소유자를 무고하여 사형을 언도하였다는 점이다. 이는 마치 피를 흘리지 않고서는 강도짓을 할 수 없는 것과 같다.

| 출전 |

락탄티우스 Lactantius(?~325), 《박해자들의 죽음에 대하여De mortibus persecutorum》: 그리스도교를 박해한 황제들이 고통스런 죽음을 맞을 것이라는 주장을 담은 그리스어로 된 소책자. 디오클레티아누스의 즉위부터 313년 막시미누스 다이아의 죽음까지 충실하게 기록되어 있다.

아우렐리우스 빅토르 Aurelius Victor(기원후 320~390), 《황제들의 전기De caesaribus》: 총독과 관직을 두루 거쳤으며, 아우구스투스부터 콘스탄티우스 2세까지의 전기를 묶은《황제들의 전기》를 저술했다.

《칙법휘찬》: 이 법조문이 당시가 아니라 3, 4세기의 현실을 반영한 것으로 보는 견해에 따르면, 중앙정부가 자치도시를 통해 간접적으로 지배한 것으로 본다. 그러나 현대 학자들은 그 체제가 이미 작동하지 않았다고 보기도 한다.

《테오도시우스 법전》: 312년 이래로 그리스도교도 황제들이 반포한 법을 편찬한 책. 테오도시우스 2세와 공동 황제 발렌티니아누스 3세가 선발한 위원회가 만들었으며, 438년에 편찬되어 반포되었다. 439년까지 동서 로마제국에서 효력이 있었다.

| 참고문헌 |

맥멀렌, 램지, 《로마제국의 위기》, 김창성 옮김, 한길사, 2012.

몬타넬리, 인디로, 《로마제국사》, 김정하 옮김, 까치, 1998.

하이켈하임, 프리츠, 《로마사》, 김덕수 옮김, 현대지성사, 1999.

허승일 외, 《로마제정사 연구》, 서울대출판부, 2000.

Jones, A. H. M., *A History of Rome Through the Fifth Century, vol. II: The Empire*, Macmillan, 1970.

Lewis, Naphtali & Meyer Reinhold, *Roman Civilization: Sourcebook II—Empire*, Harper, 1966.

28

그리스도교와 로마제국

: 위대한 종교의 힘

392년부터 395년 죽을 때까지 로마 황제 테오도시우스는 그리스도교를 로마의 국가 종교로 만들었다. 무수히 박해를 받아왔던 그리스도교도에게는 기적이었다. 그래서 사람들은 "그리스도교가 로마를 정복했다"라고 말한다. 이것은 사상이나 신앙의 힘이 얼마나 위대한지를 보여주는 사건이었다. 그런데 독일의 유명한 로마법 학자인 루돌프 폰 예링Rudolf von Jhering은 다음과 같은 말을 남겼다. "로마는 세계를 향해 세 차례 규정을 명령했고, 세 차례 민족들을 통일로 묶었다. 첫 번째는 로마 인민이 세력에서 전성기를 누릴 때 국가의 통일을 이룬 것이며, 두 번째는 로마가 이미 쇠퇴한 후에 교회의 통일을 이룬 것이다. 세 번째는 로마법의 수용 덕분에 중세 때 법의 통일을 이룬 것이다. 첫 번째는 외적인 힘을 가지고 무력으로 달성한 것이지만, 나머지 두 가지는 다른 힘, 즉 정신의 힘으로 이룬 것이다"(루돌프 폰 예링, 《로마법의 정신Der Geist des römischen Rechts》, vol. I,

1891, p. 1). 이렇게 본다면 로마제국은 도리어 그리스도교를 자기 것으로 만들어, 쇠퇴한 후에도 이를 매개로 세계를 지배한 셈이다. 사실 그리스도교는 이스라엘에서 유래했지만, 크게 보아 로마의 역사 속에서 로마인에 의해 완성된 종교이며, 그리스도교의 영향을 받고 있는 나라들 역시 크게 보아 로마 문화의 영향하에 있다고 할 수 있다.

예수의 가르침이 폭넓은 지지를 얻은 이유

그리스도교를 배태한 이스라엘, 흔히 '유대'로 불리는 지역은 문화의 가교 역할을 한 지역이라고 할 만큼 거대한 여러 문명이 만나고 강대국의 이해관계가 상충한 요충지였다. 자연히 약소국이던 이스라엘은 고난의 민족이라고 불릴 만큼 역경의 역사를 걸어왔다. 메시아 사상은 이런 배경에서 출현했다.

예수가 탄생했을 무렵, 이스라엘은 로마 총독의 통치를 받고 있었다. 따라서 로마의 속박에서 벗어나는 일이야말로 이스라엘 민족이 가장 바라는 바였고, 그런 목적을 달성하고 나아가 영광스러웠던 과거를 재현할 인물이 메시아로 표상되었다. 예언대로 예수가 처녀인 마리아의 몸에서 태어났고, 그 장소가 베들레헴이라는 사실은 잘 알려져 있다. 예수가 그곳에서 태어나게 된 것은 아우구스투스의 명령에 따라 그 부모가 호구조사에 응하기 위해 본적지로 가는 도중이었기 때문이다. |자료1| 로마 황제가 속주에서의 징세를 강화하기 위해 그런 조치를 취했던 것은 이스라엘 민족이 처한 운명을 잘 드러낸다.

새로운 왕이 되리라는 예언으로 인해 생명에 위협을 느낀 예수는 이집트로 피신했다가 다시 돌아왔고, 갈릴리라는 지역에 정착하여 서른 살까지는 평범하게 살았다. 갈릴리는 팔레스타인 지역 최대의 담수호가 있어서 중요했을 뿐 아니라, 문화적으로도 상당히 국제적인 분위기를 띠는 곳이었다. 그래서 순수 혈통을 중시하는 주류 이스라엘인들은 이 지역 사람들을 경멸했다.

기록에 따르면, 서른 살부터 선교를 시작한 예수는 초인적인 기적을 일으키면서 복음을 전파하여 많은 사람들에게 호감을 샀다. 특히 예수를 가장 충실하게 따랐던 제자나 추종자를 보면, 어부·징세청부업자·창녀처럼 대체로 사회에

도판 56 콜로세움의 내부 시설 가운데 플라비우스 원형극장의 모습. 플라비우스 황실이 베스파시아누스의 승전을 기념하여 지은 건물로 황실의 이름을 따서 붙였다. 70년에 공사를 시작하여 80년경에 완공했으며, 5만~8만 명을 수용했다. 이 자리에는 원래 네로 황제가 건설한 황금궁전의 연못이 있었는데, 민중의 호감을 얻으려는 책략으로 그 자리를 메워서 지은 것이다. 근처에 네로의 거상이 있어서 콜로수스colossus라고 불리다가 1000년경부터 콜로세움으로 불렸다. 콜로세움이 보존된 것은 이곳이 그리스도교 성지였던 덕분이다.

서 소외된 자들이었다. 드러내놓지는 못했지만 예수의 가르침에 공감하는 상류층과 지식인도 일부 있었다.

예수의 가르침이 이렇게 광범하게 호소력이 있었던 이유는 무엇이었을까? 예수의 설교를 분석해보면, 우선 그 내용이 사람들 각자의 처지를 이해하고 거기에서 출발했다는 점을 들 수 있다. 어부나 농민에게는 그들의 경험을 토대로 이야기했고, 부녀자의 처지를 깊이 이해했으며, 어린이에게는 깊은 사랑과 관심을 보여주며 가르침을 베풀었다. 이런 교육 방침은 교육이나 교양이 극히 일부 사람들에게 국한되었던 당대 상황을 고려하면 가히 혁명적이었다. 동시에 그의 가르침은 지식인에게도 깊은 자극과 관심을 유발했다. 패러독스와 독설도 그러했지만, 단순하면서도 명료한 명제들 자체가 지적 관심을 환기했던 것이다.

예수의 활동을 정치적으로 바라보는 기득권층은 교세가 늘어가는 데에 일말의 불안감을 느끼고 있었다. 대중을 사로잡은 카리스마는 언제든지 정치적 헤게모니로 바뀔 수 있었고, 기존의 해석에 수정을 가하는 주장은 종교적 단합을 해칠 염려가 있었기 때문이다. 예수가 십자가형을 받게 된 빌미는 여러 가지가 있었으나, 가장 핵심적인 것은 자신을 신의 아들이요, 나아가 신이라고 한 발언이었다. 이것이야말로 신성모독이고 종교적 권위의 부정이었다. 하지만 이스라

엘은 종교에 관용을 베푼 로마의 지배 하에 있었으므로 이것만으로는 예수를 처벌할 수 없었다. 결국 로마에 대한 반역 혐의를 제시했으나, 그것도 증거가 불충분하여 재판이 성립될 수 없었다. 그러므로 그에게 내려진 처벌은 법이 아니라 정치적인 선에서 결정된 것이라 말할 수 있을 것이다. |자료 2|

대체로 지도자가 사라지면 와해되는 것이 열광적인 종교운동의 추이다. 그리스도교는 그런 점에서 예외에 속한다. 오히려 베드로를 비롯한 제자들의 헌신적인 노력으로 널리 전파되어갔고, 광범한 계층의 종교로 자리 잡는 데 성공했다. 이렇게 된 데에는 예수의 부활이라는 사건이 결정적이었다. 신앙을 가지면 영원히 살고, 죽어도 부활한다는 믿음은 예수의 제자들에게 불굴의 정신을 불어넣어 주었고, 결국 제자의 대다수가 순교하기에 이른다. 순교는 제도와 강압에 억눌려 있던 수많은 기층민 및 소외 계층에게 새로운 세계에 대한 신념을 입증해주었다.

아울러 바울로의 헌신적인 노력도 빼놓을 수 없다. 그는 헬레니즘 사상에 정통한 이론가이자 정통 유대교 신자였다. 그는 그리스도교도들을 체포하러 다마스쿠스Damascus로 가는 동안 기적적인 체험을 하면서 그리스도교도로 개종한다. 그는 해박한 그리스 철학 지식을 이용하여 선교에 힘쓰는 한편, 서신을 통해 교리를 체계화하고 그리스도교를 세계화하는 데 결정적으로 공헌했다. 오늘날 남아 전해지는 신약 성서의 많은 부분은 그가 저술한 것으로, 당시 세계 공용어였던 그리스어의 방언인 코이네Koine로 쓰였다. 그는 자신의 로마 시민권을 적절히 이용했으며, 재판을 받으려고 로마로 압송될 때조차 선교의 계기로 삼았다.

그리스도교가 로마에서 자리 잡기까지

로마인들 사이에 그리스도교가 널리 전파될 수 있었던 이유는 헬레니즘 시대의 특성에서 찾아볼 수 있다. 일찍이 헤겔은 이 시기를 두고 그리스도교 탄생을 위한 해산의 고통에 비유한 바 있다. 헬레니즘 시대에 만연한 개인주의와 세계주의가 로마인들을 절망과 고독에 빠지게 했고, 이런 분위기 탓에 새로운 종교인 그리스도교가 열광적으로 수용되었다는 것이다. 확실히, 초기 그리스도교의 조

직은 잃어버린 공동체를 회복시키는 데 크게 기여했다. 공동재산의 소유에 기초한 공동생활은 많은 사람의 관심을 끌었다.|자료 3| 부녀자나 노예도 신자가 될 수 있었던 점에서 신앙의 평등이라는 매력도 있었다. 게다가 로마인은 다신교 전통이 있었기에 그리스도교 전파에 관용의 자세를 보였다.

이처럼 그리스도교가 확산되기에 유리한 환경이나 조건도 있었지만, 어느 정도 전파되자 박해를 유발하는 요인도 나타났다. 박해의 기본 요인은 유일신을 믿는다는 교리의 특징에 있었다. 이 원리는 종교적 배타성과 바로 이어져, 다른 종교를 믿는 사람들에게 반감을 살 여지가 있었다. 또 널리 확산된 황제 숭배 전통을 거부했을 뿐 아니라, 일부는 병역을 거부하는 모습을 보이기도 했다. 이런 상황에서 박해의 빌미를 찾기는 어렵지 않았다. 널리 알려진 대로, 네로의 박해가 대표적이다.|자료 4| 사실 디오클레티아누스(284~305 재위) 때까지는 그리스도교 박해가 간헐적으로 있었다. 특히 강력한 황제권을 구축하려는 구상을 가진 황제가 출현할 때마다 반복되었다. 제국 내의 그리스도교도들은 여러 가지 방법으로 박해를 피해가면서 선교에 힘썼고, 마치 물이 스며들듯 제국을 물들여갔다. 이런 과정을 통해 강력한 황제권과 유일신을 믿는 그리스도교만이 지배적인 양대 세력으로 서서히 자리 잡아갔다.

아우구스티누스의 정통 교리 확립

그리스도교 교회는 박해에 대비하기 위해 강력하고 은밀한 조직이 필요했다. 그래서 교인만이 알아보는 표지가 사용되었고, 카타콤베 Catacombe('안식처'라는 뜻) 와 같은 지하 묘소에서 예배나 생활을 이어갔다. 또 박해를 피해 지방으로 피신한 신도들은 그곳에서 선교하고 교회를 조직해나갔다.

그런데 그리스도교도들이 당한 어려움은 외적인 것만이 아니었다. 신도 수가 많아지고 다양한 문화적 배경을 가진 사람들이 교회로 들어오면서 교리에 이설이 생겨났고, 그 결과 분열이 불가피해졌다. 특히 중요한 논점은 예수의 본질적인 성격(이른바 속성)에 관한 것이었는데, 이는 그리스도교 교리의 핵심으로 알려진 삼위일체 Trinity 교리이다. 이 교리에 따르면, 성부·성자·성령이 본질상 하나

도판 57 3세기 후반의 것으로 추정되는 이 벽화는 카타콤베 중 가장 중요한 프리실라Pri-scilla 카타콤베에 있는 것으로 최근에 공개된 것이다. 정면에 보이는 반원 오른쪽은 가장 오래된 성모마리아상으로, 아기 예수를 안고 있는 성모마리아의 모습이 그려져 있다. 반원 가운데에 있는 여사제는 자색 옷을 입고 기도하는 모습인데, 이는 그리스도교 교회의 초기에는 여성 사제의 역할이 컸음을 보여준다. 오른쪽에 있는 어두운 반원에는 불구덩이에서 살아난 다니엘의 세 친구인 사드락과 메삭, 아벳느고가 그려져 있다. 천정에는 새들이 그려져 있고, 가운데 있는 인물들은 선한 목자를 의미한다. 이 벽화는 초기 그리스도교 신자들이 자신을 구원할 예수의 재림에 관해 믿음을 간직했음을 보여준다.

다. 그러나 이 주장은 일반 상식으로는 이해하기 어려운 측면이 있었다. 신神인 성부와 인간인 성자를 어떻게 볼지를 놓고 의견이 분분했다. 단성론자라고 불리는 사람들은 성자인 예수가 신성만을 보유하고 있다고 주장하여 한 극단에 섰다. 다른 극단에 선 입장(네스토리우스Nestorius파)은 예수의 인간적인 면을 부각하려 했다. 중용의 입장에 섰던 아리우스Arius는 신성과 인성을 인정하면서도 예수는 신과 동일 본질일 수 없고 유사 본질이라는 주장을 폈다. 이처럼 다양한 견해가 각축을 벌이는 상황은 제국의 박해라는 위협 아래에서 그리스도교의 생존을 좌우하는 문제였다.

　이러한 과정에서 그리스도교의 정통 교리를 확립하는 데 기여한 사람들을 '교부Fathers'라고 부른다. 특히 아우구스티누스Augustinus(354~430)는 《신국론》,《삼위일체론》 같은 저술을 통해 정통 교리를 확립하는 데 큰 걸음을 내디뎠다. 그가 제기한 주장 가운데는 주목할 만한 3대 논쟁이 있다. 먼저, 그는 인간의 자유의지를 중시하는 펠라기우스Pelagius의 주장에 대해 은총론을 제시했고, 한때 자신이 빠지기도 했던 마니교의 이원론적 세계관을 비판하며 일원론을 주창했다. 마지막으로, 박해 때문에 그리스도교를 배신한 성직자들을 인정할 수 없다는 도나투스Donatus의 주장에 대해, 성직자에 대한 판단은 인간이 아니라 신만이 할 수 있다는 성직자주의Sacerdotalism를 내세웠다. 아우구스티누스가 다진 기본 교리는 오늘날에도 이어지고 있다.

그리스도교, 로마제국의 국교가 되다

결국, 313년에 이르러 콘스탄티누스 황제는 그리스도교에 신앙의 자유를 포고했다.|자료5| 더 나아가, 의견의 일치를 보기 어려웠던 교리 문제를 해결하고자 제국 내의 그리스도교 성직자들을 니케아Nicaea로 소집했다.|자료6| 이 자리에서 아리우스의 주장은 이단으로 결정되었고 삼위일체론이 정통으로 인정되었다. 이 결정을 두고 콘스탄티누스가 과연 어떤 입장에서 그런 역할을 맡았는지에 관해서는 논란이 있다.|자료7| 대체로 제국의 통합을 도모하는 선에서 그런 결정을 내렸을 것이라고 해석된다. 이러한 정치적 결정으로 말미암아 아리우스파는 제국에서 축출되어 게르만인들에게 흘러 들어갔고, 로마를 점령한 게르만인들이 정통 신앙을 고수하는 로마인들과 동화되지 못하는 결과를 가져왔다. 길게 봤을 때 콘스탄티누스의 중재는 그리스도교가 바람직하지 않은 방향으로 나아가게 만든 셈이다.

380년, 병에 걸렸다가 회복된 황제 테오도시우스 1세는 삼위일체인 유일신을 믿는 그리스도교인들을 보편적인Catholic 그리스도교도로 규정하고 이들에게만 특권을 인정하는 조치를 발표한다.|자료8| 마침내 391년에는 다른 종교 행위를 금지시킴으로써 명실상부하게 그리스도교를 국교로 만들었다.

제정 말기 로마인들은 그리스도교가 제국을 쇠퇴시키는 요인이라고 여겼다. 근대에도 그리스도교의 역할을 두고 여러 가지 논의가 있었다. 부정적인 방향으로 보는 사람들은 그리스도교 교회는 로마의 멸망에 기여했다는 주장을 편다. 경제적으로 빈사 상태였던 로마가 그리스도교를 국교로 지정하면서 생겨난 성직자 집단을 부양해야 했던 점이 치명적이었다고 말하기도 한다. 또 로마의 엘리트가 세속에서 이탈하여 교회로 흘러 들어가면서 국가의 위기가 초래되었다고 보는 견해도 있다. 긍정적인 측면에서는 수도원 운동이 활발해지면서 노동을 천시하는 경향이 사라진 점, 또 필사 작업을 통해 고전과 고대의 문화유산이 오늘날까지 전해진 점, 나아가 로마의 국가 조직이 그리스도교 교회의 조직을 통해 고스란히 계승된 점을 지적한다. 이처럼 그리스도교는 로마제국에서 고대와 중세를 잇는 가교 역할을 충실히 했다.

예수의 탄생

1 | 퀴리니우스가 유대에 호
구조사를 최초로 실시한 것
은 기원후 6년이므로 기원전
4년으로 알려진 예수의 탄생
년도와 불일치한다. 이를 바
로잡고자 하는 시도가 여러
번 있었으나, 성공하지 못했
다.

2 | 출신 도시 civitas: 여기서
는 자신의 족보가 있는 곳을
뜻한다.

《누가복음》(라틴어판) 2:1~5

그 즈음에 온 세상에 센서스에 등재하라는 카이사르 아우구스투스의 칙령이 떨어졌다.
이 최초의 센서스는 퀴리니우스Quirinius[1] 가 시리아의 총독praeses이었을 때 실시되었다.

모든 사람이 센서스에 신고하기 위해 각 출신 도시[2] 로 떠나갔다. 요셉도 다윗의 가문
에 속하였으므로 임신한 자신의 약혼자 마리아와 더불어 신고하기 위해, 갈릴리 나사
렛 시로부터 유대에서 베들레헴이라고 불리는 다윗의 도시에 이르렀다.

예수에게 내려진 판결과 유대인의 반응

《마태복음》(라틴어판) 27,22~26

필라투스가 그들에게 말한다. "그렇다면 그리스도[3] 라고 불리는 예수에게 나는 어떻게
해야 하는가?" 모든 사람이 "그로 하여금 십자가형을 받게 하라" 하고 말한다. 총독이 그
들에게 말한다. "그가 어떤 나쁜 일을 하였는가?" 그러자 그들은 "십자가형을 받게 하
라" 하고 더 크게 외쳤다. 필라투스는 아무 소용도 없이 되레 소요가 더 커지는 것을 보
고, 인민 앞에다 물을 떠다 놓고서, "나는 이 의로운 자의 피에 대해서 죄가 없다. 너희들
이 알 것이다"라고 말하며 손을 씻었다. 그러자 전체 인민이, "그 사람의 피는 우리들 위
에, 그리고 우리의 자식들 위에"라고 답하였다. 그러자 그는 그들에게 바라바를 보냈
다. 한편 예수는 채찍질을 받게 하고서 십자가형을 받도록 그들에게 넘겨주었다.

3 | 그리스도 Christos: '도유
식塗油式을 받은 자'라는 뜻.
왕·제사장·예언자의 자격을
가진 사람을 가리킨다.

초기 교회의 공동생활

《사도행전》(라틴어판) 2:42~47

따라서 그의 설교를 받아들인 자들은 세례를 받았다. 그날 약 3000의 영혼이 더해졌다. 한편 사도들의 가르침을 고수하는 자들이 있었는데, 이들은 빵조각을 함께 나누고 기도하였다. 모든 영혼에 두려움이 생겨나고 있었다. 게다가 많은 기적과 징조가 사도들을 통해 예루살렘에서 나타나곤 하였기에 모든 사람이 크게 두려워하였다.

그래서 모든 사람이 신앙심으로 한데 모였으며, 모든 것을 공유물로 여겼다. 그들은 점유 토지와 재산을 팔아, 모든 사람에게 각자의 필요에 따라 분배했다. 그리고 한마음으로 매일 성전에 머물고 집 주위에서 빵을 나누면서 기쁨과 마음의 단순함으로써 신을 함께 찬양하며 음식을 먹어, 모든 평민에게 호감을 주었다. 그 속으로 주께서 날마다 구원받은 자들을 더하였다.

로마인이 본 그리스도교도 박해

타키투스, 《연대기》 15.38~44

재앙이 이어졌다. 그것이 우연한 사건의 결과인지, 황제의 교활함이 낳은 결과인지는 불확실하다. 왜냐하면 저자들이 두 가지 해석을 다 제시하기 때문이다. 그러나 그 재앙은 화재로 인한 참화로 이 도시에서 발생한 다른 어느 재앙보다 심각하고 무서웠다. ……

인간들의 온갖 노력과 황제의 관대함, 신에 대한 그 어떤 속죄 의식도 화재가 명령에 의해 저질러졌다는 불길한 믿음을 떨쳐버리지 못하였다. 결국 네로 황제는 소문을 불식시키기 위해 죄인들을 체포하였고, 혐오감을 주어 증오의 대상이 되었던 집단에게 가장 심한 고문을 가하였다. 사람들은 그들을 그리스도교인이라고 부른다. 그 명칭의 기원이 되는 그리스도는 티베리우스 황제 치세에 총독인 폰티우스 필라투스에게 사형 선고를 받았다. 그 유해한 미신은 그렇게 잠시 잠잠해졌으나, 이 악의 원산지인 유대에서뿐만 아니라 모든 끔찍하거나 수치스러운 것이 전 세계로부터 몰려들어 유행하는 로마에서 다시 흥기하고 있다.

우선 그리스도교인이라고 자백한 자들이 체포되었다. 이어서 이들이 제공한 정보에 따라 많은 사람들이 방화범보다는 인류의 증오 대상으로서 판결되었다. 그리고 그들의 죽음은 조롱거리가 되었다. 야생 동물의 가죽을 그들에게 덮어씌운 뒤에 개들로 하여금 찢어발겨 죽였는가 하면, 십자가에 못 박혔고, 야간이 되면 불 위에 올려놓고 밤을 밝히도록 태워졌다. …… 비록 그들은 극형을 받아 마땅했지만, 그들이 희생된 것은 공익을 위해서가 아니라 한 사람의 만행 탓이라는 것을 사람들이 느끼면서 연민이 일어났다.

종교적 신념으로 살다

크노프R. Knopf, 《간추린 순교자 문서 Ausgewählte Märtyrerakten》 3판, 튀빙겐, 1929, No.6

프라이센스Praesens가 [두 번째] 콘술로 재직하고 클라우디아누스Claudianus가 콘술로 재직하던 해 7월 17일, 스페라투스·나르트잘루스·키티누스·도나타·세쿤다·베스티아는 카르타고 총독 관저에서 재판을 받았다. 총독 사투르니누스[4]는 말하였다. "제정신을 차리면 너희들은 우리의 주인이신 황제에게 사면을 받을 수 있다." 스페라투스가 말하였다. "우리는 어떤 죄도 범한 적이 없습니다. 우리는 어떤 불의한 일에도 전념하지 않았습니다. 우리는 남을 중상하지도 않았습니다. 그런데도 부당한 취급을 받아도 우리는 감사했지요. 왜냐하면 우리는 황제를 존경하기 때문입니다." 총독인 사투르니누스가 말하였다. "우리도 종교가 있고, 우리의 종교는 단순하다. 우리는 우리의 주인인 황제의 수호신genius께 맹세하고 황제의 안녕을 기원한다. 너희들이 그래야 하는 것처럼" …… 스페라투스가 말하였다. "나는 이 세상의 제국을 인정하지 않습니다. 오히려 어떤 사람도 본 적 없고 인간의 눈으로는 볼 수 없는 그 신을 섬깁니다. 나는 도둑질을 한 적이 없습니다. 나는 물건을 사면 세금을 냅니다. 왕 중의 왕이요, 모든 민족의 황제이신 나의 주님을 인정하기 때문입니다." 총독 사투르니누스가 다른 사람들에게 말하였다. "이런 식으로는 설득하지 말라."

4 | 사투르니누스Saturninus: 180년 카르타고의 총독이었다.

신념에 따른 병역 거부

크노프, 《간추린 순교자 문서》, No.20.iii~v

5 | 팅기스Tingis: 모리타니아의 주요 도시이자 군사 기지였다. 지금의 모로코 탕헤르Tangier.

파우스투스Faustus와 갈루스Gallus가 콘술로 있던 해[298년] 7월 28일, 팅기스[5]의 아스타Asta 자치도시 출신 백부장인 마르켈루스Marcellus가 법정에 소환되었다. ……
서한을 읽고 나서 아그리콜라누스[6]가 말하였다. "총독의 공식 기록에 나와 있는 대로 말했는가?"

마르켈루스가 말했다. "그랬지요."

아그리콜라누스가 말했다. "그대는 수석 백부장의 계급으로 복무하였는가?"

마르켈루스가 말했다. "그렇습니다."

아그리콜라누스가 말했다. "어떤 미친 짓이 그대를 사로잡았기에 충성의 맹세를 저버리고 그 같은 말을 하였는가?"

마르켈루스가 말했다. "신을 경외하는 자에게 미친 짓이란 있을 수 없습니다."

아그리콜라누스가 말했다. "총독의 공식 기록에 들어 있는 내용을 일일이 말했는가?"

마르켈루스가 말했다. "그렇습니다."

아그리콜라누스가 말했다. "그대는 무기를 던져버렸는가?"

마르켈루스가 말했다. "그랬지요. 주 예수를 섬기는 그리스도교인이라면 이 세상 군대에 복무하는 것은 적절하지 않습니다."

6 | 아그리콜라누스Agricolanus: 대리총독으로, 총독에게 재판을 위임받은 것으로 보인다.

디오클레티아누스의 그리스도교 교회 박해

락탄티우스, 《박해자들의 죽음에 대하여》 12~14

이 업무를 수행하기 위한 적절한 날이면서 점괘에도 맞는 날이 찾아졌으며, 2월 23일에 열리는 테르미날리아[7]가 이 종교를 끝내는 날로 선정되었다. …… 두 황제[디오클레티아누스와 막시미아누스]가 각각 여덟 번째와 일곱 번째 콘술 직을 역임하던 해에, 총독과 군사령관과 천부장과 국고 관리가 먼동이 터서 아직 밝지 않은 때에 갑자기 교회로 왔다. 그러고는 문을 부수고 하나님의 형상을 찾았다. 또 문서들을 찾아서는 불태웠고 노획물을 사람들에게 나눠 주었다. 사방에서 약탈과 혼란과 소동이 벌어졌다.

황제들은 관측하기 좋은 지점에서 이 모습을 보고 있었는데(교회가 언덕 위에 있어 궁전에서 볼 수 있었다), 그곳을 불 질러 버릴지를 두고 오랫동안 논의하였다. 디오클레티아누스의 견해가 우세하였다. 그는 만약 큰불이 나면 도시[8]의 일부가 타버릴지도 모른다고 우려하였다. 그래서 친위대를 보내 사방에 전투 대형을 갖추고 도끼와 철로 만든 도구를 들고 돌진시켜 몇 시간 만에 높이 서 있던 성소를 지면처럼 평평하게 만들어버렸다.

다음날 칙법이 발표되었다. 그 종교를 믿는 모든 사람은 명예와 관직을 박탈당할 것이며, 어떤 신분, 어떤 지위이든 고문을 받을 것이며, 모든 법률 소송이 당사자에게 불리하게 강행될 수 있으나 어떤 잘못이나 강간이나 절도에 대해 소송할 권리를 갖지 못할 것이며, 마지막으로 어떤 자유나 발언권도 주어지지 않을 것이라는 내용이었다. ……

7 | 테르미날리아Terminalia: 경계 표지의 신인 테르미누스를 기념하는 축제일.

8 | 새로운 수도로 정한 니코메디아를 뜻한다.

9 | 이 무렵에는 가내 노예뿐
만 아니라 디오클레티아누
스의 부인과 딸까지 그리스
도교를 수용한 상태였다.

10 | 303~311년에 지속된
이 박해는 제국 전체에 걸쳐
가해졌다. 가장 잔혹하고 가
장 오래 지속된 박해였다.

그리스도교인들이 환관과 공모하여 왕자들을 파멸시킬 음모를 꾸몄으며, 두 황제도 하마터면 궁전에서 생으로 타 죽을 뻔했다는 말도 있었다. 그러나 디오클레티아누스는 자신이 언제나 기민하고 영리하게 보이기를 원했기에, 그런 속임수는 추호도 의심하지 않은 채 격노하여 즉각 자신의 가내 식구들[9]을 고문하기 시작하였다.[10]

자료 05

그리스도교, 공인되다

에우세비우스, 《교회사》 10.5.2~5

짐 콘스탄티누스 아우구스투스와 짐 리키니우스 아우구스투스[11]가 길조 속에서 밀라노에서 회동하고 공익과 안전에 관한 모든 현안을 토의하였다. 그 결과, 우리가 보기에 대다수 사람에게 이익이 될 수단 중에서 무엇보다도 신에 대한 존경을 확실히 하기 위한 규정을 만들어야 한다고 생각하였다. 이를테면 그리스도교인을 비롯한 모든 사람에게 각자가 바라는 숭배 형태를 따르는 무제한의 권리를 부여하는 것이다. …… 그래서 유익하고도 가장 올바른 생각을 품고서 우리는 이 정책을 채용하기로 결심하였다. 즉, 어떤 사람이든 그리스도교인의 예배 또는 자신에게 가장 적합한 것으로 여기는 종교에 헌신할 자유가 부인되어서는 안 된다고 생각하지 않을 수 없었다.

11 | 313년 리키니우스는 이
교도 입장에서, 콘스탄티누
스는 그리스도교 입장에서
타협하여 내린 밀라노 칙령
을 가리킨다. 니코메디아에
서는 이미 여러 달 전에 시행
되고 있었으므로, 밀라노 칙
령은 새로운 포고라기보다
는 리키니우스가 동로마 지
역의 총독들에게 보낸 명령
으로 보인다.

《테오도시우스 법전》 9.16.2(319년)

우리는 주술사와 주술 예식에 익숙한 사제들과 사람들이 개인의 집을 방문하는 것, 혹은 친구를 가장하여 다른 사람 집의 문지방을 넘는 것을 금지한다. 만약 그들이 이 규정을 무시한다면 벌할 것이다. 이런 행위가 자신에게 도움이 된다고 생각하는 자는 공공의 재산과 성소에 가서 자신의 관행에 따른 의식을 거행해야 한다. 우리는 공개적으로 행하는 지난 관행의 예배를 금지하지는 않는다.

콘스탄티누스의 공의회 소집

에우세비우스, 《콘스탄티누스 전기》 3.6~10

콘스탄티누스는 일반 공의회synod를 소집하였다. 전국 각지에 있는 주교들에게 가능하면 빨리 참석하라고 권고하는 친서를 보내 그들을 초청하였다. …… 그때 한 장소에 매우 다른 사람들이 모이는 모습을 볼 수 있었다. 이들은 정신만이 아니라 외모도 달랐고, 출신 지역, 사는 곳, 속주도 다양하였다. …… 유럽·아프리카·아시아를 망라한 모든 교회에서, 신의 종들 가운데에서 중요한 직책을 차지한 자들이 동시에 모였다. 그리고 신의 의지에 따라 확대된 하나의 신성한 궁정 안에는 킬리키아인, 페니키아인, 아랍인, 팔레스타인인, 이집트인, 테베인, 리비아인, 그리고 메소포타미아에서 온 사람도 끼어 있었다. 페르시아에서 온 한 주교도 공회의에 참여하였으며, 이 모임에서 스키티아도 빠지지 않았다. 마찬가지로 폰투스, 갈라티아, 팜필리아, 카파도키아, 아시아 역시 그러했고, 프리기아는 가장 정선된 자들을 파견하였다. 트라키아 사람, 마케도니아 사람, 아카이아 사람, 에피로스 사람, 그리고 이들보다 더 멀리 떨어진 곳에 있는 사람들도 참석하였다. …… 전체 참석자는 주교 250명보다 더 많았다. ……

논쟁을 종결하기 위한 협의회를 위해 지정된 날에 공회의를 구성하는 다양한 사람들이 준비하고 있었다. 아마도 크기 면에서 어떤 궁전도 능가할 궁전의 연회장 한가운데에 양편으로 가지런히 열을 지어 의자들이 놓였다. 그러고는 호명된 사람들이 전부 들어와 자기 자리에 앉았다. 처음에는 공회의 참석자들 모두가 엄숙하게 자리를 잡고서 조용히 황제가 들어오기를 기다렸다. 곧 황제의 최측근 중에 한 사람이 들어왔고, 이어서 두세 사람이 들어왔다. 다른 사람들도 입장하였는데, 관례대로 병사들과 호위병들이 오는 대신 그리스도에 대한 신앙을 고백한 황제의 고문들이 들어왔다. 황제의 입장을 알리는 신호가 떨어지자, 모든 사람이 기립하였고, 마침내 황제가 몸소 한가운데로 나왔다. …… 그의 화려한 자색 의상이 사람들의 눈을 현란하게 하였고, 특별히 치장한 화려한 금과 보석이 이때를 위해 장식한 불빛으로 찬란하였으며 …… 그의 영혼에 관해 말하자면, 그는 신과 종교에 대한 경외심으로 장식하고 있음이 분명해 보였다.[12]

12 | "니케아 공의회에 참석한 대의원은 318명이고, 이 중 2명을 제외하고 모두가 성부와 성자가 동일 본질이라고 하는 내용에 서명하였다. 381년에 열린 콘스탄티노플 공의회에서는 성령도 동일 본질임을 표결하여, 마침내 삼위일체 교리가 확립되었다."

그래도 황제 숭배가 중요하다

《라틴 비문 선집》 705

13 | 이 내용은 325년 이후에 작성된 것으로, 황제 숭배의 전통이 남아 있는 것을 볼수 있으며, 콘스탄티누스의 그리스도교 개종이 불완전했음을 알려준다.

우리는 그대들의 요청과 간구에 기꺼이 동의하노라. 우리는 히스펠룸Hispellum 시에 영원한 이름을 부여하고 우리의 명칭에서 따온 신성한 호칭을 부여하였노라. 이제부터 그 도시는 플라비아 콘스탄스Flavia Constans라고 불릴 것이며, 그대들이 요구한 대로, 그 중심부에 훌륭한 솜씨로 플라비아누스 가문의 신전을 짓기를 우리도 원하노라. 우리의 이름에 바쳐진 신전은 어떤 해로운 미신의 기만으로도 오염되지 않도록 해야 한다.13

국교화와 그리스도교인에게 부여된 특권

《테오도시우스 법전》 16.5.1

14 | 보편적인 그리스도교인이라는 의미의 가톨릭 catholicus이 처음으로 공식화한 것은 380년이다.

종교를 고려하여 수여된 특권들은 오로지 가톨릭 신앙14을 가진 자들에게만 혜택이 되어야 한다. 더욱이 이단자와 분열주의자는 이 특권들에서 배제되어야 할 뿐 아니라, 구속되어서 여러 강제 공공노역에 종속되어야 할 것이다.

| 출전 |

에우세비우스Eusebius(기원후 260/265~339/340), 《콘스탄티누스 전기Vita Constantini》: 교회사의 아버지로 불리는 인물로, 313년에 팔레스타인의 대주교를 역임했다. 그의 《교회사》에는 디오클레티아누스와 그 후계자인 리키니우스 때까지 행해진 그리스도교 박해가 기록되어 있다. 《콘스탄티누스 전기》는 교회사에 이어지는 역사물이라기보다는 황제 찬사문에 가깝다. 이 전기는 저자의 죽음으로 중단되었으며, 일부 학자들은 그의 작품인지 의심하기도 한다.

타키투스, 《연대기》: 타키투스는 원로원의 포고문에 입각한 역사 기술로 양심적인 역사가로서 인정받는다. 다만 황제를 혐오했기에 다소 편향된 면이 있다. 《연대기》는 주로 기원후 14년부터 클라우디우스와 네로 시기(47~66년)를 다룬 부분이 남아 있다.

라틴어판 《누가복음To kata Loukan euangelion》 《마태복음Kata Matthaion euangelion》 《사도행전Práxeis tôn Apostólōn》: 《마태복음》은 기원후 80~90년에 저술되었으며 저자는 누군지 모른다. 다만 높은 수준의 교육을 받은 유대인으로 짐작되며, 예수의 제자 마태(오)가 이 복음서의 출전임을 표시하여 기념한 것으로 여겨진다. 《누가복음》은 기원후 60년경에 저술된 것으로 여겨지는데, 이보다 늦은 기원후 75~100년으로 보는 반대론도 있다. 이 복음서의 저자 루카(누가)는 《사도행전》의 저자와 동일한 것으로 간주된다. 이 저자는 복음서를 쓸 때 《마가복음》과 예수의 어록이라고 생각되는 '사료Q'와 민간전승인 '사료L'을 참조했다고 여겨진다. 《사도행전》의 저술 시기는 기원후 60~62년으로 보는 학자도 있으나 대체로 기원후 1세기 후반으로 본다. 신약 성서는 대체로 '코이네'라고 불리는 그리스어로 기록되었다. 여기에서는 라틴어판을 인용했는데, 이것은 히에로니무스가 대조 연구하고 번역한 것으로, 이전의 '구 라틴역Vetus Latina'과 구별하여 '불가타Vulgata'라고 부른다. 이 성서는 400~1530년 서유럽 세계에 결정적인 영향을 미쳤다. 코이네 성서가 로마사 관련 용어를 그리스어로 번역하면서 부정확한 면이 있는 데 비해, 라틴어판은 로마사와 관련해서는 더 정확한 용어로 기록되었다.

《테오도시우스 법전》: 여기에 소개된 내용은 콘스탄티누스 재위 5년, 리키니우스가 콘술일 때에 포고된 것이다.

| 참고문헌 |

김경현, 《콘스탄티누스 황제와 기독교》, 세창출판사, 2017.

남성현, 《콘스탄티누스 가문의 그리스도교적 입법 정책: 313~361》, 한국학술정보, 2013.

몬타넬리, 인디로, 《로마제국사》, 김정하 옮김, 까치, 1998.

반덴베르크, 필리프, 《네로—광기와 고독의 황제》, 최상안 옮김, 한길사, 2003.

브라운, 피터, 《그리스도교 세계의 등장》, 이종경 옮김, 새물결, 2004.

_____, 《성인숭배》, 정기문 옮김, 새물결, 2002.

_____, 《아우구스티누스》, 정기문 옮김, 새물결, 2013.

아우구스티누스, 《신국론》, 성염 옮김, 분도출판사, 2004.

안희돈, 《네로 황제 연구》, 다락방, 2004.

조인형, 《초기 그리스도교사 연구》, 한국학술정보, 2002.

허승일 외, 《로마제정사 연구》, 서울대출판부, 2000.

히더, 피터, 《로마제국 최후의 100년》, 이순호 옮김, 뿌리와이파리, 2008.

Jones, A. H. M., *A History of Rome Through the Fifth Century, vol. II: The Empire*, Macmillan, 1970.

Lewis, Naphtali & Meyer Reinhold, *Roman Civilization: Sourcebook II—Empire*, Harper, 1966.

29

로마제국은 왜 멸망했는가

로마제국은 왜 멸망했는가? 이 질문에 대해 답하기 전에 먼저 이 질문 자체에 대해 물어야 한다. 로마의 멸망이라는 사실 자체에 회의적인 시각이 있기 때문이다. 우선 기원후 476년 서로마제국의 황제가 게르만인 용병대장 오도아케르Odoacer에 의해 폐위된 후, 로마제국의 동쪽은 나중에 비잔티움 제국으로 불리며 반쪽짜리 로마를 1000년이나 이어갔다. 이뿐만 아니라 카롤루스 대제Carolus Magnus는 기원후 800년에 로마 황제로서 대관식을 치름으로써 끊어졌던 법통을 잇고 로마제국을 계승했다. 이를 두고 흔히 '제국 계승 운동translatio imperii'이라고 한다. 또 교회의 역할에 주목한 사람들은 제국의 질서와 행정, 또는 정신문화가 교회에 그대로 보존·계승되었다고 본다. 이런 견해들을 따르면 로마 멸망의 의미는 모호해진다. 그러면 로마는 멸망하지 않은 채 현존하는 것인가? 이 질문에도 역시 확실한 긍정은 없다. 로마제국 자체는 없어졌기 때문이다.

우리가 로마제국의 멸망 문제를 다룰 때는 이것이 시대 구분과 관련되어 있음을 인식해야 한다. 서양사의 시대 구분은 서유럽에 살고 있는 서유럽인의 관점에 따른 것이다. 그들에게 로마의 멸망은 고대의 종말인 동시에 새로운 시작을 의미했다. 서양인들에게 비잔티움 제국의 소멸은 다른 중세 왕조의 소멸과 별다른 차이가 없다. 아무리 로마법과 로마제국을 계승했다고 해도 그것은 중세 왕조의 운동일 뿐이다. 우리가 로마제국의 멸망이라고 말할 때, 그것은 고대 세계의 종말을 의미한다. 그런 의미에서 로마는 분명히 멸망했다

이제 그 멸망의 '이유'를 찾아보자. '원인' 대신 '이유'라고 한 것은 멸망에 관한 인과관계의 제시가 아니라 소급 추정만이 가능하기 때문이다. 그동안 많은 석학들이 로마가 멸망한 이유를 제시했다. 멀리는 아우구스티누스부터 최근의 역사가들에 이르기까지 다양한 의견이 있다. 하지만 로마의 멸망이 하루아침에 이루어진 것이 아니라 오랜 세월 진행된 사태의 결말이었다는 점에는 모두가 동의한다. |자료 1|

로마가 멸망한 이유 1: 납중독 문제

최근 환경 보존 문제가 시급하다. 각종 오염물질이 더 많이 양산되어 인류 전체의 건강과 생식이 위협받고 있다. 환경 교과서들은 거의 예외 없이 서양의 고대 세계는 환경이 오염되어 있었다고 지적한다. 특히 로마인의 식기나 수도관은 납으로 만들어졌는데, 이것들을 오랜 세월 사용함으로써 로마인의 건강이 치명타를 입었다고 말한다. 그 결과, 로마인들은 40세 전후에 수명이 다했다고 한다. 납중독의 심각성을 지적하는 대목이다. 그런데 현대에는 눈에 보이지 않는 환경오염 탓에 근본적으로 숨 쉬는 것 자체가 문제가 되고 있다. 의학이 발달한 덕분에 건강이 좋아지고 수명이 늘었으나, 오히려 청년 인구는 줄고 노령 인구가 늘어, 사회의 여러 측면에서 그 위험성을 경고하고 있다. 따라서 납중독에 의한 단명과 같은 단일 요소를 고대의 멸망을 가져온 유일한 요인으로 간주하는 것은 잘못이다. |자료 2|

그보다 오염 문제는 시각을 달리하여 봐야 할 것이다. 고대에는 은화가 일상

적인 교환·거래 수단으로 쓰였다. 따라서 은이 많이 필요했는데, 광석을 제련하는 방법에 문제가 많아, 제련하는 과정에서 발생한 많은 오염물질이 그대로 바다로 흘러 들어가 지중해의 바닥이 납으로 오염되었다고 한다. 오염이 가장 많이 된 시기는 고대 문명의 황금기인 고전기였다고 한다.|자료3| 뒤집어 말하면, 오염은 활발한 경제활동의 결과였다. 우리가 환경오염을 문제 삼을 때는 이처럼 장기간에 걸친 영향을 고려해야 할 것이다.

로마가 멸망한 이유 2: 전제정치

어떤 사람들은 로마의 전제정치가 문제였다고 본다. 역사를 긴 안목으로 보면 독재정치는 그다지 바람직하지 못한 결과를 가져오는 것을 알 수 있다. 이 점에 비추어보면, 로마가 제국을 유지하기 위해 황제 숭배를 비롯한 여러 가지 통제 정책을 강행한 것이 멸망의 이유일 수 있다.|자료4| 그 당시 행정이 억압적이지 않았다는 주장도 있지만, 여러 가지 정황을 고려하면 독재정치로 흐를 가능성이 높았다.

그렇지만 어떤 정치가 억압적이고 독재의 형태를 띤다고 해서 그것이 반드시 멸망으로 이어지는 것은 아니다.|자료5| 초기 자본주의 시기에 국가가 한 역할을 부인할 수는 없지 않은가? 또한 어떤 인물의 정치가 독재냐 아니냐는 어디까지나 당파성의 문제임을 인식해야 한다. 우리의 경험으로 보더라도 민주적 인사가 통치자가 되어도 체제나 부패의 문제는 달라지지 않음을 인정할 수 있다.

이렇게 본다면 로마의 부패는 특별한 것이 아니라 일반적인 정치사에서 있을 수 있는 형태에 불과하다.|자료6| 독재정치가 멸망의 원인으로 제시될 때에는 체제의 문제와 연관되어야만 그 주장이 설득력을 가지는 것이다.

로마가 멸망한 이유 3: 윤리적 타락

로마제국의 멸망은 윤리적 타락 탓이라는 의견도 공감을 많이 얻고 있다.|자료7| 기원후 1세기 역사가인 타키투스는 자신의 저술에서 게르만인들은 정숙한 데 비해 로마인은 타락했다고 개탄한 바 있다.|자료8| 또 그리스도교사가들도 타락

한 로마인 상을 강조한다.|자료9|

그러나 윤리 문제는 당연히 법적 문제가 아니라는 점에 우리는 동의한다. 로마인이 얼마나 타락했는지 계량적으로 조사할 수도 없다. 오히려 로마인을 움직였던 것은 스토아 철학이었고, 에피쿠로스 철학에서 강조하는 쾌락도 고통의 회피라는 차원에서 보면 스토아 철학과 크게 다르지 않다.

'로마병病'이라는 말이 있다. 일만 너무 열심히 하고 놀지 않아서 생기는 병을 뜻한다. 오히려 이런 창의성 부재의 분위기가 로마의 위기를 가져왔다고 볼 수 있지 않을까? 한편 혼외 출산을 통해 해방을 꿈꾸었던 여자 노예는 직업 매춘부와 다를 바 없었는데, 이런 관행이 지양되면서 사회 최하층에 가족 윤리가 확립되기 시작한 시점이 쇠퇴의 시기와 일치하는 데 주목할 필요가 있다.

로마가 멸망한 이유 4: 토지 문제

많은 사람의 관심의 대상이 된 것은 역시 농지 문제다. 로마제국이 멸망할 무렵에 개인의 토지 축적이 최대에 이르렀다는 데 주목하는 연구들도 있다. 동양 사회의 경험을 보더라도, 대규모 농지 집중 현상이 정권 말기와 일치해서 나타난다. 기원전 1세기에 이미 로마에서는 "라티푼디아가 이탈리아를 망친다"라는 말이 나왔다. 그라쿠스 형제의 개혁 이전에도 농지 문제를 해결하려는 정책이 제시되었다. 로마에서는 농지 소유의 차등이 신분의 지위를 결정하는 요소였기에, 농지에 대한 욕구가 컸다. 따라서 농지 기근을 해결하고자 끊임없이 팽창할 수밖에 없었다. 기원전 111년에는 농지법이 제정됨으로써 농지 소유 상한선이 사라졌다. 농지 소유를 제한하는 입법이 무의미해진 사정을 반영한 것이다. 그 이후부터는 토지 소유에 제한이 없어졌다.|자료10| 그런 와중에 기초 식량을 해외에서 수입했고, 환금작물인 포도와 올리브는 자급을 넘어 수출하는 구조가 형성되었다. 로마 정부는 포도주를 독점하기 위해 알프스 이북에서의 포도 재배를 금지하기까지 했다. 고대 사회에서 농업이 대농 위주로 편성되면 위험이 커질 수밖에 없었다. 특히 시민이 전사이자 농민이기도 한 고대 사회의 폴리스 구조에서 농민 수의 감소는 곧바로 정치의 위기와 국방의 위기로 이어졌다.

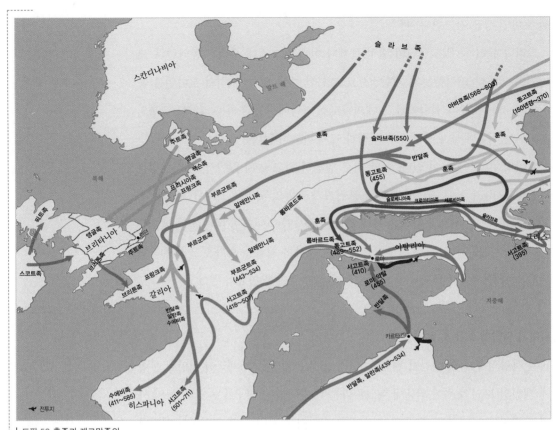

도판 58 훈족과 게르만족의 로마제국 침입 경로를 하늘에서 내려다본 형태로 그린 지도. 해당 연도와 경로가 보여주듯, 침입은 장기에 걸쳐 일어났다. 따라서 하나의 극적인 요인으로 로마제국이 멸망했다는 식의 논의는 지양되어야 할 것이다. 동고트족과 서고트족은 어원을 보면 동서東西와 관련되지 않으므로 앞으로는 오스트로고트족, 비시고트족으로 가리키는 것이 좋을 것이다.

그러나 로마제국 말기의 사정을 우리는 다시 고려해야 한다. 노예 중심으로 이루어지던 농장 경영이 콜로누스라고 불리는 농민을 중심에 두는 방식으로 변해갔다. 그러자 제도 정비를 통해 콜로누스에게는 일정한 경작권이 보장되었고, 농지 소유자에게는 일정한 지세가 확보되었다. 고고학 발굴에서 확인할 수 있듯, 제국 말기에 오히려 농업이 안정된 점, 소작 관계가 일상화하려면 농업 생산력이 높아져야 한다는 사정을 고려하면, 단순히 농지 소유자의 토지 축적만을 문제 삼을 수는 없다. 문제는 그런 사정이 국가의 운영에 어떤 영향을 미쳤는가이다.

로마가 멸망한 이유 5: 군대 문제

다섯 번째로, 많은 이들이 군대 문제를 제기한다. 제국을 유지하려면 많은 병력이 필요했다. 국경선이 수천 킬로미터에 달하는 로마로서는 계속해서 신병을

공급하는 것이 시급한 문제였다. 그런데 신병을 공급하려면 양질의 노동력을 징발해야 했다. 노동력 징발은 연쇄적으로, 많은 노동력을 필요로 하는 대농장에 인력 부족 사태를 초래했다. 콜로누스의 입장에서는 통상 복무 기간이 20년 내외인 군 복무를 좋아했을 리가 없다. 그들은 군 복무를 회피하려는 경향이 강했고, 농촌의 농장으로 숨어들었다. 신병 조달이 어려워지자, 로마 정부는 두 가지 방안을 마련했다. 하나는 기원후 1세기경부터 국경 주변에 게르만인을 정착시켜 '라이티laeti'라는 둔전병으로 이용하는 것이었는데, 이들에게 지급된 토지(테라이 라이티카이terrae laeticae)는 중세의 봉토와 그다지 다르지 않았다.|자료 11| 또 하나는 병사들이 주둔지에서 현지 여성들과 혼인하는 것을 허용하는 것이었다. 기존 법에서는 로마인과 혼인하는 것만이 합법이었으나, 병사가 비非로마인 여성과 혼인하고 일정한 기간 복무하면 둘 사이에서 태어난 자식에게 로마 시민권을 수여하는 정책으로 바뀐 것이다.|자료 12| 그 결과, 병력의 60퍼센트가 주둔지 출생이 되었다. 그리하여 제정 말기에 이르면, 로마 군은 로마인 혈통으로 구성되었다고 볼 수 없을 정도가 되었다.

그렇다면 이런 점 때문에 로마가 위기에 처했다고 할 수 있을까? 이런 인적 구성에 문제가 있다고 보는 사람들은 국민개병제여야만 방어를 잘할 수 있다고 주장하거나, 용병은 믿을 수 없다는 논리를 편다. 이 논리는 단일 민족 국가라면 맞을 가능성이 높다. 그런데 로마는 기원후 212년, 제국 내 모든 자유인에게 시민권을 주어 만민법ius gentium 개념이 확산되었다. 로마는 단일 민족 국가가 아니라 다민족을 포용하는 국가 체제였던 것이다. 게르만인이나 기타 이민족의 충성심을 문제 삼는 것은 당시 사정을 무시한 것으로, 타당하지 않다.

또한 역사적으로 보면 왕조를 끝까지 지키거나 충성을 다한 부류는 바로 용병들이었음을 기억해야 한다. 용병들은 전문가로서 자신을 고용한 군주에게 책임을 다하는 특성이 있어, 아마추어인 일반 병사보다 뛰어난 공적을 남겼다. 실제로 로마가 이민족의 위협을 받았을 때 일선에서 병력을 지휘한 헌신적인 게르만 장수들이 있지 않았는가.|자료 13| 군대가 이민족으로 구성된 점에서 로마제국의 멸망을 찾는다면, 이는 일방적인 관점을 반영한 것이다. 오히려 군대가 때

로 상공업을 진흥시켰던 예를 찾을 수 있다. 군대의 규모와 편성이 경제에 끼친 영향을 고려하는 것이 우리의 질문에 답하는 바른 방법일 것이다.

로마제국의 멸망을 보며 균형을 생각한다

지금까지 살펴본 이 모든 의견을 종합해보면, 로마의 멸망을 가져온 요인들은 쇠퇴기 훨씬 이전인 황금기에 노출된 문제였음을 알 수 있다. 앞에서 제기했던 요인들은 이미 그전에 나타났으며 해결된 문제였다. 단명을 가져온 요소는 출산으로, 전제정치는 정치적 변화로, 농지 문제는 여러 입법 조치와 조세 제도로, 군역 문제는 군인에 대한 처우 개선 등으로 해결되었던 것이다. 따라서 우리는 로마의 쇠퇴기에 왜 이런 점들이 문제가 되었는지를 궁리해보아야 한다.

크게 보면 사회의 여러 부문에서 불균형 문제가 발생했다는 점에 우리는 주목할 수 있을 것이다. 유기체는 끊임없이 작용과 반작용을 이어가며 생명을 유지한다. 국가 체제도 이와 같아서 일종의 평형이 유지되어야 한다. 막스 베버에 따르면, 기원후 1세기부터 시작된 '로마 평화Pax Romana'는 '인력 부족manpower shortage' 문제를 야기했다. 여기서 인력이란 일차적으로 노예 인력을 뜻하는데, 전쟁으로 값싸게 조달되던 노예가 전쟁이 멈추자 가격이 뛰거나 불안정해졌다. 게다가 노예 양육에 드는 비용이 늘어, 노예 양육도 이익이 되지 못했다. 노예의 처지가 점차 나아지면서, 일반 시민이었던 콜로누스 계층이 광범하게 노예노동을 대체해가기 시작했다. 게다가 인구의 중심이 내지로 옮겨가면서, 콜로누스에 기반을 둔 농장이 자급자족 경향을 보이며 화폐경제가 탄력을 잃고 만다.

이런 상황에서 게르만인들이 거의 한 세기 동안 로마제국을 공략했다. 여기에 대비하려면 로마는 끊임없이 인력을 징발할 수밖에 없었고, 징발 정책은 다시 농장 경영에 큰 타격을 주었다. 이에 대한 반발로 이탈자가 생겼고, 국가는 딜레마에 빠졌다. 병사들의 처우를 개선하기 위해서는 조세 징수가 원활해야 하는데, 자급자족을 지향하는 농장 경영이 일반화되어 조세 징수가 원활치 못했고, 각 지역의 책임자는 자발성을 상실한 채 자포자기식 대응을 할 수밖에 없게 되었다. 그러자 국가로서도 체제 유지를 위해 고삐를 늦출 수 없었다. 하지만 그런 억압이나 독재도 궁극적인 해결책이 되지는 못했다.

베버의 설명을 통해서 필자는 결국 '균형equilibrium'의 문제에 주목하게 된다. 군대와 정부는 화폐경제를 지향하는 반면, 경제는 자급경제를 지향하는 농촌경제로 이행하고 있었기에 사회의 불균형을 초래했다. 거대한 배도 균형을 잃으면 침몰하듯이 로마제국은 작은 충격에도 무너질 수밖에 없었던 것이다. 사실 로마제국을 무너뜨린 게르만인은 서유럽 인구의 6퍼센트밖에 안 되었다고 추정된다.

균형의 문제는 개인도 역시 깊이 인식해야 하는 문제다. 흔히 우리는 구조를 논하면서 개인을 지운다. 하지만 개인도 구조의 일부임을 잊어서는 안 된다. 최근에 나온 혼돈 이론에 따르면, 말없는 개인의 역할이나 태도가 큰 변화의 요인으로 다시금 인식된다. 흘러가는 사회 추세에 몸을 맡기기보다 우리의 자각과 태도가 역사에서 균형대를 움직이며 인류의 생존을 결정하는 요소임을 인식할 때 우리의 문명에도 희망이 있다.

로마의 멸망은 게르만인의 침입 때문이라는 생각

몽테스키외Montesquieu, 《로마제국 성쇠의 원인에 관한 고찰Concidérations sur les causes de la grandeur des Romains et de leur décadence》, Édouard Laboulaye ed., Garnier, 1876, pp. 284~286

제국이 분할되자, 동로마의 황제들은 이미 야만인들과 협정을 맺은 상태였기에 서로마의 황제들을 돕고자 그 협정을 깨려 하지 않았다. 프리스쿠스[1]는 행정의 분할은 서로마에 매우 불리하다고 말했다. 그래서 동로마의 로마인들은 반달족과 맺은 이 조약에 따라, 서로마의 로마인들에게 함대를 파견하기를 거절하였다. 아르카디우스 황제와 조약을 맺은 반달족은 서로마로 들어갔고, 호노리우스 황제는 라벤나Ravenna로 도주할 수밖에 없었다. ……

서로마를 다스리던 자들에게 전략이 없었던 것은 아니다. 그들은 이탈리아가 어떤 의미에서는 제국의 머리이고 다른 의미에서는 심장이라고 보고, 이탈리아를 구하는 것이 핵심이라고 판단하였다. 그들은 야만인들이 외곽 지역을 통과하게 했으며, 그곳에 정착하도록 했다. ……

그러나 이 모든 계획은 다른 어떤 것보다 치명적인 혁명으로 전복되었다. 이탈리아의 군대는 외국인들로 이루어졌는데, 그들은 여전히 더 외국인이던 민족들에게 수여된 것을 강제로 요구하였다. 오도아케르 하에서 군대는 새로운 귀족이 되었다. 이들에게 이탈리아 토지의 3분의 1을 넘겨준 것이다. 그것이 이 제국에 치명타를 입혔다. ……

모든 민족이 동시에 로마를 공격하고 모든 곳에서 침투해 들어온 탓에 로마는 파괴된 것이다.

1 | 프리스쿠스 Priscus: 5세기 로마의 외교관이자 역사가. 훈족의 아틸라도 접견하고 기록을 남겼다.

로마의 멸망은 당연하다는 생각

에드워드 기번Edward Gibbon, 《로마제국 쇠망사The History of the Decline and Fall of the Roman Empire》, Vol. IV, J. B. Bury ed., Methuen Co. Ltd, 1897, p. 161

로마의 멸망에 관한 이야기는 단순하고 분명하다. 그리고 왜 로마제국이 파괴되었는지를 묻는 대신 우리는 로마제국이 그렇게 오랜 기간 생존했다는 사실에 놀라워해야 할 것이다. …… 엄청난 구조물이 그 자체의 무게에서 비롯한 압력에 굴복했다.

자료
02
납과 로마제국 멸망의 관계

케네스 E. 맥스웰Kenneth E. Maxwell, 《생명의 환경Environment of Life》, 4th ed., Brooks/Cole Company, 1985, p. 387

납으로 인한 배앓이는 그리스와 로마의 의사들에게 잘 알려져 있었으며, 나중에는 아랍의 학자들에게도 그러했다. 고대 로마인은 분명 중금속중독이 유발한 질병으로 심하게 고생했다. 당시에는 납 채굴과 납 가공 산업이 번성했고 직업적으로 광범위하게 납중독에 노출되어 있었다.

로마인들은 채색을 좋아했다. 그들이 건물을 화려하게 채색하기 위해 선호한 염료는 폼페이 납이었다. 납에는 미니움minium이라고 알려진 산화연의 화합물인 광명단red lead이 들어 있다. 로마인들이 남긴 그림 중 일부에는 더 해로운 수은 색소도 들어 있다. 기원전 400년 이래 그림에서 사용된 백연white lead은 위산에 용해된다. 지금은 백연이 어린이들이 중독된 많은 사례의 공통 원인으로 알려져 있다.

로마인들은 또한 납으로 만든 수도관을 사용해왔다. 최근에는 납 수도관을 사용한 것이 로마에서 납중독이 전염병 수준으로 퍼진 원인이었던 것으로 여겨진다. 그리고 비록 인정되진 않지만, 납을 이용한 요리법과 식기를 사용한 부유한 로마인들에게 납중독이 광범위하게 퍼졌을 가능성이 있다. 그들은 그리스인들에게서 유래한 관행에 따라 포도주에 일반적으로 납을 감미제와 보존제로써 첨가했다. 포도 음료는 발효되지 않은 포도즙을 끓여서 만들었는데, 이때 납으로 된 용기를 사용했다. 이 음료는 '사파sapa' 또는 '데프루툼defrutum'이라고 불렸는데, 농축 정도에 따라 조미료나 감미제로서 식품과 음료수에 쓰였다. 납은 연고제를 비롯해 여러 가지 조제약에도 쓰였다.

로마제국 쇠퇴기에 귀족에게서 출생률이 감소하고 정신지체 아이가 많았던 것은 부유층이 납을 광범위하게 사용한 결과라는 이론도 있다. 이 이론에 따르면, 값비싼 식기를 장만할 수 없었던 빈곤 계층과 노예들은 귀족과 달리 가정에서 도기를 사용했으며, 아마도 포도주를 마셨다면 납을 첨가하지 않은 것을 마셨을 것이라고 한다.

로마 시민에게 나타난 납중독 효과는 로마제국의 몰락을 설명하는 많은 이론 가운데 하나에 불과하다. 납이 중요한 역할을 했다고 보는 것은 흥미로운 이론이다. 그러나 이 시점에서 납중독이 얼마나 심각했으며, 로마제국의 쇠퇴에서 중요한 역할을 했는지 여부는 정확히 알 수 없다.

자료 03

납의 오염으로 본 환경사

http://science.kongju.ac.kr/highschool/chem/주변의화합물/metal/html/s3-26.html

인간이 납을 생산하기 시작한 것은 기원전 4000년경부터다. 그로부터 약 1000년 후에 새로운 정련 방법이 개발됐다. 황화납 광석을 가열하여 은이 몇 퍼센트 함유된 납 합금을 만들어내는 방법이었다. 재를 채운 대롱에 이 합금을 넣어 뜨거운 공기 등으로 산화시키고, 납을 재에 흡수시켜 은을 빼낸다. 이런 방법으로 납 대량 생산이 가능해졌다. 그리스 시대부터 은화 유통이 성행하면서 대규모 납 채광이 시작됐다. 로마제국 시대에는 납을 수조·지붕·파이프·도로 등에서만이 아니라 포도주의 방부제로도 사용했다. 로마에서 출토된 인골을 분석해보면, 도시 생활자는 납 오염 수치가 높다고 한다.

이번에 패터슨 연구진은 그린란드 중부에 있는 해발 3238미터의 산정에서 얼음에 구멍을 뚫고 채집한 길이 3028.8미터의 주상柱狀 샘플을 분석했다. 납을 이용하기 전이었던 기원전 576년경에는 얼음 1그램당 납 0.55피코그램(피코는 10^{-12})이 함유돼 있었다. 기원전 500년경에서 기원후 300년경에는 납 함유량이 이보다 네 배 정도 높아졌다. 이 기간은 그리스 시대에서 로마제국 시대에 상당한다. 그리고 로마제국의 쇠퇴기부터 서기 500년까지는 다시 처음 수준으로 돌아왔다. 납 오염이 다시 재개되는 시기는 중세부터 르네상스 시대에 걸친 시기다. 1000년까지 4피코그램에 달했다. 최근에는 가솔린에 4에틸납이 포함돼 있어 대기의 납 함유량이 급상승하여, 그린란드의 눈에서도 1930년부터 1990년까지의 평균 농도는 눈 1그램당 100피코그램이다.

황제의 의지는 법이다

《법학제요》1.2.6

인민이 황제princeps[2]에게 모든 권위와 권력을 부여하였으니, 황제가 결정한 것은 법의 힘을 지닌다. 따라서 황제imperator가 칙서로써 정한 것이나 그가 알고서 선언한 것 또는 칙령으로 명한 것은 무엇이든지 분명히 법이다. 이것들을 칙법constitutiones이라고 부른다. 물론 어떤 칙법들은 개인적인 것이며, 사례로서 따라야 하는 것도 아니다. 황제가 이를 원하지 않았기 때문이다. 이를테면 어떤 사람이 공적이 있다고 상을 주거나, 어떤 사람에게 벌을 청구하거나, 선례 없이 어떤 사람에게 도움을 주는 것은 개인을 넘어서는 일이 아니다. 그러나 다른 일반적인 경우는 모든 사람이 의심 없이 지킨다.

2 | 통상 '제일시민'이라는 의미이지만, 여기서는 로마 황제를 지칭한다.

절대권이 없다면 통치하기 곤란하다

스트라본, 《지리지》6.4.2

로마같이 큰 제국은, 마치 아버지에게 그러하듯, 한 인물에게 위탁하지 않고는 통제하거나 다스리기 어렵다. 그리고 로마인들과 동맹국 시민들은 황제 아우구스투스가 처음 절대권을 잡았을 때부터 제공하였고, 또 이제 그의 아들이자 계승자인 티베리우스가 주고 있는 엄청난 평화와 번영을 누려본 적이 없다. 티베리우스는 아우구스투스를 통치와 칙령의 모범으로 삼았다.

정의는 있는가?

살비아누스, 《신의 통치에 대하여》5.8.34~37

그러나 이를테면 이 한 가지 문제에서 불공정한 사람들이 다른 문제들에서는 절제되고 정의로운 자들로 보이며, 한 가지 일에서 잘못한 것을 다른 일을 성실히 함으로써 보충한다. 그래서 이를테면 가난한 사람들은 새로운 부과세의 중압에 억눌리기도 하지만 새로운 구제책의 도움으로 살아간다. 새로운 재산세가 부과되면 소수자가 가장 크게 억압받지만, 그들은 또한 새로운 구제 조치로 경감을 받기도 한다. 두 경우에서 불공정함은 다르지 않다. 왜냐하면 전자의 경우 지나친 부담을 지고 있는 반면, 후자들은 경감되기 때문이다. ……

누가 가난한 자들을 기억하겠는가? 누가 혜택을 골고루 나누게 하기 위해 천한 자들과 극빈자들을 부르겠는가? 언제나 무장에서 첫째가는 자들이 구제받는 일에서 맨 뒷자리에 있도록 누가 허용하겠는가? ……

그리고 나는 우리가 그처럼 가난한 자들을 벌하면서 신의 엄한 응보에 왜 가치가 없는지를 생각한다. 또는 우리가 계속해서 불공정한 동안에 신이 우리를 완전히 정의롭게 대해서는 안 된다고 믿는가? 이러한 악함이 로마인들에게 있지 않다면 어디에, 누구에게 있다는 말인가? 누구의 불의가 그렇게 크겠는가? 프랑크족은 이 죄악을 알지도 못하며, 쿠니(훈족)는 이러한 죄악에서 벗어나 있다. 반달족은 이 잘못들 중에 어느 것도 가지고 있지 않으며, 고트족도 그러하다. ……

야만인에게 속한 로마 평민들의 하나같은 기도는 야만인들과 같은 생활을 영위하는 것이다. 게다가 놀라운 것은, 고트인들이 우리 편에 의해 정복되지 않은 경우에는 로마인들이 우리들 속에 있기보다는 차라리 이들 속에 있기를 원한다는 것이다. 그래서 우리 형제들은 그들로부터 떠나 우리에게 넘어오기를 결코 원하지 않을 뿐 아니라, 오히려 그들에게로 피하고자 우리를 떠난다.

자료
07

공화정기에도 이미 국가를 걱정했다

키케로, 《국가론》 5.1~2[3]

"로마의 것은 옛날의 관습과 위인들에 의해 정립되었도다." 그[키케로]는 "엔니우스 Ennius[4]가 이 시구를 마치 어떤 신탁에서 비롯한 것처럼 간결하고 진실하게 표현했다"라고 말했다. "관습이 정비되지 않은 도시국가라면 위인들이 존재하지 않았을 테고, 위인들이 앞장서지 않았더라면 중요한 관습이나, 널리 지배하는 큰 국가가 세워지거나 그처럼 오랫동안 유지될 수 없었을 테니 말이다. 따라서 우리의 기록 이전에 존재했던 선조의 관습은 그 자체로 뛰어난 위인들을 배출하였으며, 뛰어난 위인들은 옛날의 관습 및 조상들의 제도를 지켰다. 사실 우리 세대는, 영광스럽지만 오래되어 이제는 퇴색한 그림과 같은 국가를 계승하였는데도 그것을 전과 동일한 색으로 다시 칠하지 않았

3 | 여기에 소개된 글은 아우구스티누스의 《신국론》 2.21에서 인용된 부분으로, 키케로의 《국가론》 5권 서문으로 여겨진다.

4 | 엔니우스Ennius(기원전 239~169): 로마 시인의 아버지로 불린다. 그가 남긴 서사시 연대기Annales로 유명하다.

을 뿐 아니라, 그것의 온전한 모양이나 최후의 윤곽이라도 보전하려는 관심조차 보이지 않았다. 엔니우스가 로마라는 국가가 의존하고 있다고 말한 옛 관습 중에 남아 있는 것은 무엇인가? 이렇듯 망각에 의해 그런 관습들이 진부해져서 사람들이 관심을 보이지 않을 뿐 아니라 무시하기까지 하는 것을 우리는 알고 있다. 한편 위인들에 관해서는 무슨 말을 할 것인가? 실제로 위인의 부족으로 관습은 저절로 사멸했다. 그렇게 큰 악의 원인이 우리에게 제시되어야 한다. 나아가, 생명에 관련된 재판에서 피고를 위해 하듯, 변호가 이루어져야 한다. 왜냐하면 우리는 어떤 우연 때문이 아니라 우리의 사악함 때문에, 말로는 국가를 유지하고 있다고 하나, 실상 국가를 잃고 있기 때문이다."

자료
08

이 건실한 게르만인을 보라

타키투스, 《게르마니아》 18~19

그들[게르만인]에게 아무리 결혼이 엄격하다고 해도 당신은 관습의 어떤 부분도 이보다 더 칭찬할 수 없을 것입니다. 이를테면 야만인들 중에서 그들만이 한 명의 아내로 만족합니다. 예외적으로 소수의 사람들만이 정욕이 아니라 귀족 혈통을 위해 여러 번 혼인하러 다닙니다.[5] 지참금은 아내가 남편에게 주지 않고 남편이 아내에게 줍니다. 그들 사이에 부모와 친척들이 들어와서 선물들을 검사합니다. 그 선물들은 여자의 꾸밈새를 위해 요구하거나 새신부가 걸칠 것이 아니라 소, 고삐를 매단 말, 장방형 방패와 게르만식 창과 검으로 이루어집니다. 이 선물들을 통해 부인을 얻게 됩니다. 반대로 아내도 무기 중에 하나를 남자에게 가져다줍니다. 사람들은 이것이야말로 가장 강력한 유대이며 신성한 비밀이고, 이 사람들의 결혼을 보증하는 신들이라고 생각합니다.

아내는 사내다움에 대한 생각과 전쟁의 명분에서 벗어나 있다고 생각하지 않도록, 자신이 고생과 위험의 동반자로서 평화 시에나 전투 시에나 오는 것을 허용하고 과감히 그러할 것을 혼인의 시작을 알리는 징표들로 마음에 새기게 됩니다. 함께 묶인 소들, 장비를 갖춘 말, 제공된 무기는 바로 그런 징표입니다. 그렇게 살아야만 하며, 그렇게 죽어야만 합니다. 자신이 받아서 손상되지 않고 가치 있는 상태로 자녀들에게 물려주어야 하며, 며느리는 이것을 받아서 다시 손자들에게 전해줍니다. ……

이렇게 한 남편을 하나의 몸이자 하나의 생명을 받듯이 받아들이므로 어떤 다른 생각도, 어떤 더 긴 욕심도 없게 되며, 남편만큼 혼인을 사랑하는 일이 없게 될 것입니다. 자녀의 수를 한정하거나, 상속의 몫이 없는 자식 중에 일부를 죽이는 것은 불명예로 간주

5 | 정략결혼을 의미한다.

되며, 이 같은 좋은 관습은 다른 곳[6]의 좋은 법들보다 더 효력이 있습니다.

자료
09

로마인의 성적 타락

《로마서》(한글 개역판) 1.24~27

그러므로 하나님께서 저희를 마음의 정욕대로 더러움에 내어버려두사 저희 몸을 서로 욕되게 하셨으니 이는 저희가 하나님의 진리를 거짓 것으로 바꾸어 피조물을 조물주보다 더 경배하고 섬김이라. 주는 곧 영원히 찬송할 이시로다. 아멘. 이를 인하여 하나님께서 저희를 부끄러운 욕심에 내어버려두셨으니 곧 저희 여인들도 순리대로 쓸 것을 바꾸어 역리로 쓰며 이와 같이 남자들도 순리대로 여인 쓰기를 버리고 서로를 향하여 음욕이 불 일듯 하매 남자가 남자로 더불어 부끄러운 일을 행하여 저희의 그릇됨에 상당한 보응을 그 자신에 받았느니라.

자료
10

무제한의 토지 소유

월뱅크 F. W. Walbank, 《장엄한 혁명: 서로마제국의 몰락 The Awful Revolution: The Decline of the Roman Empire in the West》, Liverpool University Press, 1978, pp. 88~89, 91

서민들과 조합원과 자영농에 대한 압력, 그리고 군대 자체에서 비롯하는 위험, 그리고 부담하기 어려운 과세와 요역 징발 탓에 피해자들은 점점 더 도망하지 않을 수 없었다. 종종 도망할 곳이 생겼는데, 바로 대규모 토지를 가진 강력한 토지 소유자들이었다. 지주 landlord 들은 살아남았고 도시민이 사라질 때에도 그들은 번성했다. 또는 도시민들이 의회 의원 curiales 으로서 자신에게 부여된 의무를 피할 수 있다면, 자신의 소유지로 피신하여 오로지 스스로 지주가 되었다. 더욱이 그런 형상은 고대 세계에서 핵심적 경제 요소인 토지의 중요성을 표시하는 지표이다.

그래서 관료제와 3세기 혼돈의 상황에서 흔히 출현하는 '무뢰배 racketeers'들은 부유한 자들로서 …… 재산을 공업이 아니라 토지에 투자하였다. 그들은 상업에서 독점 기업가가 되기보다는 봉건 귀족이 되었으며, 고도로 중앙집권화된 정부가 오로지 집단 압력에 의해서만 영향을 받았던 시기에, 대토지 소유자들은 가장 효과적이고 가장 강력한 압력단체를 형성했다. 심지어 그들은 군대나 교회보다 더 영향력이 컸다. 이런 점에서 단지 고위직 행정관, 법률가, 원로원 귀족(물론 지주들과 같다)에나 뒤질 뿐이었다. ……

황제들은 지주 세력이 이렇게 성장하는 것을 복잡한 기분으로 바라보았다. 그들은 진퇴양난에 빠졌던 것이다. 황제들은 발렌스 황제(기원후 364~378)가 한 것처럼 지주들을 국가를 위한 직무에 등록시키려고 시도할 것이다. 그 조치는 지주들에게 소작농인 콜로누스들이 부담해야 하는 담세를 징수하는 책임을 지웠다. 동시에 그들은 지주들의 성장이 본질적으로 국가 붕괴의 조짐이었음을 인식했던 것이다.

자료
11

둔전병과 봉토 제도의 효시

암미아누스 마르켈리누스, 《업적》 20.8.13

여기 레누스 강[7] 에서 야만인들의 후손이 라이티laeti를 이루었다.

《테오도시우스 법전》 13.11.10(399년)

많은 종족 중에 로마가 주는 평안을 따라 우리 제국에 몸을 바친 자들은 둔전 토지terrae laeticae를 관할해야 하므로, 우리의 허락 없이는 어느 누구도 이 농지들 중 어느 것도 취득할 수 없다.

《테오도시우스 법전》 13.11.10(400년)

그러므로 알라만인 둔전병, 사르마티아의 유랑민, 또는 제대병의 아들은 누구든지 각 단체의 징집에 복종하며 영광스러운 군단에서 복무해야 한다.

7 | 라인 강을 뜻한다.

자료
12

로마 병사들의 혼인 문제

8 | 시민법에서 규정한 합법적 혼인을 의미한다. 단, 이 혼인이 병사로서 복무한 이후의 일인지, 이전의 일인지는 불분명하다. 당시 병사들은 복무중 혼인이 금지되었

《학설휘찬》 23.2.35

가족의 아들인 병사는 부친의 의사 없이 혼인 관계matrimonium[8] 를 맺어서는 안 된다.

《학설휘찬》 29.1.33.pr

가족의 아들인 병사가 군대식으로 유언장을 작성했는데, 그의 아버지 사망 후에 자식이 태어났다면,[9] 그의 유언은 무효다.

는데도 동거하는 경우가 많았다.

9 | 조부가 사망한 후에라야 유언이 효력을 지닌다는 뜻이다. 따라서 이 문구를 적극적으로 해석하면 병사가 혼인할 수 있다는 뜻으로, 소극적으로 해석하면 복무 이전에 이루어진 혼인도 나중에 정당한 것으로 인정한다는 의미로 볼 수 있다.

《라틴 비문 집성》 16, no.135~136

충성스럽게 열심히 군 복무를 수행한 자들이 비록 외국인의 권리를 지닌 여자와 혼인 관계로 맺어져 있더라도 그 자식들을 로마인 부모에게서 태어난 자식들처럼 양육할 수 있도록, 우리는 그들에게 최초의 여자 한 명에게 통혼권을 부여하였노라.

자료 13

충실한 게르만인 장교

10 | 게르만족 출신 고위직 군인들이 자기 종족에게 로마 군이 라인 강을 건널 사실을 몰래 알려주었다는 의심을 받은 일을 말한다.

11 | 전부 게르만인 일파인 알라만족Alamanni 출신이다. 라티누스는 콘스탄티우스 황제의 측근이었고, 아길로는 기원후 359년 콘스탄티우스의 동방 원정에 동행해 율리아누스와 벌인 전쟁에 참여했다. 스쿠딜로는 다른 병사보다 우대받던 방패군단을 지휘했고, 콘스탄티우스에게도 크게 영향을 끼쳤다. 이 기사는 이들이 로마에 충성을 다했음을 보여준다.

암미아누스 마르켈리누스, 《업적》 14.10.8

알라만인들이 저항하였기에 로마인들은 도저히 배다리를 놓을 수 없었고, 활은 눈처럼 도처에 쏟아졌다. 그래서 그것이 불가능해보였기에, 황제는 깊은 상념에 빠져 시작한 일을 어떻게 해나갈지 망설이게 되었다. 그런데 뜻하지 않게 지형 사정을 잘 아는 사람이 와서 보상을 받고 밤에 건널 수 있는 장소를 일러주었다. 그래서 강을 건널 수 있었다. 적들은 다른 쪽에 집중하고 있었기에 아무도 감지하지 못했고, 그 사이 로마 군대가 건너와 모든 것을 파괴할 수 있었다. 그런데 그 부족 출신들이 이미 군사 고위직에 있었으므로, 그들이 밀정들을 보내어 자기 민족들에게 그 소식을 일러주었을 것이라고 생각한 사람이 실제로 적지 않았다. 이 의심은[10] 경호대장인 라티누스와 황실막사 천부장인 아길로, 방패호위대 사령관인 스쿠딜로에 대한 비난으로 이어졌다.[11] 왜냐하면 이들은 당시에 자신들의 손에 국가를 장악하고 있었기 때문이다.

| 출전 |

암미아누스 마르켈리누스Ammianus Marcellinus(기원후 330~395), 《업적Res gestae》: 안티오코스 출신의 그리스인으로 군대 장교로도 복무했고, 율리아누스 황제의 페르시아 원정에도 참여했다. 황제를 칭송하면서 이교도로 처신했으나, 그리스도교를 관용의 눈으로 보았다. 라틴어로 로마의 역사를 기술했다. 그의 역사서 《업적》은 로마제국 최후의 역사서로 알려져 있다. 이 책은 전체 31권으로 96~378년의 역사를 망라하는데, 시기를 보면 타키투스의 저술을 잇고 있다. 하지만 1권부터 13권은 전하지 않아, 353년 이후의 역사만 알 수 있다. 그의 역사 서술에 대한 평가는 상반된다. 에드워드 기번은 그를 정확하고 믿을 만하다고

평가하면서도 둔필이라고 했다. 어떤 학자는 그가 문학의 천재이긴 하지만, 전투는 기술했으나 왜 전쟁이 일어났는지 파악하기 어렵게 썼다고 폄하하기도 한다.

살비아누스Salvianus**(기원후 400~475), 《신의 통치에 대하여**De Gubernatio dei**》:** 북부 갈리아 출신으로 갈리아 지역의 그리스도교 장로로 있을 때 제국의 멸망을 목도했다. 《신의 통치에 대하여》는 기원후 439년 이후에 저술된 것으로, 로마가 몰락하게 된 정치적·윤리적 원인을 조명했다. 그의 지적이 정확하지 않다고 보는 비평가들도 있다.

스트라본Strabo**(기원전 60~기원후 24), 《지리지**Geographica**》:** 로마의 속주인 소아시아의 폰토스Pontus에서 태어났으며, 로마에서 몇 년간 살며 공화정기의 혼란을 몸소 겪었다. 그는 로마에 친화적인 태도를 가졌으나 그리스에 대한 문화적 소속감을 우선시했다. 대표작인 《지리지》는 17권으로 구성되었으며 당시에 알려진 여러 지역의 지리적 특성과 풍습을 제시하여, 소중한 사료들이 많이 들어 있다. 당시에는 별로 이용되지 않았으나, 비잔티움 제국에서 여러 종류의 사본이 발견되었으며, 서구 세계에 라틴어로 소개된 것은 1469년이다.

타키투스, 《게르마니아 Germania**》:** 원제목은 '게르만인들의 기원과 사정De origine et situ Germanorum'으로 기원후 98년에 저술되었다. 타키투스는 직접적인 관찰 대신 기존의 자료를 보고 이 책을 저술했다. 역사학자 로널드 사임은 이 책이 노 플리니우스가 저술한 《게르마니아의 전쟁Bella Germaniae》을 주로 참고 했다고 보았으며, 다른 저작들도 참조한 것으로 드러났다. 이 책은 게르만인이 로마인에 비해 더 정숙한 생활을 한다고 밝히고 있어 당시 일반인의 개념과 상충된다. 이 책은 중세기에는 등장하지 않다가 1455년에 발견되었고, 이후 게르만인이라는 정체성을 독일인들에게 형성시켜주는 계기가 되었다. 최근에는 이 책이 나치즘의 원조라고 평가되기도 한다. 모밀리아노Momigliano는 이 책이야말로 가장 위험한 책이라고 평가한 바 있다.

《법학제요 Institutiones**》:** 《학설휘찬》이 편찬될 무렵 세 학자(Tribonianus, Theophilus, Dorotheus)가 학생들의 교습용으로 만든 책이다. 4권으로 되어 있으며, 가이우스의 《법학 개요》를 저본으로 삼았다.

| 참고문헌 |

기어리, 패트릭, 《민족의 신화, 그 위험한 유산》, 이종경 옮김, 지식의풍경, 2004.

막스 베버, 《고대농업사정》, 김창성 옮김, 공주대학교출판부, 2019.

몽테스키외, 《로마의 성공, 로마제국의 실패》, 김미선 옮김, 사이, 2013.

배은숙, 《강대국의 비밀》, 글항아리, 2008.

오스트로고르스키, 게오르크, 《비잔티움 제국사: 324~1453》, 한정숙·김경연 옮김, 까치, 1999.

허승일 외, 《로마제정사 연구》, 서울대출판부, 2000.

_____, 《인물로 보는 서양 고대사》, 도서출판 길, 2006.

히더, 피터, 《로마제국 최후의 100년》, 이순호 옮김, 뿌리와이파리, 2008.

Finley, M. I., *Aspects of Antiquity—Discoveries and Controversies*, 2nd ed., Penguinbooks, 1977.

Jones, A. H. M., *The Later Roman Empire, 284~602: A Social Economic and Administrative Survey*, vol. 1, 2, Oxford, 1964.

Walbank, F. W., *The Aweful Revolution: The Decline of the Roman Empire in the West*, Liverpool University Press, 1969.

1부 그리스 상고·고전기

1. 그리스 신화: 사실인가, 허구인가

1 | 호메로스가 보고한 사회의 모습은 역사를 반영한 것인가, 아니면 하나의 문학인가?

2 | 고전기 지식인들이 신화를 비판적으로 본 이유는 무엇인가?

3 | 동양이나 우리의 신화·전설과 비교해보고, 같은 점과 다른 점을 찾아보자.

4 | 신화를 대하는 바람직한 태도는 무엇인가?

2. 폴리스: 서양 최초의 국가는 어떤 형태인가

1 | 폴리스 사회와 오리엔트 사회의 차이점은 어디에서 비롯했는지, 지리적 요인을 조사해보자.

2 | 폴리스의 형성을 서양 문명의 출발점으로 보는 이유를 알아보자.

3 | 폴리스 사회의 장점과 단점을 오늘날의 사회와 비교하여 제시해보자.

3. 드라콘의 법전: 서양 최초의 법은 왜 만들어졌는가

1 | 초기 폴리스는 어떤 사회였는지 드라콘법을 통해 추리해보자.

2 | 드라콘법은 아테네 사회에서 어떤 기능을 수행했는지 평가해보자.

3 | 법과 사회의 관계를 생각해보고, 법을 대하는 태도에 관해 토론해보자.

4. 솔론의 개혁: 사회 갈등의 바람직한 치유법

1 | 솔론 시대 아테네 사회가 지닌 문제점은 무엇이었는지 오늘날의 용어로 정리해보자.

2 | 솔론은 개혁가인가, 혁명가인가?

3 | 솔론의 개혁이 아테네의 발전에 미친 영향을 조사해보자.

4 | 현대가 필요로 하는 이상적인 정치가는 어떤 사람인가?

5. 클레이스테네스의 개혁: 민주정을 세우기 위한 전제 조건

1 | 클레이스테네스의 개혁은 일반적으로 민주적인 개혁으로 알려져 있다. 꼭 그렇게 볼 수만은 없는 이유는 무엇인가?

2 | 지역주의를 극복하고 통합을 이루는 데 클레이스테네스의 개혁이 적절했는가?

3 | 민주정치를 유지하고 발전시키는 데 시민 각자가 해야 할 역할은 무엇인지 토론해보자.

6. 페르시아 전쟁: 그리스는 페르시아와 어떻게 싸웠나

1 | 전쟁은 사회 발전에 어떤 영향을 미치는지, 아테네의 예를 가지고 추론해보자.

2 | 아테네인이 이방인에 비해 자신의 체제를 우월하게 본 이유는 무엇이며, 그런 주장이 얼마나 정당한지 비판해보자.

7. 페리클레스 시기의 민주정치: 권력은 시민에게

1 | 아테네 민주정치의 장점과 문제점은 무엇인가?

2 | 아테네 민주정치가 가능했던 토대가 무엇인지 찾아보자.

3 | 페리클레스가 독재자일 수도 있다는 당시의 보고에 대해 어떻게 생각하는가? 자신의 관점과 근거를 제시해보자.

4 | 우리나라의 현실 정치에 시사하는 바를 찾아보자.

8. 펠로폰네소스 전쟁: 그리스인들은 왜 싸웠나

1 | 그리스가 두 동맹을 중심으로 분열되고 전쟁을 하게 된 원인은 무엇인가?

2 | 고대 그리스 사회에 민족주의가 있었는가?

3 | 아테네 민주정의 문제점을 전쟁과 연관 지어 조사해보자.

9. 이상국가 스파르타: 교육 민주주의의 실현

1 | 스파르타식 교육이 왜 필요했는지 당시의 정치·사회적 배경을 알아보자.

2 | 스파르타는 고대인에게 이상적인 국가로 인정되었다. 그 이유가 무엇인가?

3 | 스파르타 헤일로타이의 시각에서 스파르타의 체제를 비판해보자.

10. 그리스 고전문화의 특징: 최고를 지향하다

1 | 그리스의 문학과 미술을 감상하고 느낀 점을 말해보자.

2 | 그리스 사회와 정치가 그리스 예술에 미친 영향에 대해 이야기해보자.

3 | 그리스 고전문화가 르네상스 시기의 미술에 미친 영향을 조사해보자.

2부 헬레니즘 시대

11. 필리포스와 알렉산드로스: 새로운 시대를 연 아버지와 아들

1 | 헬레니즘 전후의 국제 정세를 비교해보고, 알렉산드로스의 원정이 이런 정세를 어떻게 변화시켰는지 말해보자.

2 | 알렉산드로스의 리더십을 분석해보고, 현대에 적용하는 것이 가능한지 판단해보자.

3 | 시대정신이 개인을 통해 어떻게 구현되는지 생각해보자.

12. 계승 국가들의 경쟁: 고대의 마키아벨리즘

1 | 계승 국가들의 군주들은 통일의 의지를 가졌는가, 아니면 현상 유지를 바랐는가?

2 | 그리스의 폴리스들이 자유를 원했던 이유는 무엇인가?

3 | 알렉산드로스 제국이 통일을 유지하는 데 부족했던 점은 무엇이었나?

13. 헬레니즘 문화: 융합 문화의 전형

1 | 헬레니즘 시기의 미술은 고전기 미술과 어떤 점에서 달랐으며, 달라진 이유는 무엇인가?

2 | 헬레니즘의 문화와 현대 문화에 유사한 점이 있는가?

3 | 헬레니즘 미술이 불교 미술에 미친 영향을 조사해보자.

14. 스토아주의와 에피쿠로스주의: 무엇이 최고의 삶인가

1 | 스토아 학파와 에피쿠로스 학파의 주장을 비교해보고, 현재의 관점에서는 어느 주장이 타당한지 토론해보자.

2 | 스토아 학파의 사상이 그리스도교와 로마제국에 어떤 영향을 미쳤는지 알아보자.

3 | 고대 유물론과 근대 유물론의 차이점은 무엇인가?

3부 로마의 왕정과 공화정

15. 왕들이 다스리던 로마: 신화에서 사실로

1| 전설이나 신화가 역사가 되려면 어떤 조건이 만족되어야 하는지 로마의 초기 역사를 통해 알아보자.

2| 로마왕정 시대를 역사적으로 어떻게 평가하는가?

3| 외국인이 왕으로 군림한 시기를 어떻게 평가하는 것이 바람직한가?

16. 십이표법: 로마인의 십계명

1| 십이표법을 평민의 관점과 귀족의 관점에서 각각 토론해보자.

2| 로마법을 다른 고대법과 비교해보자. 유사점과 차이점은 무엇인가?

17. 로마공화정기의 신분 투쟁: 타협으로 이룬 조화

1| 로마인은 신분 간의 갈등을 어떻게 극복하여 사회 통합에 이르렀는지 조사해보고, 여기에서 얻을 수 있는 교훈은 무엇인지 토론해보자.

2| 아테네 사회와 로마 사회를 비교하여 양 사회의 같은 점과 다른 점을 제시해보자.

18. 공화정 전기 로마의 군제: 강한 군대의 비밀

1| 고대 사회에서 군대가 한 역할은 무엇인가?

2| 로마 군대가 강했던 이유를 전술 면과 사회제도 면에서 찾아보자.

3| 우리 사회의 군대가 지닌 문제는 무엇인가?

19. 포이니 전쟁: 지중해의 주도권 다툼

1| 포이니 전쟁의 원인은 카르타고인에게 있는가, 로마인에게 있는가? 양쪽의 주장을 비교해보자.

2| 포이니 전쟁이 로마의 승리로 끝난 이유가 무엇인지 찾아보자.

3| 포이니 전쟁이 이후 로마 사회에 미친 영향을 조사해보자.

20. 로마의 지방 통치: 자치에 기반한 지배

1| 이탈리아 반도에서 로마는 어떤 지배 체제를 구축했는지 설명해보자.

2| 동맹국 전쟁이 왜 일어났는지 설명해보자.

3| 로마의 자치도시 운영 방식과 우리의 지방자치제를 비교해보자.

21. 그라쿠스 형제의 개혁과 라티푼디아: 로마의 토지 문제

1 | 라티푼디아는 어떤 성격의 토지였는지 법적으로, 사회적으로 살펴보자.

2 | 그라쿠스의 개혁이 적절했는지, 당시의 관점과 오늘날의 관점으로 비판해보자.

3 | 개혁이 사회의 유지에 필요하다면, 그 이유는 무엇인지 토론해보자.

22. 스파르타쿠스의 난과 노예제: 노예도 사람이다

1 | 로마 사회에서 노예의 존재가 불가피했는지 토론해보자.

2 | 스파르타쿠스의 시각에서 로마의 체제를 비판해보고, 표어나 포스터를 그려보자.

3 | 이후 노예의 처지는 어떻게 되었는지 추이를 살펴보자.

4 | 미국의 흑인 노예와 로마의 노예를 비교해보자.

23. 1·2차 삼두정치: 공화정치의 한계

1 | 카이사르를 어떻게 평가할 것인지 자신의 의견을 밝히고 그 근거를 말해보자.

2 | 로마공화정 체제의 약점은 무엇인가?

3 | 제정로마에서 원로원이 가진 기능과 위상을 조사해보자.

4부 로마제정

24. 아우구스투스와 프린키파투스의 확립: 황제의 시대가 시작되다

1 | 아우구스투스가 확립한 체제가 바람직했는지 당시의 상황에서 판단해보고, 오늘날의 관점에서도 비판
해보자.

2 | 아우구스투스를 중국의 황제와 비교해보고, 같은 점과 다른 점을 찾아보자.

3 | 성공적인 정치란 무엇인가?

25. 빵과 서커스: 로마인의 일상생활

1 | 황제는 왜 시민에게 무상으로 곡물을 공급했는가?

2 | 고대의 전차 경주와 현대의 자동차 경주의 유사점과 차이점은 무엇인가?

3 | 로마의 목욕장은 어떤 목적으로 만들어졌는지 조사해보자.

26. 콜로나투스의 형성과 의의: 중세가 다가오다

1 | 콜로나투스 제도가 중세의 농노제와 어떤 점에서 유사한지 비교해보자.

2 | 콜로누스와 노예의 관계는 어떠했는지 추론해보자.

3 | 콜로누스는 시대적으로 어떤 의미를 지니는가?

27. 디오클레티아누스의 경제 개혁: 체제냐, 개인이냐

1 | 디오클레티아누스는 제국을 구했는가, 아니면 로마제국의 멸망을 앞당겼는가? 그가 실시한 정책의 예를 들어서 설명해보자.

2 | 사회의 유지와 개인의 자유는 어떤 관계가 있는지 토론해보자.

3 | 최고가격령을 분석하여 로마 사회의 생활수준을 추론해보자.

28. 그리스도교와 로마제국: 위대한 종교의 힘

1 | 그리스도교가 로마 사회에서 박해받은 원인은 무엇인가? 타 종교와 비교해보자.

2 | 당시 그리스도교인의 시각에서 로마제국을 비판해보자.

3 | 역사에서 종교와 사회의 관계를 생각해보고, 종교에 대해 어떤 태도를 가져야 할지 토론해보자.

29. 로마제국은 왜 멸망했는가

1 | 로마제국의 멸망을 가져온 원인 중 어느 견해가 타당하다고 생각하는가? 그 이유를 말해보자.

2 | 고대 말에서 중세로 넘어가는 이행기에 나타난 현상으로는 어떤 것이 있으며, 이 현상은 왜 발생했는가?

3 | 인류 사회는 앞으로 어떤 방향으로 변화해갈지 토론해보자.

〈로마의 주요 관직〉

관직명	운용 시기(기원전)	임기	권능	권한	선출 방식
독재관 dictator	-501 -249, 217 -215, 82 -49~44	-일반적으로 최장 6개월(전쟁 수행할 때) -민회를 위해 수일간 -술라: 상설직(2년 후 은퇴) -카이사르: 연간, 10년, 종신직으로	-대大 조점 의식 -군과 국내에 대한 대권 -24개의 권표 -다른 관직보다 우월 -이 직책자에 대한 민회 상고는 없음(?)	-모든 기능(전쟁이나 반란 시) -특수 기능 ·종교 ·선거(민회 주재) ·원로원 충원(216)	-다른 콘술의 지명(원로원의 권고) -217: 선거 -82: 간왕이 제안하면 투표로 통과시킨 법으로 지명 -49: 법무관이 지명, 나중에는 콘술이 지명 -스스로 됨(술라)
통령 consul	-509(?) -366(?): 평민에게 개방되고 재조직됨	-1년 -225년경: 3월 1일에 임기 시작 -154: 1월 1일에 임기 시작	-대 조점 의식 -내정과 군사에 관한 대권(80년까지) -12개의 권표 -민회 소집, 원로원에 보고 -민회 상고의 대상	-일반 기능과 특수 기능 -군사(80년까지) 및 정치 -판결권(군대) -121년 이후 원로원의 최후통첩으로 민회 상고권 중지	-켄투리아회(통령이나 독재관 주재)
기병대장 magister equitum	-501				
호구조사관 censor	-443: 신설 -80~70: 중단 -265년 직후 재선 금지	-5년마다 선임 -312년 이후: 18개월간 권력 지속	-대 조점 의식 (통령과 법무관의 조점과는 무관) -판결권(일부 재정 관련 소송에서) -벌금 부과권 -판정(강등, 불명예)	-호구조사: 재조사, 시민 명단 작성(재산 평가) -원로원 선발, 기사 신분 검열 -인민의 도덕 감독, 습속 점검, 임시 처벌	-켄투리아회의 선거(통령 주재)

관직명	운용 시기(기원전)	임기	권능	권한	선출 방식
			-민회 소집권이나 원로원 보고권 없음	-국가 재산 관리 ·보존, 건설 ·공공 조달과 세입의 경매	
법무관 praetor	-366: 시법무관 1명 -242: 순회법무관 1명 -230년경: 사르디니아와 시칠리아 전담 2명 -197: 히스파니아 파견 1명 -180: 여섯 번째 법무관 -123: 직권 남용 전담 1명 -80: 8명 -카이사르 하: 10, 14, 16명	1년	-대 조점 의식 -군사 대권(80까지) 및 내정에 관한 대권 -6개(또는 2개)의 권표 -민사 재결권(149년 이후 형사 배심법정에 주재) -칙령 반포할 권리 -민회 소집권 및 원로원 보고권	-술라 때까지 ·로마에서 배심 및 정치에 관한 권한 ·군대 지휘권 ·속주들에 관한 관리 -술라 이후 ·임기중에는 로마에서 배심 권한만 ·이듬해 법무관 총독으로서 속주로 출발 -80년부터: 각 법무관의 전문 영역 할당	-켄투리아회의 선거(통령 주재)
관리관 aedilis	-496: 평민 관리관 2명 -366: 귀족 관리관 2명 -46: 곡물 관리관 2명 (분배)	1년	-귀족 관리관: 상아 의자, 조상의 상을 만들 권리 -평민 관리관: ·권위potestas ·민사재판(매각에 관한 절차) ·칙령 포고권 ·벌과금 부과	-시장에 대한 감독 -도로 감독과 수선 -평민 관련 문서고 보존(200년경까지) -로마 시의 경기, 평민 경기에 대한 책임 -특정 배심원단 주재(80년 이후)	-트리부스회의 선거 ·귀족 관리관(통령 주재) ·평민 관리관(호민관 주재)
재무관 quaestor	-왕정기 -공화정 초기에 4명 -267: 2명 추가(로마 시 재무관?, 화폐 재무관?) -227: 2명 추가(시칠리아와 사르디니아) -197: 총 10명 -80: 20명 -카이사르: 40명	1년(12월 5일에 임기 시작)	-권위 -의자(귀족용이 아님) -판결권(심문권, 조사권) -국고 책임 -술라 때부터 원로원에 들어가는 권한 부여	-2 로마 시 재무관: 국고 관리(돈과 문서) -4 콘술 보좌 재무관(문서고) -2 이탈리아 재무관(이목移牧 통로, 수도교 관리) -속주 및 군 재무관(시칠리아에 2명): 재정 책임 -특정 배심단의 주재	트리부스회 선거(통령 주재)
호민관 tribunus plebis	-496에 신설, 평민만의 관직 -366: 통합	1년(12월 5일 직무 개시)	-권위: 신성불가침 -걸상에 앉을 권리 subsellium	-전반적인 권한 -정무관의 모든 행위, 원로원의 최후통첩에	-트리부스 평민회의 선거 (호민관 주재)

관직명	운용 시기(기원전)	임기	권능	권한	선출 방식
	−149~123: 아티니우스 법lex Atinia에 의해 원로원 의원이 될 수 있음(타 관직과 겸임 금지) −366 이래: 10명		−조력auxilium −거부권, 중지권(로마에서는 독재관에게도 행사) −고소권, 벌금, 사형 −평민회 소집 −원로원에 보고	반대할 권리 −심판원의 판결에는 반대할 수 없음 −평민의 결의를 발의할 권리	
천부장(기본 4군단) tribuni militum	−123년부터 정무관으로 간주	1년	병사들의 규율 제정과 처벌권	대대(군단의 1/10) 지휘	−217년 이래 트리부스회에서 선출
집행리 3인위원 tresviri capitales	−289년 신설 −카이사르: 4명	1년	사법 기능에서 상급 정무관 보조	−사형 집행 −벌금 징수 −경찰 등	−3세기 이래 선거로 선출
화폐 주조 3인위원 tresviri monetales	−289년에 신설(?)	1년		로마에서 화폐 주조	트리부스회에서 선출(로마 시 법무관 주재)
해방 심의 10인 심판원 decemviri stilibus iudicandis	−4세기에 신설(?)		해방 절차의 심판		
지사 praefectus (cumae, apua)	−2차 포이니 전쟁 후 신설 −20년에 폐지	1년			

*주
· 통령: 군 통수권과 행정권, 라틴어로 'imperium militiae et domi'로 표현되는 권한을 가진다. 한국 헌법에서 같은 권한을 가진 관직으로 규정된 것이 대통령이므로, 여기서 번역어로 차용했다. '집정관'이라는 번역어도 있으나, 직무를 제대로 표현하지 못하므로 사용을 지양한다.
· 호구조사관censor의 일차적 임무는 조사census다. 이에 일치하는 용어가 호구조사라 그대로 쓴다. '감찰관'이라는 번역도 있으나, 감찰도 크게 보아 호구조사의 일환이다.
· 관리관: 'aedilis'가 'aedes'와 연관되기에 '조영관'이란 번역어가 있는데, 위에서 보다시피 짓거나 만드는 기능은 없고 로마 시 행정 전반을 관리했다.
· 천부장: 군단이 5000명 내외로 이루어지는데, 여섯 명이 2개월간 통솔하므로 대략 1000명을 통치하는 관직이라고 볼 수 있으며, 그리스어 번역도 'chiliarchos'로 되어 있어 이렇게 옮겼다.

*출처: Claude Nicolet, *Rome et la conquête du monde méditerranéen, 1/Les structures de l'Italie romaine*, Presse universitaire de France, 1979, tableau III.

〈역대 로마 황실명과 황제명〉

황실명과 특징	재위 기간	황제명
율리우스-클라우디우스 황실	27(BC)~68(AD)	아우구스투스 카이사르Augustus Caesar 티베리우스Tiberius 칼리굴라Caligula 클라우디우스Claudius 네로Nero
4황제와 플라비우스 황실	68~96	갈바Galba 오토Otho 비텔리우스Vitellius 베스파시아누스Vespasianus 티투스Titus 도미티아누스Domitianus
네르바-안토니누스 황실	96~192	네르바Nerva 트라야누스Trajanus 하드리아누스Hadrianus 안토니누스 피우스Antoninus Pius 마르쿠스 아우렐리우스Marcus Aurelius 루키우스 베루스Lucius Verus 코모두스Commodus
5황제와 세베루스 황실	192~235	페르티낙스Pertinax 디디우스 율리아누스Didius Julianus 셉티미우스 세베루스Septimius Severus 카라칼라Caracalla 게타Geta 마크리누스Macrinus 다이두메니아누스Diadumenianus 엘라가발루스Elagabalus 알렉산데르 세베루스Alexander Severus
제국의 위기 시기	235~285	막시미누스 1세Maximinus I 고르디아누스 1세Gordianus I 고르디아누스 2세Gordianus II 발비누스Balbinus 푸피에누스Pupienus 고르디아누스 3세Gordianus III ─┐ 필리푸스 아랍인Philipus Arabs ─┘(공동 통치) 필리푸스 2세Philipus II

황실명과 특징	재위 기간	황제명
		트라야누스 데키우스Trajanus Decius ⎤ (공동 통치) 헤렌니우스 에트루스쿠스Herennius Etruscus ⎦ 호스틸리아누스Hostilianus 트레보니아누스 갈루스Trebonianus Gallus 볼루시아누스Volusianus 아이밀리아누스Aemilianus 발레리아누스Valerianus 갈리에누스Gallienus 살로니우스Salonius 클라우디우스 2세 고티쿠스Claudius II Gothicus 퀸틸루스Quintillus 아우렐리아누스Aurelianus 타키투스Tacitus 플로리아누스Florianus 프로부스Probus 카루스Carus 누메리아누스Numerianus 카리누스Carinus
		디오클레티아누스Diocletianus ⎤ 막시미아누스Maximianus ⎟ (4인 공동 통치) 콘스탄티우스 1세Constantius I ⎟ 갈레리우스Galerius ⎦ 세베루스 2세Severus II
4분체제와 콘스탄티누스 황실	284~364	콘스탄티누스 대제Constantinus Magnus 막시미누스 다이아Maximinus Daia 막시미누스 2세Maximinus II 리키니우스 1세Licinius I 발레리아누스 발렌스Valerianus Valens 콘스탄티누스 2세Constantinus II 콘스탄스 1세Constans I 콘스탄티우스 2세Constantius II 베트라니오Vetranio 율리아누스 2세 배교자Julianus II Apostas 요비아누스Jovianus
발렌티니아누스 황실	364~392	발렌티니아누스 1세Valentinianus I 아르카디우스Arcadius 발렌스Valens 발렌티니아누스 2세Valentinianus II

황실명과 특징	재위 기간	황제명
서로마제국 테오도시우스 황실	379~457	테오도시우스 1세Theodosius I 호노리우스Honorius 테오도시우스 2세Theodosius II 콘스탄티우스 3세Constantius III 요안네스Ioannes 발렌티니아누스 3세Jalentinianus III 마르키아누스Marcianus
서로마제국 최후의 황제들	455~476	페트로니우스 막시무스Petronius Maximus 아비투스Avitus 마요리아누스Majorianus 리비우스 세베루스Libius Severus 안테미우스Anthemius 올리브리우스Olybrius 글리케리우스Glycerius 율리우스 네포스Julius Nepos 로물루스 아우구스투스Romulus Augustus

사료로 읽는 서양사 1 : 고대편

1판 1쇄 2014년 6월 20일
1판 4쇄 2024년 2월 1일

지은이 | 김창성

펴낸이 | 류종필
편집 | 이정우, 이은진, 권준
경영지원 | 홍정민
표지 · 본문 디자인 | 석운디자인
본문 조판 | 글빛

펴낸곳 | (주) 도서출판 책과함께
　　　주소 (04022) 서울시 마포구 동교로 70 소와소빌딩 2층
　　　전화 (02) 335-1982
　　　팩스 (02) 335-1316
　　　전자우편 prpub@daum.net
　　　블로그 blog.naver.com/prpub
　　　등록 2003년 4월 3일 제2003-000392호

ISBN 978-89-97735-43-3 94900
　　　978-89-97735-41-9 94900(세트)